CRIMINOLOGIA

O GEN | Grupo Editorial Nacional – maior plataforma editorial brasileira no segmento científico, técnico e profissional – publica conteúdos nas áreas de concursos, ciências jurídicas, humanas, exatas, da saúde e sociais aplicadas, além de prover serviços direcionados à educação continuada.

As editoras que integram o GEN, das mais respeitadas no mercado editorial, construíram catálogos inigualáveis, com obras decisivas para a formação acadêmica e o aperfeiçoamento de várias gerações de profissionais e estudantes, tendo se tornado sinônimo de qualidade e seriedade.

A missão do GEN e dos núcleos de conteúdo que o compõem é prover a melhor informação científica e distribuí-la de maneira flexível e conveniente, a preços justos, gerando benefícios e servindo a autores, docentes, livreiros, funcionários, colaboradores e acionistas.

Nosso comportamento ético incondicional e nossa responsabilidade social e ambiental são reforçados pela natureza educacional de nossa atividade e dão sustentabilidade ao crescimento contínuo e à rentabilidade do grupo.

ALFONSO SERRANO MAÍLLO
LUIZ REGIS PRADO

CRIMINOLOGIA

4ª edição revista, atualizada e ampliada

- A EDITORA FORENSE se responsabiliza pelos vícios do produto no que concerne à sua edição (impressão e apresentação a fim de possibilitar ao consumidor bem manuseá-lo e lê-lo). Nem a editora nem o autor assumem qualquer responsabilidade por eventuais danos ou perdas a pessoa ou bens, decorrentes do uso da presente obra.
- Nas obras em que há material suplementar *on-line*, o acesso a esse material será disponibilizado somente durante a vigência da respectiva edição. Não obstante, a editora poderá franquear o acesso a ele por mais uma edição.
- Todos os direitos reservados. Nos termos da Lei que resguarda os direitos autorais, é proibida a reprodução total ou parcial de qualquer forma ou por qualquer meio, eletrônico ou mecânico, inclusive através de processos xerográficos, fotocópia e gravação, sem permissão por escrito do autor e do editor.

  Impresso no Brasil – *Printed in Brazil*

- Direitos exclusivos para o Brasil na língua portuguesa
  Copyright © 2019 by
  EDITORA FORENSE LTDA.
  Uma editora integrante do GEN | Grupo Editorial Nacional
  Travessa do Ouvidor, 11 – Térreo e 6º andar – 20040-040 – Rio de Janeiro – RJ
  Tel.: (21) 3543-0770 – Fax: (21) 3543-0896
  faleconosco@grupogen.com.br | www.grupogen.com.br

- O titular cuja obra seja fraudulentamente reproduzida, divulgada ou de qualquer forma utilizada poderá requerer a apreensão dos exemplares reproduzidos ou a suspensão da divulgação, sem prejuízo da indenização cabível (art. 102 da Lei n. 9.610, de 19.02.1998). Quem vender, expuser à venda, ocultar, adquirir, distribuir, tiver em depósito ou utilizar obra ou fonograma reproduzidos com fraude, com a finalidade de vender, obter ganho, vantagem, proveito, lucro direto ou indireto, para si ou para outrem, será solidariamente responsável com o contrafator, nos termos dos artigos precedentes, respondendo como contrafatores o importador e o distribuidor em caso de reprodução no exterior (art. 104 da Lei n. 9.610/98).

- Capa: Aurélio Corrêa

- Data de fechamento: 08.05.2019

- Esta obra passou a ser publicada pela Editora Forense a partir da 4ª edição.

- **CIP – BRASIL. CATALOGAÇÃO NA FONTE.
  SINDICATO NACIONAL DOS EDITORES DE LIVROS, RJ.**

  P917c
  Prado, Luiz Regis

  Criminologia / Alfonso Serrano Maíllo; Luiz Regis Prado. – 4. ed. – Rio de Janeiro: Forense, 2019.

  Inclui bibliografia
  ISBN 978-85-309-8676-6

  1. Criminologia. I. Maíllo, Alfonso Serrano. II. Título.

  19-56408　　　　　　　　　　　　　　　　　　　　　　CDU: 343.9.01

  Leandra Felix da Cruz – Bibliotecária – CRB-7/6135

PRÓLOGO À 4ª EDIÇÃO

Es un motivo de satisfacción ver esta obra publicada por la editorial Forense en Brasil. La Criminología puede desempeñar un rol importante en la modernización de Brasil y de todos nuestros países en general. Esto puede hacerlo desde varios frentes: mostrando que los fenómenos sociales pueden ser estudiados y entendidos de modo verosímil aplicando el método científico, propio de las ciencias naturales, en vez de seguir recurriendo a enfoques ideológicos que por regla son ambiguos; proponiendo formas de intervención social prometedoras basadas en hechos y en teoría en lugar de abundar en enfoques que han fracasado ya muchas veces y que precisamente por eso necesitan de un tal apoyo explícito; y exigiendo evaluaciones rigurosas de cualesquiera programas que se implementen en contraposición a la idea de que un fundamento político debe asegurar el éxito. Este enfoque de la Criminología positiva es, por poner ejemplo, el mejor antídoto contra la llamada *dominación por ignorancia*: «la dominación a través de la ignorancia deliberadamente cultivada y ausencia de certeza es mucho más fiable y mucho más barata que normas basadas en un debate minucioso de los hechos y un esfuerzo prolongado para alcanzar un acuerdo sobre la verdad de una materia y en los medios menos arriesgados de proceder»[1]. Además, una gran nación como Brasil está llamada a desempeñar un papel decisivo en la transformación de América Latina, cuando no a capitanear estos cambios hacia sociedades modernas.

La Criminología positiva mayoritaria, en la que se ubica este libro, tiene un carácter exigente, riguroso y optimista, así como al mismo tiempo humilde[2]. En nuestros países ha gozado de gran influencia e incluso de prestigio la llamada Criminología crítica. Aunque uno de sus pilares en América Latina, España y Portugal ha sido el rechazo del método científico, un rechazo basado en el caso típico en ideología y que ha llegado a la demonización, debe aclararse, en primer lugar, que los enfoques críticos son muy heterogéneos y en muchos casos son perfectamente compatibles con el método científico; y, en segundo lugar, que a ciencia social seria tiene que ser necesariamente crítica con ella misma y con

---

[1] Bauman, *Liquid life*, Cambridge y Malden, Mass.: Polity Press, 2005.
[2] Popper, *La lógica de la investigación científica* (trad. Sánchez de Zavala), Madrid: Tecnos, 1934/1997.

la sociedad en que se desarrolla, algo que se ha echado de menos en muchos cultivadores de esta Criminología crítica –a algunos de los cuales, por cierto, no les ha ido demasiado mal en un mundo tan injusto como el que describen–. Dicho con otras palabras, tomada en serio, *Criminología* y *crítica* son términos redundantes. Por poner un ejemplo: ¿cómo pueden identificarse mejor la desigualdad, sus causas y sus remedios que mediante la investigación empírica y teórica rigurosas[3]? El enfoque alternativo que ha predominado entre nosotros no se ha mostrado muy efectivo hasta ahora en ninguna de estas tareas.

En el estricto punto de vista criminológico, desde hace algunos lustros se observa una disminución de la criminalidad en la mayoría de los países del mundo[4]... con la inquietante excepción de América Latina[5]. No pretendo sugerir sin más una asociación entre la ausencia relativa de investigación científica rigurosa y descenso en las tasas de criminalidad, pero sí que la Criminología que ha predominado entre nosotros no ha sido excesivamente eficaz no digo ya para encontrar las causas de este fenómeno y sus posibles respuestas, sino incluso para identificarlo. Como, de modo paradójico si tenemos en cuenta los niveles de violencia, tampoco ha sido eficaz para evitar que sigamos cambiando libertad por, en el mejor caso, un poco de seguridad[6]. En efecto, tampoco nos quedamos cortos en términos de punitividad –la cual, amén de su ineficacia en la lucha contra el delito, conlleva importantes costes sociales a largo plazo tales como «El endurecimiento de las divisiones sociales y raciales, el refuerzo de procesos criminógenos; la alineación de amplios grupos sociales; el descrédito de la autoridad legal; una reducción de la tolerancia cívica; [o] una tendencia al autoritarismo"[7]–.

Por todo ello animo a los investigadores brasileños y latinoamericanos a que trabajen en la tradición de la Criminología positiva mayoritaria. Este enfoque, puesto que favorece la búsqueda de generalizaciones, no es consistente con la creación de una Criminología *latinoamericana*. Antes al contrario, en América es posible testar teorías propuestas en otros lugares y proponer teorías que puedan a su vez ser testadas en otros lugares; atender a hechos conocidos lejos de sus fronteras y establecer hechos conocidos dentro de sus fronteras; replicar progra-

---

[3] Hagan y Peterson, eds., *Crime and inequality*, Stanford, Ca.: Stanford University Press, 1995.

[4] Blumstein y Wallman (eds.), *The crime drop in America*, Cambridge: Cambridge University Press, 2000.

[5] Alvazzi del Frate y Mugellini, «The crime drop in "non-Western" countries: A review of homicide data», en *The international crime drop. New directions in research* (van Dijk et al., eds.), London y New York: Palgrave-MacMillan, 2012.

[6] Vid., en general, Bauman, *La società dell'incertezza* (trad. R. Marchisio y S. Neirotti), Bologna: Il Mulino, 1999.

[7] Garland, *The culture of control. Crime and social order in contemporary society*, Chicago y Oxford: The University of Chicago Press, 2001.

mas de control y prevención del delito intentados por investigadores y prácticos extranjeros y ensayar otros por nacionales que puedan a su vez exportarse[8]. Dicho con otras palabras, la Criminología latinoamericana puede –en realidad no tiene más remedio si la ciencia es verdaderamente universal– trabajar en el mismo plano que los estudios de cualquier otro lugar del mundo.

Esto no quiere decir que la Criminología que se haga en América Latina no pueda tener algunas características propias[9], aunque sí que tendrá que recurrir al método científico sin complejos. Durkheim hipotetizó que cuando las poblaciones aumentan y, por lo tanto, también lo hacen las interacciones, aumenta también la diversidad o diferenciación. Como consecuencia, la conciencia colectiva se hace más ligera y toma más peso la individual; los símbolos son menos claros y exigen una cierta reflexión por parte del individuo. La diversidad de las sociedades más densas encierra dos fuerzas sociales contrapuestas, antagónicas que se compensan. Por un lado, favorecen la individualización y debilitan la solidaridad; por otro lado, aumentan la solidaridad porque cada individuo depende cada vez más de los demás. El sistema social se sostiene ahora como un organismo animado en el que los órganos son independientes entre sí, pero al mismo tiempo unos dependen de otros para subsistir. Durkheim denomina a este tipo *solidaridad orgánica*[10]. *Este es el escenario que predomina en la Criminología positiva mayoritaria y que se traduce en publicaciones superficiales accesibles a todo el mundo, artículos científicos como productos de consumo, exigencia de revisión de una literatura que obvie cualesquiera consideraciones serias, búsqueda del consenso y huida de la confrontación académica... Bajo estas condiciones y parafraseando a Bernstein, se contrapone una Criminología en profundidad* con una *Criminología en extensión* como la que tiende a prevalecer en la actualidad en el mundo anglosajón[11]. Una parte importante de la ciencia social y jurídica que se hace a día de hoy en Brasil, como la que caracteriza a mi amigo y admirado colega, el profesor Regis Prado, es *ciencia en profundidad* –por mucho que su famoso *Tratado de Derecho Penal* esté compuesto por tres densos volúmenes–, y justamente en esta tradición puede residir una de las señas de identidad de los criminólogos brasileños.

Madrid, 1 de diciembre de 2018
Prof. Dr. iur. Dr. sc. soc. Dr. *h. c.* **Alfonso Serrano Maíllo**

---

[8] Vazsonyi, «Comparative Criminology: concept or simply methodology?», en *Advances in criminological theory*, 12. *Control theories of crime and delinquency* (Britt y Gottfredson, eds.), New Brunswick, NJ y London: Transaction Publishers, 2003.

[9] Serrano Maíllo, *Introducción a la Criminología*, 6.ª ed., Dykinson: Madrid, 2009.

[10] Durkheim, *La división del trabajo social* (trad. Posada), Los Berrocales del Jarama, Madrid: Akal. 1893/1995.

[11] Bernstein, *Class, codes and control*, 3, London: Routledge and Kegan Paul, 1975.

PRÓLOGO À EDIÇÃO BRASILEIRA

La aparición de esta obra en el Brasil ha sido posible gracias al esfuerzo del profesor Luiz Regis Prado, mi admirado y querido colega, quien ha intervenido como traductor y revisor. No es preciso señalar que el profesor Regis Prado ha mostrado a lo largo de su dilatada carrera académica una gran sensibilidad por cuestiones de contenido criminológico, algo que de nuevo queda patente en sus brillantes trabajos científicos.

Por otro lado, el profesor Regis Prado no sólo ha sobresalido por su destacada participación en los principales debates doctrinales en el marco de las ciencias criminales, sino por su inestimable labor de intercambio académico entre los países latinoamericanos y europeos.

La publicación de esta obra en portugués debe entenderse, pues, en el marco más general de intercambio académico que viene promoviendo el profesor Regis Prado, y del que tanto se han beneficiado todos nuestros países. Todo ello le han conferido un elevado lugar en las ciencias criminales como un destacado y prestigioso científico a nivel internacional, y en concreto en mi país, España, es reconocido no sólo como una referencia científica importante, sino como un entusiasta penalista plenamente integrado en nuestra doctrina académica.

Por todo ello, es motivo de gran satisfacción que el presente trabajo aparezca en Brasil. En la medida en que esta obra contribuya al desarrollo de una visión científica del delito y su control y prevención en Brasil y en Iberoamérica en general habrá cumplido en buena medida su misión.

En efecto, ninguna sociedad puede conformarse con una reflexión puramente especulativa, ideológica o voluntarista sobre la explicación y la prevención y control del delito. En especial la lucha contra el delito debería basarse en hechos conocidos sobre el delito y en explicaciones plausibles sobre las causas del mismo, a la vez que los programas deberían evaluarse de modo concienzudo.

La presente *Introducción* tiene, pues, un fuerte compromiso con una Criminología *científica* e *independiente*. Esta es la visión hoy predominante en la Criminología mayoritaria, y la doctrina científica de una de las naciones más prometedoras del mundo debería apostar con decisión por esta orientación. Debido a su naturaleza, sin embargo, esta monografía se centra en algunos de los desarrollos más influyentes, atendiendo de modo insuficiente otros igualmente atractivos. En efecto, el panorama de la Criminología contemporánea es de una riqueza hoy por hoy imposible de plasmar – tanto a nivel metodológico como teórico – en una obra de las características de la presente. Por ello, no aspira a constituir una *organización del conocimiento* en el sentido de Sutherland. La segunda columna de esta *Introducción* es su deseo de contribuir a resaltar la profunda complejidad del fenómeno delictivo. De ahí se infiere, entre otras cosas, que no es posible esperar propuestas de Política Criminal sencillas, directas e inocuas.

Puesto que el fenómeno delictivo probablemente tenga un cierto carácter político, social y cultural, hallazgos empíricos y enfoques teóricos originariamente construidos en otros ámbitos no deberían trasladarse acrítica y automáticamente a la realidad brasileña. Ciertas teorías sugieren, incluso, que su aplicación se limita a ciertos ámbitos y que las mismas deberían ser de difícil extensión a otros. Si la ciencia tiene una vocación universal, sin embargo, es plausible que la mayor parte de los hechos conocidos y de las explicaciones sobre el delito sean exactamente igual de válidos para el Brasil. No es otra cosa lo que sugieren algunas de las más importantes teorías criminológicas y los primeros estudios empíricos comparados, llevados a cabo en ámbitos de lo más dispar.

Aunque este trabajo aspira a ser neutral y fiel a las posturas que analiza – a las que por otra parte no pretende sustituir –, el mismo rezuma de mi propia concepción de la Criminología. En la misma han desempeñado un papel crucial Chester Britt, Travis Hirschi, John Laub, Raymond Paternoster y David Weisburd, a los que estoy profundamente agradecido. La lista de todas las personas con las que he contraído deudas científicas inestimables sería muy larga, de modo que me limitaré a mencionar mi sincero agradecimiento hacia Ronald Akers, Gary LaFree, Alfonso Serrano Gómez, Neal Shover y Per-Olof Wikström.

Alfonso Serrano Maíllo

LISTA DE ABREVIATURAS

ACNP	–	Archivos de Criminología, Neuro-psiquiatría y disciplinas conexas.
Advances	–	Advances in Criminological Theory (F. Adier y W. S. Laufer eds.).
Adv.AD	–	Advances in Adolescent Development (G. R. Adams et al. eds.).
AJS	–	American Journal of Sociology.
Amer.J. Orthopsychiat.	–	American Journal of Orthopsychiatry.
Anuario	–	Anuario de Derecho Penal y Ciencias Penales.
Annals	–	The Annals of the American Academy of Political and Social Science.
Annu.Rev. Sociol.	–	Annual Review of Sociology.
ANZJCrim	–	Australian and New Zealand Journal of Criminology.
AP	–	Actualidad Penal.
APs	–	American Psychologist.
ARS	–	Annual Review of Sociology.
AS	–	The American Sociologist.
ASR	–	American Sociological Review.
BJC	–	British Journal of Criminology.
BMJ	–	British Medical Journal.
CB&MH	–	Criminal Behavior and Mental Health.
CC	–	Contemporary Crises.
C&D	–	Crime and Delinquency.
CDJ	–	Cuadernos de Derecho Judicial.
C&J	–	Crime and Justice. A review of research.

CJ&B	–	Criminal Justice and Behavior.
CJH	–	Criminal Justice History.
CLQ	–	The Criminal Law Quarterly.
CL&SC	–	Crime, Law and Social Change.
CPC	–	Cuadernos de Política Criminal.
CPS	–	Crime Prevention Studies.
CS	–	Contemporary Sociology.
ed(s).	–	editor/a(es/as), edición.
EPP	–	Evaluation and Program Planning.
et al.	–	et alli (y otros/as).
GA	–	Goltdammer's Archiv für Strafrecht.
HO	–	Human Organization.
IJOTCC	–	International Journal of Offender Therapy and Comparative Criminology.
IJBD	–	International Journal of Behavioral Development.
IJSL	–	International Journal of the Sociology of Law.
JA&SP	–	Journal of Abnormal and Social Psychology.
JCE	–	Journal of Correctional Education.
JCJ	–	Journal of Criminal Justice.
JCL&C	–	The Journal of Criminal Law and Criminology.
JCLC&PS	–	The Journal of Criminal Law, Criminology and Police Science.
JHSB	–	Journal of Health and Social Behavior.
JJB	–	Juvenile Justice Bulletin.
JLS	–	The Journal of Legal Studies.
JP&SP	–	Journal of Personality and Social Psychology.
JQ	–	Justice Quarterly.
JQC	–	Journal of Quantitative Criminology.
JRC&D	–	Journal of Research in Crime and Delinquency.
JR&P	–	Justice Research and Policy.
JSAT	–	Journal of Substance Abuse Treatment.
JSI	–	Journal of Social Issues.
KKW	–	Kleines kriminologisches Wörterbuch (G. Kaiser et al. eds.).

L&SR	–	Law and Society Review.
MschrKrim	–	Monatsschrift für Kriminologie und Strafrechtsreform.
n(n).	–	Nota(s).
PI	–	The Public Interest.
PR	–	*Psychological Review.*
RDPC	–	*Revista de Derecho Penal y Criminologia.*
REOP	–	*Revista Española de la Opinión Pública.*
RIB	–	*Research in Brief.*
RPC	–	*Rassegna Penitenciaria e Criminologica.*
SF	–	*Social Forces.*
Signs	–	*Signs: Journal of Women in Culture and Society.*
SP	–	*Social Problems.*
SQ	–	*The Sociological Quarterly.*
SSR	–	*Social Science Research.*
SSQ	–	*Social Science Quarterly.*
ST	–	*Sociological Theory.*
ThC	–	*Theoretical Criminology.*
trad.	–	Traducción (de).
vol(s).	–	Volumen(es).
V&V	–	*Violence and Victims.*
YLR	–	*The Yale Law Review.*
W&CJ	–	*Women and Criminal Justice.*

OBRAS DOS AUTORES

Alfonso Serrano Maíllo

Curso de Criminologia. (em coautoria com Luiz Regis Prado). 2. ed. São Paulo: RT, 2013.

Luiz Regis Prado

Bem jurídico-penal e Constituição. 8. ed. Rio de Janeiro: Forense, 2019.
Criminologia (em coautoria com Alfonso Serrano Maíllo). 4. ed. Rio de Janeiro: Forense, 2019.
Direito penal do ambiente. 7. ed. Rio de Janeiro: Forense, 2019.
Direito penal econômico. 8. ed. Rio de Janeiro: Forense, 2019.
Prisão preventiva: a contramão da modernidade. Rio de Janeiro: Forense, 2019 (em coautoria com Diego Prezzi Santos).
Tratado de direito penal. Parte geral. 3. ed. Rio de Janeiro: Forense, 2019. v. 1.
Tratado de direito penal. Parte especial. 3. ed. Rio de Janeiro: Forense, 2019. v. 2.
Tratado de direito penal. Parte especial. 3. ed. Rio de Janeiro: Forense, 2019. v. 3.
Comentários ao Código Penal. 8. ed. São Paulo: RT, 2013.
Crimes contra o ambiente. 2. ed. São Paulo: RT, 2001.
Curso de criminologia (em coautoria com Alfonso Serrano Maíllo). 2. ed. São Paulo: RT, 2013.
Curso de direito penal brasileiro. Parte geral. 12. ed. São Paulo: RT, 2012. v. 1.
Curso de direito penal brasileiro. Parte especial. 11. ed. São Paulo: RT, 2012. v. 2.
Curso de direito penal brasileiro. Parte especial. 9. ed. São Paulo: RT, 2012. v. 3.
Direito de execução penal. 3. ed. São Paulo: RT, 2013 (Coord.).
Direito penal. Parte geral. 2. ed. São Paulo: RT, 2008. v. 1.
Direito penal. Parte especial. 2. ed. São Paulo: RT, 2008. v. 2, 3 e 4.
Direito penal contemporâneo: estudos em homenagem ao Professor José Cerezo Mir. São Paulo: RT, 2007 (Coord.).

Direito penal do ambiente: biossegurança (com a análise da Lei 11.105/2005); meio ambiente; ordenação do território; patrimônio cultural. 4. ed. São Paulo: RT, 2012.

Direito penal econômico. 5. ed. São Paulo: RT, 2012.

Direito processual penal. Parte I. São Paulo: RT, 2009, v. 1 (Coord.).

Direito processual penal. Parte II. São Paulo: RT, 2009, v. 2 (Coord.).

Elementos de direito penal. Parte geral. São Paulo: RT, 2005. v. 1.

Elementos de direito penal. Parte especial. São Paulo: RT, 2005, v. 2.

Execução penal. Processo e execução penal. São Paulo: RT, 2009, v. 3 (Coord.).

Falso testemunho e falsa perícia. 2. ed. São Paulo: RT, 1994.

Leis penais especiais. Parte I. Direito penal. São Paulo: RT, 2009. v. 5. (Coord.).

Leis penais especiais. Parte II. Direito penal. São Paulo: RT, 2009. v. 6. (Coord.).

Multa penal: doutrina e jurisprudência. 2. ed. São Paulo: RT, 1993.

O novo sistema jurídico-penal: uma introdução à doutrina da ação finalista. Trad. Hanz Welzel. 3. ed. São Paulo: RT, 2011.

Responsabilidade penal da pessoa jurídica: em defesa do princípio da imputação penal subjetiva. 2. ed. São Paulo: RT, 2010 (Coord.).

Teorias da imputação objetiva do resultado: uma aproximação crítica a seus fundamentos. 2. ed. São Paulo: RT, 2006. Coautoria com Érika Mendes de Carvalho. (Série Ciência do Direito Penal Contemporânea, v. 1.)

SUMÁRIO

INTRODUÇÃO 1

Capítulo 1 – A CRIMINOLOGIA COMO CIÊNCIA DO DELITO 5
    I.   A criminologia 5
    II. A criminologia como ciência 13
        1.   O recurso ao método científico 13
        2.   A ideia de ciência e suas limitações 16
        3.   A criminologia compreensiva 26
    III. A natureza da criminologia como ciência 29
        1.   Objetividade, realismo e progresso 29
        2.   Autonomia e independência científicas 31
        3.   A criminologia como ciência livre de valores 34
    IV. O delito e o problema de sua definição 38
        1.   A normalidade do delito 38
        2.   O problema da definição do delito 42
        3.   A necessidade de uma definição criminológica 59
        4.   Os delitos de colarinho-branco 62
    V. Teorias do Direito Penal 66

Capítulo 2 – HISTÓRIA DA CRIMINOLOGIA 73
    I.   O nascimento da criminologia científica 73
        1.   A história "vista como algo mais que um depósito de anedotas ou cronologia" 73
        2.   A escola clássica 75
        3.   O nascimento da criminologia positiva 85
        4.   A escola positiva italiana 89

	5. O enfoque plurifatorial	99
II.	O paradigma sociológico e a construção de teorias unitárias	100
	1. A escola de Chicago	100
	2. A teoria da desorganização social	107
	3. O paradigma sociológico	111
	4. A teoria da associação diferencial	113
	5. Uma teoria clássica da frustração	116
	6. Movimentos críticos	120
	7. A teoria do controle social	121
III.	A criminologia na Espanha	125

Capítulo 3 – AS TIPOLOGIAS NA CRIMINOLOGIA CONTEMPORÂNEA 129

I.	A ideia das tipologias	129
	1. Tipologias e teorias gerais	129
	2. Alguns exemplos de tipologias	134
II.	O caso da delinquência juvenil ante a criminalidade adulta	135
III.	Sobre as possibilidades e limites das tipologias de delitos e delinquentes em criminologia	141
	1. Uma antiga tradição de tipologia	141
	2. Alguns problemas que devem enfrentar as tipologias	143
	3. Uma questão de competição de teorias	151
	4. O enfoque tipológico na prevenção do delito e o tratamento do delinquente	152

Capítulo 4 – A TEORIA CRIMINOLÓGICA 157

I.	A relevância da teoria para a ciência criminológica	157
	1. O conceito de teoria	157
	2. O conceito de causa	161
	3. É imprescindível a teoria em criminologia?	165
II.	Métodos teóricos	169
	1. O problema dos níveis de análise: teorias micro e macro	169
	2. Teorias gerais e tipológicas	174
	3. Teorias de alcance médio e grandes teorias	174
	4. Teorias e enfoques plurifatoriais	176

    5. Teorias unitárias e integradas 182
    6. A classificação das teorias criminológicas 188
  III. Critérios de avaliação de teorias 188
    1. Coerência interna 190
    2. Âmbito 190
    3. Simplicidade 191
    4. Precisão 193
    5. Apoio empírico 194
    6. Aplicações práticas 196

Capítulo 5 – VARIÁVEIS E ORIENTAÇÕES BIOLÓGICAS. ENFOQUES PSICOLÓGICOS 199
  I. Variáveis e orientações biológicas 199
    1. O renascimento das variáveis biológicas na criminologia contemporânea 199
    2. Evidência empírica sobre as variáveis biológicas 207
    3. Características dos enfoques biológicos contemporâneos ... 212
    4. Avaliação 217
  II. Enfoques psicológicos na criminologia contemporânea 221

Capítulo 6 – CRIMINOLOGIA NEOCLÁSSICA 225
  I. Têm as penas efeitos preventivos? 225
    1. Penas e controle social informal 225
    2. Investigações sobre os efeitos preventivos da pena de morte 230
    3. Investigações ou pesquisas sobre a prevenção geral das penas 233
    4. Investigações sobre a prevenção especial das penas 242
  II. O delinquente racional 248
    1. O delinquente como sujeito racional 248
    2. O enfoque econômico 250
    3. Oportunidade e delito: o enfoque das atividades habituais 252
    4. Meio e delito. A criminologia do ambiente físico 257
    5. O enfoque situacional 260
    6. A prevenção situacional do delito 262

III. Avaliação 269

Capítulo 7 – AS TEORIAS DA APRENDIZAGEM SOCIAL. AS TEORIAS DA ANOMIA E DA FRUSTRAÇÃO 275

    I. As teorias da aprendizagem social 275
        1. Origem das teorias contemporâneas da aprendizagem social 275
        2. A associação com colegas delinquentes – um dos correlatos mais importantes do delito é a associação com iguais delinquentes 276
        3. A teoria da aprendizagem social 279
        4. Avaliação 285
    II. A teoria da anomia 289
        1. A anomia em Durkheim 289
        2. A teoria da anomia institucional 292
        3. A teoria da legitimidade das instituições 297
    III. As teorias contemporâneas da frustração 301
        1. Recentes desenvolvimentos das teorias da frustração 301
        2. A teoria geral da frustração 303
        3. Avaliação 312

Capítulo 8 – AS TEORIAS DO CONTROLE E DA DESORGANIZAÇÃO SOCIAL 317

    I. As teorias do controle social 317
        1. "Por que não delinquimos?" 317
        2. A teoria do autocontrole (*self-control*) 322
        3. A teoria do controle social informal dependente da idade ... 334
    II. A teoria da desorganização social 343
        1. Desorganização social? 343
        2. A teoria ecológica contemporânea 345

Capítulo 9 – ENFOQUES CRÍTICOS. O ENFOQUE DO ETIQUETAMENTO. CRIMINOLOGIA RADICAL. CRIMINOLOGIA FEMINISTA. CRIMINOLOGIA PÓS-MODERNA 351

    I. A heterogeneidade dos enfoques críticos 351
    II. O enfoque do etiquetamento 353

		1. Propostas básicas	353
		2. Avaliação	355
		3. Recentes desenvolvimentos	356
	III.	A criminologia radical	376
		1. Características gerais	376
		2. A nova criminologia	380
		3. A teoria unificada do conflito	382
		4. A teoria estrutural-marxista da produção da delinquência juvenil	383
		5. A criminologia realista	389
		6. A criminologia verde	398
		7. Avaliação	399
	IV.	A criminologia feminista	400
		1. Sexo e delito	400
		2. O desenvolvimento da criminologia feminista	401
		3. A questão da diferença na tendência ao delito	411
	V.	A criminologia pós-moderna	417

Capítulo 10 – ENFOQUES INTEGRADOS. A CRIMINOLOGIA DO DESENVOLVIMENTO 425

	I.	Teorias integradas	425
		1. Teorias integradas e unitárias	425
		2. O modelo modificado do controle social-desorganização social	426
	II.	O paradigma das carreiras criminais	429
		1. A importância do fator idade	429
		2. Os estudos de carreiras criminais	432
	III.	A criminologia do desenvolvimento	439
		1. A proposição da criminologia do desenvolvimento	439
		2. A proposta de desenvolvimento de comportamentos antissociais limitados à adolescência e persistentes ao longo do curso da vida	443
		3. Avaliação	447

BIBLIOGRAFIA 449

INTRODUÇÃO

Nenhuma sociedade pode ou mesmo deve se satisfazer com uma reflexão puramente especulativa, ideológica ou voluntarista sobre a explicação, prevenção e controle do delito, da criminalidade.

Ao contrário, é imprescindível o recurso à ciência e à pesquisa séria. Isso sem esquecer que a criminologia vem a ser uma ciência metodologicamente muito exigente e, ao mesmo tempo, muito simples em suas conclusões.

Além disso, a criminologia talvez seja a *ciência mais fácil de incorrer em equívocos do que o contrário*.

Como assinala Laub, "apesar da atenção diária que recebe o delito nos jornais, noticiários televisivos e tertúlias radiofônicas, é surpreendente que saibamos tão pouco sobre o delito e seu impacto sobre a sociedade".[1]

Este livro busca expor algumas das questões mais importantes no estado atual da discussão e das teorias criminológicas.

Nesse sentido, procura-se descrever com a maior fidelidade possível as várias teorias, questões e posturas analisadas, com farta documentação.

Em todo caso, nesta obra nem outra, em geral, podem visar a substituir em criminologia os trabalhos originais: isso é indispensável para se obter um conhecimento teórico e metodológico profundo.[2]

Posto isso, há de se atentar às análises críticas, tanto teóricas como empíricas, que merecem as diferentes teorias (sua avaliação), assim como as principais propostas de política criminal que mais impacto tiveram no âmbito científico.

É objeto de destaque ainda o papel substancial que devem desempenhar na criminologia os chamados *correlatos* do delito, tais como sexo, idade, emprego ou classe social.[3]

---

[1] LAUB, J. H. Patterns of criminal victimization in the United States, p. 23; também LAUB, J. H.; SAMPSON, R. J. Turning points in the life course: why change matters to the study of crime?, p. 17-18 e 40.

[2] CRESSEY, D. R. Introducción a la reimpresión de *Other people's money,* p. vi. Como acrescentam HIRSCHI, T.; HINDELANG, M. J., ler não só pode ser divertido, mas muitas vezes útil na área científica (Reply to Ronald L. Simons, p. 611).

[3] HINDELANG, M. J. Variations in sex-race-age-specific incidence rates of offending, p. 473; vide ainda AKERS, R. L. Self-control as a general theory of crime, p. 206; BRAITHWAITE, J.

O panorama da criminologia contemporânea, sem falar de sua evolução histórica, contém uma riqueza atualmente impossível de ser plasmada em uma obra como esta.[4]

Esforçamo-nos para que a seleção das teorias, temas, tendências, debates e linhas de pesquisa correspondesse às preocupações mais características e difundidas na criminologia contemporânea majoritária.

Devido à riqueza da matéria, procuramos nos concentrar no *estado atual* da criminologia.

Convém acrescentar que este livro não aspira constituir-se numa organização do conhecimento. Tem ele forte compromisso com uma criminologia *científica, independente* e *autônoma*.

Em todo caso, esta última afirmação talvez não seja atualmente predominante nos âmbitos espanhol e ibero-americano, que no fundo provém de tradições até certo ponto beligerantes com tais ideias, sendo que aquela ainda deve demorar algum tempo para se impor.[5] No entanto, talvez isso seja inevitável.

Outro ponto fundamental é a busca por ressaltar a profunda complexidade que envolve o fenômeno delitivo, uma forma extremamente complexa do comportamento humano.[6] Daí se infere, entre outras coisas, que não é possível esperar propostas simples, diretas ou sem efeitos secundários de política criminal.

Esta obra aspira a promover uma atitude crítica entre seus leitores, ainda que em um sentido distinto do que às vezes se reclama.

Recomendamos que na criminologia se mantenha uma atitude crítica em face do que se lê – também diante das próprias pesquisas –, atitude que, claro, deve começar com a presente *obra*.

Bem por isso que o leitor sensato deve *duvidar* do que lhe é apresentado, sejam ideias teóricas, sejam enfoques metodológicos, sejam dados empíricos, não os aceitando acriticamente.[7]

Ademais, a ciência e a criminologia especificamente buscam *superar o senso comum*; por isso podem ser encontradas ideias ou fatos que chocam com o que

---

Crime, shame and reintegration, p. 44; GOTTFREDSON, M. R.; HIRSCHI, T. *A general theory of crime*, p. xiv-xv, 12 e 16; HIRSCHI, T. Exploring alternatives to integrated theory, p. 46. De outra opinião, BLUMSTEIN, A.; COHEN, J. Characterizing criminal careers, p. 985.

[4] DOWNES, D.; ROCK, P. *Understanding deviance*, p. 1-23.

[5] Em especial, sobre o problema das influências ideológicas, AKERS, R. L.; SELLERS, C. S. *Criminological theories*, p. 12-14; BLUMSTEIN, A.; COHEN, J.; ROTH, J. A.; VISHER, C. A. *Criminal careers and career criminals*, p. xi.

[6] SHAW, C. R.; McKAY, H. D. *Report on the causes of crime*, p. v.

[7] Sobre os limites de toda a crítica, vide HIRSCHI, T.; SELVIN, H. C. *Principles of survey analysis*, p. 274.

em nosso âmbito se tem por estabelecido e/ou com o que intuitiva ou ideologicamente vem a ser mais atrativo.

Convém esclarecer que o fenômeno delitivo tem acentuado o caráter político, social e cultural, de maneira que descobertas e teorias de outros âmbitos não deveriam ser-lhe trasladadas acrítica e automaticamente.[8]

Algumas teorias, inclusive, afirmam que se referem à situação de âmbitos socioculturais, que deveriam ser de difícil extensão a outros.[9] Ainda que também possam existir boas razões para se acreditar em uma generalização maior.[10] Trata-se de uma questão empírica que somente muito recentemente começou a ser estudada com alguma profundidade.[11]

Por derradeiro, deve ser consignado que a presente obra, de certo modo adaptada, tem como objetivo essencial propiciar ao leitor interessado, seja ou não estudante de criminologia (graduação ou de pós-graduação), uma visão *moderna*, *científica* e ordenada sobre alguns dos mais relevantes temas criminológicos da atualidade.

---

[8] HAWKINS, D. F. Introducción. *Violent crime*, p. xxiii; LEA, J.; YOUNG, J. 1993. *What is to be done about law and order?*, p. 22-23; YOUNG, J. Ten points of realism, p. 36-37.

[9] MESSNER, S. F.; ROSENFELD, R. An institutional-anomie theory of crime, p. 5, principalmente; SHERMAN, L. W. Defiance, deterrence, and irrelevance: a theory of the criminal sanction, p. 462.

[10] FARRINGTON, 1996: 68; LAUB, J.H.; SAMPSON, R. J. *Shared beginnings, divergent lives: delinquent boys to age 70*, p. 8; SELLIN, T. The sociological study of criminality, p. 416.

[11] AKERS, R. L.; JENSEN, G. F. Social learning theory and the explanation of crime: a guide for the new century, p. 3 e 6; HWANG, S.; AKERS, R. L. Substance use by Korean adolescents: a cross-cultural test of social learning, social bonding, and self-control theories, p. 39 e 55; WANG, S.-N.; JENSEN, G. F. Explaining delinquency in Taiwan: a test of social learning theory, p. 75 e 80-81.

Capítulo 1
A CRIMINOLOGIA COMO CIÊNCIA DO DELITO

I. A CRIMINOLOGIA

A criminologia, segundo a concepção clássica de SUTHERLAND, "é o conjunto de conhecimentos sobre o delito como fenômeno social. Inclui em seu âmbito, os processos de elaboração das leis, de infração das leis e de reação à infração das leis",[1] e a extensão do fenômeno delitivo.[2]

A criminologia vem a ser a ciência que se ocupa do delito e do delinquente como fenômeno individual e social.[3]

a) Sua principal atividade centra-se no *estudo das causas do delito*, ou seja, em *explicá-lo* (perspectiva etiológica).[4] Para tanto, existem diversas teorias – da aprendizagem, do controle, da frustração, da desorganização social ou da anomia –, que procuram explicar por que certas pessoas cometem delitos e por que em nossas sociedades existe um determinado índice de delinquência.

Essa tarefa intelectual que aspira satisfazer a busca de explicações que caracteriza o ser humano já justifica plenamente a criminologia, ainda que se a entenda como cultivo do *saber pelo saber*, sem atender a preocupações pragmáticas.[5]

---

[1] SUTHERLAND, E. H. *Principles of Criminology*, p. 3; SUTHERLAND, E. H.; CRESSEY, D. R. *Criminology*, p. 1; SUTHERLAND, E. H. et al. *Principles of Criminology*, p. 3.

[2] SUTHERLAND, E. H. 1924: 11; SUTHERLAND, E. H.; CRESSEY, D. R. *Criminology*, p. 29; SUTHERLAND, E. H. et al. *Principles of Criminology*, p. 48.

[3] SERRANO GÓMEZ, A. *Introducción a la ciencia del derecho penal*, p. 15; com mais detalhes sobre as funções, LÓPEZ-REY; ARROJO, M. *Criminología*, p. 291-295, 321-323, 427-443 e 491-492.

[4] Alguns autores acreditam equivocadamente que essa função está em crise ou até que foi abandonada.

[5] AKERS, R. L. *Criminological theories*, p. 12; POPPER, K. R. *La miseria del historicismo*, p. 69; idem, *Conjeturas y refutaciones*, p. 264; TITTLE, C. R. Prospects for synthetic theory: a consideration of macro-level criminological activity, p. 178; idem, *Control balance*, p. 17, 27 e 43; idem, Control balance, p. 331. Essa não é, contudo, uma questão

Muito ligado a isso se encontra o estabelecimento dos chamados *correlatos do delito*, isto é, certos fatores ou *variáveis* que se relacionam com o delito, como é o caso da idade ou do gênero.[6]

b) No entanto, a criminologia está voltada igualmente para as possíveis *formas de responder ao fenômeno delitivo* no sentido de preveni-lo e controlá-lo. Sobre esse ponto, há diversos enfoques propostos, por exemplo, medidas preventivas, penas ou o tratamento dos delinquentes. Naturalmente, essa função prática de uma ciência, nesse caso a prevenção e controle do delito,[7] deve ocupar também um lugar privilegiado, e de fato a criminologia e as ciências humanas e sociais em geral nasceram no século XIX com clara vocação pragmática.[8]

Todavia, a relação entre teoria criminológica e resposta ao delito é muito complexa. É importante destacar que a *política criminal*, que se ocupa de estudar e implementar medidas para a prevenção e controle do delito, constitui-se em uma ciência autônoma e independente. Nem é, muito menos, uma parte da criminologia.

Na política criminal, influem não só aspectos empíricos sobre a prevenção e controle do delito, mas também, e sobretudo, aspectos éticos, jurídicos, constitucionais políticos, econômicos etc. A decisão final sobre se deve ser ou não implementada uma determinada medida não cabe, pois, à criminologia.[9]

A pena de morte é um exemplo claro. A investigação criminológica sugere que ela carece de efeitos preventivos. Esse é, contudo, somente um argumento a mais para que não seja uma medida adotada. Do ponto de vista ético é inaceitável, porque atenta contra a dignidade humana, não é aceita por nosso ordenamento jurídico e é contrária aos princípios constitucionais. Também não é aceita pela maioria das sociedades contemporâneas, além de ser uma das mais custosas sanções etc.

A criminologia não tem a última palavra, mas pode orientar cientificamente as decisões. Pode ela contribuir com a política criminal e com a prevenção e controle do delito, ao menos de duas maneiras fundamentais.

Em primeiro lugar, e isso é o que interessa agora, pode oferecer teorias criminológicas, assim como destacar fatos empíricos bem conhecidos sobre o

---

fácil, vide, por exemplo, as incertezas de SUTHERLAND, E. H. *On analyzing crime*, p. 271-272.

6   HINDELANG, M. J. Variations in sex-race-age-specific incidence rates of offending, p. 473; LOEBER, R.; LE BLANC, M. Toward a developmental Criminology, p. 424-426.
7   Vide LUNDMAN, R. J. *Prevention and control of juvenile delinquency*, p. 15-20.
8   DURKHEIM, E. *La división del trabajo social*, p. 41.
9   AKERS, R. L.; SELLERS, C. S. *Criminological theories*, p. 12; GIBBS, J. P. *Crime, punishment, and deterrence*, p. 24.

fenômeno delitivo.[10] Desse modo, o ideal, como assinalam Laub e seus seguidores, seria que uma política criminal fosse baseada em teoria e em fatos:[11]

> Políticas "inteligentes" são as que se encontram apoiadas em investigação sólida. Um compromisso com políticas "inteligentes" significa repelir políticas que são simplesmente politicamente corretas e em consonância com os valores políticos do momento. Isto é, que a investigação, mais que a ideologia e a política, deveria governar a direção das políticas de controle do delito.[12]

Ademais, a criminologia pode, em segundo lugar, ajudar a avaliar, *empiricamente*, e a partir do estrito *ponto de vista do delito*, os efeitos dos programas que foram implementados. Ou seja: estudar se os esforços realmente resultaram úteis na prevenção e no controle da delinquência, ou se não o foram – ou se até resultaram contraproducentes.

Naturalmente, o lógico é pensar que entre teoria criminológica – que aspira a descobrir as causas do delito – e prevenção e controle do delito deveria haver uma relação direta. Essa proposição é coerente com a ideia de que será difícil melhorar a prevenção e o controle do delito se antes não conhecermos algo sobre suas causas.

Com efeito, muitas vezes isso é assim, mas não sempre: algumas das teorias criminológicas mais importantes carecem de implicações de política criminal;[13] outras simplesmente fazem propostas de senso comum ou com meras "bases filosóficas ou emocionais";[14] ou até irrealizáveis; programas de política criminal muito promissores não se baseiam em nenhuma teoria científica; em outras ocasiões, as políticas de controle e prevenção do delito não só são esboçadas em geral sem atender à teoria etiológica, mas muitas vezes são escolhidas *precisamente* porque a consideram um exercício inútil e, portanto, desprezíveis.[15] A relação entre teoria e política criminal emerge, pois, como bastante complexa.

---

[10] Farrington, D. P. The explanation and prevention of youthful offending, p. 112.
[11] Laub, J. H. Apuntes de cátedra; Laub et al. The public implications of a life-course perspective on crime, p. 91; Sampson, R. J.; Laub, J. H. *Crime in the making,* p. 3; também Barlow, H. D. Introduction: public policy and the explanation of crime, p. 4-5; Farrington, D. P. The explanation and prevention of youthful offending, 112; Lundman, R. J. *Prevention and control of juvenile delinquency,* p. 257.
[12] Laub et al. The public implications of a life-course perspective on crime, p. 91.
[13] Farrington, D. P. Explaining and preventing crime: the globalization of knowledge, p. 2.
[14] Eddy, J. M.; Gribskov, L. S. Juvenile Justice and delinquency prevention in the United States: the influence of theories and traditions on policies and practices, p. 45.
[15] Gottfredson, M. R.; Hirschi, T. National crime control policies, p. 30.

A criminologia também insiste em que os programas sejam elaborados de maneira precisa, que sejam avaliados solidamente, sobretudo recorrendo a experimentos (verdadeiros) – as avaliações costumam ser bem mais fracas[16] –; e que se tenha em conta o critério dos custos e benefícios.[17]

c) O estudo científico do delito também inclui a sua *medida* ou *extensão*, isto é, quantos delitos são cometidos em certo período de tempo em dada unidade espacial, podendo ser um país, uma região ou um bairro. Naturalmente, a medida pode se referir também a tipos concretos de delitos. Ainda se ocupa em estudar as tendências do delito ao longo do tempo, por exemplo, se aumenta ou diminui; da comparação entre diferentes países, comunidades ou outras entidades; ou de estudar se o delito se concentra em determinados lugares, momentos ou grupos de pessoas.

Para a medida do delito, costuma-se recorrer às estatísticas oficiais elaboradas nos diversos países, na Espanha, pelo Ministério do Interior e pela Procuradoria-Geral do Estado, no Brasil, pelo Ministério da Justiça, Conselhos Penitenciários. Apesar de as estatísticas oficiais despertarem tradicionalmente a desconfiança de muitos pesquisadores,[18] atualmente se admite que, ainda que não correspondam com precisão aos delitos cometidos em um país,[19] são valiosas principalmente no caso dos delitos mais graves.[20] Ainda que fosse desejável recorrer a fontes de informação oficial, desde Sellin considera-se que os dados sobre *delitos conhecidos pela polícia* são preferíveis para a medida do fenômeno porque, ao haver penetrado menos no sistema e no processo de administração da justiça, encontram-se menos *contaminados.*[21]

---

[16] ALBRECHT, H.-J. Der elektronische Hausarrest. Das Potential für Freiheitsstrafenvermeidung, Rückfallverhütung und Rehabilitation, p. 93 e 96; BARNES, G. C. Defining and optimizing displacement, p. 99; FREEMAN, R. B. The economics of crime, p. 3.557.

[17] ALBRECHT, H.-J. Der elektronische Hausarrest. Das Potential für Freiheitsstrafenvermeidung, Rückfallverhütung und Rehabilitation, p. 99; EDDY, J. M.; GRIBSKOV, L. S. Juvenile Justice and delinquency prevention in the United States: the influence of theories and traditions on policies and practices, p. 45; FREEMAN, R. B. The economics of crime, p. 3.558.

[18] DÍEZ RIPOLLÉS, J. L. et al. *Delincuencia y víctimas (encuestas de victimización en Málaga)*, p. 17-19; HERRERO HERRERO, C. *Criminología (Parte general y especial)*, p. 218; KITSUSE, J. I.; CICOUREL, A. V. A note on the uses of official statistics, p. 134-137 e 139.

[19] RÜTHER, W. Zum Einfluss polizeilicher Erfassunskontrollen auf die registrierte Kriminalität. Am Beispiel der Kriminalitätsentwicklung in der 90er-Jahren, p. 309.

[20] BARR, R.; PEASE, K. A place for every crime and every crime in its place: an alternative perspective on crime displacement, p. 197; BRANTINGHAM, P. J.; BRANTINGHAM, P. L. Introduction: the dimensions of crime, p. 22-23; COHEN, L. E.; FELSON, M. Social change and crime rate trends: a routine activity approach, p. 588, n. 1; GOVE, W. R. et al. Are Uniform Crime Reports a valid indicator of the index crimes? An affirmative answer with minor qualifications, p. 489-490; LAFREE, G. *Losing legitimacy*, p. 38.

[21] SELLIN, T. The basis of a crime index, p. 346. Vide ainda LAFREE, G. *Losing legitimacy*, p. 36; STANGELAND, P. La delincuencia en España. Un análisis crítico de las estadísticas

Para a medida do delito, também são fundamentais os chamados estudos de vitimização[22] – nos quais se perguntam a um grupo de pessoas sobre os delitos de que eventualmente foram vítimas em certo período de tempo. Esses estudos não substituem as estatísticas oficiais, mas são complementares e, em geral, tendem a coincidir.[23]

Nos dias atuais, infelizmente, não existem em nosso país estudos de vitimização *comparáveis* no âmbito e periodicidade aos que se vêm realizando em países anglo-saxões.[24]

d) Por último, também é decisivo *como e por que se elaboram as leis*, e, mais especificamente, as leis penais. Com efeito, nem todos os comportamentos socialmente danosos são tipificados como delitos, nem sequer é pacífico o que se entende como socialmente danoso. Desse modo, é essencial estudar quais critérios são seguidos para elaborar as leis penais; assim como outras questões relacionadas, tais como se em dito processo predomina o interesse geral ou o de determinados grupos.[25]

Diferentemente, para a criminologia é decisivo o fato bem conhecido e não somente a elaboração, mas, sobretudo, a interpretação e a aplicação da lei que não correspondem sempre a um processo puro e neutro, mas que seguem alguns parâmetros, ao menos em parte, socialmente construídos. Isso significa que não é preciso que um comportamento se encontre apenas sancionado pela lei penal, mas que seja *considerado como delituoso* pela sociedade, pela polícia, pelo Ministério Público, pela Administração da Justiça.

Desse modo, é essencial não perder de vista que o delito tem natureza, em grande parte, de *construção social*. Quase todo mundo concorda em o que é uma disciplina, mas também há hipóteses em que isso não está claro, e casos em que certos objetos não são definidos como disciplinas – disciplinas de desenho

---

judiciales y policiales, p. 836-837; e, em outro sentido, ROLDÁN BARBERO, H. Concepto y alcance de la delincuencia oficial, p. 696-699 e 711.

[22] DÍEZ RIPOLLÉS, J. L. et al. *Delincuencia y víctimas (encuestas de victimización en Málaga)*, p. 18-19 e 22; KURY, H. Victims of crime – Results of a representative telephone survey of 5.000 citizens of the former Federal Republic of Germany, p. 268-272.

[23] ELLIOTT, D. S.; AGETON, S. S. Reconciling race and class differences in self-reported and official estimates of delinquency, p. 106-108; LAUB, J. H. et al. Assessing the potential of secondary data analysis: a new look at the Gluecks' *Unraveling Juvenile Delinquency* data, p. 255.

[24] Vide, por exemplo, MAYHEW, P.; HOUGH, M. The British Crime Survey: the first ten years, p. 307-309.

[25] Há algumas décadas, contudo, desenvolve-se a chamada Sociologia do Direito, uma ciência autônoma e independente que oferece um estudo especializado das forças que produzem ou influem na produção genética do Direito. Vide SORIANO, R. *Sociología del derecho*, p. 17 e 19-21.

são raras; ou seja, inclusive nesse caso pode-se necessitar de uma definição. Por exemplo, utilizar o transporte público sem bilhete constitui uma fraude segundo a lei penal, mas é raro, ao menos em nossos países, que alguém que realize tal comportamento – se considere diante de um delito, pelo qual deva se julgar e punir o infrator pela via criminal, ou seja, *que esse comportamento seja definido como delito*.[26]

Sob o prisma criminológico, a definição é importantíssima para a configuração do delito: assim, para que um comportamento seja considerado como delito não é preciso apenas que se encontre tipificado como tal, mas que também seja definido como tal.

A partir dessa perspectiva, também é imprescindível estudar *por que alguns fatos são definidos como delitivos e outros não*, e por que algumas leis são aplicadas com rigor e outras nem tanto – e, finalmente, se interesses de grupos particulares influem decisivamente no processo.[27]

> Ciência do Direito Penal, política criminal e criminologia
> Sem entrar no vasto campo da enciclopédia das Ciências Penais,[28] faz-se mister, entretanto, agregar algo – a partir de uma visão penal – aos conceitos ciência do Direito Penal, política criminal e criminologia. Esta última muito bem analisada nesta obra.
> A primeira tem por escopo elaborar e desenvolver um sistema, visando a interpretar e aplicar o Direito Penal, de modo lógico (formal e material) e racional. A ciência normativa penal[29] é constituída pelo conjunto de conhecimentos (normas e princípios), ordenados metodicamente. Aqui, é indispensável a síntese dialética entre sistema e problema, isto é, um pensamento-problema em sintonia com o sistema, para cumprir sua missão de ciência prática e de excluir o acaso e a arbitrariedade na aplicação do Direito.[30]

---

[26] Isso porque as pessoas *não vivem* no mundo ideal das leis, mas em um mundo tal e como o vemos, um mundo interpretado por nós mesmos – ainda que de maneira coletiva –, mas que é real e coerente para nós (BERGER, P. L.; LUCKMANN, T. *La construcción social de la realidad*, p. 36-46; SCHUTZ, A. *Collected papers*, p. 99-100 e 208-229). Como veremos, isso não impede que exista uma ciência positiva do delito.

[27] BECKER, H. S. *Outsiders*, p. 1-18 e 121-163; LEMERT, E. M. *Social pathology*, p. 54-72.

[28] Sobre as ciências penais, com riqueza de detalhes, JIMENEZ DE ASÚA, L. *Tratado de derecho penal*, p. 87 e ss. Na doutrina brasileira, vide, por exemplo, BRUNO, A. *Direito penal*, p. 40 e ss.; GARCIA, B. *Instituições de direito penal*, p. 25 e ss.; NORONHA, E. M. *Direito penal*, p. 12 e ss.; LUNA, E. DA C. *Capítulos de direito penal*, p. 1 e ss.; FRAGOSO, H. C. *Lições de direito penal*, p. 11 e ss.

[29] A dogmática jurídico-penal se apresenta, para JIMÉNEZ DE ASÚA, como uma ciência cultural, normativa, valorativa e finalista (*Tratado de derecho penal*, p. 34).

[30] Cf. WELZEL, H. *Derecho Penal Aleman*, p. 11.

Recebe também a denominação de dogmática penal, visto que parte de normas positivas, consideradas como dogma, para a solução dos problemas. Não deve ser confundida, por isso, levianamente, com dogmatismo no sentido de aceitação acrítica de uma verdade absoluta e imutável, de todo incompatível com a própria ideia de ciência. Então, no contexto dogmático, têm lugar a interpretação, a sistematização e, ainda, a crítica intrassistemática.

A política criminal objetiva, primordialmente, a análise crítica (metajurídica) do direito posto, no sentido de bem ajustá-lo aos ideais jurídico-penais e de justiça. Está intimamente ligada à dogmática, visto que na interpretação e aplicação da lei penal interferem critérios de política-criminal.[31]

Baseia-se em considerações filosóficas, sociológicas e políticas, e, de oportunidade, para propor modificações no sistema penal vigente, abrangendo, então, "o conjunto de procedimentos pelos quais o corpo social organiza as respostas ao fenômeno criminal".[32]

De seu lado, a criminologia vem a ser uma ciência empírica, de cunho interdisciplinar, que estuda o fenômeno criminal utilizando-se principalmente do método causal-explicativo. Ocupa-se das circunstâncias humanas e sociais relacionadas com o surgimento, a prática e a maneira de evitar o crime, assim como do tratamento dos criminosos.[33]

Em sentido estrito, a criminologia se limita à investigação empírica do delito e da personalidade do delinquente, e, em sentido lato, inclui, também, a análise do conhecimento experimental-científico sobre as transformações do conceito de delito (criminalização) e sobre a luta contra o mesmo, o controle da restante conduta social desviada, assim como a investigação dos mecanismos de controle policiais e da justiça.[34]

De modo amplo, tem-se conceituado a criminologia como a ciência que estuda a infração enquanto fenômeno social, abrangendo a sociologia jurídica, a etiologia criminal e a penologia.[35]

A criminologia tem como principal função o estudo das causas do delito e, secundariamente, busca alternativas para responder ao fenômeno criminal, no sentido de preveni-lo e de controlá-lo. Nessa matéria, reves-

---

[31] Cf. CEREZO MIR, J. *Curso de Derecho Penal español*, I, p. 77-78.
[32] DELMAS-MARTY, M. *Les grands systèmes de politique criminelle*, p. 13.
[33] GÖPPINGER, H. *Criminologia*, p. 1 e ss.; CUSSON, M. *La criminologie*, p. 18-19. Como ciência de constatação, busca descrever a conduta criminosa, investigar as causas do crime e estudar o delinquente (LARGUIER, J. *Criminologie et science pénitentiaire*, p. 3 e ss.).
[34] KAISER, G. *Criminologia*, p. 20-21. Por sua vez, Hermann MANNHEIM conceitua a criminologia, *lato sensu*, como o estudo do crime, da penologia e da prevenção criminal (*Criminologia comparada*, p. 21).
[35] Cf. SUTHERLAND, E. H.; CRESSEY, D. R. *Principes de criminologie*, p. 11.

te-se de particular importância a problemática da elaboração legislativa das leis penais, visto ser imprescindível verificar porque determinados fatos são definidos como delitos e outros não (vide *infra*).[36]

Para alguns, o Direito Penal dedica-se ao estudo de todas as consequências jurídicas do delito, e à criminologia interessam os aspectos sintomáticos, individuais e sociais do delito e da delinquência.[37]

Na busca de uma distinção entre Direito Penal e criminologia, afirma-se que aquele vem a ser uma disciplina normativa que declara "o que deve ser", ao passo que a criminologia é uma ciência empírica que estuda "o que é".

Daí a grande diferença de seus métodos, embora tenham o mesmo objeto: enquanto o primeiro se utiliza dos métodos característicos da ciência do Direito (análise interpretativa das fontes do Direito e síntese teórica de seus dados), a segunda recorre aos métodos empíricos específicos das ciências sociais, adaptando-os à complexidade particular de seu objeto.[38]

Como bem se alude, "a autonomia da criminologia em relação ao Direito Penal tem sua razão de ser fundada na diferente natureza do objecto e do método de uma e outra ciência. O Direito Penal é uma ciência normativa, que se serve de um método jurídico para a reconstrução científica do direito vigente. O perigo em que, frequentemente, incorre o dogmatismo, é o de cair no formalismo e, em consequência, afastar-se da realidade. A realidade que o Direito Penal estuda: infração, réu e sociedade, é quase totalmente elaborada pela Criminologia, e isto explica as relações constantes que devem existir entre ambas as ciências".[39] As-

---

[36] Autores brasileiros especializados conceituam, por exemplo, a criminologia nos termos seguintes: "criminologia é a ciência que estuda o fenômeno criminal, a vítima, as determinantes endógenas e exógenas, que isolada ou cumulativamente atuam sobre a pessoa e a conduta do delinquente, e os meios labor-terapêuticos ou pedagógicos de reintegrá-lo ao grupamento social" (Fernandes, V.; Fernandes, N. *Criminologia integrada*, p. 30). Por seu turno, Shecaira (*Criminologia*, p. 40-41), após mencionar vários elementos caracterizadores da criminologia, assevera que esta última se "ocupa do estudo do delito, do delinquente, da vítima e do controle social do delito e, para tanto, lança mão de um objeto empírico e interdisciplinar". Em época anterior, Roberto Lyra afirmava ser ela parte do – por ele denominado – Direito Penal científico, que estudava a criminalidade (conceito sociológico), ao passo que o crime (conceito jurídico) estava a cargo do Direito Penal normativo (*Novo direito penal*, p. 1). Dizia ele: "A ideia de uma ciência superior e geral da criminalidade foi miragem instalada por juristas de gênio no deserto 'clássico'. Mas a sociologia povoou e fecundou o deserto com as fontes de vida e expansão" (cit., p. 3). Nessa linha, aparecem também os adeptos da criminologia radical, de cunho marxista, e altamente ideologizada.

[37] Peláez, M. *Introdução ao estudo da criminologia*, p. 86.

[38] Cf. Gassin, R. *Criminologie*, p. 14.

[39] Peláez, M. Ob. cit., p. 228.

> sim, continua-se, "a criminologia e o direito penal são, realmente, duas ciências autônomas, não opostas, nem separadas, antes associadas".[40]
> Nesse sentido – e partir da premissa de que o crime como "produto social deve ser socialmente combatido" –, há de se "compatibilizar não somente o Direito Penal com a criminologia, mas igualmente com as demais ciências do Homem. Como vasos comunicantes de um grande organismo. O organismo da comunidade".[41]
> Em realidade, a ciência do Direito Penal ou dogmática penal, a política criminal e a criminologia são ciências que se distinguem, mas que não se separam; antes se completam.[42]

II. A CRIMINOLOGIA COMO CIÊNCIA

1. O recurso ao método científico

A criminologia, tal como se entende majoritariamente, busca a aplicar o *método científico* ao estudo do delito; nesse sentido, é uma ciência.[43]

Essa ideia de utilizar o método científico, originariamente próprio das ciências naturais, no estudo do comportamento humano e social tem, na verdade, uma antiga tradição que remonta pelo menos a GUILLERMO DE OCKHAM, que viveu na primeira metade do século XIV, e recebeu forte estímulo dos *empiristas ingleses*, como LOCKE e HUME, nos séculos XVII e XVIII.[44]

No século XIX tem lugar o auge do *positivismo*, que deposita grande confiança no método científico, assim como em sua utilidade para o estudo do comportamento humano e social e para intervir introduzindo melhoras para o homem e para a sociedade.[45]

Não é por acaso que precisamente produziu-se a consolidação da criminologia com a escola positiva ou italiana de LOMBROSO e seus seguidores; ainda

---

[40] Idem, p. 233.
[41] DOTTI, R. A. A revisão das fronteiras entre o direito penal e a criminologia, p. 106.
[42] PRADO, L. R. *Tratado de direito penal brasileiro*, p. 12 e ss.
[43] Vide HAGAN, J. The assumption of natural science methods: criminological positivismo, p. 80-90; TITTLE, C. R. The assumption that general theories are not possible, p. 95 e 103-115.
[44] Para os empiristas, o conhecimento somente pode ser baseado na experiência, na observação de fatos. Apesar da importância que se dá à experiência e à observação, a postura do texto não é empirista. Vide, por exemplo, POPPER, K. R. *Conjeturas y refutaciones*, p. 44-50.
[45] Existem várias concepções do que seja o positivismo, HALFPENNY, P. *Positivism and Sociology: explaining social life*, p. 11 e 114-117; ao longo deste livro se entenderá simplesmente como o recurso ao método científico no sentido racional-crítico que se explica no decorrer do texto, p. 102 e 115.

que com certas diferenças importantes, a criminologia e as ciências humanas e sociais contemporâneas são herdeiras dessa tradição.[46]

O movimento *cientificista* foi influenciado pelos impressionantes avanços que em períodos relativamente curtos de tempo experimentaram as ciências naturais, graças, precisamente, a seu método. Também por esse motivo se propôs estender o citado método ao estudo do comportamento humano e delitivo em concreto, um saber no momento muito menos desenvolvido.

Assim, pois, reclama-se a aplicação do método científico ao estudo da criminalidade e do delito, e a *unidade do método científico*.[47] Com isso, afasta-se a distinção entre duas modalidades de ciências, como é o caso bem conhecido, por exemplo, de DILTHEY e sua dicotomia entre *ciências naturais* e *ciências do espírito*.[48]

O método científico é único, sendo legítimo aplicá-lo tanto por parte das chamadas ciências naturais, a física primeiramente, a sociologia, a história ou a criminologia.[49]

Dentro de alguns limites, a ciência visa a *descrever e explicar a realidade*, e para isso atribui importância decisiva à *observação*, aos fatos empíricos, à experimentação, à experiência,[50] sobretudo porque mediante a observação é possível saber se determinada teoria ou hipótese é falsa ou verossímil e se é possível confiar nela.

Assim, em criminologia é fundamental o estudo das distintas teorias que tratam de explicar o fenômeno delitivo, bem como o estudo da metodologia por meio da qual se realizam observações versando sobre o delito e os delinquentes com técnicas tais como, a observação participante, as entrevistas, as estatísticas oficiais, os questionários de autoinformação.

A ciência, pois, centra-se naquilo que é *observável* com certa minuciosidade.[51] Por exemplo, em determinadas situações – quando existe grande alarme

---

[46] Vide DURKHEIM, E. *La división del trabajo social*, p. 39 e 55; idem, *Las reglas del método sociológico*, p. 15-17, 20-23, 31, 35-36, 45-48 e passim.

[47] POPPER, K. R. *La miseria del historicismo*, p. 145, 147, 150-152 e 158.

[48] Vide GARCÍA-PABLOS DE MOLINA, A. *Problemas actuales de la Criminología*, p. 62-65, acrescentando com razão que essa distinção já é obsoleta, p. 65. Vide outras propostas, na verdade não tão distantes, em HABERMAS, J. *La lógica de las ciencias sociales*, p. 81 e ss.

[49] POPPER, K. R. *La miseria del historicismo*, p. 37-40, 110-111 e 145-162; idem, *Conjeturas y refutaciones*, p. 14.

[50] COHEN, A. K.; LAND, K. C. Sociological positivism and the explanation of criminality, p. 43; RODRÍGUEZ DEVESA, J. M.; SERRANO GÓMEZ, A. *Derecho penal español. Parte general*, p. 80. Isso é criticado por diversos autores sob o fundamento de que deixaria fora do âmbito da ciência muitos problemas importantes, HABERMAS, J. *La lógica de las ciencias sociales*, p. 45-46.

[51] De fato, o positivismo caracteriza-se muito mais por sua metodologia do que por acreditar que se aproxima da verdade: ADORNO, T. W. *Epistemología y ciencias sociales*, p. 22-23; GOTTFREDSON, M. R.; HIRSCHI, T. The positive tradition, p. 10.

social diante de certos delitos, quando a delinquência experimenta forte aumento etc. – alguns setores sociais e políticos podem exigir penas mais severas.

Uma das razões que *parece lógico* supor que, se os delinquentes sabem que terão de enfrentar penas mais severas, seja em rigor, seja em sua duração ou quantidade, tendem a delinquir menos. Penas mais graves tendem, ao menos em determinadas hipóteses, a prevenir o delito.

A ciência, contudo, não se contenta com que isso pareça lógico, mas sim exige algum tipo de observação ou de experimentação para ver se, efetivamente, penas mais graves são eficazes para o controle do delito ou se, ao contrário, carecem de algum efeito ou até resultam contraproducentes – ainda que possa parecer pouco razoável para muitas pessoas. De fato, uma das aspirações do conhecimento científico é *superar o senso comum*.[52]

HIRSCHI e STARK, por exemplo, afirmam que, segundo o senso comum, assistir à missa reduz a criminalidade – porque favorece a internalização e aceitação de valores morais, a crença em uma vida futura na qual se pode ser castigado...[53]

Os autores testaram essa hipótese e não encontraram apoio empírico para ela.[54] Concluíram que "o fato de que existem muitas razões para esperar uma relação causal entre assistir à missa e delinquência *não é razão suficiente* para aceitar uma relação observada sem posteriores análises", uma vez que afirmam a legitimidade de testar ideias de senso comum "pelo fato de que esta, como muitas outras, está simplesmente equivocada".[55]

A partir dessa perspectiva, a ciência não pode consistir em que um determinado número de cientistas concorde sobre uma questão determinada – teoria do acordo intersubjetivo –, nem na mera reflexão consciente e lógica – método lógico-dedutivo – etc. Isso não quer dizer que essas perspectivas não desempenhem papel na ciência – antes ao contrário –,[56] mas somente que não constituem o fundamental do método científico.

Ainda que aqui se mantenha um compromisso com a ciência no sentido natural, se reconhece que existem outras concepções legítimas sobre o que seja a ciência, quais outros saberes diferentes são perfeitamente possíveis e até recomendáveis e, finalmente, que o que conhecemos como metafísica – e outros acervos não refutáveis – desempenha papel fundamental para o conhecimento

---

[52] DURKHEIM, E. *La división del trabajo social*, p. 15; FERRI, E. *Polemica in difesa della scuola criminale positive*, p. 60 e 104; POPPER, K. R. *Conjeturas y refutaciones*, p. 46.
[53] HIRSCHI, T.; STARK, R. Hellfire and delinquency, p. 205.
[54] HIRSCHI, T.; STARK, R. Hellfire and delinquency, p. 205-212; STARK, E. et al. Sports and delinquency, p. 124.
[55] HIRSCHI, T.; STARK, R. Hellfire and delinquency, p. 212 (grifo nosso).
[56] POPPER, K. R. *Conjeturas y refutaciones*, p. 77-78.

humano.⁵⁷ Não é demais insistir, porém, em que a criminologia contemporânea majoritária objetiva aplicar o método científico ao estudo do delito.

Apesar da importância que se lhe concede, a ciência não se inicia pelas observações, nem pela acumulação de fatos. Não obstante seja uma concepção bastante estendida da ciência. Esta última não consiste em reunir fatos particulares conhecidos sobre uma questão qualquer como o delito, por exemplo, para construir a partir deles – por indução – uma teoria geral abstrata explicativa.⁵⁸

Ao contrário, o *primeiro é sempre a teoria*.⁵⁹ Sem ela não é possível nem sequer saber quais fatos particulares podem ser relevantes e quais não. Se alguém quer estudar as causas do delito, deve preocupar-se em executar medições do crânio dos criminosos ou observar se prevalecem entre eles os canhotos? Muitos leitores e quase todos os criminólogos (espanhóis, brasileiros etc.), por exemplo, se apressaram em responder que "não" – mais adiante, muitos acrescentaram que se trata de uma proposta absurda. Isso se deve a que a *teoria* do delito de cada um deles – que pode perfeitamente ser inconsciente e encontrar-se praticamente sem desenvolvimento⁶⁰ – não inclui variáveis dessa natureza.

A relação entre teoria e investigação, é sim íntima e, simultaneamente, de uma enorme e desconcertante complexidade.⁶¹

2. *A ideia de ciência e suas limitações*

A. O critério da refutação – quando, então, pode-se considerar que um sistema é científico e diferenciá-lo dos que não o são? Segundo POPPER, *um sistema científico consiste em um conjunto de hipóteses inter-relacionadas que podem submeter-se a oposições por meio da observação de fatos.*⁶²

---

[57] KÖNIG, R. *Introducción a Tratado de Sociología empírica*, p. 25; POPPER, K. R. *Conjeturas y refutaciones*, p. 25 e 62-63.

[58] POPPER, K. R. *Conjeturas y refutaciones*, p. 52, 57, 65, 67-72, 77-82, 176-177, 194, 230, 239, 272 e 340-354.

[59] BERNARD, T. J.; RITTI, R. R. *The role of theory in scientific research*, p. 4 e 18; LIEBOW, E. *Tell them who I am*, p. 325; POPPER, K. R. *La miseria del historicismo*, p. 165; idem, *Conjeturas y refutaciones*, p. 46, 52, 62, n. 3, 72-73, 77, 90-91, 153, 192, 272 e 290.

[60] BERNARD, T. J.; RITTI, R. R. *The role of theory in scientific research*, p. 3-4.

[61] MERTON, R. K. *Social theory and social structure*, p. 139-171.

[62] Vide POPPER, K. R. *La miseria del historicismo*, p. 101-102, 111-112, 121, 136 e 146-149; idem, *Conjeturas y refutaciones*, p. 13, 50-52, 61, 62, n. 3, 77-78, 82-86, 135, 150, 192-193, 238-239, 264-265, 279-280, 290, 295-297, 312 e 339. Vide ainda ALBERT, H. *Traktat über rationale Praxis*, p. 13-32; idem, *Traktat über kritische Vernunft*, p. 35-44; idem, *Racionalismo crítico*, p. 33 e 45; idem, *Razón crítica y práctica social*, p. 46, 49 e 55; BERNARD, T. J.; RITTI, R. R. *The role of theory in scientific research*, p. 8-9; BLALOCK, H. M. *Theory construction*, p. 8; SHORT, J. F.; STRODTBECK, F. L. *Group process and gang delinquency*, p. 24; TITTLE, C. R. *Prospects for synthetic theory: a consideration of macro-level crimi-*

Científico vem a ser todo sistema ou hipótese que podem ser negados mediante fatos observáveis. Isso é conhecido como o *critério de refutação* – Popper se refere à sua doutrina como "*racionalismo crítico*"[63] –, e serve para separar – *demarcar* – a ciência dos demais saberes.[64]

Os sistemas científicos consistem em conjuntos de conjeturas que visam a explicar um fenômeno concreto. Esses esforços devem enfrentar os problemas que teorias anteriores não puderam superar – por isso assinala-se que a ciência, na verdade, começa com problemas que estabelecem as teorias.[65]

Quando surge um sistema em concreto que carece de relevância – por exemplo, o teórico pode inventá-lo completamente –,[66] mas o importante é que podem ser feitas observações que, se resultam contrárias ao sistema, permitem torná-lo falso e, portanto, obriguem a abandoná-lo – ou, pelo menos, a modificá-lo.[67]

Essa postura coincide em parte com a tradição empirista, pois afirma que a ciência começa pela teoria e não pela observação de fatos: como acabamos de dizer, o primeiro é a teoria; dela podem derivar hipóteses que devem se submeter a provas empíricas as mais rigorosas possível, com o sério objetivo de refutá-las.

A chave para decidir se nos encontramos diante de um saber científico, pois, reside em comprovar se ele pode ser submetido à refutação, ou seja, se é possível encontrar algum fato empírico que o contradiga. Um dos exemplos mais conhecidos em que se denunciou a irrefutabilidade – e, portanto, a cientificidade – de um sistema pretendidamente científico é a psicanálise de Freud e seus seguidores.[68]

Assim, Abrahamsen – que se declara seguidor dessa tradição[69] – faz afirmações como as seguintes: "Creio firmemente que a personalidade do assassino carrega um turbilhão de emoções armazenadas desde a infância. Quando essas emoções, em geral reprimidas, são provocadas, avivadas, agitadas ou ativadas, a pessoa [...] se torna violenta", "o conflito a que me refiro origina-se em situações

---

nological activity, p. 171-172; Wallace, W. L. *The logic of science in Sociology*, p. 15, 65 e 77-85.
[63] Popper, K. R. *Conjeturas y refutaciones*, p. 50 (grifo nosso).
[64] Popper, K. R. *Conjeturas y refutaciones*, p. 63-64 e 312.
[65] Albert, H. *Traktat über kritische Vernunft*, p. 44-45; Popper, K. R. *Conjeturas y refutaciones*, p. 272.
[66] Tittle, C. R. *Control balance*, p. 54-55 e 71.
[67] Popper, K. R. *La lógica de la investigación científica*, p. 3-42; idem, *Conjeturas y refutaciones*, p. 312.
[68] Os exemplos mais conhecidos incluem as doutrinas de Freud, Adler e Marx, Popper, K. R. *Conjeturas y refutaciones*, p. 58-60, 62, 396-402 e 405-415; como já se disse, isso não significa que careçam de valor (p. 25 e 62-63).
[69] Abrahamsen, D. *La mente asesina*, p. 7 e 12; naturalmente, esse exemplo não implica *por si* que as teses de Freud sejam irrefutáveis.

traumáticas sérias experimentadas primariamente nas mais prematuras fases da infância, no primeiro ou segundo ano da vida da criança", ainda que "esses sentimentos sejam inconscientes".[70]

Pois bem, parece difícil imaginar um caso de homicídio – ou de qualquer outro delito grave – que não possa ser explicada com essa teoria; *sempre será possível recorrer a alguma situação que se possa qualificar de traumática e que tenha sido esquecida por completo* etc. Essa tese é irrefutável, de modo que não se pode considerá-la científica: não é possível encontrar observações que contradigam a teoria; e sejam capazes de explicar – e com facilidade – qualquer situação que se lhe apresente.

A criminologia busca, pelo contrário, seguir o método científico: *construir teorias, delas derivar hipóteses por dedução e submetê-las a refutação*. Por exemplo, a teoria da associação diferencial e a da aprendizagem sugerem que o delito é consequência, entre outras coisas, de que um sujeito se vê exposto a definições normativas favoráveis à prática de fatos delitivos e desviados.[71] É o caso hipotético de quem tenha uma família e um grupo de vizinhos e amigos que aceitem a comissão de delitos, e até premiem de maneira informal os atos desviados que ele ou qualquer outro do grupo cometam ou infrinjam a lei.[72] Quem vive nessa situação, e na ausência de definições favoráveis a respeito da lei, tenderá a delinquir.

Dessas teorias podem derivar várias situações que podem claramente submeter-se a oposições mediante a observação de fatos. Por exemplo, uma pesquisa séria pode determinar, considerando um grupo de jovens delinquentes, se a associação com pessoas que aceitam os comportamentos ilícitos e desviados ou infringem a lei é *anterior* ou *posterior* à comissão de fatos delitivos.[73]

---

[70] Continua: "Se não somos capazes de frear esses sentimentos hostis, se derrubam as defesas protetoras de nosso ego e surgem impulsos que pugnam por expressar-se em atos homicidas"; e acrescenta ainda que "no fundo de nosso ser lateja a vaga crença de que, ao matar outro ser humano, o que fazemos sem dar-nos conta é livrar-nos do temor da morte que constantemente nos atormenta. Enquanto o homem, consciente ou inconscientemente, tema morrer, continuará, como sempre, agredindo e matando o seu próximo" (ABRAHAMSEN, D. *La mente asesina*, p. 12, 17-18 e 26; vide ainda 9-26, 48-56 e 263-266). Claro, também se pode explicar qualquer homicídio pelo desejo de livrar-nos do temor de morrer – temor, outra vez, que pode ser inconsciente.

[71] AKERS, R. L. *Deviant behavior*, p. 48-52; idem, *Criminological theories*, p. 76; idem, Social learning theory, p. 194-195; SUTHERLAND, E. H. *Principles of Criminology*, 2. ed., p. 4-6; idem, *Principles of Criminology*, 4. ed., p. 6-7.

[72] AKERS, R. L. *Criminological theories*, p. 76 e 79; WARR, M.; STAFFORD, M. The influence of delinquent peers: what they think or what they do?, p. 862-863.

[73] Sobre a metodologia para o teste dessas teorias, com especial referência ao problema de ordem temporal, vide WARR, M. *Companions in crime*, p. 31-44 e 75-77.

O importante, pois, é que a investigação pode encontrar que – contrariamente ao que propõem essas teorias –[74] os jovens, em geral e em igualdade de condições, primeiro delinquem e *depois se tornam amigos* – expondo-se somente depois a definições favoráveis à prática de fatos delitivos.

Caso a pesquise constate que a prática de fatos delitivos ocorre *antes* de entrar em contato com ditas definições favoráveis à prática de delitos, então a hipótese terá sido refutada, de modo que as teorias das que se derivaram devem ser abandonadas – ou ser reformuladas, se é que isso seja possível. Verificado o contrário, então as teorias terão superado com êxito um propósito de refutação, terão ganhado em *verossimilhança*, e poderemos ter certa confiança nelas. Daqui também se infere que, para que tenha valor científico e seja verossímil uma teoria não é suficiente que seja refutável, mas que supere com êxito propósitos sérios de refutação.

É mister destacar que não basta testar nenhum tipo de hipótese ou estabelecer nenhum tipo de descoberta, mas que o decisivo são os *testes cruciais*,[75] como quando uma situação é pouco provável ou quando outras teorias predizem o contrário – teorias como a do controle predizem que os delinquentes tendem a delinquir primeiro e depois a conviver com outros delinquentes. Por exemplo, não seria tão valioso testar a hipótese de que os delinquentes tendem a ter amigos que são, também, delinquentes,[76] primeiro porque é algo sabido e, ademais, porque essa situação é consistente com quase todas as teorias criminológicas conhecidas – já que não se sabe se essas amizades antecedem ou não a comissão de delitos.

A teoria, da qual se derivam hipóteses é científica se, e somente se, podendo encontrar fatos observáveis que lhe sejam contrários, que a contradigam e que, portanto, sejam capazes de refutá-la. Uma teoria pode ser facilmente refutável e outra somente de maneira muito difícil: *a refutabilidade é uma qualidade graduável.*

Por esse motivo, o princípio de refutação proposto por POPPER não apenas serve como critério de demarcação para separar o conhecimento científico do que não o é, mas também – ainda nisso nos deteremos no capítulo quarto –, para avaliar as diversas teorias científicas, ou seja, para decidir seu valor científico e até para compará-las entre si e estabelecer qual é superior ou preferível.

B. Considerações críticas sobre o critério de refutação – O critério de refutação ou o racionalismo crítico não carecem de *problemas*.[77] O próprio POPPER

---

[74] AKERS, R. L. *Criminological theories*, p. 80: "A associação diferencial com outros que cumprem as normas e com os que não tipicamente precede a comissão dos fatos por parte do indivíduo". Como vemos, essa hipótese tem forte respaldo empírico.
[75] STINCHCOMBE, A. L. *Constructing social theories*, p. 20-25.
[76] Ainda que não seja raro que se faça assim, vide WARR, M. *Companions in crime*, p. 75-76.
[77] Vide, em geral, GIDDENS, A. *New rules of sociological method*, p. 142 e 147-148; HALFPENNY, P. *Positivism and Sociology: explaining social life*, p. 102-104; NEWTON-SMITH, W. H. *The*

reconhece que sua doutrina não é completa ou definitiva e que "não é possível jamais apresentar uma refutação concludente de uma teoria".[78] Isso é também aceito pela criminologia.[79] Em qualquer caso, uma de suas principais vantagens é que, como veremos, oferece alguns sólidos critérios de avaliação de teorias; também é um dos mais aceitos na criminologia majoritária.

a) Quando se observam alguns fatos que contradizem uma teoria é perfeitamente possível que a teoria não seja falsa, mas que *a observação tenha se realizado de maneira defeituosa*. Com efeito, não é possível que existam investigações *perfeitas*, carentes de dúvidas e considerações metodológicas –[80] claro, também há investigações com erros grosseiros –, de modo que é possível que as descobertas sejam falsas. Há, em certas ocasiões, inclusive dúvidas sobre como testar adequadamente uma teoria.

Nas palavras de BRAME e PATERNOSTER, "existem algumas áreas legítimas de desacordo entre pesquisadores bem-intencionados sobre os meios adequados de testar hipóteses".[81] Outras vezes, os resultados da investigação simplesmente não são tão claros como seria de desejar. Assim, é quase comum que os pesquisadores, longe de conformar-se com o que encontraram, reclamem novos, ulteriores estudos.[82]

b) Dessa maneira, na maior parte das vezes exigem-se vários estudos empíricos para estabelecer um fato ou uma observação e, neste caso, refutar uma proposição. Assim, para assegurar que o que se constatou é verdadeiro e que pode generalizar-se ao longo do tempo e lugar, essa repetição de observações é conhecida como *replicação*,[83] e, nas ciências naturais, costuma-se exigir a replicação de observações para que sejam aceitas pela comunidade científica.

Por diversas razões, as replicações são muito difíceis nas ciências humanas e sociais, e de fato não são muito comuns.[84] Quando se realizam propósitos de

---

rationality of Science, p. 44-45 e 52-76; SERRANO MAÍLLO, A. *Ensayo sobre el derecho penal como ciencia*, p. 86-87. Vide ainda ALBERT, H. *Traktat über kritische Vernunft*, p. 219-256.

[78] POPPER, K. R. *La lógica de la investigación científica*, p. 64 e n. 1; idem, *Conjeturas y refutaciones*, p. 288.

[79] LISKA, A. E. et al. Strategies and requisites for theoretical integration in the study of crime and deviance, p. 4.

[80] HIRSCHI, T.; SELVIN, H. C. *Principles of survey analysis*, p. 7, 21 e 274.

[81] PATERNOSTER, R.; BRAME, R. On the association among self-control, crime, and analogous behaviors, p. 980.

[82] Os exemplos são inumeráveis; vide, criticamente sobre a prática, BECKER, H. S. *Outsiders*, p. 157.

[83] GARNER J. et al. Published findings from the spouse assault replication program: a critical review, p. 26; KEMPF, K. L. The empirical status of Hirschi's control theory, p. 167; LUNDMAN, R. J. *Prevention and control of juvenile delinquency*, p. 49 e 76.

[84] BLUMSTEIN, A.; COHEN, J.; NAGIN, D. *Report of the panel*, p. 57; SAMPSON, R. J.; LAURITSEN, J. L. Deviant lifestyles, proximity to crime, and the offender-victim link in personal violence, p. 116.

replicação, às vezes cada investigação encontra coisas diferentes; em certas ocasiões, isso depende da metodologia que se siga, mas pode acontecer inclusive no caso de projetos coincidentes.

Por exemplo, estudos que recorrem a sólidas metodologias longitudinais encontraram evidência oposta sobre se os jovens tendem a delinquir antes de ingressar em bandos juvenis ("gangues") – *tese da seleção* – ou se, pelo contrário, tendem a delinquir uma vez que tenham sido aceitos nessas "gangues" – *tese da facilitação*.[85]

c) Também, não só é possível, mas perfeitamente legítimo que, diante de uma refutação, o teórico simplesmente modifique a teoria *ad hoc* – às vezes até minimamente – de maneira que passe a ser compatível com a observação. Claro, mais comum é simplesmente negar que a observação seja contrária à teoria de que se trate ou, sobretudo, negar que a hipótese que se refutou seja uma das que podem derivar-se legitimamente da teoria defendida.

d) A história da criminologia, ademais, parece sugerir que, com efeito, são muito raros os casos em que uma teoria é refutada.[86] Algumas teorias seguem tendo plena vigência e popularidade, apesar da evidência contra ser farta. Quando, ao contrário, uma teoria cai em descrédito, na maioria das vezes, o que parece acontecer é muito mais que um mero *abandono* por razões pouco claras que uma verdadeira refutação. Finalmente, não é raro que quando uma teoria parecia ter sido refutada e abandonada, com o decorrer do tempo volte a ser defendida por novos teóricos.[87]

Uma das razões do relativamente decepcionante avanço da teoria criminológica das últimas décadas pode ser encontrada nas enormes dificuldades – e isso por várias razões – para a refutação das diversas teorias propostas.[88] É possível, ademais, que nem todas as teorias sejam testáveis, mesmo que sejam construídas muito cuidadosamente.[89]

C. A aplicabilidade do método científico ao estudo do delito – A aplicação do método científico ao estudo do delito, tal e como propõe a criminologia contemporânea, *não é aceita pacificamente*.

---

[85] Assim Thornberry, T. P. et al. Causes and consequences of delinquency: findings from the Rochester Youth Development Study, p. 31, para a tese da facilitação; e Huizinga et al. Delinquency and crime: some highlights from the Denver Youth Survey, p. 64 e 67, para a da seleção.
[86] Bernard, T. J.; Ritti, R. R. The role of theory in scientific research, p. 19.
[87] Bursik, R. J.; Grasmick, H. G. *Neighborhoods and crime*, p. ix; Sampson, R. J. Organized for what? Recasting theories of social (dis)organization, p. 95; Serrano Maíllo, A. *Ensayo sobre el derecho penal como ciencia*, p. 86-87.
[88] Vide Popper, K. R. *La miseria del historicismo*, p. 52.
[89] Blalock, H. M. *Theory construction*, p. 3.

De fato, trata-se de uma ideia que deve enfrentar importantes obstáculos, em especial em ambientes marcadamente antiempíricos como parte das tradições espanhola, brasileira e latino-americana.[90] Mesmo que as dificuldades tenham sido reconhecidas há tempo,[91] e somente pretendendo-se que os métodos das ciências naturais sejam aplicados ao estudo do delito *na medida do possível*, a nosso ver esse procedimento é especialmente promissor caso se queira dispor de conhecimentos verossímeis sobre a natureza, etiologia e extensão do delito, e sobre as possíveis respostas a este[92] e para evitar, consequentemente, enfoques basicamente ideológicos ou até de mero "intercâmbio de *slogans*".[93]

O positivismo recebeu uma avalanche impressionante de críticas, e certamente seus pontos de partida abrandaram-se muito desde o século XIX.[94]

As críticas constituem um leque muito amplo que se estende desde o epistemológico até o ideológico, e assim se chegou até a acusá-lo de ser um instrumento de favorecimento aos poderosos.[95] Apesar de tudo, e com maiores ou menores modificações, sobreviveu até nossos dias.[96]

Alguns críticos negam que o método científico, próprio das ciências naturais, tenha aplicação em nosso âmbito. Assim, entre outros exemplos possíveis,

---

[90] SERRANO GÓMEZ, A.; SERRANO MAÍLLO, A. La paradoja del descubrimiento de la Criminología en España. Un capítulo, p. 1.619 e 1.654.

[91] MICHAEL, J.; ADLER, M. J. *Crime, law and social Science* p. 50, 77-87 e 161-162; TAPPAN, P. W. *Juvenile delinquency*, p. 55-65. Com efeito, é preciso concordar que muitas das críticas são válidas e consideráveis e devem ser encaradas com seriedade. Na verdade, o positivismo e o critério da refutação têm alguns graves problemas que, no fundo, parecem ser insolúveis. Daí se infere que deve ter uma concepção débil deles e que, no fundo, representam melhor programas que nos proporcionam algumas linhas gerais que não sistemas fechados e perfeitos, com respostas claras e concisas para qualquer problema que se imagine. De fato, há que se reconhecer que em muitas ocasiões mais ou menos extremas não será possível delimitar com precisão o científico do metafísico. Ora, o problema deve ser delineado em seus exatos termos: posto que qualquer critério terá de enfrentar problemas insolúveis e, também, é imprescindível contar com algum critério de demarcação e de cientificidade, não resta outro remédio que tomar uma *decisão* sobre qual critério seguir. A partir desse lineamento, o critério da refutação é, em nosso entender, o preferível. Ainda que já tenha longa tradição até hoje, a Filosofia da ciência não propôs nenhum outro, a nosso ver, preferível.

[92] SELLIN, T. *Culture conflict and crime*, p. 15.

[93] WILSON, J. Q. *Thinking about crime*, p. 9.

[94] GIDDENS, A. *New rules of sociological method*, p. 151-162 e 168-170; ZAFFARONI, E. R. *Criminología*, p. 131-176 e 222-248.

[95] BUSTOS RAMÍREZ, J. J.; MALARÉE, H. H. *Lecciones de derecho penal*, p. 24-25; em geral, vide GARCÍA-PABLOS DE MOLINA, A. *Problemas actuales de la Criminología*, p. 66-68 e 79-112; idem, *Tratado de Criminología*, p. 1.189-1.199.

[96] HALFPENNY, P. *Positivism and Sociology: explaining social life*, p. 120; NEWTON-SMITH, W. H. *The rationality of Science*, p. 266.

afirma-se por parte de certos criminólogos que não é possível nas ciências sociais estabelecer-se generalizações, tal e como pretende, sem dúvida, a ciência positiva. Para justificar tal conclusão aduzem razões como as seguintes:

a) que as leis gerais das ciências humanas e sociais são mantidas por seus defensores apesar de reconhecer hipóteses que as contradigam;

b) que essas generalizações não especificam sob que condições são aplicáveis e sob quais não; e, finalmente,

c) que são difíceis de aplicar além dos fenômenos já observados, ou seja, em casos hipotéticos.[97]

As ciências naturais certamente cumpririam esses requisitos; de modo que se argumenta que, ao não caber generalizações em seu interior e ser o comportamento humano basicamente imprevisível, não é imaginável que a criminologia recorra ao método científico.

As três críticas estão, sem dúvida, corretas, mas não afastam a pretensão do positivismo.

a) A primeira crítica exacerba a natureza das ciências naturais. Todas as teorias em criminologia são incompatíveis com determinados fatos conhecidos; mas o mesmo ocorre em todas as teorias das ciências naturais. Em geral, muitas críticas como essa engrandecem a natureza e possibilidades das ciências naturais e tendem a esquecer de que não são tão distintas das humanas como pode parecer à primeira vista.[98]

b) As teorias criminológicas são, também, é certo, mais limitadas que as da física, por exemplo. Não se pode, porém, deixar de considerar que as ciências humanas e sociais são muito mais jovens que as naturais.[99] Se aceitar que a ciência avança e *progride*, então não se pode esperar que a criminologia *científica*, que apenas se consagrou em finais do século XIX, tenha o mesmo desenvolvimento que saberes já florescentes nos tempos da Grécia e da China clássicas.

c) Alguns autores sustentam que as ciências humanas compartilham a mesma natureza das naturais, mas têm uma complexidade muito maior já que

---

[97] LYNCH, M. J.; GROVES, W. B. In defense of comparative Criminology: a critique of general theory and the rational man, p. 374-375. Esses autores se baseiam em MACINTYRE, A. *After virtue*, p. 88-91; se bem que a argumentação deste autor é, na verdade, muito mais matizada, 100-108.

[98] SHORT, J. F. The level of explanation problem in Criminology, p. 69.

[99] HAGAN, J. The assumption of natural science methods: criminological positivismo, p. 82; MERTON, R. K. *Social theory and social structure*, p. 47. Contra, MACINTYRE, A. *After virtue*, p. 92, afirmando que as humanas "são de fato tão antigas como as ciências naturais" – isso é difícil de aceitar se se refere a uma *ciência positiva* do delito, ainda que certamente se fale de pura especulação.

levam em consideração muito mais coisas.¹⁰⁰ Por esse motivo, tampouco podem ser comparadas com o mesmo rigor.

d) Por último, a física, por exemplo, alcançou há séculos uma autonomia plena em face de outras disciplinas e dos preconceitos religiosos, ideológicos ou *éticos*, algo que hodiernamente ainda não conseguiu a criminologia positiva, ao menos em nosso âmbito sociocultural.

Talvez uma das posturas críticas mais aceitáveis seja a afirmação de que o método científico – no sentido científico-natural que defendemos – não é muito promissor para nossa disciplina, não porque não possa ser aplicado ao objeto de estudo que nos interessa, mas devido a *incapacidade de captar a natureza e a enorme complexidade* do comportamento humano ou social. ADORNO o expressa da seguinte maneira: conceitos como os que nos ocupam "*não podem ser captados imediatamente*, nem, a diferença das leis científico-naturais, verificar-se diretamente". "Esse caráter contraditório é a razão pela qual o objeto da sociologia, a sociedade e seus fenômenos [entre eles, nós acrescentamos, o delito], *não possuem o tipo de homogeneidade* com que pode contar a denominada ciência natural clássica"; os comportamentos dos homens "estão mediados pela razão".¹⁰¹

Critica-se, pois, a crença que a criminologia positiva majoritária coloca em dados quantitativos *sólidos* e objetivos, tais como o número de prisões provisórias, nível socioeconômico da família, histórico de trabalho etc.; seu determinismo e seu empenho de construir teorias explicativas mais ou menos formais, com proposições etiológicas etc., que querem se aproximar às das ciências naturais. Não é demais acrescentar que o próprio HABERMAS e outros criticam o racionalismo crítico porque não fundamenta sua teoria do conhecimento – tampouco em outros âmbitos – em pilares, em última instância, imutáveis.¹⁰²

A alternativa que os críticos mais reputados costumam apresentar não é a especulação desconectada da realidade nem a análise ideológica ou de cariz puramente político – ainda que essas propostas não deixem de ter partidários mais ou menos reconhecidos –, mas a investigação (empírica) seria do tipo qualitativo, compreensivo, que costuma enquadrar-se no extenso campo da chamada *hermenêutica*.¹⁰³

---

¹⁰⁰ KAPLAN, D.; MANNERS, R. A. *Antropología: métodos y problemas en la formulación de teorias*, p. 48.

¹⁰¹ ADORNO, T. W. *Epistemología y ciencias sociales*, p. 10 e 28 (grifo nosso); vide também 20-21, 24-25, 28-33, 35-36, 38-40, 48-49, 52-58 e 98-99; e HABERMAS, J. *La lógica de las ciencias sociales*, p. 24-29 e 31-43.

¹⁰² Sobre o não fundacionalismo do racionalismo crítico, vide ALBERT, H. *Traktat über kritische Vernunft*, p. 13-18 e 43; idem, *Razón crítica y práctica social*, p. 46 e 48-50.

¹⁰³ Vide HABERMAS, J. *La lógica de las ciencias sociales*, p. 173-256.

Por isso, ADORNO mesmo se apressa em acrescentar muito ilustrativamente o seguinte: "O que se discute não é a investigação empírica ou sua omissão, mas sua interpretação [...] *Nenhum pesquisador social sensato pode pretender subtrair-se à investigação empírica*"; a especulação desenfreada "colocou a si mesma em uma situação extremamente delicada com teorias como a de que a raça é um fator decisivo na vida da sociedade".[104]

A nosso ver, contudo, é perfeitamente justificado que a criminologia recorra, na medida do possível e com uma visão simples, ao método científico para o estudo do fenômeno delitivo.[105]

a) O melhor argumento a favor de sua viabilidade para o estudo do delito é dado pelos *êxitos que já proporcionados* de fato.[106] Trata-se, sem dúvida, de avanços modestos e limitados, mas definitivamente, graças à aplicação desse método, existe hoje em dia certa confiança – ainda que provisória, no sentido que veremos – na existência de certos correlatos e inclusive causas do delito e promissoras respostas a ele: a forte correlação que existe entre idade e delito, ou gênero (masculino/feminino) e delito, fatos empíricos como a continuidade e a mudança ou a relevância causal da socialização na família, somente foram possíveis de estabelecer com segurança quando se recorreu a esse procedimento –[107] contrariamente ao que às vezes se acredita. Existem muitos fatos, pois, sobre os quais existe um consenso importante entre os criminólogos e um volume elevado de evidência empírica coincidente.[108]

b) Ademais, o comportamento humano não apenas é suscetível de reflexão teórica, mas também, como assinala SELLIN, *insere-se nos fenômenos observáveis*.[109] Não existe nenhuma boa razão *a priori* para excluí-lo do modelo que descrevemos.

c) Por si, isso foi pouco; o positivismo é uma obra otimista,[110] que anima os pesquisadores, porque lhes oferece o progresso científico e, talvez, melhoras sociais. Pois bem, adverte POPPER, esse *otimismo ajuda a investigação*, enquanto sua negação na prática costuma conduzir a certo pessimismo que a paralisa.[111]

---

[104] ADORNO, T. W. *Epistemología y ciencias sociales*, p. 94 (grifo nosso); vide também 105-125, e BERGER, P. L.; LUCKMANN, T. *La construcción social de la realidad*, p. 37.
[105] MICHAEL, J.; ADLER, M. J. *Crime, law and social Science* p. 76; SELLIN, T. *Culture conflict and crime*, p. 9-16.
[106] Como parece reconhecer HABERMAS, J. *La lógica de las ciencias sociales*, p. 81.
[107] POPPER, K. R. *La miseria del historicismo*, p. 38.
[108] HIRSCHI, T.; SELVIN, H. C. *Principles of survey analysis*, p. 16; MEIER, R. F. An introduction to theoretical methods in Criminology, p. 14.
[109] SELLIN, T. *Culture conflict and crime*, p. 12.
[110] GOLDKAMP, J. S. Rational choice and determinismo, p. 136; GOTTFREDSON, M. R.; HIRSCHI, T. The positive tradition, p. 22; LAUB, J. H. Data for positive Criminology, p. 56.
[111] POPPER, K. R. *La lógica de la investigación científica*, p. 231; idem, *Conjeturas y refutaciones*, p. 27 e 29.

O que realmente nos preocupa sobre o método científico – muito mais que as legítimas dúvidas que desperta – é precisamente sua exaltação, o *excesso de confiança* nele.[112] Assim, muitas vezes se esquecem das sérias considerações críticas de maneira irresponsável, e se atribui às conclusões científicas um caráter definitivo que na realidade quase nunca têm; exigem-se respostas firmes que raras vezes podem ser dadas; ou reclamam-se explicações simples e soluções diretas. Curiosamente, os científicos positivistas carecem dessa grande confiança nas ciências que em certas situações se observa em setores da opinião pública.[113]

O conhecimento científico é sempre experimental, provisório, com uma grande margem para o erro; por sua vez, as soluções oferecidas jamais serão simples e quase nunca carecerão de efeitos secundários. Todas as opções em criminologia – a nível teórico, metodológico ou de política criminal – têm seus pontos fortes e fracos e é imprescindível tomar decisões sobre qual é preferível. Uma das consequências da concepção de ciência aqui defendida é que todo o recebido deve ser colocado em dúvida. Assim, a criminologia se caracteriza por ser uma ciência muito exigente em seus procedimentos e muito modesta em suas conclusões.[114]

3. A criminologia compreensiva

No entanto, a criminologia e as ciências humanas e sociais também pretendem *compreender* seu objeto de estudo – em nosso caso o delito e o delinquente. WEBER considerava com acerto que as ciências humanas e sociais se encontram aqui em uma posição de privilégio em relação às naturais porque podem aspirar a compreender seu objeto de estudo, e não somente a explicá-lo.

Trata-se de *interpretar*, com o objetivo de entender, *o sentido da ação do sujeito*, para o qual o pesquisador deve procurar colocar-se no lugar de quem realizou um fato delitivo, ver por meio de seus olhos, com toda a carga emocional e simbólica do contexto em que se produziu o fato – ou no lugar da vítima, da polícia – ou em que viveu habitualmente com os sujeitos.[115] A criminologia compreensiva reclama, pois, *metodologias qualitativas*.

---

[112] Desse modo, assinala ADORNO que "deveríamos evitar incorrer tanto em um ceticismo precipitado como em uma confiança precipitada em relação à produtividade da investigação empírica" (*Epistemología y ciencias sociales*, p. 51).

[113] POPPER, K. R. *La miseria del historicismo*, p. 107 e 114.

[114] SERRANO GÓMEZ, A.; SERRANO MAÍLLO, A. La paradoja del descubrimiento de la Criminología en España. Un capítulo, p. 1.654.

[115] WEBER, A. *Economía y sociedad*, p. 6-7 principalmente; idem, *Ensayos sobre metodología sociológica*, p. 73, 130-132, 162 e 175-221. Vide ainda FERRELL, J. Criminological *verstehen*: inside the immediacy of crime, p. 10-11; FERRELL, J.; HAMM, M. S. True confessions: crime, deviance, and field research, p. 14-15.

Por exemplo, SÁNCHEZ JANKOWSKI descreve a vida de diversos grupos com que conviveu,[116] com uma atitude mais humana, próxima e comprometida com os rapazes e moças que estudou. FLEISHER nos relata com uma grande carga de emotividade e amargura como esses jovens cometem fatos delitivos graves por motivos triviais, se vitimizam, sucumbem ao abuso de drogas e em tristes processos de autodestruição; para isso busca compreender da melhor maneira os motivos, os sentimentos, a raiva, a frustração, o desespero etc., desses jovens baderneiros.[117]

Por último, KATZ – a partir de uma ótica próxima à fenomenologia – descreve casos distintos de homicídio nos quais o agressor sente que foi profundamente humilhado ou que sua vítima representa o mal não tendo mais solução a não ser tirar-lhe a vida; em outros casos faz referência a diversas situações em que os delinquentes se vêm irremediavelmente atraídos para o delito por razões que incluem, muitas vezes, pura excitação que isso lhes causa.[118]

Naturalmente, nada disso é algo que possa fazer a física, por exemplo, com respeito ao congelamento da água, tampouco a criminologia baseada em estatísticas ou estudos de autoinformação, os quais à luz desses estudos etnográficos, devem resultar necessariamente indiferentes e alheios ao verdadeiro drama que acarreta quase sempre o delito. Essa metodologia pode explicar por que se delinque, mas não pode nos ajudar a compreender como o sujeito via a situação em que se encontrava, o que o levou a tomar a decisão final, o que experimentou durante os fatos, se pensava na possibilidade de ser preso ou se tinha medo de sofrer uma sanção.

A orientação compreensiva em criminologia se reflete principalmente em determinadas metodologias qualitativas como a observação participante ou a entrevista em profundidade. Ainda que existam certas diferenças importantes entre esse enfoque e o explicativo científico-natural, e de fato alguns autores os consideram até contrapostos,[119] a verdade é que são perfeitamente compatíveis, e a criminologia compreensiva inscreve-se também em uma ciência empírica e positiva.[120]

Com efeito, ambas as *metodologias* compartilham muitos dos pontos de partida básicos, como o estabelecimento e inclusive teste de hipóteses, a preo-

---

[116] SÁNCHEZ JANKOWSKI, M. *Islands in the street*, p. 37-62, por exemplo.
[117] FLEISHER, M. S. *Dead End kids*, p. 86 e ss. e passim; idem, Ethnographers, pimps, and the company store, p. 45-52.
[118] KATZ, J. *Seductions of crime*, p. 4-8, 19-43, 54-58, 64-75, 81-88, 99-112, 128-138, 169-176, 185-194, 225-236, 282-289, 304-308 e 312-313.
[119] Vide FERRELL, J.; HAMM, M. S. True confessions: crime, deviance, and field research, p. 9-15.
[120] WEBER, A. *Economía y sociedad*, p. 6-18, 7 e 11 principalmente; idem, *Ensayos sobre metodología sociológica*, p. 61-73, 118-119, 124, 131, 136, 146-166 e 175-176.

cupação pela objetividade do pesquisador e de seus resultados ou a preocupação pelas causas do delito.[121]

SÁNCHEZ JANKOWSKI, por exemplo, tem interesse em mostrar as insuficiências de várias teorias anteriores sobre bandos e, sobretudo, destaca o lado racional, calculador das vantagens e inconvenientes dos atos, alguns deles ilegais, que realizam os membros desses bandos.[122] FLEISHER, também com uma perspectiva causal, coloca grande ênfase na família em face do controle da delinquência.[123] E inclusive em KATZ pode-se encontrar uma clara preocupação causal – esta última sim, uma causalidade que não se encontra tanto em uma decisão racional, na família, ou em qualquer outro precedente, mas em uma atração concreta que tem lugar na situação em que se encontra o criminoso.[124]

Outras linhas metodológicas se separam muito mais do positivismo e melhor se enquadram no paradigma hermenêutico a que antes nos referimos. É duvidoso que ambos os enfoques, agora, possam integrar-se. Assim, muitas das investigações que se enquadram na etnografia, a chamada criminologia existencial, a fenomenologia etc. Ademais, essas orientações são muito heterogêneas entre si – e até dentro de cada um destes movimentos.

Como se advertiu para o caso da metafísica e outros saberes não refutáveis, também esses estudos podem ser da máxima relevância. Insistimos em que, ainda que hoje se objetive destacar os pontos de apoio e a compatibilidade de ambas as perspectivas, parece difícil a integração quando se trata de orientações subjetivistas mais ou menos radicais.[125]

HABERMAS, que vê nisso um dualismo metodológico, considera que ambos os enfoques não se integram, mas sim que convivem, e afirma que "essa justaposição, sem nenhum entendimento, da teoria analítica da ciência [o que aqui chamamos positivismo] e reflexão hermenêutica de fundamentos, não parece incomodar a nenhuma das partes em sua autoconsciência estabelecida".[126]

A tudo isso se deve acrescentar que nos últimos anos as heterogêneas metodologias qualitativas produziram uma série de trabalhos de enorme qualidade científica – acabamos de mencionar alguns exemplos – que tiveram uma acolhida

---

[121] FERRELL, J. Criminological *verstehen*: inside the immediacy of crime, p. 11; FLEISHER, M. *Beggars and thieves*, p. 4-5, 14-15, 17 e 79-80; idem, Ethnographers, pimps, and the company store, p. 50 e 61; SÁNCHEZ JANKOWSKI, M. *Islands in the street*, 14 e 17.
[122] SÁNCHEZ JANKOWSKI, M. *Islands in the street*, 21-23, 28-30, 37-40, 47 e 59-61, por exemplo.
[123] FLEISHER, M. *Beggars and thieves*, p. 78-80, 103-107 e 247-257.
[124] KATZ, J. *Seductions of crime*, p. 4-5 e principalmente 11.
[125] Vide a respeito e criticamente, ALBERT, H. *Traktat über kritische Vernunft*, p. 160-171; idem, *Razón crítica y práctica social*, p. 58-64 e 68-69.
[126] HABERMAS, J. *La lógica de las ciencias sociales*, p. 82.

excepcional na criminologia majoritária e positiva; e que muitos desses trabalhos, ademais, mostraram uma especial sensibilidade pelos temas de interesse majoritário. Ainda que insistamos em que se trata de um trabalho que nem sempre é fácil, alguns criminólogos importantes insistem que a integração de ambos os enfoques é imprescindível.[127]

III. A NATUREZA DA CRIMINOLOGIA COMO CIÊNCIA

1. Objetividade, realismo e progresso

A ciência objetiva ser *objetiva*, no sentido de busca da verdade, e de que suas propostas sejam independentes do ponto de vista de seu autor.

O instrumento fundamental do objetivismo científico reside no recurso à *sua metodologia*, que permite fazer observações até certo ponto independentes de quem as realiza, e que podem ser repetidas e comprovadas por qualquer outra pessoa.

Com efeito, o fato de a ciência ter um caráter público, consistente em que qualquer pessoa pode ter acesso e, assim, refutar o que se afirma ajuda a salvaguardar a objetividade da ciência.[128]

Desse modo, a ciência acredita na *existência de um mundo real* independente dos sujeitos, que, ainda que não se mostre em sua totalidade nem pode ser abarcado plenamente pelo limitado conhecimento humano, certamente assegura que a ciência possa aspirar a ser objetiva – nesse sentido é realista.[129]

Popper explica de maneira muito feliz que o fato de que não podemos nunca obter certezas definitivas, mas somente provisórias, não contradiz a aceitação do realismo que subjaz à ciência positiva, mas precisamente quando se refuta uma hipótese é que se toca a realidade – do que se infere que esta existe.[130]

A ciência assim entendida é, sem dúvida, *determinista*, e, nesse sentido, acredita poder falar de *causas*.[131] Por último, a ciência progride por meio desse

---

[127] Cerezo Domínguez, A. I. *La delincuencia violenta: un estudio de homicidios*, p. 238-244 e 277-278; García España, E. *Inmigración y delincuencia en España: análisis criminológico*, p. 126; Laub, J. H. et al. Assessing the potential of secondary data analysis: a new look at the Gluecks' *Unraveling Juvenile Delinquency* data, p. 255; Sampson, R. J.; Laub, J. H. *Crime in the making*, p. 23 e 204-207.

[128] Popper, K. R. *La miseria del historicismo*, p. 171.

[129] Popper, K. R. *Conjeturas y refutaciones*, p. 91, 262-263 e 276.

[130] Popper, K. R. *Conjeturas y refutaciones*, p. 152.

[131] Gottfredson, M. R.; Hirschi, T. The positive tradition, p. 12 e 16; Laub, J. H. Data for positive Criminology, p. 56. Essas causas têm um caráter *legiforme* (Blalock, H. M. *Theory construction*, p. 2; Popper, K. R. *La miseria del historicismo*, p. 139; Weber, A. *Ensayos sobre metodología sociológica*, p. 61-62).

processo descrito de refutação, visto que as teorias e hipóteses falsas vão sendo abandonadas e *cada vez se têm teorias melhores*.[132]

Com efeito, de acordo com a criminologia, que está preocupada – entre outras coisas – com as causas do delito, o indivíduo está submetido a forças, sejam sociais, sejam individuais, que escapam a seu controle e influem para que realize atos antijurídicos. Esse panorama é o mesmo que se encontra em muitas outras ciências humanas, como a sociologia, e isso é *determinismo*.[133] Muitas vezes se afirma que não se trata de um determinismo sólido ou radical – se é que isso pode ser encontrado hoje na criminologia –, mas é determinismo enquanto se admite a influência decisiva de uma série de fatores.

Tal ideia de *determinismo débil* deve-se, no âmbito da criminologia, a MATZA, que reclama claramente a ideia de liberdade, uma vez que defende que o "determinismo débil" inclui "a manutenção do *princípio de causalidade universal*",[134] assim como que "o grau de liberdade possuída por diferentes homens se encontra longe de ser indeterminado. A liberdade, como a maioria das características sociais, não é distribuída aleatoriamente".[135]

O determinismo desperta muitas vezes a desconfiança de muitos pesquisadores.[136] Afirmou-se, por exemplo, que essa ideia de determinismo, quando se aplica ao estudo do comportamento dos seres humanos, nega o seu livre-arbítrio e atenta contra sua dignidade. Daí se infere que o determinismo *deve ser* falso.[137]

De fato, a criminologia conheceu esforços ilustres para defender *concepções débeis* – e, portanto, ideologicamente mais aceitáveis – do determinismo.[138] Como costuma ocorrer muitas vezes, a maioria das críticas está desfocada. A doutrina de que se pode cultivar uma ciência determinista do comportamento humano e manter o livre-arbítrio dos indivíduos é conhecida como *compatibilismo* e, como era de esperar, remonta pelo menos aos primeiros autores que defenderam o método científico para o comportamento humano. Existem várias versões do compatibilismo, ainda que se deva concordar que não são totalmente convincentes.

---

[132] NEWTON-SMITH, W. H. *The rationality of Science*, p. 208; WEBER, M. *La ciencia como profesión*, p. 64-68.

[133] FARRINGTON, D. P. The explanation and prevention of youthful offending, p. 72; MATZA, D. *Delinquency and drift*, p. 5.

[134] MATZA, D. *Delinquency and drift*, p. 7, vide para uma mais completa exposição nas páginas 5-9 e 27-30.

[135] MATZA, D. *Delinquency and drift*, p. 8, vide ainda p. 27-29.

[136] Como afirma MORILLAS CUEVA, L. *Metodología y ciencia penal*, p. 96. É ilustrativo que o indeterminismo despertou igualmente fortes críticas e oposições, POPPER, K. R. *Conjeturas y refutaciones*, p. 159.

[137] SCHÜNEMANN, B. *Temas actuales y permanentes del Derecho penal después del milenio*, p. 24-48 e 112-118, principalmente 28-33.

[138] Assim MATZA, D. *Delinquency and drift*, p. 5-12, retromencionado.

Em todo caso, ainda que não se tenha alcançado uma versão definitiva do compatibilismo a *nível filosófico* – seguramente nunca se logre –, certamente se deve assumir que é legítimo construir uma ciência determinista do delito sem por isso negar a viabilidade de concepções ou inclusive saberes que partam do livre-arbítrio dos delinquentes.

Ainda que a ciência busque a verdade, na realidade *nunca podemos estar seguros de que nossos conhecimentos ou nossas teorias sejam completamente verdadeiros*. Conforme POPPER, não é possível *verificar* – ou seja, demonstrar definitivamente – nenhuma teoria.

A ciência, ao contrário, caracteriza-se mais pelo *sistema de ensaio e erro*. A história da ciência assinala, inclusive, que doutrinas que se tinham por verdadeiras durante muito tempo, até séculos – como é o caso da teoria de Newton –, acabam por ser superadas.

Trata-se de uma visão mais simples da ciência, que somente nos pode proporcionar uma confiança passageira e provisória, mas nunca certezas definitivas. Isso, contudo, não quer dizer que não exista uma realidade que possa ser estudada cientificamente.

De fato, recorda-se, assim como afirma POPPER que, quando um sistema ou uma hipótese é refutada, é porque *se tocou uma parte da realidade*.

O refutado é falso, mas *o não refutado pode ser verdadeiro*. Não quer dizer que a ciência não busque *a verdade*, e de fato é possível que ocasionalmente a encontre, apenas que nunca poderemos estar seguros de havê-la achado. Tampouco quer dizer que não exista *progresso* na ciência:[139] a nova teoria em geral englobará a antiga, a que foi refutada, a qual seguirá em parte viva em seu novo âmbito, sempre seguindo a POPPER.

O conhecimento é, com efeito, provisório, mas, uma vez que nos proporciona verossimilhança e utilidade e nos legitima para recorrer, no momento, é *a melhor teoria disponível*. Posto que nunca poderemos estar seguros de ter encontrado a verdade, o progresso da ciência é interminável; é, nas palavras do mesmo autor, uma *busca sem fim*.[140]

2. Autonomia e independência científicas

A criminologia é uma *ciência autônoma e independente*. Tradicionalmente, contudo, várias disciplinas pretenderam assumir o estudo científico do delito; entre elas se destacam a ciência do Direito Penal, a sociologia, a psicologia, a

---

[139] HAGAN, J. The assumption of natural science methods: criminological positivismo, p. 85.
[140] Vide, sobretudo o anterior, POPPER, K. R. *Conjeturas y refutaciones*, p. 13, 17, 36, 38-39, 53, 58, 72, 78, 83, 125-129, 137-142, 150-153, 192, 217, 241-247, 264-265, 271-278, 280-282, 290 e 300.

biologia e a economia. Para isso propuseram definir o delito e o delinquente conforme seus próprios esquemas; explicá-los de acordo com suas proposições ou teorias peculiares; propor o recurso às metodologias que lhes são próprias; ou sugerir respostas ao fenômeno delitivo coerentes com seus interesses disciplinares.[141] Às vezes, inclusive se encontraram interesses particulares dos profissionais de cada uma dessas disciplinas.[142]

No Brasil, na Espanha e, de modo geral, na América Latina, o Direito Penal tem sido a disciplina que tradicionalmente teve maior presença no estudo científico do delito – ainda que hoje tenham entrado na disputa a psicologia e, em menor medida, a sociologia; nos países anglo-saxões, onde se cultivou muito mais a criminologia, foi esta última que predominou, ainda que nos últimos anos, deixa-se sentir com força a economia.

Essa tendência, ao menos em suas formulações mais grosseiras, inscreve-se no *imperialismo disciplinar*, ou seja, no *propósito de impor ao estudo do delito perspectivas próprias de disciplinas concretas*.[143]

Muitas vezes, as distintas disciplinas competiam entre si, criticando-se violentamente e caindo no que se denominou "destruição do conhecimento",[144] o qual repercutiu, em alguns casos, em grave dano para uma explicação plausível do delito e, sobretudo, para certas variáveis como ele correlacionadas. Todos esses propósitos disciplinares fracassaram claramente, se julgadas a partir de um ponto de vista científico suas propostas para explicar e responder ao delito. Desse modo, somente um estudo especializado, independente de qualquer disciplina matriz pode resultar promissor para o estudo científico do delito.[145]

a) Com efeito, a criminologia caracteriza-se, em primeiro lugar, por ter um objeto de estudo que lhe é próprio e privativo como é o delito, como fenômeno individual e social, e que, como veremos em seguida, nem pode lhe ser imposto externamente como disciplina, nem pode ser substituído por outros conceitos mais ou menos atrativos intuitivamente.

Compete à criminologia o estudo do delito como fenômeno individual e social e entre suas funções concretas se incluem a sua explicação causal, os pro-

---

[141] BRANTINGHAM, P. J.; BRANTINGHAM, P. L. Introduction: the dimensions of crime, p. 18; GOTTFREDSON, M. R.; HIRSCHI, T. *A general theory of crime*, p. 80; SUTHERLAND, E. H. The diffusion of sexual psychopath laws, p. 142-148; idem, *The Sutherland papers*, p. 199.

[142] BECKER, H. S. *Outsiders*, p. 150-152; COHEN, S. Introducción, p. 20; SUTHERLAND, E. H. The diffusion of sexual psychopath laws, p.145-146.

[143] ZAFIROVSKI, M. The rational choice generalization of neoclassical economics reconsidered: any theoretical legitimation for economic imperialism?, p. 463 e 467-468.

[144] RAINE, A. *The psychopathology of crime: criminal behavior as a clinical disorder*, p. 309, por exemplo.

[145] SERRANO GÓMEZ, A.; SERRANO MAÍLLO, A. La paradoja del descubrimiento de la Criminología en España. Un capítulo, p. 1.628-1.632.

cessos de definição, sua medição e contribuir para sua prevenção e controle. Em geral, ainda que o conceito de delito seja uma construção débil,[146] as alternativas propostas por diversas disciplinas são abertamente insatisfatórias a partir de um ponto de vista científico – algo sobre o que voltaremos a falar.

b) A criminologia desenvolveu teorias originais e estabeleceu suas próprias variáveis causais e correlatas do delito. Ao mesmo tempo, contribuiu com várias descobertas empíricas que contradizem diversos enfoques e teorias que, com certo êxito em seus campos originários, haviam sido propostos de maneira imperialista para explicar o delito.

c) A criminologia tem muito mais especificidades metodológicas do que às vezes se reconhece. De fato, são numerosas as investigações criminológicas que incorreram em sérios erros e distorções porque confiaram demais em *fórmulas* de outras disciplinas.

d) Como qualquer disciplina, também existem particularidades que podemos denominar socioculturais, uma das quais é precisamente seu alto nível de rigor teórico e metodológico.

A criminologia, como observado, é uma ciência que se caracteriza por uma enorme exigência no momento de delinear teorias sobre o delito ou propostas de sua prevenção ou controle, na hora de avaliá-las, de propor e desenvolver investigações empíricas; e, ao mesmo tempo, possivelmente devido a essa peculiaridade, é uma ciência modesta em suas conclusões.[147]

Claro que nada do exposto significa que a criminologia não recorreu em certas ocasiões a paradigmas, teorias, variáveis, metodologias etc. que foram originariamente desenvolvidas por outras disciplinas, entre as quais se encontram, sem dúvida, todas as anteriormente assinaladas.

Nesse sentido, pode-se interpretar que há autores que insistem na multidisciplinaridade da criminologia,[148] só que essa ideia muitas vezes propiciou uma confusão desconexa entre a criminologia e outras disciplinas consideradas

---

[146] BRAITHWAITE, J. *Inequality, crime, and public policy*, p. 15.
[147] SERRANO GÓMEZ, A.; SERRANO MAÍLLO, A. La paradoja del descubrimiento de la Criminología en España. Un capítulo, p. 1.654.
[148] GARCÍA-PABLOS DE MOLINA, A. *Tratado de Criminología*, p. 64-66; também FERRACUTI, F. L'indirizzo interdisciplinare in Criminologia, p. 9-16 e 22-24; JEFFERY, C. R. *Crime prevention through environmental design*, p. 17 e 183; idem, Criminology as an interdisciplinary behavioral Science, p. 149-151; MORILLAS FERNÁNDEZ, D. L. Aspectos criminológicos de los psicópatas y asesinos em serie, p. 409. Aqui, contudo, não definimos a Criminologia como ciência interdisciplinar pelo simples fato de que, a nosso juízo, todas as ciências são interdisciplinares; ou, dito de outro modo, que a Criminologia, tal e como se entende de maneira majoritária, não é especialmente característica no que a interdisciplinaridade se refere.

matrizes.¹⁴⁹ Contudo, dito transpasse de teorias, variáveis etc. é algo habitual em todas as disciplinas. Na verdade, isso é consequência da unidade da ciência, e do fato de que, muitas vezes, todas as disciplinas são, em geral, multidisciplinares.¹⁵⁰

3. A *criminologia como ciência livre de valores*

A criminologia configura-se como ciência livre de valores.¹⁵¹ Essa ideia, desenvolvida a partir de WEBER, quer dizer, na verdade, duas coisas,¹⁵² ainda que relacionadas entre si. Em primeiro lugar, que *ciência* de um lado e *valores* de outro *se movem em planos diferentes*. Com efeito, a ciência estuda aspectos empíricos da realidade de modo que *não pode dizer-nos quais valores éticos ou políticos são superiores.*¹⁵³

A criminologia positiva, por exemplo, pode dizer se a pena privativa de liberdade tem efeitos preventivos ou não, mas não pode nos dizer se é *boa* ou não – ou, ainda, se um Estado deve aplicá-la energicamente ou tratar de substituí-la por penas menos gravosas. Este último aspecto escapa do âmbito de uma ciência positiva e é decidido num plano ao menos em parte valorativo – do qual se ocupa em nosso terreno a chamada política criminal.

A ciência positiva não pode nos liberar da tomada de decisões éticas. A ciência pode, isto sim, ajudar a tomar uma decisão individual responsável, por exemplo, assinalando os prováveis efeitos de recorrer em excesso a penas privativas de liberdade ou deixar de fazê-lo, mas a decisão última não é nem pode ser científica.¹⁵⁴

Nas palavras de ALBERT, "os resultados da investigação sociológica e psicológica podem ser absolutamente relevantes para a resolução de problemas

---

¹⁴⁹ SERRANO GÓMEZ, A.; SERRANO MAÍLLO, A. La paradoja del descubrimiento de la Criminología en España. Un capítulo, p. 1.628-1.632.

¹⁵⁰ GOTTFREDSON, M. R.; HIRSCHI, T. The positive tradition, p. 21.

¹⁵¹ BERNARD, T. J. *The consensus-conflict debate*, p. 221-222; FELSON, M. *Crime and everyday life*, p. 19-20; HAGAN, J. The assumption of natural science methods: criminological positivismo, p. 82; LEMERT, E. M. *Social pathology*, p. 5; MORILLAS CUEVA, L. *Metodología y ciencia penal*, p. 96. Contra, BUSTOS RAMÍREZ, J. J.; MALARÉE, H. H. *Lecciones de derecho penal*, p. 25; GOULDNER, A. W. Anti-Minotaur: the myth of a value-free Sociology, p. 204-207 e 216-217 – este conhecido trabalho é muito matizado; se bem que, na verdade, aqui não compartilhamos a interpretação reducionista que faz de WEBER (PROCTOR, R. N. *Value-free science?*, p. 262-271).

¹⁵² WEBER, A. *Ensayos sobre metodología sociológica*, p. 222.

¹⁵³ ALBERT, H. *Traktat über kritische Vernunft*, p. 66-81; idem, *Racionalismo crítico*, p. 70-85; WEBER, M. *La ciencia como profesión*, p. 68-79; idem, *Ensayos sobre metodología sociológica*, p. 41-48 e 111.

¹⁵⁴ WEBER, M. *La ciencia como profesión*, p. 80-89, sobretudo 82-83.

morais, mas que eles mesmos ofereçam tal solução a problemas seria difícil de provar".[155] Nesse sentido, pois, ciência e valores se movem em planos diferentes.

Muitas vezes, os críticos interpretam a ideia da neutralidade valorativa como que o positivismo exigiria do pesquisador que se isole total e absolutamente de seus valores éticos e políticos, e então o acusam de ingênuo ou de farsante porque *ninguém pode se isolar de suas próprias valorações*. Neste último aspecto, os críticos estão certos, mas na realidade é algo que o próprio positivismo se encarregou de destacar com insistência.[156] "Há grande distância entre esse reconhecimento das fraquezas humanas e *a crença em uma ciência 'ética'* [...] que pudesse extrair ideais modelos de si mesmo."[157] Como vimos, não é isso o que quer dizer a ideia de uma ciência livre de valores.

O segundo problema de WEBER diz respeito ao fato de se poder *repartir ideologia* em suas classes. A resposta a essa pergunta tem para WEBER uma natureza ética, de maneira que não se pode decidir cientificamente. De acordo com uma ciência livre de valores, em todo caso, o professor deveria ser intelectualmente honesto e diferenciar, de um lado, suas próprias valorações e, de outro, a constatação de fatos.[158] Assim, afirma esse autor que "sempre que um homem da ciência se apresenta com seus próprios juízos de valor cessa sua plena compreensão da realidade" e que "o profeta e o demagogo não têm seu espaço na cátedra".[159]

Ainda que a questão não seja teoricamente simples, e seja difícil dar uma resposta que não careça de problemas, na prática costuma apresentar-se de maneira muito menos sutil – e isso tanto a partir de um ponto de vista dos positivistas como de seus críticos. Há criminólogos que acreditam em poder isolar-se de suas valorações, ou ao menos atuam como se acreditassem, vendo-se a si mesmos como *determinantes* objetivos.[160]

---

[155] ALBERT, H. *Traktat über kritische Vernunft*, p. 69.
[156] POPPER, K. R. *La miseria del historicismo*, p. 165-167; WEBER, A. *Ensayos sobre metodología sociológica*, p. 41-42, por exemplo, muito claro. Assim mesmo se destacou também que no sucesso ou fracasso de teorias e paradigmas criminológicos influem elementos socioculturais ou ideológicos, LAUB, J. H. Recensión a J. Bennett, p. 725; PATERNOSTER, R.; BACHMAN, R. The structure and relevance of theory in Criminology, p. 8.
[157] WEBER, A. *Ensayos sobre metodología sociológica*, p. 44 (grifo nosso).
[158] WEBER, A. *Ensayos sobre metodología sociológica*, p. 48-49 e 223.
[159] WEBER, M. *La ciencia como profesión,* p. 76 (grifo suprimido) assinala também que "a política não cabe nas aulas [...] As palavras que ali se utilizam não são instrumentos da análise científica, mas meios para se ganhar politicamente a posição de outros; não são relhas de arado para lavrar o terreno do pensamento contemplativo, mas espadas contra o inimigo, instrumentos de luta" (p. 75); também o mesmo, *Ensayos sobre metodología sociológica*, p. 224-227.
[160] GOULDNER, A. W. Anti-Minotaur: the myth of a value-free Sociology, p. 217.

Outra postura mais ou menos radical, que vamos denominar voluntarismo partidário, consiste em suas versões mais vulgares em que o pesquisador tende a decidir qual resultado é o mais correto para sua pesquisa a partir de um ponto de vista ético, político ou ideológico, e a partir daí busca se aproximar de dita conclusão, visto que *deve ser* a correta.[161] Por exemplo, diversas investigações sugeriram que os delinquentes como um todo poderiam ter certo déficit de inteligência; por certos motivos, alguns autores inclinaram-se a pensar que isso é eticamente intolerável e que, consequentemente, essa descoberta *deve* ser falsa, centrando seus esforços em desmenti-lo ou, mais usualmente, em ridicularizá-lo. Nenhuma das duas posturas quer dizer necessariamente que o pesquisador seja *perverso*, mas talvez o contrário. De todo modo deve ficar claro que, apesar de repudiar os excessos, as posturas do texto não são nem mesmo ecléticas, mas que se situam ao lado de uma ciência livre de valores.

a) A nosso ver, o problema fundamental do voluntarismo é que, posto que carece de uma base sólida e nada mais se sustenta no que o pesquisador ou seu grupo considera desejável, *costuma ter consequências desastrosas*. Como aponta duramente BOURDIEU, "a alienação da realidade é desapiedada com a boa vontade mal ilustrada ou o voluntarismo utopista".[162]

Assim W. J. WILSON declarou que as políticas sociais e criminais que se centravam em melhorar as condições das minorias raciais foram, apesar de sua indubitável boa vontade, contraproducentes.

O motivo é que essas políticas beneficiaram os setores mais avantajados de ditas minorias, enquanto aos mais desfavorecidos inclusive lhes prejudicou devido a que os primeiros acabaram por abandonar as comunidades, incrementando-se, deste modo, sua desorganização social.[163]

Pelo exposto, o pesquisador – e também a opinião pública em geral – deve estar preparado para aceitar *fatos incômodos* e para receber *más notícias* das ciências humanas e sociais, e atuar com seriedade e não cair no exagero ou na contra-argumentação ideológica.[164] Por exemplo, a medicina também adverte

---

[161] GOULDNER, A. W. The sociologist as partisan: Sociology and the Welfare State, p. 110-112 principalmente, que esclarece que "temo que o mito de uma ciência social livre de valores está a ponto de ser suplantado por outro mito" (p. 103).

[162] BOURDIEU, P. *Lección sobre la lección*, p. 36 (grifo nosso); essa convicção, já em WEBER, A. *Ensayos sobre metodología sociológica*, p. 47, "nada prejudicou mais o interesse da ciência que o não querer ver os fatos incômodos e as realidades da vida em sua dureza".

[163] WILSON, W. J. *The truly disadvantaged*, p. 20-62 e 109-124, especialmente p. 110; o autor declara que essas ideias lhe acarretaram acusações ideológicas (p. vii-viii). Vide ainda ANDERSON, E. *Code of the street*, p. 147, 162-167, 265 e 319; KOTLOWITZ, A. *There are no children here*, p. 21-24; WHYTE, W. F. *Street corner society*, p. 988-104.

[164] HAGAN, J. The assumption of natural science methods: criminological positivismo, p. 81; WEBER, M. *La ciencia como profesión*, p. 77.

que em certas situações, atualmente, não existe cura ou vacina para determinadas doenças.

b) Com o voluntarismo, ao definir uma disciplina ou uma questão concreta em termos valorativos, corre-se o risco de colocá-las fora do âmbito científico. Com isso, desde logo, evitam-se muitas posturas incômodas porque quase ninguém se atreverá a informar descobertas que não apoiem a hipótese que foi definida como desejável – e tenderão a prevalecer as investigações que a favoreçam. Desse modo, não somente se dificulta enormemente um conhecimento verossímil sobre determinada questão, de regra importante, e se lastreiam as possíveis intervenções de política criminal, mas também a comunidade científica se inclinará a não levar a sério as propostas que se lhe apresentem e, consequentemente, a paralisar as investigações e *abandonar a questão* – que, insistimos, tenderá a ser importante. Assim, o efeito pode voltar a ser contraproducente: uma questão socialmente importante é excluída da discussão científica, desprestigia-se sua análise empírica e se dificulta a possa ser levada a sério pela comunidade científica.

NAGIN oferece um brilhante exemplo. Sugere que certos defensores de práticas sancionadoras mais punitivas – os quais acrescenta, podem ter sua parte de razão a partir de um ponto de vista ético ou ideológico – recorreram a apresentar evidência empírica como prova de suas pretensões. Contudo, essa evidência é, na realidade, metodologicamente problemática e de colocar-se em dúvida; o que se apresenta "oferece uma impressão de validez científica *que confunde*", de modo que, conclui o autor,

> [...] *tais distorções por último minam a credibilidade das provas científicas* como contribuição para as decisões de políticas públicas. É necessário um julgamento mais crítico da evidência se quisermos ver progresso no desenvolvimento do conhecimento sobre a efetividade da prevenção geral das penas e sua aplicação a uma política pública efetiva.[165]

---

[165] NAGIN, N. S. General deterrence: a review of the empirical evidence, p. 136 (grifos nossos); também, muito próximo, ZIMRING, F. E. Policy experiments in general deterrence: 1970-1975, p. 172. Outro exemplo é novamente o do estudo da relação entre raça e delito nos Estados Unidos da América. (1) WILSON continua afirmando que argumentos ideológicos "desviaram efetivamente a atenção das soluções apropriadas para as terríveis condições econômicas das pessoas pobres de cor". (2) Coerentemente, conclui patrocinando uma investigação empírica cuidadosa. (3) (1) SAMPSON, R. J. Urban black violence: the effect of male joblessness and family disruption, p. 378; SAMPSON e WILSON, 1995: 37-38. (2) WILSON, W. J. *The truly disadvantaged*, p. 9 – coerentemente, as políticas que propõe esse autor, sobretudo em face de um não fazer nada também em parte ideológico, são de tipo universal e não centradas em grupos concretos, como as minorias de pessoas de cor, 120-124 e 140-164. (3) WILSON, W. J. *The truly disadvantaged,* p. 18.

Em outras palavras, trata-se de um exemplo de como práticas voluntaristas com aparência científica – nesse caso em favor de sanções penais mais enérgicas – são prejudiciais porque semeiam logicamente as dúvidas de pessoas – neste caso os responsáveis pelas políticas criminal e pública, mas em geral pode-se pensar na opinião pública – que o normal é que não sejam peritos e não possam por elas mesmas comprovar se as conclusões estão justificadas atendendo aos dados empíricos ou não. Essas pessoas e a opinião pública em geral se inclinarão a desconfiar da investigação científica.

c) Ao mesmo tempo, muitos fatos empíricos *suspeitos* por vezes não são tão indesejáveis quando se os observa e interpreta com atenção. Outras vezes, são fatos aparentemente *saudáveis* os que, quando analisados em profundidade, apresentam consequências pouco aceitáveis. Finalmente, a valoração *ética* de determinados fatos ou hipóteses costuma dar lugar a julgamentos totalmente opostos, ainda que provenham das mesmas posições ideológicas.

d) Por último, a discussão pode levar a reclamar limitações éticas à investigação, quando a regra é que, ainda que seja provável que devam existir, devem ser excepcionais.[166]

IV. O DELITO E O PROBLEMA DE SUA DEFINIÇÃO

1. A normalidade do delito

Em todas as sociedades conhecidas existe e existiu uma série de condutas que foram proibidas ou foram de cumprimento obrigatório, sob a ameaça de um mal. Atualmente, e quando ocorrem certas condições, denominamos essas condutas, delitos.

De acordo com o art. 10 do CP espanhol, são delitos "as ações e omissões dolosas ou culposas apenadas pela Lei"; e em seus livros II e III – assim como em outras leis denominadas leis penais especiais – descreve uma série de condutas que, com efeito, sanciona com penas.[167]

> A maioria dos Códigos Penais, entretanto, não define o que vem a ser delito, exemplo gráfico é o Código Penal brasileiro. Essa matéria fica a cargo da doutrina especializada. No entanto, praticamente todos os códigos penais modernos por força do princípio da legalidade elencam em sua parte especial as condutas (ação/omissão) consideradas delitivas, através das denominadas normas penais incriminadoras (tipo penal

---

[166] RESCHER, N. *Razón y valores en la Era científico-tecnológica*, p. 154-167, principalmente 167.

[167] Seguimos um conceito jurídico amplo de delito que abarca, para simplificar, os delitos propriamente ditos, graves e menos graves, e as faltas.

incriminador). A lei brasileira classifica as infrações penais em crimes ou delitos e contravenções.

Em outros países, grupos sociais e épocas históricas, contudo, o catálogo de delitos não se encontrava descrito mais ou menos exaustivamente em códigos escritos. Ainda que seja difícil realizar uma caracterização de todos os delitos, em geral estes tenderão a ser, como assinala Cerezo Mir, infrações graves das "normas da Ética social [...] da sociedade".[168]

Os delitos não são tipificados de maneira caprichosa, mas porque infringem normas sociais básicas – que, mediante uma decisão legislativa, passam a ser também jurídico-penais.

Ainda que possa ser reprovável, o delito é um fenômeno normal de uma sociedade. É dizer: não apenas existem em toda a sociedade condutas que podem ser consideradas delitivas, mas também parece que não pode existir sociedade sem delito. Isso se conhece como o *princípio da normalidade do delito*.[169] Trata-se novamente de uma ideia que remonta pelo menos a Durkheim, que já afirmou que o delito, longe de ser um fenômeno patológico, é um fenômeno *normal* de uma sociedade,[170] e que *inclusive em uma sociedade de santos haveria delitos*.[171]

A consequência pessimista dessa norma é que é utópico desejar a eliminação do delito da sociedade. Ainda que seja impossível conhecer como funcionavam as sociedades de homens primitivos, a investigação empírica encontrou condutas que podem ser qualificadas abertamente como delitos em todas as culturas e grupos humanos que se puderam estudar.

Na verdade, Durkheim vai mais além. Para ele, o delito não é apenas normal, mas desempenha uma importante função na sociedade – em especial para um

---

[168] Cerezo Mir, J. *Curso de derecho penal español. Parte general*, v. I, p. 19 e 65 – acrescenta ainda que também podem constituir graves infrações "da ordem política ou econômica" e que "o Direito Penal é sempre instrumento de proteção do sistema político dominante" (p. 18-19); mais importante é que esse autor lembra que tanto essas normas como outros critérios de Política Criminal são utilizados também na prática no momento da interpretação das leis pelos juízes e tribunais (p. 78), por exemplo. Com efeito, não apenas os delitos se inclinarão a sancionar as infrações mais graves da ética social, mas também tenderão a ser perseguidos com especial afinco quando se trate de hipóteses especialmente graves (Gove et al. W. R. Are Uniform Crime Reports a valid indicator of the index crimes? An affirmative answer with minor qualifications, p. 489-490).

[169] García-Pablos de Molina, A. *Tratado de Criminología*, p. 101-103 e 1.197. O mesmo autor insiste no postulado da normalidade do delinquente, 108-110 e 1.197; os dois postulados não coincidem e este último, na verdade, não é aceito pela Criminologia positiva majoritária. Vide, por exemplo, Laub, J. H. Data for positive Criminology, p. 56.

[170] Durkheim, E. *Las reglas del método sociológico*, p. 71-93.

[171] Durkheim, E. *Las reglas del método sociológico*, p. 88.

determinado tipo de sociedade: paradoxalmente, apesar de que possa provocar uma quebra na ordem social, *o delito é funcional* para a sociedade.[172] Funcional, nesse sentido, quer dizer que *contribui para o funcionamento da sociedade*.[173]

Com efeito, "sua verdadeira função [a da pena que se impõe a quem comete um fato delitivo] é manter intacta a coesão social, conservando em toda a sua vitalidade a consciência comum".[174] Por exemplo, pode-se manter que, mediante o estabelecimento de condutas sancionadas, ajuda a delimitar o que está bem do que está mal; cada vez que se aplica uma pena lembra ao cidadão que pode seguir comportando-se com segurança e confiança devido a que o Estado está desempenhando efetivamente sua missão de protegê-lo.[175]

Em um plano mais empírico e concreto, não há dúvida de que o delito em si tem efeitos funcionais para muitos grupos sociais. O primeiro exemplo são os criminólogos, mas o mesmo pode se dizer em geral de todas as pessoas que vivem direta ou indiretamente da luta contra o delito e sua prevenção;[176] nesse sentido, o delito "cria emprego".[177] Ainda que naturalmente o delito possa beneficiar a quem o pratica – e ainda que em geral os benefícios econômicos do delito costumam ser mínimos –, E. ANDERSON sustenta que, no caso de algumas comunidades urbanas, o negócio da droga beneficia a muitos de seus membros: as ligações de muitos dos jovens penetram até o interior da comunidade por meio de famílias em sentido amplo, que podem depender do dinheiro; se um traficante é expulso do negócio ou da zona, ele e uma parte da comunidade podem encarar "um desastre financeiro"[178] – ainda que isso não anule seus devastadores efeitos.

M. FELSON acrescenta que em certas ocasiões o delito *reduz* o delito, como quando alguém sofre um roubo e isso serve de aviso para seus vizinhos e parentes tomarem precauções, as quais os livram de serem vitimizados.[179] No último exemplo é que diversas investigações constataram que as quadrilhas – que realizam muitas vezes atos delitivos – podem contribuir de algum modo para

---

[172] DURKHEIM, E. *La división del trabajo social*, p. 101-129, sobretudo p. 123-128; idem, *Las reglas del método sociológico*, p. 86-90. Vide ainda COHEN, A. K. *Deviance and control*, p. 6-11; TITTLE, C. R.; PATERNOSTER, R. *Social deviance and crime*, p. 8 e 200-201.

[173] CUELLO CONTRERAS, J. *El derecho penal español*, p. 56.

[174] DURKHEIM, E. *La división del trabajo social*, p. 127. Talvez possa se ver algum paralelo com a proposta da teoria da prevenção geral positiva do Direito Penal: as penas contribuem para reforçar a confiança das pessoas nas normas que regem uma sociedade, confiança que é imprescindível, por sua vez, para viver com normalidade em seu seio, JAKOBS, G. *Strafrecht*, p. 6-14.

[175] WEISBURD, D.; WARING, E. *White-collar crime and criminal careers*, p. 154.

[176] SERRANO GÓMEZ, A. *El costo del delito y sus víctimas en España*, p. 251.

[177] GARRIDO GENOVÉS, V. et al. *Principios de Criminología*, p. 149.

[178] ANDERSON, E. *Code of the street*, p. 117.

[179] FELSON, M. *Crime and everyday life*, p. 139-140.

controlar o delito.[180] Um dos casos mais destacados é que, pelo menos segundo alguns pesquisadores, as poderosas quadrilhas de Chicago impediram que o *crack* entrasse na cidade, tal e como havia acontecido em muitas das grandes cidades americanas.[181]

Isso é paradoxal porque está claro que a delinquência supõe também um grande *custo* para uma sociedade, não apenas em termos econômicos diretos e indiretos, tanto para o Estado como para particulares, mas também de sofrimento para as vítimas e de medo do delito para os cidadãos em geral.[182] Como é fácil de compreender, a análise e a medida desses fenômenos são de uma complexidade preocupante.

Muito interessante é o estudo do chamado *medo do delito*. Trata-se, outra vez, de um fenômeno muito difícil de entender e de estudar. Uma das discussões mais relevantes é até que ponto o delito real é responsável pelo medo que sofrem os membros de uma sociedade ou grupo, ou se, pelo contrário, o medo do delito é mais um mero reflexo da construção que do fenômeno realizada pelos meios de comunicação de massas e até pelos responsáveis políticos. Assim, por exemplo, um dos paradoxos que mais frequentemente costuma-se destacar é que precisamente os grupos que mais mostram medo do delito são, por sua vez, os que menos probabilidades têm de sofrer uma vitimização por um fato delitivo: trata-se de idosos e mulheres.

A pesquisa ou investigação empírica sugere que a delinquência real desempenha um papel no medo do delito pelos cidadãos – ainda que não seja o único fator – e que paradoxos como o retromencionado explicam-se devido a que ditos setores da população são também os que poderiam encarar consequências mais sérias no caso de sofrer alguma vitimização; por isso seu temor é maior, e também por isso são os que tomam mais precauções.[183]

Estuda-se a relação do medo do delito com a efetiva vitimização e com as taxas de delinquência, com as precauções dos próprios particulares, o impacto que causa em quem o sofre, sua eventual qualificação como *vitimização secundária*, a efetividade da prevenção geral ou de certas medidas adotadas para medir o grau de

---

[180] Katz, J. The gang myth, p. 184.
[181] Kotlowitz, A. *There are no children here*, p. 38. Como é sabido, o *crack* é uma droga muito poderosa que cria rapidamente dependência – em alguns casos, como pode ser o de pessoas com dependência anterior a outras drogas, pode bastar um só ato de consumo –, cujo uso nos anos oitenta alcançou dimensões infelizmente enormes nos Estados Unidos, o qual se traduziu em efeitos muito perniciosos para muitos jovens e suas comunidades e foi responsável por parte de um aumento vertiginoso da delinquência.
[182] Laub, J. H. Patterns of criminal victimization in the United States, p. 39-44 e 46; Serrano Gómez, A. *El costo del delito y sus víctimas en España*, p. 78-79, 105-110 e 207-217.
[183] Ditton, J. Crime and the city. Public attitudes towards open-street CCTV in Glasgow, p. 705; Kennedy, L. W.; Forde, D. R. Routine activities and crime: an analysis of victimization in Canada, p. 137.

insegurança entre as pessoas, nível de vontade punitiva da população.[184] "A ameaça do delito e o medo do delito por si sós são suficientes para diminuir a qualidade de vida das pessoas."[185] Costuma-se calcular sobre a base de três representações:

   a) o medo *cognitivo* é a percepção de alguém sobre a possibilidade de ser vítima de um delito;
   b) o medo *emocional* é a sensação de temor; e
   c) o medo *operativo* das condutas que se tomam a respeito.[186]

2. O problema da definição do delito

A criminologia estuda o delito. O que seja o delito é algo que às vezes se considera óbvio, que se costuma dar por certo em muitas pesquisas e que em raras ocasiões se discute expressamente ou se define com precisão.[187]

Contudo, o *problema da definição do objeto de estudo* da criminologia é talvez o mais importante e difícil que se deve enfrentar,[188] e também suas consequências são as mais decisivas. Como vimos, uma disciplina se caracteriza, entre outras coisas, por seu objeto de estudo, também chamado sua variável dependente: a autonomia e independência da criminologia se justificam, entre outras razões, porque estuda cientificamente o delito a partir de um determinado ponto de vista. Reconhece-se há tempos, com efeito, que o primeiro passo do pesquisador – ou de uma ciência – "deve dirigir-se, pois, à definição das coisas de que trata, a fim de que saiba, e o saiba bem, do que há de ocupar-se".[189] Isso é especialmente importante na criminologia, posto que a natureza, extensão e

---

[184] HERRERA MORENO, M. *La hora de la víctima*, p. 141-166 e 191-232; KURY, H. Zur Bedeutung von Kriminalitätsentwicklung und Viktimisierung für die Verbrechensfurcht, p. 127-130 e 151-156; idem, Desarrollo de la delincuencia en Europa oriental y occidental. Una comparación entre diferentes países, p. 607 e 610; LANDROVE DÍAZ, G. *Victimología*, p. 39-45 e 71-82; MCCOY, H. V. et al. Lifestyles of the old and not so fearful: life situation and older persons' fear of crime, p. 199-203. Sobre questões metodológicas, vide por exemplo KURY, H. Victims of crime – Results of a representative telephone survey of 5.000 citizens of the former Federal Republic of Germany, p. 274-276; idem, Desarrollo de la delincuencia en Europa oriental y occidental. Una comparación entre diferentes países, p. 608.

[185] SKOGAN, W. G. et al. Criminal victimization, p. 7.

[186] KURY, H. Desarrollo de la delincuencia en Europa oriental y occidental. Una comparación entre diferentes países, p. 607.

[187] LANIER, M. M.; HENRY, S. Crime in context: the scope of the problem, p. 1.

[188] SELLIN, T. *Culture conflict and crime*, p. 20. Em outro sentido, GARCÍA-PABLOS DE MOLINA, A. *Tratado de Criminología*, p. 93-95; MORILLAS CUEVA, L. *Metodología y ciencia penal*, p. 314.

[189] DURKHEIM, E. *Las reglas del método sociológico*, p. 60.

explicação do delito dependem muito, como comprovaremos em seguida, de como se define.[190]

García-Pablos de Molina acolhe a interessante tese de um conceito não unitário de delito:

> Uma nova atitude metodológica, flexível, que acentua a funcionalidade do conceito de 'delito', aos efeitos de optar a favor de uma noção jurídico--formal (penal) ou material, segundo as finalidades da investigação criminológica. [...] Segundo o mesmo autor, carece de sentido qualquer decisão apriorística que condicione fatalmente – e limite ou impeça – os propósitos de cada investigação.[191]

Essa proposta é legítima e desde logo cultivada de fato pela criminologia contemporânea. Todavia, tal proposta corre o risco de cair em inumeráveis pesquisas desconectadas entre si, que, na verdade, tratem de questões completamente distintas e cheguem, portanto, a conclusões opostas, o que complicaria e limitaria o progresso da ciência.

Assim, pois, o que é o delito? Quem pode ser considerado um criminoso? Existem diversas respostas a essas perguntas, se bem que podem ser distinguidas basicamente uma orientação legal e outra, natural.

A. *A concepção legal de delito* – a ideia de que o objeto de estudo da criminologia vem delimitado pelo Código Penal e pelas leis penais especiais, ou seja, a concepção legal do delito remonta à escola clássica, tem longa tradição e é, talvez, a mais seguida nas doutrinas brasileira e espanhola,[192] por exemplo.

De acordo com o princípio da legalidade, para que uma conduta possa ser considerada delitiva, deve-se encontrar descrita – tipificada – nas leis penais.[193]

---

[190] Hirschi, T.; Selvin, H. C. *Principles of survey analysis*, p. 185; Lanier, M. M.; Henry, S. *Crime in context: the scope of the problem*, p. 1-2 e 7; Sutherland, E. H. *Critique of Sheldon's varieties of delinquent youth*, p. 10.

[191] García-Pablos de Molina, A. *Tratado de Criminología*, p. 101.

[192] Cerezo Mir, J. *Curso de derecho penal español. Parte general*, v. I, p. 64; García-Pablos de Molina, A. *Tratado de Criminología*, p. 85-86; Morillas Cueva, L. *Metodología y ciencia penal*, p. 313. Vide também Sampson, R. J.; Laub, J. H. *Crime in the making*, p. 267, n. 2; Wilson e Herrnstein, 1985: 22. Alguns autores inclusive vão mais além quando exigem que, para que alguém possa ser considerado criminoso, tenha sido previamente condenado; insistem, com efeito, em que para essa decisão não é suficiente que tenha sido preso ou processado: somente no caso de que alguém tenha sido condenado pode ser considerado que realmente é um criminoso, já que apenas então poderemos estar seguros de que, com efeito, ocorreu um delito, Michael, J.; Adler, M. J. *Crime, law and social Science* p. 3; Tappan, P. W. *Who is the criminal?*, p. 100; idem, *Crime, Justice, and correction*, p. 21.

[193] Vide Gil Gil, A. *Derecho penal internacional*, p. 66-70.

Tudo o que não se encontre tipificado em ditas normas não pode ser considerado delitivo, por mais injusto e danoso que possa ser; de outro lado, todas as condutas incluídas em ditos corpos legais são consideradas delitivas.

Conforme a postura legalista acima descrita, o objeto de estudo da criminologia é toda conduta consciente que encontre tipificada em uma lei penal, praticada sem justificação ou escusa e punida pelo Estado; e por delinquente ou criminoso deve-se entender todo aquele que incorra em uma das ditas condutas.[194]

Para esses autores é imprescindível seguir o critério legal, já que é precisamente a lei penal a que expressamente define o que é o delito; ademais, é preferível, porque é a forma mais precisa de definir o objeto de estudo da criminologia e porque a maioria da comunidade concorda que os comportamentos proibidos pela lei penal são, em geral, socialmente indesejáveis.[195] FERNÁNDEZ CRUZ elabora o interessante argumento de que o intérprete não pode se converter em criador arbitrário do Direito.[196]

Todavia, o critério legal foi tradicionalmente objeto de sérias críticas, a mais importante das quais, e que nos diz respeito, tem que ver com que é claramente *insatisfatório de um ponto de vista científico*.

a) Em primeiro lugar, não parece aceitável que o objeto de estudo de uma disciplina venha imposto de fora dela, isto é, que seja de competência externa a delimitação desse objeto.[197] Ao contrário, o lógico é que cada disciplina defina ela mesma o que vai estudar e qual é seu conteúdo e natureza.

b) O legislador, que é quem legitimamente estabelece quais condutas são delitos, não segue um critério satisfatório do ponto de vista da explicação causal dos delitos, mas predominam os históricos e de oportunidade. Desse modo, é difícil que possa se dar uma explicação científica geral convincente de uma matéria na qual elementos irracionais e contradições têm forte presença.

c) As leis penais são irremediavelmente vagas e imprecisas, a tal ponto que os juízes e os juristas em geral nem sempre chegam a acordos generalizados sobre sua interpretação.[198]

---

[194] TAPPAN, P. W. *Crime, Justice, and correction*, p. 10.
[195] MICHAEL, J.; ADLER, M. J. *Crime, law and social Science* p. 2-3; TAPPAN, P. W. Who is the criminal?, p. 100.
[196] FERNÁNDEZ CRUZ, J. A. *El fenómeno del blanqueo de capitales y el fraude fiscal*, p. 23 e 29.
[197] GOTTFREDSON, M. R.; HIRSCHI, T. *A general theory of crime*, p. 3; SELLIN, T. *Culture conflict and crime*, p. 23-24.
[198] URQUIZO OLAECHEA, por exemplo, adverte de forma clara sobre as limitações da segurança que pode oferecer o irrenunciável princípio da legalidade em Direito Penal: "Aceita-se um grau razoável de inexatidão, pois a tarefa legislativa e a codificação não podem renunciar à utilização de termos ou ideias que tenham fortes elementos valorativos ou normativos [...] O princípio da *lex certa* cede a favor de reconhecer que é sumamente difícil a tarefa

Por exemplo, em uma pesquisa clássica, CRESSEY observou que comportamentos iguais eram castigados com delitos distintos, e que os mesmos tipos penais, na verdade, incluíam condutas distintas entre si.[199]

d) As leis penais são mutáveis: com relativa rapidez tipificam-se novas condutas, enquanto delitos tradicionais são redefinidos ou deixam de ser castigados.[200]

Assim, o adultério era punido na Espanha até 1978. Uma teoria geral do delito que, como é lógico, aspirava antes da mencionada data a explicar também dito delito deveria ser remodelada, de repente, para deixar de incluir esse comportamento. Todavia, em geral, as leis penais dependem do lugar e do contexto cultural.[201]

e) Finalmente, os autores críticos que sustentam que as leis em geral e as penais em particular respondem aos interesses dos grupos sociais dominantes – e isso tanto no momento de sua tipificação como, sobretudo, no mais importante e decisivo, de sua interpretação e aplicação –, e têm, portanto, a função de protegê-los, afirmam que uma concepção legal do delito, no fundo, legitima involuntariamente as diferenças sociais e desvia a atenção dos comportamentos danosos mais graves para a sociedade em geral, como são precisamente alguns dos que realizam ditos grupos para a manutenção de seus interesses e de suas posições de privilégio.[202]

> Para além do princípio basilar da legalidade dos delitos e das penas, convém observar que o Direito Penal moderno se assenta também em outros importantes princípios jurídicos. Tais postulados[203] inerentes ao Estado democrático e social de Direito podem ser assim resumidos:

---

de criar normas penais fechadas com uma linguagem puramente descritiva" (*El princípio de legalidade*, p. 71-72).

[199] CRESSEY, D. R. *Other people's money*, p. 20-22.
[200] SELLIN, T. *Culture conflict and crime*, p. 22-23.
[201] LANIER, M. M.; HENRY, S. Crime in context: the scope of the problem, p. 7.
[202] LANIER, M. M.; HENRY, S. Crime in context: the scope of the problem, p. 7-8; MUNCIE, J. *Youth and crime*, p. 38-39; QUINNEY, R. *The social reality of crime*, p. 16-20 e 302; SELLIN, T. *Culture conflict and crime*, p. 21.
[203] Vide MADRID CONESA, F. *La legalidad del delito*, p. 5 e ss.; JIMÉNEZ DE ASÚA, L. *Tratado de derecho penal*, t. II, p. 377 e ss.; FERRAJOLI, L. *Derecho y razón*, p. 95 e ss.; PALAZZO, F. *Introduzione ai princìpi del Diritto Penale*, p. 199 e ss.; CEREZO MIR, J. *Curso de derecho penal español*, p. 198 e ss.; MANTOVANI, F. *Diritto penale*, p. 42 e ss.; JESCHECK, H. H.; WEIGEND, T. *Tratado de derecho penal*, p. 140 e ss., entre tantos outros. Na literatura penal brasileira, por exemplo, LUISI, L. *Os princípios constitucionais penais*, p. 17 e ss.; LOPES, M. A. R. *Princípio da insignificância no direito*, p. 17 e ss.; PRADO, L. R. *Tratado de direito penal brasileiro*. 3. ed., p. 255 e ss.; BITENCOURT, C. R.; PRADO, L. R. *Princípios fundamentais do direito penal*, p. 81-96; GRECO, R. *Curso de direito penal*, p. 93 e ss.

Princípio da legalidade ou da reserva legal
O Direito Penal moderno se assenta primordialmente no princípio da legalidade dos delitos e das penas, da reserva legal ou da intervenção legalizada, consectário do próprio Estado de Direito, que, tem lastro constitucional e legal igualmente expresso (art. 5.º, XXXIX, da CF/1988; art. 1.º do CP).

A sua dicção legal tem sentido amplo: não há crime (infração penal), nem pena (sanção penal), sem prévia lei (*stricto sensu*). Vale dizer: a criação dos tipos incriminadores e de suas respectivas penas está submetida à lei *formal* anterior.

Código Penal brasileiro, ipsis litteris: "Anterioridade da lei. Art. 1.º Não há crime sem lei anterior que o defina. Não há pena sem prévia cominação legal".

Tal postulado fundamental se origina no ideário da Ilustração, em especial na obra *Dei delitti e delle pene* (1764), de Beccaria, e deve sua formulação latina – *Nullum crimen, nulla poena sine previa lege* – a Feuerbach (*Lehrbuch des gemeinen in Deutschland gültigen peinlichen Rechts* – 1810). A partir da Revolução Francesa, o princípio da legalidade – *verdadeira pedra angular do Estado de Direito* – converte-se em exigência de segurança jurídica e de garantia individual.

O seu fundamento político radica, principalmente, na função de garantia da liberdade do cidadão ante a intervenção estatal arbitrária por meio da realização da certeza do direito. O significado científico ou jurídico aparece na teoria da pena como coação psicológica de Feuerbach e, ao depois, na teoria da tipicidade de Ernst Beling.

Garantias e consequências
O princípio da reserva legal dá lugar a uma série de garantias e consequências em que se manifesta o seu aspecto material – não simplesmente formal –, o que importa em restrições ao legislador e ao intérprete da lei penal. Daí ser traduzido no sintético apotegma *nullum crimen, nulla poena sine lege praevia, scripta et stricta*. Esse postulado apodítico cumpre funções reciprocamente condicionadas: limitação das fontes formais do Direito Penal e garantia da liberdade pessoal do cidadão.

a) Garantias criminal e penal – não há crime, nem pena, sem lei *stricto sensu*, elaborada na forma constitucionalmente prevista. O caráter absoluto de reserva legal impede a delegação por parte do poder legiferante de matéria de sua exclusiva competência, lastreado no princípio da divisão de poderes. Assim, só ele pode legislar sobre determinado assunto, tal como definir a infração penal e cominar-lhe a respectiva consequência jurídica. O fundamento de garantia da reserva de lei, como princípio de legitimação democrática, deve informar e presidir a atividade de produção normativa penal, por força da particular relevância dos bens em jogo. Tem ela, por assim dizer, um *papel negativo* no sentido de que o objeto imediato e essencial do princípio é impedir o acesso do Poder Executivo à normação penal. Destarte, a importância e o fundamento da lei na área penal emergem de modo claro quando se acentua o significado de máxima garantia que representam para o indivíduo: tutela necessária em face da incidência da sanção penal sobre o bem jurídico essencial da liberdade pessoal. O motivo que justifica a escolha do Legislativo como o único detentor do poder normativo em sede penal reside em sua legitimação democrática (representatividade popular – art. 1.º, parágrafo único, da CF/1988), fazendo com que seu exercício não seja arbitrário. Em resumo: a lei formal, e tão somente ela, é fonte criadora de crimes e de penas, de causas agravantes ou de medidas de segurança, sendo inconstitucional a utilização em seu lugar de qualquer outro ato normativo (*v.g.*, medida provisória – [art. 62, § 1.º, I, *b*, da CF/1988]), do costume ou do argumento analógico *in malam partem* – exigência de lei escrita (*nulla poena sine lege scripta*).

b) Garantias jurisdicional e penitenciária ou de execução – pela primeira, "ninguém será processado nem sentenciado senão pela autoridade competente" (art. 5.º, LIII, da CF/1988); "ninguém será considerado culpado até o trânsito em julgado de sentença penal condenatória" (art. 5.º, LVII, da CF/1988); pela segunda, a sanção penal será executada na forma prescrita em lei – "a pena será cumprida em estabelecimentos distintos, de acordo com a natureza do delito, a idade e o sexo do apenado" (art. 5.º, XLVIII, da CF/1988); "é assegurado aos presos o respeito à integridade física e moral" (art. 5.º, XLIX, da CF/1988); "o princípio da legalidade domina o corpo e o espírito do Projeto, de forma a impedir que o excesso ou o desvio da execução comprometam a dignidade e a humanidade do Direito Penal" (Exposição de Motivos da Lei de Execução Penal – Lei 7.210/1984, item 19).

c) Irretroatividade da lei penal e sua exceção – consagra-se aqui o princípio constitucional da irretroatividade da lei penal, ressalvada a retroatividade favorável ao acusado – "a lei penal não retroagirá, salvo para beneficiar o réu" (art. 5.º, XL, da CF/1988; art. 2.º do CP). A Declaração Universal dos Direitos do Homem de 1948 o acolhe nos termos seguintes: "Ninguém será condenado por acções ou omissões que, no momento da sua prática, não constituíam acto delituoso à face do direito interno ou internacional. Do mesmo modo, não será infligida pena mais grave do que a que era aplicável no momento em que o acto delituoso foi cometido" (art. 11.2). Fundamenta-se a regra geral nos princípios da reserva legal, da taxatividade e da segurança jurídica – princípio do *favor libertatis* –, e a hipótese excepcional em razões de política criminal (justiça). Trata-se de restringir o arbítrio legislativo e judicial na elaboração ou aplicação retroativa de lei prejudicial.

d) Princípio da determinação ou da taxatividade (nullum crimen sine lege scripta et stricta) – diz respeito à técnica de elaboração da lei penal, que deve ser suficientemente clara e precisa na formulação do conteúdo do tipo legal e no estabelecimento da sanção para que exista real segurança jurídica. Tal assertiva constitui postulado indeclinável do Estado de Direito material – democrático e social (arts. 1.º a 6.º da CF/1988). Procura-se evitar o *arbitrium judicis* através da certeza da lei, com a proibição da utilização excessiva e incorreta de elementos normativos, de casuísmos, cláusulas gerais e de conceitos indeterminados ou vagos. O princípio da taxatividade significa que o legislador deve redigir a disposição legal de modo suficientemente determinado para uma mais perfeita descrição do fato típico (*lex certa*). Tem ele, assim, uma função garantista, pois o vínculo do juiz a uma lei taxativa o bastante constitui uma autolimitação do poder punitivo-judiciário e uma garantia de igualdade.

Convém destacar a relação de taxatividade com as balizas das penas, pois a exigência de determinação se refere não só à descrição das condutas delitivas, mas também à fixação dos marcos ou margens penais, que, quando excessivamente amplos, colidem com o princípio da legalidade. Exemplo: fixar um preceito secundário entre 1 e 20 anos, deixaria uma margem de discricionariedade muito ampla para o aplicador da lei penal e desrespeitaria a segurança jurídica decorrente da taxatividade.

Princípio da dignidade da pessoa humana

Com o advento da Constituição Federal de 1988, a dignidade da pessoa humana foi elevada à fundamento da República e à categoria de *valor* basilar do sistema de direitos fundamentais agasalhados na Constituição (art. 1.º, III, da CF/1988).

Desse modo, e coerentemente com a sua finalidade maior, o Estado democrático e social de Direito deve consagrar e garantir os direitos fundamentais, abstendo-se de práticas a eles lesivas, como também propiciar condições para que sejam respeitados, inclusive com a eventual remoção de obstáculos à sua total realização.

O princípio da dignidade humana não é simples criação legislativa, porquanto apenas se reconhece no texto constitucional a eminência da dignidade como valor básico, cuja existência, bem como o próprio conceito de pessoa humana, são dados anteriores, aferidos de modo prévio à normação jurídica.

Como postulado fundamental, peculiar ao Estado democrático de Direito, a dignidade da pessoa humana há de irradiar seus efeitos para todo o ordenamento jurídico – como dado imanente e limite mínimo vital à intervenção jurídica.

Trata-se, portanto, de um princípio de justiça substancial – de validade *a priori* –, positivado jurídico-constitucionalmente. É, pois, um atributo natural do homem como ser integrante da espécie humana – vale em si e por si mesmo –, que antecede o juízo valorativo do legislador e vincula de forma absoluta as leis que produz, principalmente no campo penal. Daí por que toda lei que viole a dignidade da pessoa humana deve ser reputada como inconstitucional, estando em confronto direto com o inc. III, do art. 1.º, da Constituição da República.

Além disso, sua a força normativa se esparge por toda a ordem jurídica e serve de alicerce aos demais princípios penais fundamentais, de modo que uma transgressão aos princípios da legalidade ou da culpabilidade implicará também, em última instância, uma lesão ao princípio da dignidade da pessoa humana.

Princípio da culpabilidade
Postulado basilar de que não há pena sem culpabilidade (*nulla poena sine culpa*) e de que a pena não pode ultrapassar a medida da culpabilidade – proporcionalidade na culpabilidade – é uma lídima expressão de justiça material peculiar ao Estado de Direito democrático. A culpabilidade deve ser entendida como fundamento, e também como limite de toda pena.

No Direito brasileiro, encontra-se implicitamente previsto, no plano constitucional, no art. 1.º, III (dignidade da pessoa humana), ratificado pelos arts. 4.º, II (prevalência dos direitos humanos), 5.º, *caput* (inviolabilidade do direito à liberdade), e 5.º, XLVI (individualização da pena), todos da CF.

O princípio da culpabilidade deve ser analisado em dois sentidos: amplo e restrito. Em sentido amplo abarca o da *responsabilidade penal subjetiva*, como parte de seu conteúdo material em nível de pressuposto da pena. No plano restrito, refere-se à impossibilidade de se responsabilizar criminalmente por uma ação ou omissão quem tenha atuado sem dolo ou culpa (não há delito ou pena sem dolo ou culpa – arts. 18 e 19 do CP).

A exigência de imputação subjetiva quer dizer que, havendo delito doloso ou culposo, a consequência jurídica deve ser proporcional ou adequada à gravidade do desvalor da ação representado pelo dolo ou culpa (integrantes do fato típico, e não da culpabilidade). A vedação da responsabilidade penal objetiva ou da responsabilização do agente pelo resultado fortuito decorre pelo simples fato de ter causado materialmente o evento, sem nenhum liame psicológico.

Ademais, o Direito Penal só pune fatos (ação/omissão); daí estabelecer uma responsabilidade por fato próprio (Direito Penal do fato), opondo-se a um Direito Penal do autor, fundado no modo de vida ou no caráter (ex.: responsabilizar alguém por ser mendigo, equívoco corrigido pelo legislador com a Lei 11.983/2009).

Princípio da exclusiva proteção de bens jurídicos
O pensamento jurídico moderno reconhece que o escopo imediato e primordial do Direito Penal reside na proteção de bens jurídicos – essenciais ao indivíduo e à comunidade –, dentro do quadro axiológico constitucional ou decorrente da concepção de Estado de Direito democrático (teoria constitucional eclética). Sob essa perspectiva, a tutela pe-

nal só é legítima quando socialmente necessária e imprescindível para assegurar as condições de vida, o desenvolvimento e a paz social, tendo em conta os ditames superiores da dignidade e da liberdade da pessoa humana.

Assim, pode o princípio em exame ser conceituado como um ente (dado ou valor social) material ou imaterial haurido do contexto social, de titularidade individual ou metaindividual reputado como essencial para a coexistência e o desenvolvimento do homem em sociedade e, por isso, jurídico penalmente protegido.

Como bem do Direito, conjuga o individual e o social (de natureza material ou espiritual) e possui suficiente importância para manter a livre convivência humana. Sua base reside na realidade ou experiência social, sobre a qual incidem juízos de valor, primeiro do constituinte, depois do legislador ordinário.

Trata-se de um conceito necessariamente *valorado* e *relativo*, isto é, válido para um determinado sistema social e em um dado momento histórico-cultural. Para defini-lo, o legislador ordinário deve sempre ter em conta as diretrizes contidas na Constituição e os valores nela consagrados, em razão do caráter limitativo da tutela penal. Um bom exemplo de evolução sociocultural, que acarretou a modificação de um bem jurídico-penal pode ser vislumbrado no caso da alteração do bem jurídico *costumes* para o bem jurídico dignidade sexual, por força da Lei 12.015/2009. O legislador de 1940 tinha como mais relevante os costumes sexuais e o pudor da época, em que apenas as denominadas *mulheres honestas* recebiam a proteção da lei penal. Felizmente, eliminou-se o ranço moralista e autoritário da redação de 1940, adaptando a dignidade da pessoa humana, no plano sexual, como bem determinante e carente da tutela do Estado.

As principais funções desempenhadas pelo bem jurídico na área penal *são a função de garantia; a função teleológica; a função individualizadora; e a função sistemática*. Por fim, não há que o confundir com objeto da ação ou material, que é o elemento (*v.g.*, coisa móvel, no delito de furto) sobre o qual incide o comportamento punível do sujeito ativo da infração penal.

Em síntese: bem jurídico é o bem obtido na experiência social protegido pela lei penal (vida, integridade física, dignidade sexual, patrimônio, saúde pública, moralidade administrativa etc.); objeto jurídico é o objeto material do crime em concreto (o cadáver, no homicídio).

Princípios da intervenção mínima e da fragmentariedade
O princípio da intervenção mínima estabelece que o Direito Penal só deve atuar na defesa dos bens jurídicos imprescindíveis à coexistência pacífica dos homens e que não podem ser eficazmente protegidos de forma menos gravosa. Desse modo, a lei penal só deverá intervir quando for absolutamente necessária para a sobrevivência da comunidade.

Por isso costuma-se afirmar que o Direito Penal é a *ultima ratio*. E, de preferência, só deverá fazê-lo na medida em que for capaz de ter eficácia. Aparece ele como uma orientação político-criminal restritiva do *ius puniendi* e deriva da própria natureza do Direito Penal e da concepção material de Estado democrático de Direito.

Já pelo postulado da fragmentariedade, corolário do primeiro, tem-se que a função maior de proteção de bens jurídicos atribuída à lei penal não é absoluta, o que faz com que só devam eles ser defendidos penalmente em face de certas formas de agressão, consideradas socialmente intoleráveis. Em outras palavras, se for possível tutelar o bem jurídico valendo-se, por exemplo, do Direito Civil, do Direito Administrativo, do Direito Econômico, do Direito Ambiental etc., o Direito Penal não deve ser utilizado.

Fraciona-se, divide-se a tutela jurídica de proteção, restando ao Direito Penal a intervenção fragmentária e subsidiária. Isso quer dizer que apenas as ações ou omissões mais graves endereçadas a bens valiosos podem ser objeto de criminalização. As demais, por ser fragmentário, devem ser tuteladas por outros ramos do Direito ou ficam, até mesmo, fora do âmbito de proteção jurídica do Estado, sendo sancionadas apenas no plano da moral, da ética ou dos costumes sociais.

Princípios da pessoalidade e da individualização das penas

Pelo primeiro se impede a punição por fato alheio; vale dizer, só o autor da infração penal pode ser apenado: "nenhuma pena passará da pessoa do condenado, podendo a obrigação de reparar o dano e a decretação do perdimento de bens ser, nos termos da lei, estendidas aos sucessores e contra eles executadas, até o limite do valor do patrimônio transferido" (art. 5.º, XLV, da CF). O aspecto penal do princípio é absoluto, visto que as consequências civis é que podem ecoar efeitos na linha sucessória.

O princípio da individualização da pena obriga o julgador a fixar a pena conforme a cominação legal (espécie e quantidade) e a determinar a forma de sua execução: "a lei regulará a individualização da pena e adotará, entre outras, as seguintes: a) privação ou restrição da liberdade; b) perda de bens; c) multa; d) prestação social alternativa; e) suspensão ou interdição de direitos" (art. 5.º, XLVI, da CF).

A individualização da pena deve ser analisada em dois diferentes planos: no plano normativo e no plano judicial. No primeiro, o legislador seleciona os patamares mínimo e máximo de eventual sanção a ser cominada no caso concreto; no plano judicial, o magistrado vai se utilizar dos critérios legais do Código Penal para identificar, com precisão, a individual carga de responsabilização de cada um dos agentes, valendo-se de critérios legais, como os do art. 59: conduta do agente, consequências da infração, comportamento da vítima, culpabilidade, circunstâncias da prática do delito, personalidade, antecedentes e motivo. Todos esses aspectos jurídicos servem, inicialmente, para fixar a pena-base e, em seguida, o magistrado deve se utilizar de outros critérios nas demais fases de fixação da pena (arts. 59, 61, 62, 65, 66 e 68 do CP).

Princípio da proporcionalidade

Para a cominação e imposição da pena, agregam-se, além dos requisitos de adequação e necessidade, a proporcionalidade. Pela adequação, a sanção penal deve ser um instrumento capaz, apto ou adequado à consecução da finalidade pretendida pelo legislador (adequação do meio ao fim). O princípio da proporcionalidade, em sentido estrito, exige um liame axiológico (valorativo) e, portanto, graduável, entre o fato praticado e a cominação legal/consequência jurídica, ficando evidente a proibição de qualquer *excesso*.

Desse modo, no tocante à proporcionalidade entre os delitos e as penas, deve existir sempre uma medida de justo equilíbrio – *abstrata* (legislador) e *concreta* (juiz) – entre a gravidade do fato ilícito praticado, do injusto penal (desvalor da ação e desvalor do resultado), e a pena cominada ou imposta. A pena deve estar proporcionada ou adequada à intensidade ou magnitude da lesão ao bem jurídico representada pelo delito e a medida de segurança à periculosidade criminal do agente.

Princípio da humanidade

A ideia de humanização das penas criminais tem sido uma reivindicação constante na evolução do Direito Penal. Das penas de morte e corporais passa-se, de modo progressivo, às penas privativas de liberdade e destas às penas alternativas (*v.g.*, multa, prestação de serviços à comunidade, interdição temporária de direitos, limitação de fim de semana).

Em um Estado democrático de Direito vedam-se a criação, a aplicação ou a execução de pena, bem como de qualquer outra medida que atentar contra a dignidade humana (*v.g.*, tratamento desumano ou degradante, trabalhos forçados, penas cruéis etc.).

A Constituição estabelece como fundamento do Estado de Direito democrático a dignidade da pessoa humana (art. 1.º, III, da CF/1988), dispondo, ainda, expressamente, que: "a lei punirá qualquer discriminação atentatória dos direitos e liberdades fundamentais" (art. 5.º, XLI, da CF/1988); "não haverá penas: *a*) de morte, salvo em caso de guerra declarada, nos termos do art. 84, XIX; *b*) de caráter perpétuo; *c*) de trabalhos forçados; *d*) de banimento; *e*) cruéis" (art. 5.º, XLVII, da CF/1988); "é assegurado aos presos o respeito à integridade física e moral" (art. 5.º, XLIX, da CF/1988).

Também a Lei de Execução Penal dispõe que "ao condenado e ao internado serão assegurados todos os direitos não atingidos pela sentença ou pela Lei. Não haverá qualquer distinção de natureza racial, social, religiosa ou política" (art. 3.º, e parágrafo único).

Princípio da adequação social
A teoria da adequação social, formulada por Hans Welzel, significa que, apesar de uma conduta se subsumir ao modelo legal, não será considerada típica se for socialmente adequada, isto é, se estiver de acordo com a ordem social da vida historicamente condicionada.

Nas hipóteses de adequação social não se vislumbra um desvalor do resultado, ainda que possa se verificar um desvalor do estado de coisas. Isso quer dizer que, mesmo em não havendo um *desvalor* do resultado penalmente típico, pode ocorrer um resultado desvalioso perante o restante do ordenamento jurídico, com a produção de efeitos tais como a indenização ou a compensação.

A exclusão do resultado típico nessas hipóteses fundamenta-se em uma *interpretação teleológico-restritiva dos tipos penais*, na qual desempenham importante papel as concepções ético-sociais, jurídicas e políticas dominantes, dado que influem decisivamente na tutela dos bens jurídicos.

Princípio da insignificância
Pelo princípio da insignificância, formulado por Claus Roxin e relacionado com o axioma *minima non cura praeter*, enquanto manifestação contrária ao uso excessivo da sanção criminal, devem ser tidas como atípicas as ações ou omissões que afetem muito infimamente um bem jurídico-penal. A irrelevante lesão do bem jurídico protegido não justifica a imposição de uma sanção penal, devendo ser excluída a tipicidade material em caso de danos de pouca importância. Ou seja, têm-se a conduta, o nexo causal, o resultado e a tipicidade formal (adequação da conduta do agente na letra da lei). Entretanto, o bem jurídico-penal foi atingido de forma tão insignificante, tão ínfima, que não há tipicidade material. Ex.: furto de um alfinete de uma siderúrgica. O impacto social da conduta é tão insignificante que não justificaria nem a movimentação do Estado na busca pela responsabilização, e o cumprimento de eventual pena seria desproporcional e desnecessária.

O conceito do que seja *insignificante* é extremamente fluido e de incontestável amplitude. Desse modo, por exemplo, no delito de furto de objetos de valor irrisório (como também na hipótese de descaminho, art. 334 do CP) quando se constata a existência do desvalor da ação e do desvalor do resultado, não é possível afastar sem mais nem menos a tipicidade da conduta com base em uma diretriz político-criminal extremamente insegura.

No caso de aplicação do princípio da insignificância, como excludente de tipicidade, no contexto de apoucada, diminuta ou irrelevante lesão ao bem jurídico, deve-se proceder com a máxima cautela no sentido de valorar corretamente – de acordo com a realidade socioeconômica média existente em determinada comunidade – o conteúdo da insignificância, evitando assim possível lesão ao princípio da segurança jurídica.

> Para o STF, o reconhecimento do princípio da insignificância perpassa pela presença de quatro requisitos, apresentado em 2004 pelo relator Min. Celso de Mello e repetidos até hoje, em todas as decisões da Corte Constitucional: ofensividade mínima da conduta do agente; ausência de periculosidade social da ação; reduzido grau de reprovabilidade do comportamento do agente; e inexpressividade da lesão ao bem juridicamente tutelado (STF, HC 84.412).
>
> *Princípio do* ne bis in idem
> O princípio *ne bis in idem* constitui infranqueável limite ao poder punitivo estatal, pelo qual se procura impedir mais de uma punição individual (aplicação da pena e agravantes) pelo mesmo fato. Tem essencialmente natureza *material* ou *substancial* – conteúdo material relativo à imposição de pena –, ainda que se manifeste também no campo *processual* ou *formal*, quando diz respeito à impossibilidade de múltiplas persecuções derivadas de um mesmo fato.
> O Código Penal brasileiro faz referência indireta ao *ne bis in idem* quando versa sobre a pena cumprida no estrangeiro (art. 8.º do CP) e a detração (art. 42 do CP). Assim, fica proibida a dupla incriminação (processo, julgamento ou condenação) quando presente na hipótese fática tríplice identidade entre sujeito, fato e fundamento.[204]

B. *A concepção natural de delito* – devido a ditas críticas, também tradicionalmente se defendeu a necessidade de que a criminologia definisse por si mesma seu próprio objeto de estudo: o que é o delito e quem é o delinquente. GAROFALO, um dos membros da escola italiana, foi o primeiro a propor um *conceito natural de delito*: delito seria a infração de certos sentimentos morais que sejam fundamentais para uma comunidade, independentemente de que estejam tipificados nas leis penais ou não.[205] Ainda que tal definição tenha sido abandonada por ser ambígua,[206] o principal dessa orientação natural é propor um conceito que seja válido a partir de um ponto de vista científico,[207] e que seja *o mais preciso e estável possível*.

Ainda que tenha havido outras propostas muito importantes –[208] se bem que tampouco tiveram aceitação –, uma das mais recentes é a de GOTTFREDSON e HIRSCHI. Esses autores, após considerar com atenção que é imprescindível que a criminologia defina seu próprio objeto de estudo, se é que quer legitimamente constituir-se em uma ciência, propõem a definição de delito como todo ato de

---

[204] Com detalhes, PRADO, L. R. *Tratado de direito penal brasileiro*, p. 121 e ss.
[205] GAROFALO, R. *La Criminología*, p. 73, 77, 107 e 115-124.
[206] GARCÍA-PABLOS DE MOLINA, A. *Tratado de Criminología*, p. 89.
[207] GAROFALO, R. *La Criminología*, p. 131.
[208] SELLIN, T. *Culture conflict and crime*, p. 25-46.

força física ou fraude (*force or fraud*) realizado buscando o benefício próprio.[209] Esta proposta é, sem dúvida, considerável: consegue separar-se das definições dos códigos penais e de fato inclui condutas que não se encontram expressamente tipificadas; é coerente com uma concepção concreta da ação humana, como é a racional; não se circunscreve a uma cultura ou ordenamento jurídico concretos. Contudo, não é aceitável por várias razões:

a) resulta excessivamente impreciso;

b) muitos delitos, como é o caso dos furtos – que quantitativamente são importantíssimos para a criminologia –, somente com uma interpretação desprendida podem ser interpretados como atos de fraude. GRASMICK e seus seguidores afirmam nessa linha que a definição dos autores lembra muito os delitos contra as pessoas e os delitos contra a propriedade[210] – deixando de fora também muitos outros delitos;

c) para AKERS, o conceito implica que fatos que se realizaram por razões distintas do próprio interesse não poderiam ser considerados delitos, e que há muitas hipóteses delitivas em que isso não é aparente.[211] A nosso ver, seria possível encontrar um interesse próprio em quase todos os delitos das leis penais; o problema, portanto, seria definir com precisão qual é o interesse próprio e se não se trata de um conceito excessivamente amplo e impreciso.[212]

d) por último, incluem-se muitos comportamentos que são irrelevantes para a criminologia, como é o caso trazido por TITTLE de um esportista que durante uma competição consegue um ponto válido depois de uma luta dura com seu adversário.[213]

---

[209] GOTTFREDSON, M. R.; HIRSCHI, T. *A general theory of crime*, p. 4, 15, 21, 39 e 169; idem, A control theory interpretation of psychological research on aggression, p. 48-49; HIRSCHI, T. Family structure and crime, p. 44-45; GOTTFREDSON, M. R.; HIRSCHI, T. The positive tradition, p. 950 e 959; idem, *A general theory of crime*, p. 255 e 257; HIRSCHI, T.; GOTTFREDSON, M. R. The significance of white-collar crime for a general theory of crime, p. 360; idem, The generality of deviance, p. 1-2.

[210] GRASMICK, H. G. et al. Testing the core empirical implications of Gottfredson and Hirschi's general theory of crime, p. 10.

[211] AKERS, R. L. Self-control as a general theory of crime, p. 207.

[212] Os autores sugerem que no caso de um delito tão grave como o terrorismo não se atua por interesse próprio, mas em benefício da organização, de modo que essa modalidade estaria fora de seu conceito de delito, HIRSCHI, T.; GOTTFREDSON, M. R. Self-control theory, p. 94. Sem entrar nas dúvidas empíricas que estabelece, o exemplo incide nas dificuldades do conceito. Vide REINARES, F. *Patriotas de la muerte*, p. 167-170.

[213] TITTLE, C. R. *Control balance*, p. 57. Essa crítica se estende, na realidade, à própria teoria etiológica proposta por esses autores, já que o jogador que consegue o ponto demonstra com seu esforço que não carece de autocontrole.

C. *A violência e a agressão como objetos de estudo da criminologia* – Devido às insuficiências científicas do conceito de delito que acabamos de ver, tanto do ponto de vista legal como natural, alguns autores propuseram que uma ciência positiva deveria se fixar em outros objetos de estudo, quase sempre com essa preocupação científica em mente. Nessa linha encontra-se, por exemplo, a proposição de FISHBEIN, para quem a investigação não deveria centrar-se no delito *per se*, já que é mera abstração legal e não um comportamento real, mas em "componentes do comportamento antissocial que são suscetíveis de medição, estáveis e permanentes ao longo de diversas culturas", como seria o caso da *agressão*.[214] Esse programa é perfeitamente coerente com a proposta dessa autora por uma ciência positiva, mas não podemos compartilhá-lo.

a) Se decidimos que deve existir uma ciência que estude cientificamente *o delito* como é a criminologia, então é preciso que se tenha em conta todos os fenômenos abarcados por dita denominação, ou ao menos o maior número possível deles – de acordo, claro, com a definição que se adote. Como existem muitos fatos delitivos que não são agressivos, violentos, esses conceitos somente podem dar razão a uma parte mínima do fenômeno que se pretende – legitimamente – estudar. Na verdade, a grande maioria dos delitos é contra a propriedade, a maior parte dos quais não são agressivos nem violentos.[215] Por esse motivo, ainda que o estudo pormenorizado de unidades mais concretas dentro do amplo campo do delito *possa* ser cientificamente útil – o pesquisador deve ser muito cuidadoso no momento de extrapolar descobertas nesse âmbito do delito como um todo.

b) Ademais, centrando-nos mais concretamente no conceito de agressão, este último tem menos relação com o delito do que intuitivamente pudesse parecer. A maioria dos delitos, como acabamos de dizer, não inclui conduta agressiva alguma; além disso, muitos comportamentos agressivos não são delitivos. Como já apontamos, tampouco os delinquentes em geral costumam especializar-se na prática de fatos agressivos, mas ao que parece mostram uma versatilidade muito maior. Finalmente, os próprios "delinquentes tendem a ser agressivos e não agressivos".[216]

---

[214] FISHBEIN, D. H. *Biobehavioral perspectives in Criminology*, p. 86. A maioria dessas posturas insiste nas já mencionadas dificuldades de oferecer um conceito de delito apto para a investigação científica; contudo, em outras poderia se observar talvez um objetivo imperialista de impor objetos de estudo tradicionalmente ligados a disciplinas concretas. Em qualquer caso, essa autora está fora de toda suspeita.

[215] Vide ROLDÁN BARBERO, H. ¿Qué queda de la contestación social de los años 60 y 70 en la Criminología actual, p. 521 e 524, Tabela 1.

[216] GOTTFREDSON, M. R.; HIRSCHI, T. *A general theory of crime*, p. 67, e também 65-69. Para uma crítica mais geral e detalhada sobre os problemas essenciais e metodológicos da agressividade, vide GOTTFREDSON, M. R.; HIRSCHI, T. A control theory interpretation of psychological research on aggression, p. 49-50 e 63-65; HIRSCHI, T.; GOTTFREDSON, M. R. Substantive positivism and the idea of crime, p. 260-261. Em termos comparáveis, vide

c) Apesar do que sugerem alguns autores, a definição do que seja uma agressão tampouco é isenta de sérias dificuldades.[217]

d) Algo parecido pode-se dizer a respeito da *violência*:[218] a maioria dos delitos não tolera a violência e muitos atos violentos não são constitutivos de delitos.[219] Algumas definições de violência incluem comportamentos muito leves, como um tapa ou empurrão do pai no filho;[220] discutindo se deve ser incluído assim mesmo abuso psicológico.[221]

D. O comportamento desviado – outras orientações sustentam que a criminologia deve estudar não só o delito, mas os *comportamentos desviados* em geral[222] – o delito, de fato, é em geral um ato desviado. Ainda que esse ponto de vista tivesse especial força até há pouco tempo, na verdade sempre manteve defensores. Comportamentos desviados são condutas que infringem normas sociais, como é o caso do uso de drogas e do alcoolismo. O objeto de estudo da criminologia é constituído pelo delito, não pelos comportamentos desviados.

a) Essa postura conta com o problema de que o objeto de estudo da criminologia se ampliaria demais, tornando seu trabalho muito mais difícil e desviando sua atenção para comportamentos que, na teoria, não atentam tão gravemente contra interesses e bens alheios e que tampouco provocam uma reação oficial e formal mediante as sanções estatais mais sérias, como é o caso das penas.

b) O desvio é um conceito essencialmente ambíguo e relativo,[223] muito mais que o delito. Também se pode aduzir que desvio e delito não se encobrem em todos os casos.

O estudo do desvio, então, é competência de outros saberes, como é o caso da *sociologia do desvio*.[224]

---

ainda MORILLAS FERNÁNDEZ, D. L. Aspectos criminológicos de los psicópatas y asesinos em serie, p. 421-422; RECHEA ALBEROLA, C.; FERNÁNDEZ MOLINA, E. La nueva justicia de menores: la delincuencia juvenil en el siglo XXI, p. 348-349.

[217] TOBEÑA, A. *Anatomía de la agresividad humana*, p. 45-49.

[218] As diferenças entre agressão e violência não são tão definidas. TOBEÑA, por exemplo, assinala que "a fronteira [...] costuma se situar precisamente no critério do dano físico" (*Anatomía de la agresividad humana*, p. 47).

[219] BLACKBURN, R. *The Psychology of criminal conduct*, p. 210-212.

[220] CREIGHTON, S. et al. Putting the Conflict Tactics Scale in context in violence from parent to child, p. 31, vide também p. 34-35.

[221] STANKO, E. A.; LEE, R. M. Introduction. Methodological reflections, p. 2.

[222] COHEN, A. K. *Deviance and control*, p. v e 1; GARCÍA ESPAÑA, E. *Inmigración y delincuencia en España: análisis criminológico*, p. 151; MORILLAS CUEVA, L. *Metodología y ciencia penal*, p. 312.

[223] DOWNES, D.; ROCK, P. *Understanding deviance*, p. 4-5; MATZA, M. *Becoming deviant*, p. 10-12.

[224] COHEN, S. Introducción, p. 9; LEMERT, E. M. *Social pathology*, p. 27. Essa disciplina, contudo, não desfruta de bom estado e, em uma conhecida e expressiva declaração, SUMNER chegou a afirmar que "morreu" (*The Sociology of deviance: an obituary*, p. vii).

Assim, os atos desviados não são objeto de estudo da criminologia. Todavia, é possível que nela desempenhem um papel importante.

a) É possível, em primeiro lugar, que uma teoria criminológica seja tão ampla em seu campo que até seja capaz de explicar, de fato, os comportamentos desviados. Assim, importantes autores propuseram teorias gerais que englobam tanto o delito como o desvio em geral.[225]

b) Em uma investigação clássica, ROBINS notou que *diversos comportamentos desviados*, incluído o delito, *tendem a se concentrar nos mesmos sujeitos*: "Uma extensa proporção da população criminal são pessoas [...] que não se relacionam, com escassa instrução, carreiras laborais precárias, relações matrimoniais pobres, dependência de agências sociais, desocupação, abuso da bebida, alienação e hostilidade diante de suas famílias e conhecidos.[226] Isso é também coerente com a descoberta de que *os delinquentes tendem a ser versáteis*, ou seja, cometem fatos delitivos heterogêneos entre si quando se lhes apresenta a oportunidade, não se especializando na prática do mesmo delito ou grupos concretos de delitos. O panorama descrito por essa autora parece que conta com um apoio empírico sólido.

Alguns autores referem-se a esse fenômeno como a *generalidade do desvio*,[227] incluído o delito: tanto os delitos como outros comportamentos antissociais, tais como o consumo de drogas e álcool, e também os acidentes de trânsito e outros, tendem a se concentrar nas mesmas pessoas ou ao menos em pessoas com as mesmas características.[228] Qualquer explicação teórica deveria pretender explicar ao menos a ser coerente com os fatos empíricos bem conhecidos.

Por isso, qualquer teoria sobre o delito deveria ser capaz de dar a razão dessa generalidade do desvio – e de fato a maioria das teorias criminológicas o é: essa descoberta empírica, como ocorre quase sempre em criminologia, pode ser explicada de maneiras diferentes.

Ademais, é possível não apenas que ambos os tipos de comportamentos, desviados e delitivos, se concentrem nas mesmas pessoas, mas também que, como asseguram alguns autores, correspondam à mesma causa[229] – voltando assim

---

[225] AKERS, R. L. *Deviant behavior*, p. 73-75, 89-104, 111-120, 152-163, 299-306, 313-315 e 330-337; KAPLAN, H. B. Testing an integrative theory of deviant behavior. Theory-syntonic findings from a long-term multi-generation study, p. 185-186; GOTTFREDSON, M. R.; HIRSCHI, T. *A general theory of crime*, p. 117; TITTLE, C. R. *Control balance*, p. 124-126 e 130.

[226] ROBINS, L. N. *Deviant children grown up*, p. 303-304; vide também p. 95-118 e 132-134.

[227] HIRSCHI, T.; GOTTFREDSON, M. R. The generality of deviance, p. 1-3.

[228] GOTTFREDSON, M. R.; HIRSCHI, T. *A general theory of crime*, p. 91-94; JESSOR, R. et al. *Beyond adolescence*, p. 17-18 e 111-116; JUNGER, M. Accidents, p. 81, 84 e 102-106; SORENSEN, D. W.M. Motor vehicle accidents, p. 113-115 e 119-125; STRAND, G. C.; GARR, M. S. Driving under the influence, p. 131, 133-136 e 144.

[229] BOOTH, A.; OSGOOD, D. W. The influence of testosterone on deviance in adulthood: assessing and explaining the relationship, p. 95 e 113; HIRSCHI, T.; GOTTFREDSON, M.

a apresentar a possibilidade de que uma única teoria etiológica possa abarcar fenômenos tão diferentes.

Tais reflexões, então, pretendem destacar que o desvio em geral não é por si só objeto de estudo da criminologia, apesar de que pode ser relevante para ela.

3. A necessidade de uma definição criminológica

Por diversas razões, parece que a concepção legal do delito, seguramente a mais seguida, é muito insatisfatória do ponto de vista estritamente científico e, portanto, é preciso desenvolver um conceito independente ou ao menos não tão determinado pela lei.

O problema, como assinala LAUB, é que tal definição natural é desejável, mas *muito difícil de elaborar*,[230] e desde logo as propostas que repassamos tampouco são satisfatórias.

Apesar dessas dificuldades, queremos sugerir uma definição provisória de delito, ao menos a que será seguida no presente trabalho. Esse conceito limita-se à função etiológica, explicativa própria da criminologia, posto que tal trabalho exige um conceito minimamente bem definido.[231]

Ainda que sejamos perfeitamente conscientes de suas limitações, como indicamos no início da presente epígrafe, é simplesmente imprescindível que uma ciência e, portanto, qualquer pesquisa, seja nos termos o mais preciso possível qual será seu objeto de estudo, sempre a partir da perspectiva de tais exigências científicas e como as consideramos mais acima.

Delito é toda infração de normas sociais consagradas nas leis penais que tende a ser perseguida oficialmente no caso de ser descoberta. Nossa definição se baseia, com bastante fidelidade, nos trabalhos clássicos, sobretudo, de CLOWARD, OHLIN e SELLIN.

O delito é, em primeiro lugar, um comportamento que viola normas básicas de uma sociedade.[232] Ainda que, sem dúvida, não seja o único, é o principal motivo pelo qual desperta a reação da comunidade.

As leis penais consagram as mais graves das normas e sancionam sua infração por meio de sanções formais impostas por instituições oficiais. Essa concreção das normas básicas da sociedade nas leis tem lugar tanto no momento de sua

---

R. Substantive positivism and the idea of crime, p. 257 e 262; idem, The generality of deviance, p. 1-2; JESSOR R. et al. *Beyond adolescence*, p. 230-246; JUNGER, M. Accidents, p. 81 e 105.

[230] LAUB, J. H. Apuntes de cátedra.
[231] TITTLE, C. R. *Control balance*, p. 124; SELLIN, T. *Culture conflict and crime*, p. 17-19.
[232] CLOWARD, R. A.; OHLIN, L. E. *Delinquency and opportunity*, p. 3; SELLIN, T. *Culture conflict and crime*, p. 25-46.

elaboração legislativa como no de sua interpretação pelos juízes e tribunais e, em geral, por todos os servidores da Administração da Justiça.[233]

Por esse motivo, em uma generalidade de casos as sanções sociais informais – a resposta da comunidade em forma de expulsão etc., sem a intervenção da autoridade pública nem mediante procedimento algum – e as formais – as penas – se solapam em boa medida. Sem dúvida, fatores alheios às normas sociais desempenham papel importante em todos esses momentos, sobretudo, talvez interesses dos grupos mais poderosos, mas, a nosso ver, aquelas as quais continuam representando o núcleo básico das leis.

O primeiro elemento de nossa definição é *a infração de normas sociais consagradas nas leis penais* e, mais simplesmente, a prática de fatos descritos nas leis penais e sancionados por elas. Até aqui, coincide aproximadamente com uma concepção legal.

No entanto, nem todas as leis penais são aplicadas na prática: muitos comportamentos que *possivelmente* poderiam ser qualificados de delitivos não são perseguidos pelas instituições quando descobertos.[234] Isso se deve aos recursos limitados os quais dispõem as autoridades, mas também, sem dúvida, deve-se a outras razões, como a posição de privilégio de quem realiza tais condutas.

Contudo, em geral as condutas que infringem as normas sociais mais básicas e, portanto, as leis que punem os delitos mais graves, tendem a ser perseguidas mais do que as que infringem normas menos importantes para a comunidade.

Ademais, quando uma conduta não é perseguida, esteja ou não incluída na lei penal, depende em boa parte do critério do pesquisador, com o qual se incorre de novo na imprecisão e no voluntarismo.[235] Portanto, o segundo elemento de nosso conceito, seguindo a CLOWARD e OHLIN,[236] exige *que a conduta tende a ser perseguida em caso de ser descoberta oficialmente*.[237]

---

[233] CEREZO MIR, J. *Curso de derecho penal español. Parte general*, v. I, p. 78.

[234] Como afirmamos, o delito tem um forte conteúdo de construção social, porém isso não supõe obstáculo algum para o estudo científico. Vide TITTLE, C. R. The assumption that general theories are not possible, p. 107-109.

[235] Existe uma ciência, como é a do Direito Penal, destinada à interpretação das leis e, portanto, a decidir quando uma conduta concreta é delitiva ou não. Contudo, os casos em que não existe um acordo claro, tanto na doutrina como na jurisprudência, são muito abundantes e, em todo caso, o critério técnico-jurídico não pode substituir o da comunidade.

[236] CLOWARD, R. A.; OHLIN, L. E. *Delinquency and opportunity*, p. 3. Exigem ainda que, "quando [o comportamento seja] oficialmente conhecido, evoque um juízo dos agentes da justiça criminal de que tais normas [básicas da sociedade] tenham sido violadas" (grifo suprimido).

[237] Vide art. 269 da Lei de Processo Criminal.

HIRSCHI defendeu a seguinte concepção, também próxima: a "delinquência é definida por atos, a detecção dos quais se pensa que resultará na punição da pessoa que os cometeu por parte de agentes da sociedade geral".[238]

Como dissemos, somos conscientes das limitações desse conceito e de que esse deve ser submetido a crítica e reformulação. Trata-se de uma concepção débil. Na verdade, o propósito consiste, sobretudo, em destacar a importância de definir com precisão aquilo do que se está falando e reabrir o debate sobre o conceito (criminológico) de delito. Como qualquer das definições que se propôs até agora, tem vantagens e inconvenientes que o pesquisador deve valorar. A nosso ver, pode ser vantajoso do ponto de vista científico. Entre as desvantagens, talvez se trate de um conceito de delito distorcido que tende a deixar de fora da definição determinados comportamentos presumivelmente cometidos pelos grupos privilegiados; ainda que, na verdade, seja muito pouco o que se conhece atualmente com uma segurança mínima sobre esses atos e outros muitas vezes assimilados e sua extensão, e, de acordo com alguns autores, sua importância pode ser secundária.[239]

Convém terminar insistindo em algo tão óbvio como que é crítico para o pesquisador esforçar-se em fixar, com mínima precisão, o conceito de delito que vai seguir. Como assinala STINCHCOMBE, no pesquisador social é mais escusável a ignorância que a vaguidade.[240] Entretanto, queremos enfatizar que essas advertências se estendem igualmente ao leitor: deve-se ater com muita atenção na definição de delito – ou de qualquer outro conceito ou variável – que se proponha, e nunca o dar por certo, ou do contrário incidirá sem dúvida em reiterados mal-entendidos.

Em conclusão, é mister definir com mínima precisão o que se entende por delito, posto que disso podem depender criticamente as conclusões que se alcancem.[241] Todos os esforços, contudo, parecem reforçar a inferência de que *o delito é um conceito frágil*,[242] que representa séria dificuldade para nossa disciplina.

> **Conceito penal de delito**
> O delito vem a ser uma construção fundamentalmente jurídico-penal, em que pese poder ser objeto de exame de outras ciências (*v.g.*, política criminal, sociologia, medicina legal etc.), e, especialmente da Crimino-

---

[238] HIRSCHI, T. *Causes of delinquency*, p. 47 (grifo suprimido).
[239] REUTER, P.; RUBINSTEIN, J. B. Fact, fancy, and organized crime, p. 46, 49-50, 52-54 e 56, por exemplo.
[240] STINCHCOMBE, A. L. *Constructing social theories*, p. 6.
[241] HIRSCHI, T.; SELVIN, H. C. *Principles of survey analysis*, p. 185; LANIER, M. M.; HENRY, S. Crime in context: the scope of the problem, p. 1-2 e 7.
[242] BRAITHWAITE, J. *Inequality, crime, and public policy*, p. 15.

> logia, que muito tem contribuído com o legislador penal no momento de criminalizar ou descriminalizar determinado comportamento, entre outros aspectos.
>
> No plano conceitual, reveste-se o conceito de delito em três aspectos principais: *a) formal ou nominal* – dá relevo à contradição entre o fato concreto e o preceito legal, sendo expressão do direito positivo vigorante: delito é a infração à lei penal (crime ou delito e contravenção); *b) material ou substancial* – refere-se ao conteúdo do ilícito penal – sua danosidade ou lesividade social – e está adstrito aos valores constitucionais. Constitui a lesão ou o perigo de lesão ao bem jurídico protegido; e *c) analítico ou dogmático* – o delito é decomposto em partes estruturadas axiologicamente em uma relação lógico-abstrata: é a *ação ou a omissão típica, ilícita ou antijurídica e culpável*.
>
> A conduta – ação ou omissão – é *típica* quando se ajusta ou subsome ao modelo abstrato descrito no tipo legal. A ação ou omissão típica é *ilícita* se não está amparada por uma causa de justificação. A ação ou omissão típica e ilícita é *culpável* quando reprovável ao autor.
>
> De conformidade com o exposto, esses elementos estão em uma sequência lógica necessária, quer dizer, só uma ação ou omissão pode ser típica; só quando típica pode ser ilícita e apenas quando ilícita tem a possibilidade de ser culpável.[243]

4. Os delitos de colarinho-branco

Uma vez reconhecido que o conceito de delito é frágil e gera sérias dificuldades, é imperativo fazer referência aos chamados *delitos de colarinho-branco*.[244]

A maioria das investigações ou pesquisas criminológicas da primeira metade do século XX veio destacando uma sólida associação entre indivíduos socialmente desfavorecidos e criminalidade, e muitas das teorias criminológicas dominantes nos anos trinta e quarenta eram consistentes com uma sólida correlação entre classe social e delito.

SUTHERLAND, talvez o criminólogo mais influente da história de nossa disciplina, não se mostrou muito satisfeito com esse estado de coisas.[245] Em primeiro lugar, desejou mostrar que as estatísticas oficiais estavam de alguma maneira distorcidas exagerando a criminalidade de ditas classes, já que tendiam a

---

[243] Vide PRADO, L. R. *Tratado de direito penal brasileiro*, p. 384 e ss.
[244] A origem histórica do termo não é clara. Vide uma interessante hipótese em GEIS, G.; GOFF, C. Edwin H. Sutherland's white-collar crime in America: an essay in historical Criminology, p. 2-4.
[245] SUTHERLAND, E. H. *White-collar crime*, p. 3.

subestimar os delitos cometidos por pessoas mais favorecidas. Em segundo lugar, queria propor que uma teoria geral do delito deveria ser capaz de explicar não apenas os delitos dos desfavorecidos socialmente, mas também das classes altas.[246]

Para se referir a esses delitos das classes altas, que praticamente não apareciam nas estatísticas oficiais, SUTHERLAND recorreu ao hoje popular termo *delito de colarinho-branco*: "O delito de colarinho-branco pode ser definido aproximadamente como o delito cometido por uma pessoa respeitável e de alto status social no curso de sua ocupação".[247]

Para SUTHERLAND, os delitos de colarinho-branco trariam grande custo para um país, sobretudo em termos econômicos, superior ao do delito comum e, ademais, se encontravam bastante *estendidos*.[248] Apesar disso, era difícil quando da prática de uma conduta ilícita, ocorresse uma prisão e muito menos uma condenação.

De acordo com o referido autor, os delitos de colarinho-branco tendem a não ser perseguidos por um *processo de aplicação diferencial da lei*: as pessoas das classes superiores têm maior facilidade para não serem descobertas, presas e condenadas em caso de incorrer em algum ato proibido. Não é preciso insistir muito em que essa ideia teve um impacto simplesmente impressionante na criminologia, que se mantém até hoje, sobretudo, em países com tradição antiempírica.

Apesar de sua popularidade, *o conceito de delito de colarinho-branco é muito impreciso*. Sendo, portanto, *inadmissível cientificamente*. Como era de se esperar, essa crítica é tão antiga como o próprio conceito.[249]

---

[246] SUTHERLAND, E. H. *White-collar crime*, p. 6-10, 25, 234 e 266. Ainda que a ideia delitos de colarinho-branco seja tomada como bandeira de uma atitude crítica contra a criminologia ortodoxa, majoritária, a preocupação de E. H. SUTHERLAND filia-se, como vemos, totalmente nesta última. Ainda que tenha sido E. H. SUTHERLAND quem trouxe a ideia em criminologia, não é um representante das orientações mais radicais que recorreram aos delitos de colarinho-branco. Se para alguns autores o problema continua tendo um caráter muito mais científico do que ético ou moral, para E. H. SUTHERLAND "este livro [...] tem o propósito de reformar a teoria do comportamento delitivo, nada mais. Ainda que possa ter implicações para reformas sociais, as *reformas sociais não objetivo deste livro*" (*White-collar crime*, p. v) (sem grifo no original).

[247] SUTHERLAND, E. H. *White-collar crime*, p. 9; idem, *White-collar crime*, p. 7. O delito de colarinho-branco pode ser interpretado como um conceito legal ou como uma concepção natural de delito. Com mais detalhes sobre sua posição, vide SUTHERLAND, E. H. *Principles of Criminology*. 3. ed., p. 1-2 e 4-12; idem, Is "white-collar crime" crime?., p. 132-133 e 136-139; idem, *Principles of Criminology*, p. 36-43; idem, *White-collar crime*, p. 3-13, 29-55, 217-256 e 266; idem, *The Sutherland papers*, p. 78-96.

[248] SUTHERLAND, E. H. *White-collar crime*, p. 9-13, 25 e 266.

[249] TAPPAN, P. W. Who is the criminal?, p. 96-100; idem, *Crime, Justice, and correction*, p. 7-10.

É tão impreciso que resulta inútil do ponto de vista científico: *não se sabe em que consistem os delitos de colarinho-branco* e, em consequência, "essas deficiências têm feito do delito de colarinho-branco uma *construção estéril*".[250]

Ainda que intuitivamente se possa ter uma ideia do que Sutherland queira dizer com sua definição, quando se trata de precisá-la em face de uma investigação teórica ou empírica se torna muito complicado decidir em que consiste cada um dos termos que a compõem.

O problema se complica já na própria obra de Sutherland, na qual o autor se refere a comportamentos muito diversos.[251]

A postura da doutrina criminológica majoritária tem sido a de propor outros conceitos em substituição à categoria de delitos de colarinho-branco, que de nenhuma maneira se confundem com eles. Assim se propõe o estudo do *delito ocupacional*, dos *delitos corporativos*, dos *delitos políticos*, dos *delitos sem vítimas* da *criminalidade organizada* etc. Ademais, muitas vezes a análise se limita a questões concretas – por exemplo, sua prevenção –, deixando de lado outras também próprias da criminologia.

Para se entender como uma concepção legal, convém não se esquecer de qual é precisamente a pergunta de Sutherland: *é o delito de colarinho-branco – muitos dos quais não aparecem nas estatísticas – delito?*[252] Sua resposta, de nenhum modo precipitada, vem a ser positiva. É possível, pois, que existam delitos que não apenas a polícia não os conheça, mas que nem sequer os autores ou suas vítimas sejam conscientes de sua ocorrência? Certamente. Para se constituírem delitos em sentido estrito, é suficiente – nada mais e nada menos – que estejam tipificados nas leis penais.

Na interpretação (legalista) de Sutherland, os delitos de colarinho-branco tendem, desse modo, a formar parte da cifra negra: são delitos em sentido estrito, mas não aparecem nas cifras oficiais, distorcidas como estão ao desvalorizar os delitos cometidos pelos mais favorecidos.

O problema fundamental de tal postura é que fica a cargo do pesquisador (investigador ou cientista) definir o que vem a ser delito.

---

[250] Braithwaite, J. White-collar crime, p. 3 (grifo nosso); também García-Pablos de Molina, A. *Problemas actuales de la Criminología*, p. 164; Geis, G.; Goff, C. Edwin H. Sutherland's white-collar crime in America: an essay in historical Criminology, p. 3; Maltz, M. D. On defining "organized crime". The development of a definition and a typology, p. 338-339; Steffensmeier, D. On the causes of "white-collar" crime: an assessment of Hirschi and Gottfredson's claims, p. 354 n. 7; Vold e Bernard, 1986: 329 e 331-332.

[251] García-Pablos de Molina, A. *Problemas actuales de la Criminología*, p. 162; Weisburd, D. et al. *Crimes of the middle classes*, p. 8.

[252] Sutherland, E. H. *White-collar crime*, p. 29 – a nosso ver, a questão pode ser mais retórica se o delito de colarinho-branco for alinhado com as concepções naturais, já que então não cabe dúvidas de que são delitos.

Um problema muito sério do delito de colarinho-branco, assim considerado, é quando propõe uma noção de delito intuitivamente atrativa, mas que dá ao pesquisador exagerada flexibilidade para definir como delito o que acredita conveniente. Existem muitas condutas que, com uma leitura literal das leis penais, podem ser constitutivas de delito, mas que, todavia, não são perseguidas ou assim consideradas.[253]

A inexatidão da lei penal é, contudo, impossível de se evitar. Nessa margem podem caber muitas condutas, que podem ser, à vontade do intérprete, atípicas ou integrantes da cifra negra. Isso se traduz na prática em que, com a lei penal na mão, sempre é possível imaginar várias condutas que poderiam ser consideradas constitutivas de delito, mas que na prática não são perseguidas.

A ideia de delito de colarinho-branco teve enorme impacto entre muitos criminólogos e penalistas, e também em nível popular – especialmente em nossos países. Pode-se afirmar que chegou a converter-se em um lugar-comum em nossa literatura.

Contudo, o estrito desenvolvimento do conceito não seguiu tanto os procedimentos científicos e, em consequência, acabou por ser substituído por outros; e isso apesar de que o próprio SUTHERLAND advertia que "não se pretende que esse conceito seja definitivo".[254]

Assim, PUNCH afirma que a falta de atenção científica aos delitos de colarinho-branco não se refere tanto a que se tenha escrito pouco, mas a que "não tem havido muito trabalho conceitual e teórico".[255]

O impacto dos delitos de colarinho-branco foi muito mais *ideológico* que científico. GARCÍA-PABLOS DE MOLINA, que dedicou grande e brilhante esforço à análise dessa figura, defende abertamente esta conclusão:

> Não se pode ignorar, contudo, que o significado desse novo "tipo criminal" [...] está inseparavelmente unido a uma atitude crítica e de denúncia da ordem social e da justiça penal; Maior interesse tem o *transfundo ideológico* da discussão doutrinária. Porque não se pode esquecer que o conceito de "delinquente de colarinho-branco" de SUTHERLAND é um conceito inequivocamente crítico e "classista", dirigido contra pessoas que desfrutam de "respeitabilidade" e de um *high social status*.[256]

---

[253] Como se vê, com isso o delito de colarinho-branco abandona a ideia original de E. H. SUTHERLAND. Vide GOTTFREDSON, M. R.; HIRSCHI, T. *The positive tradition*, p. 950.
[254] SUTHERLAND, E. H. *White-collar crime*, p. 9.
[255] PUNCH, M. *Dirty business*, p. 50.
[256] GARCÍA-PABLOS DE MOLINA, A. *Problemas actuales de la Criminología*, p. 154, 162-164 e 167-168.

Nem é preciso dizer que SUTHERLAND estava plenamente consciente do perigo real de utilização voluntarista dos delitos de colarinho-branco: "Concordo também em que *o conceito de delito de colarinho-branco é especialmente apto para ser utilizado com intenções propagandistas*".[257]

Nesse sentido, o próprio SUTHERLAND parecia estar "moralmente indignado quando escrevia sobre o delito de colarinho-branco, indignação que não era evidente em seus demais trabalhos".[258]

De fato, dentre os vários usos diferentes que se lhes deu em nosso âmbito sociocultural, destaca o que vê nos delitos de colarinho-branco: *delitos que o são, mas que não são definidos como tais*, que não são detectados e punidos.[259]

Para que exista o delito (de colarinho-branco) não é preciso que o autor nem a vítima o definam como tal, nem que intervenha o sistema de Administração da Justiça, incluindo a polícia, tampouco que a comunidade reaja. Quem decide, então, se ocorreu um delito é o pesquisador.

A única limitação é a inclusão no âmbito gramatical de algum tipo penal, mas esse limite não pode ser excessivamente restritivo.[260] Não podendo ser observado diretamente, concede-se uma grande margem à especulação. Nesse sentido, não se pode estranhar que a análise dos delitos de colarinho-branco tenha sido feita mais em termos voluntaristas, políticos e retóricos que científicos.[261] Se for possível definir livremente o objeto de estudo da disciplina, não pode caber a menor dúvida de que todas as considerações etiológicas, preventivas, sobre sua extensão etc., caem também nas mãos do pesquisador.

V. TEORIAS DO DIREITO PENAL

A definição de delito que acima formulamos pressupõe que as leis penais correspondem em geral e com maior ou menor concordância às normas geralmente aceitas por parte da sociedade, pelo menos nos sistemas democráticos contemporâneos. Trata-se de uma *concepção consensual do Direito Penal*.

---

[257] Apud SCHUESSLER, K. Introducción a E. H. Sutherland, p. xxi (grifo nosso); vide também CRESSEY, D. R. Methodological problems in the study of organized crime as a social problem, p. 106.

[258] WEISBURD, D. et al. *Crimes of the middle classes*, p. 4.

[259] HORMAZÁBAL MALARÉE, H. Los delitos socioeconómicos, el bien jurídico, el autor, su hecho y la necesaria reforma del sistema penal español, p. 188, n. 5 e 190-191. Vide também SUTHERLAND, E. H. *White-collar crime*, p. 9; idem, *White-collar crime. The uncut version*, p. 7.

[260] Vide, todavia, GARCÍA-PABLOS DE MOLINA, A. *Problemas actuales de la Criminología*, p. 188; HORMAZÁBAL MALARÉE, H. Los delitos socioeconómicos, el bien jurídico, el autor, su hecho y la necesaria reforma del sistema penal español, p. 191 n. 16.

[261] WEISBURD, D. et al. *Crimes of the middle classes*, p. 3.

Outras posturas, contudo, não compartilham dessa visão consensual do Direito e propõem que a sua essência corresponde à natureza conflitiva da sociedade. Trata-se das *concepções conflituais da sociedade e do Direito*. Ainda que, sem dúvida, a polêmica entre a concepção conflitual e a consensual remonte aos primeiros filósofos da humanidade,[262] talvez uma das propostas modernas mais conhecidas seja a de MARX. Para MARX, nas sociedades coexistem classes sociais com valores e interesses em aberta oposição e confronto. Nas palavras de Engels: "A sociedade se divide em classes privilegiadas e prejudicadas, exploradoras e exploradas, dominantes e dominadas, e o Estado [...] assume a partir desse momento, com a mesma intensidade, a tarefa de *manter coercitivamente as condições vitais e de domínio da classe dominante* com respeito à dominada"; "o Estado moderno, por seu turno, não é mais que a organização que se dá à sociedade burguesa para sustentar as condições gerais externas do modo de produção capitalista contra ataques dos trabalhadores ou dos capitalistas individuais".[263] É importante esclarecer que, para essas posturas, todas as classes têm também *alguns interesses comuns*.

O Direito Penal é, em grande parte, um instrumento de controle das classes privilegiadas sobre as desfavorecidas. De forma mais moderada e matizadamente, QUINNEY afirma o seguinte:

> A realidade social do delito é construída basicamente a partir das concepções do delito mantidas pelos segmentos mais poderosos da sociedade. [...] o Estado utilizou seu poder legislativo para definir como criminoso o que considera como uma ameaça para a ordem social e política. O delito converteu-se em uma arma política que é utilizada em benefício dos que controlam os processos de governo.[264]

Para outra postura próxima, na sociedade predomina o conflito, e não o consenso pacífico; aliás, não é fácil que um mesmo grupo consiga que seus interesses prevaleçam sempre, mas que diversos grupos lutem para se impor em distintas questões concretas.[265]

Por esse motivo, não se pode identificar uma única minoria que monopolize o poder e o Estado, mas que se trata sempre de diversos grupos. A lei, e em concreto a lei penal e sua interpretação e aplicação, é vista agora como o resultado

---

[262] BERNARD, T. J. *The consensus-conflict debate*, p. 30-32.
[263] ENGELS, F. *La subversión de la ciencia por el señor Eugen Dühring*, p. 153 e 289 (grifo nosso); vide também 278-294, especialmente 288-289 e 294.
[264] QUINNEY, R. *The social reality of crime*, p. 302 e 316.
[265] TURK, A. T. *Criminality and legal order*, p. 31-32; idem, Conceptions of the demise of Law, p. 26.

dessas lutas para a solução de conflitos. Assim, para TURK, nada é intrinsecamente criminal, mas a criminalidade é uma definição que aplicam aqueles com poder suficiente para fazê-lo.[266]

Então a diferença fundamental com a interpretação anterior é que o Direito já não é visto como um instrumento relativamente pacífico com o qual os opressores se impõem aos oprimidos, mas que corresponde a um conflito real e constante que pode ser traduzido em trocas relativamente rápidas e sem que medeie revolução alguma.[267]

Um exemplo pode ser o proposto por VOLD sobre a greve.[268] Tradicionalmente o direito de greve estava proibido, e quando os trabalhadores a declaravam, era comum que os empresários contratassem trabalhadores alheios à empresa para continuar a produção. Os empresários tinham um poder político muito superior ao dos sindicatos, de modo que a polícia protegia esses novos trabalhadores e a empresa das ações dos grevistas.

Com o passar do tempo, as coisas mudaram: "A mudança real ocorreu com a oscilação de poder"; de modo que agora a greve é um direito e já não se faz nenhum esforço em rompê-la mediante a contratação de novos trabalhadores. Note-se que foi essa mudança no poder relativo de cada parte, insiste VOLD, que fez mudar de forma crítica os comportamentos que se tipificam e interpretam como delitivos: antes tratar de impedir o trabalho dos novos obreiros contratados, agora tratar de deter uma greve legal.

Ademais, o conflito não é visto apenas em termos de classes; *o conflito é contemplado a partir de diversos pontos de vista*: raças, culturas etc. Um deles é o representado pelas modernas teses do feminismo, para as quais o Direito é até certo ponto um instrumento que proporciona e mantém o predomínio dos homens sobre as mulheres nas sociedades como as nossas.[269]

Esse paradigma contém mais de uma interpretação do conflito social. Muitos autores que nele se situam cultivaram uma ciência empírica preocupada com as causas do delito – ainda que criticando muitas vezes um conceito meramente legalista ou positivista.

Todavia, visto que o Direito é, sobretudo, um instrumento dos grupos privilegiados ou que chegam a prevalecer no momento de reafirmar seus interesses,

---

[266] TURK, A. T. *Criminality and legal order*, p. 10; vide também p. 9-10, 17-18 e 25.
[267] TURK, A. T. *Criminality and legal order*, p. 31-32; idem, Conceptions of the demise of Law, p. 15.
[268] VOLD, G. B. Social-cultural conflict and criminality, p. 38-39.
[269] Vide RICE, M. Challenging orthodoxies in feminist theory: a black feminist critique, p. 57-59 e 65-68; SIMPSON, S. S. Feminist theory, crime, and Justice, p. 605-606 e 617-619, principalmente; idem, Apuntes de cátedra, inéditos; SIMPSON, S. S.; ELIS, L. 1994. Is gender subordinate to class? An empirical assessment of Colvin and Pauly's structural marxist theory of delinquency, p. 69-73.

o trabalho fundamental da criminologia deve ser o *estudo do próprio Direito e de sua produção*.

Na verdade, ambos os enfoques são complementares,[270] já que, independentemente de como se elabore o Direito, ainda está claro, salvo para posturas muito radicais, que certas pessoas infringem normas básicas para todos os grupos de uma sociedade.

Essa linha de investigação da produção do Direito, mais que as causas do delito, empreendeu estudos muito interessantes. Um dos mais conhecidos é o que fez CHAMBLISS sobre a lei de desocupados. Para esse autor, a lei de desocupados, sobretudo na época de expansão industrial, pretendia na verdade que existisse uma abundância de mão de obra barata: mediante leis dessa natureza se facilitava que as pessoas procurassem trabalho e que se assegurasse a existência de um amplo *exército* de trabalhadores.[271] Quando essa necessidade desapareceu, a lei de desocupados deixou de ser aplicada na prática, mas voltou a ser utilizada posteriormente, quando tornaram a aparecer outros interesses de grupos poderosos que eram favorecidos por ela. Assim, conclui que

> [...] essas descobertas estão, assim, de acordo com a opinião [...] de que "grupos de *status*" determinam o conteúdo da lei. Essas descobertas não são coerentes, por outro lado, com a percepção da lei simplesmente como reflexo da "opinião pública".[272]

Alguns estudos que encontraram uma relação entre índices de desemprego e de pessoas que cumprem penas privativas de liberdade podem ser interpretados como apoio a essas ideias. Mais concretamente a descoberta, a partir de dados da França, de que, sob as mesmas condições, a taxa de internos nas prisões aumenta quando há um excesso de indivíduos com trabalhos instáveis, ou seja, quando há trabalhadores de sobra.[273]

A exposição que fizemos até aqui é manifestamente simplista. O panorama é muito mais complexo, existem posturas que não se confundem com nenhuma delas, versões intermediárias radicais de ambas as perspectivas que são hoje difíceis de manter.[274]

---

[270] QUINNEY, R. *The social reality of crime*, p. 4.
[271] CHAMBLISS, W. J. A sociological analysis of the law of vagrancy, p. 68-75, em geral. Ainda que não se referindo a ela em concreto – e naturalmente pode receber outras interpretações –, é interessante para nós devido a que na Espanha esteve em vigor uma lei semelhante, chamada de desocupados e marginais, até 1995.
[272] CHAMBLISS, W. J. A sociological analysis of the law of vagrancy, p. 77.
[273] LAFFARGUE, B.; GODEFROY, T. Economic cycles and punishment: unemployment and imprisonment, p. 374-378, 383-384 e 395.
[274] CHAMBLISS, W. J.; COURTLESS, T. F. *Criminal law, Criminology, and criminal justice*, p. 12.

Marx e Durkheim, e vários de seus seguidores, são gigantes das ciências humanas e sociais e é muito difícil classificá-los sob uma rubrica simples. De fato, Durkheim foi interpretado como um teórico do conflito, e há muito tempo se reconhece abertamente que Marx é muito mais aberto e matizado do que durante décadas se pôde acreditar, em especial no seu materialismo – aqui decisivo – se refere. As posturas consensuais e conflituosas seguramente compartilham muito mais coisas do que as que as separam.[275]

Por sua vez, trata-se de enfoques tão heterogêneos que incluem em seu seio propostas difíceis de conciliar. Como ocorre muitas vezes nas ciências humanas e sociais e desde logo na criminologia, posturas que nos parecem muito diferentes.

No que diz respeito à criminologia, não é preciso defender uma tese consensual da sociedade; bastaria mostrar que o Direito Penal ou ao menos seu núcleo básico corresponde a valores e interesses gerais, mais ou menos amplamente compartilhados e que favorece o bem comum.

Ainda que a polêmica – sobretudo a relativa à natureza da sociedade – seja difícil de resolver e até se afirme que ambas as posturas não são refutáveis,[276] o certo é que a evidência empírica favorece a ideia de que existe amplo consenso sobre as condutas mais graves que devem ser sancionadas pela lei com uma pena.

De todo modo, deve-se advertir que pesquisas empíricas dessa natureza são muito limitadas, devido à crença das pessoas que a lei corresponde a interesses gerais, mas não é assim.

Alguns autores, finalmente, defendem uma postura expressamente eclética, afirmando que a sociedade não pode ser compreendida nem a partir de um ponto de vista do mero consenso nem a partir do puro conflito, mas sim de uma posição intermediária.

Assim, Akers refere-se à *teoria pluralista do conflito*,[277] a qual caracterizaria as sociedades democráticas contemporâneas, dentro das quais cabem conjuntos heterogêneos de valores e interesses. A seu ver, em nossas sociedades existem diversos grupos e inclusive movimentos sociais desorganizados que tratam de impor seus interesses por meio de um sistema legislativo e governamental que consideram legítimo. Ademais, ainda que esses grupos possam impor seus interesses, as leis também refletem muitas vezes os interesses gerais

---

[275] Bernard, T. J. *The consensus-conflict debate*, p. 214.
[276] Bernard, T. J. *The consensus-conflict debate*, p. 1, 7, 16, 18, 20-21 e 217; Chambliss, W. J.; Courtless, T. F. *Criminal law, Criminology, and criminal justice*, p. 13.
[277] Akers, R. L. *Criminological theories*, p. 168; Akers, R. L.; Sellers, C. S. *Criminological theories*, p. 194 – apesar da denominação, no caso de Akers parece melhor, a nosso ver, uma postura eclética. Vide também Matsueda, R. L.; Heimer, K. A symbolic interactionist theory of role-transitions, role-commitments, and delinquency, p. 167-168.

da sociedade.[278] AKERS mesmo sustenta que a investigação empírica favorece esse modelo pluralista.[279]

Tal postura eclética repousa, a nosso ver, em um mal-entendido. Nenhuma posição defende que em uma sociedade, todos estejam sempre de acordo em tudo, nem que tudo o que aconteça corresponda somente a interesses de determinados grupos. Sem dúvida, os teóricos do conflito concordam que as agressões cruéis tendem a ser perseguidas independentemente de quem as realize, e os consensualistas concordam que determinadas normas correspondem sem dúvida a interesses de grupos particulares que exercem com êxito pressões políticas. Ambas as teses podem compartilhar muitas coisas.[280]

Portanto, o que se discute é: se em uma sociedade *predomina* em geral o consenso ou o conflito; e, mais concretamente, se as leis penais protegem por regra – ou seja, que há exceções – valores e interesses comuns ou de certos grupos poderosos. A postura eclética, pois, não pode responder a essa pergunta decisiva.

---

[278] AKERS, R. L. *Deviant behavior*, p. 7, 14-16 e 18-20; idem, *Criminological theories*, p. 168-173; AKERS, R. L.; SELLERS, C. S. *Criminological theories*, p. 195-208; GARCÍA-PABLOS DE MOLINA, A. *Tratado de Criminología*, p. 1.195-1.196.

[279] AKERS, R. L. *Deviant behavior*, p. 16-18; idem, *Criminological theories*, p. 174-181; AKERS, R. L.; SELLERS, C. S. *Criminological theories*, p. 200-208.

[280] BERNARD, T. J. *The consensus-conflict debate*, p. 198-214.

Capítulo 2
HISTÓRIA DA CRIMINOLOGIA

I. O NASCIMENTO DA CRIMINOLOGIA CIENTÍFICA

1. A história "vista como algo mais que um depósito de anedotas ou cronologia"

Para[1] bem compreender uma disciplina e seu estado científico, é imprescindível conhecer, mesmo que brevemente, sua história. Isso não somente para captar com certa profundidade os temas e orientações atualmente predominantes ou o estado da discussão de determinados problemas e questões teóricas e metodológicas, mas, sobretudo, para entender sua natureza tal e como se concebe hoje em dia.[2] Referimo-nos à pergunta geral: o que é a criminologia?

A criminologia contemporânea corresponde, por conseguinte, a uma longa evolução, a qual inclui importantes disputas teóricas e metodológicas, às vezes conhecidas como *lutas de escolas* – como a que teve lugar entre a escola clássica e a positiva; esforços por alcançar sua autonomia e independência em face de disciplinas mãe, às vezes de um imperialismo beligerante; uma contínua reflexão sobre suas bases e possibilidades epistemológicas e metodológicas – por exemplo, a ideia de determinismo débil ou a incompatibilidade das metodologias quantitativas e qualitativas; descobertas empíricas – como a continuidade e a mudança nas trajetórias delitivas – que marcaram o acontecer da disciplina; acontecimentos socioculturais igualmente influentes – assim os movimentos sociais dos anos sessenta e seu pensamento radical; enfoques que pugnam por se impor – as teorias integradas ou a criminologia do desenvolvimento em nossos dias – etc.

---

[1] Kuhn, T. S. *The structure of scientific revolutions*, p. 1.
[2] Bernard, T. J. *The cycle of juvenile justice,* p. 3-6; Bosworth, M. The past as a foreign country? Some methodological implications of doing historical Criminology, p. 431-432 e 439-440; Ferdinand, T. N. History and policy in Juvenile Justice, p. 153; Rüping, H. *Grundrib der Strafrechtsgeschichte,* p. 1.

Que a história de uma disciplina é imprescindível para compreendê-la é algo, sem dúvida, muito aceitável, mas apenas recentemente se extraíram as consequências mais decisivas sobre sua importância para a ciência.

Em especial a partir dos trabalhos do físico e historiador da ciência T. S. KUHN, defendeu-se uma concepção da ciência na qual elementos socioculturais desempenhariam papel decisivo. De acordo com alguns desses desenvolvimentos, a ciência na verdade *não progrediria*, mas simplesmente seria *diferente* em cada época histórica – não seria em cada época nem melhor nem pior.

A ciência de cada época é a que em cada momento histórico foi necessário e o que melhor correspondeu às circunstâncias sociais e culturais. A ciência englobar-se-ia na cosmovisão da época histórica.

Assim, a concepção de astronomia do grande PTOLOMEU somente seria inferior à atual caso se julgasse retrospectivamente a partir de nossos dias. Antes de ser considerada inferior, pode ser considerada *diferente*. KUHN fala nesse sentido de *paradigmas*: *a ciência de cada época constitui um paradigma distinto e é difícil fazer comparações* entre paradigmas – já que, entre outras coisas, têm critérios de valoração que não coincidem. Se nos permite uma analogia, essa concepção da ciência a aproxima da arte: é o românico superior ao gótico ou simplesmente são diferentes, particulares de cada época?

Os *paradigmas*, assim, podem ser considerados "frutos científicos universalmente reconhecidos que proporcionam durante certo tempo modelos de problemas e soluções a uma comunidade de estudiosos",[3] ou seja, *o conjunto de crenças, problemas e soluções que norteiam o trabalho de uma comunidade* científica.[4]

Para a concepção mais tradicional, a ciência avança por meio de ensaios e erros, e dessa maneira ocorre um progresso em nossos conhecimentos sobre o mundo no sentido de que *cada vez as teorias de que dispomos são melhores*.

As teorias que se refutam vão sendo abandonadas ou reformuladas. Isso não quer dizer, é claro, que o progresso seja na prática sempre linear e ininterrupto, tampouco que elementos sociais, culturais e políticos não tenham uma grande influência em todo o processo.

No entanto, pouco a pouco, nosso conhecimento teórico e metodológico sobre o delito aumenta. Para essa perspectiva, pois, é possível comparar posturas,

---

[3] KUHN, T. S. *The structure of scientific revolutions*, p. x; vide ainda p. 1-4, 10-11, 23-25, 37, 103 e 109-110. Para HABERMAS, J. *Teoría de la acción comunicativa*, p. 157, n. 182, o conceito de paradigma "só pode ser aplicado com certas reservas às ciências sociais". O desenvolvimento posterior alcançou concepções derivadas de KUHN que (já) não são compatíveis com sua obra, assim OLIVÉ, L. Constructivismo, relativismo y pluralismo en la filosofía y sociología de la ciência, p. 197.

[4] SERRANO MAÍLLO, A. *Ensayo sobre el derecho penal como ciencia*, p. 82; e, em geral, p. 79-91.

sejam contemporâneas, sejam de épocas distintas, e inclusive *decidir* qual delas é superior e, portanto, preferível. Naturalmente, a superioridade de uma tese sobre outra quase nunca é tão clara como gostaríamos, e a visão de avanço da ciência é mais *débil*. Voltando ao exemplo dos estilos arquitetônicos, Weber tem a dizer o seguinte: "Uma obra de arte que tenha realmente 'plenitude' não será nunca superada, não envelhecerá nunca [...] todo 'objetivo alcançado' da ciência significa novas 'questões' e tem vontade de se tornar antiquado e de ser 'superado'".[5]

Essa ideia, que representa talvez a característica mais destacada da ciência tal e como a entendemos aqui, poucas vezes foi captada com tanta precisão como quando WHITEHEAD afirmou que uma ciência que duvida na hora de esquecer seus fundadores está perdida.[6]

2. *A escola clássica*

A. BECCARIA – o homem é um ser que vive em sociedade.[7] O homem não pode viver senão em grupo, e onde há um grupo humano existe uma série de normas que de maneira formal ou não, regulam as relações entre seus componentes.[8] Portanto, a existência do delito como infração de normas e sua preocupação com ele e com as possíveis respostas se perde no tempo.[9]

Em geral, a reflexão sistemática sobre o delito, tal e como nos interessa aqui, é relativamente recente: a doutrina contemporânea se situa na segunda metade do século XVIII e com a chamada escola clássica o nascimento dessa reflexão.

No século XVIII, *as normas penais eram caóticas*. Uma das pretensões contemporâneas básicas da lei penal e dos Códigos Penais em concreto é que exista um nível mínimo de *segurança jurídica*, entendida esta como "a possibilidade de conhecer as consequências jurídicas de um determinado ato".[10] Isso inclui que se saiba com uma exatidão mínima quais atos estão proibidos e quais são de cumprimento obrigatório, em ambos os casos sob a ameaça de uma pena, e quais são as penas que receberão no caso de incorrer em tais condutas.

Assim sendo, naquela época predominava uma grande *insegurança* sobre quais condutas eram constitutivas de delitos e quais penas correspondiam a tais

---

[5] WEBER, M. *La ciencia como profesión*, p. 65 (grifo suprimido).
[6] WHITEHEAD, A. N. *The organisation of thought*, p. 115.
[7] A Escola clássica tende a basear essa ideia na do contrato social, ideia que, na verdade, possui diferentes modalidades; mas outros autores clássicos rejeitaram essa fórmula, vide CARRARA, F. *Programa del curso de derecho criminal*, p. 8 e 22.
[8] WELZEL, H. *Derecho Penal Aleman*, p. 241.
[9] DOWNES, D.; ROCK, P. *Understanding deviance*, p. 53-55; ZAFFARONI, E. R. et al. *Derecho penal*, p. 150.
[10] SERRANO MAÍLLO, A. *Ensayo sobre el derecho penal como ciencia*, p. 126 (grifo suprimido); vide também p. 126-133.

delitos; e, de fato, o Direito Penal em concreto não se encontrava acolhido em Códigos como em nossos dias e em nosso âmbito jurídico, mas disperso em diversos corpos assistemáticos, pouco claros, imprecisos, descoordenados e até contraditórios. Coerentemente com a concepção teocêntrica do tempo existia certa associação entre *delito* e *pecado*.[11]

Desse modo, até início do século XIX não se iniciou na França a chamada codificação, isto é, a coleção das leis e, em concreto, as penas, em corpos unitários, tal e como hoje os conhecemos.

Por si próprio, isso foi pouco; os procedimentos judiciais eram também muito inseguros e, ademais, a tortura – chamada *tortura judicial* – constituía importante meio de prova em matéria criminal.[12] Ainda que existissem provas suficientes, às vezes se torturava os acusados a fim de que *confessassem* – como no âmbito religioso – seu delito, podendo, assim, considerá-lo provado.[13] O sistema de penas era não apenas inseguro, mas desproporcional e desequilibrado. Também existiam desigualdades pessoais diante da lei.[14]

Em seu conjunto, *o sistema jurídico-penal no século XVIII era pouco humano e racional*: com uma grande insegurança jurídica; alguns procedimentos judiciais ilógicos, tal como o sistema de provas; penas severas e desproporcionais; e, por último, ineficaz na prevenção do delito.[15]

Tomás y Valiente, por exemplo, ilustra-nos a respeito com a seguinte reflexão:

> A liberdade de ação de juízes e magistrados foi "perniciosa em linhas gerais". "O duro e severo bloco das leis se rachava na prática por mil fendas abertas ao abuso", a justiça "oscilava entre a crueldade e o indulto; entre a rigidez legal e o arbítrio judicial; entre a delação do 'informante' ou 'alcaguete' profissional e o suborno dos ministros judiciais; entre a dureza da política penal e o relaxamento da prática judicial; entre a vingança pri-

---

[11] Tomás y Valiente, F. *El Derecho penal de la monarquía absoluta*, p. 219 e 229.
[12] Tomás y Valiente, F. *La tortura en España*, p. 15-19; aclarando que se tratava de um meio de prova em tese subsidiário, se bem que nem sempre se respeitava na prática esse caráter, 100.
[13] Serrano Maíllo, A. Bicentenario de las "Nuevas consideraciones sobre la perplejidad de la tortura" de Juan Pablo, p. 763-764.
[14] Tomás y Valiente, F. *El Derecho penal de la monarquía absoluta*, p. 317-330; idem, *La tortura en España*, p. 106-108.
[15] Alonso Romero, M. P. *El proceso penal en Castilla*, p. 317-332; Rüping, H. *Grundrib der Strafrechtsgeschichte*, p. 27-29, 32-33, 35-37 e 49-53; Tomás y Valiente, F. *El Derecho penal de la monarquía absoluta*, p. 30-32, 39, 45-47, 69, 76, 151, 153-200, 203-208, 304, 332-333, 353-355, 360 e 375; idem, *La tortura en España*, p. 18, 99, 114-117, 119 e, sobretudo, p. 154-160.

vada e o perdão [...] Contradições como essas teriam de ser resolvidas do único modo possível: o mais radical, *a substituição de todo o sistema*"; "A impressão dominante que se desprende [...] é triste e penosa. Demasiados sofrimentos, desgraças e punições".[16]

Como era de esperar, filósofos da Ilustração, como MONTESQUIEU,[17] vinham denunciando essas graves deficiências[18] quando apareceu em 1764 o clássico livro de CESARE BONESANA, marquês de BECCARIA, intitulado *Dos delitos e das penas*.

BECCARIA tinha formação econômica[19] e presenciava uma reunião de intelectuais ilustrados que acontecia em torno dos irmãos VERRI, na cidade de Bolonha. O pequeno livro de BECCARIA, cuja origem se encontrava em ditas reuniões, teve acolhida excepcional e grande parte de seu conteúdo continua tendo plena vigência no Direito Penal contemporâneo.[20] Como é fácil de imaginar, a principal finalidade de dito livro era muito mais promover a reforma do desastroso sistema de Direito Penal e da administração da Justiça de sua época do que elaborar alguma teoria criminológica sobre o delito.[21]

Nessa obra, encontram-se as linhas basilares de uma concepção da criminologia: a da chamada escola clássica.[22] Essa escola encontra outro de seus marcos em BENTHAM e alcança talvez sua máxima expressão com Carrara e outros juristas já no século XIX.[23]

Os dois aspectos que mais propriamente caracterizam a escola clássica possivelmente seja sua concepção do homem como ser livre que procura o prazer evitando a dor, do qual deriva sua teoria criminológica do delito e enfrenta a sua prevenção; e, em segundo lugar, sua metodologia lógico-dedutiva.

B. A teoria criminológica da escola clássica – a escola clássica parte da *concepção do homem como um ser livre e racional* que é capaz de refletir, tomar decisões e atuar em consequência. Em suas decisões, basicamente realiza um cálculo racional das vantagens e inconvenientes que pode proporcionar sua ação, e atua ou não segundo prevaleçam umas ou outras; em sua terminologia,

---

[16] TOMÁS Y VALIENTE, F. *El Derecho penal de la monarquía absoluta*, p. 407-409 (grifo nosso).
[17] Vide Barão de MONTESQUIEU, *Del espíritu de la leyes*, p. 55-56, 61-64, 66-67 e 130-131.
[18] Vide ASÚA BATARRITA, A. Reivindicación o superación del programa de Beccaria, p. 11.
[19] VILLA STEIN, J. Las penas privativas de libertad de corta duración, p. 193 – como destaca esse autor, a importância desse dado passa muitas vezes despercebida.
[20] ASÚA BATARRITA, A. Reivindicación o superación del programa de Beccaria, p. 13-18.
[21] BECCARIA, *De los delitos y de las penas*, p. 61.
[22] ALBRECHT, H.-J. Kriminologie, p. 309.
[23] MORILLAS CUEVA, L. *Metodología y ciencia penal*, p. 69-77; SERRANO GÓMEZ, A. La Criminología en los primeros autores clásicos, p. 73-74 e 81-86.

"o prazer e a dor" são os motores da conduta humana.²⁴ Quando alguém encara a possibilidade de cometer um delito, efetua um *cálculo racional dos benefícios esperados (prazer) e os confronta com os prejuízos (sofrimento)* que acredita que irão derivar da prática do delito; se os benefícios forem superiores aos prejuízos, tenderá a cometer a conduta delitiva.²⁵

Essa é uma ideia básica do *utilitarismo*, uma heterogênea corrente filosófica hoje um tanto esquecida, de acordo com a qual, para o que aqui nos importa, as ações devam ser julgadas conforme aumentem ou diminuam a satisfação dos sujeitos e, mais genericamente, segundo contribuam para a maior satisfação do maior número de pessoas.²⁶

Como destacaram alguns autores, a escola clássica começa com algo muito importante: com uma concepção sobre a natureza humana e com uma teoria geral sobre o comportamento que não somente é aplicável ao delito, mas a todas as ações;²⁷ e a elaboração explícita de um ponto de partida desse tipo deveria ser o objetivo de toda boa teoria.²⁸

Esta escola reconheceu que esse cálculo não é perfeito de um ponto de vista racional, mas que pode influir outros elementos, e que existem diferenças individuais entre pessoas distintas.²⁹ Em todo caso, insiste em que *o fundamental* para compreender o fenômeno delitivo é esse balanço dos benefícios e dos prejuízos que provavelmente irá gerar a prática do fato ilícito, e que esse procedimento da eleição racional é aproximadamente o mesmo para todas as pessoas, com algumas exceções, como é o caso dos menores ou dos *loucos* – que não são muito importantes quantitativamente.

Entre os possíveis benefícios contam-se não apenas, por exemplo, os bens materiais ou o dinheiro que se possa obter – os delitos contra a propriedade representam cerca de oitenta por cento do total³⁰ – e outros muito mais difíceis de medir – a vingança, a aquisição de *status* entre os amigos. A própria prática do

---

²⁴ BECCARIA, *De los delitos y de las penas*, p. 138 e 180; BENTHAM, J. *The principles of morals and legislation*, p. 1; idem, *The rationale of punishment*, p. 19. Tradicionalmente essa postura entende-se favorável ao livre-arbítrio, mas também pode ser entendida como determinista.

²⁵ BECCARIA, *De los delitos y de las penas*, p. 109, 112, 119-122, 131-133 e 138.

²⁶ Vide BENTHAM, J. *The principles of morals and legislation*, p. 1-7 e passim; e também BECCARIA, *De los delitos y de las penas*, p. 74-75 e 115.

²⁷ BENTHAM, J. *The rationale of punishment*, p. 19-20.

²⁸ GOTTFREDSON, M. R.; HIRSCHI, T. *A general theory of crime*, p. 5; WILSON, J. Q.; HERRNSTEIN, R. J. *Crime and human nature*, p. 19.

²⁹ BECCARIA, *De los delitos y de las penas*, p. 181.

³⁰ Vide ROLDÁN BARBERO, H. ¿Qué queda de la contestación social de los años 60 y 70 en la Criminología actual, p. 519 e 524.

delito é, muitas vezes, em si mesma, uma fonte de satisfação, e de fato a comissão de delitos é, em algumas ocasiões, divertida para seu autor.[31]

Por exemplo, o furto de uso de veículos automotores é relativamente habitual entre os delinquentes juvenis, que furtam um carro, passeiam ou viajam nele e simplesmente o abandonam quando se cansam ou acaba a gasolina:[32] o principal benefício não é econômico, mas a satisfação da condução de um veículo alheio e diversas sensações unidas a isso.[33]

Ao lado do sofrimento (dor) – que é o que se quer evitar –, a sanção penal que se impõe no caso de ser descoberto e detido é o componente mais importante. O delinquente, de acordo com a escola clássica, examina as potenciais vantagens (prazer) e os potenciais inconvenientes (prejuízo, sofrimento, dor) que acredita que irá lhe proporcionar a prática de um fato delitivo e, quando prevalecem a primeira, tende a realizá-lo. Trata-se, assim, de um sujeito racional que é relativamente livre em suas decisões.

Nesse ponto, destaca-se a *importância das penas para a prevenção do delito*. Isso é coerente com sua concepção do homem e do delito, visto que a pena a qual irá ser imposta ao culpado no caso de cometer o delito e ser descoberto e condenado *é um mal*[34] e representa, portanto, um claro prejuízo, que deveria desequilibrar a decisão racional a favor de não praticar o delito. Assim, afirma--se que o fim da pena "não é outro que impedir o réu de causar novos danos a seus concidadãos, e afastar os demais de cometer outros iguais";[35] de modo que nessa declaração incluem-se duas finalidades (negativas) da pena: a prevenção especial e a geral.

a) De acordo com esse pensamento, é natural supor que, quando se impõe uma sanção a quem cometeu um fato delitivo, este temerá mais a pena na próxima vez que se apresente a possibilidade de delinquir, levando-se em conta que já experimentou a prisão e a imposição de uma pena, de modo que os prejuízos da prática do delito terão um peso que levará a decisão de não delinquir (*prevenção especial negativa*).[36]

b) Ao mesmo tempo, também parece lógico que, com a aplicação de sanções, qualquer outro sujeito ao qual se apresente a oportunidade de cometer um fato delitivo tenderá a pensar que, se for descoberto, sofrerá uma sanção, constituindo um claro prejuízo que pode compensar os potenciais benefícios da conduta

---

[31] GOTTFREDSON, M. R.; HIRSCHI, T. *A general theory of crime*, p. 12 e sobretudo p. 162.
[32] SERRANO GÓMEZ, A. *Delincuencia juvenil en España*, p. 115-138.
[33] Vide, em geral e com muitos outros casos, KATZ, J. *Seductions of crime*, p. 3, 9 e 312-313 – mas também p. 24 e 31, separando-se de uma concepção *racional* do delito.
[34] BENTHAM, J. *The rationale of punishment*, p. 1-2.
[35] BECCARIA, *De los delitos y de las penas*, p. 111; vide também p. 117, 129 e 132.
[36] CEREZO MIR, J. *Curso de derecho penal español*, p. 26-28.

proibida (*prevenção geral negativa*). Esse efeito tenderá a prevenir o delito nos sujeitos que observem como se punem os delitos cometidos.

c) Dessa colocação, não se pode inferir que a escola clássica desconhecesse outros possíveis fatores preventivos da delinquência, e assim BECCARIA afirma expressamente que "o mais seguro [...] meio de prevenir os delitos é aperfeiçoar a educação".[37]

Longe de propor penas exageradas, segundo a escola clássica, *para que as leis e as sanções penais previnam eficazmente o delito, devem ser racionais*. Desse modo, o posicionamento preventivo encaixa-se perfeitamente no propósito principal de reformar as leis penais e processuais da época: o que é juridicamente racional também previne mais eficazmente o delito.

Por exemplo, a instituição da tortura é desumana enquanto causa graves sofrimentos à pessoa – e, claro, atenta contra sua dignidade – e irracional, visto que todo aquele que seja capaz de resistir ao tormento e não confessar ficará sem punição, e vice-versa. Um sistema baseado em outras instâncias de prova não somente seria mais racional e humano, mas também seria mais eficaz na luta contra o delito se os delinquentes já não pudessem confiar em sua resistência física e psíquica, mas que tomaram consciência de que outros meios de prova serviriam para condená-los.

O Direito deve de ser em primeiro lugar lógico, se é que quer prevenir o delito, de maneira que o legislador é descrito como um *arquiteto sábio*[38] que constrói um sistema racional, em oposição à situação imperante na época. E não apenas isso, mas, com o exemplo da tortura, *leis irracionais terão efeitos criminógenos*,[39] isto é, favorecerão a prática de delitos. Por exemplo, penas excessivamente graves tenderão a produzir um efeito de brutalização, posto que o delinquente pode cometer novos delitos, até muito graves, para escapar da polícia, evitar que alguém o delate, ou inclusive, depois de ser preso ou condenado, para pagar a multa, a responsabilidade civil ou um advogado.[40]

Essa proposição repercutiu também em que a tradição da escola clássica estudou com dedicação as leis penais e suas sanções, e, de fato, onde teve maior presença, ou seja, no continente europeu e cada vez mais na América Latina, a chamada dogmática jurídico-penal alcançou um nível científico muito elevado.

As leis e as sanções devem ser *públicas e conhecidas* pelo maior número possível de pessoas; é de se esperar que sejam de conhecimento para que sejam

---

[37] BECCARIA, *De los delitos y de las penas*, p. 187; vide também p. 139 e 160; e BENTHAM, J. *The principles of morals and legislation*, p. 24-25.
[38] BECCARIA, *De los delitos y de las penas*, p. 133 e 139.
[39] BUENO ARÚS, F. Los aspectos criminógenos de la ley penal, p. 1.074-1.076; SERRANO GÓMEZ, A. La Criminodogmática, p. 423.
[40] BECCARIA, *De los delitos y de las penas*, p. 113 e 119.

levadas em conta pelos potenciais delinquentes na hora de decidir se cometem um delito ou não.[41]

As três características mais importantes que devem reunir as sanções para prevenir eficazmente o delito, de acordo com a escola clássica, são as seguintes: *certeza, rapidez e severidade*.[42]

a) Nem todos os delitos são punidos, por exemplo, porque não se detém o culpado ou por falta de provas. Pois bem, as sanções são tanto mais eficazes quanto mais seguras, ou mais provável seja sua imposição ao infrator. Se o número de delitos punidos é relativamente elevado e, portanto, as possibilidades de punição são elevadas, os prejuízos que deve levar em conta o delinquente potencial serão mais altos. Ao contrário, se é difícil que uma conduta delitiva seja punida, a tendência a delinquir é maior. A certeza tem uma importância muito destacada na Escola clássica.[43]

b) Se as punições são impostas logo após a prática do fato delitivo, ou seja, com prontidão, terão um efeito preventivo maior do que se forem impostas após certo lapso. Isso se deve à busca do homem por prazeres e por querer evitar sofrimentos, mas, sobretudo, *próximos no tempo*: quanto mais imediatos, mais peso têm.[44] Por esse motivo, uma ação que potencialmente proporcione prazer imediato tenderá a ser escolhida se a sanção ou a dor anexa estiverem mais distanciadas.

c) Por último, penas severas, por sua duração ou pela intensidade do sofrimento que provocam, tendem a ser mais efetivas que as leves, posto que significam sofrimento ou prejuízo maior. Tais autores também destacam ser fundamental que a sanção guarde *proporcionalidade* com o delito que se pune. A escola clássica, pois, não apenas deixou de propor recurso às sanções cruéis ou a punição de inocentes,[45] mas antes, e ao contrário, representava em geral uma reação contra os abusos, e se esforçava em denunciar sua inutilidade, e sua injustiça.[46]

C. A metodologia da escola clássica – talvez o âmbito mais específico da escola clássica, ao menos tal e como se desenvolveu na prática, em especial no continente europeu e na América Latina, seja o metodológico. Se, como vimos,

---

[41]   BECCARIA, *De los delitos y de las penas*, p. 79-80.
[42]   BECCARIA, *De los delitos y de las penas*, p. 79, 112, 116, 129, 131-134, 160 e 181; BENTHAM, J. *The principles of morals and legislation*, p. 29-32.
[43]   ZIMRING, F. E.; HAWKINS, G. J. *Deterrence*, p. 161.
[44]   FELSON, M. *Crime and everyday life*, p. 23.
[45]   Como parecem sugerir alguns autores, GOTTFREDSON, M. R.; HIRSCHI, T. *A general theory of crime*, p. 13; VAN DEN HAAG, E. The neoclassical theory of crime control, p. 193-194; SUTHERLAND, E. H. *Criminology*, p. 74.
[46]   ASÚA BATARRITA, A. Reivindicación o superación del programa de Beccaria, p. 23-24; GÓMEZ BENÍTEZ, J. M. La idea moderna de la proporcionalidad de las penas, p. 55-59 em especial; SILVA SÁNCHEZ, J.-M.; BALDÓ LAVILLA, F. La teoría del delito en la obra de Manuel de Lardizábal, p. 350.

o decisivo para que se cometa um delito é que o cálculo dos benefícios e dos prejuízos produza um balanço favorável aos primeiros e se esta opção – com todas as limitações que se quiser – é racional e característica de todas as pessoas e para todas as ações, então as diferenças individuais entre as pessoas ou as distintas situações têm um caráter mais secundário.

Assim, *a metodologia clássica se preocupa, sobretudo, em estudar este processo de eleição*, que em geral, insistimos, é o fundamental. Portanto, a classe social das pessoas, as características de sua família, a educação que recebeu, seus vínculos com a sociedade ou suas relações com seus semelhantes – algumas das variáveis que mais preocuparam a criminologia positiva – são secundários, já que, independentemente de tudo isso, o cálculo racional é muito semelhante para todas as pessoas, e estas tenderão a delinquir quando o balanço favoreça a prática do fato proibido. Não nos importa repetir que em nenhum caso se afirme que todas estas variáveis sejam irrelevantes, mas *não são o decisivo*.

Como observado, uma legislação racional tende por si a prevenir o delito, de modo que *o cultivo da ciência do Direito Penal* representa outro dos pontos que reclama com insistência essa escola. Na sequência de todo esse raciocínio, parece claro que não é muito promissor estudar tais variáveis empíricas, mas procurar compreender o raciocínio, que por todo o dito é também o que realizaria o próprio investigador.

Os métodos de pesquisa empírica que representam a essência da criminologia majoritária contemporânea têm relativamente pouco a oferecer para a escola clássica. Assim, sua metodologia própria é, sobretudo, o *raciocínio lógico-dedutivo*.[47]

O próprio BECCARIA fala expressamente de "verdades palpáveis que [...] não são necessárias para descobri-las nem quadrantes nem telescópios, mas que estão ao alcance de qualquer inteligência medíocre".[48]

Nos últimos anos, alguns autores defenderam a compatibilidade entre a escola clássica e a orientação positiva que caracteriza a criminologia contemporânea.[49] Tão somente à luz do livro de BECCARIA – o mais influente em nosso

---

[47] MORILLAS CUEVA, L. *Metodología y ciencia penal*, p. 47-52 e 59; ZAFFARONI, E. R. et al. *Derecho penal*, p. 156.
[48] BECCARIA, *De los delitos y de las penas*, p. 140. Esse (ao menos aparente) desinteresse por questões empíricas, ainda hoje vigente, mereceu o qualificativo de *Criminologia do não saber nada* (*Know-nothing Criminology*).
[49] GOTTFREDSON, M. R.; HIRSCHI, T. The positive tradition, p. 13-14; idem, *A general theory of crime*, p. 3-14, 23, 82, 85, 87, 95, 162 e 169; VOLD, G. B. et al. *Theoretical Criminology*, p. 28-29; WILSON, J. Q.; HERRNSTEIN, R. J. *Crime and human nature*, p. 14 e 43. BEIRNE, mais adiante e um pouco exageradamente a nosso ver, sustenta que a obra de BECCARIA se enquadra em uma Criminologia empírica, positiva e determinista (BEIRNE, P. *Inven-*

âmbito – é difícil decidir, ainda que possivelmente existem argumentos tanto a favor como contra.[50]

Mesmo que teoricamente seja imaginável a compatibilidade, a prática aponta em outro sentido; e desde logo em nosso âmbito se viu melhor ambas as orientações como contrapostas. Atendendo a suas variáveis, é compatível; atendendo a sua metodologia lógico-dedutiva dificilmente – o que não quer dizer que, já se disse, não desempenhe nenhum papel na ciência.

Em qualquer caso, no capítulo 6 veremos como muitos dos pontos de partida e das proposições da escola clássica mantêm hoje plena vigência.

Além disso, uma ciência tão avançada na atualidade como a economia – ainda que a partir de um ponto de vista seja marcadamente quantitativa – mantém amplo acordo sobre a racionalidade fundamental do ser humano. No capítulo 4 veremos que o raciocínio lógico-dedutivo que proponho mantém um lugar na epistemologia e na metodologia contemporâneas.

Alguns autores atuais sentem-se também atraídos para essa metodologia porque pensam que destacar seu livre-arbítrio, em face do determinismo da criminologia positiva contemporânea, é a melhor maneira de conservar a dignidade e a igualdade dos homens,[51] mas essas posturas estão abertamente desfocadas visto que o livre-arbítrio e o determinismo *podem coexistir*.

D. A escola clássica na Espanha – *Dos delitos e das penas* foi traduzido pela primeira vez para o castelhano na Espanha por Casas em 1774. Como muitas obras da Ilustração, sua leitura foi proibida três anos depois, "sem distinção de pessoas ou idioma".[52] Tanto a obra como as próprias ideias dos ilustrados – ainda que, como dissemos, despertassem um bem conhecido receio nas autoridades e em diversos setores sociais[53] – tiveram influência *enorme* entre nossos autores[54] – se bem que tradicionalmente se destacasse sua relevância para a ciência do Direito Penal e não tanto para a criminologia.[55]

---

ting Criminology, p. 5-6, 41, 44-47 e 226-228); matizadamente, SERRANO GÓMEZ, A. La Criminología en los primeros autores clásicos, p. 85-86.

[50] Vide BECCARIA, *De los delitos y de las penas*, p. 80, 116, 119, 129, 138-139 e 187 – a favor da hipótese da compatibilidade; e p. 140 e 171, sobretudo – contra.

[51] SCHÜNEMANN, B. *Temas actuales y permanentes del Derecho penal después del milenio*, p. 33-36.

[52] SERRANO GÓMEZ, A. *Introducción a la ciencia del derecho penal*, p. 115-116, que acrescenta que a obra, na verdade, já era antes conhecida e que não voltou a ser publicada até 1820.

[53] TOMÁS Y VALIENTE, F. *El Derecho penal de la monarquía absoluta*, p. 109-111; idem, *La tortura en España*, p. 166.

[54] ALONSO ROMERO, M. P. *El proceso penal en Castilla*, p. 318; MORILLAS CUEVA, L. *Metodología y ciencia penal*, p. 76-85; TOMÁS Y VALIENTE, F. *El Derecho penal de la monarquía absoluta*, p. 97 e 103; idem, *La tortura en España*, p. 166, com algum matiz, e p. 170-174.

[55] CEREZO MIR, J. *Curso de derecho penal español*, p. 85.

Em autores do porte de *Manuel de Lardizábal* torna-se fácil encontrar muitas das ideias que antes vimos. Assim se destaca a importância de que uma nação seja dotada de boas leis criminais – o que já se relaciona com a *segurança*; se acentua o valor preventivo das penas; por sua vez, aponta-se a necessidade de que as penas sigam com prontidão ao delito, ou, o que é o mesmo, se reconhece o fator *prontidão*; afirma-se a escassa incidência das sanções leves, com o que se reclama a importância do fator *severidade* nas penas, ainda que para acrescentar em seguida que as penas atrozes podem surtir efeito criminógeno e até dar lugar a delitos mais graves; ou, coerentemente, se recupera a ideia de *proporcionalidade*.[56]

Como destaca CEREZO MIR, é decisivo ressaltar que *a ilustração teve algumas características particulares na Espanha*, tratando de compatibilizar as ideias desta com as do cristianismo.[57] Por isso se compreende, por exemplo, que Lardizábal mantenha muitos pontos críticos com respeito a BECCARIA, e muito mais com respeito a outros pensadores;[58] ou que distintos autores possam parecer contraditórios.[59] No próprio Lardizábal se observa profunda preocupação pela reabilitação do delinquente – algo que recuperaria depois o *Correcionalismo* –, em consonância com certo receio em relação às penas privativas de liberdade em suas diversas modalidades então existentes e a consequente aposta pelas *Casas de Correção*.

As ideias da escola clássica tiveram enorme influência no pensamento criminológico espanhol, brasileiro e latino-americano até nossos dias: insiste-se em que também o delinquente é um ser racional; propugna-se por uma metodologia lógico-dedutiva sem dados empíricos que a respaldem e, apesar de tudo, se tomam sem acanhamento decisões empíricas; ou se destaca o papel das penas e da polícia no controle e prevenção do delito.

> Como alhures, e em sintonia com o ambiente cultural à época vigente, os postulados filosóficos penais da escola clássica se fizeram sentir também no Brasil, em resposta ao movimento positivista. Como bem se alude "a penetração do pensamento penal europeu no Brasil fez-se lenta e dificultosamente, a ponto de que as ideias da Escola Clássica e da Escola Positiva eclodirem quase ao mesmo tempo entre nós. A célebre defesa que o Conselheiro Crispiniano realizou dos Drs. Gabriel dos

---

[56] LARDIZÁBAL Y URIBE, M. *Discurso sobre las penas contrahido á las leyes criminales de España, para facilitar su reforma*, p. 33-82; com mais detalhes, SERRANO GÓMEZ, A. La Criminología en los primeros autores clásicos, p. 77-81.
[57] CEREZO MIR, J. *Curso de derecho penal español*, p. 87.
[58] MORILLAS CUEVA, L. *Metodología y ciencia penal*, p. 79-80; SERRANO GÓMEZ, A. *Introducción a la ciencia del derecho penal*, p. 119.
[59] SERRANO MAÍLLO, A. Bicentenario de las "Nuevas consideraciones sobre la perplejidad de la tortura" de Juan Pablo, p. 759.

> Santos e Cândido José da Motta, acusados de rebelião, utilizando-se de princípios contidos em obra de Carmignani data de 1844. A tese de Pereira de Sá sobre as ciências físicas com base em Comte é de 1850 e os escritos jurídicos positivistas de Brandão Júnior e Tobias Barreto, da década de 1860".[60]

3. O nascimento da criminologia positiva

Apesar de na escola clássica existir sem dúvida uma concepção da criminologia científica, o seu nascimento, tal e como se a entende contemporaneamente e que basicamente reclama o recurso ao método científico no estudo do delito e do comportamento humano em geral, remonta somente ao século XIX.

A criminologia contemporânea majoritária é herdeira desse ponto de vista, se bem que com importantes *nuances* – produto mais da própria evolução da ciência e do pensamento filosófico nos últimos duzentos anos que de mudanças profundas em sua concepção.

Como assinala MANTOVANI, no século XIX nascem três ciências, "com autonomia de conteúdos e de métodos", fundamentais do delito, e se definem os quatro problemas básicos das ciências criminais: "os problemas da definição da criminalidade, da defesa contra a criminalidade, da determinação das causas da criminalidade e, por último, das garantias do indivíduo contra as ciências criminais".[61] Trata-se da criminologia, da política criminal e da ciência do Direito Penal.

Em seguida apareceram esforços dignos de menção, entre os que devem se destacar o de CUBÍ I SOLER. Este autor cultiva a chamada *frenologia*, que estudaria as *manifestações da alma* por meio do cérebro: mais concretamente, a alma humana tem algumas faculdades que são inatas, as quais se manifestam por meio de seu órgão, que é o cérebro. Este se encontra dividido em partes que correspondem a diversas funções.[62] O importante do ponto de vista positivo é que essas funções podem ser estudadas cientificamente atendendo ao tamanho e forma do cérebro, que se reflete externamente no *tamanho e forma do crânio*.[63]

---

[60] CARVALHO JÚNIOR, C. *Escola Positiva Penal*, p. 104; PRADO, L. *Tratado de direito penal brasileiro*, p. 101.
[61] MANTOVANI, F. *El siglo XIX y las ciencias criminales*, p. 1-2.
[62] CUBÍ I SOLER, M. *Sistema completo de frenolojía, con sus aplicaciones al adelanto i mejoramiento del hombre, individual i socialmente considerado*, p. 20, 22-43 e 340-341; sobre algum outro autor relacionado, vide MORILLAS CUEVA, L. *Metodología y ciencia penal*, p. 115-116.
[63] CUBÍ I SOLER, M. *Sistema completo de frenolojía, con sus aplicaciones al adelanto i mejoramiento del hombre, individual i socialmente considerado*, p. 22, 43-61, 78-80 e 93.

Na verdade, não apenas o cérebro é importante, mas, também a fisionomia faz parte da frenologia.[64] Dentre as várias distintas funções há que se destacar a *destrutividade*, definida por CUBÍ como a "propensão animal para destruir, matar, exterminar (*sic*), punir" e situada fisicamente no cérebro "imediatamente sobre o orifício auditivo".[65]

A frenologia também tinha um amplíssimo leque de aplicações práticas, entre as que naturalmente se incluíam na repressão do delito e a cura de muitos defeitos mentais do homem, destacando já nosso autor a importância da educação.[66] Para citar um exemplo concreto, a destrutividade podia ser corrigida mediante a educação segundo CUBÍ; e ainda afirma que essa correção nem sempre é possível, esclarece que esses casos "são anômalos".[67]

As estatísticas oficiais são um instrumento hoje habitual que nasceu com o Estado moderno. Este último necessita realizar *medições* para organizar-se de forma racional; por exemplo, necessita saber quantos habitantes tem para estabelecer exércitos permanentes, a distribuição das rendas e a produção para a organização da Fazenda Pública.

Em 1827, foram publicadas na França as primeiras estatísticas modernas sobre a delinquência. As primeiras estatísticas atraíram a atenção de investigadores importantes, entre eles GUERRY e, sobretudo, QUETELET. Esses autores, que ocupam lugar de honra na criminologia, inscrevem-se no chamado movimento da *estatística moral*, que precisamente se refere ao objetivo de realizar medições relativas ao comportamento humano – ou seja, os assuntos morais –, seguindo o método que as ciências aplicavam aos fenômenos naturais. Assim, também QUETELET, como quase todos os importantes precursores da criminologia contemporânea que estudamos neste Capítulo, dá um impulso decisivo para que o método científico seja aplicado ao comportamento humano.

QUETELET é um firme defensor das estatísticas oficiais para a medição do delito, mas um defensor muito cauteloso e perfeitamente consciente do fenô-

---

[64] CUBÍ I SOLER, M. *Sistema completo de frenolojía, con sus aplicaciones al adelanto i mejoramiento del hombre, individual i sozialmente considerado*, p. 61.

[65] CUBÍ I SOLER, M. *Sistema completo de frenolojía, con sus aplicaciones al adelanto i mejoramiento del hombre, individual i sozialmente considerado*, p. 163 (grifo suprimido).

[66] CUBÍ I SOLER, M. *Sistema completo de frenolojía, con sus aplicaciones al adelanto i mejoramiento del hombre, individual i sozialmente considerado*, p. 13-14, 76-78 e 408-425.

[67] CUBÍ I SOLER, M. *Sistema completo de frenolojía, con sus aplicaciones al adelanto i mejoramiento del hombre, individual i sozialmente considerado*, p. 179. Os positivistas italianos afastaram-se, criticando-a, dessa linha de investigação; vide, por exemplo, FERRI, E. In: LOMBROSO, C. et al. *Polemica in difesa della scuola criminale positive*, p. 77 e 170. De modo interessante, contudo, algum autor encontrou reminiscências da Frenologia na Criminologia contemporânea, por exemplo, nos estudos de imagens do cérebro, MORILLAS FERNÁNDEZ, D. L. *Aspectos criminológicos de los psicópatas y asesinos en serie*, p. 428.

meno da cifra negra.[68] Concretamente, reconhece de maneira expressa que não é possível conhecer a soma total dos delitos que são cometidos em um país; e ademais acrescenta o seguinte: "Todo o conhecimento sobre as estatísticas de delitos e ofensas não será de nenhuma utilidade, se não admitimos tacitamente que *existe uma relação* quase invariavelmente a mesma *entre as ofensas conhecidas e julgadas e a soma total desconhecida dos delitos cometidos*".[69]

As primeiras estatísticas mostraram muito claramente que em um país e também em suas distintas regiões existiam *regularidades* muito marcantes. Por exemplo, o número de nascimentos e de falecimentos era muito semelhante a cada ano. O mesmo ocorria quanto aos índices de delinquência: as cifras francesas, dos anos de 1826 a 1829, de acusados, condenados, delitos contra a propriedade ou contra as pessoas eram surpreendentemente parecidas. Isso resultava "assombroso" até para o próprio QUETELET,[70] posto que, se os delitos dependiam simplesmente do livre-arbítrio dos indivíduos que os realizavam, o lógico era que variassem enormemente, somente por casualidade, de um ano a outro. E, contudo, as estatísticas mostravam claramente que não era assim. De fato, a regularidade das estatísticas em geral e sobre o delito em particular é um dos melhores argumentos para confiarmos que aquelas podem ser muito valiosas para a pesquisa científica e não devem ser meros artefatos que reflitam puros processos aleatórios.[71]

Muitas vezes, a regularidade das estatísticas sobre fenômenos que intuitivamente parece que devem ser decisões pessoais, como o delito, mas, sobretudo o suicídio, foi rapidamente interpretada como indicativa de que os indivíduos se encontram sujeitos a uma série de forças externas a eles e que operam no nível da comunidade ou da sociedade.

Essa é uma das teses básicas do clássico *O Suicídio*, de DURKHEIM, uma das pedras sobre as quais se levantou a Sociologia contemporânea.[72] Todas essas descobertas, com efeito, já pareciam a QUETELET coerentes com a ideia de que também os *fenômenos morais*, tais como os naturais, se encontravam regidos por

---

[68] QUETELET, A. *A treatise on man and the development of his faculties*, p. 5. Por cifra negra costumam ser entendidos aqueles delitos que são cometidos, mas não chegam a formar parte das estatísticas, por exemplo porque não são detectados; vide com maior precisão SERRANO GÓMEZ, A. *El costo del delito y sus víctimas en España*, p. 47-52 e 56-57 principalmente.

[69] QUETELET, A. *Research on the propensity for crime at different ages*, p. 17; idem, *A treatise on man and the development of his faculties*, p. 82 (parte do grifo suprimido) – também acrescenta que dita razão dependerá do tipo de delito.

[70] QUETELET, A. *A treatise on man and the development of his faculties*, p. 96.

[71] QUETELET, A. *Research on the propensity for crime at different ages*, p. 10.

[72] DURKHEIM, E. *El suicidio*, p. 139-140, 255-278 e 323-358.

leis que era possível descobrir: "O homem nasce, cresce e morre de acordo com certas leis que nunca foram investigadas apropriadamente".[73]

QUETELET estudou o delito com detalhes a nível macrossociológico, ou seja, a distribuição do delito pelas diferentes regiões da França e segundo as distintas características de cada uma delas, destacando sempre essa influência de forças sociais. Por destacar somente duas das muitas conclusões relevantes de seu trabalho:

a) QUETELET estabeleceu algo que ainda hoje, como veremos, ocupa um dos lugares mais destacados na discussão teórica em criminologia: que as duas variáveis que correlacionam mais fortemente com a criminalidade são a da idade e a do sexo – ou seja, que os jovens e os homens cometem um número desproporcionado dos delitos que ocorrem em uma sociedade.[74]

b) A segunda é que chamou a atenção sobre o papel importante que desempenha o fator oportunidade na prática de fatos delitivos: as oportunidades para delinquir que existem em um país ou região influem no volume de delinquência que há de suportar; se aquelas aumentam, esta tenderá a segui-la.[75]

Também destaca o trabalho impressionante dirigido por MAYHEW sobre desocupados e delinquentes em Londres de meados do século XIX, os quais se incluíam em uma humilde classe social com marcantes traços subculturais e "dos quais o público tem menos conhecimento que das mais longínquas tribos da terra".[76] O livro, em quatro volumes, teve sua origem, sobretudo, nos artigos jornalísticos que MAYHEW, jornalista, vinha escrevendo desde 1849,[77] e de fato pretendia chamar a atenção das classes mais privilegiadas para que tomassem consciência do problema, compreendessem sua responsabilidade e se introduzissem eventuais melhoras na vida miserável daquelas classes.[78]

Essa obra mantém interesse hoje em dia por diversas razões, como pode ser a construção de tipologias que propõe,[79] mas sua contribuição mais impressionante provém de sua metodologia. Introduz na criminologia as metodologias qualitativas, e mais especificamente a história oral, a entrevista e a observação direta: MAYHEW se aproxima das zonas marginais de Londres para que os próprios habitantes lhe descrevam em suas próprias palavras seus trabalhos e sofrimentos, bem como

---

[73] QUETELET, A. *A treatise on man and the development of his faculties*, p. 5; idem, *Research on the propensity for crime at different ages*, p. 3-4.
[74] QUETELET, A. *Research on the propensity for crime at different ages*, p. 16; idem, *A treatise on man and the development of his faculties*, p. 91-92 e 95.
[75] QUETELET, A. *Research on the propensity for crime at different ages*, p. 9 e 16.
[76] MAYHEW, H. *London labour and the London poor*, v. I, p. xv.
[77] Vide BENNETT, J. *Oral history and delinquency*, p. 13-15.
[78] BENNETT, J. *Oral history and delinquency*, p. 23, 39 e 60.
[79] MAYHEW, H. *London labour and the London poor*, v. IV, p. 23-27, por exemplo.

para entrevistar delinquentes juvenis e visitar seus lares.[80] Junto a essa metodologia qualitativa, nosso autor recorre a um elevado número de estatísticas,[81] e ainda que J. BENNETT advirta que o fim de tais estatísticas era realçar as descrições qualitativas,[82] a contribuição básica de MAYHEW é o recurso decidido pela *integração de diversas metodologias*. Em seu estudo sobre a delinquência juvenil, pode-se notar, junto com o enfoque descritivo, um interesse etiológico que inclui múltiplas causas, se bem que parece destacar a falta de controle pelos pais.[83]

Com o lastro anteriormente descrito, pode-se considerar que a criminologia positiva já havia nascido na Europa em meados do século XIX ou pouco antes. Contudo, sua consolidação somente tem lugar no final do mesmo século, em 1872, com a obra de LOMBROSO (O homem delinquente) e, em menor medida, com a de FERRI (Sociologia criminal) e GAROFALO (Criminologia), o que se conhece como a escola positiva ou italiana.

4. A escola positiva italiana

Ainda que se possa considerar com propriedade que a criminologia positiva nasce com Guerry e QUETELET, sua consagração definitiva não se produz até o último terço do século XIX com a chamada escola italiana ou positiva, cujos principais representantes são LOMBROSO, FERRI e GAROFALO. LOMBROSO, de fato, é considerado muitas vezes como o pai da criminologia contemporânea.[84] Seu ponto de partida é uma *contundente reação contra a escola clássica*, sobretudo contra sua metodologia lógico-dedutiva;[85] e aí reside o que constitui a contribuição fundamental dessa escola: *o recurso decidido pela aplicação do método científico ao estudo do delito*.[86]

---

[80] MAYHEW, H. *London labour and the London poor*, v. I, p. xv-xvi; vide também BENNETT, J. *Oral history and delinquency*, p. 11, principalmente; ROSENBERG, J. D. Introducción a H. Mayhew, p. vii.

[81] MAYHEW, H. *London labour and the London poor*, v. I, p. xvi; ROSENBERG chega a afirmar inclusive que MAYHEW estava "*obcecado* com as estatísticas", Introducción a H. Mayhew, p. viii (grifo nosso).

[82] BENNETT, J. *Oral history and delinquency*, p. 29 e 36.

[83] BENNETT, J. *Oral history and delinquency*, p. 50-51 e 55.

[84] Vide WOLFGANG, M. E. Pioneers in Criminology: Cesare Lombroso (1835-1909), p. 361. Sobre sua trajetória e biografia, vide LANDECHO VELASCO, C. M. *La tipificación lombrosiana de delincuentes*, p. 69-165.

[85] FERRI, E. In: LOMBROSO, C. et al. *Polemica in difesa della scuola criminale positive*, p. 63, 67-68, 71-72, 78-79, 87 e 289; idem, *The positive school of Criminology*, p. 54 e 72; LOMBROSO, C. *Polemica in difesa della scuola criminale positiva*, p. 16. Na mesma órbita metodológica situa-se a crítica positivista à ideia de livre-arbítrio sobre a qual se constrói a escola clássica; vide FERRI, E. *Sociología criminal*, v. II, p. 3.

[86] MORILLAS CUEVA, L. *Metodología y ciencia penal*, p. 20-21, 94 e 99.

A criminologia positiva contemporânea é herdeira, sem dúvida, dessa tomada de postura. A metodologia racionalista da escola clássica – baseada no raciocínio consciente, mas desvinculado da observação empírica sistemática – parecia manifestamente insatisfatória nos anos de maior influência do positivismo ante a explicação e prevenção do delito: para essas funções resultava mais metafísica, e o conhecimento e a técnica humana não avançavam muito desse modo.

O próprio Sutherland se referiu àquela metodologia nos seguintes termos: "É altamente intelectual. Assume uma liberdade da vontade que não deixa espaço para investigações ulteriores nem para esforços para prevenir o delito. O sistema de pensamento era essencialmente pré-científico e metafísico; o método foi a especulação *superficial* sem nenhuma análise detida de dados reais".[87]

Diante disso, propugna-se a aplicação do método científico, no qual a observação e a experiência assumem o papel decisivo. Ademais, os positivistas acusam a escola clássica de estar "esgotada",[88] no sentido de que somente era capaz de repetir-se e copiar-se a si mesma, sem introduzir ideias nem soluções novas: não progredia.

Além da disputa metodológica, os positivistas atacaram os clássicos acusando-os de serem incapazes de controlar – com propostas lógicas, mas às quais os criminosos eram relativamente imunes – o aumento da criminalidade que se observava na época.[89] A mera imposição de sanções e a prevenção policial, mais em concreto, não pareciam suficientes para controlar uma delinquência que parecia influenciada por muitos outros fatores. Em face disso, declarou-se que os sistemas penais clássicos eram inúteis tanto para a prevenção do delito como para a correção do delinquente; que aqueles se encontravam em "falência",[90] e que deviam ser rapidamente substituídos pelas propostas positivas.

A escola positiva italiana teve importância decisiva para a criminologia. Apesar disso, atualmente costuma despertar valorações mais negativas, tanto científica como popularmente. Isso se deveu em grande parte a que essa escola foi sistematicamente distorcida por setores da criminologia posterior, a maior parte das vezes por falta de leitura de suas obras, por críticas metodológicas anacrônicas ou por mal-entendidos pouco prudentes.[91] Não só epistemológica

---

[87] Sutherland, E. H. *Principles of Criminology*, 2. ed., p. 50-51 (grifo nosso).
[88] Ferri, E. In: Lombroso, C. et al. *Polemica in difesa della scuola criminale positive*, p. 141.
[89] Ferri, E. In: Lombroso, C. et al. *Polemica in difesa della scuola criminale positive*, p. 177-178, citando Giannantonio, e 289; idem, *The positive school of Criminology*, p. 49 e 73; idem, *Sociología criminal*, v. II, p. 262-262 e tabela em anexo.
[90] Ferri, E. *Sociología criminal*, v. II, p. 261.
[91] Não podemos resistir a chamar a atenção sobre os *anacronismos metodológicos*, ou seja, quando se ridiculariza a Lombroso por ter incorrido em erros metodológicos que somente foram estabelecidos muitas décadas depois, vide Hirschi, T.; Selvin, H. C. *Principles of survey analysis*, p. 6.

e metodologicamente sua herança perdura hoje, mas também por algumas das figuras concretas, sobretudo em matéria de Política Criminal, que propôs.

LOMBROSO era médico e, por diversas vicissitudes relacionadas com seu ofício, teve intenso contato tanto com delinquentes como com outros grupos humanos. Em 1876 publicou um dos livros mais conhecidos da história da criminologia: *O homem delinquente* (*L'uomo delinquente*) – que haveria de alcançar em 1896/1897 sua quinta edição, com certas modificações importantes de uma edição para outras.

a) A obra começa com o exame "minucioso, completo" de uma mostra de 66 crânios de delinquentes italianos e segue com o exame também da antropometria e da fisionomia de 832 delinquentes italianos, recolhendo ao longo da obra medições de variáveis muito diversas.[92]

b) Também se afirma abertamente na obra que existe uma *etiologia* do delito.[93]

Com isso, LOMBROSO promove de maneira decisiva o recurso a uma ciência positiva e empírica que inclui a busca das causas do delito, uma ciência positiva metodologicamente rigorosa e centrada na observação minuciosa que caracteriza a investigação majoritária atual.[94] Independentemente da avaliação que se queira fazer mais de cem anos depois de muitas das proposições metodológicas,[95] não cabe dúvida quanto ao impacto que esse enfoque causou na criminologia, inclusive na atual.

Do ponto de vista etiológico, sua postura, embora aceitando fatores biológicos e afirmando que a criminalidade pode ser herdada,[96] tem um caráter marcadamente plurifatorial: para LOMBROSO, *não existe delito que não encontre sua raiz em múltiplas causas* – incluindo, claro, *variáveis ambientais e sociais* tais como o clima, o abuso de álcool, a educação ou a profissão.[97] Como vimos, não é

---

[92] LOMBROSO, C. *L'Uomo delinquente studiato in rapporto alla Antropologia, alla Medicina legale ed alle discipline carcerarie*, p. 3, 15 e passim – o tamanho de ambas as mostras foi aumentando nas edições seguintes, idem, *L'Uomo delinquente in rapporto all'Antropologia, alla Giurisprudenza ed alle discipline carcerarie*, v. I, p. 136 e 221.

[93] LOMBROSO, C. *L'Uomo delinquente studiato in rapporto alla Antropologia, alla Medicina legale ed alle discipline carcerarie*, p. 120; também FERRI, E. In: LOMBROSO, C. et al. *Polemica in difesa della scuola criminale positive*, p. 287; idem, *The positive school of Criminology*, p. 75-76.

[94] PATERNOSTER, R.; BACHMAN, R. *Explaining criminals and crime*, p. 48; SERRANO MAÍLLO, A. Presentación a C. M Landecho Velasco, p. 47 e 52.

[95] Vide MOFFITT, T. E. et al. Neuropsychological tests predicting persistent male delinquency, p. 278.

[96] LOMBROSO, C. *L'Uomo delinquente studiato in rapporto alla Antropologia, alla Medicina legale ed alle discipline carcerarie*, p. 137.

[97] FERRI, E. In: LOMBROSO, C. et al. *Polemica in difesa della scuola criminale positive*, p. 110; LOMBROSO, C. *L'Uomo delinquente studiato in rapporto alla Antropologia, alla Medicina legale ed alle discipline carcerarie*, p. 120-155; idem, *Polemica in difesa della scuola criminale positiva*, p. 12; idem, *L'Uomo delinquente in rapporto all'Antropologia, alla Giurisprudenza ed alle discipline carcerarie*, v. III, p. 1-260. Vide, em geral, SERRANO GÓMEZ, A. Centenario de "L'uomo delinquente", p. 624; na verdade, muitas das causas de que LOMBROSO fala são, sem dúvida, (meros) correlatos.

certo – como às vezes se afirma – que a escola positiva, nem sequer Lombroso, centrassem a criminalidade em fatores biológicos ou herdados.

Nos seguintes termos, por exemplo, expressa-se Garofalo: "Nós estamos muitos longe de negar a influência de causas exteriores, as quais são as causas diretas e imediatas da determinação".[98] O mal-entendido, como afirma Ferri, provém em parte de que antes de Lombroso já se vinham apontando fatores socioambientais no delito, de modo que este último autor preferiu destacar em suas primeiras publicações os biológicos – apesar de isso ser corrigido a partir, sobretudo, da terceira edição do *O homem delinquente*.[99] E não apenas isso, mas, como Ferri assinala, na verdade a escola positiva contribuiu decisivamente para a demonstração *científica* das causas sociais, a nível individual, da criminalidade – já que até então a maior parte das investigações eram altamente especulativas.[100] Naturalmente, também se acrescenta que quem destacava os fatores sociais tendia a exagerá-los.[101] O próprio Ferri insiste em uma teoria que incluía diversos fatores do delito, os quais se podiam classificar em *fatores antropológicos, físicos* (também chamados cósmicos ou telúricos) *e sociais*.[102]

Na verdade, Lombroso assinala que existem diversos *tipos de delinquente*,[103] cada um dos quais corresponde a um conjunto de causas específicas. Na quarta edição de *O homem delinquente*, por exemplo, acolhem-se os tipos *básicos* de delinquente: nato, louco, moral, epilético, de ímpeto ou paixão, louco e delinquente ocasional.[104]

---

[98] Garofalo, R. *La Criminología*, p. 175; vide também p. 237-265, especialmente p. 263.

[99] Lombroso, C. *Polemica in difesa della scuola criminale positiva*, p. 279; com mais detalhes, Ferri, E. In: Lombroso, C. et al. *Polemica in difesa della scuola criminale positive*, p. 75-76. Sobre a evolução desse livro, Landecho Velasco, C. M. *La tipificación lombrosiana de delincuentes*, p. 167-221; com detalhes ulteriores, Serrano Gómez, A. Centenario de "L'uomo delinquente", p. 627-637.

[100] Ferri, E. In: Lombroso, C. et al. *Polemica in difesa della scuola criminale positive*, p. 289.

[101] Lombroso, C. *Polemica in difesa della scuola criminale positiva*, p. 279.

[102] Ferri, E. In: Lombroso, C. et al. *Polemica in difesa della scuola criminale positive*, p. 82-83; idem, *The positive school of Criminology*, p. 76-84.

[103] Lombroso, C. *Polemica in difesa della scuola criminale positiva*, p. 12. Vide ainda Landecho Velasco, C. M. *La tipificación lombrosiana de delincuentes*, p. 265-296. Isso representa outra contribuição importante que continua mantendo plena validade na Criminologia atual; vide Garrido Genovés, V. et al. *Principios de Criminología*, p. 493, 532-533, 538-543, 640-646 e 651-652; Herrero Herrero, C. *Criminología*, p. 462-464, 681-686, 704-706 e 740-744; Serrano Gómez, A. Robos con violencia e intimidación en las personas, p. 49-50, 55-61 e 64-65. Sobre as contribuições de Lombroso ainda vigentes, em geral vide Melossi, D. Changing representations of the criminal, p. 167-169, 172 e 174; Serrano Maíllo, A. La posición de las variables biológicas en la Criminología contemporánea, p. 73-76; idem, Presentación a C. M Landecho Velasco, p. 36-39 e 42-47.

[104] Lombroso, C. *L'Uomo delinquente in rapporto all'Antropologia, alla Giurisprudenza ed alle discipline carcerarie*, v. I, p. 287; idem, *L'Uomo delinquente in rapporto all'Antropologia, alla Giurisprudenza ed alle discipline carcerarie*, v. II, p. 1, 117, 169 e 373. Ferri, ao mesmo

Acima de todos, deve-se destacar, por ser o mais conhecido, o chamado *delinquente nato*. Esses sujeitos costumavam mostrar tendências delitivas desde cedo, delinquir ao longo de toda a sua vida e ter raras ou nulas possibilidades de mudança ou reabilitação, da mesma maneira que as penas não exerciam efeito preventivo sobre eles. O delinquente nato corresponde a uma forte carga biológica e, na verdade, era para Lombroso *um ser atávico*,[105] ou seja, um ser cujo caráter e natureza eram dos *antepassados do homem* ou dos *seres pré-humanos* – por esse motivo, o delinquente nato era, sem dúvida, um sujeito diferente do cidadão normal. Aqui se vê uma clara influência de Darwin: seja por herança, seja por insuficiente desenvolvimento de alguns órgãos físicos, esses seres caíram em um nível de evolução primitiva, selvagem. Devido a seu atavismo, os delinquentes natos tinham uma série de *características físicas* que os tornavam potencialmente reconhecíveis.[106]

Goring estudou a posição lombrosiana em outros pontos da criminologia. Ele se ocupou da suposta existência do tipo criminal físico proposto por Lombroso: "Nosso objeto é determinar se, como se tem sustentado, existem alguns atributos físicos que caracterizam especialmente o criminoso".[107]

A pesquisa, impressionante para sua época, foi veemente em revogar tal proposição: quando se controlavam diversas variáveis, as predições de Lombroso desapareciam.[108] Essa obra é, com efeito, importantíssima na história da criminologia devido a que recorre ao *cálculo estatístico*, que em nossos dias representa um dos instrumentos metodológicos mais utilizados e imprescindíveis.[109] Deixando

---

tempo e muito próximo à classificação de Lombroso, aponta os tipos de delinquente louco, nato, habitual, ocasional e passional; também Garofalo adota uma orientação tipológica de delinquentes. Ferri, E. *The positive school of Criminology*, p. 77 e 91-92; idem, *Sociología criminal*, v. I, p. 163-185; idem, *Principios de derecho criminal*, p. 247-260 – incluindo aqui também a categoria dos delinquentes culposos, 260-265. Ferri teve, na verdade, destacada influência no desenvolvimento da tipologia lombrosiana. Garofalo, R. *La Criminología*, p. 143-147, 156 e 194-213.

[105] Vide a respeito Lombroso, C. *Polemica in difesa della scuola criminale positiva*, p. 32-34; também Landecho Velasco, C. M. *La tipificación lombrosiana de delincuentes*, p. 309-698.

[106] Lombroso, C. *L'Uomo delinquente studiato in rapporto alla Antropologia, alla Medicina legale ed alle discipline carcerarie*, p. 199-202 principalmente; idem, *L'Uomo delinquente in rapporto all'Antropologia, alla Giurisprudenza ed alle discipline carcerarie*, v. I, p. 380-530, com muito mais detalhes; idem, *L'Uomo delinquente in rapporto all'Antropologia, alla Giurisprudenza ed alle discipline carcerarie*, v. III, p. 657-661.

[107] Goring, C. B. *The English convict*, p. 28; o autor controlou estatisticamente diversas variáveis como a idade ou a classe social, e concluiu que as diferenças físicas apontadas por Lombroso desapareciam, p. 139 e 173.

[108] Goring, C. B. *The English convict*, p. 173.

[109] Bachman, R.; Paternoster, R. *Statistical methods for Criminology and Criminal Justice*, p. xi e 3-6.

de lado as críticas que recebeu sua investigação,[110] GORING encontrou diferenças físicas em sua mostra de internos em relação à população em geral: a média de altura e peso dos internos era menor e sua inteligência defeituosa; além disso, afirmou que essas variáveis físicas tinham uma importância considerável.[111] Ainda que tais descobertas tenham sido interpretadas até como evidência próxima à *teoria geral* lombrosiana, a obra de GORING costuma ser interpretada como uma refutação definitiva da teoria do criminoso nato de LOMBROSO.

> Ainda a propósito da teoria de LOMBROSO, calha a assertiva de ADRIAN RAINE de que: "acredito que LOMBROSO, apesar de ter tropeçado em seu estereótipo racial ofensivo e se atrapalhado com as centenas de macabros crânios de prisioneiros que havia coletado, estava no caminho de uma verdade sublime. [...] o de que há, em parte, um alicerce evolutivo que fornece os fundamentos para uma base genética e cerebral do crime".[112]
> Nessa obra, o citado autor desenvolve uma concepção fundada nas raízes biológicas da criminalidade, contrariando o modelo dominante até a maior parte do séc. XX composto sobretudo por modelos sociológicos, em decorrência da evolução científica recente. Assinala-se que "a genética molecular e comportamental está progressivamente demonstrando que muitos comportamentos têm, em parte, uma base genética"; que os "avanços revolucionários nos exames de imagem do cérebro estão abrindo uma nova janela para as bases biológicas do crime". Esses dois fatores dão lugar a chamada neurocriminologia, "a base neural do crime, a qual envolve a aplicação dos princípios e técnicas da neurociência para entender as origens do comportamento antissocial".[113]

Como era de esperar, já em sua época os positivistas receberam muitas críticas.[114] É certo que muitas delas são devidas a mal-entendidos e eles mesmos se queixam muitas vezes de que os críticos não os leem.[115]

---

[110] HOOTON, E. A. *The American criminal*, p. 18-31; idem, *Crime and the man*, p. 16-19.
[111] GORING, C. B. *The English convict*, p. 194, 196, 200, 263, 287 e 368.
[112] RAINE, A. *A anatomia da violência*, p. 11.
[113] RAINE, A. *A anatomia da violência*, p. 6-7.
[114] BEIRNE, P. *Inventing Criminology*, p. 147-149, 152-155, 194-199 e 200; LANDECHO VELASCO, C. M. *La tipificación lombrosiana de delincuentes*, p. 61, 82, 99, 109-110, 117-118, 122-123, 126-128, 131-133, 136, 145, 148 e passim; SERRANO MAÍLLO, A. Presentación a C. M. Landecho Velasco, p. 39-40.
[115] A falta de leitura parece representar um problema endêmico em parte da doutrina. (1) A escola italiana foi muito insistente em denunciar que os críticos não as liam, chegando o grande FERRI a denominar a alguns deles "críticos de ouvir dizer". (2) HOOTON também afirmou muito mais tarde que a refutação da tese do tipo criminal de LOMBROSO era

MORILLAS CUEVA, por exemplo, destaca acertadamente a moderação da escola italiana, moderação que pode inclusive resultar surpreendente para quem se encontre mais familiarizado com as críticas que com as obras originais.[116]

Posto que a escola italiana vê no delinquente um sujeito que atua impelido por causas que se encontram fora de seu controle, propõe respostas ao delito que tendam à *proteção da sociedade e à reabilitação do delinquente*.[117]

Trata-se, portanto, de uma política criminal afastada daquela da escola clássica e da imposição de penas no sentido de *mal* que se impõe a quem pôde se dirigir a si mesmo fazendo uso de seu livre-arbítrio.[118] Com efeito, se o delito tem causas, também poderá em muitos casos ser prevenido, assim como *curar* o delinquente.[119] De fato, objetivam a fazer a Justiça mais humana.[120]

---

aceita "especialmente por criminólogos que não o tinham lido". (3) Se em todo ramo do saber a leitura das obras originais é importante, na Criminologia é quase sempre inafastável – algo que já assinalamos na Introdução a esta obra –, já que o recurso a literatura secundária não apenas nos impede de apreciar a metodologia seguida e seus pontos fortes e fracos e a riqueza da argumentação, mas também nos obriga a correr o risco de cair em interpretações erradas ou, pelo menos, simplistas. WOLFGANG, M. E. Pioneers in Criminology: Cesare Lombroso (1835-1909), p. 361; já os próprios positivistas italianos, FERRI, E. In: LOMBROSO, C. et al. *Polemica in difesa della scuola criminale positive*, p. 71; LOMBROSO, C. *Polemica in difesa della scuola criminale positiva*, p. 14, 19 e 283. FERRI, E. In: LOMBROSO, C. et al. *Polemica in difesa della scuola criminale positive*, p. 61 e 93. HOOTON, E. A. *Crime and the man*, p. 16.

[116] MORILLAS CUEVA, L. *Metodología y ciencia penal*, p. 101. Entre as múltiplas defesas que protagonizaram os positivistas, vide, por exemplo, LOMBROSO, C. *Polemica in difesa della scuola criminale positiva*, p. 50; FERRI denuncia ainda que nos concursos a Cátedras universitárias os positivistas eram prejudicados e até se anulou alguma que havia sido obtida por algum representante da escola, FERRI, E. In: LOMBROSO, C. et al. *Polemica in difesa della scuola criminale positive*, p. 142.

[117] FERRI, E. In: LOMBROSO, C. et al. *Polemica in difesa della scuola criminale positive*, p. 124; idem, *Sociología criminal*, v. II, p. 263-266.

[118] Ainda que alguns importantes autores positivistas se mostrassem contrários ao Direito Penal, às penas e à faculdade estatal de punir – baseados em que estas têm seu ponto de partida no livre-arbítrio, o qual parece ser negado pela Criminologia, que defende a existência de causas alheias ao controle do sujeito –, LOMBROSO mesmo não negou o *ius puniendi* – ainda que tampouco se preocupou da questão com a profundidade devida por lhe parecer metafísica. A questão é muito complexa e hoje, simplesmente, pode ser aceito que ambas as perspectivas, determinista e do livre-arbítrio, *devem ser consideradas compatíveis*. FERRI, E. *Sociología criminal*, v. II, p. 3-14. LOMBROSO, C. *L'Uomo delinquente studiato in rapporto alla Antropologia, alla Medicina legale ed alle discipline carcerarie*, p. 204-208, principalmente 208, somando-se às bem conhecidas teses kantianas.

[119] LOMBROSO, C. *L'Uomo delinquente studiato in rapporto alla Antropologia, alla Medicina legale ed alle discipline carcerarie*, p. 208; idem, *L'Uomo delinquente in rapporto all'Antropologia, alla Giurisprudenza ed alle discipline carcerarie*, v. III, p. 312.

[120] FERRI, E. *The positive school of Criminology*, p. 67.

Também agora as tipologias são importantes: as medidas concretas dependerão do tipo de delinquente diante do qual nos achemos.[121] Considera-se que as penas privativas de liberdade podem ter efeitos criminógenos, ou seja, que, em vez de ressocializarem o delinquente, fazem que reincida – sobretudo no caso dos jovens.[122] Bem, a escola apoia diversas instituições tanto limitativas das penas privativas de liberdade – assim a individualização das penas, a suspensão de sua execução ou a liberdade condicional para os delinquentes que não forem perigosos – como alternativas, chamadas também "substitutivos penais"[123] ou "preventivos sociais"[124] – na verdade muito heterogêneas e variadas, mas entre as que cabe mencionar a prevenção do alcoolismo, a melhora das condições econômicas dos cidadãos, as multas e as escolas profissionais e de reforma para jovens.[125] Dentre as propostas de política criminal é especialmente significativa a de *reparação* do dano que sofreu a vítima.[126] Como se vê, os positivistas foram pioneiros em diversas propostas, muitas das quais mantêm hoje em dia plena vigência.[127]

Um aspecto destacado da polêmica metodológica entre a escola positiva e a clássica foi a relativa ao Direito Penal, ou seja, o recurso às penas por parte do Estado. Ainda que os positivistas na verdade não negassem o *ius puniendi* ou faculdade estatal de punir os delitos, em alguns momentos chegaram a afirmar que o Direito Penal se baseava no livre-arbítrio, o que parecia difícil de manter a partir da perspectiva determinista que eles defendiam.[128] Contudo, sustentam que a responsabilidade das pessoas deriva do fato de viverem em sociedade.[129]

Como dissemos, pôde-se exagerar um tanto a postura da própria escola italiana: "A acusação de fatalismo que se nos dirigiu depende de uma falsa interpretação de nossas ideias"; "se equivocaria quem nos atribuísse a ideia de que

---

[121] FERRI, E. *Sociología criminal*, v. II, p. 298-334.
[122] LOMBROSO, C. *L'Uomo delinquente studiato in rapporto alla Antropologia, alla Medicina legale ed alle discipline carcerarie*, p. 195-196.
[123] FERRI, E. In: LOMBROSO, C. et al. *Polemica in difesa della scuola criminale positive*, p. 288.
[124] LOMBROSO, C. *Polemica in difesa della scuola criminale positiva*, p. 279.
[125] LOMBROSO, C. *Polemica in difesa della scuola criminale positiva*, p. 24-26; idem, C. *L'Uomo delinquente studiato in rapporto alla Antropologia, alla Medicina legale ed alle discipline carcerarie*, p. 208-230; idem, *L'Uomo delinquente in rapporto all'Antropologia, alla Giurisprudenza ed alle discipline carcerarie*, v. III, p. 312-438 e 448-482.
[126] FERRI, E. *The positive school of Criminology*, p. 101; GAROFALO, R. *La Criminología*, passim.
[127] Outras não, assim LOMBROSO, C. *Polemica in difesa della scuola criminale positiva*, p. 16; idem, *L'Uomo delinquente in rapporto all'Antropologia, alla Giurisprudenza ed alle discipline carcerarie*, v. III, p. 531 e 582-587.
[128] FERRI, E. In: LOMBROSO, C. et al. *Polemica in difesa della scuola criminale positive*, p. 150-151.
[129] FERRI, E. In: LOMBROSO, C. et al. *Polemica in difesa della scuola criminale positive*, p. 94; idem, *Sociología criminal*, v. II, p. 90-94.

toda tendência *criminal* deve necessariamente levar o indivíduo a executar a ação. Pelo contrário, cremos que a manifestação dessa tendência pode ser reprimida pelo concurso feliz de inumeráveis circunstâncias exteriores".[130] Por essa razão se reconhece a possibilidade de transformação do delinquente.[131]

> Na sequência do movimento europeu, o positivismo no Brasil emerge nos dois polos culturais que dominavam a vida jurídica naquele momento histórico – especialmente na segunda metade do século XIX – Olinda (Recife) e São Paulo. Em síntese: nele "predominava um subconsciente positivista na mentalidade brasileira que se expressou de forma variada e em diversos campos de atividades. Não havia, entretanto, uma consciência do positivismo como fenômeno cultural que nascera de uma construção tão idealizada e apriorística quanto o sistema que pretendera combater, tão sujeito a dogmas, preceitos, excomunhões quanto a ideologia que procurará contestar. A intelectualidade brasileira do fim do século conhecia o positivismo, sabia-o bem, mas não o entendia por completo. Via-o como uma força revolucionária quando na verdade, era essencialmente conservador. Porém, para aquele Brasil despossuído, pré-científico, escravagista, que quase sucumbira ao desafio militar de uma pequena nação meio indígena, o conhecimento da ciência, o manuseio de uma linguagem técnica mais precisa, muito mais que o comportado sistema de Comte, revestia-se da sedução e da temeridade de um programa revolucionário completo, o que eclipsava os notórios aspectos conservadores e mecanicistas da doutrina positivista".[132] A Escola Positiva atingiu aqui seu apogeu no final do século XIX e início do século XX, com os trabalhos e projetos de Código Penal.

A escola positiva na Espanha e o Correcionalismo – o positivismo teve um forte impacto na Espanha até finais do século XIX e início do XX,[133] ainda que com predomínio das posturas críticas. SALILLAS, médico e também penitenciarista e criminólogo,[134] pode ser considerado talvez como um dos principais representantes espanhóis do positivismo.[135] Ainda que nunca tenha cultivado uma ciência positiva quantitativa ao estilo de LOMBROSO, por exemplo, teve

---

[130] GAROFALO, R. *La Criminología*, p. 4 e 177.
[131] GAROFALO, R. *La Criminología*, p. 5-6.
[132] CARVALHO JÚNIOR, C. Escola Positiva Penal, p. 106; PRADO, L. *Tratado de direito penal brasileiro*, p. 103.
[133] MORILLAS CUEVA, L. *Metodología y ciencia penal*, p. 105-119; SERRANO MAÍLLO, A. Presentación a C. M. Landecho Velasco, p. 48-52.
[134] ANTÓN ONECA, J. D. Rafael Salillas, p. 214.
[135] Vide, contudo, FERNÁNDEZ RODRÍGUEZ, M. D. *El pensamiento penitenciario y criminológico de Rafael Salillas*, p. 211.

profundo conhecimento da realidade criminal devido a seu contato com os estabelecimentos penitenciários.[136] Para o autor, a criminologia pode desempenhar um papel tanto na prevenção do delito, propondo reformas jurídicas e legais, como na ressocialização dos delinquentes.[137] Sua concepção etiológica do delito é basicamente eclética – além de ressaltar aspectos antropológicos, considerava, por exemplo, que a nutrição pode ser importante no desenvolvimento da personalidade e na explicação do delito –, conferindo importância decisiva à perspectiva sociológica.[138] Também com respeito à resposta ao delito se mostra próximo à escola italiana: pouco partidário das penas privativas de liberdade pelas inclinações criminais dos delinquentes, em especial das penas curtas; defende a liberdade condicional; em especial o trabalho ao ar livre – mais barato que as prisões, mais benéfico em face da reintegração social dos condenados e mais útil para combater o problema do ócio nos estabelecimentos fechados.[139]

Entre outros autores espanhóis relacionados com o positivismo, vale a pena recordar BERNALDO DE QUIRÓS e DORADO MONTEIRO.[140]

Contemporâneo à escola italiana foi o *correcionalismo*, uma linha de pensamento penal e criminológico particular da Espanha. Essa doutrina se baseia na obra do pensador alemão KRAUSE, e apesar de não ter gozado de influência em seu país, foi acolhida no nosso, sobretudo sob a base dos trabalhos de SANZ DEL RÍO e de GINER DE LOS RIOS.[141] A linha é muito heterogênea e de fato se discute se é possível falar-se de uma escola de pensamento ou não.[142]

Os grandes autores correcionalistas espanhóis são os bem conhecidos e destacados CONCEPCIÓN ARENAL, L. SILVELA e DORADO MONTEIRO, apesar de este último, como acabamos de ver, estar próximo também do positivismo.

Para os correcionalistas, a pena não pode consistir na compensação de um mal mediante a aplicação de outro, mas precisamente na *correção ou emenda do delinquente* – ainda que também reconhecessem em geral outros fins para a pena, tais como a prevenção geral ou a defesa da ordem social. Tanto é assim que consideram, em certas passagens, que *a pena é um bem para o delinquente e até um direito*: a pena justa, longe de ser um mal, constitui para o delinquente o primeiro dos bens, pois tende a restabelecer-lhe a plenitude de sua consciência

---

[136] SERRANO GÓMEZ, A. *Introducción a la ciencia del derecho penal*, p. 127.
[137] SALILLAS, R. Sentido y tendencia de las últimas reformas en Criminología, p. 585-587.
[138] Vide SERRANO GÓMEZ, A. *Introducción a la ciencia del derecho penal*, p. 127.
[139] SALILLAS, R. *La vida penal en España*, p. 420-436; em geral vide FERNÁNDEZ RODRÍGUEZ, M. D. *El pensamiento penitenciario y criminológico de Rafael Salillas*, p. 98-104.
[140] MORILLAS CUEVA, L. *Metodología y ciencia penal*, p. 106, 109 e 118 principalmente.
[141] Sobre este último vide SERRANO GÓMEZ, A. *Introducción a la ciencia del derecho penal*, p. 130-132.
[142] MORILLAS CUEVA, L. *Metodología y ciencia penal*, p. 87-88 e 90.

e liberdade racionais, de que decaiu, elevando-o da condição de criminoso à de membro útil da humanidade e do Estado; precisamente por ser a pena um bem para o apenado, diz-se com toda a propriedade que é um direito do delinquente.

O delinquente, pois, não é visto como um sujeito racional, mas como um indivíduo perdido e desamparado que precisa de ajuda para viver em sociedade sem cair no delito. Por esse motivo, em matéria de penas se afastam as que não podem corrigir o infrator, como a de morte, a prisão perpétua ou as penas aflitivas; e mostram dúvidas com respeito às penas curtas privativas de liberdade, por ineficazes; por sua vez, propugnam correções flexíveis que possam ser modificadas segundo a evolução do sujeito e defendem a liberdade condicional.[143]

Questão muito importante se refere ao método, já que autores como Morillas Cueva destacaram que, apesar de suas aproximações com o positivismo, não lograram superar o método apriorístico da escola clássica.[144]

Independentemente do juízo que se queira fazer sobre suas ideias e contribuições, não se deve perder de vista que esses autores trabalharam em um ambiente intelectual mais pobre e até reacionário, e com seus trabalhos contribuíram para ampliar os horizontes e modernizar nosso país. Isto somente pode ser qualificado como muito louvável.

5. O enfoque plurifatorial

Como acabamos de ver e contrariamente ao que às vezes se acredita, a escola italiana seguia um enfoque plurifatorial, de acordo com o qual o delito, ao menos a nível individual, era causado por diversos fatores, por exemplo, de tipo biológico, psicológico e sociológico. Plurifatorial, pois, era também algo que hoje se qualificaria de interdisciplinar.

O enfoque plurifatorial e outros muito próximos conservam atualmente, como veremos, plena vigência, e em alguns âmbitos científicos mantiveram uma aceitação majoritária.

A influência de Lombroso e da escola positiva italiana foi enorme em todo o mundo. Algumas de suas obras foram traduzidas massivamente para vários idiomas, entre eles naturalmente o espanhol, o inglês e o francês. Suas doutrinas levantaram uma polêmica que será difícil que se repita nas ciências penais e que, desde logo, não se limitava ao âmbito acadêmico: tertúlias, novelas, imprensa e até debates parlamentares discutiam as teses positivistas e suas opostas, centradas, sobretudo na defesa do livre-arbítrio.

No âmbito científico prevaleceu durante muito tempo esse enfoque plurifatorial, e ao menos até Sutherland pode se considerar que exerceu um

---

[143] Serrano Gómez, A. *Introducción a la ciencia del derecho penal*, p. 130-140.
[144] Morillas Cueva, L. *Metodología y ciencia penal*, p. 86, 89 e 93.

domínio quase pacífico. Talvez o próprio Sutherland tenha seguido também nas primeiras edições de seu conhecido manual – publicadas em 1924 e 1934 – esse enfoque,[145] mas a nosso ver a influência da sociologia já era clara e, portanto, já não se tratava de algo multidisciplinar. Inclusive podem se aventurar indícios de sua teoria da associação diferencial já na edição de 1924. Destacam deste paradigma plurifatorial obras-primas como as de Parmalee, traduzida para o espanhol, e o abrumado trabalho de Healy, mas, sobretudo o trabalho do matrimônio dos Glueck.

Wellford introduz uma classificação matizada da evolução dessas aproximações:

1. os primeiros trabalhos recorreriam a um só fator ou a um número limitado de fatores;

2. em seguida apareceram posturas que incluíam já um elevado número de fatores, ainda que em um plano ateórico; e, finalmente,

3. tratou-se de explicar o delito "em termos de um sistema particular de conhecimento", ou seja, a partir do ponto de vista de uma disciplina concreta.[146]

Vale a pena ressaltar a obra, também já esquecida, do grande antropólogo e criminólogo Hooton. Este publicou em 1939 o impressionante *The American criminal*, em dois volumosos tomos, no qual tratou de recuperar algumas das proposições lombrosianas.

Similares à orientação tipológica positivista, destacaram os trabalhos de autores como Sheldon, Cortés ou os próprios Glueck, já citados, entre outros, sobre a conformação física corporal dos delinquentes. Por mais curioso que possa parecer, a descoberta de que entre os delinquentes predomina de maneira desproporcionada o tipo musculoso, algo também muitas vezes ridicularizado por parte da doutrina, mantém hoje plena vigência – se bem que isso seja *explicável* a partir de distintas teorias.

II. O PARADIGMA SOCIOLÓGICO E A CONSTRUÇÃO DE TEORIAS UNITÁRIAS

1. A escola de Chicago

A. *O impulso ao método científico* – A universidade de Chicago foi fundada em 1892, graças ao esforço do magnata J. D. Rockfeller e de W. R. Harper, seu primeiro Reitor.[147]

---

[145] Laub, J. H.; Sampson, R. J. The Sutherland-Glueck debate: on the Sociology of criminological, p. 1.411-1.413.

[146] Wellford, C. F. Towards an integrated theory of criminal behavior, p. 119-121.

[147] Sobre a história da fundação da Universidade e sobretudo do Departamento de Sociologia, vide Bulmer, M. *The Chicago School of Sociology*, p. 12-44; Faris, R. E. L. *Chicago Sociology*, p. 9-19, 22-26 e 128.

A universidade contou desde seu início com um bom número de figuras da ciência norte-americana da época e, em seguida, converteu-se em um centro acadêmico de enorme influência. Nessa universidade se criou, naquele mesmo ano, o primeiro Departamento de Sociologia dos Estados Unidos, o qual após algum tempo teve marcada influência na consagração, orientação e desenvolvimento da criminologia, em especial naquele país, graças, entre outras coisas, à presença de sociólogos como Park, Burgess, E. Faris, Ogburn, Wirth (geralmente incluídos na chamada *segunda geração*) e, sobretudo, *Thomas* – que teve influência decisiva por suas propostas tanto teóricas de caráter sociológico, como o conceito de desorganização social, como metodológicas empíricas, sobretudo seu desenvolvimento das histórias de vida.[148] Esse Departamento produziu algumas das investigações mais conhecidas da história da criminologia, já que albergou e formou importantes criminólogos, entre os quais se inclui Sutherland. O referido Departamento manteve um predomínio e peso enormes na sociologia americana até finais dos anos trinta, quando começaram a florescer nesse campo outras universidades.[149]

Um dos pontos principais que devem ser destacados é a escola de Chicago que promoveu de maneira decisiva o *método científico* – com sua ênfase na teoria, na observação e na objetividade – no estudo do comportamento humano e social, ante uma tradição na qual o enfoque predominante continuava sendo mais especulativo[150] – algo parecido com o que vimos que ocorria na Europa. Com isso, praticamente se criou a sociologia empírica nos Estados Unidos.

A orientação da escola de Chicago incluía uma forte preocupação pela melhora das condições sociais: pela utilização da pesquisa científica para implementar programas de política social que melhorassem as condições de vida dos indivíduos.[151] Isso se deve, sem dúvida, a um espírito otimista – que, mais

---

[148] Thomas, W. I.; Znaniecki, F. *The polish peasant in Europe and America*, v. I, p. 1-86; idem, *The polish peasant in Europe and America*, v. II, p. 1.127-1.133 e 1.831-1.914.

[149] O Departamento de Sociologia da Universidade de Chicago mantém até nossos dias uma grande influência nos Estados Unidos, e também a nível internacional; inevitavelmente – e para melhor – a partir dos anos trinta, começaram a aparecer fortes Departamentos em outras Universidades, o que reduziu a posição de privilégio, quase sem comparação, que o primeiro havia mantido até então; vide Faris, R. E. L. *Chicago Sociology*, p. 123-124; Fine, G. A. Introducción, p. 3-10.

[150] Bennett, J. *Oral history and delinquency*, p. 149; Faris, R. E. L. *Chicago Sociology*, p. 3-6, 8, 12, 20, 35-36 e 39-41; Park, R. E. The urban community as a spacial pattern and a moral order, p. 13; Short, J. F. Introducción, p. xi-xiv.

[151] Park, R. E. Community organization and juvenile delinquency, p. 110-111; Shaw, C. R.; McKay, H. D. *Juvenile delinquency and urban areas*, 1969, p. xxiii, 4, 20 e 113; Short, J. F. Introducción, p. xviii. Vide, contudo, mantendo que "a atitude de Chicago era essencialmente a da ciência pura", Faris, R. E. L. *Chicago Sociology*, p. 130.

adiante, foi um dos responsáveis pela aparição da sociologia na Europa e Estados Unidos – e a que a própria ideia que presidiu a fundação da Universidade foi filantrópica e religiosa; mas também à forte influência do chamado *pragmatismo americano*. Dois dos principais e originários proponentes dessa doutrina, DEWEY e MEAD, eram professores em Chicago e tiveram uma relação e influência diretas no trabalho do Departamento de Sociologia.[152]

O pragmatismo é uma corrente filosófica muito heterogênea, mas que pode se caracterizar, a partir de um ponto de vista mínimo, por sua orientação empírica e porque considera que qualquer doutrina da natureza – desde que científica – deve ser julgada *pelos resultados que produz*.[153]

A criminologia, então, não deveria ser julgada apenas ou principalmente pelo estabelecimento ou descoberta de *verdades objetivas* sobre o delito, mas também por sua prevenção ou controle;[154] e o mesmo se pode dizer, mais em geral, com relação à sociologia.

Tal construção filosófica é considerada como a mais importante dos Estados Unidos, mantém na atualidade forte presença na filosofia contemporânea, e deve ser destacada a grande influência que teve na configuração da criminologia norte-americana e, portanto, majoritária. Talvez isso, se acrescentado à tradição do empirismo inglês, explique parte das consagradas diferenças entre as ciências humanas e sociais das nações anglo-saxônicas ante as europeias continentais e ibero-americanas. Um dos programas mais conhecidos de prevenção do delito relacionados com a escola de Chicago é o chamado *Chicago Area Project* (CAP).

A orientação da escola foi decididamente sociológica.[155] Ainda que não se excluísse de maneira absoluta eventuais influências biológicas no comportamento humano e às vezes até insistisse em que se tratava de perspectivas distintas,[156] a verdade é que não considerava que a biologia fosse muito promissora para a sua explicação. Outras doutrinas influentes na época, como a dos instintos – de

---

[152] BERGANZA CONDE, M. R. 2000. *Comunicación, opinión pública y prensa en la sociología de Robert E. Park*, p. 3-6, 20-24, 48-49 e 81-85; FARIS, R. E. L. *Chicago Sociology*, p. 11, 15, 34 e 88-99.

[153] DEL CASTILLO, R. *Conocimiento y acción*, p. 22, 26 e 44-51; RORTY, R. *Consequences of pragmatism*, p. XVII-XXI e 160-166; idem, *Contingency, irony, and solidarity*, p. 189-194; SERRANO MAÍLLO, A. *Ensayo sobre el derecho penal como ciencia*, p. 71-79.

[154] SHAW, C. R. *The natural history of a delinquent career*, p. 8. Isso não quer dizer que não se possa argumentar que para poder prevenir o delito é necessário, previamente, conhecer suas causas, mas que pode tratar-se de uma questão de ênfase.

[155] BURGESS, E. W. *The study of the delinquent as a person*, p. 662-671 e 679-680.

[156] ANDERSON, N. *The hobo*, p. 70-76; BURGESS, E. W. *The study of the delinquent as a person*, p. 667; SHAW, C. R. *Delinquency Areas*, p. ix, 1-3 e 9; SUTHERLAND, E. H. *The biological and sociological processes*, p. 73-78.

orientação psicológica – também sofreram seu retrocesso.[157] *A sociologia* da escola de Chicago era o *interacionismo simbólico*, desenvolvido originariamente também por pensadores como DEWEY, COOLEY e, sobretudo, MEAD.

Tal perspectiva parte da importância que a sociedade tem para os indivíduos; estes se movem em grupos mais ou menos pequenos e íntimos e se comunicam, interagem, inter-relacionam por meio da linguagem; e é precisamente essa interação que influi em sua personalidade e sua conduta.

A imagem que alguém tem de si mesmo, do mundo em que vive e, em geral, das situações que se lhe apresentam se forma principalmente a partir das concepções dos demais. Por exemplo, alguns autores relacionados com a teoria do etiquetamento sugeriram que, se um jovem é preso, isso pode ser entendido em que ele se veja como um delinquente e que, quando se veja livre, atue como tal – de modo que às vezes as prisões e, sobretudo, as penas privativas de liberdade podem ter efeitos contraproducentes nos jovens.

Portanto, a noção que alguém tem de si mesmo, com efeito, se forma das interações com os demais: das reações que alguém provoca e da concepção que outros têm dele. Também é decisiva a interação que alguém tem consigo mesmo, tanto quando *dialogamos internamente* como *quando observamos nosso próprio comportamento*. Isso tem a consequência de que alguém atuará de uma maneira ou outra dependendo de como defina a situação em que se encontre. Outras duas consequências básicas são que o ser humano é muito flexível e, portanto, é *suscetível de mudanças*; assim como também pode adotar *uma posição ativa em suas ações*.[158]

Do ponto de vista metodológico, a escola de Chicago se caracterizou por haver *complementado os enfoques qualitativos e quantitativos*.[159] Sendo muito importantes tanto essa complementaridade como os avanços em métodos quan-

---

[157] FARIS, E. The nature of human nature, p. 31-33; mais em geral, sobre a Psicologia, vide SHAW, C. R.; MCKAY, H. D. *Juvenile delinquency and urban areas*, 1969, p. 45.

[158] FARIS, E. The nature of human nature, p. 21-26 e 34-37; PARK, R. E. The urban community as a spacial pattern and a moral order, p. 17; SHAW, C. R.; MCKAY, H. D. *Report on the causes of crime*, p. 3-4; SUTHERLAND, E. H. The biological and sociological processes, p. 70-72. Para uma caracterização geral, vide CHARON, J. M. *Symbolic interactionism*, p. 27-28, 41-46 e 72-168; DOWNES, D.; ROCK, P. *Understanding deviance*, p. 180-201. Uma análise matizada em LEMERT, C. *Postmodernism is not what you think*, p. 11-13.

[159] BURGESS, E. W. The study of the delinquent as a person, p. 666; BULMER, M. *The Chicago School of Sociology*, p. 184-189; FARIS, R. E. L. *Chicago Sociology*, p. 115; PARK, R. E. The urban community as a spacial pattern and a moral order, p. 18; SHAW, C. R. *The natural history of a delinquent career*, p. xi; SHAW, C. R.; MCKAY, H. D. *Report on the causes of crime*, p. v e 4; idem, *Juvenile delinquency and urban areas*, 1969, p. 13-14, 141-142 e 186; SHORT, J. F. Introducción, p. xvi-xviii. Muitas vezes, as fabulosas e revolucionárias contribuições de Ogburn e outros às metodologias quantitativas passam despercebidas, vide BULMER, M. *The Chicago School of Sociology*, p. 151-171.

titativos que trouxe.[160] A escola de Chicago cultivou com especial dedicação e êxito as metodologias qualitativas.[161] A orientação é especialmente coerente com o interacionismo simbólico, ao insistir em como as pessoas interagem entre si, como se definem as situações, como cada um responde às interpretações que desperta nos demais e, por fim, na experiência particular das pessoas[162] – tudo o que dificilmente pode ser reduzido a quantificações, e pertence ao mundo da compreensão.

O método da *observação participante*, no qual o investigador convive com o grupo humano que quer conhecer e descrever, foi o seguido em estudos como *O vagabundo*, de N. Anderson. Outras investigações bem conhecidas recorreram às *histórias de vida*; assim, Shaw costumava pedir a jovens delinquentes que narrassem por escrito suas próprias vivências e experiências, e logo lhes solicitava que desenvolvessem alguns pontos com maior profundidade ou incluíssem ulteriores questionamentos.[163] Desse modo conseguiu, junto com seus colaboradores, reunir um bom número de histórias de vida, algumas das quais apareceram publicadas. De todas elas, talvez a mais conhecida seja *The jack-roller*, a vida de um jovem especialista em pequenos furtos, que incluíam entre suas vítimas pessoas que se encontravam em estado de ebriedade e eram, pois, vítimas fáceis.[164] Na verdade, nesses estudos integravam-se técnicas distintas como entrevistas detalhadas a familiares e amigos próximos, o histórico delitivo oficial e outros dados quantitativos do protagonista. Também se destaca *O ladrão profissional*, de Sutherland.[165]

Outro dos dados aos que se prestava especial importância já nos próprios estudos qualitativos da escola de Chicago era a área (*natural*) da cidade de onde procediam os protagonistas dos livros, que eram sempre zonas em que residia um número desproporcional de delinquentes juvenis da cidade.[166]

B. *A ecologia humana* – com efeito, ainda que a escola de Chicago se ocupasse de um grande número de assuntos de relevância sociológica,[167] destacou-se,

---

[160] Bennett, J. *Oral history and delinquency*, p. 135-136; Bulmer, M. *The Chicago School of Sociology*, p. 155-157 e 162-164, por exemplo.

[161] Bulmer, M. *The Chicago School of Sociology*, p. 45-63, 89-90 e 172-189; Faris, E. *The nature of human nature*, p. 26-27; Park, R. E. *Community organization and juvenile delinquency*, p. 3; Short, J. F. *Introducción*, p. xxxv.

[162] Faris, E. *The nature of human nature*, p. 26-27 e 31.

[163] Com mais detalhes, Faris, R. E. L. *Chicago Sociology*, p. 75.

[164] Anderson, N. *The hobo*, p. 51-52; Shaw, C. R. *The jack-roller*, p. 25-29, por exemplo.

[165] Sutherland, E. H. *Anotaciones e interpretaciones en The professional thief*, p. v-vi; vide também, seguindo metodologias qualitativas, o mesmo, *White-collar crime*, p. 235-239 e várias outras passagens.

[166] Anderson, N. *The hobo*, p. 3-4.

[167] Faris, R. E. L. *Chicago Sociology*, p. 100-122; Short, J. F. *Introducción*, p. xi.

sem dúvida, por seus estudos ecológicos urbanos, em especial pelo terreno da delinquência. Durante os anos de esplendor da escola, e inclusive antes, muitas cidades norte-americanas, em especial Chicago, receberam verdadeiras ondas de imigrantes provenientes da Europa, isso as convertia em autênticos ajuntamentos de pessoas, uma vez que as submetia a vertiginosas mudanças. Com isso, despertou-se um interesse científico enorme pelo estudo da cidade[168] convertendo Chicago numa espécie de *grande laboratório*.[169] Partindo de um enfoque semelhante, que se tinha utilizado no estudo das plantas, propugnou-se o estudo da *ecologia humana*, a qual se ocupa das relações dos seres humanos com seu meio, ou mais concretamente das relações que têm as pessoas no hábitat urbano.[170]

Com efeito, na cidade opera uma série de *forças naturais* que tendem a criar uma ordem típica em sua população e instituições.[171] Como resultado dessas forças, tendem a se formar espontaneamente o que Park chamou *áreas naturais* – distintas, portanto, das divisões administrativas das cidades, como bairros ou distritos –, que albergam um *grupo social natural* e que têm algumas características específicas.[172] Se, de um ponto de vista sociológico, toda a cidade tem um forte caráter dinâmico e está submetida a fortes conflitos e a mudanças constantes, estes são muito mais rápidos e profundos com a chegada maciça de novos moradores ou imigrantes.[173] As áreas naturais, então, nascem a partir da segregação e seleção de determinados grupos de pessoas:[174] por exemplo, os menos acomodados – geralmente os imigrantes recém-chegados – tenderão a ocupar as zonas mais desfavorecidas da cidade, uma vez que somente se pode permitir residir onde a moradia seja barata.[175]

Por conseguinte, BURGESS observou que as cidades tendiam a se ordenar *idealmente* formando círculos concêntricos: a zona central (I) estava ocupada na maioria das cidades americanas da época pelo centro de negócios e indústria; os

---

[168] BURGESS, E. W. Prefácio a *The urban community*, p. vii, acrescentando que até então não se tinha prestado tanta atenção ao estudo da cidade – em face das áreas rurais – pela complexidade da empresa.

[169] BENNETT, J. *Oral history and delinquency*, p. 151; BULMER, M. *The Chicago School of Sociology*, p. 92; FARIS, R. E. L. *Chicago Sociology*, p. 52.

[170] Vide, próximos, McKENZIE, R. D. The ecological approach to the study of the human community, p. 63-64; PARK, R. E. The urban community as a spacial pattern and a moral order, p. 3-4.

[171] BURGESS, E. W. The growth of the city. An introduction to a research project, p. 47; PARK, R. E. Community organization and juvenile delinquency, p. 1.

[172] PARK, R. E. The urban community as a spacial pattern and a moral order, p. 5-6.

[173] PARK, R. E. The urban community as a spacial pattern and a moral order, p. 7.

[174] McKENZIE, R. D. The ecological approach to the study of the human community, p. 73-74; PARK, R. E. The urban community as a spacial pattern and a moral order, p. 8-9 e 11.

[175] Vide HIRSCHI, A. R. *Making of the second ghetto*, p. 16-27, por exemplo.

menos ricos ocupavam a zona localizada ao redor do centro, chamada *zona em transição* (II); e conforme os círculos iam se afastando do centro as zonas iam sendo mais adequadas e habitadas por grupos mais favorecidos economicamente, como trabalhadores que não querem viver longe de seu lugar de trabalho (III) e outras pessoas melhor situadas (IV); por último se formam, no último círculo concêntrico, os bairros residenciais (V).[176]

Como se ressalta, a preocupação ecológica é perfeitamente coerente com o interacionismo simbólico, posto que as interações entre os sujeitos se encontram mediadas por relações espaciais: distância física, isolamento, pessoas com as quais alguém pode se relacionar, grau de comunicação, controle social ou desorganização social da zona etc., meio no qual tendem ao se ver situados e que resulta para eles essencial, de modo que o estudo das áreas naturais das cidades se converte em fundamental.[177]

Em seguida, comprovou-se que a delinquência e outros muitos problemas sociais não se distribuíam aleatoriamente por toda a cidade, mas tendiam a se concentrar nas mesmas áreas, mais concretamente na zona de transição.[178] Para o estabelecimento definitivo dessas descobertas contribuiu a técnica de colocar pontos de tinta em mapas, por exemplo, no lugar de residência de um delinquente juvenil.[179]

Desde o início, os estudos apontavam que isso não parecia ser resultado de que determinados tipos de pessoa – como podem ser os delinquentes ou os esquizofrênicos – foram residir inevitavelmente ali, por exemplo, porque foram propensos a ter dificuldades econômicas e isso os impele a ditas zonas,

---

[176] BURGESS, E. W. The growth of the city. An introduction to a research project, p. 50; PARK, R. E. The urban community as a spacial pattern and a moral order, p. 10-11; SHAW, C. R.; MCKAY, H. D. *Report on the causes of crime*, p. 62-64; idem, *Juvenile delinquency and urban areas*, 1969, p. 18-19. Esse modelo ideal era seguido pela própria cidade de Chicago em seu desenvolvimento, mas em seguida se comprovou que era igualmente válido para o caso de muitas outras populações norte-americanas; vide SHAW, C. R.; MCKAY, H. D. *Juvenile delinquency and urban areas*, 1969, p. 19 e 22-27. Como é fácil compreender, a formação e estrutura das cidades norte-americanas é muito diferente da comum europeia, e isso pela simples razão de que foram fundadas muito mais tarde e em seguida experimentaram o auge da revolução industrial.

[177] PARK, R. E. The urban community as a spacial pattern and a moral order, p. 18; SHAW, C. R. *Delinquency Areas*, p. 5 e 10; SHAW, C. R.; MCKAY, H. D. *Report on the causes of crime*, p. 3-4.

[178] PARK, R. E. The city: suggestions for the investigation of human behavior in the urban environment, p. 6; SHAW, C. R.; MCKAY, H. D. *Juvenile delinquency and urban areas, 1942*, p. 3.

[179] Os primeiros mapas que seguiram essa metodologia na escola de Chicago remontam a 1912, BENNETT, J. *Oral history and delinquency*, p. 169; para uma análise histórica, vide WEISBURD, D.; MCEWEN, T. Introduction: crime mapping and crime prevention, p. 4-12.

mas porque muitas vezes nasciam ali e ali viviam durante a maior parte de sua vida. Características particulares de ditos lugares, como que forças naturais de caráter sociológico, deviam, pois, ter importante papel etiológico nos processos da delinquência.

2. *A teoria da desorganização social*

Um dos estudos mais impressionantes elaborados na linha da teoria ecológica da escola de Chicago é o de Shaw e McKay. Reconhecendo investigações muito anteriores a eles,[180] esses autores estabeleceram, como acabamos de ver, que *os delinquentes* não estão distribuídos de maneira uniforme pelas cidades, mas *se concentram em determinadas zonas*.[181] Com efeito, os delinquentes procediam principalmente das zonas adjacentes ao distrito central de negócios e indústria, e dessa zona central, e *essa concentração ia diminuindo conforme as áreas de residência iam se distanciando do centro*. A distribuição foi encontrada recorrendo-se a dados oficiais, e mais concretamente a conjuntos de jovens que haviam sido levados diante do tribunal de menores pela presumida prática de um fato delitivo, de jovens que haviam sido enviados por dito tribunal a instituições correcionais e de supostos delinquentes presos.[182]

Mais concretamente, tratava-se de áreas caracterizadas por estas três particularidades seguintes:

a) *baixo status socioeconômico* – muitas famílias recebiam subsídios, suas rendas médias eram baixas, poucos eram proprietários de sua residência;

b) *alta mobilidade da população* – ou seja, a população predispunha a se mudar e, portanto, os mesmos grupos não ficavam muito tempo nelas e a população, em consequência, diminuía. Nisso influía o fato de que ditas zonas se caracterizavam por um alto grau de deterioração física, como as explorações industriais já mencionadas ou edifícios demolidos ou danificados e, portanto, eram pouco atrativas como residência; e

---

[180] Shaw, C. R.; McKay, H. D. *Juvenile delinquency and urban areas, 1942*, p. 5-13.
[181] Shaw, C. R.; McKay, H. D. *Juvenile delinquency and urban areas*, 1969, p. 3, 43, 50, 55, 60, 70, 72, 75, 79, 126, 139 e 143, por exemplo; os autores se referem concretamente à delinquência juvenil, mas a distribuição da delinquência adulta era semelhante, idem, *Report on the causes of crime*, p. 105-107; idem, *Juvenile delinquency and urban areas*, 1969, p. 93-99, 139, 218, 221 e 266-267.
[182] Shaw, C. R.; McKay, H. D. *Report on the causes of crime*, p. 26; idem, *Juvenile delinquency and urban areas*, 1969, p. 46-47 e, matizando o último critério mencionado, p. 81; também muito em geral sobre a metodologia, *Report on the causes of crime*, p. 25-26; *Juvenile delinquency and urban areas*, p. 13-14, 43, 140-141, 164, 175 e 186, principalmente.

c) concentração de *grupos pertencentes a minorias* – sobretudo imigrantes e negros, o que conduzia a que em tais zonas houvesse certa heterogeneidade.[183]

As zonas com elevado número de delinquentes se mantinham ao longo do tempo, ainda que seus habitantes mudassem: "Em geral, as áreas com altos índices de delinquência até 1900 eram as áreas de altas concentrações permanecendo assim várias décadas depois".[184]

Os mesmos autores constataram igualmente – também se advertiu – que nas mesmas zonas se concentravam de maneira desproporcional *outros problemas sociais*: meninos que "matavam" aula, jovens adultos delinquentes, mortalidade infantil, tuberculose e enfermidades mentais, de modo que também esses outros problemas se encontravam intimamente relacionados, tal como a delinquência, com *as condições do bairro* – muito mais que com as características de seus habitantes.[185] Esses dados foram corroborados por outras cidades americanas.[186]

É fundamental ressaltar que o motivo pelo qual a cidade se desenvolvia desse modo, criando as condições necessárias para comportamentos desviados e delitivos, eram as forças ecológicas que se encontravam fora do alcance de seus habitantes, forças que vinha estudando a escola de Chicago quase desde seu começo.[187]

Especialmente importante foi a seguinte descoberta. Os novos imigrantes, conforme iam chegando ao país, se predispunham a se concentrar nas áreas mais desfavorecidas e com maior delinquência da cidade; mas, pouco a pouco e com o passar do tempo, todos *os grupos de imigrantes conseguiam sair daquelas zonas para se estabelecer em outras melhores*, sendo substituídos nas menos favorecidas pelas novas ondas de recém-chegados. Conforme abandonavam esses bairros, começava a cair vertiginosamente o número de prisões ou de comparecimentos perante o tribunal de menores pela suposta prática de delitos *de que esses grupos eram protagonistas*:[188] "Os descendentes dos primeiros grupos de imigrantes que

---

[183] SHAW, C. R.; MCKAY, H. D. *Report on the causes of crime*, p. 25, 27-58, 69-82 e 107-108; idem, *Juvenile delinquency and urban areas*, 1969, p. 52, 55, 59-60, 65, 67-68, 73, 82, 84 e 143-158; a terminologia e a ênfase dos autores são um pouco diferentes das que utilizamos aqui.

[184] SHAW, C. R.; MCKAY, H. D. *Juvenile delinquency and urban areas*, 1969, p. 70; idem, *Report on the causes of crime*, p. 83.

[185] SHAW, C. R.; MCKAY, H. D. *Juvenile delinquency and urban areas*, 1942, p. 86-101.

[186] SHAW, C. R.; MCKAY, H. D. *Report on the causes of crime*, p. 140-187; idem, *Juvenile delinquency and urban areas*, 1942, p. 298-350, e também Parte IV, por N. S. Hayner et al.; idem, *Juvenile delinquency and urban areas*, 1969, p. 193-312 e 329-358.

[187] SHAW, C. R.; MCKAY, H. D. *Juvenile delinquency and urban areas*, 1969, p. xix, 14, 18 e 42.

[188] SHAW, C. R.; MCKAY, H. D. *Report on the causes of crime*, p. 84-86; idem, *Juvenile delinquency and urban areas*, 1969, p. 37, 42, 52-53 e 157.

se mudaram para fora das áreas de índices mais elevados não comparecem em grande número diante do Tribunal de Menores".[189]

Desse modo, a possível relação entre imigração e delito desaparecia: o importante não se encontrava constituído por características dos indivíduos, mas *pelo lugar que ocupavam na cidade*. Aqueles que iam, abandonavam o delito, mas eram substituídos por outros imigrantes conforme chegavam. Algo semelhante ocorria com os rapazes negros: conforme residiam em zonas mais distantes do centro, tendiam a delinquir proporcionalmente menos.[190]

SHAW e MCKAY destacam ao longo de sua obra a importância da teoria em nossa disciplina, e assim afirmam, por exemplo, que "existem, claro, poucas razões para manter uma relação direta entre o fato de viver perto de explorações industriais e se converter em um delinquente. Ainda que terrenos industriais ou de ferrovias possam oferecer espaço para comportamentos delitivos, dificilmente podem ser considerados *uma causa* de ditas atividades".[191] Com isso reclamam a construção de teorias gerais capazes de explicar o delito, e por seu turno parecem se distanciar do enfoque dos fatores de risco. Apesar de destacar o papel da teoria, é difícil encontrar em sua obra uma explicação única e coerente,[192] e mais, dá a impressão de que recorrem a enfoques diferentes, como a associação diferencial, a transmissão de valores, a frustração etc.,[193] e inclusive outros enfoques teóricos heterogêneos menos explícitos.

Sua teoria, que se caracteriza por destacar a *desorganização social* que existe em uma zona, pode ser interpretada, seguindo KORNHAUSER, como uma *teoria do controle social informal*.[194] Devido à existência de grupos nacionais e raciais diferentes, é difícil que nessas comunidades se reconheça um conjunto de valores,

---

[189] SHAW, C. R.; MCKAY, H. D. *Report on the causes of crime*, p. 96-97.

[190] SHAW, C. R.; MCKAY, H. D. *Juvenile delinquency and urban areas*, 1969, p. 56; sobre a relação entre raça e delito, vide 155-163, principalmente 162-163, 187-188, 216-217 e 290; vide, contudo, KORNHAUSER, R. R. *Social sources of delinquency*, p. 65.

[191] SHAW, C. R.; MCKAY, H. D. *Juvenile delinquency and urban areas*, 1969, p. 143; destacando a importância da teoria, vide ainda p. 145, 155 e 163-164.

[192] KORNHAUSER, R. R. *Social sources of delinquency*, p. 62; LEMERT, C. *Postmodernism is not what you think*, p. 15; TITTLE, C. R. Prospects for synthetic theory: a consideration of macro-level criminological activity, p. 163.

[193] SHAW, C. R.; MCKAY, H. D. *Juvenile delinquency and urban areas*, 1969, p. 53, 170-174, 183 e 186-189.

[194] KORNHAUSER, R. R. *Social sources of delinquency*, p. 62 e 69-70; vide BURGESS, E. W. Prefácio a *The urban community*, p. viii; PARK, R. E. The city: suggestions for the investigation of human behavior in the urban environment, p. 9, 25-28 e 43-46; idem, Community organization and juvenile delinquency, p. 105-107 e 112; idem, The urban community as a spacial pattern and a moral order, p. 8; SAMPSON, R. J.; GROVES, W. B. Community structure and crime: testing social-disorganization theory, p. 777-778; SHAW, C. R. *Delinquency Areas*, p. 6.

interesses e normas semelhantes,[195] e quando falta isso é muito difícil que um grupo possa se organizar para controlar a delinquência de maneira efetiva. Do mesmo modo, devido a vontade de sair da zona, não pensam em investir muito esforço em construir ou apoiar instituições sociais como as escolas, as quais, por seu turno, carecem de dinheiro, meios e conhecimentos e se encontram isoladas e, outra vez, as instituições dificilmente podem constituir meios eficazes de controle nessas condições.[196]

Os próprios SHAW e MCKAY apontaram de maneira expressa essa diminuição do controle social informal:

> O desenvolvimento de sistemas divergentes de valores requer um tipo de situação na qual o controle convencional tradicional é débil ou não existe. É um fato bem conhecido que o crescimento das cidades e o incremento dos meios de transporte e comunicação aceleraram tanto o ritmo de transformações em nossa sociedade que *os meios tradicionais de controle social*, que eram eficazes nas sociedades primitivas e nas comunidades rurais isoladas, se viram enfraquecidos por todas as partes e se *tornaram especialmente ineficazes nas grandes cidades.*[197]

Com isso, chama a atenção sobre o fato de que uma comunidade controla os comportamentos desviados e delitivos sobretudo mediante *controles sociais informais* – e em menor medida mediante sanções, ou controles formais: *em nível sociológico*, um grupo ou comunidade que compartilha os mesmos valores estão solidamente garantidos, onde instituições como a escola ou a família são fortes e dispõem de meios; ou onde seus membros estão dispostos a investir tempo e esforço etc. tenderá a prevenir eficazmente os comportamentos desviados e delitivos, por exemplo, controlando os jovens para que não perambulem pelas ruas no horário escolar, chamando a atenção de maneira informal a quem incorra em atos de vandalismo, eliminando descampados ou reparando prédios abandonados que podem ser perigosos, mobilizando recursos policiais etc.

---

[195] SHORT, J. F. Introducción a C. R. Shaw e H. D. McKay, p. xli, por exemplo, delineia a questão de como é que SHAW e MCKAY não aprofundaram a ideia de *subcultura delitiva* quando seus dados inspiraram grande parte das formulações em dito âmbito. A questão é mais sutil do que aponta o texto e, na verdade, sobretudo os valores dos grupos, tendem a não ser tão distantes, ao menos no que se refere a quase todas as condutas mais graves. Vide, contudo, SHAW, C. R.; MCKAY, H. D. *Juvenile delinquency and urban areas*, 1969, p. 170 e 174.

[196] KORNHAUSER, R. R. *Social sources of delinquency*, p. 62-82 e 156-157.

[197] SHAW, C. R.; MCKAY, H. D. *Juvenile delinquency and urban areas*, 1969, p. 188 (grifo nosso).

Não obstante, a preocupação básica, especialmente de SHAW, era a *prevenção do delito*, muito mais que a sua explicação etiológica. Coerentemente com as descobertas empíricas e com o enfoque teórico que acabamos de descrever e que, na verdade, já tinha uma antiga tradição na escola de Chicago desde THOMAS, a melhor maneira de prevenir o delito consistiria em reorganizar socialmente as zonas mais desfavorecidas da cidade, os bairros onde se concentravam de maneira desproporcional os delinquentes.

Portanto, nem o tratamento ou prevenção individual nem a intervenção policial ou os recursos a sanções se apresentavam como muito promissores em dito trabalho – o qual originou reações fortemente adversas. O que se tinha de fazer, pelo contrário, era *devolver à comunidade o controle* dos bairros e, consequentemente, *do delito*.[198] O principal programa idealizado, esboçado e dirigido por SHAW para a prevenção e tratamento da delinquência juvenil foi o chamado *Chicago Area Project* (CAP), que, nascido em 1932, teve um impacto tão destacado no seu tempo que chegou a se constituir em um verdadeiro movimento social[199] e que, de fato, se mantém ainda hoje em dia. SHAW se empenhou pessoalmente nesse projeto. Com efeito, consistia basicamente em reforçar as instituições sociais existentes nos bairros e fazer a própria comunidade se conscientizar do problema de delinquência que sofria, destacando que o papel decisivo na luta contra o delito corresponde aos cidadãos. As estratégias eram muito diversas e incluíam a promoção de programas recreativos e desportivos, a abertura de campos de veraneio ou a destinação de assistentes sociais a grupos de jovens.[200]

Deve-se assinalar a respeito dos efeitos reais do CAP na prevenção do delito, a predominância dos juízos pessimistas,[201] embora a conclusão mais prudente provavelmente seja que não houve nenhuma avaliação metodologicamente sólida do CAP, de modo que, na verdade, se ignoram seus efeitos.

3. *O paradigma sociológico*

Ainda que, o enfoque plurifatorial e multidisciplinar, entendido como a aceitação de que na explicação do fenômeno delitivo é imprescindível incluir diversas variáveis provenientes de diferentes disciplinas – biologia, psicologia, sociologia – seguisse mantendo certa vigência, em especial em vários países, a

---

[198] PARK, R. E. The city: suggestions for the investigation of human behavior in the urban environment, p. 34.
[199] SHORT, J. F. Introducción a C. R. Shaw e H. D. McKay, p. xlvi.
[200] Sobre o *Chicago Area Project*, vide LUNDMAN, R. J. *Prevention and control of juvenile delinquency*, p. 66-76; SHORT, J. F. Introducción a C. R. Shaw e H. D. McKay, p. xliv-liv.
[201] Assim LUNDMAN, R. J. *Prevention and control of juvenile delinquency*, p. 81, conclui que "o mais seguro é que o *Chicago Area Project* também fracassou na prevenção da delinquência juvenil".

criminologia majoritária americana se separou daquele enfoque no segundo quarto do século XX. Isso encontrou seu reflexo, de início, no *recurso principal a enfoques próprios da sociologia* – como a interação social, a cultura ou as estruturas sociais –, cuja influência como ciência-mãe chegou até nossos dias, acompanhada de uma forte crítica a variáveis ou enfoques provenientes de outras disciplinas.[202]

Em seguida, surgiu um interesse pela *construção e pela proposta de teorias unitárias*, em face de posturas mais preocupadas em identificar os diversos fatores concorrentes do delito, mas sem integrá-los sistematicamente em uma teoria abstrata.

Ainda que com uma brevidade injusta, é mister fazer referência a algumas das principais escolas de orientação sociológica europeias.

a) A tradição sociológica francesa. Ainda que os positivistas incluíssem elementos sociológicos, a atenção nessa escola é muito mais destacada. Como dissemos, o belga Quetelet e o francês Guerry são os primeiros autores que tratam a sociologia criminal como método científico, enquanto os franceses Saint-Simon, Comte e depois Durkheim são considerados muitas vezes como os fundadores da sociologia.

b) A escola criminal sociológica de Lyon. Embora críticos com as posições antropológicas do positivismo, até certo ponto, levaram-nas em conta. Pode-se destacar Lacassagne, médico francês que considerou necessário conhecer o mundo do delito em todos os seus aspectos a fim de propor as reformas sociais mais adequadas para evitar a delinquência. Sustenta que a sociedade tem uma cota importante de responsabilidade no fenômeno criminal.

De importância destacável vem a ser Tarde, que realiza severa crítica da obra de Lombroso. Concede muita importância aos condicionamentos sociais e à *imitação*, que costuma ser interpretada como uma teoria antecipada da aprendizagem. Aprendizagem que se transmitiria por meio de umas gerações às outras. A imitação também pode ter efeitos positivos com o bom exemplo dos cidadãos.

c) A escola de Marburgo. Von Liszt é conhecido por defender uma *ciência total do Direito Penal*, na qual deviam ser incluídas a antropologia criminal, a psicologia criminal e a estatística criminal. Para Von Liszt a política criminal é luta contra o crime, e estabelece uma separação entre Direito Penal, criminologia e penologia.

d) A escola austríaca. Inicia essa escola com Gross, que cultivou e deu nome à criminalística, ainda que pareça que haja antecedentes nos italianos, que se ocuparam dos métodos na investigação criminal. Seu discípulo Seelig redigiu um brilhante tratado cujo conteúdo especialmente enfoca desde as

---

[202] Vide Zaffaroni, E. R. et al. *Derecho penal*, p. 154.

perspectivas psicológica e sociológica, recorrendo assim mesmo às tipologias de delinquentes.[203]

4. A teoria da associação diferencial

A escola de Chicago reclamou a importância da sociologia, apesar de muitas vezes parecer manter uma etiologia plurifatorial – naturalmente em um marco sociológico[204] –, e nos próprios SHAW e MCKAY não se aprecia com propriedade uma teoria unitária, mas que toma elementos dificilmente reconduzíveis a uma unidade. SUTHERLAND, que havia passado vários anos na Universidade de Chicago,[205] abandonou-a por causas desconhecidas e desenvolveu sua carreira em criminologia fora dela; ele deu um impulso decisivo à orientação sociológica da criminologia assim como às teorias gerais, unitárias – de fato, ele é o autor mais influente de nossa disciplina. Tanto para ele como para a escola de Chicago, as causas da criminalidade não se encontram nas características pessoais dos sujeitos, sejam biológicas ou psicológicas,[206] e a partir desse ponto de vista os delinquentes são *indivíduos normais*, mas que têm uma origem social.[207]

O paradigma sociológico predominou até nossos dias e em alguns momentos se caracterizou por um objetivo de impor tanto objetos de estudo como,

---

[203] Com muito mais detalhes, vide GARCÍA-PABLOS DE MOLINA, A. *Tratado de Criminología*, p. 373-393 e 453-474.

[204] ANDERSON, N. *The hobo*, p. 85-86; SHAW, C. R. *Delinquency Areas*, p. 6 e 8-9. Alguns autores reprovaram SUTHERLAND, que criticara ferozmente – e de fato contribuíra para seu abandono – o enfoque plurifatorial que ele havia seguido desde os anos trinta. A nosso ver, contudo, pode-se sustentar que, em primeiro lugar e contrariamente ao que parecem sugerir alguns críticos, SUTHERLAND reclama o recurso decidido a variáveis estritamente sociológicas – em consonância com o paradigma sociológico; em segundo lugar, pode-se notar na segunda edição de seu manual de 1934 uma incipiente teoria unitária da associação diferencial, e inclusive alguns elementos podem se predizer na primeira. PATERNOSTER, R.; BACHMAN, R. *Explaining criminals and crime*, p. 175-177; WARR, M. The social origins of crime: Edwin Sutherland and the theory of differential association, p. 182. SERRANO MAÍLLO, A. La posición de las variables biológicas en la Criminología contemporánea, p. 53. SUTHERLAND, E. H. *Principles of Criminology, 2. ed.*, p. 51-52; idem, *Principles of Criminology, 3. ed.*, p. v.

[205] Habitualmente, afirma-se, até por escrito, que o motivo foram as dificuldades que encontrou para ser nomeado professor efetivo, mas a nosso juízo a evidência conhecida é pouco consistente. Vide em geral SCHUESSLER, K. Introducción a E. H. Sutherland, p. x-xii.

[206] SCHUESSLER, K. Introducción a E. H. Sutherland, p. xvii; SCHUESSLER, K. F.; CRESSEY, D. R. Personality characteristics of criminals, p. 483; SUTHERLAND, E. H. *White-collar crime*, p. 6, 25, 257 e 264.

[207] SUTHERLAND, E. H. *Principles of Criminology, 2. ed.*, p. 5; idem, *Principles of Criminology, 4. ed.*, p. 6.

sobretudo, variáveis, teorias e metodologias próprias da sociologia entendida como ciência-mãe, reduzindo em alguns casos a criminologia a uma mera subdisciplina – como sabemos, na presente *Obra* se defende a autonomia e independência científicas da criminologia.[208]

Em segundo lugar, SUTHERLAND estava consciente de que não era suficiente a descoberta de que diversos fatores correlacionavam com o delito – na verdade muitos e diversos fatores, se bem que a correlação não era quase nunca muito elevada –, e a criminologia devia objetivar à generalizações abstratas.[209]

Com essas ideias em mente, propôs a *teoria da associação diferencial*, ainda que valha a pena assinalar que sua intenção era muito mais a de elaborar alguns princípios para organizar os dados sobre o delito do que uma teoria em sentido estrito ou definitiva.[210] Um fator melhor estabelecido em criminologia, e bem conhecido, é que os delinquentes juvenis costumam se relacionar com outros delinquentes, e, inclusive, realizar seus atos delitivos em grupo.[211]

Também foi influente a descoberta do próprio SUTHERLAND de que alguém não pode se converter em delinquente profissional apenas desejando-o, mas que é imprescindível que seja treinado para isso em associação pessoal com outros que já o sejam.[212]

O marco teórico geral em que se move nosso autor é, como era de esperar, o interacionismo simbólico,[213] com uma concepção adaptável do ser humano,[214] se bem que se pode apreciar nele certo distanciamento em favor de posturas mais próximas à metodologia científico-natural.[215]

---

[208] LAUB, J. H.; SAMPSON, R. J. The Sutherland-Glueck debate: on the Sociology of criminological, p. 1.404, 1.420 e 1.424-1.425.

[209] SUTHERLAND, E. H. *The Sutherland papers*, p. 16-19.

[210] CRESSEY, D. R. The theory of differential association: an introduction, p. 4; SUTHERLAND, E. H. *Principles of Criminology*, 2. ed., p. v e 4.

[211] CLOWARD, R. A.; OHLIN, L. E. *Delinquency and opportunity*, p. 42; COHEN, A. K. *Delinquent boys*, p. 46 e 178.

[212] SUTHERLAND, E. H. Anotaciones e interpretaciones en *The professional thief*, p. viii, 198, 211-212 e 214-215, se bem que aceita tratar-se de uma hipótese que deve ser verificada, 230; idem, *The Sutherland papers*, p. 17, e em geral p. 13-29 sobre o nascimento e desenvolvimento da teoria.

[213] SCHUESSLER, K. Introducción a E. H. Sutherland, p. xi; WARR, M. The social origins of crime: Edwin Sutherland and the theory of differential association, p. 184.

[214] CRESSEY, D. R. Application and verification of the differential association theory, p. 52; SUTHERLAND, E. H. *Criminology*, p. 29-30.

[215] SERRANO GÓMEZ, A.; SERRANO MAÍLLO, A. La paradoja del descubrimiento de la Criminología en España. Un capítulo, p. 1.651 n. 143; vide também CHARON, J. M. *Symbolic interactionism*, p. 210-213.

De acordo com a teoria da associação diferencial, *o delito é uma conduta que, como qualquer outra, se aprende.*²¹⁶ Então, como acabamos de dizer, a origem da criminalidade não é hereditária, e, por sua vez, qualquer um pode chegar a cometer algum fato delitivo.

A aprendizagem do delito – na verdade, de qualquer conduta – ocorre basicamente mediante *processos de interação, de comunicação com outras pessoas,* em especial nos pequenos grupos íntimos e nas relações diretas, tanto verbais como *gestuais*.

Dessa maneira, para SUTHERLAND a influência de agências impessoais como os meios de comunicação ou o cinema é mais secundária. O que se aprende não são apenas as técnicas para cometer os delitos – que na realidade muitas vezes são muito simples –, mas também os motivos e as racionalizações para isso.

O ponto-chave da teoria é que uma "pessoa se converte em delinquente devido a um *excesso de definições favoráveis à infração da lei* em face de definições desfavoráveis à infração da lei". SUTHERLAND denomina a esse critério princípio da associação diferencial: nas sociedades contemporâneas não existe uma homogeneidade total sobre se todas as normas devem ser respeitadas ou não, de modo que todos estamos expostos a definições que podem ser favoráveis ou não à obediência das normas. Quando as definições favoráveis à infração das normas a que se encontra exposta uma pessoa são as que prevalecem, então essa pessoa tende a delinquir. Naturalmente, nem todas as associações têm o mesmo peso, mas dependem de sua "frequência, duração, prioridade e intensidade" – ainda que não sejam termos aproblemáticos, os menos inteligíveis são os de *prioridade*, que quer dizer que as associações que tenham lugar em idades mais prematuras terão um peso superior; e de *intensidade*, que foi interpretado como uma referência ao afeto e respeito da pessoa com quem alguém se associa.²¹⁷⁻²¹⁸

Ainda que o lógico seja que as definições favoráveis à infração de normas às quais se refere à associação diferencial provenham de sujeitos que são eles mesmos delinquentes – e, ao contrário –, em verdade podem provir de qualquer

---

²¹⁶ Essa ideia de que o delito se aprende encontra-se desse modo em TARDE, (1) apesar de SUTHERLAND se apressar em ressaltar as diferenças, *Principles of Criminology,* 4. ed., p. 7. (1) Sobre a teoria da imitação de TARDE, vide GARCÍA-PABLOS DE MOLINA, A. *Tratado de Criminología,* p. 460-462, e p. 463 expressamente sobre a relação com SUTHERLAND.

²¹⁷ WARR, M. The social origins of crime: Edwin Sutherland and the theory of differential association, p. 185.

²¹⁸ Sobre a teoria, SUTHERLAND, E. H. *Principles of Criminology,* 2. ed., p. 4-9; idem, Anotaciones e interpretaciones en *The professional thief,* p. vi, 206-209 e 213-214; idem, *Principles of Criminology,* 4. ed., p. 6-9 (grifos originais suprimidos e acrescidos os negritos).

pessoa.²¹⁹ Por sua vez, a teoria tampouco exige que necessariamente se cometa delito em grupo.²²⁰

No que se refere ao *âmbito* da teoria da associação diferencial, essa não apenas objetiva a explicar os delitos comuns, mas também os chamados delitos de colarinho-branco – como vimos, outra grande contribuição do próprio Sutherland. O autor também estendeu a teoria para que explicasse não somente o comportamento dos indivíduos – *nível individual* –, mas também as taxas de delinquência que existem em um país, por exemplo – *nível macrossociológico*; a essa extensão denominou *organização social diferencial*,²²¹ ainda que essa parte não tenha sido desenvolvida sistematicamente pelo autor.²²²

Sutherland, finalmente, também manteve marcada sensibilidade por uma adequada política criminal que contribuíra para o controle e prevenção do delito.²²³

Do anteriormente exposto derivaria para autores como Warr, que para a prevenção da criminalidade de uma pessoa deve-se apartá-la de más influências, *v.g.*, se os pais cuidam respectivamente,²²⁴ originariamente, contudo, a ênfase foi colocada em que o tratamento se orientara melhor a transformar os grupos ou as comunidades – e, desse modo, transformar os sujeitos.²²⁵

5. Uma teoria clássica da frustração

Em 1955 apareceu *Pequenos Rapazes Delinquentes*, de A. Cohen. Alguns grupos mostram valores e normas que podem ser até certo ponto diferentes, ao menos em alguns aspectos, dos mais gerais da sociedade; isso pode se dar em muitos

---

[219] Akers, R. L. *Social learning and social structure: a general theory of crime and deviance*, p. 26.
[220] Warr, M. The social origins of crime: Edwin Sutherland and the theory of differential association, p. 187; idem, *Companions in crime*, p. 76.
[221] Cressey, D. R. The theory of differential association: an introduction, p. 3; Sutherland, *Principles of Criminology*, 4. ed., p. 8-9; os mecanismos não são naturalmente os mesmos, se bem que ambas as partes da teoria se presumem compatíveis.
[222] Akers, R. L. *Social learning and social structure: a general theory of crime and deviance*, p. 23.
[223] Sutherland, E. H. *Principles of Criminology*, 2. ed., p. 51; idem, Anotaciones e interpretaciones en *The professional thief*, p. viii, 222-223 e 226-229; idem, *Principles of Criminology*, 2. ed., p. 4; idem, *Principles of Criminology*, 4. ed., p. 1-2; idem, *The Sutherland papers*, p. 131-132.
[224] Warr, M. The social origins of crime: Edwin Sutherland and the theory of differential association, p. 189.
[225] Cressey, D. R. Changing criminals: the application of the theory of differential association, p. 117 e 119; Sutherland, E. H. *The Sutherland papers*, p. 131-140; Volkman, R.; Cressey, D. R. Differential association and the rehabilitation of drug addicts, p. 142.

grupos dentro da sociedade, mas se encontra especialmente marcado entre os jovens.[226] Pode-se considerar que esses grupos pertencem a uma *subcultura*, e por isso muitas vezes a teoria de COHEN se relaciona com as chamadas teorias subculturais.

Com efeito, COHEN indica que cada sociedade se encontra dividida em numerosos subgrupos, cada um com formas de pensar e fazer, até certo ponto peculiares, e que os indivíduos adquirem mediante sua participação em ditos subgrupos e a interação com seus membros.[227] Contudo, e apesar da terminologia que utiliza, COHEN parece defender um conceito *débil* de subcultura e não pretende sugerir que ditos grupos tenham uma concepção valorativa sobre o que é bom e o que é mal – ou o que é delitivo – distinta da sociedade em geral.[228] Por esse motivo, essa teoria pode ser mais bem situada entre as da frustração ou tensão, se bem que não é uma teoria da tensão pura e inclui elementos da teoria da associação diferencial. O trabalho se centra principalmente em tratar de explicar – uma vez constatada sua existência – como chegaram a se formar em primeiro lugar ditos grupos ou bandos de jovens delinquentes.[229] E em segundo lugar em propor uma teoria coerente com os fatos conhecidos sobre tais fenômenos, sobretudo que a delinquência juvenil tem para COHEN nesses casos as seguintes notas:

a) *não utilitária*, no sentido de que não se furta, por exemplo, para adquirir algo valioso ou para ter dinheiro, mas *pelo mero fato de fazê-lo*. Rouba-se por roubar;

b) *maliciosa*, ou seja, que a desobediência, a infração de normas... tolera *certo grau de prazer em si mesma*; e

c) *negativa*, isto é, que o grupo delinquente forma suas *normas* não de maneira positiva, mas tomando-as da maioria e indo além, *uma conduta é correta* para eles mais *porque é incorreta de acordo com os standards majoritários*.[230]

---

[226] COHEN, A. K. *Delinquent boys,* p. 12-13; FINE, G. A. *With the boys,* p. 162-164.
[227] COHEN, A. K. *Delinquent boys,* p. 11-13, 18 e 65.
[228] Vide, com muitos matizes, CLOWARD, R. A.; OHLIN, L. E. *Delinquency and opportunity,* p. 18-20, 36-39, 69 e 90; COHEN, A. K. The study of social problems: discussion, p. 259; idem, *Delinquent boys,* p. 34, 56-58, 84, 87, 94, 108, 122, 124-127, 133 e 137; para posturas clássicas mais propriamente culturais e subculturais, vide MILLER, W. B. 1958. Lower class culture as a generating milieu of gang delinquency, p. 5-6 e 17; SELLIN, T. *Culture conflict and crime,* p. 21-32 e 63-67.
[229] COHEN, A. K. *Delinquent boys,* p. 18; COHEN, A. K.; SHORT, J. F. Research in delinquent subcultures, p. 20. Posto que, uma vez constituídos os bandos, estes se mantém no tempo e novos jovens podem se unir a eles, a teoria reconhece um elemento de oportunidade, CLOWARD, R. A.; OHLIN, L. E. *Delinquency and opportunity,* p. 1, 20-27, 145-153 e 161 – destacando os aspectos estruturais; COHEN, A. K. *Delinquent boys,* p. 70, 135 e 154.
[230] COHEN, A. K. *Delinquent boys,* p. 25-29, vide também, sobre outros fatos que uma teoria deve explicar, 29-32, 37, 42 e 44-45; também acrescenta que as teorias até então predominantes não eram coerentes com ditos fatos, 36 e 170.

Essas descobertas não são de senso comum. Uma contribuição muito importante da teoria foi destacar que as sociedades se encontram estratificadas em classes sociais e que as oportunidades não se encontram repartidas por igual em todas elas.[231]

Por conseguinte, os jovens procedentes das classes sociais mais desfavorecidas – COHEN se refere expressamente à *classe trabalhadora* – partem nas sociedades contemporâneas de uma posição de desvantagem ante os jovens de classe média, e concretamente *na escola* tais desvantagens podem ter consequências críticas.[232] Ainda que desde logo não seja o único lugar onde ocorre, a escola representa um dos lugares mais habituais e importantes em que os jovens *competem por status* – algo fundamental para eles e para os grupos de pares em que se movem; mas esse status é medido de acordo com valores de classe média e, como acabamos de ver, os jovens de classes desfavorecidas encontram maiores dificuldades na escola porque – segundo COHEN – em geral a ordem e a disciplina dadas são piores, têm menos interesse em aprender e os reforços que recebem em casa para aceitar as exigências da escola são mais pobres: por isso tendem mais ao fracasso tanto em conduta como em rendimento escolar.[233] Tais jovens se encontram pior preparados para enfrentar as normas e os padrões de status de classe média. Nessa situação, os jovens da classe trabalhadora podem ter problemas de status e desajuste e podem até se transformarem em fracassados.[234] Encontram-se em uma situação de tensão ou frustração pelas dificuldades que têm para alcançar o que desejam. Diante dessa situação, os jovens com problemas de *status* objetivam buscar uma solução: eles podem reagir tendendo a se relacionar entre si e estabelecendo novos critérios de status.

Assim, a subcultura delinquente, oferece uma *solução de grupo* – não individual – aos problemas dos jovens: posto que a sociedade convencional lhes nega status, em especial entre os outros jovens, porque não cumprem com os requisitos que aquela lhes impõe, *o grupo lhes propõe critérios de status que certamente podem satisfazer*.[235]

---

[231] SIMPSON, 2001, assinala que quando apareceu essa obra a sociedade americana não era consciente de que também ela se encontrava estratificada em classes sociais e que, naturalmente, nem todo mundo tinha as mesmas oportunidades; mais adiante, COHEN, A. K. *Delinquent boys*, p. 83-84, insiste em que os próprios jovens são conscientes do sistema de classes e suas consequências.

[232] COHEN, A. K. *Delinquent boys*, p. 55, 73, 83-86, 110-115 e 118.

[233] COHEN, A. K. *Delinquent boys*, p. 115.

[234] COHEN, A. K. *Delinquent boys*, p. 65, 117 e 119.

[235] COHEN, A. K. *Delinquent boys*, p. 65-66, 81, 83-84, 119, 121, 136 e 168 – existem outras respostas possíveis aos problemas de ajuste que não passam pela delinquência juvenil, p. 128-129; TOBY, 1957: 15-16. Ao mesmo tempo, podem existir distintos tipos de subcul-

Os novos padrões surgem precisamente do afastamento dos valores da classe média – justamente a origem de seu fracasso – e a adoção dos opostos: por exemplo, os jovens do grupo delinquente cometem furtos ou provocam danos em propriedades alheias não porque vão ter certo benefício econômico, mas pela simples razão de que os *bons jovens* não o fazem e porque o veem como um ataque à classe média;[236] por isso os atos tenderão a ser definidos *negativamente*. Mediante esses atos e fazendo parte do grupo, os jovens podem alcançar um status que lhes satisfaça, ainda que naturalmente somente diante dos olhos de seus companheiros delinquentes.

Consequência disso é que o fenômeno se retroalimenta, de modo que o jovem que participa no grupo delinquente passa a ter um *status* ainda menor na sociedade convencional, de maneira que cada vez mais depende do grupo;[237] ao mesmo tempo, se recusar a participar do grupo e de suas atividades delitivas, corre o risco de ser expulso.[238]

Mais adiante, a subcultura delinquente chega a legitimar não apenas pequenos atos desviados e delitivos, mas também *agressões*, sobretudo contra pessoas e normas de classe média, porque reconhecem neles a fonte de sua frustração e de seu problema de status, de modo que o jovem que repudiou ditos valores já não tem boas razões morais para se abster de atacar as fontes de sua frustração.[239]

Entretanto, há ainda mais: COHEN assinala que às vezes se realizam atos delitivos ou agressivos exagerados, desproporcionais, irracionais..., e para sua explicação o autor recorre ao conceito de *reação-formação*. A ideia é que os jovens internalizaram durante muitos anos os valores da classe média, uma vez que neles acreditaram, e agora tratam de invertê-los, mas, como é compreensível, isso *não é tão fácil*: quando um indivíduo comete atos desproporcionais fora de toda lógica, seria para se proteger de um eventual ressurgimento em seu interior das antigas normas de classe média, para se autoconvencer de que, com efeito, a transformação se produziu de maneira completa.[240]

---

turas, CLOWARD, R. A.; OHLIN, L. E. *Delinquency and opportunity*, p. 145-153; COHEN, A. K.; SHORT, J. F. Research in delinquent subcultures, p. 22, 24-28 e 34-36.
[236] COHEN, A. K. *Delinquent boys,* p. 129-130 e 134.
[237] COHEN, A. K. *Delinquent boys,* p. 137.
[238] CLOWARD, R. A.; OHLIN, L. E. *Delinquency and opportunity*, p. 11.
[239] COHEN, A. K. *Delinquent boys,* p. 131-132.
[240] COHEN, A. K. *Delinquent boys,* p. 132-133 e 136-137. Sobre o conceito em geral, vide TITTLE, C. R.; PATERNOSTER, R. 2000. *Social deviance and crime*, p. 472. COHEN, A. K.; SHORT, J. F. Research in delinquent subcultures, p. 21 afirmam que o mecanismo de *reação--formação* pode ser interpretado como uma *técnica de neutralização*, mas nós não podemos concordar porque aqui essa figura é a que, ao que parece, *impulsiona* a prática de fatos delitivos graves mais que servir como *mera eliminação de barreiras*. Principalmente no caso de MATZA e SYKES (1957), duvidamos, isso sim, do juízo possivelmente majoritário

Assim, os bandos, as gangues, ou subculturas conforme a denominação de COHEN, *nascem* em primeiro lugar porque são muitos os jovens que se encontram na mesma situação, que interagem entre si e terminam gravitando uns até os outros e unindo-se;[241] essas subculturas, uma vez estabelecidas, podem se manter no tempo e recrutar novos membros – em geral, eles mesmos com problemas de ajuste.[242] Tais bandos cumprem, pois, duas funções básicas: propor uma série de critérios de status que o jovem de classe desfavorecida possa assumir e lhe permitir vingar-se do sistema de normas que o prejudicou.[243] Ao mesmo tempo, a teoria é coerente com os fatos conhecidos sobre a delinquência juvenil descritos por COHEN.

Paradoxalmente, alguns dos valores mais elevados que motivam os indivíduos a se esforçar e melhorar podem ser também a causa de comportamentos antissociais e delitivos por parte de quem encontre problemas de ajuste a tal sistema de valores: o mesmo sistema de valores gera tanto a delinquência como a respeitabilidade.[244]

Naturalmente, COHEN não pretende sugerir que toda a delinquência juvenil seja subcultural nem que todos os jovens de classe média não cometam delitos; a teoria, na verdade, é limitada no tocante ao âmbito a que se refere e não pretende explicar todas as formas de delinquência,[245] se bem que autores como TITTLE apontaram que a teoria também é aplicável a fenômenos tão heterogêneos como "a organização de internos, organizações estudantis radicais, [ou] movimentos nacionalistas clandestinos".[246]

6. *Movimentos críticos*

Durante os anos 1960 tiveram especial relevância os *movimentos críticos* a nível epistemológico – colocando em dúvida as afirmações da criminologia positivista majoritária e defendendo opções mais flexíveis e brandas, que incluíam uma concepção mais humana e próxima, inclusive de *apreciação* do próprio delinquente[247] – metodológico – ressaltando as limitações das estatísticas oficiais

---

de que se trata de uma teoria do controle social. Vide sobre elas CRESSEY, D. R. *Other people's money*, p. 93-138, em especial p. 137 sobre sua natureza; idem, Introducción a la reimpresión de *Other people's money*, p. viii; SYKES, G. M.; MATZA, D. Techniques of neutralization: a theory of delinquency, p. 667-669, principalmente.

[241] COHEN, A. K. *Delinquent boys*, p. 59 e 66.
[242] COHEN, A. K. *Delinquent boys*, p. 12-13 e 121.
[243] COHEN, A. K. *Delinquent boys*, p. 168.
[244] COHEN, A. K. The study of social problems: discussion, p. 259; idem, *Delinquent boys*, p. 137.
[245] COHEN, A. K. *Delinquent boys*, p. 22, 48 e 147-169.
[246] TITTLE, C. R. The assumption that general theories are not possible, p. 106.
[247] MATZA, D. *Becoming deviant*, p. 4-9, 15-40 e passim.

e das metodologias quantitativas em geral, sobre as quais se construiu até então a maior parte da teoria e da investigação, de vez que se propunham opções qualitativas, até fortes[248] – e teórico – com o desenvolvimento do *labeling approach* e o início de formulações radicais e marxistas.[249] Esse panorama encontrou um auge muito importante e foi coerente com o ambiente crítico e os movimentos sociais que naquela década ocorreram em muitos países ocidentais.[250] Sua influência, na verdade, se estende ao longo dos anos sessenta – e mais ainda nos países de nosso âmbito.

7. A teoria do controle social

Entretanto, não apenas existiram enfoques críticos nos anos 1960. Entre outras importantes contribuições, a de HIRSCHI é, possivelmente, a teoria do controle social mais conhecida e influente. A partir dos anos cinquenta começaram a se propor teorias criminológicas de nível individual que se enquadram nesse marco do controle social; a de HIRSCHI, publicada em 1969, teve um impacto impressionante devido à solidez de sua construção teórica, muito respeitosa com os diversos critérios científicos, e a que incluía um estudo baseado em autoinformação e dados oficiais de jovens que a sustentavam empiricamente.[251]

A obra defende abertamente que a ciência deve avançar mediante a competição de teorias, ou seja, estudando qual das teorias proposto é preferível, sobretudo a partir do ponto de vista do apoio empírico que tenha cada uma. As três teorias básicas que predominavam na época eram, como acabamos de ver, a da tensão, a da desviação cultural – representada por SUTHERLAND – e a do controle social.[252]

Para a teoria do controle social, a delinquência não é *produzida* por nenhuma causa – como uma frustração ou a aprendizagem de certos valores e técnicas –, mas representa a *tendência natural do ser humano*; o que se deve perguntar, pois, não é por que delinquem, mas *por que não delinquimos?*[253] Quando acreditam que vão

---

[248] GARFINKEL, H. *Studies in Ethnomethodology*, p. 1-34, 186-207 e passim; KITSUSE, J. I.; CICOUREL, A. V. A note on the uses of official statistics, p. 134-137 e 139.

[249] BECKER, H. S. *Outsiders*, p. 1-39; LEMERT, C. *Postmodernism is not what you think*, p. 54-72 e 74-79; TURK, A. T. *Criminality and legal order*, passim.

[250] PATERNOSTER, R.; BACHMAN, R. The structure and relevance of theory in Criminology, p. 8; idem, *Explaining criminals and crime*, p. 212.

[251] HINDELANG, M. J. Causes of delinquency: a partial replication and extension, p. 471-472; HIRSCHI, T.; GOTTFREDSON, M. R. Self-control theory, p. 83.

[252] HIRSCHI, T. *Causes of delinquency*, p. 15; e, criticando as teorias rivais, 6-10 e 13-15; também se critica, ainda que com menos atenção, o enfoque do etiquetamento, p. 231, principalmente.

[253] DRENNON-GALA, D. *Delinquency and highschool dropouts*, p. 5; HIRSCHI, T. *Causes of delinquency*, p. 25-26, 31-34, em especial p. 34, 170, 198 e 225; WIATROWSKI, M. D. et al. Social control theory and delinquency, p. 525. Vide, por exemplo, com a proposição

ser beneficiados, os indivíduos tenderão a incorrer no fato delitivo. *Não se comete delito porque existem alguns vínculos entre o sujeito e a sociedade*: esses vínculos atuam controlando as tendências delitivas do sujeito porque sua própria existência implica que o fato conduziria a algumas consequências negativas para o sujeito.

Assim, pois, "as teorias do controle assumem que os atos delitivos são produzidos quando o vínculo de um indivíduo com a sociedade está debilitado ou quebrado".[254] Para adiantar um exemplo, a teoria do controle social sugere que *os indivíduos*[255] em geral não cometem delitos porque, ainda que tenham uma inclinação mais ou menos natural, também têm temor à reação informal de sua família, de seus amigos, à possibilidade de perder seu trabalho. Pelo mero fato de viver em sociedade, os sujeitos têm algum tipo de vínculo com ela, ainda que somente seja alguma relação pessoal, alguma posse ou alguma expectativa, e mediante a existência desses vínculos a sociedade garante de que seus membros, em geral, tenderão a obedecer à lei: "A organização da sociedade é tal que os interesses da maioria das pessoas seriam colocados em perigo caso se envolvessem em fatos delitivos".[256]

O vínculo se encontra composto por quatro elementos principais: o apego (*attachment*), a entrega (*commitment*), a participação (*involvement*) e a crença (*belief*). A teoria parte da existência de um consenso nas normas de uma sociedade e de que, portanto, os sujeitos as internalizam mediante processos de socialização. Para HIRSCHI, os sujeitos respeitam as normas – que são as normas de seu grupo, a sociedade – porque lhes importam as expectativas dos demais:[257] "A essência da internalização das normas [...] reside no apego do indivíduo a outros".[258]

Ainda que alguns desses elementos possam recordar conceitos psicológicos,[259] não estão construídos em absoluto no âmbito de dita disciplina.[260]

---

abertamente oposta de que *a ação (o delito) é a resposta a um problema*, COHEN, A. K. *Delinquent boys*, p. 14-15, 50-51 e 148.

[254] HIRSCHI, T. *Causes of delinquency*, p. 16.

[255] Com efeito, a teoria se refere ao *nível individual*. A teoria da desorganização social foi interpretada nessa *Introdução* como uma teoria do controle social informal a *nível sociológico* – sobre esses conceitos voltaremos no Capítulo 4.

[256] HIRSCHI, T. *Causes of delinquency*, p. 21; sobre *tipos de controles*, vide KORNHAUSER, R. R. *Social sources of delinquency*, p. 74.

[257] HINDELANG, M. J. Causes of delinquency: a partial replication and extension, p. 475-486; HIRSCHI, T. *Causes of delinquency*, p. 18, 88, 94, 125 e 140; como se pode observar, o conceito de apego é semelhante ao de *internalização* (de normas), se bem que, segundo HIRSCHI, tem algumas vantagens, sobretudo metodológicas, p. 19.

[258] HIRSCHI, T. *Causes of delinquency*, p. 18.

[259] KEMPF, K. L. The empirical status of Hirschi's control theory, p. 145.

[260] DRENNON-GALA, D. *Delinquency and highschool dropouts*, p. 23-26; GOTTFREDSON, M. R.; HIRSCHI, T. A control theory interpretation of psychological research on aggression A control theory interpretation of psychological research on aggression, p. 48.

a) Um sujeito não respeita as normas quando não lhe importam as expectativas que as pessoas colocam nele ou nela porque carece de *apego* para com elas. As formas mais relevantes incluem o apego aos pais, à escola e aos amigos ou pares:[261] quanto maior for o apego a essas pessoas, mais lhe importarão suas expectativas e mais difícil será que o jovem cometa delitos – na verdade, a teoria de Hirschi se refere a jovens, ainda que se estendesse tradicional e tacitamente aos adultos. É muito importante se fixar em que o decisivo é o apego a ditas pessoas – e instituições –, *independentemente de que alguns tenham pais convencionais ou não*[262] *ou de que os amigos sejam inclusive delinquentes ou não.*[263] Essa ideia, sobretudo com relação aos pares, pode resultar surpreendente e desde logo é contrária a muitas perspectivas criminológicas e até ao senso comum.

Os jovens delinquentes, além de terem o hábito de cometerem os fatos delitivos em companhia de outros, costumam ter amigos delinquentes. Porém, a teoria do controle social prediz que *não haverá entre eles uma grande amizade*, nem sua relação será calorosa, pois não considerarão que tais amigos valham a pena... enfim, *não haverá apego aos amigos delinquentes.*[264] Se houvesse, em geral tenderiam a não delinquir, ainda que os amigos fossem delinquentes. Isso é coerente com a ideia de que não é que os jovens caiam em más companhias e isso lhes induza ao delito – como sugeria a teoria da associação diferencial –, mas que eles mesmos tendem primeiro a delinquir e depois a se relacionar entre si. Isso é nem mais nem menos o que se conhece com o popular ditado *Díos los cria e ellos se juntam.*[265]

b) A ideia de *entrega* faz referência ao temor que o indivíduo tem das consequências que o fato delitivo pode acarretar-lhe, segundo Hirschi.

---

[261] Hirschi, T. *Causes of delinquency,* p. 85, 94, 97, 99, 113-115, 117, 120, 122-123, 127, 133-134, 141, 145, 148-149, 151-152, 154, 159, 168, 200, 224 e 229; idem, Family structure and crime, p. 61-63.
[262] Hirschi, T. *Causes of delinquency,* p. 97 e 229.
[263] Hirschi, T. *Causes of delinquency,* p. 145 e 151.
[264] Hirschi, T. *Causes of delinquency,* p. 145, 148, 151, 153, 157-159, 161 e 212.
[265] "Birds of a feather flock together", Glueck, S.; Glueck, E. *Unraveling juvenile delinquency*, p. 164, que assinalam que "essa tendência é um fato muito mais fundamental em qualquer análise sobre causalidade que a teoria de que a associação diferencial acidental de não delinquentes com delinquentes seja a causa básica do delito"; Hirschi, T. *Causes of delinquency,* p. 84 e 136-137 – vide, contudo, 100, 153, 157-158 e 230-231: o autor encontrou também certo efeito da associação com pares delinquentes no risco de delinquência. Existe ampla evidência, não restrita agora ao âmbito delitivo, da tendência a se relacionar com quem se assemelha entre si de acordo com diversas variáveis, McPherson, M. et al. Birds of a feather: homophily in social networks, p. 419-429, em especial p. 428-429, sobre associação com pessoas que compartilham padrões de comportamento, atitudes etc.

As pessoas investem tempo e esforço em distintas atividades ou ocupações, e incorrem em fato delitivo, que, descoberto dito investimento, há perigo.[266] A entrega se refere tanto a atividades presentes como às aspirações que alguém tenha,[267] ou seja, *as probabilidades do delito aumentam conforme diminuem as aspirações*[268] – se se recorda, algo que pode chocar com as teorias da tensão. Ainda que bons exemplos de entrega venham representados por uma boa educação ou bom trabalho,[269] outra vez a entrega a atividades não convencionais pode também prevenir o delito.[270]

c) Muitos jovens e adultos não dispõem de muito tempo para se ocupar de atividades delitivas ou até para pensar nelas: a *participação*, portanto, em atividades da mais diversa natureza – por exemplo, no caso dos jovens, o amplo leque das atividades escolares, desportivas, extraescolares... – constitui um elemento posterior do vínculo à sociedade.[271] Quanto maior e mais intensa for a participação do indivíduo em atividades deste tipo, mais difícil será incorrer em atos delitivos, conforme nosso autor.

d) Já assinalamos que para Hirschi as normas da sociedade são compartilhadas por todos os cidadãos – de modo que *o criminoso* em geral *infringe normas nas quais ele mesmo acredita*.[272] Ora, nem todo mundo tem a mesma *crença* nas normas nem, portanto, a mesma convicção de que deve respeitá-las: quanto menor for essa crença, mais fácil será que se incorra em atos delitivos.[273] Naturalmente, as normas mais importantes aqui são as da lei penal e do sistema legal em geral, ou seja, se o ato delitivo que se vai cometer é *bom ou mau*.[274]

Ademais, a teoria considera que *os distintos elementos do vínculo se encontram inter-relacionados* entre si, de maneira que quando alguém tende a ser firme ou a se fortalecer, os demais seguem a mesma tendência, e vice-versa.[275]

Em resumo, uma vinculação forte afasta do delito e, ao contrário, quando o vínculo com a sociedade é débil, o indivíduo tenderá a delinquir. De fato, quando o vínculo, que atua como *controle informal* do comportamento, é muito fraco ou inexistente, então o único freio para o delito é a pena criminal.[276]

---

[266] Hirschi, T. *Causes of delinquency*, p. 20 e 162.
[267] Hirschi, T. *Causes of delinquency*, p. 21, 178, 183 e 185.
[268] Hirschi, T. *Causes of delinquency*, p. 171, 178, 182-183, 185 e 227.
[269] Hirschi, T. *Causes of delinquency*, p. 170 e 182.
[270] Hirschi, T. *Causes of delinquency*, p. 21.
[271] Hirschi, T. *Causes of delinquency*, p. 21-22 e 191.
[272] Hirschi, T. *Causes of delinquency*, p. 23, 26 e 204-205.
[273] Hirschi, T. *Causes of delinquency*, p. 26, 203 e 224.
[274] Hirschi, T. *Causes of delinquency*, p. 198.
[275] Hirschi, T. *Causes of delinquency*, p. 27-30, 131 e 200.
[276] Hirschi, T. *Causes of delinquency*, p. 200 e 202.

III. A CRIMINOLOGIA NA ESPANHA

Salvo[277] os importantes antecedentes que vimos, em especial o de Cubí i Soler, pode-se afirmar que a criminologia científica se inicia neste país no final do século XIX como consequência da luta de escolas e da enorme atenção que recebeu o positivismo criminológico em seus primeiros momentos. Incorporamo-nos à discussão no âmbito acadêmico com alguns anos de atraso, mas não muitos, e é mister recordar que já em 1903 criou-se, por iniciativa de Salillas, uma escola de criminologia.

O próprio Salillas foi um dos principais representantes do positivismo. C. Bernaldo de Quirós deve ser considerado como um dos precursores nas teorias da criminalidade. Este último autor ocupou-se das teorias criminológicas antropológicas (atávicas, degenerativas, específicas e patológicas) e sociológicas (antropossociológicas, sociais, socialistas). Também tratou de questões mais específicas de sociologia criminal; e ainda que se possa incluí-lo no âmbito do positivismo, deve-se advertir que não foi partidário das teses lombrosianas mais extremas: as do delinquente nato. Em 1948 publicou do exílio mexicano uma *criminologia*,[278] ainda que tenha a seu favor muitas outras publicações importantes.

Figura destacada é Pedro Dorado Montero. Além de ocupar-se especialmente do já mencionado correcionalismo, teve uma estreita relação com o positivismo – promovida por sua estada na Itália nos anos 1885 a 1887. Nesse período ocupou-se da antropologia criminal, chegando a publicar uma obra sobre essa matéria em 1890: *A antropologia criminal na Itália*.[279]

Como os positivistas, interessou-se pelo delinquente, ainda que na dimensão correcionalista. Especialmente interessado estava no *homem delinquente* e sua recuperação para a sociedade.[280] Não partilhou tampouco com os positivistas na negação do livre-arbítrio, pois conflitava com sua formação krausista. Entre suas obras cabe destacar *O direito protetor dos criminosos*.

O penalista F. Aramburu y Zuloaga interessa-se pela crítica que fez ao positivismo, especialmente a Lombroso, na precoce *A nova ciência penal (exposição e crítica)*, de 1887.[281] Ao contrário do que sustentavam os italianos afirma que a escola clássica não se esqueceu do homem, argumentando que ao

---

[277] Notas históricas sobre a criminologia brasileira em Alvarez, M. C. Apontamentos para uma história da criminologia no Brasil, p. 129-151; Pimentel, M. P. Breves notas para a história da criminologia no Brasil, p. 37-48; Sá, A. de A.; Tangerino, D. de. P. C.; Shecaira, S. S. *Criminologia no Brasil*, p. 3 e ss.; Lyra, R. *Novo direito penal*, p. 2 e ss.
[278] Publicada pelo Editorial José M. Cajica Jr., Puebla.
[279] Impressa pela Revista de Legislación, Madrid.
[280] Librería General de Victoriano Suárez, Madrid, 1915.
[281] Librería Fernando Fé, Madrid.

sujeito ativo do delito sejam valoradas as condições de imputabilidade, causas de justificação, a codelinquência etc.

C. Silió y Cortés situou-se em uma postura intermediária entre clássicos e positivistas. Seu ponto de partida é a crise do sistema penal, para continuar conferindo importância especial ao delinquente e à criminologia. Sustentava que o delito é um fenômeno no qual intervém muitos fatores: antropológicos, físicos e sociais. Ainda que não se identifique com Lombroso em suas conclusões sobre os caracteres dos delinquentes, sustentou que assim como existe um tipo regional ou nacional, existe também um tipo criminoso. Entre suas obras destaca-se *A crise do direito penal*, de 1891.[282]

Devido ao grande interesse que a polêmica trazida pelo positivismo despertou a nível inclusive popular, foram diversas as personalidades que se interessaram com certa profundidade pela criminologia. Esse é o caso de J. Martínez Ruiz, mais tarde Azorín, que escreveu *A sociologia criminal*.[283] O trabalho tem sua origem em um projeto de tese de doutorado que pensava realizar sob a direção de Dorado Montero. A obra é um trabalho de divulgação na qual basicamente se faz uma crítica do positivismo.

Um autor que simpatizou com a concepção antropológica defendida pelos positivistas foi C. Carpena. No conjunto, porém, sua postura é mais moderada, e insiste em que os delinquentes são corrigíveis. Chegou inclusive a realizar trabalhos diretos com delinquentes, em especial com uma série de crânios. Do estudo direto de meia centena de delinquentes recolhe dados antropométricos, antecedentes pessoais e hereditários, anomalias orgânicas e psíquicas. O comportamento dos homens ocorre, a seu ver, em consequência de uma série de fatores.[284] Seu principal trabalho é *Antropologia criminal*, de 1909.

Q. Saldaña publicou importante tratado, *A nova criminologia*,[285] em um momento em que o positivismo havia sido muito questionado. Seguindo a linha da época, foi crítico com os italianos. Boa parte da obra é dedicada à antropologia criminal, que, a seu ver, constituía a autêntica criminologia. Para explicar a problemática do delito recorre ao princípio da correlação, em que se combinam elementos físicos, psíquicos e psicofísicos. Acaba mantendo que, na verdade, não se podem conhecer com precisão quais são os fatores da criminalidade.

M. López-Rey y Arrojo é um autor muito prolífico, que se destaca por sua brilhante *Criminologia*, surgida na Espanha no final dos anos setenta e ainda hoje vigente.[286]

---

[282] Editorial Fuentes y Capdeville, Madrid.
[283] Martínez Ruiz, J. A sociologia criminal, p. 239 e ss.
[284] Editorial Fernando Fé, Madrid.
[285] Editorial Aguilar, Madrid.
[286] 2 volumes, Editorial Aguilar, Madrid, 1975 (v. 1) e 1978 (v. 2).

Nessa obra contempla a evolução dessa disciplina até os anos sessenta do século passado. Distingue entre a criminologia científica, aplicada, acadêmica e analítica. Ocupa-se amplamente das teorias do delito, causas e fatores, com especial atenção à delinquência juvenil. Ainda assim trata da prevenção do delito e do tratamento do delinquente, dedicando parte importante da obra ao planejamento da política criminal. Tudo isso faz desse trabalho uma referência imprescindível da criminologia espanhola, ainda que LÓPEZ-REY também alerta sobre a crise da criminologia e sua encruzilhada.

Um destacado penalista como M. de RIVACOBA Y RIVACOBA também se ocupou, desde o exílio, de nossa disciplina. *Elementos de criminologia*, publicada no Chile em 1982, constitui sua principal contribuição. Nela expõe de maneira brilhante o estado da criminologia no tempo em que apareceu, ao mesmo tempo em que inclui algumas ideias originais muito interessantes. Ainda assim merece destaque a proximidade de RIVACOBA ao modelo científico-natural, empírico próprio da criminologia tal e como se entende majoritariamente,[287] algo que não é tão fácil de observar em pessoas com forte formação jurídica. Nesse autor também se observa a difícil compatibilidade entre compromisso político e objetividade científica. RIVACOBA exige a autonomia e independência científica da criminologia em face do imperialismo disciplinar; defende a relevância dos materiais empíricos no âmbito jurídico-penal; considera imprescindível a investigação criminológica e que as teorias jurídico-penais não percam contato com a realidade. Ao mesmo tempo acha difícil aceitar que se redijam códigos penais sem contar com a criminologia, sem uma investigação científica acerca da realidade da delinquência.

Na Espanha, a criminologia viveu uma época quase de esplendor que foi interrompida pela Guerra Civil espanhola e pelo regime ditatorial que a seguiu. De um lado, a ditadura impediu de alguma forma difícil de precisar que se desenvolvesse uma ciência do delito.

SERRANO GÓMEZ assim o expressa: "Há apenas uma certa possibilidade de ser relativamente independente nos regimes políticos muito liberais, não nos intermediários e muito menos nos autoritários. A função do criminólogo, em sua missão de buscar a verdade, está praticamente vedada nos países autoritários, como ocorreu na Espanha durante o franquismo [...]. Pretender ser crítico em um país autoritário é uma ironia, e os próprios criminólogos o sabem; somente lhes é permitido trabalhar enquanto justifiquem e enalteçam a conduta do regime político imposto – geralmente pela força – e submetam à crítica qualquer outro sistema em aberta oposição".[288]

---

[287] Vide RIVACOBA Y RIVACOBA, M. *Elementos de Criminología*, p. 257-266.
[288] SERRANO GÓMEZ, A. *La Criminología crítica*, p. 51.

Coisa muito diferente é que desde a mudança de regime e a chegada da democracia a situação para a criminologia tem sido muito mais favorável.

O regime franquista também impôs, de outro lado, e de modo especialmente dramático, o exílio para muitos criminólogos. Também isso limitou bastante tanto o desenvolvimento de nossa disciplina como a formação de novas gerações de criminólogos.

Entretanto, esses autores, desenvolveram um trabalho docente e investigador importantíssimo nos países irmãos latino-americanos, os quais foram beneficiados por sua ciência, como destacou recentemente ZAFFARONI.[289]

Enfim, a história da disciplina constitui a luta por dois anseios: o recurso ao método científico para o estudo do comportamento humano e delitivo, bem como a autonomia e a independência científicas ante as imperialistas disciplinas-mães.

---

[289] ZAFFARONI, E. R. Discurso de investidura como *Doctor honoris causa* por la Universidad de Castilla-La Mancha.

Capítulo 3
AS TIPOLOGIAS NA CRIMINOLOGIA CONTEMPORÂNEA

I. A IDEIA DAS TIPOLOGIAS

1. Tipologias e teorias gerais

Na criminologia tradicional e contemporânea, as tipologias parecem desempenhar papel importante. A ideia na qual se amparam é bem simples e intuitivamente muito atrativa. O delito abarca vários comportamentos diferentes entre si e são muitas e diversas as pessoas que cometem delitos. Sendo assim, ao estudar algo tão amplo, heterogêneo e complexo como o delito ou o delinquente, algumas das hipóteses seguintes podem ser aceitáveis:

a) que podem existir grandes diferenças entre as características dos delinquentes ou dos delitos entre si, e tais diferenças prevalecem sobre as potenciais semelhanças;
b) que uma só e única explicação etiológica pode não ser suficiente para englobar todas as diferentes formas de aparecimento do fenômeno; e, finalmente,
c) que os mesmos programas de prevenção, tratamento e controle do delito podem não ser úteis para todas as hipóteses, e que se determinem políticas especializadas.

Com efeito, à primeira vista pode parecer que as afirmações anteriores sejam válidas. Assim, Clinard e Quinney afirmam que "o comportamento criminal cobre uma grande variedade de violações das leis penais. *Para sua explicação, esse comportamento deve ser dividido em tipos*".[1] A proposta, então, é *distinguir*

---

[1] CLINARD, M. B.; R. QUINNEY. *Criminal behavior systems*, p. vii (grifos nossos).

diversos tipos particulares de delitos, delinquentes etc. *para uma descrição, explicação e resposta plausíveis.*[2]

Seguindo essa mesma linha, por tipologia pode-se entender simplesmente qualquer teoria ou enfoque em que seja essencial uma classificação (distinção) de delitos ou de delinquentes, seja mais complexa ou de outro tipo, sobretudo se feita com uma finalidade etiológica ou político-criminal. Sugere-se que seria proveitoso para o avanço e desenvolvimento de nossa ciência que a teoria e investigação criminológicas estudassem unidades definidas de delitos ou de criminosos.[3]

A importância das tipologias parece depender de sua *realidade empírica*, e, portanto, se são relevantes para uma explicação etiológica, assim como para uma possível resposta político-criminal.[4]

Basicamente, como se advertiu, seguiram-se duas modalidades genéricas na proposta de tipologias:[5]

a) por um lado podem-se distinguir *tipos de delinquentes*;[6] e, em segundo lugar;
b) é possível estabelecer *tipologias entre distintos delitos*.

Existem, na verdade, muitas outras propostas, mas essas duas são as básicas,[7] e também as mais difundidas. Igualmente se encontram abundantes ofertas de

---

[2] CLOWARD, R. A.; OHLIN, L. E. *Delinquency and opportunity*, p. 70; GIBBONS, D. C. *Delincuentes juveniles y criminales*, p. 12 e 19; HOOD, R.; SPARKS, R. *Key issues in Criminology*, p. 110-111.

[3] AGNEW, R. *Juvenile delinquency*, p. 64-65; ANDREWS, D. A.; BONTA, J. *The Psychology of criminal conduct*, p. 212-246, 255 e 291-323; CLARKE, R. V. Situational crime prevention, p. 110-119; idem, Introducción a *Situational crime prevention*, p. 41-43; CLINARD, M. B.; R. QUINNEY. *Criminal behavior systems*, p. vii; CLOWARD, R. A.; OHLIN, L. E. *Delinquency and opportunity*, p. 70; FERDINAND, T. N. ¿Funcionan las penas?, p. 348; GARRIDO GENOVÉS, V. *Técnicas de tratamiento para delincuentes*, p. 52-53 e 233-350; GIBBONS, D. C. *Delincuentes juveniles y criminales*, p. 19, 37 e passim; idem, *Delinquent behavior*, p. 92-97; LEMERT, E. M. *Social pathology*, p. 22, 27-28, 286-293 e 298-303; idem, An isolation and closure theory of naive check forgery, p. 296; The behavior of the systematic check forger, p. 141; idem, *Human deviance, social problems, and social control*, p. 222-224; WEISBURD, D.; GREEN, L. Policing drug hot spots: the Jersey City drug market analysis experiment, p. 731.

[4] BLUMSTEIN, A.; COHEN, J.; FARRINGTON, D. P. Longitudinal and criminal career research: further clarifications, p. 64; GIBBONS, D. C. *Delincuentes juveniles y criminales*, p. 22, 37, 62, 69, 71, 79 e 365; GOTTFREDSON, M. R.; HIRSCHI, T. The true value of lambda would appear to be zero: an essay on career criminals, criminal careers, selective incapacitation, cohort studies, and related topics, p. 215; WEISBURD, D. et al. Contrasting crime general and crime specific theory: the case of hot spots of crime, p. 46.

[5] GIBBONS, D. C. *Society, crime, and criminal behavior*, p. 195-196; PIQUERO, A. Frequency, specialization, and violence in offending careers, p. 393.

[6] WEISBURD, D. et al. Contrasting crime general and crime specific theory: the case of hot spots of crime, p. 46.

[7] Vide LE BLANC, M. Screening of serious and violent juvenile offenders. Identification, classification, and prediction, p. 193, principalmente; CEREZO DOMÍNGUEZ, A. I. La de-

subtipologias, por exemplo dentro de um mesmo tipo de delito.[8] Orientações modernas, como as carreiras criminais, a criminologia do desenvolvimento ou as *trajetórias* de delinquência, acresceram novas possibilidades.[9]

As tipologias, em qualquer caso, têm antiga tradição nas ciências humanas e sociais. Assim, Durkheim já propôs em *O suicídio* que quando se estudara um fenômeno se tivera em conta se se trata de algo *simples*, que não pode se decompor, ou se consiste "em uma generalidade de tendências diferentes, que pode isolar a análise que convém estudar em separado"[10] atendendo aos critérios de suas características essenciais ou de suas causas.[11] De acordo com essa proposição, distingue-se na sequência, em razão de suas específicas causas sociais, diversos tipos de suicídio[12] – ainda que valha a pena também destacar que para certos comentaristas, na linha do que veremos, as diferenças entre alguns dos tipos de suicídios em Durkheim não estão claras, confundem-se e talvez poderiam reconduzir a uma única explicação.[13] No que se refere mais propriamente ao desenvolvimento da criminologia, vimos como a escola positiva italiana recorreu decisivamente às tipologias.[14]

---

lincuencia violenta: un estudio de homicidios, p. 278; CHAIKEN, J. M.; CHAIKEN, M. R.; PETERSON, J. E. *Varieties of criminal behavior*, p. 1; EISENBERG, U. Zum Opferbereich in der Kriminologie, p. 177; CLOWARD, R. A.; OHLIN, L. E. *Delinquency and opportunity*, p. 1, 20-27 e 161-186, recorrendo à terminologia de subculturas; FARRINGTON, D. P.; TARLING, R. *Criminological prediction*, p. 20; HERRERA MORENO, M. *La hora de la víctima*, p. 141-166 e 169-173; HERRERO HERRERO, C. *Criminología*, p. 173-181; HORN, H.-J. Viktimologische Aspekte der Beziehungstat, p. 179-188; KLEIN, M. W. *Street gangs and street workers*, p. 79-80 e 135-136; LANDROVE DÍAZ, G. *Victimología*, p. 39-43; RODRÍGUEZ MANZANERA, L. *Victimología*, p. 81-97 e 126-128; SCHUERMAN, L.; KOBRIN, S. Community careers in crime, p. 68; SERRANO GÓMEZ, A. *El costo del delito y sus víctimas en España*, p. 79-105 e 133-136; SHERMAN, L. W.; WEISBURD, D. General deterrence effects of police patrol in crime "hot spots": a randomized, controlled trial, p. 646; SPELMAN, W. Criminal careers of public places, p. 138 e 142; SYKES, G. M. *The society of captives*, p. 87-105; WEISBURD, D.; GREEN, L. Policing drug hot spots: the Jersey City drug market analysis experiment, p. 712-713 e 731; WIEBUSH, R. G. et al. Risk assessment and classification for serious, violent, and chronic juvenile offenders, p. 203.

[8] CEREZO DOMÍNGUEZ, A. I. La delincuencia violenta: un estudio de homicidios, p. 278-279; POLIZZI, D. M. et al. What works in adult sex offender treatment? A review of prison-and non-prison-based treatment programs, p. 361 e 372.

[9] PATERNOSTER, R.; BRAME, R. Multiple routes to delinquency? A test of developmental and general theories of crime, p. 50.

[10] DURKHEIM, E. *El suicidio*, p. 132.

[11] DURKHEIM, E. *El suicidio*, p. 133-135.

[12] DURKHEIM, E. *El suicidio*, p. 141, 224 e 255.

[13] DOUGLAS, J. D. *The social meanings of suicide*, p. 17-18 e 21 principalmente; GIDDENS, A. *Durkheim*, p. 46-47.

[14] FERRI, E. *The positive school of Criminology*, p. 91-92; idem, *Sociología criminal*, v. II, 148-149, 163-185; idem, *Principios de derecho criminal*, p. 247-260; GAROFALO, R. *La*

Desde então, contudo, a tradição positiva cultivou com igual entusiasmo as *teorias gerais*, ou seja, não tipológicas.[15] A tradição clássica, por sua vez, parece mostrar uma posição também ambivalente.[16] A tradição europeia continental e a espanhola em concreto também mostraram grande interesse pela proposta e discussão de tipologias.[17]

As tipologias, em seu sentido clássico, acabaram por receber atenção mais escassa.[18] Nos últimos anos, contudo, pareceu reviver o interesse por elas, ainda que com certas importantes inovações.

Em face da proposta de tipologias, sobretudo no terreno etiológico, encontram-se as *teorias gerais*, ou seja, teorias únicas que objetivam ser de aplicação a um número elevado, relevante de delitos e delinquentes. Muitos criminólogos se mostram, com efeito, mais receosos das tipologias e preferem uma teoria geral que sugira encontrar uma única explicação etiológica do delito e dos criminosos. Por exemplo, Gottfredson e Hirschi insistem reiteradamente em que uma teoria geral como a que eles propõem pode abarcar todos os delitos e todos os delinquentes, sem necessidade de recorrer a distinções:[19] "Pretendemos que nossa teoria seja aplicada a todos esses casos e muito mais. *Pretende-se que explique todo o delito, em todos os momentos e, na verdade, muitas formas de comportamento*

Criminología, p. 143-147, 156 e 194-213; Lombroso, C. *L'Uomo delinquente in rapporto all'Antropologia, alla Giurisprudenza ed alle discipline carcerarie*, I – *Delinquente-nato e pazzo morale*, p. 287; idem, *L'Uomo delinquente in rapporto all'Antropologia, alla Giurisprudenza ed alle discipline carcerarie*, II – *Delinquente epilettico, d'impeto, pazzo e criminaloide*, p. 1, 117, 169 e 373.

[15] Vide, por exemplo, Gottfredson, M. R.; Hirschi, T. *A general theory of crime*, p. 85-120.

[16] Vide Clarke, R. V. Introducción a *Situational crime prevention*, p. 41-43; Clarke, R. V.; Cornish, D. B. Modelling offenders' decisions: a framework for research and policy, p. 165; idem, Rational choice, p. 25-26 e 35-37; Clarke, R. V.; Felson, M. Introduction: Criminology, routine activity, and rational choice, p. 6-7; Cornish, D. Theories of action in Criminology: learning theory and rational choice approaches, p. 364; Cornish, D. B.; Clarke, R. V. Understanding crime displacement: an application of rational choice theory, p. 935 e 939-942; Ehrlich, I. Participation in illegitimate activities: an economic analysis, p. 103 e 111-112; Felson, M. Routine activities and crime prevention in the developing metropolis, p. 71 e 166-179; Gibbs, J. P. *Crime, punishment, and deterrence*, p. 210-213; Gottfredson, M. R.; Hirschi, T. *A general theory of crime*, p. 21-22 e 72; Paternoster, R. The deterrent effect of the perceived certainty and severity of punishment: a review of the evidence and issues, p. 176.

[17] Vide, por exemplo, a revisão, proposta e considerações de Saldaña, Q. *La nueva Criminología*, p. 463-539.

[18] Gibbons, D. C. *Talking about crime and criminals*, p. 67, também p. 47 e 202.

[19] Gottfredson, M. R.; Hirschi, T. *A general theory of crime*, p. 5, 9-14, 21-22, 26, 29, 41-44, 72, 74, 77, 91, 94, 116-120 e 153; Hirschi, T.; Gottfredson, M. R. Age and the explanation of crime, p. 554 e 579-582; idem, Self-control theory, p. 81; Sampson, R. J.; Laub, J. H. *Crime in the making*, p. 56 e 267, n. 2.

que não são sancionadas pelo Estado".[20] Sua proposta deveria poder ser aplicada a manifestações que parecem tão diversas como os delitos comuns, sejam graves ou leves, os chamados de colarinho-branco, os acidentes de trânsito e a direção temerária ou o consumo de drogas.[21]

Naturalmente, ambos os enfoques, geral e tipológico, não são radicalmente diferentes e incompatíveis como ocorre muitas vezes nas ciências humanas e sociais, as distintas posturas não se situam distantes de uma linha hipotética meio fronteiriça, mas ambas a tocam, cada uma a partir de uma perspectiva. Os partidários das teorias gerais reconhecem que não pretendem que todos os fatos concretos que sugiram a explicar sejam *idênticos*, mas somente que têm coisas em comum que são muito importantes – por exemplo, que compartilham características semelhantes ou que tendem a ser cometidos por pessoas com os mesmos traços.[22] Acreditam que o relevante são os elementos em comum de todas as formas de comportamento que estudam. Os proponentes de tipologias aceitam muitas vezes o caráter ideal destas, os aspectos em comum que podem ter muitos atos delitivos e muitos criminosos entre si e não descartam a opção das teorias mais gerais.[23]

As diferenças entre uma e outra postura em várias ocasiões é pura questão de matizes. Ao mesmo tempo, ambos os enfoques são muito heterogêneos e podem ser observadas grandes variações dentro de cada um desses paradigmas. Por último, para outros teóricos ambos os enfoques são compatíveis, e *não excludentes*.[24] A compatibilidade é defendida *expressamente* em uma tese tão conhecida como a de Braithwaite: "Ainda que a teoria desse livro pretenda ser geral, é ao mesmo tempo modestamente parcial. É parcial em primeiro lugar porque sou consciente da necessidade de teorias de tipos particulares de delitos *que complementam a teoria geral*".[25]

---

[20] GOTTFREDSON, M. R.; HIRSCHI, T. *A general theory of crime*, p. 117 (grifos nossos).

[21] HIRSCHI, T.; GOTTFREDSON, M. R. The generality of deviance, p. 11-12; idem, Self-control theory, p. 94.

[22] GOTTFREDSON, M. R.; HIRSCHI, T. *A general theory of crime*, p. 16-22, 40-44 e 91-94 principalmente; HIRSCHI, T.; GOTTFREDSON, M. R. The generality of deviance, p. 7-8.

[23] CLINARD, M. B.; R. QUINNEY. *Criminal behavior systems*, p. 11; GIBBONS, D. C. *Delincuentes juveniles y criminales*, p. 42; idem, *Delinquent behavior*, p. 62-63; idem, The assumption of the efficacy of middle-range explanation: typologies, p. 151; HERRERO HERRERO, C. *Criminología*, p. 160; HOOD, R.; SPARKS, R. *Key issues in Criminology*, p. 111; SCHÖCH, H. Klassifikation und typologie, p. 214-215 e 217.

[24] Vide, imprescindivelmente, SUTHERLAND, E. H. *Criminology*, p. 22-24; idem, *Principles of Criminology*, p. 19-22, 218-219, 222-225 e 229-230.

[25] BRAITHWAITE, J. *Crime, shame and reintegration*, p. vii (grifos nossos), também p. 1 e 95. Vide, ainda, WEISBURD, D.; GREEN, L. Policing drug hot spots: the Jersey City drug market analysis experiment, p. 731-732; WEISBURD, D. et al. Contrasting crime general and crime specific theory: the case of hot spots of crime, p. 57 e 61.

2. Alguns exemplos de tipologias

São muitos os autores contemporâneos que seguiram e seguem um enfoque tipológico em criminologia.[26] Assim, por exemplo, classificam-se os delinquentes de acordo com suas características físicas;[27] fala-se de delitos comuns e delitos de colarinho-branco; de delinquência juvenil e criminalidade adulta; de delinquentes profissionais, comuns, políticos etc. Cerezo Domínguez defende uma classificação de homicídios composta por homicídios de disputa, entre membros de uma família, como forma de resolver conflitos, e perpetrados durante a prática de outro delito.[28] Morillas Fernández propõe uma tipologia de assassinos em série econômicos, visionários, missionários, hedonistas, sexuais, que buscam sensações de poder e que necessitam matar para alcançar sua finalidade.[29] Muitos estudos falam de delinquentes sexuais, de agressores domésticos, de pedófilos etc.[30]

De acordo com esse enfoque é possível distinguir uns tipos de outros conforme suas características; pode ocorrer inclusive que uma mesma teoria não explique todos os tipos e se requeiram várias; finalmente, também pode ocorrer que as medidas de prevenção e controle do delito e os delinquentes devam variar de um grupo para outro. Mais concretamente: são os delitos comuns e os delitos de colarinho-branco parecidos, e semelhantes os que os realizam, ou são diferentes? Pode uma mesma e única teoria geral explicar ambas as modalidades? E, por último, basta um único enfoque geral para a prevenção e controle de ambas as formas delitivas?

Especialmente importante é o fato de que alguns manuais espanhóis seguem uma orientação que, se não se confunde com o enfoque tipológico *tradicional*, compartilha com ele muitos aspectos.[31] Por exemplo, Herrero Herrero, que fala de uma *Parte especial* da criminologia,[32] distingue principalmente os seguintes tipos:

---

[26] Vide, sobre as classificações mais clássicas, as brilhantes exposições de Garrido Genovés, V. *Delincuencia y sociedade*, p. 29-42; Herrero Herrero, C. *Criminología*, p. 159-163, 269-282 e 425-433; Núñez Paz, M. A.; Alonso Pérez, F. *Nociones de Criminología*, p. 121-128 e 141-145; Rivacoba Y Rivacoba, M. *Elementos de Criminología*, p. 148-149, 151-163 e 205.

[27] Serrano Gómez, A. Tipología del delincuente español, p. 51-52, 55-56 e 64-66.

[28] Cerezo Domínguez, A. I. La delincuencia violenta: un estudio de homicidios, p. 278-279.

[29] Morillas Fernández, D. L. Aspectos criminológicos de los psicópatas y asesinos en serie, p. 443-445; este mesmo autor, em qualquer caso, acrescenta que entre os distintos tipos existem importantes elementos comuns, p. 451-453.

[30] Schneider, H.-J. Rückfallprognose bei Sexualstraftätern. Ein Überblick über die moderne Sexualstraftäter-Prognoseforschung, p. 254-257.

[31] Vide Garrido Genovés, V. et al. *Principios de Criminología,* p. 415 e ss.; Herrero Herrero, C. *Criminología,* p. 22 e 403 e ss.; Núñez Paz, M. A.; Alonso Pérez, F. *Nociones de Criminología,* p. 227 e ss.

[32] Sobre o termo, vide Kaiser, G. *Kriminologie,* 7. ed., p. 253, apesar de que o abandona nas edições seguintes. Não fica claro seu conteúdo nem sua natureza, Serrano Gómez, A.;

a) delinquência juvenil;
b) grupos de jovens violentos;
c) delinquência organizada;
d) consumo e tráfico de entorpecentes;
e) delitos socioeconômicos;
f) criminalidade violenta; e
g) terrorismo.[33]

Alonso Pérez e Núñez Paz acolhem, entre outros, os seguintes tipos delitivos em seu manual de criminologia, recorrendo também ao termo *Parte especial*:

a) criminalidade violenta;
b) delinquência contra o patrimônio;
c) delinquência sexual;
d) delinquência marginal;
e) criminalidade do tráfico; e
f) delinquência terrorista.[34]

Ao menos em alguns desses casos são apontados por parte dos autores características e até fatores causais específicos. A pergunta, naturalmente, passa por esses conjuntos de delitos e de delinquentes e tendem a se assemelhar ao que refere à sua natureza e às suas causas.

II. O CASO DA DELINQUÊNCIA JUVENIL ANTE A CRIMINALIDADE ADULTA

Certas distinções vêm tendo um caráter quase tradicional em criminologia.[35] Talvez a que se estabelece em diversos modelos entre delinquência juvenil e adulta

---

SERRANO MAÍLLO, A. La paradoja del descubrimiento de la Criminología en España, p. 1.645 e 1.651.

[33] HERRERO HERRERO, C. *Criminología,* p. 403, 413, 461, 473, 485, 533, 579, 593, 619, 639, 661, 693 e 717.

[34] NÚÑEZ PAZ, M. A.; ALONSO PÉREZ, F. *Nociones de Criminología*, p. 251, 271, 325, 355, 379 e 397.

[35] O sexo é uma das variáveis que mais afeta a vida pessoal dos indivíduos: ser homem ou mulher afeta as opções que uma pessoa pode tomar em sua vida e também sua ocupação cotidiana. A variável que correlaciona de forma mais sólida com a criminalidade é o sexo: em comparação com as mulheres, os homens cometem uma percentagem absolutamente exagerada dos delitos que são praticados em uma comunidade. (1) A delinquência das mulheres é muito menor e, ademais, limita-se a um quadro de infrações penais relativamente pequeno. Com efeito, ainda que as diferenças dependam em grande parte do tipo

constitua um bom exemplo. É sabido que a delinquência juvenil representa uma preocupação fundamental na criminologia, histórica e contemporaneamente, o que está mais que justificado;[36] e que, de fato, um grande número das teorias criminológicas mais influentes partiu muito mais do estudo da delinquência juvenil que da adulta.[37]

A maior parte das diferenças tem a ver com que, quantitativamente, *os jovens cometem um número desproporcional dos delitos* praticados em uma sociedade e que quase todos os jovens cometem algum delito, ainda que seja pequeno.[38] Tanto é assim que Cuello Contreras sugeriu, talvez algo exagerado, que o delito nessa idade é algo tão normal que somente se considera uma conduta desviada porque se aplicam normas dos adultos, não dos jovens.[39] Isso contribuirá para explicar a destacada atenção que esta forma de delinquência recebe.

Cruz Blanca aduz ainda a interessante ideia de que os adolescentes, ao estarem muito próximos da inimputabilidade, ou seja, não podendo ser considerados penalmente responsáveis nem culpáveis, e ter de tomar medidas baseadas em sua periculosidade, constituíram um setor ideal de atenção para os positivistas e, por extensão, para correntes contemporâneas da criminologia.[40]

A proposição é duvidosa. Em primeiro lugar, porque tanto os positivistas como a criminologia positiva contemporânea têm clara orientação determinista, não apenas com relação aos jovens, mas a todo aquele que pratica delitos. Em segundo lugar, Moore destaca que a ideia das diferenças entre os jovens e os adultos é perfeitamente coerente com proposições clássicas e neoclássicas: seria uma forma mediante a qual o Direito Penal e sua ciência defenderiam um trabalho preventivo, e não só retributivo: mediante uma atenção especializada aos jovens pode-se evitar que continuem sua carreira delitiva.[41]

---

de delito, continuam sendo destacáveis. Também se adverte que a magnitude da diferença pode depender de dimensões espaciais e temporais. Apesar da hipótese de que a mulher, conforme vá se igualando ao homem em posição e poder, tenderá a se aproximar de seus índices de delinquência, é certamente ampla, já que não existem evidências empíricas que a favoreçam. (1) RECHEA ALBEROLA, C.; FERNÁNDEZ MOLINA, E. La nueva justicia de menores: la delinquencia juvenil en el siglo XXI, p. 335.

[36] SAGARIN, E. Prólogo a la primera edición de D. J. Shoemaker, p. XIV-XVII; SERRANO GÓMEZ, A. Tipología del delincuente español, p. 9-10; vide, contudo, as reflexões de MOFFITT, T. E. Natural histories of delinquency, p. 46.

[37] SAGARIN, E. Prólogo a la primera edición de D. J. Shoemaker, p. XIV, que insiste ademais em que é mais rica a bibliografia científico-social sobre delito e delinquência referente aos jovens que aos adultos.

[38] SERRANO MAÍLLO, A. Mayoría de edad en el Código de 1995 y delincuencia juvenil, p. 726-730 e 733-734.

[39] CUELLO CONTRERAS, J. *El nuevo derecho penal de menores*, p. 35.

[40] CRUZ BLANCA, M. J. *Derecho penal de menores*, p. 85.

[41] MOORE, M. H. Public Health and Criminal Justice approaches to prevention, p. 244 e 250.

As perguntas são agora as seguintes: pode uma mesma teoria ser aplicada à delinquência juvenil e à adulta, ou se exigem teorias separadas devido às diferenças existentes serem tão marcantes e relevantes, tornando imprescindível uma análise separada das características e correlatos, das causas e das possíveis respostas político-criminais? Podem se estender considerações, descobertas ou explicações de um campo a outro ou isso é arriscado? O enfoque tipológico, naturalmente, propõe teorias específicas e, ademais, tipologias de delinquentes juvenis *e* de criminosos adultos, diferenciadas entre si.[42]

Essa proposição, sem dúvida, não é inconsistente com as ideias de que infância, juventude e delinquência juvenil, assim como em outras idades, tenham na verdade um importante conteúdo de *construção social*. Não se trata *totalmente* de *essências*, mas de algo em parte construído por intermédio de representações e interações sociais.[43]

Nas palavras de Empey e Stafford, "as crianças não foram sempre observadas como delicadas e inocentes, nem seu afastamento da inocência foi sempre definido como legalmente delitivo".[44] Na atualidade, acredita-se que as crianças e também os jovens, são sujeitos *diferentes* dos adultos, mais inocentes, menos reprováveis por suas condutas ilícitas e mais necessitados de proteção e disciplina. Em todo caso, existe um fundo que pode ser objeto de uma pesquisa científica, empírica e positiva.[45]

Muitos enfoques vêm considerando, expressa ou tacitamente, que é imprescindível na investigação e teoria criminológicas distinguir entre delinquência juvenil e adulta. Klein, por exemplo, sustenta que existem diferenças importantes: os fatos cometidos por jovens e adultos seriam distintos; tal como a flexibilidade e sensibilidade às sanções de uns e outros; como também seriam diferentes as motivações para realizá-los, assim como as reações e a atitude da comunidade;[46] e que isso admite que "os atos criminosos juvenis e adultos são muitas vezes *qualitativamente* diferentes. São distintos no que se refere a seu significado, seu processo, com relação ao que nos dizem sobre o autor e o contexto do autor".[47]

---

[42] GIBBONS, D. C. *Delincuentes juveniles y criminales*, p. 107; vide também 53, 62, 135, 300-303 e 329; LOEBER, R.; FARRINGTON, D. P.; WASCHBUSCH, D. A. Serious and violent juvenile offenders, p. 17; PATTERSON, G. R.; YOERGER, K. Developmental models for delinquent behavior, p. 167, por exemplo.

[43] Vide PLATT, A. M. *The child savers*, p. 4-9 em especial e passim.

[44] EMPEY, L. T.; STAFFORD, M. C. *American*, p. 5; vide também BERNARD, T. J. *The cycle of juvenile justice*, p. 43-56.

[45] DURKHEIM, E. *Las reglas del método sociológico*, p. 20-23, 31, 35-36, 45-47 e 54-57 principalmente; LAFREE, G. *Rape and the Criminal Justice*, p. 8-13, 234-237 e passim.

[46] KLEIN, M. W. Watch out for the last variable, p. 26-27.

[47] KLEIN, M. W. Watch out for the last variable, p. 28; idem, crítico com as teorias gerais, *Street gangs and street workers*, p. 26-28.

Para esse criminólogo, parece difícil evitar uma *tipologia* que diferencie entre a delinquência dos jovens e a criminalidade dos adultos.[48]

A doutrina espanhola contemporânea, em geral, tem sido da mesma maneira muito sensível às diferenças – assim como às semelhanças – que existem entre ambos os fenômenos. Assim, diz-se que "a delinquência juvenil apresenta uma série de traços particulares com respeito à delinquência de adultos".[49] Herrero Herrero, por sua vez, expõe algo mais matizadamente: "São aplicáveis essas teorias [gerais] à delinquência juvenil? Em parte são aplicáveis [...]. Mas tampouco se pode negar que entre a delinquência de adultos e a delinquência juvenil existem poucas diferenças".[50]

Também certos correlatos ou até causas do delito podem ser válidos em um caso, mas não em outro. Isso se deve à forte correlação que existe entre idade e delito.

a) Por exemplo, Rechea Alberola e seus seguidores não encontraram em seu estudo de autoinformação, correlação alguma entre classe social e *delinquência juvenil*,[51] enquanto numerosos trabalhos a encontraram para o caso da criminalidade dos adultos e em geral.[52]

b) Outro exemplo pode ser dado pelos fatores biológicos ou genéticos. Algumas pesquisas encontraram influências biológicas na criminalidade dos adultos, mas não na dos jovens.[53]

Os dois exemplos, se aceitos, podem ter consequências lógicas e coerentes de que a prática de fatos delitivos se encontre mais difundida entre os jovens. Variáveis relacionadas com o delito em geral deixam de sê-lo quando nos fixamos na delinquência juvenil em concreto porque, ao encontrar-se o fenômeno muito mais difundido, a correlação se dissipa até desaparecer. Ou, entendido de outra maneira: entre os jovens delinquentes, depois de adultos, vão continuar sua carreira delitiva – em geral, são aqueles que possuem certas características –, mas outros não vão continuá-la ou, delinquem muito esporadicamente – os que carecem de certas características.[54]

---

[48] Deve-se acrescentar que diversas teorias podem ser especialmente compatíveis com a distinção etiológica entre delinquência juvenil e adulta, CLARKE, R. V.; FELSON, M. Introduction: Criminology, routine activity, and rational choice, p. 6.
[49] CRUZ BLANCA, M. J. *Derecho penal de menores*, p. 53.
[50] HERRERO HERRERO, C. *Criminología*, p. 442.
[51] RECHEA ALBEROLA, C. et al. *La delincuencia juvenil en España*, p. 38.
[52] SERRANO MAÍLLO, A. *Pobreza y delito*, p. 245.
[53] CAREY, G. Genetics and violence, p. 30-31 e 42; ROWE, D. C. *Biology and crime*, p. 30 e 33. Em todo caso talvez se deva advertir que a influência dos fatores biológicos na criminalidade parece ser pequena. Vide outro exemplo em SAMPSON, R. J. Urban black violence: the effect of male joblessness and family disruption, p. 376.
[54] Assim MOFFITT, T. E. Adolescence-limited and life-course-persistent offending: a complementary pair of developmental theories, p. 46; idem, Neuropsychology, antisocial

Por último, no tocante à prevenção e controle da delinquência juvenil, também se afirma que pode introduzir uma diferenciação entre esta última e a criminalidade de adultos. Desde logo, está claro que na América Latina, Brasil, Espanha e na maioria dos países de nosso âmbito cultural existe um amplo acordo em que os jovens devam ser *tratados* de maneira distinta dos maiores,[55] e uma mera referência às especialidades penais, processuais e penitenciárias é mostra suficiente disso.[56]

Assim, Boldova Pasamar afirma que "hoje em dia existe o convencimento de que o adulto e o menor representam realidades diferentes. Com efeito, o menor não é um pequeno adulto, mas distinto do adulto, com um traço social próprio, uma personalidade definida e diferente (em constante e vertiginosa evolução), que vincula a política social e, portanto, a política jurídica".[57] Talvez essas diferenças tenham um componente em parte mais cultural e social que *real* no sentido de essência.[58] Do estrito ponto de vista da prevenção e *resposta ao delito*, parece que as diferenciações entre jovens e adultos deveriam ser feitas mais com os delinquentes ou criminosos que com os delitos que praticam – ainda que não possam ser excluídas algumas atuações concretas dirigidas à prevenção de delitos ou de situações de perigo com os jovens em foco.[59]

A intervenção ressocializadora com sujeitos delinquentes – em quaisquer de suas múltiplas possibilidades – vem recebendo nos últimos anos grande atenção por parte da literatura e da pesquisa.

A ideia de que os jovens podem ter objetividade, especialmente aptos para essas intervenções, encontra-se muito difundida e merece atenção. E, ainda, muitos autores consideram que o razoável é começar com a intervenção o quanto antes, inclusive logo após o nascimento.[60]

---

behavior, and neighborhood context, p. 141-142 – talvez não seja demais esclarecer que não é preciso recorrer a sua teoria para que seja coerente a proposição do texto.

[55] Torres Fernández, M. E. La desjudicialización como respuesta a la delincuencia de menores de edad, p. 83.

[56] Assim a recente Lei penal do menor. O Código Penal espanhol de 1995 estabelece em seu art. 10 o seguinte: "Os menores de dezoito anos não serão responsabilizados criminalmente pelas regras deste Código. Quando um menor de dita idade cometa um fato delitivo poderá ser responsabilizado pelas regras dispostas na lei que regule a responsabilidade penal do menor". Vide assim mesmo o art. 16 c, sobretudo, da Lei Geral Penitenciária espanhola de 1979.

[57] Boldova Pasamar, M. A. In: Martín, L. G. et al. (Coord.). *Lecciones de consecuencias jurídicas del delito*, p. 345.

[58] Vide Bernard, T. J. *The cycle of juvenile justice*, p. 37-39 e 154-166 principalmente.

[59] Por exemplo, medidas como a proibição de beber na rua ou de prevenção de delitos em acontecimentos desportivos têm seguramente em mente os jovens.

[60] Farrington, D. P. Early developmental prevention of juvenile delinquency, p. 211 e 220. A intervenção pode começar antes, mas geralmente com o ambiente, e não com o sujeito mesmo.

Dessa forma, Lipsey aponta não só que a adolescência consiste em uma etapa formativa da vida, de modo que a promoção de comportamentos pró-sociais pode ser especialmente benéfica, mas que ao ter adiante toda a vida, que um jovem abandone uma carreira delitiva e de problemas sociais é algo especialmente benéfico para a comunidade e para ele mesmo.[61] Mais adiante, Redondo Illescas admite que os programas de tratamento parecem ser mais efetivos com os jovens[62] – apesar de advertir que aqui é mais fácil confundir os efeitos da idade com os do tratamento que no caso dos adultos. "Nos programas europeus analisados por Redondo, et al. (1997) se obteve maior efetividade relativa com os adolescentes (22%) e com os jovens (20%) que com os adultos (14%)."[63] Isso não quer dizer, naturalmente, que os programas centrados em criminosos adultos não sejam ou possam ser também efetivos ou que não possam sê-lo da mesma forma que os de jovens.[64]

O *enfoque do etiquetamento* ou *labeling approach*, pelo contrário, defende por meio de alguns de seus teóricos que a intervenção no caso dos jovens – ante os adultos – deve ser a mais limitada possível para evitar a estigmatização – a razão agora é que também se encontram em fase de formação.[65] Para essa orientação, o fato de que um jovem seja detido e depois julgado e condenado pode levá-lo a se ver como um delinquente e atuar como tal; também pode levar aos que o rodeiam a defini-lo e tratá-lo como um delinquente, com os mesmos efeitos. Aránguez Sánchez assinala, por exemplo, que até a sujeição a sanções tão leves como o trabalho em benefício da comunidade já pode ter efeitos estigmatizadores.[66] O fato de submeter o jovem a algum tipo de programa pode ter efeitos semelhantes: que o jovem e/ou a comunidade lhe vejam como um delinquente e isso o impulsione a uma carreira delitiva.

Parece, pois, que entre delinquência juvenil e adulta existem algumas diferenças importantes. Até que ponto isso exige um tratamento diferenciado em

---

[61] Lipsey, M. W. Juvenile delinquency treatment: a meta-analytic inquiry into the variability of effects, p. 84; vide também, ainda que matizado com respeito aos resultados, p. 125-126.

[62] Redondo Illescas, S. Criminología aplicada: intervenciones con delincuentes, reinserción y reincidencia, p. 200. Também Cullen, F. T.; Gendreau, P. Assessing correctional rehabilitation: policy, practice, and prospects, p. 139. A isso se acresce que as penas privativas de liberdade talvez não sejam muito efetivas no caso dos jovens, Dünkel, F. *Freiheitsentzug für junge Rechtsbrecher*, p. 414-415; Redondo Illesca, S. et al. *Justicia penal y reincidencia*, p. 142-145, por exemplo.

[63] Garrido Genovés, V. et al. *Principios de Criminología*, p. 780 (grifo suprimido).

[64] Cecil, D. K. et al. The effectiveness of adult basic education and life-skills programs in reducing recidivism: a review and assessment of the research, p. 215.

[65] Becker, H. S. *Outsiders*, p. 34; Schur, E. M. *Radical nonintervention*, p. 29-71; Torres Fernández, M. E. La desjudicialización como respuesta a la delincuencia de menores de edad, p. 83 e 86.

[66] Aránguez Sánchez, C. La pena de trabajo en beneficio de la comunidad, p. 38.

âmbitos como a explicação, a prevenção ou o tratamento é discutível; do mesmo modo que se prevalecem as semelhanças ou as diferenças.

Do ponto de vista etiológico não está nada claro que seja preciso distinguir entre delinquência juvenil e criminalidade adulta, e, por exemplo, diversas teorias clássicas insistem na viabilidade de enfoques gerais.[67] Algumas das mais modernas teorias, que prestam uma atenção decisiva ao fator idade, propõem modelos que abarcam ambos os fenômenos.[68] Para outras posições teóricas, porém, seria preciso uma análise diferenciada. Em qualquer caso e independentemente da postura que se adote, o que parece claro é que toda teoria criminológica deve conceder aos anos da juventude e mais concretamente à delinquência juvenil uma atenção preponderante.

III. SOBRE AS POSSIBILIDADES E LIMITES DAS TIPOLOGIAS DE DELITOS E DELINQUENTES EM CRIMINOLOGIA

1. Uma antiga tradição de tipologia

A ideia das tipologias é em criminologia tão antiga como ela própria. Após um período de certa desatenção, sua presença hoje é marcante.

Poucas teorias podem ser aplicadas de maneira plausível à delinquência juvenil e à criminalidade adulta; e o mesmo se pode dizer em hipóteses tais como a delinquência masculina e feminina[69] ou os distintos níveis de análise.[70]

O paradigma das carreiras criminais, que domina o debate criminológico sobretudo até os anos 1990 e cuja influência continua sendo decisiva, corresponde a dito enfoque tipológico; certas posições teóricas contemporâneas reivindicam--no de maneira expressa, como é o caso de algumas doutrinas neoclássicas e da criminologia do desenvolvimento ou o estudo de trajetórias. O recurso às tipologias é coerente com a proposta de teorias de médio alcance; também podem ser afins às diferenças individuais que inegavelmente existem entre os delinquentes e com algumas proposições de ciências que vêm tendo nos últimos anos uma

---

[67] GOTTFREDSON, M. R.; HIRSCHI, T. Career criminals and selective incapacitation. *Controversial issues in crime and justice*, p. 39; HIRSCHI, T. *Causes of delinquency*, p. 10-11, 16 e 51-53; HIRSCHI, T.; GOTTFREDSON, M. R. Age and the explanation of crime, p. 554, 570-573 e 579-582.

[68] LAUB, J. H.; SAMPSON, R. J. Turning points in the life course: why change matters to the study of crime?, p. 312 principalmente; MOFFITT, T. E. Natural histories of delinquency, p. 46-47; SAMPSON, R. J.; LAUB, J. H. *Crime in the making*, p. 6-21.

[69] BELKNAP, J. *The invisible woman*, p. 33-71 e 401-402; CHESNEY-LIND, M.; SHELDEN, R. G. *Girls, delinquency, and juvenile justice*, p. 81-91; LOEBER, R.; HAY, D. F. Developmental approaches to aggression and conduct problems, p. 507; MOFFITT, T. E. et al. *Sex differences in antisocial behavior*, p. 1-2.

[70] COHEN, A. K. *Deviance and control*, p. 41-47, principalmente 41.

grande influência em criminologia, como é o caso da psicologia. A insistência de certos autores, como é o caso de Gibbons, pode ser representativa do potencial do enfoque, sendo que as tipologias, enfim, aparecem, conscientemente ou não, por toda parte.

O que parece é que as mais modernas propostas são em grande parte distintas das mais tradicionais e o enfoque é, de todo modo, muito mais variado e heterogêneo do que se poderia pensar.

As tipologias podem oferecer importantes vantagens à criminologia, e não há nenhuma dúvida sobre se essa longa tradição e diversidade de enfoques descrita seja boa prova disso.

a) A partir de uma perspectiva puramente empírica ou indutiva, as tipologias ajudam a organizar as descobertas e as observações, e até podem resultar imprescindíveis para isso.[71] As tipologias, pois, são essenciais na descrição de fenômenos. Com efeito, uma tarefa importante da criminologia, da qual não nos ocupamos aqui, é a chamada *fenomenologia criminal*, que tem um caráter basicamente *descritivo*;[72]

b) como assinala Herrero Moreno, as tipologias destacam a profunda complexidade do fenômeno delitivo: trazem "à luz uma complexa, gradual e multifária realidade da vítima [e delitiva em geral], em contraste com a plana e superficial figura que se perfilhava nas legislações a partir de uma 'concepção de jardim de infância'";[73]

c) o enfoque tipológico tem um valor heurístico inegável.[74] Isso quer dizer que permite que propostas imaginativas, inspiradas, sejam introduzidas, o que representa sempre, a nosso ver, algo proveitoso para a teoria criminológica;[75]

---

[71] RODRÍGUEZ MANZANERA, L. *Victimología*, p. 81; SCHUR, E. M. *Radical nonintervention*, p. 17.
[72] Por fenomenologia criminal entendemos, seguindo principalmente SERRANO GÓMEZ, o estudo das formas de manifestação do delito. Inclui sobretudo a descrição de determinadas formas de delito, como as referentes à sua perpetração, seus correlatos espaciais e temporais, suas variações e regularidades, seus requisitos, suas consequências, sua conexão com outros delitos e comportamentos, características de seus autores etc.; vide GOTTFREDSON, M. R.; HIRSCHI, T. *A general theory of crime*, p. 16-44; SERRANO GÓMEZ, A. Tipología del delincuente español, p. 115-136; idem, La sustracción de vehículos de motor (Problemática y prevención), p. 313-330; idem, Centenario de "L'uomo delinquente". Anuario, p. 103-127; idem, Atracos a entidades bancarias, p. 40-46.
[73] HERRERA MORENO, M. *La hora de la víctima*, p. 138.
[74] GARRIDO GENOVÉS, V. *Técnicas de tratamiento para delincuentes*, p. 53; GIBBONS, D. C. *Delinquent behavior*, p. 94; idem, 1985: 171; HOOD, R.; SPARKS, R. *Key issues in Criminology*, p. 114.
[75] Vide CLARKE, R. V.; CORNISH, D. B. Rational choice, p. 40; CORNISH, D. Theories of action in Criminology: learning theory and rational choice approaches, p. 351.

d) também podem desempenhar papel importante na construção de teorias;[76]

e) para a explicação do delito e a sua resposta é possível que possam se beneficiar de teorias gerais e que contem com um apoio empírico superior. Inclusive é possível que não possa existir uma teoria geral do delito devido à heterogeneidade do fenômeno. Esse, sem dúvida, seria o argumento mais aceitável,[77] porém é mister destacar que sua natureza é empírica;

f) as tipologias, em conclusão e sem pretensão de exaurir, são decisivas para a tomada de determinadas decisões relacionadas com o âmbito penal e penitenciário e em relação ao ajuste dos tratamentos.

2. Alguns problemas que devem enfrentar as tipologias

Apesar de sua longa tradição em nosso âmbito e de suas possibilidades inegáveis, do estrito ponto de vista etiológico, os enfoques tipológicos devem enfrentar alguns problemas graves, a saber: o incremento da complexidade que significam, as sérias dificuldades de elaboração técnica, a versatilidade dos delinquentes e o caráter geral da ciência.

A. *O problema do incremento da complexidade* – talvez a dificuldade mais séria que deve enfrentar uma construção tipológica em face de uma teoria geral seja a complexidade que introduz.[78] Como no caso de qualquer distinção, um modelo que proponha uma explicação etiológica ou um enfoque de tratamento de alguma forma diferente para A e B é *em geral* mais complexo que outro que sugira uma unidade.[79] Quanto mais simples seja o modelo ou uma teoria, mais fácil será de se submeter à comprovação empírica e de refutar, do que se infere

---

[76] BLACKBURN, R. *The Psychology of criminal conduct*, p. 62; RODRÍGUEZ MANZANERA, L. *Victimología*, p. 81; VIGIL, J. D. *Barrio gangs*, p. 2.

[77] MOFFITT, T. E. Adolescence-limited and life-course-persistent offending: a complementary pair of developmental theories, p. 17 e 43-47.

[78] BLALOCK, H. M. *Theory construction*, p. 34; GOTTFREDSON, M. R.; HIRSCHI, T. The true value of lambda would appear to be zero: an essay on career criminals, criminal careers, selective incapacitation, cohort studies, and related topics, p. 215-216; idem, *A general theory of crime*, p. 50.

[79] Em que pese a literatura sugerir às vezes o contrário, as tipologias não são sempre e necessariamente mais complexas que as teorias gerais. Certamente o serão de regra e imediatamente em igualdade de condições – algo de outro lado difícil de encontrar. Na verdade, uma tipologia pode ainda manter bom nível de simplicidade e, desde logo, de refutabilidade. Ao mesmo tempo, uma teoria geral pode chegar a ser muito complexa e até irrefutável.

que quanto mais simples seja uma teoria, tanto melhor.[80] Esse é, pois, um critério importante do ponto de vista epistemológico.[81]

Alguns defensores das tipologias reconhecem expressamente que sua proposta é mais complexa e que, portanto, deve-se mostrar empiricamente superior a uma teoria geral para ser preferível.[82]

Ademais, as tipologias aparecem, em não poucas ocasiões, em teorias que de *per si* já revestem elevada complexidade, com o que simplesmente se dificulta ainda mais sua refutabilidade.

Como observado, uma das razões do relativamente decepcionante avanço da teoria criminológica nas últimas décadas pode ser encontrada nas enormes dificuldades para a refutação das diversas teorias propostas.[83] No caso concreto das tipologias, modelos pouco sofisticados – ou até vulgares – podem, diante de quaisquer descobertas empíricas, escapar potencialmente em muitas ocasiões da refutação, simplesmente aumentando ou redefinindo *ad hoc* os tipos para abarcar os casos negativos ou para excluir os que não resultem explicáveis de nenhuma maneira.[84]

Por exemplo, quando se encontra um caso que não pode ser situado em nenhuma das categorias das que compõem a tipologia, ou compartilha elementos de dois ou mais dos tipos, simplesmente se pode ampliar o número destes últimos, e assim sempre que apareçam casos negativos. No tocante ao tratamento reabilitador, Cullen e Gendreau aceitam que o enfoque do ajuste entre tipo de delinquente e de tratamento etc., acarreta o perigo de que as propostas tipológicas sejam intermináveis.[85]

---

[80] POPPER, K. R. *La lógica de la investigación científica*, p. 104 e 128-134, principalmente 134; idem, *Conjeturas y refutaciones*, p. 89 e 294.

[81] PATERNOSTER, R. et al. Do fair procedures matter? The effect of procedural justice on spouse assault, p. 262.

[82] BARTUSCH, D. R. J. et al. Is age important? Testing a general versus a developmental theory of antisocial behavior, p. 17, 34 e 39. Vide ainda as considerações de BLALOCK, H. M. *Theory construction*, p. 30-35.

[83] Vide POPPER, K. R. *La miseria del historicismo*, p. 52. Isso não quer dizer, claro, que o princípio de refutação seja concludente, vide POPPER, K. R. *La lógica de la investigación científica*, p. 49 e nota; algo assim mesmo reconhecido em Criminologia, LISKA, A. E. et al. Strategies and requisites for theoretical integration in the study of crime and deviance, p. 4.

[84] Vide BONTA, J. et al. A quasi-experimental evaluation of an intensive rehabilitation supervision program, p. 324-325; GIBBONS, D. C. *Delincuentes juveniles y criminales*, p. 43-44, 49 e 61. Com isso não pretendemos sugerir que não seja legítimo responder a um teste negativo com reformulações, redefinições... da teoria.

[85] CULLEN, F. T.; GENDREAU, P. Assessing correctional rehabilitation: policy, practice, and prospects, p. 129.

Pelo exposto, tipologias que estabelecem classificações claras e nítidas, firmes enquanto orientadas etiologicamente e independentes – como veremos – de critérios legais, que propõem um número aceitável de tipos, relativamente simples e, sobretudo, com uma preocupação por estabelecer hipóteses que possam ser submetidas a refutação, assim como com apoio empírico,[86] são muito promissoras na criminologia contemporânea. Os modelos vulgares são pouco aceitáveis. Isso não impede o seguinte:

a) que as explicações gerais, unitárias, continuem sendo preferíveis por ser, em geral, mais simples; e

b) que alguns teóricos favoráveis ao cultivo das tipologias advirtam que dicotomias, ou seja, simples classificações em geral, são demasiado simples para explicar um fenômeno tão complexo como a delinquência.[87]

Para alguns autores o recurso às tipologias poderia ser também atrativo do ponto de vista epistemológico porque se trataria de *teorias de alcance médio*:[88] teorias mais modestas e *simples* que incluem diferenciações inclusive já no terreno etiológico, porém mais conectadas com a realidade, mais próximas à observação e, presumivelmente, mais úteis.[89]

A criminologia, contudo, pode legitimamente ansiar a elaborar *grandes teorias* (gerais); uma teoria geral não tem realmente de ser tão ampla, geral, nem pode desejar explicá-lo todo; algumas teorias gerais foram redigidas em criminologia com uma grande sensibilidade pelo princípio da refutação.

Pelo exposto, então, nem pode se excluir a possibilidade das grandes teorias gerais em criminologia, nem podem se equiparar teorias gerais com grandes teorias nem tipologias com teorias de médio alcance.

B. O problema da elaboração técnica – a construção técnica de uma tipologia reveste, por sua vez, enormes dificuldades. Seria muito desejável que uma tipologia estabelecesse algumas categorias de delitos ou delinquentes sistemáticas, logicamente relacionadas, claras, exaustivas e completas, mutuamente exclusivas,

---

[86] Vide, por exemplo, MOFFITT, T. E. et al. *Sex differences in antisocial behavior,* p. 208-209, 211 e 214-224.

[87] GIBBONS, D. C. *Talking about crime and criminals,* p. 66; LOEBER, R.; FARRINGTON, D. P.; WASCHBUSCH, D. A. Serious and violent juvenile offenders, p. 16.

[88] BLACKBURN, R. *The Psychology of criminal conduct,* p. 60 e 62; GIBBONS, D. C. *Delincuentes juveniles y criminales,* p. 42; idem, Delinquent behavior, p. 94-96; idem, The assumption of the efficacy of middle-range explanation: typologies, p. 151; HERRERO HERRERO, C. *Criminología,* p. 160; HOOD, R.; SPARKS, R. *Key issues in Criminology,* p. 111; SCHÖCH, H. Klassifikation und typologie, p. 214 e 217. Sobre as teorias de alcance médio, vide Capítulo 4.

[89] MERTON, R. K. *Social theory and social structure,* p. 39-72.

facilmente refutáveis[90] etc. Ao mesmo tempo, deve-se reconhecer que isso seria demasiado exigente.[91]

a) O critério da classificação – uma das dificuldades das classificações é o *critério* a ser seguido. Na verdade, e como era de se esperar, existem infinidades de critérios possíveis.[92] Um dos mais seguidos é o da *classificação legal* de *delitos* – e, portanto, de *criminosos* que cometem tais delitos.

Os Códigos Penais agrupam os delitos, sobretudo a partir do bem jurídico que se protege. Assim, por exemplo, o espanhol se refere ao homicídio (e suas formas), ao aborto, às lesões, detenções ilegais e sequestros, ameaças, coações, delitos contra a liberdade e incolumidade sexual etc. Uma tipologia que segue esse critério poderia falar, por exemplo, de homicidas e assassinos, de sequestradores etc., ou dos respectivos delitos que realizam.

Embora tenham sido e ainda sejam muito aceitas, as classificações legais apresentam algumas dúvidas importantes, e se recomenda um ponto de vista mais propriamente criminológico.[93]

Às críticas gerais sobre as insuficiências de um conceito legal de delito deve se acrescentar:

1) que os critérios que seguem os Códigos são, no melhor dos casos, pouco relevantes criminologicamente falando – como é o caso do bem jurídico protegido; e
2) que em muitas ocasiões os Códigos não seguem fielmente seus próprios critérios – por exemplo, juntando delitos heterogêneos ou protegendo bens jurídicos distintos, e separando outros que poderiam aparecer juntos.

Uma posição matizada é a representada, entre outros autores, por Garrido Genovés, ao considerar que, ainda que os tipos legais às vezes sejam inexatos, o recurso a eles pode ser útil.[94] Em todo caso, também é certo que são raras as ocasiões em que se definem com precisão critérios não legais.[95]

---

[90] MORILLAS FERNÁNDEZ, D. L. Aspectos criminológicos de los psicópatas y asesinos en serie, p. 419; SUTHERLAND, E. H. Critique of Sheldon's varieties of delinquent youth, p. 11.
[91] Pensamos, portanto, que os critérios de avaliação para as tipologias e para as teorias gerais podem ser os mesmos.
[92] GIBBONS, D. C. *Delincuentes juveniles y criminales*, p. 38 e 44; PERIS RIERA, J. M. Aproximación a la Victimología. Su justificación frente a la Criminología, p. 103.
[93] CLINARD, M. B.; R. QUINNEY. *Criminal behavior systems*, p. 3-10; GIBBONS, D. C. *Delincuentes juveniles y criminales*, p. 38-39; LEMERT, E. M. *Social pathology*, p. 286; SUTHERLAND, E. H. *Principles of Criminology*, 3. ed., p. 218 e 220-222.
[94] GARRIDO GENOVÉS, V. *Técnicas de tratamiento para delincuentes*, p. 53; vide também BLACKBURN, R. *The Psychology of criminal conduct*, p. 62-63.
[95] GIBBONS, D. C. *Delincuentes juveniles y criminales*, p. 38 e 42-44.

Se, como dissemos, as tipologias podem ser especialmente convenientes enquanto sejam úteis para a explicação etiológica do delito ou para a resposta a ele, então possivelmente teremos de dar razão a Gibbons, talvez o autor contemporâneo que mais insiste no enfoque tipológico, quando afirma que "o *único caminho* para ter êxito consiste em descobrir uma série de categorias classificatórias verdadeiramente capazes de englobar homogeneamente, dentro de si, os *transgressores cujo delito se origina por um mesmo processo causal*" e que o outro trabalho é "formular uma *tipologia do diagnóstico* que sirva de base à aplicação da terapia".[96] Esse deve ser o critério de construção de tipologias mais promissor para quem compartilhe a vocação etiológica da criminologia.

b) O aspecto teórico ante o empírico – seguindo com os aspectos técnicos, se em algumas tipologias parecem predominar o aspecto empírico, em outras é o aspecto teórico o decisivo.[97]

Na verdade, ambas as orientações podem e costumam vir juntas – algo habitual em criminologia e nas Ciências Sociais e Humanas em geral.

Com efeito, não é possível estabelecer classificação alguma sem partir de um ponto de vista teórico, mais ou menos consciente e detalhado;[98] ao mesmo tempo, a constatação empírica é imprescindível para o teste, expansão e desenvolvimento de uma teoria ou tipologia – as inter-relações entre teoria e pesquisa empírica são agora também muito complexas.[99]

Tendo deixado isso assentado, é mister advertir que uma proposta tipológica deveria aprofundar em seus pontos de partida teóricos, já que mais ou menos inconscientemente se estará seguindo algum critério de tal natureza.

c) Problemas técnicos gerais – muitas outras dificuldades técnicas das tipologias são na verdade extensíveis a quaisquer enfoques teóricos, e de modo concreto às teorias gerais.

---

[96] GIBBONS, D. C. *Delincuentes juveniles y criminales*, p. 39-40 (grifos nossos); note-se que esse autor – também em várias outras passagens de sua obra –, coerentemente com sua proposição, dá uma importância decisiva à utilidade das propostas, a seu pragmatismo.

[97] BLACKBURN, R. *The Psychology of criminal conduct*, p. 63-71. FERDINAND, por seu turno, classifica a tipologia em empíricas, ideais e sintéticas, *Typologies of delinquency*, p. 48-58 – ao mesmo tempo em que também propõe uma tipologia de delinquentes individuais, p. 206-226.

[98] CLINARD, M. B.; R. QUINNEY. *Criminal behavior systems*, p. 1-3; GIBBONS, D. C. *Delincuentes juveniles y criminales*, p. 43 e 49; HOOD, R.; SPARKS, R. *Key issues in Criminology*, p. 114 e 117; SERRANO MAÍLLO, A. *Ensayo sobre el derecho penal como ciencia*, p. 32-33 e 78-79; vide também FERDINAND, T. N. *Typologies of delinquency*, 231; SCHÖCH, H. Klassifikation und typologie, p. 214.

[99] Vide CLINARD, M. B.; R. QUINNEY. *Criminal behavior systems*, p. 12-13. Em geral, trata-se de tipos ideais, vide WEBER, M. *Ensayos sobre metodología sociológica*, p. 7-10, 16-18, 55-56, 172 e 706-707, principalmente.

1) Assim se mantém a dificuldade em captar o dinamismo do delito e que por isso as tipologias costumam ser excessivamente estáticas;[100] mas o mesmo costuma ocorrer com a maioria das teorias tradicionais.[101]

2) Herrero Herrero acrescenta que a maioria das tipologias não inclui "os delinquentes da delinquência especificamente moderna: traficantes de influências, exploradores de informação privilegiada, delinquentes 'do computador' e da 'telemática', delinquentes de 'colarinho-branco' em geral",[102] ainda que também seja verdade que é pouco o que ainda hoje se conhece com segurança mínima sobre ditos fenômenos, incluída sua extensão;[103] e outra vez essa objeção, ainda que sem dúvida digna de consideração, também é aplicável à maioria das teorias gerais.[104]

3) Muitos autores não se sentem muito confortáveis com a ideia de *classes de pessoas*[105] que às vezes proporcionam as tipologias. A criminologia de orientação científica, positiva, parte da base da possibilidade de distinguir as pessoas atendendo a determinadas variáveis,[106] sem que isso, em todo caso, seja um impedimento para que também considere normal que um indivíduo possa delinquir.[107]

Enfim, as tipologias revestem sérios problemas epistemológicos; porém, a situação das teorias gerais tampouco é sempre muito melhor. Hoje reconhecemos que não é possível exigir uma teoria (geral) que seja clara e simples e facilmente refutável, que explique todos os casos (delitos) que se lhe apresentem ou que careçam de casos negativos: há uma visão mais *débil*.[108] Se trasladada – essa visão mais modesta – ao enfoque tipológico talvez então desapareçam alguns receios potenciais.[109]

---

[100] CORNISH, D.; CLARKE, R. V. Understanding crime displacement: an application of rational choice theory, p. 943; LEMERT, E. M. *Social pathology*, p. 316.
[101] LOEBER, R.; LE BLANC, M. Toward a developmental Criminology, p. 421; SAMPSON, R. J.; LAUB, J. H. A life-course theory of cumulative disadvantage and the stability of delinquency, p. 136.
[102] HERRERO HERRERO, C. *Criminología*, p. 164.
[103] Algo do que, por outro lado, é perfeitamente consciente esse autor, HERRERO HERRERO, C. *Criminología*, p. 281-282, n. 7, por exemplo.
[104] GEIS, G. On the absence of self-control as the basis for a general theory of crime: a critique, p. 44.
[105] SCHUR, E. M. *Radical nonintervention*, p. 13.
[106] Essa ideia, contudo, não implica necessariamente o recurso a tipologias, já que tal variável ou variáveis poderiam talvez ser reconduzidas a uma explicação etiológica única.
[107] GARCÍA-PABLOS DE MOLINA, A. *Tratado de Criminología*, p. 1197.
[108] SERRANO MAÍLLO, A. *Ensayo sobre el derecho penal como ciencia*, p. 193-200.
[109] LEMERT, E. M. *Human deviance, social problems, and social control*, p. 222. O que não parece aceitável é aplicar as rigorosas exigências metodológicas e epistemológicas apenas às hipóteses ou construções rivais, porém ser mais benévolo com as próprias; isso – que infelizmente acontece às vezes – têm sofrido os teóricos que seguem o caminho que nos ocupa.

C. *O problema da versatilidade* – algumas vezes se insiste em que o fenômeno, relativamente bem documentado na criminologia comparada, da *versatilidade dos delinquentes*[110] – isto é, que *não se especializam na prática do delito ou semelhantes fatos delitivos*, mas realizam delitos e inclusive outros atos desviados mais heterogêneos entre si – representa uma séria desvantagem para a construção de tipologias. Isso é certo para algumas modalidades, mas *não para todas*, e de fato os próprios proponentes desse enfoque se mostram conscientes e muito sensíveis a essa dificuldade.[111] Sem dúvida, é possível construir tipos de delinquentes e – sobretudo – de delitos que sejam compatíveis com a versatilidade daqueles, por exemplo os que distinguem as diferentes idades dos delinquentes, as que os classificam segundo o momento em que começam a delinquir ou a duração de suas carreiras.[112]

O problema da versatilidade repercute, sobretudo nas tipologias que partem de critérios legais no sentido de como as Leis Penais agrupam os delitos, seja no marco etiológico, seja do tratamento. Esse problema é especialmente sério, já que muitas das tipologias que se propõem, sobretudo no âmbito espanhol e ibero-americano, seguem critérios dessa natureza jurídico-penal. Nessas hipóteses, somente parece possível para seus defensores tratar de evitar o problema ou, reivindicar certa especialização: "Ainda que não se exija que os ofensores limitem suas ações ilegais a classes altamente específicas de infrações da lei, se aceita que grupos de delinquentes ou criminosos" mostrem certa concentração "de comportamentos delitivos em comum. A título de exemplo, certos criminosos tendem a se ver envolvidos na falsificação inocente de cheques e na embriaguez, excluindo outras classes de ilícitos";[113] com isso, praticamente se sugere que até certo ponto trata-se de um assunto de matizações acerca de como interpretar a especialização e suas consequências.[114]

---

[110] FARRINGTON, D. P. The explanation and prevention of youthful offending, p. 75-77 e 103.

[111] CLINARD, M. B.; R. QUINNEY. *Criminal behavior systems*, p. 3; GIBBONS, D. C. *Delincuentes juveniles y criminales*, p. 39; idem, *Delinquent behavior*, p. 95-96. Essa objeção é de uma relevância muito menor no caso das tipologias de delitos.

[112] MOFFITT, T. E. Adolescence-limited and life-course-persistent offending: a complementary pair of developmental theories, p. 40-41, deriva um prognóstico de sua teoria acerca dos delitos que tenderão a cometer os dois grupos de delinquentes que propõe; contudo, ambos os grupos de delitos são mais amplos e é provável que o prognóstico não se veja contrariado pela versatilidade: vale dizer que a autora vem a sugerir uma especialização muito geral. Vide, contudo, PIQUERO A. et al. Onset age and offense specialization, p. 293-294, com descobertas contrárias à hipótese da primeira.

[113] GIBBONS, D. C. *Delinquent behavior*, p. 95; vide também REDONDO ILLESCAS, S. Delincuencia sexual: mitos y realidades, p. 43; TOLAN, P. H.; GORMAN-SMITH, D. Development of serious and violent offending careers, p. 77.

[114] Com efeito, a definição de especialização é, ainda que difícil, decisiva e pode fazer que os estudos cheguem a conclusões opostas, BRENNAN, P. A. et al. Specialization in violence:

D. O caráter geral da ciência – A ciência, em qualquer caso, objetiva, sem dúvida, às generalizações[115] e nesse sentido somente deve recorrer às diferenciações, às tipologias quando esteja justificado; isto é, quando aprimore de maneira relevante a explicação, o prognóstico, a resposta ao delito. Também nesse sentido são preferíveis as teorias gerais. A possibilidade de encontrar uma teoria geral, ademais, não pode ser excluída: se é possível construir uma teoria dessa natureza é algo que "somente o tempo e o trabalho duro podem dizer";[116] até que se alcance – algo que nunca se poderá descartar –, o recurso às tipologias é perfeitamente legítimo. Recentes tipologias são muito meritórias, mas também parece possível elaborar uma teoria geral que explique de maneira plausível o comportamento dos diversos grupos.[117]

A pesquisa realizada por Simons e seus seguidores aponta para essa possibilidade:

> Muitas vezes se sustenta que os pesquisadores deveriam abandonar os esforços para identificar teorias que englobem um tipo particular de comportamento delitivo e deveriam em troca se concentrar em construir explicações teóricas da delinquência em geral. Nossos resultados sugerem uma postura até certo ponto distinta: *ainda que talvez não se necessitem de teorias díspares para explicar cada tipo de comportamento delitivo, talvez se requeiram processos teóricos distintos* que abarquem aos que começam a delinquir logo e aos que começam a delinquir mais tarde.[118]

Tais autores acreditam na construção de uma teoria única.

Novamente, o anteriormente afirmado está correto, mas também o que nos planos epistemológico e metodológico que agora nos ocupam, o recurso às classificações, às tipologias, representa algo habitual na ciência contemporânea, e muito mais no caso de algo tão heterogêneo como é o comportamento humano ou, em nosso caso, o delito.[119]

---

evidence of a criminal subgroup, p. 437; Haapanen, R. A.; Jesness, C. F. *Early identification of the chronic ofender*, p. 59. Aqui não podemos aprofundar no conceito devido a que o único que interessa ao texto é assinalar que não parece existir o grau de especialização que exigiria uma tipologia baseada em critérios legais e outros semelhantes para os quais estas referências e reflexões devem ser suficientes.

[115] Akers, R. L. *Deviant behavior*, p. 4.
[116] Cohen, A. K. *Deviance and control*, p. v.
[117] Vide, por exemplo, Sampson, R. J.; Laub, J. H. *Crime in the making*, p. 6-24.
[118] Simons, R. L. et al. Two routes to delinquency: differences between early and late starters in the impact of parenting and deviant peers, p. 271 (grifo nosso).
[119] Clinard, M. B.; R. Quinney. *Criminal behavior systems*, p. 1; Farr, K. A.; Gibbons, D. C. Observations on the development of crime categories, p. 223.

3. Uma questão de competição de teorias

Desse modo, queremos sugerir que o debate entre teorias gerais e teorias ou enfoques tipológicos recorra aos critérios tradicionais de avaliação e *competição de teorias caso a caso*:[120] uma teoria geral da etiologia ou da resposta ao delito – que nunca será perfeita – terá de *competir* com a tipologia sobre a base de critérios bem conhecidos como os de coerência interna, âmbito, simplicidade, grau de refutabilidade, apoio empírico ou utilidade político-criminal. Moffitt, por exemplo, critica as teorias gerais precisamente porque não explicam muito bem os fatos "epidemiológicos" do comportamento antissocial, tais como a estabilidade ou a desistência.[121]

Com isso, este autor parece assinalar que um modelo tipológico como o que ela mesma propõe é superior às teorias gerais até agora conhecidas por *razões empíricas*, o que representa um dos critérios de avaliação de teorias mais importantes. Isso sim, como vimos, de uma perspectiva estritamente epistemológica, uma teoria geral – se pode ser construída de maneira plausível – parte quase sempre com certa vantagem.

A questão, pois, pode ser reconduzida à *avaliação das propostas gerais e tipológicas concretas que se apresentem entre si.* Como veremos em seguida, existe uma série de critérios que permitem, dentro de alguns limites, decidir quais teorias são preferíveis. Isso não quer dizer que a *competição* possa ser decisiva e que um dos enfoques possa triunfar definitivamente.[122]

Desse modo, não parece que a discussão entre teorias gerais e tipológicas, considerada em geral e abstratamente, tenha uma natureza empírica e que seja imprescindível escolher *a priori* entre uma tática e outra. Trata-se mais de uma tomada de postura, de uma aceitação que não se pode refutar[123] e, portanto, não é uma questão a ser resolvida com os meios que a ciência positiva tem à sua disposição.

a) Assim, nunca será possível excluir a ideia de uma teoria geral. O próprio Gibbons reconhece essa situação quando afirma que, "pouco a pouco, *talvez se chegue a descobrir uma teoria geral*, abrangente das demais subteorias que se referem a cada tipo específico de transgressor", ainda que acrescente em seguida que, "atualmente, a crença mais compartilhada é que o melhor caminho para recolher elementos teóricos e dados empíricos com os quais se estruture

---

[120] HIRSCHI, T. *Causes of delinquency*, p. 15.
[121] MOFFITT, T. E. Adolescence-limited and life-course-persistent offending: a complementary pair of developmental theories, p. 43-44.
[122] Vide, contudo, MOFFITT, T. E. Adolescence-limited and life-course-persistent offending: a complementary pair of developmental theories, p. 46-47.
[123] PATERNOSTER, R.; BACHMAN, R. The structure and relevance of theory in Criminology, p. 4-5.

posteriormente dita teoria central consiste em empreender a busca de teorias explicativas *específicas*".[124]

b) No entanto, enquanto não exista a teoria geral *perfeita*, que explique todos os atos delitivos recorrendo a variáveis simples e altamente precisas em todas as situações e momentos históricos que prognostique a delinquência a nível individual e coletivo, propondo algumas medidas de prevenção e respostas simples e totalmente eficazes etc., tampouco será possível excluir a possibilidade de um enfoque tipológico cientificamente superior: se o primeiro não parece possível na ciência, muito menos em criminologia.[125]

O que temos, então, são *teorias* gerais e tipológicas *concretas*, com vantagens e inconvenientes, que devem competir entre si para decidir qual é cientificamente preferível. É também possível propor a *integração* entre algumas teorias entre si.

4. O enfoque tipológico na prevenção do delito e o tratamento do delinquente

As tipologias encontram bom espaço na prevenção e no tratamento do delito e dos delinquentes: delinquentes juvenis, sexuais, psicopatas etc., que precisariam de programas preventivos e tratamentos específicos.[126] É certo que, no tocante à prevenção com delinquentes, muitos dos enfoques atuais costumam propor mais intervenções gerais dirigidas a múltiplos fatores de risco.[127] Isso, contudo, não supõe nenhuma contradição eventual com um enfoque tipológico, visto que, se aconselha uma intervenção o mais cedo possível – "nunca é demasiado rápido"[128] –, pois então, ainda é simplesmente impossível identificar os grupos potenciais a que pertenceria cada garoto ou garota. Essas técnicas preventivas, pois, têm um caráter mais universal, ainda que, também se proponha que combinem com intervenções individualizadas ou por grupos. A ideia muitas vezes é combinar programas universais e tipológicos – em outro exemplo de integração.

A proposta de tipologias para a prevenção e tratamento do delito também se relaciona com alguns paradigmas de nossa disciplina. A criminologia do desenvolvimento propõe a relevância das tipologias em matéria de prevenção, por exemplo, estratégias diferentes segundo a idade em que se começou

---

[124] GIBBONS, D. C. *Delincuentes juveniles y criminales*, p. 42 (grifo parcial nosso).

[125] POPPER, K. R. *La lógica de la investigación científica*, p. 106 e 257-262; idem, *La miseria del historicismo*, p. 101-102.

[126] GARRIDO GENOVÉS, V. Intervención y tratamiento de los delincuentes hoy: hechos y esperanzas. Particular referencia a los delincuentes juveniles, sexuales, psicópatas y drogadictos, p. 108-120.

[127] LOEBER, R.; FARRINGTON, D. P. Executive summary, p. xxii; MOFFITT, T. E. et al. Neuropsychological tests predicting persistent male delinquency, p. 296.

[128] LOEBER, R.; FARRINGTON, D. P. Executive summary, p. xx (grifo nosso).

a delinquir;[129] ou afirma que um bom número de estratégias preventivas é útil e promissor em geral, mas sobretudo para certos tipos de sujeitos.[130] Do ponto de vista da prevenção de delitos, a criminologia neoclássica sugere que diversas técnicas podem ser especialmente convenientes segundo o tipo de delito – se bem que é mister reiterar que, do mesmo modo, esse enfoque é reconduzível a uma teoria geral unitária.[131]

Também no âmbito do tratamento reabilitador de delinquentes têm as tipologias, com efeito, um grande impacto.[132] A ideia é não apenas distinguir tipos de criminosos, ou delinquentes juvenis e criminosos adultos, ou entre os que precisariam de tratamento ou não, mas, também, *a forma de conjugar e ajustar tipos de tratamentos, tipos de criminosos e até tipos de especialistas e situações físicas*. Assim, Redondo Illescas afirma que "certas técnicas de tratamento [...] poderiam estar produzindo bons resultados com *determinados tipos de delinquentes e em contextos específicos*".[133] Ferdinand recomenda esse enfoque do tratamento diferencial, embora opina sobre a carência de muitos ajustes convenientes para as possíveis combinações, seja promissor[134] Novamente, a ideia de adequar tipo de tratamento e tipo de ofensor – e até tipo de profissional[135] – é intuitivamente muito atraente, ainda que se deva advertir que é bem mais antiga.[136]

Em todo caso, não pode resultar surpreendente que, devido às dificuldades, não deixa de faltar autores que sugerem a conveniência de enfoques gerais, unitários.[137]

---

[129] BARTUSCH, D. R. J. et al. Is age important? Testing a general versus a developmental theory of antisocial behavior, p. 15 e 42-43.

[130] HENRY, B. et al. Staying in school protects boys with poor self-regulation in childhood from later crime: a longitudinal study, p. 1070.

[131] Vide por todos CLARKE, R. V. Introducción a *Situational crime prevention*, p. 41-43.

[132] Novamente, uma orientação geral e unitária é preferível, por mais simples, a uma tipológica; em geral todas as considerações realizadas sobre as tipologias no âmbito etiológico são aplicáveis ao do tratamento reabilitador.

[133] REDONDO ILLESCAS, S. Criminología aplicada: intervenciones con delinquentes, reinserción y reincidencia, p. 197 (grifo nosso).

[134] FERDINAND, T. N. ¿Funcionan las penas?, p. 346-348, principalmente 348; também ANDREWS, D. A.; BONTA, J. *The Psychology of criminal conduct*, p. 255; BONTA, J. et al. A quasi-experimental evaluation of an intensive rehabilitation supervision program, p. 324. MACKENZIE, D. L. Criminal Justice and crime prevention, chega a afirmar que "a questão importante não é se algo funciona [em reabilitação e tratamento], mas o que funciona com quem" (grifo nosso).

[135] GARRIDO GENOVÉS, V. *Técnicas de tratamiento para delincuentes*, p. 249-255.

[136] GIBBONS, D. C. *Delincuentes juveniles y criminales*, p. 300 e 329; HOOD, R.; SPARKS, R. *Key issues in Criminology*, p. 193-194; PALMER, T. *Correctional intervention and research*, p. 43-44.

[137] PIQUERO, A. Frequency, specialization, and violence in offending careers, p. 411.

Convém, de todo modo, realizar aqui algumas breves reflexões:

a) A utilidade das tipologias no tratamento ressocializador de detentos depende de que, por meio delas, os delinquentes se ressocializem – no sentido de poder levar uma vida normal sem ter de recorrer ao delito (sem reincidir) –, o que pressupõe que previamente se encontrem as combinações certas e se identifiquem os detentos e se possa classificá-los corretamente.[138]

O resultado da prevenção e do tratamento que deve ser avaliado no estrito âmbito criminológico é apenas *se reduz o delito ou a criminalidade dos sujeitos*. Naturalmente, um programa pode ser fixado com outros objetivos; assim, Garrido Genovés afirma que "a intervenção nas prisões é necessária, do ponto de vista do *bem-estar dos detentos*, da sociedade, e *dos próprios trabalhadores penitenciários*".[139] Objetivos como os recém-assinalados e outros tanto imagináveis são, sem dúvida, muito valiosos e possivelmente valha a pena lutar por alcançá-los, mas para a criminologia têm um valor, na melhor das hipóteses, secundário. Julgar resultados de tal natureza não é competência da criminologia, e somente ela pode considerar o êxito de um programa quando reduz a criminalidade e o delito – com talvez alguma exceção, mas muito particular: redução do medo ao delito, satisfação da vítima etc.

O tratamento penitenciário recebe em nosso país algumas críticas, pois se entende que a *ressocialização* pode se converter em uma espécie de doutrinamento do delinquente em alguns valores que podem ser majoritários, mas que ele não compartilha e que no fundo poderia atribuir toda a responsabilidade do fato ao sujeito e não à sociedade, esquecendo a parte que corresponderia a esta e contribuindo para a manutenção do *status quo*.[140] Ainda que nunca seja demais refletir sobre os direitos dos delinquentes e, em especial, dos detentos e insistir neles, a crítica não parece, a nosso ver, muito aceitável, porque a ressocialização somente recomenda que o sujeito possa viver em sociedade sem necessidade de recorrer ao delito, não se aplicando coativamente.[141] A crítica supõe que os delinquentes têm alguns valores diferentes do resto dos cidadãos, algo que carece de apoio empírico.

Ainda que, de momento as conclusões não sejam definitivas e, em geral, continue sendo válida a advertência de Martinson de que as avaliações são me-

---

[138] Novamente trata-se de uma proposição geral, mas não de uma teoria, já que não se pode descartar a possibilidade de encontrar combinações adequadas, e, portanto é irrefutável.

[139] GARRIDO GENOVÉS, V. Intervención y tratamiento de los delinquentes hoy: hechos y esperanzas. Particular referencia a los delinquentes juveniles, sexuales, psicópatas y drogadictos, p. 95 (grifo nosso).

[140] MUÑOZ CONDE, F. La resocialización del delinquente. Análisis y crítica de un mito, p. 390-397. Uma resposta em GARRIDO GENOVÉS, V. Intervención y tratamiento de los delinquentes hoy: hechos y esperanzas. Particular referencia a los delinquentes juveniles, sexuales, psicópatas y drogadictos, p. 96-102.

[141] Vide, contudo, FISHBEIN, D. H. *Biobehavioral perspectives in Criminology*, p. 105-109.

todologicamente pobres,[142] existe um crescente conjunto de evidência empírica que sugere que o tratamento penitenciário com detentos – parte do qual recorre às tipologias – pode ser promissor na hora de reduzir sua reincidência.[143]

Deve-se assinalar que alguns criminólogos importantes e cientistas espanhóis, entre os quais se encontram os aqui amplamente citados, Garrido Genovés e Redondo Illescas, são responsáveis por algumas contribuições decisivas a esse campo da reabilitação de detentos em nível internacional. Seu destacado e muito ativo trabalho nos convida ao otimismo.

b) Outro problema sério das tipologias no tratamento penitenciário ressocializador – e na prevenção – é que precisam de uma *adequada identificação* dos sujeitos, isto é, enquadrá-los com uma segurança mínima no grupo respectivo, o que também reveste enormes dificuldades devido à escassa informação confiável com que, em geral, se vai ter e à imperfeição dos instrumentos classificatórios.[144]

Com isso, percebe-se que não somente devem ser *realmente efetivas* essas políticas *específicas*, mas, além disso, é preciso identificar os sujeitos. Como no geral se vai contar com poucos dados além do histórico delitivo, em muitos casos haverá uma tendência para tipologias baseadas em critérios legais – o que já sabemos que é problemático. A identificação e classificação dos delinquentes é uma tarefa complexa.

c) Novamente, a ideia de *versatilidade* sugere que algumas tipologias são de escassa utilidade nesse âmbito e que são preferíveis políticas gerais.[145]

d) Por último, o recurso às tipologias no tratamento reabilitador de delinquentes – sobretudo quando seguido um critério legal – poderia ter também em *efeito de etiquetamento*.[146]

Pelo exposto, basicamente pela heterogeneidade que encerram as categorias legais e pela versatilidade dos delinquentes, talvez o critério jurídico-penal não seja muito promissor para o tratamento reabilitador.[147] Em face desse cânone se propõem no âmbito da reabilitação outros também tipológicos, mas que susten-

---

[142] MARTINSON, R. What works? Questions and answers about prison reform, p. 48, principalmente. Atrevemo-nos a chamar a atenção sobre um problema potencialmente muito sério nesse campo, o desvio de publicação, BARNES, G. C. Defining and optimizing displacement, p. 99.

[143] BORDUIN, C. M.; SCHAEFFER, C. M. Violent offending in adolescence: epidemiology, correlates, outcomes, and treatment, p. 165.

[144] SORENSEN, D. W.M. Motor vehicle accidents, p. 126.

[145] PIQUERO, A. Frequency, specialization, and violence in offending careers, p. 411.

[146] SCHÖCH, H. Klassifikation und typologie, p. 217; e em geral vide SCHUR, E. M. *Radical nonintervention*, p. 64-70 principalmente.

[147] LÖSEL, F. ¿Sirve el tratamiento para reducir la reincidencia de los delincuentes sexuales?, p. 376 e 387.

tam, como no caso de Fishbein, que o tratamento dos delinquentes deve levar em conta os fatores de risco de cada indivíduo ou quais deles são mais perigosos – ambos os critérios são, além disso, compatíveis –, mas não os seus *resultados*, ou seja, os delitos concretos que são realizados.[148]

Assim, o considerado informe do Departamento de criminologia e justiça criminal da Universidade de Maryland sobre a prevenção do delito, considera que certamente são efetivos os programas de reabilitação de delinquentes juvenis e adultos que aplicam tratamentos apropriados aos fatores de riscos daqueles, mas são inúteis quando não levam em conta esses fatores de risco de cada criminoso.[149] No que se refere ao segundo ponto, conhecidos psicólogos, como Andrews, Bonta e outros, propõem o *princípio do risco* como um dos fundamentais para a reabilitação de criminosos; de acordo com tal princípio, devem ser reservados os níveis mais altos e intensos de tratamento para os delinquentes com um risco de reincidência maior.[150] Trata-se, pois, de duas apostas tipológicas no terreno da reabilitação que não seguem critérios legais.

---

[148] FISHBEIN, D. H. Conferencia pronunciada en el Departamento de Derecho penal y Criminología de la UNED.

[149] SHERMAN, L. W. et al. Preventing crime: what works, what doesn't, what's promising, p. 8-9; vide também ANDREWS, D. A. et al. Does correctional treatment work? A clinically relevant and psychologically informed meta-analysis, p. 382-383; BONTA, J. et al. A quasi-experimental evaluation of an intensive rehabilitation supervision program, p. 320-321; MACKENZIE, D. L. Criminal Justice and crime prevention.

[150] ANDREWS, D. A.; BONTA, J. *The Psychology of criminal conduct*, p. 242-243, 268, 270-271; ANDREWS, D. A. et al. Classification for effective rehabilitation. Rediscovering Psychology, p. 20 e 23-31; ANDREWS, D. A. et al. Does correctional treatment work? A clinically relevant and psychologically informed meta-analysis, p. 374 e 380-385; BONTA, J. et al. A quasi-experimental evaluation of an intensive rehabilitation supervision program, p. 324 e 327. GARRIDO GENOVÉS, V. *Técnicas de tratamiento para delincuentes*, p. 242, acrescenta que "em matéria de delinquência sexual também se cumpre a regra que afirma que o perigo de reincidência é maior quanto mais grave é a carreira delitiva do sujeito no momento de se realizar o diagnóstico".

Capítulo 4
A TEORIA CRIMINOLÓGICA

I. A RELEVÂNCIA DA TEORIA PARA A CIÊNCIA CRIMINOLÓGICA

1. O conceito de teoria

A. *A teoria – as teorias são conjuntos de hipóteses ou conjecturas organizadas mais ou menos sistematicamente, que podem ser submetidos a oposição mediante a observação de fatos empíricos.* Uma teoria não se limita a *descrever* a realidade, mas objetiva *definir e explicar* as relações e os processos que têm lugar em seu cerne.[1] Essa definição e proposição derivam das ideias de Popper, amplamente expostas no Capítulo 1.

As teorias, contudo, são apenas *modelos*, não são imagens fiéis e exatas do mundo real: este é simplesmente demasiado complexo e inacessível para que a limitada capacidade do conhecimento humana possa almejar abarcá-lo e entendê--lo completamente. Uma teoria *não é um espelho da natureza*[2] – ainda que isso não impeça que certamente exista um mundo real que, dentro de alguns limites, se possa almejar conhecer. É também um *modelo* no sentido de que a realidade não contém leis, conceitos, relações causais etc. – todos eles elementos básicos de qualquer teoria –, mas a ciência recorre à criações humanas. As teorias são abstratas, de modo que não podem ser contrastadas diretamente com a realidade: apenas as hipóteses que delas derivam podem sê-lo. Por esse motivo, o que se

---
[1] Vide BERNARD, T. J. A theoretical approach to integration, p. 137; BLALOCK, H. M. *Theory construction*, p. 1-2; COHEN, A. K. Multiple factor approaches, p. 77-78; GIBBS, J. P. The methodology of theory construction in Criminology, p. 24-27; GLASER, B. G.; STRAUSS, A. L. *The discovery of grounded theory*, p. 35-43; TITTLE, C. R. The assumption that general theories are not possible, p. 93-95; idem, Prospects for synthetic theory: a consideration of macro-level criminological activity, p. 161-162; WALLACE, W. L. *The logic of science in Sociology*, p. 33, 42, 47, 63-68 e 77-80; WELLFORD, C. F. Towards an integrated theory of criminal behavior, p. 126-127.
[2] RORTY, R. *La Filosofía y el espejo de la naturaleza*, p. 323-355.

submete a refutação são hipóteses definidas da maneira mais precisa possível, que são derivadas a partir da teoria abstrata.³

A pretensão de uma teoria é explicar, dentro de seu âmbito de estudo, quanto mais fenômenos melhor e da maneira mais precisa, completa e simples possível. Nesse sentido, existem teorias mais ou menos acabadas conforme se aproximem de dito fim. *O desenvolvimento das teorias é*, então, *variável*.⁴

a) As *teorias formais*, que inclusive podem pretender ser formuladas em termos matemáticos, aproximam-se de um sistema completo e fechado de hipóteses perfeitamente definidas e logicamente relacionadas entre si. Claro, ainda que fosse altamente recomendável aproximar-se de formulações teóricas desse tipo,⁵ isso é muito difícil e em criminologia praticamente não existe, mas todas as teorias são muito mais limitadas.

b) A maioria das teorias criminológicas mais importantes são explicações mais ou menos amplas e precisas que pretendem propor dedutivamente hipóteses claras e consistentes entre si que possam ser submetidas a propósitos de refutação e superá-los com êxito.

A maioria das teorias aqui analisadas tem essa natureza.

c) Outras vezes nos encontramos diante de um *enfoque, perspectiva, aproximação* etc., que talvez possam ser considerados *teorias*, mas somente *em um sentido muito débil*. Assim, pode ser que somente se refiram a uma pequena parte dos fatores que influem no fenômeno delitivo e não oferecem uma explicação completa, que chame a atenção sobre algo que possa acontecer, mas sem afirmar que seja geral etc.

A teoria da dissuasão basicamente afirma que, se as penas são certas e severas, tenderão a prevenir a prática de fatos delitivos. Diversos proponentes do *labeling approach*, o *enfoque* do *etiquetamento*, afirmam que o etiquetamento de um sujeito como delinquente não o levará, em absoluto, a uma carreira delitiva em todos os casos, mas certamente poderá acontecer ocasionalmente; ao mesmo tempo, também reconhecem que se pode desenvolver uma carreira delitiva sem ter sido etiquetado ou sem que o rótulo tenha desempenhado um papel decisivo.⁶

d) Por último, existem meras *descrições* de fenômenos no âmbito do delito ou dos delinquentes, mas sem oferecer explicações. Outras posturas também buscam a *realizar previsões* – por exemplo, se é provável que um determinado

---

³ Vide, sobre tudo isso, POPPER, K. R. *La lógica de la investigación científica*, passim.
⁴ GARRIDO GENOVÉS, V. et al. *Principios de Criminología*, p. 160-161.
⁵ GIBBS, J. P. The methodology of theory construction in Criminology, p. 23-24; GLASER, B. G.; STRAUSS, A. L. *The discovery of grounded theory*, p. 32-35, 42 e 70-99; SHORT, J. F. The level of explanation problem in Criminology, p. 64.
⁶ LEMERT, E. M. Response to critics: feedback and choice, p. 244-246.

sujeito pratique delitos ou não no futuro – e a propor programas de prevenção ou tratamento não muito vinculados solidamente com a teoria.

Esse é o caso de muitas tipologias de delinquentes que guardam relação com características dos autores, com seu *modus operandi* etc., mas que não constituem explicações etiológicas nem teorias gerais em sentido estrito.

B. *Proposições articuladas e proposições latentes* – As teorias não somente se compõem de afirmações mais ou menos explícitas sobre o delito e os delinquentes, mas contêm todas elas uma série de *proposições latentes*.[7] Com efeito, cada teoria é coerente com alguma ou algumas concepções determinadas do ser humano, da sociedade, das políticas criminais mais promissoras etc. Einstadter e Henry, por exemplo, situam o ponto de partida de seu manual em "cinco dimensões analíticas inter-relacionadas que se encontram no âmago de qualquer teoria criminológica", esquema com o qual analisam diversas teorias criminológicas. As dimensões são as seguintes:

a) a natureza humana e o comportamento humano;

b) a sociedade e a ordem social;

c) o papel da lei, a definição do delito e a imagem do delinquente;

d) a lógica causal; e, por último,

e) as implicações de justiça criminal.[8]

Às vezes, inclusive, os criminólogos optam por uma ou outra teoria por lhes parecerem especialmente coerente com suas concepções pessoais sobre questões tão importantes como as anteriores.[9] Isso é, sem dúvida, discutível, porque, como apontam Akers e outros, as preferências pessoais não constituem um critério de avaliação cientificamente aceitável e porque na maioria das vezes nem as conexões entre teorias e proposições latentes são tão necessárias, nem cada teoria é coerente com uma postura única.[10]

Apesar disso, talvez não se possa excluir que pontos de vista pessoais desempenhem, até inconscientemente, algum papel nas preferências teóricas,[11]

---

[7] HAWKINS, D. F. Introducción, p. xx; PATERNOSTER, R.; BACHMAN, R. The structure and relevance of theory in Criminology, p. 4-7.

[8] EINSTADTER, W.; HENRY, S. *Criminological theory*, p. 2-4, e também p. 5-25; os autores esclarecem que "é nosso propósito principal avaliar as diversas perspectivas teóricas sobre se estão respaldadas pela evidência das investigações" (p. 25).

[9] GIBBS, J. P. The methodology of theory construction in Criminology, p. 180.

[10] AKERS, R. L. *Criminological theories*, p. 6; AKERS, R. L.; SELLERS, C. S. *Criminological theories*, p. 12-14; GOULDNER, A. W. *The coming crisis of western Sociology*, p. 30. Vide, contudo, MEIER, R. F. An introduction to theoretical methods in Criminology, p. 15-16.

[11] SERRANO MAÍLLO, A. *Ensayo sobre el derecho penal como ciencia*, p. 27-28.

assim como o êxito e a aceitação de uma teoria criminológica também se vejam influenciados por elementos extracientíficos que podem ter a ver com o atrativo – suposto ou real – de suas proposições latentes.[12]

Por exemplo, para a teoria do controle social, o ser humano é egoísta e busca seu próprio interesse acima de tudo; compartilha a ideia hobbesiana de que *o homem é o lobo do próprio homem*.[13]

Para muitos dos defensores do tratamento penitenciário, seu êxito demonstraria que a natureza humana é flexível e, portanto, suscetível de melhora e que as pessoas não são umas melhores que as outras. Muitas vezes, como acabamos de assinalar, as conexões não são tão claras.

Como sabemos, para a teoria clássica e neoclássica o delito é produto de uma eleição racional, mas essa afirmação é interpretada por alguns como coerente com um ser humano livre que exerce seu livre-arbítrio;[14] e por outros como que o ser humano é, na verdade, um ser determinado – não livre –, que se vê impelido ao delito quando os benefícios superam os custos.[15]

C. *A criminologia como ciência multiparadigmática* – no Capítulo 2 introduziu-se o conceito de *paradigma*, de acordo com o qual teorias de épocas diferentes não poderiam ser comparadas entre si e não se poderia decidir qual é superior – seriam *incomensuráveis* –, já que inclusive reconheceriam critérios de avaliação diferentes.[16]

A questão é, então, se em uma mesma época podem coexistir de uma vez dois paradigmas ou mais. Kuhn já afirmou que existem circunstâncias "nas quais dois paradigmas podem coexistir pacificamente", apesar de que se apressou em acrescentar que essas circunstâncias seriam bem "raras".[17]

Como era de esperar, diversos autores defendem que *a criminologia contemporânea é uma ciência multiparadigmática*, no sentido de incluir mais de um sistema de teorias que não poderiam ser comparados entre si, de modo que não se poderia avaliar qual é superior.[18] É possível, desse modo, que existam teorias

---

[12] PATERNOSTER, R.; BACHMAN, R. The structure and relevance of theory in Criminology, p. 8.
[13] Vide BERNARD, T. J. Merton versus Hirschi: who is faithful to Durkheim's heritage?, p. 89.
[14] Assim os próprios EINSTADTER, W.; HENRY, S. *Criminological theory*, p. 47-51, principalmente p. 51.
[15] GIBBS, J. P. *Crime, punishment, and deterrence*, p. 24 e 146; VAN DEN HAAG, E. The neoclassical theory of crime control, p. 185-186.
[16] SERRANO MAÍLLO, A. *Ensayo sobre el derecho penal como ciencia*, p. 87-89.
[17] KUHN, T. S. *The structure of scientific revolutions*, p. xi.
[18] GARRIDO GENOVÉS, V. et al. *Principios de Criminología*, p. 163; HENRY, S.; MILOVANOVIC, D. Constitutive Criminology: the maturation of critical theory, p. 293-294; SERRANO MAÍLLO, A. *Ensayo sobre el derecho penal como ciencia*, p. 84.

situadas em paradigmas distintos, não podendo decidir racionalmente qual é preferível.[19]

Por exemplo, como assinala Stangeland, algumas proposições críticas radicais caracterizadas por seu antiempirismo *não podem ser comparadas* com as teorias da criminologia majoritária porque seus pontos de partida epistemológicos e metodológicos são muito diferentes.[20]

Os positivistas tenderiam a pensar que ditas posturas críticas (radicais e antiempíricas) são a "velha ladainha";[21] e os defensores destas que os primeiros são simplesmente um instrumento nas mãos do poder.[22]

O diálogo entre as posturas é muito difícil, e os cultivadores de uma ou outra quase pode se afirmar com Kuhn que *trabalham em mundos diferentes*.[23]

A proposição dos paradigmas, pois, pode ser aceita. Do estrito ponto de vista positivo em que se move esta *Obra* – chame-se paradigma positivista ou até científico[24] se quiser –, a ciência oferece, sem dúvida, uma série de critérios para a avaliação e comparação de teorias entre si.

Daí não se infere – não importa repetir – que o não refutável careça de valor, em absoluto, mas simplesmente que não pertence ao âmbito da ciência tal e como se concebe majoritariamente.

Como é fácil de compreender, a ideia dos paradigmas acarreta grandes dificuldades para as ciências, e também para a criminologia.

O paradigma positivista não só é o majoritário, mas tem sido capaz de estabelecer com segurança importantes descobertas sobre o delito, construir teorias de certa verossimilhança ou propor programas de prevenção e controle do delito com certas esperanças.

2. O conceito de causa

As teorias criminológicas oferecem explicações do delito, isto é, preocupam-se com as *causas do delito*, ou seja, respondem a perguntas do tipo *por quê?*, tais como: por que algumas pessoas delinquem?, por que algumas pessoas delinquem mais que outras?, por que existe uma determinada taxa de delinquência em uma dada sociedade ou comunidade? Por que esta varia?[25] Não é a única função rele-

---

[19] Acerca da ideia de indecidibilidade, vide SERRANO MAÍLLO, A. *Ensayo sobre el derecho penal como ciencia*, p. 89-90.
[20] STANGELAND, P. *La delincuencia en España*, p. 210.
[21] TOBY, J. *The new Criminology is the old baloney*, p. 124.
[22] BUSTOS RAMÍREZ, J. J.; MALARÉE, H. H. *Lecciones de derecho penal*, p. 24-25.
[23] KUHN, T. S. *The structure of scientific revolutions*, p. 118.
[24] GARRIDO GENOVÉS, V. et al. *Principios de Criminología*, p. 164.
[25] GIBBONS, D. C. *Talking about crime and criminals*, p. 45, 69 e 96.

vante da criminologia e da teoria, e sim a mais importante. A teoria criminológica tem, pois, clara vocação etiológica.

A causalidade refere-se a certa relação entre dois fenômenos; quando estes são graduáveis, são conhecidos como *variáveis*.[26] Uma variável é simplesmente um fenômeno que pode *variar*: ser medido e ter diferentes valores. Por exemplo, a pobreza, as receitas, o nível de estudos, os delitos que alguém comete e sua gravidade.; alguém pode ter 10, 30, 50 anos, de forma que a idade é uma variável etc. Algumas variáveis estão intimamente relacionadas entre si, de modo que a presença de uma delas costuma significar que a outra também está presente; ou o aumento ou diminuição dos valores de uma costuma estar associado ao aumento ou diminuição dos valores da outra: como sabemos, idade e número de delitos estão assim relacionados. Nesses casos, fala-se, ao menos, de *correlação* ou *covariação* entre duas variáveis.

Às vezes, a relação implica que algumas variáveis podem *influir* sobre outras, afetando seus valores e, então, se fala de *variável independente* – a que influi na outra – e de *variável dependente* – a que é influenciada. *Em termos de causalidade*, a variável independente influi causalmente na dependente. Talvez o seguinte esquema seja de alguma ajuda:

Variável Independente → Variável dependente

A discussão acerca do conceito de causalidade é tradicional na filosofia e na filosofia da ciência. A polêmica acerca de se poder falar ou não de causalidade ou sobre os mais diversos tipos e concepções de causalidade remonta aos primeiros cultivadores da filosofia e da ciência. O debate é, em todo caso, de uma complexidade enorme.

A causalidade e as leis causais são um produto humano e não existem na natureza; na natureza somente existem correlações, não relações causais.

Em criminologia, entende-se majoritariamente que o conceito de causa se encontra composto por *três requisitos: a existência de uma correlação entre dois fenômenos, que o que constitui a variável independente seja anterior ao outro e a ausência de uma terceira variável que*, quando levada em conta, *faça desaparecer a relação*.[27]

a) Covariantes A e B devem se encontrar associadas estatisticamente no sentido que vimos: que a presença de uma venha acompanhada da outra; ou que

---

[26] O conceito oposto ao de variável é o de constante: um fenômeno que não varia, mas tem sempre o mesmo valor.

[27] GOTTFREDSON, M. R.; HIRSCHI, T. *A general theory of crime*, p. 218; HIRSCHI, T.; SELVIN, H. C. False criteria of causality in delinquency research, p. 258-266; idem, *Principles of survey analysis*, p. 37-38, 44-54, 68-69, 73-75 e 81-85; KEMPF, K. L. The empirical status of Hirschi's control theory, p. 167-172; PATERNOSTER, R. The deterrent effect of the perceived certainty and severity of punishment: a review of the evidence and issues, p. 179-181 e 184; VOLD, G. B et al. *Theoretical Criminology*, p. 318; idem, *Theoretical Criminology*, p. 6-7.

a variação vá acompanhada da variação da outra. Nesse ponto não se distingue ainda entre variáveis independentes e dependentes.

As duas variáveis que se correlacionam mais firmemente com o delito são o sexo e a idade. Os homens delinquem muito mais que as mulheres: a presença de dito valor *masculino* costuma vir acompanhado de muito mais delitos que o feminino. Até aproximadamente vinte anos, um aumento da idade vai acompanhada de um aumento do número de delitos – correlação positiva: ambas as variáveis convergiriam para o mesmo sentido –, a partir de dita idade os delitos diminuem – correlação negativa. Como veremos, nem idade nem sexo são causas do delito, mas nada mais e nada menos que correlatos.[28] Outra variável que se correlaciona com o delito é o consumo de drogas: a delinquência e o uso de drogas costumam coincidir em muitas pessoas.

b) Ordem temporal. "A" deve ser temporalmente anterior a "B", deve aparecer antes no tempo; trata-se, pois, de uma questão de ordem temporal: apenas o anterior pode causar o posterior, e nunca o contrário. Trata-se de uma exigência lógica.

Para muitas pessoas o consumo de drogas costuma ser temporalmente anterior à prática de delitos: alguém vicia-se em drogas e *logo* delinque. Essa hipótese pode ser testada empiricamente e ver, com efeito, se o consumo aparece antes do delito ou, ao contrário, que primeiro se tende a delinquir e em seguida se consomem drogas. No caso desta segunda descoberta, o consumo de drogas já não poderia ser considerado uma causa do delito.

c) Que a relação não seja falsa ou espúria. A relação não deve desaparecer quando se leva em conta uma terceira variável, "C", que seja anterior às outras duas.

A afirmação – "o consumo de drogas é uma causa do delito" –, muitas vezes presente na lei penal, não somente cavariam e a ordem temporal é o hipotetizado, mas, também a relação não é falsa, espúria, mas sim causal. Por esse motivo, por exemplo, as leis penais espanhola e brasileira promovem o tratamento dos usuários como uma medida de prevenção do delito.

Contudo, importantes pesquisas sugerem que a relação pode ser falsa e que existe uma variável ou variáveis prévias que levadas em consideração fazem desaparecer a relação entre consumo de droga e delito. Esta terceira variável "C" seria *a verdadeira causa do delito* – e também do consumo de drogas.

Para Gottfredson e Hirschi, por exemplo, um baixo autocontrole é a causa de ambos os fenômenos, de modo que entre eles não existe nenhuma relação causal.[29] Existe uma correlação e até se poderia encontrar a ordem temporal hipotetizada, mas parece que a relação é falsa.

---

[28] Ainda que também sejam temporalmente anteriores ao delito, HIRSCHI, T.; SELVIN, H. C. *Principles of survey analysis*, p. 86-87.

[29] GOTTFREDSON, M. R.; HIRSCHI, T. *A general theory of crime*, p. 90-91, 93, 140 e 233-234. Também ELLIOTT, D. S. et al. *Explaining delinquency and drug use*, p. 12; GULLOTTA, T. P. et al. *Delinquent violent youth*, p. 98 e 111.

O autocontrole se forma nos primeiros anos de vida, de modo que é temporalmente anterior a ambos os fenômenos: "Os estudos longitudinais anteriores afastam a conclusão de que os delitos causam o consumo de drogas [...] Também afastam a conclusão mais razoável de que o delito e consumo de drogas têm causas comuns".[30]

Com esses três requisitos, pode-se considerar que existe uma relação causal entre duas variáveis. Como assinalam Hirschi e Selvin, "consideraremos que 'A' é uma causa de 'B' se satisfeitos todos esses três critérios; daí se segue que *demonstrar que quaisquer dos três é falso* é suficiente para mostrar que 'A' não é uma causa de 'B'".[31]

d) Por último, alguns autores acrescentam um quarto requisito: que exista uma explicação para a relação causal.[32] Por exemplo, não bastaria assinalar que o consumo de drogas motiva o delito, mas que teria de incorporar de maneira plausível uma razão teórica – porque se necessita de dinheiro para adquirir drogas, pelo tipo de pessoas com quem tende o consumidor a se relacionar, porque este se vê imerso em uma subcultura que favorece a prática de fatos delitivos etc.

A exigência deste ulterior requisito não parece, contudo, aceitável: pode passar que se encontre uma causa potencial do delito, mas que não se possa explicar como pode ser que opere.[33] É perfeitamente imaginável que estudos longitudinais – como acabamos de ver – encontrem uma relação causal entre prática de delitos e consumo de drogas e que isso seja difícil de explicar teoricamente – de fato, Gottfredson e Hirschi se perguntam se é lógico que o roubo possa acarretar o consumo de drogas.[34]

Finalmente, a criminologia majoritária costuma afirmar que o conceito de causa a que se recorre é um *conceito probabilístico*.[35] Afirmar que algo é uma

---

[30] GOTTFREDSON, M. R.; HIRSCHI, T. *A general theory of crime*, p. 233. Uma relação hipotética causal entre drogas e delito poderia corresponder a alguma das seguintes possibilidades: que o consumo de drogas cause, ao menos em parte, a prática de fatos delitivos; que o delito cause o consumo de drogas; que a relação dependa do tipo de indivíduo ou delito; ou que exista uma causalidade recíproca ou interativa, no sentido de THORNBERRY, T. P. Empirical support for interactional theory: a review of the literature, p. 201-205. Também pode ser que não exista nenhuma relação causal, como sugere o texto.

[31] HIRSCHI, T.; SELVIN, H. C. *Principles of survey analysis*, p. 38 (grifo nosso).

[32] SEGE, R. D. Life imitating art: adolescents and television violence, p. 142; VOLD, G. B. et al. *Theoretical Criminology*, p. 6.

[33] HIRSCHI, T.; SELVIN, H. C. *Principles of survey analysis*, p. 38.

[34] GOTTFREDSON, M. R.; HIRSCHI, T. *A general theory of crime*, p. 233.

[35] AKERS, R. L. *Criminological theories*, p. 10; AKERS, R. L.; SELLERS, C. S. *Criminological theories*, p. 9; VOLD, G. B. et al. *Theoretical Criminology*, p. 7-8. Essa postura é, contudo, difícil de aceitar. Vide também POPPER, K. R. *La lógica de la investigación científica*, p. 57-60, especialmente p. 59.

causa do delito não quer dizer que *sempre* que se apresente essa causa se produzirá como consequência necessária o delito ou nos encontraremos diante de um delinquente. Ao contrário, apenas se afirma que, diante da presença de dita causa, *é mais provável* que se cometa um delito ou que alguém se torne um delinquente.

As causas costumam ser propostas no âmbito de uma teoria; a ideia de causa é coerente com a disposição humana ao saber; ainda que o conhecimento etiológico não seja imprescindível para desenvolver políticas ou programas de prevenção, controle ou tratamento do delito, diz-se com acerto que parece difícil imaginar que essas louváveis funções sejam possíveis de se realizar com eficácia sem saber nada da etiologia do delito.

A vocação etiológica de grande parte da criminologia é compatível com outros enfoques, e não, portanto, excludente. Cada uma deveria ser julgada por seus próprios méritos.

3. *É imprescindível a teoria em criminologia?*

Algumas orientações criminológicas importantes sugerem que a teoria não é necessária, em nosso âmbito pelo menos. Outras parecem sustentar que seria suficiente com modelos débeis de teorias.[36]

Um exemplo clássico de trabalho empírico metateórico é o do matrimônio S. e E. Glueck, que produziu algumas das investigações mais importantes da história da criminologia. Para esses autores, como assinalam Laub e outros, o objetivo de construir uma teoria é, simplesmente, um ato de arrogância do investigador e um esforço inútil de especulação.

A criminologia, ao contrário, deveria se ocupar de encontrar fatores concorrentes e causas do delito que pudessem ajudar a prognosticá-lo, preveni-lo e controlá-lo.[37]

Atualmente persistem importantes aproximações em criminologia que às vezes até reconhecidamente têm um mínimo interesse na teoria. O próprio paradigma das carreiras criminais, que revolucionou a criminologia nos anos oitenta estava preocupado com questões como os estudos longitudinais das carreiras delitivas e sua ênfase na idade inicial, frequência, especialização, crescimento etc., e a busca e prognóstico de delinquentes de carreira que pudessem ser detidos e inocuizados; e não pela construção ou teste de nenhuma teoria criminológica.[38]

---

[36] MOORE, M. H. Public Health and Criminal Justice approaches to prevention, p. 245.
[37] GLUECK, S.; GLUECK, E. *Nuove frontiere della Criminologia*, p. 319-343; idem, *Unraveling juvenile delinquency*, p. 4-7. Vide ainda SAMPSON, R. J.; LAUB, J. H. *Crime in the making*, p. 31-45; WELLFORD, C. F. Towards an integrated theory of criminal behavior, p. 120.
[38] GREENBERG, D. F. Comparing criminal career models, p. 144.

O mesmo caráter metateórico pode ser observado em outros enfoques muito atuais como o dos fatores de risco, ocupado na busca de fatores que favorecem que uma pessoa cometa delitos e outros que a protegem com o intuito voltado ao tratamento destas variáveis e prevenção, assim, da criminalidade.[39] Várias das modernas investigações longitudinais que se desenvolvem no quadro da criminologia do desenvolvimento recorrem a teorias muito básicas, e pouco desenvolvidas, que mais constituem teorias débeis.[40]

Todo o exposto sugere que a criminologia poderia negar à teoria o papel preponderante que hoje tem – como se pode observar nessa *Obra*, em especial no capítulo 1 – e se basear "na investigação empírica mais que em teorias" e "evitar perguntas teóricas difíceis [por exemplo] sobre quais fatores de risco têm efeitos causais".[41]

a) Esses enfoques, sem dúvida, resultaram e ainda resultam muito proveitosos para a criminologia enquanto propõem programas de prevenção do delito que podem derivar promissores e confirmam de maneira válida e confiável determinados correlatos da criminalidade. Por esse motivo, não há dúvida sobre a legitimidade e utilidade desses enfoques.

b) Ademais, para determinados trabalhos, como pode ser o caso de prognósticos relativamente simples e a curto prazo é certo, como indica Blalock, que tampouco se precisa da teoria.[42]

c) O estudo empírico do delito está aberto a diferentes possibilidades, sempre que sejam metodologicamente aceitáveis. Essas opções serão, no geral, compatíveis entre si.

d) A relação entre teoria e investigação empírica é íntima, mas também complexa; desde logo não tão direta como o princípio de refutação, seguido nesta obra, poderia apontar.[43]

Com efeito, existe uma íntima relação entre teoria e investigação empírica.[44] Assim, não pode existir uma teoria plausível que não possa ser testada mediante investigações empíricas; ao mesmo tempo, não é imaginável uma investigação que não parta, ainda que seja de maneira inconsciente e/ou tosca de um ponto de vista teórico.

---

[39] FARRINGTON, D. P. Explaining and preventing crime: the globalization of knowledge, p. 7.
[40] Vide, em sentido contrário, THORNBERRY, T. P.; KROHN, M. D. The development of panel studies of delinquency, p. 4; THORNBERRY, T. P. et al. Causes and consequences of delinquency: findings from the Rochester Youth Development Study, p. 12-15.
[41] FARRINGTON, D. P. Explaining and preventing crime: the globalization of knowledge, p. 7.
[42] BLALOCK, H. M. *Theory construction*, p. 3.
[43] MERTON, R. K. *Social theory and social structure*, p. 139-171.
[44] HANNAN, M. T. *Aggregation and disaggregation in the social sciences*, p. 1; SHORT, J. F.; STRODTBECK, F. L. *Group process and gang delinquency*, p. 25.

A teoria criminológica tem muitas possibilidades caso se lhe conceda a importância que merece e se a considera como um trabalho coletivo; ainda que essas possibilidades tenham sido exploradas insuficientemente.[45] O esquecimento da relação que existe entre teoria e investigação dificulta o progresso de nossa ciência. O esquecimento a que fazemos referência se observa nos estudos empíricos e teóricos que não partem de teorias coerentes, que derivam hipóteses de maneira pouco cuidadosa, que propõem teses imprecisas, que buscam muito mais a originalidade que o progresso científico etc. Ora, a relação não só é íntima, mas também complexa e até paradoxal.

Em consequência, o modelo popperiano de construção de teorias e posterior teste, assim como outras propostas mais ou menos próximas, choca-se, às vezes, com a realidade do progresso da criminologia e da ciência em geral.[46]

Em consonância com sua tomada de postura epistemológica, e aceitando que, com efeito, a relação entre teoria e investigação é básica, mas complexa. Considera-se que a teoria tem um papel crucial na criminologia, em especial a partir de uma perspectiva etiológica.[47]

Algumas das razões mais importantes, sem pretensão de exaurir, podem ser as seguintes:[48]

a) Como se disse, a teoria, por inconsciente que seja, é sempre a primeira: qualquer estudo é conduzido por uma perspectiva teórica. Por isso, quanto mais detalhada e precisa a teoria, melhor a pesquisa e mais possível de alcançar avanços significativos.[49] Uma teoria permite estabelecer hipóteses testáveis e realizar prognósticos. De acordo com o princípio da refutação, esse é um método muito promissor para que avance nosso conhecimento do delito e da criminalidade. A teoria deve, pois, guiar a pesquisa.

b) Uma teoria é imprescindível para explicar o fenômeno delitivo. A curiosidade intelectual por perguntas do tipo: "por que delinquem?", ou "por que existe uma determinada taxa de delito em uma sociedade?", somente pode ser satisfeita mediante teorias, não mediante simples índices, por exemplo, de fatores de risco ou protetores.

---

[45] HIRSCHI, T. Exploring alternatives to integrated theory, p. 44; TITTLE, C. R. The assumption that general theories are not possible, p. 112 e 115; idem, Prospects for synthetic theory: a consideration of macro-level criminological activity, p. 178.

[46] GLASER, B. G.; STRAUSS, A. L. *The discovery of grounded theory*, p. 1-6, 21-31 e 251-257; WALLACE, W. L. *The logic of science in Sociology*, p. 84.

[47] Naturalmente, não só é crucial, também é possível, TITTLE, C. R. Prospects for synthetic theory: a consideration of macro-level criminological activity, p. 161-173.

[48] GLASER, B. G.; STRAUSS, A. L. *The discovery of grounded theory*, p. 3; HIRSCHI, T. Exploring alternatives to integrated theory, p. 48; LEMERT, E. M. *Social pathology*, p. 11 e 16-17; WALLACE, W. L. *The logic of science in Sociology*, p. 64-90.

[49] COHEN, A. K. Multiple factor approaches, p. 78.

c) A teoria pode contribuir para uma organização especialmente eficaz das medidas de prevenção e controle do delito que se vão adotar, assim como para avançar também nesse âmbito. A relação entre teoria criminológica e resposta político-criminal é muito complexa. Ademais, nas decisões político-criminais influem não só aspectos empíricos e teóricos sobre a prevenção e controle do delito, mas também e sobretudo aspectos éticos, jurídicos, constitucionais e políticos, econômicos etc.[50] Ora, uma boa política criminal deveria estar baseada em teoria e em fatos.[51] A relação entre teoria e política criminal é, pois, bastante complexa.

d) A teoria permite uma defesa séria contra posturas intolerantes e falsas, mas que podem vir revestidas também de uma armação teórica.[52]

e) A própria construção de teorias abstratas em criminologia vem determinada pelo reconhecimento de que o delito correlaciona e até pode ser causado por vários fatores. Assim, Sutherland afirma o seguinte:

> Centenas de condições concretas tinham algo a ver com o comportamento criminoso, estavam associadas com ele de uma ou outra forma. Mas todas elas tinham um grau de associação relativamente pequeno. Alguns negros cometem delitos, outros não; algumas pessoas que vivem em zonas delinquentes cometem delitos, outras não. Qualquer condição concreta se encontra algumas vezes associada com o comportamento criminoso e outras vezes não [...] Alcancei a conclusão geral de que uma condição concreta não pode ser uma causa do delito, e que o único meio de conseguir uma explicação causal do comportamento criminoso é abstrair das distintas condições concretas coisas que se encontrem universalmente associadas com o delito.[53]

Precisamente por esse motivo é imprescindível uma teoria que coloque certa ordem e seleção destacando quais são os fatores relevantes. A teoria oferece generalizações abstratas sobre o delito.

f) Muitas vezes, como assinala Blalock, existem relações recíprocas tão complexas entre as distintas variáveis, que somente é possível separá-las mediante o recurso à teoria.[54]

---

[50] GIBBS, J. P. *Crime, punishment, and deterrence*, p. 24.
[51] LAUB, J. H. Apuntes de cátedra; LAUB, J. H. et al. The public implications of a life-course perspective on crime, p. 91; SAMPSON, R. J.; LAUB, J. H. *Crime in the making*, p. 3; também BARLOW, H. D. Introduction: public policy and the explanation of crime, p. 4-5; FARRINGTON, D. P. The explanation and prevention of youthful offending, p. 112; LUNDMAN, R. J. *Prevention and control of juvenile delinquency*, p. 257.
[52] ALONSO BENITO, L. E. *La mirada cualitativa en Sociología*, p. 154; SERRANO MAÍLLO, A. *Ensayo sobre el derecho penal como ciencia*, p. 79.
[53] SUTHERLAND, E. H. *The Sutherland papers*, p. 19. Vide ainda LAUB, J. H. et al. Explaining crime over the life course: toward a theory of age-graded informal social control, p. 97.
[54] BLALOCK, H. M. *Theory construction*, p. 3.

Um exemplo *aproximado* que pode resultar ilustrativo é o seguinte. A investigação criminológica assinala que o matrimônio constitui uma mudança decisiva na vida para que um sujeito desista ou até acabe com sua carreira delitiva. Laub e Sampson sugerem que isso se deve a que o controle social informal a qual se vê submetido o indivíduo aumenta se este se encontra vinculado afetivamente a sua companheira;[55] para Warr, o que acontece é que o matrimônio faz com que o sujeito deixe de conviver tanto com seus amigos, e ao diminuir esses contatos ocorre uma desistência nas carreiras criminosas.[56] Como é difícil separar experimentalmente ambos os fatores, pois sempre se encontram intimamente unidos, recorre-se à teoria – a do controle social ou a da aprendizagem nesse caso – para decidir qual é a verdadeira causa da desistência.

II. MÉTODOS TEÓRICOS

1. O problema dos níveis de análise: teorias micro e macro

Pode-se estudar e tratar de explicar o delito em diferentes níveis de análise ou explicação, macro e micro.[57]

a) Algumas teorias fazem referência a elementos relativos ao autor. Essas teorias se situam no nível individual ou micro.

Por exemplo, para as teorias biológicas existem determinadas características individuais dos sujeitos que os deixam mais propensos a delinquir. Teorias desse tipo insistem no sujeito que comete o delito. Outras teorias se referem à situação concreta em que se encontra o autor e que o leva a delinquir. Isso aparece em teorias relativas à oportunidade de delinquir, ou casos de provocação, frustração. Indaga-se por características individuais ou situacionais determinantes da prática delitiva.

b) Outras teorias se referem a propriedades da estrutura ou do sistema social, não dos indivíduos. Situam-se no nível macro. O exemplo clássico é *O suicídio*, de Durkheim. De maneira muito simplista, nesta obra o autor destaca que determinadas forças que se situam em nível social – e não individual – influem decisivamente no comportamento humano. Mais concretamente, em situações de mudança rápida pode-se produzir em uma sociedade uma falta de normas ou *anomia*, que influi decisivamente para que se cometam suicídios e até fatos delitivos.[58]

---

[55] SAMPSON, R. J.; LAUB, J. H. *Crime in the making*, p. 140-143, 145-148, 153-162, 178 e 248.
[56] WARR, M. *Companions in crime*, p. 99-105.
[57] AKERS, R. L. *Deviant behavior*, p. 21-22; COHEN, A. K. *Delinquent boys*, p. 148; idem, The assumption that crime is a product of environments: sociological approaches, p. 226 e 230-232; HANNAN, M. T. *Aggregation and disaggregation in the social sciences*, p. 2; MEIER, R. F. Deviance and differentiation, p. 199-200; TITTLE, C. R. Theoretical developments in Criminology, p. 53 e 70.
[58] DURKHEIM, E. *El suicidio*, p. 255-278.

A teoria da anomia não coloca sua ênfase em elementos individuais dos sujeitos, mas em uma determinada característica do sistema, como é a ausência de normas. Essa e outras teorias indagam por características do sistema que incidem no surgimento do delito.

Em geral, as teorias que denominamos micro visam a explicar o comportamento dos indivíduos, mas não o das tendências do delito em uma determinada sociedade. *Muitas vezes*, uma teoria macro refere-se ao delito em uma sociedade ou outra unidade agregada.[59] Isto é, em geral as teorias *micro* indagam por que determinados sujeitos praticam fatos delitivos, enquanto as de ordem *macro* indagam o porquê em uma sociedade existe um determinado volume de delinquência ou por que este aumenta ou diminui.

Uma teoria biológica, por exemplo, não nos pode dizer como é que em um país existem mais delitos que em outro; a teoria da anomia tampouco nos diz por que um determinado sujeito se suicida ou comete um delito. Essa proposição é certamente muito sutil e algumas teorias são de difícil interpretação nesse ponto – por isso corremos o risco de cair em uma simplificação excessiva.

Às vezes, há uma desconexão entre ambos os níveis de análise, seja com respeito a teorias, seja a variáveis. Pense-se em uma teoria que afirme que ser bonito ou bonita – e que é capaz de operacionalizar e medir empiricamente esse conceito – aumenta as possibilidades de encontrar um par: essa teoria pode explicar por que determinados indivíduos que sejam assim considerados em geral encontrem um par mais facilmente – e pode ser submetido a testes empíricos para determinar se a teoria é falsa.

No entanto, essa mesma teoria *não* propõe a nos dizer quando em uma sociedade haverá mais gente com par ou sem ele: essa teoria é perfeitamente compatível com que em uma sociedade de bonitos e bonitas haja relativamente menos gente com par que em outra sociedade de feios – a teoria diz, nada mais nada menos, que em cada uma dessas sociedades os bonitos e as bonitas tendem a encontrar um par mais facilmente. Em que sociedade há mais gente acompanhada (com parceiro) e por que deve ser explicado por outra teoria, uma teoria macro. É bem possível que a nível macro sejam outros os fatores que determinem se as pessoas têm par ou não, não a percentagem de pessoas "sortudas".

À vista disso, Vold e os continuadores de seu manual propõem um exemplo muito bom: o do desemprego. Uma teoria que explique por que um indivíduo não tem trabalho estável não poderá, em geral, nos dizer quando um país terá taxas de desemprego altas ou baixas em um determinado momento histórico, e vice-versa. Como se nota, a proposição predica-se tanto de *teorias* como de *variáveis*.

---

[59] BERNARD, T. J. A theoretical approach to integration, p. 138; ELLIOTT, D. S. et al. *Explaining delinquency and drug use*, p. 11.

Na verdade, ainda que aqui se destaquem os níveis que chamamos micro e macro, existem distintas posturas sobre o *conteúdo exato* de cada nível e sobre o *número* de níveis que se podem distinguir.[60] Até certo ponto trata-se de algo arbitrário. Existem, portanto, outras propostas sobre os níveis de análise.[61]

Naturalmente, teorias de um ou outro tipo não são excludentes, mas em geral são complementares se são coerentes em diversos pontos e prognósticos.[62] Posto que uma teoria pode estar construída em um nível determinado, *só é legítimo criticar uma teoria por aquilo que pretende explicar*.[63]

Permita-nos outros exemplos. A teoria da anomia assinala elementos estruturais que influem no delito, mas teorias micro, como as da aprendizagem de Akers, Sutherland ou outros podem ajudar a esclarecer por que determinados sujeitos tendem a delinquir mais que outros – ambas as teorias podem ser compatíveis. Não é legítimo criticar uma teoria biológica pelo fato de não explicar o porquê de o delito aumentar em uma determinada sociedade ou não ou porque tem uma taxa maior que outra.

Às vezes, trata-se de testar uma teoria com dados colhidos em um nível de análise diferente. Uma das disputas tradicionais é se pode testar a teoria clássica da frustração com dados individuais.

A teoria clássica da frustração de Merton afirma que quando em uma sociedade se promovem os anseios para alcançar o sucesso – sobretudo ganhar muito dinheiro e ter acesso a bens materiais –, mas as oportunidades para alcançá-lo não se encontram distribuídas por igual na sociedade. Assim, determinados segmentos sociais pensam que suas oportunidades estão bloqueadas, seus componentes tomam determinadas atitudes: uma das quais – a dos chamados *inovadores* – vem a ser o delito (buscar alcançar o sucesso por vias não legítimas, mas sim por outras que podem estar proibidas, incluindo o delito).[64]

Sendo assim, a explicação do tráfico de drogas é o desejo de se conseguir dinheiro por esses meios, uma vez que, as oportunidades legítimas estão bloqueadas. Essa é, sem dúvida, uma teoria macro no sentido que vimos.[65] Hirschi

---

[60] SHORT, J. F. The level of explanation problem in Criminology, p. 60; WELLFORD, C. F. Towards an integrated theory of criminal behavior, p. 121.
[61] Vide por exemplo SHORT, J. F. The level of explanation problem in Criminology, p. 53-54; SHORT, J. F.; STRODTBECK, F. L. *Group process and gang delinquency*, p. 18-20; TITTLE, C. R. Theoretical developments in Criminology, p. 53, 67, 70, 75 e 81.
[62] COHEN, A. K. *Deviance and control*, p. 46.
[63] COHEN, A. K. *Deviance and control*, p. 46; de outra opinião, TITTLE, C. R. *Control balance*, p. 52-53.
[64] MERTON, R. K. Social structure and anomie, p. 678-680 principalmente; idem, *Social theory and social structure*, p. 185-193, 195-203 e 211-214. Vide ainda WHYTE, W. F. 1993. *Street corner society*, p. 94-98.
[65] MERTON, R. K. *Social theory and social structure*, p. 175-176.

afirma que essa teoria está refutada porque sustenta que um indivíduo de classe baixa tenderá a ter suas oportunidades mais bloqueadas que outro de classe média ou alta e, portanto, a delinquir significativamente mais; em sua clássica investigação esse autor constatou, em sua mostra de estudantes, que os de classe baixa não tendiam a delinquir muito mais que de outras classes.[66] Posto que a descoberta contradizia uma hipótese (supostamente) derivada dedutivamente da teoria e referida a indivíduos concretos, esta devia se considerar refutada – não seria fácil introduzir aqui reformulações sem alterar a essência da teoria. Os dados de Hirschi são individuais.

Alguns autores importantes sustentam que esse estudo não pode ser considerado um teste adequado da teoria – utiliza dados individuais para testar uma teoria macro – e que, portanto, não a refutaram.[67] Na verdade, existe uma grande polêmica.

Esse é o problema conhecido como a *falácia do nível de análise incorreto* ou, nesse caso concreto, da *falácia ecológica*.[68] Apesar de seu enorme significado e importância, a falácia do nível de análise incorreto foi gravemente exagerada – e também, é certo, incorreu-se grosseiramente nela –, e alguns autores a utilizaram simplesmente para imunizar suas teorias em face de quaisquer pesquisas que se refiram a um nível de análise diferente.

Com efeito, *os níveis de análise não se encontram totalmente desvinculados entre si*, ao contrário. O que não se pode fazer é realizar saltos *precipitados, demasiado simples* e *acríticos* de um nível de análise a outro, mas muitas vezes esses saltos são legítimos:[69] "As teorias psicológicas [as que aqui denominamos micro] têm implicações para o nível sociológico [o macro], e todas as teorias sociológicas realizam afirmações, explícita ou implicitamente, sobre o nível psicológico".[70] O

---

[66] HIRSCHI, T. *Causes of delinquency*, p. 7-8 e 81-82; HIRSCHI, T.; SELVIN, H. C. *Principles of survey analysis*, p. 259. Na verdade, também se poderia deduzir de uma teoria do controle social que, "quanto maior for o status socioeconômico da família, mais sentirão os jovens que têm a perder se caem no comportamento delitivo", TOBY, J. Social disorganization and stake in conformity: complementary factors in the predatory behavior of hoodlums, p. 16.

[67] BERNARD, T. J. A theoretical approach to integration, p. 138-139.

[68] Na verdade, a falácia ecológica refere-se originariamente ao recurso de SHAW, MCKAY e outros a dados individuais para defender a teoria da desorganização social, que é uma teoria macro, ROBINSON, W. S. Ecological correlations and the behavior of individuals, p. 354. Preferimos o exemplo de MERTON porque é muito mais significativo para destacar a profunda complexidade do problema.

[69] HANNAN, M. T. *Aggregation and disaggregation in the social sciences*, p. 4-7; HIRSCHI, T.; SELVIN, H. C. *Principles of survey analysis*, p. 259-260; JENSEN, G. F.; AKERS, R. L. "Taking social learning global": micro-macro transitions in Criminological theory, p. 13-14 e 16-25.

[70] COHEN, A. K. *Deviance and control*, p. 46; idem, The assumption that crime is a product of environments: sociological approaches, p. 230.

próprio Bernard reconhece expressamente que "algumas teorias macro implicam prognósticos probabilísticos sobre os indivíduos".[71]

Por esse motivo, parece legítimo que, ainda que a teoria de Merton seja claramente uma teoria macro, possa dela se inferir que, em geral, um indivíduo de classe baixa tenderá a ter as oportunidades de êxito social mais bloqueadas e que, portanto, tenderá a eleger em alguns casos, pelo menos, a opção *inovadora* do delito.[72] Poucos duvidaram de que, em uma sociedade qualquer, pertencer a uma classe social desfavorecida – independentemente de como se defina e meça – tenderá a limitar relativamente as oportunidades com as que conta um indivíduo. Com isso não pretendemos sugerir que as descobertas de Hirschi refutaram realmente a teoria de Merton ou que esta não tenha sido refutada por outras descobertas diferentes – pontos nos quais não podemos nos deter aqui.

Assim, o ideal seria construir teorias que levassem em conta tanto elementos socioestruturais como individuais. Laub e Sampson tecem o seguinte comentário a respeito: "A maioria dos investigadores estuda ou variáveis de nível macro ou estruturais [...] ou processos de nível micro [...] no estudo do delito. Cremos que *ambos os conjuntos de variáveis sejam necessários para explicar o delito*".[73]

Por exemplo, a chamada *perspectiva do curso da vida* – na qual se situam os autores retromencionado – destaca que ainda que as características pessoais desempenhem papel muito importante na vida das pessoas, as histórias vitais individuais podem se ver afetadas tão dramaticamente por fatores ou acontecimentos estruturais que suas trajetórias podem mudar de maneira radical. Ainda que sua relevância pareça evidente, as teorias microtradicionais dificilmente podem tomar fenômenos desse tipo em consideração.

O caso paradigmático vem representado pela clássica pesquisa de Elder sobre como a depressão norte-americana de 1929 afetou as vidas de quem foi criança, então: num período curto de tempo as coisas deixaram de ir bem para ir mal ou muito mal.[74] As vidas individuais se viram dramaticamente alteradas.

---

[71] BERNARD, T. J. A theoretical approach to integration, p. 138 – ainda que, coerentemente com sua postura geral, acrescente que "prognósticos agregados/desagregados em nível individual são normalmente muito frágeis". Idem, Structure and control, p. 421-423.

[72] COHEN, A. K. *Delinquent boys*, p. 42, 73 e 79; CLOWARD, R. A.; OHLIN, L. E. *Delinquency and opportunity*, p. 105; vide ainda ELLIOTT, D. S. et al. *Explaining delinquency and drug use*, p. 11 e 14.

[73] SAMPSON, R. J.; LAUB, J. H. *Crime in the making*, p. 7 (grifo nosso), também 19-20; LAUB, J. H. et al. Explaining crime over the life course: toward a theory of age-graded informal social control, p. 100-102. Também AKERS, R. L. *Criminological theories*, p. 81-82.

[74] ELDER, G. H. *Children of the Great Depression*, p. 3-5, 25-34, 43-61, 118-120 e 272-283 principalmente.

Ainda que exemplos como esses sugiram que teorias que levem em conta variáveis de ambos os níveis de análise possam ser possíveis e possam representar um avanço em dito sentido, a verdade é que o trabalho é muito complexo.

O principal motivo pelo qual hoje as teorias se situam em um nível de análise ou outro é, basicamente, que outra coisa seja muito difícil. O problema não se apresenta somente em criminologia, mas em outras disciplinas como a sociologia.

Como assinala Meier, deveríamos nos preocupar primeiro em construir boas teorias em cada nível, e, só quando existissem, visar a abarcar ambos os níveis; apenas com boas teorias se pode esperar que a integração tenha êxito, mas até então pode ser que se revele impossível ou inútil.[75]

Atualmente já existem alguns objetivos notáveis de integração em criminologia. Os mais plausíveis são os que incorporam variáveis macro a teorias micro, ainda que sejam menos promissoras na hora de explicar as tendências macro do delito.

2. Teorias gerais e tipológicas

Como vimos no Capítulo 3, algumas teorias pretendem abarcar a criminalidade e o delito em seu conjunto, ou ao menos um número relevante de fenômenos. Em alguns momentos, inclusive, também querem explicar os comportamentos desviados. Naturalmente, na verdade, as teorias gerais não têm de ser *tão gerais*, e não é possível que uma teoria explique *tudo*.

As teorias ou enfoques tipológicos propõem introduzir distinções no fenômeno delitivo para oferecer explicações ou políticas de prevenção ou controle plausíveis. Assim, por exemplo, sugere-se distinguir tipos de delinquentes ou de delitos, cada um dos quais corresponderia a algumas características, natureza, etiologia e possibilidades e estratégias de prevenção e controle particulares.

3. Teorias de alcance médio e grandes teorias

Alguns teóricos importantes vêm chamando a atenção sobre a necessidade de potencializar nas ciências sociais e humanas teorias não excessivamente abstratas, mas teorias mais conectadas com a realidade se possível. Essa é a proposta das *teorias de alcance médio* em face das *grandes teorias*.[76] A grande teoria se apresenta demasiado ampla, abstrata, especulativa, e difícil de entender. Em geral, se encontra desconectada da observação.[77]

---

[75] Meier, R. F. Deviance and differentiation, p. 200.
[76] Vide Merton, R. K. *Social theory and social structure*, p. 39-41, 50-53, 56-62 e 68-69; Mills, C. W. *La imaginación sociológica*, p. 44-67, em especial p. 44-46, 52-55 e 65-67.
[77] Mills, C. W. *La imaginación sociológica*, p. 45, 52, 58 e 60.

Nesse sentido, haveria uma tensão entre a busca de uma teoria mais ampla possível, que seria muito desejável, e as suas limitações, que melhor apontariam para teorias mais específicas.[78] Também se acrescenta muitas vezes que, a criminologia não estaria preparada para a elaboração de grandes teorias capazes de explicar toda a fenomenologia do delito e dos fatos conhecidos sobre esse e de orientar a investigação empírica relevante.

Com efeito, as teorias demasiado amplas correm o sério risco de recorrer a formulações vagas e abstratas que não podem ser testadas. Assim, reconhecem-no expressamente Herrnstein e Wilson quando afirmam que ao propor uma teoria *muito* ampla, geral – como é precisamente seu caso – existe o perigo de que não possa se propor muitas hipóteses concretas testáveis.[79]

A proposta de teorias de alcance médio se inclina por teorias mais modestas que estão mais conectadas com a realidade, mais próximas à observação e que serão, presumivelmente, mais úteis. De acordo com Merton, as teorias de nível médio consistem em um conjunto limitado de afirmações das quais podem ser derivadas hipóteses refutáveis, ainda que sejam bastante abstratas para não se confundir com meras descrições ou generalizações empíricas; não se trata de *teorias separadas*, mas que se integram em grupos de teorias compatíveis entre si; são compatíveis com diversos sistemas de pensamento mais gerais; e, também, insistem no que se desconhece e vale a pena investigar com atenção.[80]

O enfoque das teorias de alcance médio tem enorme influência nas ciências humanas e sociais contemporâneas; de fato, quase todas as teorias que se irá descrever em seguida podem ser consideradas teorias de nível médio.

Do exposto não se pode inferir, contudo, que a criminologia não possa aspirar a *grandes teorias* (gerais). De fato, isso é o que solicita um autor do porte de Wellford: "O desenvolvimento da classe de 'grande teoria' (*grand theory*), tão brevemente assinalada aqui, deve organizar nossa disciplina se quisermos sair da situação atual da teoria", se bem que imediatamente antes havia advertido que se trata de um *trabalho preocupante*.[81]

Alguns autores parecem relacionar grandes teorias com teorias gerais e opô-las aos enfoques tipológicos.[82] A isso se pode responder o seguinte:

---

[78] BLALOCK, H. M. *An introduction to social research*, p. 80-81; WALLACE, W. L. *The logic of science in Sociology*, p. 107.
[79] WILSON, J. Q.; HERRNSTEIN, R. J. *Crime and human nature*, p. 66.
[80] MERTON, R. K. *Social theory and social structure*, p. 68-69.
[81] WELLFORD, C. F. Towards an integrated theory of criminal behavior, p. 126.
[82] GIBBONS, D. C. *Delincuentes juveniles y criminales*, p. 42; idem, *Delinquent behavior*, p. 94-96; idem, The assumption of the efficacy of middle-range explanation: typologies, p. 151; HERRERO HERRERO, C. *Criminología*, p. 160; HOOD, R.; SPARKS, R. *Key issues in Criminology*, p. 111; SCHÖCH, H. Klassifikation und typologie, p. 214 e 217.

a) uma teoria geral não tem realmente de ser tão ampla, geral: não pode querer a explicar tudo;[83]

b) como veremos nos próximos capítulos, várias teorias gerais têm sido elaboradas em criminologia de maneira aceitavelmente precisa e com uma grande sensibilidade pelo princípio da refutação, e são verdadeiramente teorias de médio alcance; por último,

c) não se podem equiparar teorias gerais com grandes teorias – nem, portanto, tipologias com teorias de médio alcance. Uma teoria geral que pretenda explicar todo o comportamento humano ou todo o sistema social possivelmente poderá ser qualificada de grande teoria; e será difícil, como dissemos, que escape da vaguidade e abstração. Parsons é, como se sabe, o exemplo tradicional. Coerentemente com isso, uma teoria que pretenda explicar todo o fenômeno delitivo ou até os comportamentos desviados – muito mais limitada que a teoria anterior – pode perfeitamente ser uma teoria de alcance médio – e, naturalmente, seria uma teoria geral.

Cada proposta, então, só pode ser avaliada atendendo, no caso concreto, ao grau de refutabilidade – e quaisquer outros critérios de cientificidade que se defendam.[84]

4. Teorias e enfoques plurifatoriais

A. *A tese dos fatores concorrentes* – nesta obra são estudadas, sobretudo, teorias criminológicas no sentido que tratamos de definir mais acima. Em criminologia, contudo, existem outras formas alternativas de encarar o estudo do delito, suas causas e as possíveis respostas a ele. É mister, pois, distinguir as teorias dos *enfoques plurifatoriais*.

De fato, *na América Latina, no Brasil e na Espanha vêm predominando* há décadas *esses enfoques plurifatoriais*.[85] Ainda que no âmbito anglo-saxão

---

[83] SERRANO MAÍLLO, A. *Ensayo sobre el derecho penal como ciencia*, p. 202. Com isso não se quer dizer que se trata de um critério absolutamente definido, mas que se trata das possibilidades epistemológicas de uma teoria geral – e, em realidade, do tipo que for; por essa razão observações como as de GEIS, G. On the absence of self-control as the basis for a general theory of crime: a critique, p. 41 e 49, são aplicáveis a qualquer construção. A criminologia contemporânea tem insistido especialmente em que uma teoria geral objetiva explicar todos os fatos empíricos conhecidos e o maior número possível de fenômenos delitivos, assim GOTTFREDSON, M. R.; HIRSCHI, T. *A general theory of crime*, p. 15; VIGIL, J. D. *Barrio gangs*, p. 10.

[84] Isso se deve a que a simplicidade – se se concede isso ao texto – é em geral uma vantagem, mas existem outros critérios relevantes para a refutabilidade de uma teoria, de modo que a decisão só pode ser tomada caso a caso, e não *a priori* e definitivamente.

[85] CUELLO CONTRERAS, J. *El derecho penal español*, p. 38; CRUZ BLANCA, M. J. *Derecho penal de menores*, p. 49; SERRANO GÓMEZ, A. *Delincuencia juvenil en España*, p. 143; SERRANO

fossem abandonadas a partir dos anos trinta, naturalmente com certas exceções importantes,[86] parece que recentemente voltou a ter um bom número de partidários.

Naturalmente, o que aqui denominamos enfoques plurifatoriais é mais heterogêneo e devem ser reconhecidas orientações distintas em seu cerne. Alguns mostram um inequívoco interesse pela teoria, mas entendem-na de uma maneira tão débil que resultam imprecisos e difíceis de refutar; outros assumem a possibilidade de falar de *causas* do delito, e não só de fatores de risco, concorrentes etc.; alguns destes até deixam aberta a possibilidade de construir teorias, só que consideram que ainda é demasiado cedo para isso; outros são abertamente metateóricos, preocupados unicamente com o que acreditam ser uma busca puramente empírica de fatores correlacionados com o delito, e renunciando à proposta de teorias abstratas.

De acordo com essa perspectiva, a pretensão de construir teorias explicativas do delito e dos delinquentes é pouco realista.[87] Um fenômeno tão complexo não pode ser reduzido a uma teoria, salvo se esta for tão limitada em seu âmbito e em sua precisão que se revele inútil. Por isso costumam acrescentar que as teorias que se propõem de fato fracassaram em seu intento de explicar o delito.

No que diversos comentaristas se equivocam abertamente é em sugerir que *uma teoria* atribui o delito a *um só fator* ou a *uma única causa*. Muito pelo contrário. Ainda que possam existir teorias que falem de causas únicas, o que fazem é construir *um modelo sistemático e abstrato que pode englobar causas distintas e até processos*. A diferença, pois, não se encontra no número de causas que se invocam, mas em se apresentar uma teoria, no sentido que estamos vendo neste capítulo, ou não.[88]

Na Espanha, Serrano Gómez propõe uma criminologia de orientação plurifatorial: "Preferiríamos falar de *fatores concorrentes*, por ser mais de acordo com a realidade. Normalmente concorrem no delinquente uma série de fatores que se acredita influírem no delito, ainda que nem sempre seja assim, como tampouco os mesmos fatores concorrentes têm idêntico valor quando incidem em distintos sujeitos. Resulta difícil determinar todos os fatores que influem no delinquente, [...] por isso não se pode assegurar de forma categórica que tais ou quais fatores determinam a conduta criminosa de uma pessoa".[89]

    Gómez, A.; Fernández Dopico, J. L. *El delincuente español*, p. 13; Vázquez Gonzáles, C. *Delincuencia juvenil*, p. 115-117.
[86] Reckless, W. C. *The crime problem*, p. 56-57.
[87] Vázquez González, C. *Delincuencia juvenil*, p. 115-116.
[88] Cohen, A. K. Multiple factor approaches, p. 77-78.
[89] Serrano Gómez, A.; Fernández Dopico, J. L. *El delincuente español*, p. 13 (parte do grifo suprimido, destaque nosso); também, p. 233 e 437 principalmente.   Os autores

Em uma conhecida pesquisa com Fernández Dopico, na qual se obtiveram entrevistas pessoais com 2.049 presos, foram capazes de extrair um elevado número de variáveis que podiam ser consideradas *fatores concorrentes* e até fatores criminógenos. Ainda que os autores estabelecessem distinções por tipo de delito, grupo de idade e fatores relacionados com o primeiro delito, com a reincidência etc., em geral se incluem, entre outros, os seguintes: falta de autoridade paterna, caráter agressivo, precocidade delitiva, falta de formação moral, falta de formação intelectual, falta de meios econômicos suficientes, instabilidade laboral, *resistência ao trabalho*, afã de vida fácil, afã de notoriedade, vida dissoluta, consumo de álcool ou drogas e jogo, amizades nocivas e ambiente negativo em que se convive.[90]

Para citar um exemplo mais concreto, para o grupo de idade de 16 a 18 anos, a pesquisa foi capaz de estabelecer empiricamente o seguinte:

> As amizades nocivas são o fator concorrente de maior importância, não só para que o sujeito inicie na carreira delitiva, mas até para sua conduta posterior na reincidência [...]. Esse é um fator que dificilmente se pode combater, já que é muito problemático isolar os jovens de seus companheiros. A falta de autoridade paterna é outro fator que se deve ter em conta, não só na iniciação no mundo do delito, mas na persistência, [assim como] o caráter influenciável é outro fator que persiste nessas idades, a imaturidade, os problemas de unidade familiar e econômicos, assim como a falta de resistência aos estímulos criminógenos.[91]

Tal enfoque se encontra muito estendido, ainda que sejam muito poucos os trabalhos teóricos que, como o recém-descrito, pretendam se aprofundar em seus pontos de partida e estabelecer empiricamente quais fatores se relacionam com o delito e quais não.

Com efeito, um número significativo de trabalhos que se situam nesse marco fá-lo de maneira intuitiva catalogando como fatores aqueles que lhes resultam mais atrativos ou que se ajustam melhor a suas ideias políticas ou sociais.

Desse modo, atualmente, essa perspectiva criminológica muitas vezes dá a sensação de que deve sua grande popularidade mais a seu atrativo intuitivo, à

---

também falam em alguns casos de fatores criminógenos: "Fatores concorrentes que se consideram podem resultar criminógenos, influindo na conduta criminosa dos sujeitos" e que "se encontram normalmente ligados a outra série de circunstâncias que de uma ou outra forma podem potencializar o valor criminógeno do fator que se considera em cada caso", p. 379 (grifos nossos).

[90] SERRANO GÓMEZ, A.; FERNÁNDEZ DOPICO, J. L. *El delincuente español*, p. 234-277, 346-376, 381-414 e 417-435.

[91] SERRANO GÓMEZ, A.; FERNÁNDEZ DOPICO, J. L. *El delincuente español*, p. 236-237, também 441.

facilidade com que qualquer um pode construir um modelo, e incluir nele suas variáveis favoritas. Isso em lugar de sua coerência com enfoque pluridisciplinar "de café para todos", e a falta de conhecimento profundo da teoria criminológica, em lugar de sua solidez científica.[92]

B. *O enfoque dos fatores de risco* – um dos enfoques plurifatoriais mais modernos, próximo ao anterior, é o chamado *enfoque dos fatores de risco*. Por seu turno, a criminologia deve estabelecer "fatores de risco chave para delinquir"[93] e seguir uma orientação abertamente pragmática: implementar programas para neutralizar esses fatores e prevenir o delito.[94] Por esse motivo se costumam reconhecer *pouco preocupados com a teoria* – posto que os fatores relevantes se estabelecem empírica e experimentalmente[95] – e muito com a função preventiva da criminologia. Ainda que a prevenção seja a chave, o enfoque também se considera válido para o tratamento dos delinquentes depois que tenham delinquido. Um fator de risco é simplesmente algo que prediz certa probabilidade de que se delinqua no futuro.[96]

Em uma recente monografia e após revisar a literatura e a investigação empírica, Vázquez González acolhe a seguinte sistematização de fatores de risco:

1. *Fatores individuais*, que incluem fatores biológicos e físicos; e psicológicos inibidores e facilitadores da aptidão social – como o insuficiente desenvolvimento das estruturas cognitivas, *lócus* de controle externo, autoconceito baixo, pensamento egocêntrico, déficit no comportamento afetivo da empatia, deficiências no conflito familiar, déficit em habilidades sociais, pensamento concreto, impulsividade etc.

2. *Fatores familiares*: falta de supervisão dos pais, atitudes cruéis, passivas, negligentes e violentas dos pais, disciplina férrea, conflitos familiares, família numerosa, maus exemplos de conduta, falta de comunicação entre pais e filhos, carências afetivas, falta de ensino de valores pró-sociais, e marginalização socioeconômica.

3. *Fatores socioeducativos*: fracasso escolar, e vandalismo escolar.

4. Outros fatores: *socioambientais*, o grupo de *amigos*, o *desemprego*, os *meios de comunicação* e as *drogas*.[97]

---

[92] SUTHERLAND, E. H. *Criminology*, p. 85.
[93] FARRINGTON, D. P. Explaining and preventing crime: the globalization of knowledge, p. 1.
[94] HAWKINS, J. D. et al. Preventing substance abuse, p. 345 e 367-370; MOORE, M. H. Public Health and Criminal Justice approaches to prevention, p. 237 e 244.
[95] FARRINGTON, D. P. Explaining and preventing crime: the globalization of knowledge, p. 7; MOORE, M. H. Public Health and Criminal Justice approaches to prevention, p. 245.
[96] FARRINGTON, D. P. Explaining and preventing crime: the globalization of knowledge, p. 3; GULLOTTA, T. P. et al. *Delinquent violent youth*, p. 109.
[97] VÁZQUEZ GONZÁLEZ, C. *Delincuencia juvenil*, p. 122-166. Vide também FARRINGTON, D. P. The explanation and prevention of youthful offending, p. 83-104; GULLOTTA, T. P.

Tais enfoques costumam advertir que não só são relevantes determinados fatores de risco, mas também *fatores protetores* da criminalidade e do delito. Trata-se de fatores cuja presença anula ou diminui as possibilidades de cometer um delito.[98] Seu efeito pode neutralizar os fatores de risco, ainda que não se trate quase nunca de mera operação aritmética de soma e resultado, mas sim de uma interação. Na verdade, muitos pesquisadores– reconhecidamente ou não – consideram que os fatores preventivos são simplesmente os opostos aos de risco: se uma educação errante é um fator de risco, uma boa educação dos pais é um fator protetor, e assim com todos os fatores de risco imagináveis.[99] Em outras ocasiões se faz um esforço por assinalar fatores protetores com autonomia própria.[100]

Gullotta e seus seguidores realizam as seguintes afirmações sobre esse enfoque:

a) um único fator de risco ou protetor pode ter várias consequências;

b) vários fatores de risco ou protetores podem ter uma única consequência; e,

c) o consumo de drogas – e previsivelmente outros comportamentos desviados – pode alterar os fatores de risco ou protetores.[101]

C. *Valoração: a necessidade da teoria* – do ponto de vista aqui assumido, e em razão da relevância que, como vimos, concede-se à teoria, não podem ser compartilhados os enfoques plurifatoriais, dos fatores de risco (etc.) em relação a uma explicação etiológica do delito. O próprio nascimento das primeiras teorias importantes em criminologia se situa na superação de enfoques desse tipo, e muitos daqueles argumentos continuam tendo hoje plena validade. Isso não quer dizer que não sejam legítimos. Desse modo, os citados enfoques mantêm sua legitimidade e, movendo-se em um plano diferente, *podem resultar complementares*

---

et al. *Delinquent violent youth*, p. 100-108; Hawkins, J. D. et al. A review of predictors of youth violence, p. 109-143; Lay, B. et al. Risikofactoren für Delinquenz bei Jugendlichen und deren Fortsetzung bis in das Erwachsenenalter, p. 122-128; Lipsey, M. W.; Derzon, J. H. Predictors of violent or serious delinquency in adolescence and early adulthood: a synthesis of longitudinal research, p. 89-98; Loeber, R.; Farrington, D. P.; Stouthamer--Loeber, M.; Van Kammen, W. B. *Antisocial behavior and mental health problems*, p. 109-116; López Latorre, M. J.; Garrido Genovés, V. La delincuencia juvenil en los orígenes de la Psicología criminal en España. Reflexiones en el marco de la Criminología actual, p. 324-342.

[98] Gullotta, T. P. et al. *Delinquent violent youth*, p. 109; Lösel, F.; Bender, D. Protective factors and resilience, p. 133-137.

[99] Farrington, D. P. Explaining and preventing crime: the globalization of knowledge, p. 8.

[100] Vide Lösel, F.; Bender, D. Protective factors and resilience, p. 143-177.

[101] Gullotta, T. P. et al. *Delinquent violent youth*, p. 110 – a quarta afirmação que realizam enquadra o esquema na Criminologia e na Psicologia do desenvolvimento.

das teorias criminológicas propriamente ditas.[102] Não só porque contribuem para estabelecer fatos sobre o delito e até testar hipóteses científicas, mas porque em seu próprio âmbito podem ser efetivamente capazes de predizer a delinquência ou, mediante a intervenção de tais fatores, de preveni-la ou controlá-la. Essas aproximações são possivelmente imprescindíveis, mas também insuficientes etiologicamente.

Às considerações gerais realizadas mais acima, sobre a necessidade de uma teoria em sentido estrito, cabe acrescentar o seguinte:

a) Tais enfoques dificilmente podem substituir a teoria, caso não oferecerem nenhuma explicação plausível do fenômeno delitivo. Daí assinalar quais fatores podem representar um risco para que um jovem delinqua *não responde por que delinquem*. Assim, não se satisfaz a inquietude intelectual humana, que justifica por si só a existência da ciência. A apresentação de fatores de risco, correlatos etc., podem constituir o primeiro passo para uma teoria do delito, mas não a pode substituir.[103]

A literatura nem sempre é suficientemente clara em reconhecer que um fator de risco não equivale a uma causa do delito. Claro, muitos certamente podem sê-lo potencialmente; e, em geral, em muitos casos tampouco será possível descartar que se cumpram os três critérios defendidos mais acima. No entanto, nada disso evita que deva se insistir na clara diferença entre ambos os conceitos.

Os fatores de risco devem se correlacionar e ser sempre prévios ao delito, porém para se considerar causa a relação, ademais, não deve ser ilegítima. Este último ponto não é salientado sempre por quem cultiva esse enfoque. Farrington, por exemplo, afirma que os "fatores de risco são [meramente] *fatores prévios*";[104] mais claramente ainda, Sege parece realizar atribuições causais sem exigir o requisito da ausência de ilegitimidade.[105] Redondo Illescas salienta que esse enfoque alcançou um ponto de desenvolvimento suficiente para começar a realizar uma seleção rigorosa, tratando de selecionar os fatores de risco que mais propriamente constituem verdadeiras causas do delito.[106]

---

[102] MOORE, M. H. Public Health and Criminal Justice approaches to prevention, p. 246 e 251.

[103] BERNARD, T. J. A theoretical approach to integration, p. 137; FARNWORTH, M. Theory integration versus model building, p. 94 e 99; LITTLE, D. *Varieties of social explanation*, p. 177-179; SUTHERLAND, E. H. *Criminology*, p. 81-82 e 86; idem, *Principles of Criminology*, 2. ed., p. 47-48.

[104] FARRINGTON, D. P. The explanation and prevention of youthful offending, p. 81.

[105] SEGE, R. D. Life imitating art: adolescents and television violence, p. 141-142.

[106] REDONDO ILLESCAS, S. Conferencia pronunciada en los XIV Cursos de Verano de la UNED.

b) A pesquisa de Serrano Gómez e Fernández Dopico, na mesma diretriz de Sutherland, acima acolhida, estabeleceu empiricamente um fato tão importante como que *o delito se relaciona com muitos e diversos fatores concorrentes e que estes fatores nem sempre significam que se delinqua*: "Há fatores que, ainda que concorrendo em diversos sujeitos, *em alguns influem e em outros não*".[107] Farrington chega a dizer até que "de fato, literalmente *milhares de variáveis* se diferenciam de maneira significativa" no caso de delinquentes e no de não delinquentes.[108] Um problema posterior ocorre porque esses fatores concorrentes costumam estar tão correlacionados entre si que não é simples separá-los e comprovar a influência de cada um deles, como indica Richie.[109] Sendo assim, parece *difícil que se possa esclarecer o delito com o mero recurso a fatores de risco e não mediante abstrações que constituam teorias*.[110]

c) A. Cohen, em uma das críticas mais conhecidas a esses enfoques, aduz a chamada *falácia de que o mal causa o mal*. Alguns enfoques plurifatoriais simplesmente cairiam na "aceitação inconsciente de que consequências 'malignas' têm precedentes 'malignos', que precedentes 'malignos' podem ter somente consequências 'malignas'"; e conclui que "não existe nenhuma razão para que algumas das coisas que consideramos mais feias, pecaminosas e sórdidas não possam ser em parte consequência, em parte condição do que mais valoramos, apreciamos e estimamos".[111]

Isso é plenamente coerente com a teoria clássica da frustração, e uma das mais conhecidas formulações é devida precisamente a Cohen: o delito é consequência do anseio pelo êxito dos sujeitos – algo apreciado pela maioria dos estudantes e dos criminólogos – se veem bloqueadas.

5. Teorias unitárias e integradas

A criminologia construiu tradicionalmente teorias unitárias com hipóteses e variáveis perfeitamente coerentes entre si, uma concepção do delito única,

---

[107] Serrano Gómez, A.; Fernández Dopico, J. L. *El delincuente español*, p. 437 (grifo nosso).
[108] Farrington, D. P. The explanation and prevention of youthful offending, p. 80.
[109] Richie, B. E. Gender entrapment and African-American women: an analysis of race, ethinicity, gender, and intimate violence, p. 199.
[110] Sutherland, E. H. *Principles of Criminology*, 2. ed., p. 48. Alguns proponentes do enfoque dos fatores de risco parecem reconhecer a importância da teoria nesse sentido ou em outro muito próximo, vide Catalano, R. F.; Hawkins, J. D. The social development model: a theory of antisocial behavior, p. 153; Farrington, D. P. The explanation and prevention of youthful offending, p. 105-112; Loeber, R.; Farrington, D. P.; Stouthamer-Loeber, M.; Van Kammen, W. B. *Antisocial behavior and mental health problems*, p. 262-267.
[111] Cohen, A. K. Multiple factor approaches, p. 79 – o autor se apressa em esclarecer acertadamente que essa falácia não pode ser predicado de todos os enfoques plurifatoriais. Vide a respeito, em um sentido em parte crítico, Hirschi, T. *Causes of delinquency*, p. 5, n. 9.

afirmações sobre a natureza humana, a ordem social também únicas etc. Teorias como as da associação diferencial, da tensão ou do controle correspondem a essa natureza. Porém, em criminologia também existem teorias e enfoques integrados.

a) Podem ser integrados enfoques disciplinares. Para alguns autores, a criminologia é uma ciência interdisciplinar e deveria recorrer a outras, tais como a biologia, a economia, a psicologia, a sociologia, entre outras. Se a origem das disciplinas é até certo ponto convencional e não corresponde a segmentos da realidade, então necessita-se de uma aproximação ampla para explicar o delito. Ainda que aqui se possa recorrer à integração de variáveis de diversas procedências, também é possível aceitar teorias ou enfoques propriamente ditos com origens disciplinares distintas.[112] Por exemplo, essa é a proposta de integração de autores como Farrell quando sugerem que se introduzam atributos da personalidade nas análises sociológicas do delito.[113] Essa perspectiva se preocupa em esclarecer que não se pode confundir com uma mera justaposição eclética de fatores, variáveis ou enfoques pluridisciplinares. Trata-se de uma verdadeira integração.[114]

b) Podem ser integradas variáveis tomadas de teorias criminológicas propriamente ditas, e não de disciplinas diferentes.[115] Isso se vê refletido nos enfoques plurifatoriais a que acabamos de fazer referência – sem esquecer a sua heterogeneidade.

c) Podem ser integradas teorias criminológicas: aceitar distintas teorias preexistentes e que têm elementos próprios, extrair delas as partes mais convincentes e tratar de construir uma nova teoria, resultado da combinação de partes de outras teorias superior a estas.[116] Esse é o enfoque que nos preocupa agora.

A proposta de teorias criminológicas integradas parte novamente de que *as teorias unitárias tradicionais fracassaram* na hora de explicar o delito – assim como de propor políticas criminais eficazes.[117] Como já vimos, não é fácil que uma teoria

---

[112] FARRELL, R. A. Cognitive consistency in deviance causation: a psychological elaboration of an integrated systems model, p. 78-80 e 88-92; GULLOTTA, T. P. et al. *Delinquent violent youth*, p. 118; WELLFORD, C. F. Towards an integrated theory of criminal behavior, p. 121-126; WOLFGANG, M. E.; FERRACUTI, F. *The subculture of violence*, p. 1-8.

[113] FARRELL, R. A. Cognitive consistency in deviance causation: a psychological elaboration of an integrated systems model, p. 92.

[114] LANCTÔT, N.; LE BLANC, M. Explaining deviance by adolescent females, p. 179-186; WOLFGANG, M. E.; FERRACUTI, F. *The subculture of violence*, p. 2-3.

[115] Essa parece ser a proposta de BERNARD.

[116] ELLIOTT, D. S. et al. *Explaining delinquency and drug use*, p. 11-12; FARNWORTH, M. Theory integration versus model building, p. 95; FORDE, D. R.; KENNEDY, L. W. Risky lifestyles, routine activities, and the general theory of crime, p. 285.

[117] ELLIOTT, D. S. et al. *Explaining delinquency and drug use*, p. 123-124; LISKA, A. E. et al. Strategies and requisites for theoretical integration in the study of crime and deviance, p. 95; WELLFORD, C. F. Towards an integrated theory of criminal behavior, p. 119.

chegue a ser refutada e abandonada, de modo que cada vez simplesmente teremos mais e mais teorias com capacidade de explicação do delito, que, por exemplo, em termos quantitativos, pode ser considerada pobre.[118] Daí não se deriva, para esses autores, pelo contrário, que não se deva seguir o método científico positivo da criminologia majoritária ou que se deva renunciar à teoria em nossa disciplina.

A proposta é adotar distintas teorias criminológicas e tratar de integrá-las em novas teorias mais promissoras. Esses modelos costumam compartilhar a ideia de que o delito é causado por variáveis distintas, mas afastam os enfoques plurifatoriais pelas razões que acabamos de ver, sobretudo por serem metateóricos.[119] Ademais, *deve-se aceitar de cada teoria aquelas partes que resultem mais promissoras e tratar de formar uma nova teoria com todas elas.*

Existem diversas possibilidades para realizar essa integração. Uma das classificações mais simples, apontada por Hirschi, distingue três estratégias:

a) *Vertical* (para cima e para baixo). Distinguir níveis de análises, de modo que cada teoria parcial se converte em uma parte de outra teoria geral.

b) *Horizontal*. Dividir o conceito de delito – e de desvio – em distintos subtipos, cada um explicável por uma teoria distinta.

c) *Sequencial*. Ordenar temporalmente as variáveis de cada teoria de modo que as variáveis dependentes de algumas teorias sejam as variáveis independentes de outras, ajustando tudo isso uma nova teoria geral.[120]

Existem, como dissemos, mais estratégias.[121] Por exemplo, Thornberry, de outro lado, sugere que a nova teoria integrada deveria prestar atenção especial

---

[118] ELLIOTT, D. S. The assumption that theories can be combined with increased explanatory power: theoretical integrations, p. 125; ELLIOTT, D. S. et al. *Explaining delinquency and drug use*, p. 135-136, recorrem ao conceito estatístico de mudança ou variação explicada, o qual pode ser de alguma forma desorientador; (1) a seu ver, "o nível de variação explicada atribuível a teorias separadas é embaraçosamente baixo". (1) Vide FARNWORTH, M. Theory integration versus model building, p. 99.

[119] ELLIOTT, D. S. The assumption that theories can be combined with increased explanatory power: theoretical integrations, p. 126-127; WELLFORD, C. F. Towards an integrated theory of criminal behavior, p. 129. Por esse motivo não parece justa em todos os casos a crítica de HIRSCHI, T. Exploring alternatives to integrated theory, p. 41, quando sugere que muitas vezes simplesmente atuam como se distintas variáveis pertencessem a teorias diversas; o que não parece ser certo para o caso das propostas mais sólidas: não se trata fundamentalmente de integrar variáveis, mas teorias.

[120] HIRSCHI, T. Separate and unequal is better, p. 258-260; LISKA, A. E. et al. Strategies and requisites for theoretical integration in the study of crime and deviance, p. 5-13.

[121] BERNARD, T. J. A theoretical approach to integration, p. 156-159; ELLIOTT, D. S. The assumption that theories can be combined with increased explanatory power: theoretical integrations, p. 129-131; LISKA, A. E. et al. Strategies and requisites for theoretical

à influência recíproca que se produz entre distintas variáveis: a mesma variável pode ser, ao mesmo tempo, dependente e independente a respeito de outra.[122]

Sobre o debate, cabe fazer as seguintes considerações.

a) A construção de teorias integradas nesse sentido é muito difícil. Como observado, distintas teorias incluem afirmações latentes que podem ser incompatíveis entre si: como integrar a teoria do controle social, para a qual o ser humano tende por natureza ao delito com teorias que sugerem que não se delinquirá salvo se operar alguma causa?[123] Do mesmo ponto de vista de suas proposições, as próprias teorias unitárias tradicionais foram construídas em oposição umas com as outras, isto é, com variáveis e processos causais que são incompatíveis entre si e buscando de propósito dita incompatibilidade.[124]

Algumas teorias certamente são perfeitamente coerentes e compatíveis entre si. Os casos em que uma teoria só recorre a outra ou a elementos de outra para se completar não pode se equiparar à integração de teorias. Tão somente, há teorias que não são puras. Como vimos, A. Cohen, Cloward e Ohlin adotam elementos da teoria da aprendizagem, mas nem por isso deixam de ser as suas teorias (clássicas) da frustração, ainda que não em uma versão pura como no caso de Merton.[125]

Com efeito, somente é possível integrar teorias ou partes de teorias que sejam conciliáveis entre si, ou melhor, que se construam de maneira que isso seja possível. Ainda que seja reconhecidamente muito difícil, seus proponentes afirmam que isso é possível.

Como se pode apreciar, o problema depende também da concepção que se tenha da ciência e do que se entenda por integração.[126] Do ponto de vista

---

integration in the study of crime and deviance, p. 13-17; WOLFGANG, M. E.; FERRACUTI, F. *The subculture of violence*, p. 9-12.

[122] THORNBERRY, T. P. Empirical support for interactional theory: a review of the literature, p. 201-205.

[123] Vide, contudo, ELLIOTT, D. S. et al. *Explaining delinquency and drug use*, p. 37-38 principalmente.

[124] BLACKBURN, R. *The Psychology of criminal conduct*, p. 135; FARNWORTH, M. Theory integration versus model building, p. 99; GOTTFREDSON, M. R.; HIRSCHI, T. *A general theory of crime*, p. 113; HIRSCHI, T. Exploring alternatives to integrated theory, p. 37 e 39-48; idem, Theory without ideas: reply to Akers, p. 254.

[125] De fato, a mesma organização desta Obra – ainda que desde logo muito limitada por razões de espaço derivadas de sua própria natureza – corresponde, como é fácil de observar, a teorias compatíveis entre si, com poucas exceções. O mesmo ocorre em outras ciências relacionadas com o delito. Assim, CEREZO MIR inclui em sua teoria do delito elementos compatíveis da teoria da imputação objetiva sem que a sua deixe de ser, em absoluto, uma teoria finalista estrita, CEREZO MIR, J. *Curso de derecho penal español. Parte general*, v. II, p. 98-104.

[126] Vide TITTLE, C. R. Prospects for synthetic theory: a consideration of macro-level criminological activity, p. 161. O próprio conceito de integração não está claro, FARNWORTH, M. Theory integration versus model building, p. 93.

epistemológico desta obra está claro que uma teoria, seja unitária, seja integrada, deve ser logicamente consistente; mas quem defenda uma concepção mais débil tenderá a aceitar proposições mais flexíveis e, consequentemente, a considerar que a integração é relativamente mais simples. Quem sustente que integrar teorias é simplesmente "formular relações entre elas",[127] verá muitas possibilidades a essa proposição do que quem tenha uma visão mais exigente do que deve e pode ser uma teoria.

Essa diferença nos pontos de partida epistemológicos se reflete de fato no próprio debate. Há certo consenso na metodologia da integração – ou seja, como se pode fazer –, não nas suas possibilidades: "Sustentamos que a integração é o enfoque apropriado porque as teorias basicamente fazem prognósticos diferentes, *mas não contraditórios*",[128] muito ao contrário do que sugerem os críticos dessa ideia, entre os quais se inclui esta obra.

b) Para outros autores, a vantagem da integração é que representa uma boa maneira de diminuir o número de teorias criminológicas relevantes.

Como já se disse, parece que há muitas teorias em criminologia, cada vez há mais, e que a refutação não foi até agora muito benéfica para tal fim. Mediante a integração, argumenta-se que seria possível ir excluindo e abandonando teorias pouco satisfatórias, mas mantendo suas partes e componentes mais promissores; ou ao menos ajustar em parte o caos e a fragmentação que domina a criminologia contemporânea.[129] A essa proposição se pode responder o seguinte:

Até agora, pelo menos, a integração não logrou tampouco desfazer-se por ela mesma das teorias unitárias tradicionais, enquanto aparecem muitas outras teorias integradas. Dessa maneira, melhor parece que só o que se conseguiu na prática é aumentar ainda mais o número de teorias com que se conta atualmente em criminologia. Isso pode resultar especialmente perigoso se levarmos em conta que é muito difícil inventar uma teoria do nada, mas é relativamente simples propor teorias integradas, sobretudo a partir de posturas metodologicamente flexíveis. Efetivamente, como apontam alguns teóricos, quando nos encontramos diante de uma teoria que se sabe conter alguma falha, basta buscar outra teoria que mais ou menos a preencha.[130] Naturalmente o produto final pode resultar internamente inconsistente, mas o que importa aqui é que terá surgido uma nova teoria.

---

[127] LISKA, A. E. et al. Strategies and requisites for theoretical integration in the study of crime and deviance, p. 1.
[128] BERNARD, T. J.; SNIPES, J. B. 1996. Theoretical integration in Criminology, p. 302.
[129] BERNARD, T. J.; SNIPES, J. B. 1996. Theoretical integration in Criminology, p. 302. LISKA, A. E. et al. Strategies and requisites for theoretical integration in the study of crime and deviance, p. 1.
[130] HIRSCHI, T. Exploring alternatives to integrated theory, p. 45; KEMPF, K. L. The empirical status of Hirschi's control theory, p. 148.

c) Uma postura crítica especial é a de Akers. Mais que se opor à integração de teorias – sua proposta poderia até ser considerada favorável a dita estratégia – acredita abertamente que quase todas as teorias são simplesmente partes da teoria da aprendizagem. A maioria das teorias são subsumíveis na da aprendizagem.[131]

d) A metodologia da integração de teorias se contrapõe no debate ao critério da *competição de teorias*.[132] Se esta última estratégia permite avaliar teorias de acordo com uma série de critérios de cientificidade, como veremos mais adiante, e desse modo também permite *comparar* teorias entre si apontando qual é superior; a integração, pelo contrário e como sabemos, propõe unir os esforços teóricos mais que descartar as teorias que estejam mal postas na competição. *Ainda que muito próximas, a competição de teorias não se confunde com o princípio da refutação*, que é nosso princípio básico de cientificidade.[133]

Se as teorias não refletem fielmente a natureza e não podem ser verificadas nunca, então é perfeitamente possível que duas ou mais teorias com um alto grau de verossimilhança coexistam ao mesmo tempo, sem que seja imprescindível descartar uma delas. Uma teoria só pode ser excluída quando seja refutada, ainda que existam graus de refutabilidade. Diante de duas teorias, quando, em igualdade de condições, uma se refira a todos os delitos contra as pessoas e outra só ao homicídio, não há por que se excluir a do homicídio somente porque seu âmbito seja menor. A mais ampla será, sem dúvida, preferível do próprio ponto de vista do princípio da refutação – será preferível porque é mais fácil de refutar –, mas a mais estrita não terá sido por isso refutada.

Do ponto de vista do princípio da refutação – do qual derivam, certamente, critérios de avaliação e competição de teorias – não parece haver problema em aceitar a metodologia da integração para formular teorias científicas. Para essa postura, a que se segue aqui, *é irrelevante como surge uma teoria*: pode ser inventada ou pode resultar da integração de outras anteriores. Assim, Liska e seus seguidores *afirmam* que "a integração teórica deve ser vista mais como um meio de teorizar – ou seja, como uma estratégia para desenvolver explicações mais convincentes e para promover o crescimento teórico".[134] Sendo assim, *uma*

---

[131] AKERS, R. L. A social behaviorist's perspective on integration of theories of crime and deviance, p. 27-34; idem, Self-control as a general theory of crime, p. 209-210; idem, *Criminological theories*, p. 38, 77, 82, 141 e 162, por exemplo.

[132] Esse é o caso, por exemplo, de LISKA, A. E. et al. Strategies and requisites for theoretical integration in the study of crime and deviance, p. 2.

[133] BERNARD, T. J.; SNIPES, J. B. Theoretical integration in Criminology, p. 303 e 321. Como dissemos, a competição vem sendo considerada no debate como uma metodologia oposta à da integração; nesse sentido não se confunde com o princípio da refutação.

[134] LISKA, A. E. et al. Strategies and requisites for theoretical integration in the study of crime and deviance, p. 2.

teoria integrada deverá ser julgada por seus próprios méritos, o primeiro dos quais é que deve resultar logicamente consistente, já que de outro modo simplesmente não seria refutável.

A proliferação de teorias integradas a que assistimos nos últimos anos sugere que muitas delas, formuladas com precipitação, devem ser efetivamente irrefutáveis e, portanto, acientíficas. Outros exemplos certamente parecem cumprir os requisitos de cientificidade.[135]

Em geral, certamente, *as teorias integradas tenderiam a ser mais complexas* que as unitárias e, portanto, mais difíceis de refutar – ainda que, como acabamos de ver, algumas certamente sejam refutáveis e possam superar testes empíricos que lhes outorguem certa verossimilhança. Nesse sentido, essa metodologia se encontra em desvantagem ante as teorias unitárias tradicionais.

6. A classificação das teorias criminológicas

Os diferentes manuais e algumas monografias que descrevem teorias criminológicas costumam seguir algum esquema classificatório. Naturalmente, existem diversos esquemas, cada um deles com seus pontos a favor e contra; e todos de uma natureza em grande parte convencional. Aqui, na verdade, não se oferece nenhum esquema classificatório, mas simplesmente se ordena *a maioria* das teorias contemporâneas mais importantes de uma forma que reconhecemos em grande medida arbitrária e muito pouco original, que concede à visão histórica e à compatibilidade entre enfoques um papel decisivo na ordenação e reunião.[136]

O que certamente queremos assinalar é que praticamente todas as teorias que vamos analisar são *teorias criminológicas*. Nesta obra se insiste na natureza independente e autônoma de nossa disciplina. Por esse motivo não podemos compartilhar uma classificação em teorias biológicas, psicológicas, sociológicas e etc.

III. CRITÉRIOS DE AVALIAÇÃO DE TEORIAS

No Capítulo 1 vimos, seguindo Popper, que um sistema científico se caracteriza pelo fato de que hipóteses derivadas dele podem ser submetidas a exame mediante a observação de fatos empíricos e, portanto, podem ser refutadas. Também adiantamos que desse princípio de refutação derivam uma série de critérios para avaliar teorias, ou seja, decidir o valor de cada uma e até comparar umas teorias com outras.

---

[135] FARNWORTH, M. *Theory integration versus model building*, p. 100.
[136] Vide GARCÍA-PABLOS DE MOLINA, A. *Tratado de Criminología*, p. 477; GARRIDO GENOVÉS, V. et al. *Principios de Criminología*, p. 171; HASSEMER, W.; MUÑOZ CONDE, F. *Introducción a la Criminología*, p. 41-44; HERRERO HERRERO, C. *Criminología*, p. 287; NÚÑEZ PAZ, M. A.; ALONSO PÉREZ, F. *Nociones de Criminología*, p. 116-117.

Um caso especial de irrefutabilidade vem representado pelas *tautologias*.[137] A tautologia é um raciocínio circular no qual a explicação parte do que se quer explicar. Por isso, carece de conteúdo empírico e é irrefutável – e acientífico. Por mais surpreendente que possa parecer, as tautologias não são estranhas nas ciências humanas e sociais – como, mais em geral, propostas irrefutáveis ou ao menos dificilmente refutáveis. Um exemplo grosseiro, mas que pode se ler ou se escutar com habitualidade e que não deixa de ter certo atrativo intuitivo, é o sugerido que a violência doméstica tem uma origem cultural – ou subcultural. Quem golpeia sua companheira é, sem dúvida, uma pessoa especialmente machista, e esse tipo de machismo inclui considerar a mulher inferior, que é uma posse, que se tem certos direitos sobre ela etc. O maus-tratos são a melhor prova de machismo: quem, salvo um machista *radical*, faria tal coisa? O machismo radical é uma forma cultural ou subcultural.

O raciocínio continua: a causa da violência doméstica é esse machismo radical; a violência doméstica, então, é um fenômeno cultural ou subcultural. Como se vê, o raciocínio é circular e dele não se sai em nenhum momento: é tautológico. O que maltrata é um machista radical; o machismo radical é a causa dos maus-tratos.[138] Outro exemplo: quem comete delitos especialmente desprezíveis – um assassino em série, um estuprador cruel... – tem de ser um psicopata; comete fatos tão graves *porque* é um psicopata.

Assim, para que uma teoria ou hipótese seja científica deve ser refutável. Porém *a refutabilidade é um conceito graduável*. Com efeito, as teorias ou hipóteses podem ser mais ou menos refutáveis, não se trata de uma questão de branco ou preto – ou seja, de *refutável* ou *não refutável* –, mas de um longo contínuo de gradações.[139] Quanto mais refutável seja, isto é, *quanto mais fácil seja refutar uma teoria ou hipóteses*, maior conteúdo empírico terá e em princípio *será cientificamente superior*. Esses critérios se referem aos graus de refutabilidade das teorias. O princípio da refutação exige que as hipóteses sejam submetidas efetivamente aos objetivos mais sérios possíveis de oposição mediante investigações empíricas; desse modo, *quanto maior apoio empírico tenha uma teoria, mais verossímil será*.

Uma vez que assumimos que as teorias devam ser refutáveis para ser científicas, quais são, dentro desse quadro, os principais critérios de avaliação – e competição – de teorias?

---

[137] POPPER, K. R. *La lógica de la investigación científica*, p. 40 e 81, por exemplo.
[138] Isso não quer dizer, muito ao contrário, que todas as teorias culturais ou subculturais, aplicadas à violência doméstica ou não, sejam tautológicas; somente alguns exemplos grosseiros.
[139] POPPER, K. R. *La lógica de la investigación científica*, p. 107-115.

1. Coerência interna

Uma teoria está conformada por um conjunto *sistemático* de hipóteses. Isso quer dizer que essas hipóteses ou afirmações devem ser logicamente coerentes entre si ou, ao menos, não se contradizer. *O sistema deve ser estruturado internamente da maneira mais lógica possível.*[140] Naturalmente, não é muito fácil encontrar teorias construídas de maneira logicamente impecável ou *teorias formais*; porém quanto mais se aproximem desse ideal, tanto melhor.

Por exemplo, uma teoria não pode propor ao mesmo tempo em que a criminalidade é causada por determinada conformação genética e que o delito é única e exclusivamente um rótulo que colocam os poderosos ou o Estado em seus inimigos. Ambas as afirmações são incompatíveis entre si, de modo que nenhuma observação pode ser coerente com as duas ao mesmo tempo.[141]

2. Âmbito

Nem todas as teorias tratam de explicar todas as formas delitivas. De fato, algumas são certamente limitadas. Por exemplo, determinadas teorias se referem à delinquência juvenil, mas não à adulta; aos delitos cometidos por determinados indivíduos – como os funcionários públicos; ou a fatos delitivos muito concretos – como o furto de uso de veículos automotores. Ainda que investigações desse tipo sejam imprescindíveis na criminologia contemporânea, como as teorias etiológicas do delito, são inferiores a teorias mais gerais que pretendem explicar um maior número de delitos e em um conjunto de situações superior. *Quanto mais amplo seja o âmbito de aplicação de uma teoria, maior preferência ela terá.*[142]

A razão encontra-se não apenas em que a ciência aspira a generalizações, mas também em que uma teoria assim será mais fácil de refutar. Uma teoria que pretenda explicar todas as formas delitivas pode ser refutada – ou, ao menos, obrigar a que se modifique – com fatos empíricos referidos a quaisquer delitos, fatos que a contradigam. Uma teoria que almeja explicar

---

[140] AKERS, R. L. *Criminological theories*, p. 6; AKERS, R. L.; SELLERS, C. S. *Criminological theories*, p. 5-6; BLALOCK, H. M. *Theory construction*, p. 2; FARNWORTH, M. Theory integration versus model building, p. 93; GIBBONS, D. C. The assumption of the efficacy of middle-range explanation: typologies, p. 158; LEMERT, E. M. *Social pathology*, p. 17; SERRANO MAÍLLO, A. *Ensayo sobre el derecho penal como ciencia*, p. 71 n. 144; WALLACE, W. L. *The logic of science in Sociology*, p. 63.

[141] HASSEMER, W.; MUÑOZ CONDE, F. *Introducción a la Criminología*, p. 41-42.

[142] AKERS, R. L. *Criminological theories*, p. 6; AKERS, R. L.; SELLERS, C. S. *Criminological theories*, p. 6; GLASER, B. G.; STRAUSS, A. L. *The discovery of grounded theory*, p. 110-111; TITTLE, C. R. *Control balance*, p. 17-18 e 20-22; WALLACE, W. L. *The logic of science in Sociology*, p. 106-109 e 119.

o comportamento dos assassinos em série espanhóis será muito difícil de refutar devido aos escassos fatos empíricos que podem ser obtidos pelo dado incomum do acontecimento.

3. Simplicidade

As teorias científicas podem ser relativamente simples ou muito complexas. *Quanto mais simples seja uma teoria, mais fácil será de refutar e tanto mais preferível.*[143] *Uma teoria será tanto mais simples e acessível conforme recorra ao menor número possível de afirmações, de exceções e de distinções.*

Uma teoria simples é mais fácil de refutar que uma complexa. Uma teoria hipotética que afirmasse que os delinquentes delinquem porque têm certa conformação genética é muito mais fácil de refutar – bastaria, em tese, uma observação de um delinquente que carece de dita conformação genética – que outra que defendesse que dita conformação genética *interage* com *fatores ambientais* sob *certas circunstâncias*, interação que depende da *idade* e do *sexo* dos sujeitos e do *tipo de delito*. De fato, uma teoria tão extrema como a última, ainda que possa resultar intuitivamente atrativa, requer alguns estudos empíricos tão complexos que é muito duvidoso que seja realmente refutável.

A nosso ver, o critério da simplicidade é fundamental. Contudo, nos últimos anos observou-se a proposta de teorias cada vez mais complexas. Tittle, mais adiante, afirma que as teorias criminológicas simples são incapazes de explicar o fenômeno delitivo e que, de fato, todas as que foram propostas até agora fracassaram no intento. No entender de Tittle, uma teoria plausível deveria ser a mais *completa, precisa e profunda* possível – o que seria incompatível com uma teoria simples.

A criminologia necessita, pois, de teorias complexas. Uma teoria deveria incorporar tantos elementos causais quantos possíveis, isto é, todas as forças causais que pudessem operar no delito; "identificar as contingências que influem na força com que os processos causais operam, a forma do efeito causal e o lapso de tempo que transcorre entre quando a causa tem lugar e o efeito esperado"; assim como especificar de maneira exaustiva todo o processo causal e esclarecer as conexões racionais. Uma teoria simples não pode, naturalmente, cumprir todos

---

[143] Akers, R. L. *Criminological theories*, p. v e 7; Akers, R. L.; Sellers, C. S. *Criminological theories*, p. 6; Bernard, T. J. Merton versus Hirschi: who is faithful to Durkheim's heritage?, p. 89; Gibbons, D. C. The assumption of the efficacy of middle-range explanation: typologies, p. 157-158; Glaser, B. G.; Strauss, A. L. *The discovery of grounded theory*, p. 110-111; Lemert, E. M. *Social pathology*, p. 17; Paternoster, R.; Dean, C. W. et al. Generality, continuity, and change in offending, p. 262; Serrano Maíllo, A. *Ensayo sobre el derecho penal como ciencia*, p. 92-93; Wallace, W. L. *The logic of science in Sociology*, p. 112-114 e 119.

esses requisitos; necessita-se de teorias complexas.[144] Tittle propôs, tratando de seguir os critérios de avaliação mais estritos, sua própria teoria do delito e do desvio, a *teoria do balanço do controle*.[145]

Na verdade, ainda que o autor não destaque que uma teoria simples é preferível em igualdade de condições a uma complexa,[146] sua proposta é perfeitamente compatível com a que seguimos aqui. O que esse criminólogo sustenta é que as teorias simples em termos absolutos não são promissoras para nossa ciência.

O critério de simplicidade deriva de um princípio epistemológico básico, e por isso não se trata de algo caprichoso ou convencional. As teorias, quanto mais simples, mais fáceis de refutar e, portanto, preferíveis. As teorias muito complexas são muito mais difíceis de refutar e, em casos extremos, simplesmente não poderão ser testadas – ao menos atualmente.

Então, a incorporação de muitos dos elementos que sugere Tittle daria como resultado teorias mais precisas e melhores, porém mais complexas.

A questão, cremos, remete-se à decisão do aumento de complexidade valer a pena porque a explicação que oferecida é superior de maneira significativa ou não.[147] Permita-nos um exemplo: as teorias para as quais as causas da delinquência têm uma origem social podem aceitar que existem fatores individuais – por exemplo biológicos – com certa influência na criminalidade; contudo, podem considerar que seu papel é tão pequeno que sua inclusão expressa na teoria melhorá-la-ia tão pouco que não vale a pena o aumento da complexidade – e das maiores dificuldades para seu teste empírico, já que agora, em verdade, deveriam ser medidos mais fatores – e, por isso, preferem se concentrar nos processos causais que são os mais importantes e gerais.[148] Um exemplo mais concreto vem representado, precisamente, pela própria teoria do balanço do controle de Tittle.[149]

A sólida e aceitável proposta de Tittle, pois, não parece que possa ser assumida como regra geral. Ao mesmo tempo, talvez o autor tenha uma imagem exagerada das possibilidades da teoria criminológica. Sua proposta, desde logo, proporciona uma construção de teorias muito séria, consciente e exigente que é especialmente

---

[144] TITTLE, C. R. *Control balance*, p. 1, 17-22, 27-29, 34-35, 43-46 e 51-53; também, BLALOCK, H. M. *Theory construction*, p. 3; ELLIOTT, D. S. The assumption that theories can be combined with increased explanatory power: theoretical integrations, p. 125 e 127.

[145] TITTLE, C. R. *Control balance*, p. 171-200 principalmente; idem, Control balance, p. 316-317 e 322-325.

[146] Na verdade, afirma que uma teoria mais ampla é preferível porque "é mais simples", TITTLE, C. R. *Control balance*, p. 22, também p. 27.

[147] BLALOCK, H. M. *Theory construction*, p. 7.

[148] COHEN, A. K. The assumption that crime is a product of environments: sociological approaches, p. 224.

[149] Acerca das graves dificuldades para sua avaliação empírica, vide TITTLE, C. R. *Control balance*, p. 226-227 e 261-271.

promissora para que a criminologia avance,[150] e nesse sentido – ainda que não a compartilhemos plenamente – deve-se acolher essa razão com aprovação.

O teórico possivelmente se encontre diante do dilema de que teses simples podem talvez ser inadequadas para explicar algo tão complexo e heterogêneo como a realidade – e em especial, como em nosso caso, o fenômeno delitivo e do delinquente – e que teses complexas podem resultar difíceis ou até impossíveis de refutar.[151] Isso, contudo, não obsta o critério epistemológico geral de que *são preferíveis as teorias simples* e que, portanto, *a introdução de complexidade deve estar em todo caso justificada* porque aduz algo que possa ser considerado relevante.

A simplicidade, ademais, tem outras vantagens importantes: é mais acessível à comunidade científica e à opinião pública, se facilita seu controle, sobretudo, por parte dos não iniciados, suas propostas de política criminal são mais diretas e claras e também mais acessíveis aos responsáveis desta.[152] A mesma ideia de que é preferível a simplicidade se aplica não apenas à teoria criminológica, mas também à sua metodologia.[153]

4. *Precisão*

As teorias científicas devem *definir seus conceitos e variáveis, seus processos causais e seus prognósticos da maneira mais precisa possível*.[154] Naturalmente, uma teoria explicitada em termos vagos, ambíguos e imprecisos pode ser interpretada como coerente com qualquer observação que se faça. Por isso, uma teoria que seja capaz de explicar o todo não será refutável.

De acordo com a teoria da associação diferencial de Sutherland, o delito ocorre por um *excesso* de *definições* favoráveis à infração da lei em face de definições desfavoráveis à infração da lei.[155] O problema dessa afirmação – e de toda a teoria em geral – é sua imprecisão. Quando se produz um excesso? Basta que haja uma definição mais favorável? O que é uma definição? Qualquer opinião acerca de comportamentos delitivos ou desviados? Como se podem operacionalizar e medir as definições favoráveis e desfavoráveis à infração da lei de uma pessoa ao longo de sua vida? Ainda que seja duvidoso que a teoria não possa ser testada, deve-se reconhecer que é *difícil de fazer*.

---

[150] Vide TITTLE, C. R. *Control balance*, p. 52-53.
[151] BLALOCK, H. M. *Theory construction*, p. 3-4 e 6-7.
[152] SERRANO MAÍLLO, A. *Ensayo sobre el derecho penal como ciencia*, p. 91-95.
[153] SPELMAN, W. *Criminal incapacitation*, p. 258.
[154] POPPER, K. R. *La miseria del historicismo*, p. 52; também HIRSCHI, T. Exploring alternatives to integrated theory, p. 38; SHORT, J. F. The level of explanation problem in Criminology, p. 64; STINCHCOMBE, A. L. *Constructing social theories*, p. 6; TITTLE, C. R. The assumption that general theories are not possible, p. 118.
[155] SUTHERLAND, *Principles of Criminology*, 4. ed., p. 6-7.

5. Apoio empírico

Os critérios de avaliação de teorias recém-mencionados fazem referência aos graus de refutabilidade das teorias. Porém, é claro, os princípios da refutação exigem não só que as hipóteses sejam refutáveis – e quanto mais refutáveis melhor –, mas que se submetam efetivamente aos objetivos mais sérios possíveis de oposição mediante investigações empíricas. Portanto, conforme uma teoria ou suas hipóteses superem maior número de provas, e provas mais exigentes, tanto mais verossímeis serão e, portanto, mais preferíveis poderão ser consideradas. Esse tem de ser, então, o critério mais importante de avaliação de teorias.[156] *Quanto maior apoio empírico tenha uma teoria, mais verossímil será*[157] – ainda que, como já sabemos, nunca poderá se verificar.

Muito relacionado com esse ponto é que *uma teoria deve ser coerente com os fatos empíricos conhecidos sobre o delito*.[158] Uma teoria nascerá com séria desvantagem se não for coerente ou não for capaz de explicar esses fatos bem conhecidos. Foi talvez Hindelang um dos que mais insistiram em chamar a atenção modernamente sobre essa questão, e a teoria criminológica das últimas duas décadas insiste nessa questão.[159] De acordo com o referido criminólogo, "se os teóricos sociológicos do delito e da delinquência utilizaram as 'pistas' que proporcionam os correlatos conhecidos do comportamento criminoso – nesse caso sexo, raça e idade do grupo – como uma base para gerar e modificar a teoria, tanto a teoria como a investigação poderiam ser capazes de avançar mais depressa".[160]

Akers contesta em parte, assinalando que é certo que as teorias tradicionais não haviam se preocupado em mostrar expressamente sua compatibilidade com os fatos conhecidos, mas em qualquer caso a maior parte delas certamente o é.[161] Tanto é assim que muitas vezes se destaca que em criminologia as disputas não se centram nos fatos, mas em sua interpretação.[162]

---

[156] AKERS, R. L. *Criminological theories*, p. 9; AKERS, R. L.; SELLERS, C. S. *Criminological theories*, p. 8-14.

[157] AKERS, R. L. *Criminological theories*, p. 9; FARNWORTH, M. Theory integration versus model building, p. 93; TITTLE, C. R. *Control balance*, p. 271.

[158] COHEN, A. K. *Delinquent boys*, p. 21-24 e 170; HIRSCHI, T.; SELVIN, H. C. *Principles of survey analysis*, p. 26; LAUB, J. H. et al. Explaining crime over the life course: toward a theory of age-graded informal social control, p. 99.

[159] BRAITHWAITE, J. *Crime, shame and reintegration*, p. 44; GOTTFREDSON, M. R.; HIRSCHI, T. *A general theory of crime*, p. xiv-xv, 12 e 16; HIRSCHI, T. Exploring alternatives to integrated theory, p. 46. Contra: BLUMSTEIN, A; COHEN, J. et al. *Criminal careers and career criminals*, p. 985.

[160] HINDELANG, M. J. Variations in sex-race-age-specific incidence rates of offending, p. 473.

[161] AKERS, R. L. Self-control as a general theory of crime, p. 206.

[162] NAGIN, D.; PATERNOSTER, R. Population heterogeneity and state dependence: state of the evidence and directions for future research, p. 118.

Com efeito, e sem pretensão de exaurir, uma teoria deveria ser consistente com que o delito se concentre majoritariamente nos seguintes grupos ou unidades e tenha as seguintes características:

a) os homens cometem muito mais delitos que as mulheres;
b) os jovens cometem um número desproporcional de delitos;
c) os solteiros delinquem mais que os casados;
d) o delito está relacionado com um status socioeconômico desfavorecido;
e) o delito é um fenômeno fundamentalmente urbano;
f) os delinquentes tendem a ser versáteis;
g) tende a haver certa continuidade nos delinquentes, ainda que também uma tendência à mudança;
h) os delitos requerem um mínimo esforço;
i) os delitos referem-se a alguns ganhos limitados.[163]

Claro, existem muitos outros fatos conhecidos. Também podem ser de interesse os correlatos da vitimização – por certo, próximos da criminalidade.[164] Daí não se infere que uma teoria, ao menos no estado atual da discussão, possa ser totalmente coerente com *todos* os fatos conhecidos.[165]

A insistência de Hindelang teve um impacto relevante: uma das variáveis mais solidamente correlacionadas com o delito é a idade. Os jovens cometem um número desproporcional dos delitos que ocorrem em uma sociedade, mas o índice começa a diminuir bruscamente a partir de uma idade em torno dos vinte anos. Ao menos para a maioria das pessoas, esse correlato é válido também a nível individual. Ainda que seja um dado pouco conhecido, se bem que imaginável, o próprio Hindelang desempenhou um papel importante no estabelecimento dessa descoberta.[166] Pois bem, *a imensa maioria das teorias tradicionais é incompatível com a curva da idade*. Se, como assinalam as teorias da aprendizagem e da associação diferencial, o delito é resultado de um excesso de definições favoráveis à prática de fatos delitivos, como é possível que de repente se deixe de delinquir ao alcançar dita idade? Não deveriam continuar delinquindo sempre, já que aprenderam as técnicas, motivações, justificações para cometer delitos? O mesmo

---

[163] BRAITHWAITE, J. *Crime, shame and reintegration*, p. 44-50; GOTTFREDSON, M. R.; HIRSCHI, T. *A general theory of crime*, p. 16-22; SERRANO GÓMEZ, A.; FERNÁNDEZ DOPICO, J. L. *El delincuente español*, passim; SORENSEN, D. W. M. Motor vehicle accidents, p. 119.

[164] LAUB, J. H. Patterns of criminal victimization in the United States, p. 29-34.

[165] SERRANO MAÍLLO, A. *Ensayo sobre el derecho penal como ciencia*, p. 202. Sobre o problema em geral, vide BRAITHWAITE, J. *Crime, shame and reintegration*, p. 50-53.

[166] Vide HIRSCHI apud LAUB, J. H. Introduction: the life and work of Travis Hirschi, p. xxx.

vale para a teoria do controle.¹⁶⁷ As teorias são simplesmente incompatíveis com dita descoberta empírica. Há alguns anos diversos teóricos propuseram teorias que certamente são compatíveis com essa – algumas até parecem construções *ad hoc* para isso.

Sem mencionar que uma teoria pode cumprir de maneira ideal os critérios de avaliação prévios a esse e ser totalmente falsa. Ao longo dos próximos capítulos veremos diversos estudos empíricos destinados a averiguar se determinadas teorias são verossímeis ou não.

Como vimos, por diversas razões não é fácil refutar definitivamente uma teoria, de modo que das investigações empíricas somente se pode esperar, mais que análises decisivas, apoios mais ou menos claros a uma determinada teoria. Melhor dizendo, quando uma investigação alcança resultados contrários a uma teoria concreta, é perfeitamente legítimo mantê-la – sempre que seja possível –, mas introduzindo as modificações necessárias para que a teoria seja coerente com tais resultados e mantenha sua vigência científica.

É mister insistir em dois pontos. O primeiro é que os critérios retroassinalados não são arbitrários nem caprichosos, mas derivam da epistemologia seguida nesta *Obra* tampouco são de senso comum. Ainda que pareçam aceitáveis e relativamente simples de cumprir, são abundantes as propostas feitas em criminologia e que atentam gravemente contra alguns deles ou que, abertamente, são irrefutáveis.

6. Aplicações práticas

Por último, das teorias científicas costumam ser possíveis deduzir medidas práticas para o tratamento e controle da delinquência, o que se propõe como um critério de avaliação.¹⁶⁸ Ao mesmo tempo, muitos programas derivam de alguma ou algumas teorias. O ideal, claro, é que uma teoria criminológica seja útil também para a prevenção e controle do delito.

De fato, importante corrente filosófica, como é o *pragmatismo*, que teve desde os tempos da escola de Chicago, forte presença na criminologia, sugere que uma teoria qualquer, seja científica, religiosa ou de qualquer natureza que seja, deve ser julgada *conforme seus resultados*.¹⁶⁹ Como é também conhecido, as ciências humanas e sociais nasceram desde Saint-Simon com essa marcada

---

[167] Claro, essas teorias foram construídas originalmente para a delinquência juvenil, mas são de aplicação a todos os tipos de delinquência e criminalidade, GIBBS, J. P. The methodology of theory construction in Criminology, p. 49 n. 2 e 6.

[168] KEMPF, K. L. The empirical status of Hirschi's control theory, p. 167; MOORE, M. H. Public Health and Criminal Justice approaches to prevention, p. 245.

[169] SERRANO MAÍLLO, A. *Ensayo sobre el derecho penal como ciencia*, p. 71-79.

vocação pragmática e preocupada com a melhora das condições do ser humano; assim Durkheim chega a afirmar, em bem conhecida passagem, o seguinte: "Estimaríamos que nossas investigações não valeriam a pena se não houvessem de ter mais que um interesse especulativo. Se separamos com cuidado os problemas teóricos dos problemas práticos, não é para abandonar estes últimos: é, pelo contrário, para nos colocar em estado de resolvê-los melhor".[170]

Daí não decorre que as aplicações práticas sejam sempre um critério para a avaliação de teorias. De início, não se deriva necessariamente do princípio da refutação – ainda que seja perfeitamente coerente com o exposto que alguns dos prognósticos de uma teoria podem se referir à prevenção ou controle do delito.

A teoria criminológica aspira, sobretudo, a explicar o fenômeno delitivo, de modo que uma teoria que cumpra de maneira plausível com essa missão é muito válida cientificamente, *ainda que careça de implicações para a Política Criminal*.

Por exemplo, afirma-se que uma teoria tão conhecida como a do controle social de Hirschi *carece* de consequências diretas para a política criminal[171] – ainda que certamente seja possível construir medidas coerentes com ela ou ao menos que não a contradigam. Apesar disso, é uma das mais sólidas e conhecidas e teve influência enorme em criminologia.

Akers afirma que, "se se implementa um programa conduzido por essa teoria e tem êxito em conseguir suas metas, obtemos confiança adicional na validez da teoria. Contudo, esse é um modo indireto e impreciso de julgar a validez empírica de uma teoria [...] Dessa maneira, o êxito ou fracasso de políticas ou programas *não pode ser utilizado* pelo próprio programa *para testar teoria*".[172] Não podemos compartilhar essa ideia.

Uma teoria pode incluir entre seus prognósticos alguns relativos a programas de prevenção ou tratamento do delito. Por exemplo, a teoria das atividades rotineiras propõe como Política Criminal a redução de oportunidades para delinquir;[173] a teoria do autocontrole sugere que o tratamento penitenciário não será muito promissor para diminuir a reincidência.[174] Se de uma teoria se podem

---

[170] DURKHEIM, E. *La división del trabajo social*, p. 41.
[171] FARRINGTON, D. P. Explaining and preventing crime: the globalization of knowledge, p. 2.
[172] AKERS, R. L. *Criminological theories*, p. 12 (grifos nossos). Na verdade, o autor parece fazer referência às dificuldades práticas para que um programa se implemente tal e como houvesse sido desenhado idealmente a partir da teoria de que se trate. No fundo, muitas dessas dificuldades aparecem também quando se vai testar uma hipótese etiológica diretamente.
[173] CORNISH, D. B.; CLARKE, R. V. Introducción, p. 2; idem, Understanding crime displacement: an application of rational choice theory, p. 934; BENNETT, T. Burglars' choice of targets, p. 177.
[174] GOTTFREDSON, M. R.; HIRSCHI, T. *A general theory of crime*, p. 268-269; HIRSCHI T.; GOTTFREDSON, M. R. Self-control theory, p. 93.

deduzir *hipóteses relativas à prevenção e/ou ao controle do delito* – algo que não ocorrerá sempre –, a análise dessas medidas é relevante para avaliar a teoria. Outra coisa é que a implementação e valoração das medidas sejam imperfeitas, em cujo caso o que terá falhado será a própria análise.

Recorrendo aos critérios retroassinalados, é possível avaliar as diversas teorias. Uma teoria que seja mais simples, explique mais fenômenos, tenha mais apoio empírico etc. que outra é superior.

Em geral, será difícil que entre teorias sérias e bem elaboradas uma delas seja superior a outra em todos os critérios de avaliação, que introduz certo fator de interpretação subjetiva – ainda que o critério do apoio empírico seja o mais importante. Não pode existir uma teoria ideal, mas, coerentemente com o princípio da refutação, a construção de teorias deve se ver mais como *um processo* que como algo terminado e completo.[175] Atualmente continua-se trabalhando em diversas teorias para expor o mais precisamente possível suas afirmações, para ampliá-las ao maior número de situações, a fim de que abarque mais comportamentos delitivos etc. Um exemplo claro e recente pode vir representado pelo trabalho que autores como Agnew vêm desenvolvendo na área das teorias da frustração. A partir de algumas primeiras versões imprecisas de sua teoria, vem melhorando-a paulatinamente e ampliando-a.

---

[175] Tittle, C. R. *Control balance*, p. 17 e 271.

Capítulo 5
VARIÁVEIS E ORIENTAÇÕES BIOLÓGICAS. ENFOQUES PSICOLÓGICOS

I. VARIÁVEIS E ORIENTAÇÕES BIOLÓGICAS

1. O renascimento das variáveis biológicas na criminologia contemporânea

Nos últimos anos, produziu-se um retorno à consideração de variáveis de natureza biológica para a explicação do delito. Seguimos aqui um *conceito amplo do que se entende por biológico*; Vold e os seguidores de seu manual o explicam da seguinte maneira:

> Algumas dessas características biológicas são genéticas e herdadas [...]. Outras resultam de mutações genéticas que ocorrem no momento da concepção ou se desenvolvem enquanto o feto está no útero. Essas características biológicas são genéticas, mas não herdadas. Finalmente, outras podem se desenvolver como resultado do ambiente das pessoas, que vai desde lesões a uma dieta inadequada. Essas características biológicas não são nem genéticas nem herdadas.[1]

Lamentavelmente, as variáveis e explicações biológicas – assim como certos correlatos da criminalidade – deparam, em criminologia, para sua aceitação com certos *reparos de natureza supostamente ética*.

Os criminólogos que se atreveram a seguir essa via estavam conscientes das dificuldades que teriam de enfrentar: "O antropólogo que se imiscui no estudo do delito é um evidente patinho feio que provavelmente será saudado pelos corifeus da criminologia com gritos de 'cuac! cuac! cuac!'".[2]

---

[1] VOLD, G. B. et al. *Theoretical Criminology*, p. 68.
[2] HOOTON, E. A. *Crime and the man*, p. 3; também MEDNICK, S. A. Introduction – Biological factors in crime causation: the reactions of social scientists, p. 2 e 4; WILSON, J.

Em qualquer caso, o reconhecimento de elementos de natureza biológica tem uma antiga tradição na história da criminologia, e inclusive muitas vezes se relaciona o nascimento da criminologia positiva com uma orientação biológica – ainda que, como já sabemos, aquela tinha em seu início um caráter plurifatorial. Como também se disse, os enfoques que outorgavam um papel relevante a elementos de natureza biológica entraram em crise no segundo quartel do século XX, ainda que no continente europeu sua influência perdurasse bastante tempo; por exemplo, Di Tullio publicou em 1963 uma terceira edição de seus *Princípios de criminologia clínica e psiquiatria forense*.[3]

Quais podem ser, entre outras, as razões para aquele abandono?

a) Uma das possíveis razões acaba de ser apontada. Os próprios partidários das aproximações biológicas reconhecem tradicionalmente que teses desse tipo se relacionam com abusos em determinadas etapas históricas;[4] e, de fato, algum autor ainda considera que "muitas das objeções à tese biológica se baseiam em suas controvertidas implicações para a política criminal".[5]

b) Movimentos mais ou menos antiempiristas alcançaram certo auge em determinados momentos do século XX, e esse ambiente possivelmente dificultou o caminho das investigações e das orientações biológicas, cujo componente empírico e quantitativo é determinante.[6] O antiempirismo é algo que ainda prevalece no âmbito continental europeu, no Brasil e na América Latina como um todo.

c) Finalmente, há certo confronto de diversas disciplinas no âmbito do estudo do delito, disciplinas que competem porque prevaleceram seu ponto de vista e suas variáveis no estudo do delito e da criminalidade. Esse lamentável e contraproducente fenômeno, que ainda perdura em nosso âmbito, desembocou finalmente no que se costuma chamar a *destruição do conhecimento*, que afeta

---

Q.; Herrnstein, R. J. *Crime and human nature*, p. 79-80. Com efeito, o reconhecimento de influências de natureza biológica, e mais concretamente genética, parece chocar com determinados princípios e ideias que nos parecem básicos para nossa concepção moral do ser humano e da sociedade.

[3] Traduzida em 1966 com esse título por D. Teruel Carralero; vide mais especificamente Di Tullio, B. *Principios de Criminología clínica y Psiquiatría forense*, p. 127-159. De fato, em data pouco anterior a essa, Wolfgang, M. E. Pioneers in Criminology: Cesare Lombroso, p. 361, distinguia dois enfoques, um de orientação biológica e outro ambiental, que corresponderiam respectivamente à Europa continental e aos Estados Unidos.

[4] Fishbein, D. H. *Biobehavioral perspectives in Criminology*, p. 90-92; Hooton, E. A. *Crime and the man*, p. 3.

[5] Akers, R. L. *Criminological theories*, p. 46; essa crítica não pode ser compartilhada no que se refere aos enfoques contemporâneos mais amplos e moderados.

[6] García-Pablos de Molina, A. *Tratado de Criminología*, p. 478.

especialmente os enfoques biológicos,[7] isto é, que tende a não levar em conta as descobertas de natureza biológica.

Há alguns anos – dez ou quinze anos aproximadamente – vêm sendo levadas a sério as *variáveis de caráter biológico em criminologia*.

Akers, por exemplo, afirma em seu bem conhecido manual que as "explicações biológicas do delito chegam a ocupar um novo lugar de respeito em criminologia" e que "são levadas mais a sério hoje que em qualquer outro momento desde a primeira parte do século vinte".[8]

Com efeito, realizou-se nos últimos anos um importante número de investigações sobre a presença de elementos biológicos na conduta delitiva; desenvolveram-se algumas teorias nas quais os elementos de natureza biológica desempenharam papel importante; as principais revistas científicas de nossa disciplina mostram certa inquietude por acolher essas novas orientações; enquanto os manuais da disciplina difundem esses novos desenvolvimentos e investigações; as teorias e os criminólogos de orientação sociológica prestam atenção a toda essa discussão. Por tudo isso, bem que se poderia falar de um renascimento das variáveis biológicas na criminologia contemporânea.

Pode-se apontar uma série de razões que podem nos ajudar a entender esse fenômeno.

a) Como visto, há muitas décadas e até o momento presente prevalecem na criminologia majoritária as teorias de orientação sociológica – (da aprendizagem, da tensão e do controle, principalmente), mas o certo é que suas explicações do fenômeno delitivo não podem ser consideradas totalmente satisfatórias.[9] Por isso, não se surpreende que na atualidade coexistam vários modelos e teorias opostos, o mesmo que há décadas.[10]

De modo concreto, e pelo que nos diz respeito, as teorias de orientação sociológica não têm sido capazes de explicar satisfatoriamente *importantes diferenças individuais* no âmbito da criminalidade.[11]

Isto é, torna-se difícil explicar como indivíduos expostos a ambientes muito semelhantes se comportam de maneira tão diferente, e que até sujeitos educados

---

[7] FARRINGTON, D. P. Implications of biological findings for criminological research, p. 58; MEDNICK, S. A. Introduction – Biological factors in crime causation: the reactions of social scientists, p. 4; RAINE, A. *The psychopathology of crime: criminal behavior as a clinical disorder*, p. 309.

[8] AKERS, R. L. *Criminological theories*, p. 48, mas vide também p. 47 e 55-57.

[9] FISHBEIN, D. H. *Biobehavioral perspectives in Criminology*, p. x.

[10] Algumas investigações chegam até a colocar em dúvida a correlação do delito com algumas das variáveis sociológicas mais importantes.

[11] FARRINGTON, D. P. Individual differences and offending, p. 241-243 e 262-264; GOTTFREDSON, M. R.; HIRSCHI, T. *A general theory of crime*, p. 77 e 123-124.

em ambientes criminógenos não delinquam, enquanto outros que, com alguns fatores de risco ambientais mínimos, certamente o fazem.

De fato, as variáveis talvez mais solidamente relacionadas com o delito, como a idade e o sexo, têm de caráter ao menos em parte biológico, e muitas vezes esses correlatos não têm explicação fácil a partir dos enfoques sociológicos tradicionais.[12]

b) O século XX, especialmente suas últimas décadas, foi testemunha de decisivos avanços, tanto no conhecimento biológico dos seres vivos e do ser humano em concreto como em relação a técnicas de pesquisa. Isso é importante, pois, como assinalam Maturana e Varela,

> [...] as condutas inatas e as aprendidas são, como condutas, indistinguíveis em sua natureza e em sua realização. A distinção está na história das estruturas que as tornam possíveis e, portanto, para que possamos classificá-las como uma ou outra, vai depender de que *tenhamos acesso ou não* à história estrutural pertinente.[13]

Não é estranho, pois, que avanços de ambos os tipos tenham repercutido em uma reivindicação das eventuais influências biológicas em diversas facetas da vida humana e de seu comportamento.

A criminologia não podia ficar alheia a esse movimento geral: o estudo de neurotransmissores, do sistema nervoso ou do ritmo cardíaco, para citar apenas alguns campos bem conhecidos que se relacionam com a criminalidade, era impensável até bem pouco tempo.[14]

c) Em alguns momentos, recorrem-se ao auge da direita e dos governos conservadores que, nos anos oitenta experimentaram alguns dos países com maior tradição criminológica, como os Estados Unidos ou Grã-Bretanha, para explicar, ao menos em parte, esse renascimento dos enfoques biológicos.[15]

---

[12] GOTTFREDSON, M. R.; HIRSCHI, T. *A general theory of crime*, p. 123-124, 141 e 145-149. MOFFITT e seus seguidores, contudo, não encontram diferenças na vulnerabilidade aos fatores de risco em razão do sexo em um recente estudo longitudinal, MOFFITT, T. E. et al. *Sex differences in antisocial behavior*, p. 90-91 e 107-108.

[13] MATURANA, H.; VARELA, F. *El árbol del conocimiento*, p. 114.

[14] Assim, SERRANO GÓMEZ concluiu em sua avaliação dos estudos sobre gêmeos em data tão próxima como 1963 que, em face de um estudo criminológico, a identificação de irmãos gêmeos univitelinos ou bivitelinos "não é tão fácil de apreciar", algo que metodologicamente pode levar a confusões (*La igualdad en los gemelos*, p. 30).

[15] LEWONTIN, R. C. et al. *No está en los genes*, p. 13-14 e 16-17 principalmente. Deve-se conferir um peso mais relativo a explicações desse tipo, e muitas vezes podem induzir a confusão: por exemplo, às vezes se relacionam as práticas eugenésicas abusivas com as posturas políticas conservadoras, quando o certo é que aqui a barbárie humana é bastante

d) No que se refere mais concretamente ao âmbito da investigação criminológica, algumas descobertas e desenvolvimentos decisivos podem apontar diferenças de caráter biológico na criminalidade; esse é o caso de investigações clássicas e bem conhecidas, como a de Robins e as de Wolfgang e seus seguidores – esses trabalhos foram publicados há trinta anos ou pouco mais, porém não apenas continuam tendo plena relevância e estendem sua influência até nossos dias, mas suas descobertas foram contestadas em várias ocasiões.

Robins estudou um grupo de 524 adultos que, trinta anos antes, ainda crianças, haviam tido problemas clínicos, identificados por intermédio de diversas fontes de dados; comparou-os com 100 sujeitos de características semelhantes. O estudo se centrou na chamada "personalidade psicopática", da qual o comportamento antissocial faz parte e encontrou – entre outras coisas relevantes para a criminologia – que quem havia sofrido problemas clínicos em sua infância apresentava muito mais problemas de ajuste que os pertencentes ao grupo de controle. Isso era especialmente claro no caso de crianças que haviam observado comportamentos antissociais, sobretudo quando tais comportamentos eram graves.

De fato, o melhor indicador (individual) de uma personalidade sociopática resultou ser o grau de comportamento antissocial juvenil, e quase todas as crianças antissociais que, quando maiores, tiveram uma personalidade sociopática incorreram em quatro ou mais atos delitivos.[16] A própria autora faz referência expressa, com muitas cautelas, à eventual natureza genética do problema, em especial porque encontrou que o comportamento do pai era um importante indicador do comportamento do filho, até nos casos de separação por abandono ou divórcio.[17]

A descoberta fundamental desse trabalho, para o que agora nos interessa, é a existência de certa *continuidade no comportamento antissocial desde a infância até a idade adulta*,[18] isto é, quando se analisa *retrospectiva-*

---

unânime e se situa acima das ideologias; assim o expressa Rowe: "Ainda que se pense com frequência que a ideia de eugenesia [refere-se à decimonônica] é politicamente conservadora, foi um movimento com amplo apoio da esquerda política: os socialistas Fabianos se encontravam entre os mais prematuros defensores da eugenesia, enquanto a Igreja Católica se opôs a ela" (*Biology and crime*, p. 141).

[16] Robins, L. N. *Deviant children grown up*, p. 292-296; e p. 13-41 sobre a metodologia seguida.
[17] Robins, L. N. *Deviant children grown up*, p. 301-302.
[18] Farrington, D. P. The explanation and prevention of youthful offending, p. 77-80; Fishbein, D. H. *Biobehavioral perspectives in Criminology*, p. 11; Hirschi, T. Family structure and crime, p. 46; Loeber, R.; Le Blanc, M. Toward a developmental Criminology, p. 384-387; Loeber, R.; Farrington, D. P.; Stouthamer-Loeber, M.; Van Kammen, W. B. *Antisocial behavior and mental health problems*, p. 2-3; Robins, L. N. *Deviant children grown up*, p. 292-293, 296 e 301-303; Sampson, R. J.; Laub, J. H. *Crime in the making*, p. 9-11, 122-138, 147 e 156; Widom, C. S. The intergenerational transmission of violence, p. 165.

mente,¹⁹ quase todos os que têm problemas de comportamento antissocial de adultos também os tiveram em sua infância.

Novas investigações vêm para contestar e estender essa descoberta e incorporá-la a modelos teóricos, como pode ser o caso, bem conhecido, dos *criminosos empedernidos* de Moffitt.²⁰ Essa autora sugere expressamente que "a síndrome do comportamento antissocial persistente ao longo da vida [...] tem uma *base biológica* em sutis disfunções do sistema nervoso".²¹ A ideia de uma continuidade tão forte entre a idade infantil – às vezes muito prematura – e a adulta sugere a possibilidade de que fatores de natureza biológica, hereditária, desempenhem algum papel na etiologia da criminalidade, ao mesmo tempo em que semeia certas dúvidas sobre outros fatores e teorias tradicionais do paradigma sociológico.²² As explicações biológicas da criminalidade, pois, são muito promissoras para dar razão à ideia de *continuidade*.²³

No que se refere ao nosso país, existe um trabalho interessante de Redondo, Funes e Luque que apresenta certas, ainda que limitadas, evidências na linha retroexposta, isto é, a continuidade da criminalidade. Os dados desses autores sugerem a continuidade delitiva entre a adolescência e a idade madura de alguns jovens de sua mostra.²⁴

Aqui é mister fazer uma observação. Seria deixar muito incompleta a exposição de Robins ao não fazer referência a outra descoberta, paralela à anterior, ainda que também menos desenvolvida pela autora – trata-se do outro lado da moeda. A investigação revelou também que muitos dos jovens quando pequenos haviam demonstrado comportamentos antissociais, e ao chegar a certa idade, isto é, com o passar do tempo, abandonavam tal antissocialidade: "No momento seguinte, com cerca de 44 anos, 12% do grupo sociopático havia deixado seu comportamento antissocial, e os 27% adicional o havia reduzido sensivelmente [...] A idade mais comum na qual a melhora ocorreu foi entre os trinta e os quarenta anos".²⁵ A essa conclusão, bem conhecida hoje, de que a maior parte dos adultos antissociais – e dos criminosos – foi também jovem, mas que ao mesmo

---

[19] SAMPSON, R. J.; LAUB, J. H. *Crime in the making*, p. 53.
[20] MOFFITT, T. E. Adolescence-limited and life-course-persistent antisocial behavior: a developmental, p. 679-685; MOFFITT, T. E. et al. *Sex differences in antisocial behavior*, p. 207-226.
[21] MOFFITT, T. E. Adolescence-limited and life-course-persistent antisocial behavior: a developmental, p. 685 (grifos nossos), vide também p. 680.
[22] ROBINS, L. N. *Deviant children grown up*, p. 296, e também p. 302.
[23] SIMPSON, S. S. Apuntes de cátedra.
[24] REDONDO ILLESCAS, S. et al. *Justicia penal y reincidencia*, p. 121-150; com mais detalhes e nuances sobre esta investigação e a interpretação que dela se faz aqui, vide GARRIDO GENOVÉS, V. et al. *Principios de Criminología*, p. 193-194.
[25] ROBINS, L. N. *Deviant children grown up*, p. 296.

tempo uma parte importante – que pode ser majoritária – de jovens antissociais deixa de sê-lo com o passar do tempo e não chega a ser adulto antissocial nem criminoso, ao que se costuma referir de maneira informal Nagin como o *paradoxo de Robins*.[26] Desse modo, introduz-se a ideia de *mudança*, uma das mais importantes na criminologia contemporânea: os enfoques biológicos são menos promissores para explicar essa tendência à mudança, ou seja, para abandonar uma vida antissocial e delitiva, também muito marcada, que se encontra entre os delinquentes.[27]

Essas descobertas foram contestadas em diversas ocasiões.[28]

e) Outro fato que se consegue estabelecer sobre o delito é que *as tendências delitivas parecem se fixar muito cedo na vida das pessoas*. Tal como indica a própria ideia de continuidade, é difícil encontrar sujeitos que, de repente, começam a delinquir em idades elevadas quando não mostram problemas desse tipo em sua infância. Isso sugere que as diferenças individuais estáveis "devem, portanto, poder se remontar à educação na família, *a disposições herdadas*, ou a alguma combinação de educação e predisposição".[29]

f) Wolfgang e seu grupo realizaram algumas das mais importantes e citadas contribuições da história da criminologia. Na primeira dessas investigações, reuniram uma série de dados oficiais, que incluíam o número de prisões de todos os jovens que nasceram em 1945 e que viveram na cidade de Filadélfia ao menos entre os dez e os dezoito anos.[30] Resultaram 9.945 jovens no total, todos homens.

Uma das principais descobertas empíricas foi a existência de um pequeno grupo de indivíduos, aos que denominamos *delinquentes crônicos*, que era responsável por um número desproporcional de todos os delitos que praticou o grupo de jovens em seu conjunto. Wolfgang e seus seguidores, conscientes da importância que tinham os reincidentes para a delinquência juvenil, consideraram desagregar os dados, encontrando que 18% de todos os delinquentes, que representavam ao mesmo tempo 6% de todo o grupo, eram responsáveis

---

[26] Em um trabalho conjunto se refere a isso como a "máxima de Robins". TREMBLAY, R. E. et al. The Montreal longitudinal and experimental study: rediscovering the power of descriptions, p. 226 (grifo nosso).
[27] SIMPSON, S. S. Apuntes de cátedra.
[28] FARRINGTON, D. P. Key results from the first forty years of the Cambridge Study in delinquent development, p. 156-158; HAWKINS, D. F. et al. Understanding and preventing crime and violence: findings from the Seattle Social Development Project, p. 263; LOEBER, R. et al. The development of male offending: key findings from fourteen years of the Pittsburgh Youth Study, p. 104; TREMBLAY, R. E. et al. The Montreal longitudinal and experimental study: rediscovering the power of descriptions, p. 225-226.
[29] HIRSCHI, T. Family structure and crime, p. 47 (grifos nossos).
[30] WOLFGANG, M. E. et al. *Delinquency in a birth cohort*, p. 27-64.

por 51,9% de todos os delitos, isto é, mais da metade.[31] Num estudo posterior, Wolfgang e outros conseguiram contestar esses dados.[32]

A existência do pequeno grupo de delinquentes crônicos – neste caso juvenis –, que seria responsável por uma percentagem muito elevada dos delitos que são cometidos em uma sociedade, e que foi encontrado em numerosas investigações posteriores, permite especular com variáveis genéticas: talvez na grande periculosidade desses sujeitos influam variáveis biológicas.

Ainda que não se saiba com segurança, alguns autores sugerem que esses delinquentes crônicos também existem no caso espanhol.[33] Tais descobertas foram contestadas em diversas ocasiões.[34]

g) Nos últimos anos, vêm-se defendendo em criminologia diversos modelos etiológicos que são especialmente aptos para incluir variáveis biológicas. Assim se defende a construção de teorias integradas que seriam capazes de incluir variáveis de diversas disciplinas, entre elas a biologia.[35] Outros enfoques, como o dos fatores de risco ou o dos fatores concorrentes, costumam reconhecer abertamente elementos biológicos em seus esquemas.[36] Por último, uma corrente muito atual, como é a chamada "criminologia do desenvolvimento" e até "criminologia do curso da vida", também tende a reconhecer a presença de variáveis biológicas.[37]

Desse modo, tendências atuais abrem novas possibilidades para as variáveis biológicas e genéticas na área da teoria criminológica.[38] Isso é especialmente importante devido a que, como veremos, salvo exceções, as investigações da cri-

---

[31] WOLFGANG, M. E. et al. *Delinquency in a birth cohort*, p. 88 e Tabela 6.1, p. 105 e 247-248.

[32] TRACY, P. E. et al. *Delinquency careers in two birth cohorts*, p. 280. Ainda que a mostra de TRACY e seus seguidores incluísse mulheres, parece que esse paradigma é diferente para o caso destas, e que entre elas a figura do criminoso crônico é mais rara, MOFFITT, T. E. et al. *Sex differences in antisocial behavior*, p. 214 e 226.

[33] ALARCÓN BRAVO, J.; PURÓN, A. M. *La inteligencia de los delincuentes españoles*, p. 32.

[34] FARRINGTON, D. P. Key results from the first forty years of the Cambridge Study in delinquent development, p. 144; HAWKINS, D. F. et al. Understanding and preventing crime and violence: findings from the Seattle Social Development Project, p. 263-264.

[35] Vide WELLFORD, C. F. Towards an integrated theory of criminal behavior, p. 126-127 principalmente. Como sabemos, entre os enfoques integrados também se encontram os que propõem a integração não de disciplinas, mas de teorias. Esta última opção, que no momento parece mais promissora que a primeira, não foi tão sensível à eventual inclusão de elementos biológicos.

[36] FARRINGTON, D. P. Explaining and preventing crime: the globalization of knowledge, p. 3-4 e 7; GULLOTTA, T. P. et al. *Delinquent violent youth*, p. 101 e 105-108; SERRANO GÓMEZ, A.; FERNÁNDEZ DOPICO, J. L. 1978. *El delincuente español*, p. 13.

[37] BENSON, M. L. *Crime and the life course*, p. 31-62.

[38] BUIKHUISEN, W. Kriminalitätstheorien, soziobiologische, p. 271; JEFFERY, C. R. Criminology as an interdisciplinary behavioral science, p. 166; VOLD, G. B. et al. *Theoretical Criminology*, p. 87.

minologia biológica se centram muito mais em descobrir variáveis relacionadas com a criminalidade que em construir teorias propriamente ditas.

2. Evidência empírica sobre as variáveis biológicas

Existe um importante conjunto de evidência empírica que sugere que fatores genéticos e biológicos intervêm na criminalidade e no delito; essa evidência é sólida e consistente, sobretudo porque provém de *metodologias diversas* – e não de uma só –, cada uma com seus próprios pontos fortes e fracos.[39]

Com efeito, estudos empíricos rigorosos sobre a igualdade dos gêmeos; sobre gêmeos separados; sobre crianças adotadas; sobre níveis de serotonina e outros neurotransmissores ou enzimas que afetam ditos níveis; sobre ritmo cardíaco; níveis baixos na atividade fisiológica do sistema nervoso; ou uma lenta atividade das ondas cerebrais tal e como se refletem em um encefalograma[40] sugerem que fatores biológicos e genéticos correlacionam com uma série de comportamentos agressivos, delitivos e antissociais e que poderia ter certa importância explicá-los, de modo que vale a pena tê-los em conta por parte das diversas teorias e realizar investigações empíricas nessa linha.

Em um estudo sobre encefalogramas de 92 detentos em centros de reabilitação – não necessariamente delinquentes – realizado em Quito, contudo, descobriu-se que uma alta percentagem tinha anomalias focais, relacionadas com "alterações da conduta com agressividade e violência", mas "nos casos estudados de extrema violência (crimes) [...] não se observaram anomalias orgânicas específicas".[41]

A investigação biológica no âmbito da criminologia teve à sua disposição certos enfoques metodológicos que, apesar de não estar tampouco isento de problemas,[42] podem ser considerados relativamente sólidos enquanto se aproximam dos experimentos verdadeiros. Referimo-nos aos diversos *estudos sobre gêmeos e sobre adotados*. A vantagem metodológica é que nesses casos se pode *separar* até certo ponto *o efeito das variáveis biológicas e das ambientais*[43] – que,

---

[39] RAINE, A. *The psychopathology of crime: criminal behavior as a clinical disorder*, p. 65-66; ROWE, D. C. *Biology and crime*, p. 27.

[40] Vide FISHBEIN, D. H. *Biobehavioral perspectives in Criminology*, p. 26-62; GARCÍA-PABLOS DE MOLINA, A. *Tratado de Criminología*, p. 538; GARRIDO GENOVÉS, V. et al. *Principios de Criminología*, p. 271-287 e 317-325; ROWE, D. C. *Biology and crime*, p. 13-39 e 69-105.

[41] UZCÁTEGUI, B. *Estudio electroencefalográfico en internos de los Centros de Rehabilitación Social de Ecuador*, p. 281-282 e 276-277 sobre a metodologia.

[42] O estudo dessas variáveis é, em geral, metodologicamente muito complexo, SERRANO GÓMEZ, A. *Herencia y Criminalidad*, p. 511-512.

[43] GOTTFREDSON, M. R.; HIRSCHI, T. *A general theory of crime*, p. 53 e 60; HUTCHINGS, B.; MEDNICK, S. A. *Criminality in adoptees and their adoptive and biological parents: a pilot study*, p. 127; SERRANO GÓMEZ, A. *Herencia y Criminalidad*, p. 521-524.

como é sabido, em condições normais se encontram intimamente unidas e inter--relacionadas.

No caso dos estudos sobre gêmeos, comparam-se casos de gêmeos monozigóticos (geneticamente idênticos) e *dizigóticos* (não idênticos) e observa-se quais pares seguem comportamentos semelhantes, presumindo que a educação que receberam seja muito parecida. Se existirem influências genéticas, então, o comportamento dos gêmeos monozigóticos – por exemplo, que ambos incorreram em comportamentos delitivos ou antissociais – deve ser muito mais semelhante entre eles que o dos dizigóticos; em caso de não se encontrarem diferenças significativas entre ambos os grupos, seria duvidoso que o biológico influísse no comportamento humano e na criminalidade em concreto.

Os estudos de adotados, que analisam o comportamento de indivíduos que ao nascer são dados em adoção, costumam afastar descobertas consistentes com as teses biológicas.[44] Se existem influências biológicas, então deveria se encontrar uma correlação entre o comportamento delitivo dos pais biológicos e o dos filhos, e isso independentemente do eventual comportamento delitivo dos pais adotivos. Em outras palavras, os filhos dados em adoção cujos pais biológicos tenham cometido atos delitivos tenderiam a delinquir mais que aqueles cujos pais biológicos nunca tenham incorrido em comportamentos dessa natureza, independentemente dos pais adotivos. Um dos estudos mais conhecidos foi realizado por Mednick, Hutchings e outros recorrendo à população de homens dados em adoção que nasceram entre 1927 e 1941 na cidade e condado de Copenhague, Dinamarca, que somavam 1.145 casos.[45] O trabalho levantou algumas descobertas importantes, uma das quais foi uma correlação entre o comportamento delitivo do *pai* biológico e o do filho dado em adoção, muito mais importante que a correlação existente com o *pai* adotivo. Com efeito, quando o filho não tinha antecedentes, somente em 31,1% dos casos os tinha o pai biológico; quando o filho somente tinha cometido infrações menores, a percentagem aumentava para 37,7%; finalmente, quando o filho havia incorrido em infrações criminais, em 48,8% dos casos tinha um pai biológico com antecedentes.[46]

Ademais, comparados os efeitos do pai biológico com os do adotado descobria-se que os do primeiro eram superiores: quando o pai biológico tinha antecedentes e o adotivo não, havia 22% de filhos que haviam delinquido;

---

[44] Rowe, D. C.; Osgood, D. W. 1984. Heredity and sociological theories of delinquency: a reconsideration, p. 535.

[45] Hutchings, B.; Mednick, S. A. Criminality in adoptees and their adoptive and biological parents: a pilot study, p. 128, e p. 129 para posteriores precisões metodológicas, sobretudo acerca do recurso a dados oficiais sobre a criminalidade de pais e filhos.

[46] Hutchings, B.; Mednick, S. A. Criminality in adoptees and their adoptive and biological parents: a pilot study, p. 131.

quando era o pai adotivo que tinha antecedentes, mas não o biológico, somente 11,5% dos filhos haviam delinquido. Os autores cruzaram os dados reforçando a hipótese.[47] Esses pesquisadores realizaram um estudo equivalente com uma mostra maior que apresentou resultados muito semelhantes, levando-os a concluir que

> [...] algum fator transmitido por pais delinquentes incrementa a probabilidade de que seus filhos incorram em comportamentos criminosos [...]. Essas descobertas implicam que certas predisposições biológicas se encontram imersas na etiologia de ao menos algumas formas de comportamento criminal.[48]

Todavia, essa pesquisa deve ser recebida com muita cautela, como reconhecem os próprios autores.[49] É muito importante advertir que essas descobertas sugerem a presença de fatores biológicos na conduta delitiva, mas não podem ser interpretados nem como evidência de que essa influência seja direta, nem como evidência de que as variáveis biológicas tenham um peso maior que as ambientais. Isso se deve a uma sutil questão: posto que as variáveis ambientais são muito semelhantes em todos os adotados devido, em primeiro lugar, a que os pais adotivos tendem a se parecer entre eles mais que a média da nação – por exemplo, tenderão a ter um status socioeconômico mais elevado, maior desejo de ter filhos etc. – e em segundo lugar a que a Dinamarca é um país em que as diferenças sociais entre as famílias é muito menor que em quase qualquer outra parte do mundo. Então, o ambiente a que são expostos os meninos dados em adoção é relativamente parecido – muito mais parecido que as enormes diferenças familiares que se dão em média entre os meninos de um país. Ao serem

---

[47] HUTCHINGS, B.; MEDNICK, S. A. Criminality in adoptees and their adoptive and biological parents: a pilot study, p. 131-132 e 137-138; os autores esclarecem que a diferença não alcança a significação estatística, "mas a direção da diferença favorece a solidez da influência da criminalidade dos pais biológicos", p. 137.

[48] MEDNICK, S. A. et al. Genetic influences in criminal convictions: evidence from an adoption cohort, p. 893; esse estudo foi criticado sob o fundamento de que deve ser considerado como um estudo de réplica do primeiro, já que inclui também todos os seus casos, de modo que, se se excluem estes, os efeitos desaparecem, com o que a contestação fracassaria. A isso se deve responder que os autores parecem apresentar o trabalho mais como uma extensão que como uma contestação. GOTTFREDSON, M. R.; HIRSCHI, T. A general theory of crime, p. 54-58. MEDNICK, S. A. et al. Genetic influences in criminal convictions: evidence from an adoption cohort, p. 891. Com mais detalhes, RAINE, A. The psychopathology of crime: criminal behavior as a clinical disorder, p. 64-65.

[49] HUTCHINGS, B.; MEDNICK, S. A. Criminality in adoptees and their adoptive and biological parents: a pilot study, p. 138-140; HUTCHINGS, B.; MEDNICK, S. A. Criminality in adoptees and their adoptive and biological parents: a pilot study, p. 160-164.

as diferenças ambientais pequenas, então as diferenças biológicas tendem a se destacar enormemente.[50]

Daí se infere que esse estudo é bom para ver se podem existir influências biológicas, mas as exagera do ponto de vista quantitativo. Em circunstâncias ambientais que são muito diferentes entre si – como é o caso normal, não o do estudo que nos ocupa – as variáveis biológicas da população tenderão a influir apenas indiretamente, interagindo com as primeiras de modo que seu efeito será visto muito distorcido.

Em uma sociedade hipotética em que as variáveis ambientais sejam idênticas para todo mundo, seriam as biológicas as que determinam as diferenças entre os indivíduos; mas isso não ocorre nunca, e por isso o biológico tenderá seguramente a ter uma influência indireta – mediada pelo ambiental – e muito menos decisiva do que estudos muito sérios como o presente sugerem. Ademais, a investigação tem alguns problemas metodológicos importantes, alguns dos quais são apontados, insistimos, pelos autores.

No que se refere à Espanha, e com mais razão ao Brasil, torna-se inevitável que sejam muito poucas as investigações criminológicas empíricas. A *inteligência* é uma característica dos indivíduos que tem um importante componente biológico – desde logo, na inteligência intervém também decisivamente fatores ambientais.

Além disso, discute-se o que seja a inteligência, de modo que aqui, seguindo muitas pesquisas, consideramo-la como *aquilo que medem os testes de inteligência* – ou seja, seguiremos um ponto de vista mínimo. Diversas investigações apontam uma diferença no nível de inteligência dos delinquentes em comparação com os não delinquentes,[51] o que é aceito por diversos criminólogos espanhóis.[52] De fato, o que se encontrou parece apontar a um déficit no nível de inteligência

---

[50] HUTCHINGS, B.; MEDNICK, S. A. Criminality in adoptees and their adoptive and biological parents: a pilot study, p. 128; MEDNICK S. A.; HUTCHINGS, B. Some considerations in the interpretation of the Danish adoption studies in relation to asocial behavior, p. 163-164.

[51] FARRINGTON, D. P. The explanation and prevention of youthful offending, p. 69, 86-88 e 127; idem, 2003: 149-150, 153, 160, 171 e 174; GOTTFREDSON, M. R.; HIRSCHI, T. *A general theory of crime*, p. 69, 87 e 96; HIRSCHI, T. HINDELANG, M. J. Intelligence and delinquency: a revisionist review, p. 572-573, 576-577 e 584; idem, 1978: 611-613; LOEBER, R. et al. The development of male offending: key findings from fourteen years of the Pittsburgh Youth Study, p. 110-111; MOFFITT, T. E. Neuropsychology and self-reported early delinquency in an unselected birth cohort: a preliminary report from New Zealand, p. 111; ROWE, D. C. *The limits of family influence*, p. 97-127; WIDOM, C. S. The intergenerational transmission of violence, p. 189; WILSON, J. Q.; HERRNSTEIN, R. J. *Crime and human nature*, p. 166-172; WOLFGANG, M. E. et al. Delinquency in a birth cohort, p. 93, 246, 248 e 253.

[52] CEA D'ANCONA, M. A. Inteligencia y delincuencia, p. 305; GARRIDO GENOVÉS, V. *Delincuencia y sociedad*, p. 234; GARRIDO GENOVÉS, V. et al. *Principios de Criminología*, p. 317; SERRANO GÓMEZ, A. *Delincuencia juvenil en España*, p. 183-184.

verbal dos delinquentes em face dos não delinquentes e um desequilíbrio entre os níveis de inteligência verbal e prática.

Assim, *Alarcón Bravo e Marco Purón* realizaram um rigoroso estudo sobre a inteligência dos delinquentes sobre uma mostra de 350 detentos, comparando-os com um grupo de controle, e concluíram o seguinte: "A média de inteligência de nosso grupo de delinquentes, apesar de apreciada por testes livres de influências culturais e escalas de performance, é inferior à da população geral", se bem que apenas "o desenvolvimento da inteligência de abstração e relação [...] é menor nos delinquentes, mas não a inteligência útil ou prática".[53] O estudo detectou que essas conclusões são válidas no caso dos delinquentes primários e multirreincidentes, mas *não no dos reincidentes*,[54] nos quais em teoria o déficit de inteligência deveria ser maior que nos primários.[55] Os autores sugerem que a razão se encontra em que os reincidentes são escolarizados e isso "impulsiona e coloca em forma os processos mentais de abstração e lógicos".[56] Sem adentrar em posteriores considerações sobre essa explicação bem mais especulativa, esta segunda descoberta coloca em dúvida que, na verdade, se tenha medido *uma* inteligência *com um componente genético*, que é o que aqui nos interessa.[57]

Talvez não seja demais acrescentar que, em todo caso, a criminologia não sugere um efeito *direto* do fator inteligência na probabilidade de comportamento delitivo, mas que em todo caso *os efeitos seriam indiretos*. Por exemplo, alguns autores apontam que jovens com um nível de inteligência abaixo da média encontrariam mais dificuldades na escola: o rendimento escolar seria afetado, e um rendimento escolar baixo pode influir na criminalidade – também poderiam ocorrer talvez humilhação e outras experiências negativas.[58] Assim, pois, parece que o reconhecimento dessa variável na gênese – indiretamente, insistimos – da criminalidade pode ser perfeitamente aceitável do ponto de vista ético.

---

[53] ALARCÓN BRAVO, J.; PURÓN, A. M. *La inteligencia de los delincuentes españoles*, p. 4-9, 12-13 e 29-31.

[54] ALARCÓN BRAVO, J.; PURÓN, A. M. *La inteligencia de los delincuentes españoles*, p. 17-18 e 31.

[55] HIRSCHI, T. HINDELANG, M. J. Intelligence and delinquency: a revisionist review, p. 574.

[56] ALARCÓN BRAVO, J.; PURÓN, A. M. *La inteligencia de los delincuentes españoles*, p. 31; ao mesmo tempo acreditam que o fato de que os multirreincidentes certamente tenham uma inteligência menor não se pode objetar a sua tese porque "é um grupo separado", 32.

[57] Com mais detalhes, SERRANO MAÍLLO, A. La posición de las variables biológicas en la Criminología contemporánea, p. 71-73.

[58] FARRINGTON, D. P. Key results from the first forty years of the Cambridge Study in delinquent development, p. 149, 153, 160, 171 e 174; HIRSCHI, T.; HINDELANG, M. J. Intelligence and delinquency: a revisionist review, p. 584-585; LOEBER, R. et al. The development of male offending: key findings from fourteen years of the Pittsburgh Youth Study, p. 111; WARD, D. A.; TITTLE, C. R. IQ and delinquency: a test of two competing explanations, p. 190-191, 200-201 e 203-207.

Não se pode interpretar que se trate de sujeitos inferiores, mas simplesmente que algumas pessoas – incluídas as que têm um nível de inteligência inferior à média, mas sem dúvida muitíssimas outras, como as procedentes de segmentos discriminados ou desfavorecidos socialmente – devem enfrentar dificuldades especiais ao longo de sua vida, o que poderia estar relacionado com a delinquência – como de fato defendem *expressamente* algumas teorias criminológicas, tais como as da tensão, clássicas e contemporâneas.

3. Características dos enfoques biológicos contemporâneos

A. *Principais características* – os enfoques contemporâneos que reconhecem um peso específico a fatores biológicos em seu cerne podem se caracterizar pelas seguintes notas, entre outras:

a) As novas orientações mostram alto nível de *sofisticação teórica, técnica e metodológica*. Isso é reflexo, ao menos em parte, da própria evolução da ciência, que cada vez tende a ser mais complexa. As teorias atuais refletem perfeitamente a profunda complexidade do fenômeno delitivo e têm um caráter muito matizado.

Do ponto de vista teórico, algumas ideias são especialmente complexas: assim quando se defende não apenas que existem variáveis tanto biológicas como ambientais, mas que ocorre uma interação entre elas, interação que pode até ser recíproca e constituída por diversas fontes; quando se afirma que não apenas existem fatores biológicos, e mais concretamente genéticos, que predispõem para o delito, mas também *elementos protetores*, alguns dos quais são dessa mesma natureza; ou, finalmente, a ideia de *desenvolvimento*, que considera que ao longo da vida das pessoas são produzidas mudanças tanto biológicas e ambientais como no processo interativo entre esses, como pode ser por influência da idade, pela redução de oportunidades etc.[59] Observando-se com atenção, propostas tão complexas são difíceis de refutar, de tal modo, sempre se poderia alegar que ainda não se encontrou a interação concreta que favoreceria uma teoria biológica.

Metodologicamente – como ficou claro acima – recorrem a procedimentos que evidentemente apenas estão ao alcance de alguns poucos especialistas e que em geral são muito custosos.

b) Reclamam a *interdisciplinaridade e a interação de variáveis de natureza heterogênea*. As novas correntes biológicas reconhecem em geral, muitas vezes

---

[59] FARRINGTON, D. P. Predictors, causes, and correlates of male youth violence, p. 451-453; idem, Explaining and preventing crime: the globalization of knowledge, p. 8-10; FISHBEIN, D. H. *Biobehavioral perspectives in Criminology*, p. xi, 60-61 e 63; LOEBER, R.; LE BLANC, M. Toward a developmental Criminology, p. 377.

insistindo, que o comportamento delitivo ou desviado é consequência da *interação* de fatores de natureza biológica com outros de caráter ambiental.⁶⁰

Na criminalidade interviriam, então, variáveis biológicas, sociológicas etc. Os efeitos dessas variáveis não se manifestam como mera soma, mas existiria uma interação de umas variáveis com outras. Isso quer dizer que os efeitos de uma delas podem depender da outra, ou melhor, que apenas produzirá seus efeitos quando uma terceira esteja presente ou não na verdade, as combinações possíveis podem não ser abrangidas.

Assim, Fishbein adverte que "a evidência sugere que uma variedade de fatores, que vão desde os genéticos aos sociais, interage em uma dinâmica em constante evolução e mudança através da vida de uma pessoa";⁶¹ e Rowe explica que "as características de uma pessoa não agem isoladamente. O delito é o resultado de uma miríade de influências sociais".⁶²

Ao mesmo tempo, isso se traduz em que as novas doutrinas consideram que os *efeitos* dos fatores biológicos são bem mais *indiretos*. Isso se deve não apenas ao fato de que dependam em geral da presença ou ausência de outras variáveis, mas também operam por meio delas. Retornando ao exemplo proposto: ainda que uma inteligência inferior à média possa estar relacionada causalmente à criminalidade, o que realmente contribuiria para produzi-la seria o fracasso escolar ou os sentimentos de frustração e humilhação na criança, o que, se continuasse, conduziria ao delito. O efeito, sem dúvida, existe, mas é indireto.

Do mesmo modo, pois, tampouco as novas posturas biológicas são entendidas solidamente como deterministas, seu determinismo é normal, como na criminologia em geral. ⁶³ Todavia, *a criminologia contemporânea é determinista*. De fato, não se entende que as posições biológicas contemporâneas sejam mais merecedoras de críticas de determinismo que as sociológicas.⁶⁴

---

[60] Caspi et al., 1994: 164 e 187; Fishbein, D. H. *Biobehavioral perspectives in Criminology,* p. 1, 3, 9, 11-13, 15-20, 26-27, 30, 35, 52, 60-65, 85, 98-99, 100-102 e 106; Jeffery, 1993: 6; Mednick, S. A. et al. Genetic factors in the etiology of criminal behavior, p. 74; Romeo Casabona, C. M. Principio de culpabilidad y genoma: consideraciones sobre el comportamiento criminal y la herencia genética, p. 66-67; Trasler, G. Some cautions for the biological approach to crime causation, p. 7 e 13.

[61] Fishbein, D. H. *Biobehavioral perspectives in Criminology,* p. ix.

[62] Rowe, D. C. *Biology and crime,* p. 6.

[63] Ellis, L.; Walsh, A. Gene-based evolutionary theories in Criminology, p. 231.

[64] Baron, M. Crime, genes, and responsibility, p. 213. Sobre a situação na Espanha, vide Romeo Casabona, C. M. Principio de culpabilidad y genoma: consideraciones sobre el comportamiento criminal y la herencia genética, p. 68. As orientações sociológicas às vezes descrevem alguns cenários nos quais os indivíduos se encontram imersos tão logo acabaram de nascer, que carregam implícito um grau de determinismo superior ao que descrevem as correntes biológicas. Isso se pode ver em algumas recentes etnografias

Também por isso os enfoques biológicos muitas vezes centram-se muito mais na busca de *fatores concorrentes* da criminalidade do que na construção de teorias criminológicas no sentido tradicional do termo.[65]

c) No que se refere à *política criminal,* em geral, pode-se falar não de moderação, mas que do fato de que grande parte das propostas são aceitáveis.[66] Essas posições denunciam constantemente o mal-entendido de considerar que se a criminalidade tivesse uma origem ao menos em parte genética não se poderia prevenir ou tratar e obrigaria a cair no pessimismo.[67] Sober o explica com um exemplo muito ilustrativo: uma visão fraca tem um forte componente genético e hereditário, mas se corrige facilmente com um par de óculos.[68] Nisso pode contrastar com algumas que propuseram outras orientações desse tipo no passado,[69] mas também aqui às vezes as propostas exageram, se distorcem ou se separam de seu contexto.[70]

As novas posturas, portanto, estão em sintonia com a afirmação de que coerentemente criminalidade e delito são resultado da interação de variáveis biológicas e ambientais. Assim, realizam-se *programas de política social* para que, melhorando as condições ambientais, sejam favorecidas interações que não desemboquem em atos antijurídicos ou antissociais.

Nessa linha, Raine propõe inversões e investigações em matéria de tratamento, paralelamente a castigos mais leves que os atuais baseados em que o criminoso não seria plenamente responsável por seus atos;[71] ou Fishbein sugere a colocação em prática de amplos programas para a melhora das condições sociais e de tratamento dos delinquentes.[72] Em alguns momentos, inclusive, a

---

sobre a vida em bairros marginais ou de determinadas famílias, vide ANDERSON, E. *Code of the street,* p. 26-30, 32-37, 66-70, 91-93, 107-118, 143-150, 299-301 e 315-320, entre outras passagens; FLEISHER, M. S. *Beggars and thieves,* p. 17 e 78-108 principalmente; KOTLOWITZ, A. *There are no children here,* p. 9-14, 18, 25-26, 31, 36, 64, 76, 79-80, 86-87, 99, 140-143, 157, 209, 218-221 e 240, entre outros.

[65] Vide, por exemplo, RAINE A. *The psychopathology of crime: criminal behavior as a clinical disorder,* passim.

[66] Vide, contudo, HASSEMER, W.; MUÑOZ CONDE, F. *Introducción a la Criminología,* p. 60-61; MIRALLES, T. Patología criminal: aspectos biológicos, p. 65.

[67] MEDNICK, S. A. Introduction – Biological factors in crime causation: the reactions of social scientists, p. 4.

[68] SOBER, E. Separating nature and nurture, p. 58.

[69] Vide, a título exemplificativo, GAROFALO, R. *La Criminología,* p. 363-367; GORING, C. B. *The English convict,* p. 373.

[70] Por exemplo, AKERS, R. L. *Criminological theories,* p. 58, acolhe em seu conhecido manual algumas passagens de HOOTON, as quais não refletem fielmente a postura do autor.

[71] RAINE, A. *The psychopathology of crime: criminal behavior as a clinical disorder,* p. 307-308.

[72] FISHBEIN, D. H. *Biobehavioral perspectives in Criminology,* p. 104-109.

crítica pode ser melhor que as propostas sociais demasiado intervencionistas e apoiadas em uma evidência limitada. Finalmente, destacam-se as limitações de tratamentos puramente *biológicos*,[73] ainda que em alguns momentos também se mantenham.[74]

B. A relação entre variáveis biológicas e teoria criminológica contemporânea – os enfoques que estamos repassando consideram que fatores de natureza biológica têm alguma correlação ou efeito causal na criminalidade das pessoas. Ou seja, que se enquadram no âmbito da pergunta: "por que delinquem?" ou "por que alguns delinquem mais do que outros?" Agora vamos nos ocupar das diversas posturas contemporâneas sobre a relação entre variáveis biológicas e teoria criminológica.

a) Como visto, uma parte importante dos estudos biológicos e genéticos sobre o delito prefere ser enquadrada no estabelecimento de fatores de risco e concorrentes. De acordo com essa postura, não se trata de construir teorias abstratas e sistemáticas que expliquem a criminalidade, mas de descobrir diversos fatores que com ela se encontrem relacionados. Outras posturas preferem as teorias integradoras de disciplinas, também já mencionadas, que reconhecem no geral variáveis biológicas.

b) As teorias gerais unitárias não negam a eventual influência etiológica de fatores de natureza biológica ou genética, mas consideram que ou têm uma influência mediada por variáveis de outra natureza, sobretudo sociológica, ou *não fazem uma contribuição decisiva para um adequado e correto entendimento das causas do delito.*[75] Isso é metodologicamente importante: todas as teorias se originam na necessidade de selecionar uma série de variáveis que são as que consideram críticas para explicar o fenômeno delitivo. Isso não significa que outras diferentes não desempenhem nenhum papel, mas apenas que levá-las em consideração *não ajuda a explicar a criminalidade ou o delito de maneira melhor.* Tem-se que não há propriamente teorias que as negam, mas, inclusive, as que asseveram que eventuais influências biológicas são perfeitamente compatíveis ou explicáveis a partir das teorias criminológicas mais tradicionais, como é o caso de teorias como a da aprendizagem, do controle social, do enfoque da rotulagem ou das teorias da tensão.[76]

---

[73] Fishbein, D. H. *Biobehavioral perspectives in Criminology,* p. 102-103; O'callaghan, M. A.J.; Carroll, D. The role of psychosurgical studies in the control of antisocial behavior, p. 324-325 principalmente.

[74] Jeffery, C. R. Criminology as an interdisciplinary behavioral science, p. 164; vide, contudo, menos otimista, Duster, T. *Backdoor to eugenics,* p. 112-129.

[75] Cohen, A. K. The assumption that crime is a product of environments: sociological approaches, p. 224.

[76] Agnew, R. *Juvenile delinquency,* p. 124; Farrington, D. P. Implications of biological findings for criminological research, p. 48.

Mais adiante, diversas variáveis biológicas e genéticas – com um respaldo empírico sólido – encontram lugar, às vezes até de maneira expressa, em algumas importantes teorias contemporâneas – teorias que não são nem biológicas nem integradas.

Esse é o caso de duas das teorias mais destacadas dos últimos quinze anos. Na teoria do autocontrole de Gottfredson e Hirschi, os autores deixam aberta a possibilidade de que fatores de natureza biológica desempenhem certo papel no desenvolvimento do autocontrole,[77] se bem que o papel mais decisivo se situa na família e no processo de socialização que se realiza em seu seio. Também a família desempenha papel determinante na teoria do controle social informal dependente da idade de Laub e Sampson,[78] mas eles mesmos destacam que fatores de natureza biológica podem influir no processo de socialização no âmbito familiar. Assinalam, seguindo Patterson, que na educação dos filhos não é apenas que os pais eduquem a estes de uma maneira mais ou menos adequada – por exemplo, de uma maneira construtiva ou de outra mais repressiva –, mas que os próprios filhos, dependendo de sua forma de ser e se comportar, interajam com os pais e possam influir de maneira determinante na forma de educação e de relação.[79] Isto quer dizer que, os pais de um filho que desde pequeno dá mostras de um comportamento rebelde e antissocial podem reagir modificando suas inclinações educativas, por exemplo, comportando-se de maneira mais firme ou, seguindo uma educação firme e errática, a qual se identificam como um fator de risco, relacionado com o comportamento antissocial, e também com a delinquência, em idades posteriores. Esse comportamento antissocial em idades tão prematuras pode ter, pois, uma natureza biológica ou genética, ainda que não represente nesses autores uma variável que influa de maneira decisiva na delinquência.

Teorias como as de Wilson e Herrnstein[80] ou a de Moffitt[81] incluem em seu âmago elementos biológicos.

c) Também, existe na atualidade uma série de explicações, algumas das quais podem ser consideradas até teorias, que situam as variáveis de natureza biológica no centro de seus desenvolvimentos e que, portanto, podem ser classificadas sob essa denominação. Com efeito, avançam algumas teorias neste

---

[77] GOTTFREDSON, M. R.; HIRSCHI, T. *A general theory of crime*, p. 54-58 e 96. Em outro sentido, negando-o, GRASMICK, H. G. et al. Testing the core empirical implications of Gottfredson and Hirschi's general theory of crime, p. 7.

[78] LAUB, J. H. *Crime in the making: pathways and turning points through life*, p. 13-18; SAMPSON, R. J.; LAUB, J. H. *Crime in the making*, p. 6-24.

[79] SAMPSON, R. J.; LAUB, J. H. *Crime in the making*, p. 85-89, o que, contudo, não afeta seu modelo, p. 93.

[80] WILSON, J. Q.; HERRNSTEIN, R. J. *Crime and human nature*, p. 41-66.

[81] MOFFITT, T. E. Adolescence-limited and life-course-persistent antisocial behavior: a developmental, p. 674-679 entre outras passagens.

sentido, isto é, com um forte componente biológico ou genético. Um exemplo viria representado por Fishbein.[82]

d) Por último, há uma corrente importante entre as orientações biológicas que objetiva explicar o delito ou algumas de suas formas do ponto de vista da *teoria da evolução*.[83]

4. Avaliação

As posições biológicas, ou as que reclamam a introdução de variáveis desse tipo, foram e são merecedoras de importantes considerações críticas. Algumas, sem dúvida, são muito aceitáveis e colocam sérios desafios para aquelas. Outras muitas, contudo, se caracterizam em primeiro lugar porque prestam uma mínima atenção às pesquisas, e por isso contêm mal-entendidos e simplificações injustas e, às vezes, até toscos voluntarismos; e, em segundo lugar, por sua imprecisão.

Nas breves reflexões que continuam – como ao longo deste livro –, em todo caso, não nos deteremos nas críticas meramente ideológicas ou, mais em concreto, nas que se separem do âmbito teórico, empírico e metodológico.

Talvez o problema principal da criminologia seja o de seu objeto de estudo, ou de sua variável dependente.[84] Em toda investigação ou pesquisa criminológica deve-se especificar o que está sendo estudado. É fácil compreender que se trata de algo decisivo, e que, nas palavras de Hirschi e Selvin, "como alguém define a delinquência determina em grande parte como alguém explicará a delinquência".[85] Pois bem, as posições biológicas estudam muitas vezes objetos que são distintos do delito. Se isso é um problema do ponto de vista da criminologia – e, portanto, uma séria crítica –, pode ser uma virtude do ponto de vista da ciência positiva em geral.

As pesquisas genéticas são muito conscientes desse dilema, e optam por objetos de estudo que consideram cientificamente mais aceitáveis. Fishbein, como vimos, defende expressamente esse ponto de vista:

> A identificação dos comportamentos apropriados que devem ser objeto de estudo é fundamental. Dever-se-ia colocar a ênfase em fenótipos ou

---

[82] FISHBEIN, D. H. Biological perspectives in Criminology, p. 32-39; idem, *Biobehavioral perspectives in Criminology,* p. 12-17.

[83] Essas teses se encontram ainda em estado embrionário e se baseiam mais na especulação que em investigações empíricas consistentes, além de que sua estrutura costuma ser difícil de testar. Vide, por exemplo, ELLIS, L.; WALSH, A. Gene-based evolutionary theories in Criminology, p. 255-258; RAINE, A. *The psychopathology of crime: criminal behavior as a clinical disorder,* p. 27-46.

[84] Vide, em geral, DURKHEIM, E. *La división del trabajo social,* p. 54-55; idem, *Las reglas del método sociológico,* p. 60.

[85] HIRSCHI, T. SELVIN, H. C. False criteria of causality in delinquency research, p. 185.

componentes do comportamento antissocial [...] como a agressão, a impulsividade ou o afeto negativo. *Não se deveria centrar o foco de atenção no "delito", por si.*[86]

Mas esse é um grave problema a partir de uma perspectiva criminológica, visto que existem sérias dúvidas sobre a generalização de descobertas ou teorias sobre outras variáveis no âmbito do delito. Como se disse, bem ou mal, conceitos como, por exemplo, a agressão ou a violência podem ter menos a ver com o delito e com o criminoso do que às vezes podemos crer. Alguns delitos incluem uma agressão ou são violentos, mas a maioria não; alguns atos agressivos são constitutivos de delito, mas muitos outros não; os criminosos tendem a ser agressivos *e* não agressivos; e muito poucos se especializam na prática de atos agressivos.[87]

Foram feitas referências à *complexidade que conduzem os novos modelos biológicos*. Na criminologia o melhor critério de avaliação de uma teoria é que seja o mais simples possível: também uma teoria simples é preferível a uma complexa.[88] Sendo um pouco mais explícito, muitas vezes as interações sugeridas são tão complexas que é difícil não só submetê-las a testes empíricos, mas também explicar como operam. Fala-se de interação, mas existe uma *caixa preta* na qual não se sabe o que ocorre, como se produz a interação etc.[89] Ademais, se a interação é complexa ou até altamente complexa, as possibilidades de testes empíricos se desvanecem ainda mais. Por exemplo, Yaralian e Raine referem-se a um "complexo jogo recíproco entre uma variedade de fatores (que incluem influências biológicas, ambientais e sociais)",[90] mas não explicam *como se produzem tais interações*. Outras vezes não sabemos como incidem as próprias predisposições no comportamento.[91]

---

[86] FISHBEIN, D. H. *Biobehavioral perspectives in Criminology*, p. 86 (grifo nosso); vide ainda 11-12 e 81. Também FARRINGTON, D. P. Implications of biological findings for criminological research, p. 43.

[87] BLACKBURN, R. *The Psychology of criminal conduct*, p. 210-212; GOTTFREDSON, M. R.; HIRSCHI, T. *A general theory of crime*, p. 66-69; TRASLER, G. Some cautions for the biological approach to crime causation, p. 15. Curiosamente, a evidência sugere que a correlação se dá muito mais em delitos contra a propriedade que em delitos violentos, MEDNICK, S. A. et al. Genetic factors in the etiology of criminal behavior, p. 80 e Gráfico 5.1.

[88] AKERS, R. L. *Criminological theories*, p. v e 7.

[89] AKERS, R. L. *Deviant behavior*, p. 37; SIMPSON, S. S. Apuntes de cátedra.

[90] YARALIAN, P. S.; RAINE, A. Biological approaches to crime: psychophysiology and brain dysfunction, p. 57.

[91] Estão se produzindo avanços principalmente nesse ponto, por exemplo, supondo que a tomada de decisões seria distinta porque não se julgam da mesma forma os custos e benefícios, porque os processos de aprendizagem e reforço se veem limitados ou porque certas pessoas podem ter certa predisposição a interpretar atos de outras pessoas como

Já fizemos referência às variáveis de natureza biológica que costumam se identificar mais como fatores concorrentes ou de risco que como elementos de teorias integradas independentes sobre a criminalidade. Ainda que um enfoque de tais características, mais ou menos ateórico, possa ser muito benéfico e até para alguns autores possa ser algo no que deve se centrar fundamentalmente a criminologia, também é verdade que a construção de teorias, com todas as suas limitações, cumpre uma importante função na ciência.[92] Assim, Mednick reconhece que a ausência de uma teoria integrada é uma "importante falta" de um enfoque dessa natureza.[93]

Por último, afirmar em criminologia que uma posição ou um estudo têm *problemas metodológicos* vem a ser um seguro para não se equivocar. Ao mesmo tempo, se não liberta da ausência de especificidade,[94] não pode ser considerada como uma crítica, ao menos com seriedade. Com efeito, não apenas as decisões metodológicas são inevitáveis,[95] mas é impossível imaginar uma investigação que não incorra em algum erro.[96]

A valoração da metodologia de todo estudo, pois, deve sempre ser feita de maneira matizada e responsável. Ademais, *as variáveis biológicas e genéticas oferecem* também *vantagens metodológicas*: ao menos em teoria são mais fáceis de medir e de controlar que outras variáveis criminológicas ou sociológicas. Essa vantagem foi destacada por Goring,[97] e alguns autores contemporâneos insistem nela.[98]

Em todo caso, parece claro que o enfoque biológico tem limites importantes e os *efeitos* que encontram dão a sensação de ser, em geral, *modestos*.[99] Isso, contu-

---

agressivos, MOFFITT, T. E. Adolescence-limited and life-course-persistent antisocial behavior: a developmental, p. 683.

[92] SAMPSON, R. J.; LAUB, J. H. *Crime in the making*, p. 45; SERRANO MAÍLLO, A. *Ensayo sobre el derecho penal como ciencia*, p. 79.

[93] MEDNICK, S. A. Introduction – Biological factors in crime causation: the reactions of social scientists, p. 6. Também FARRINGTON, D. P. Implications of biological findings for criminological research, p. 49.

[94] BRENNAN, P. A.; MEDNICK, S. A. A reply to Walters and White: "Heredity and crime", p. 657.

[95] Vide POPPER, K. R. *La lógica de la investigación científica*, p. 48-49.

[96] HIRSCHI, T. SELVIN, H. C. False criteria of causality in delinquency research, p. 185274.

[97] GORING, C. B. *The English convict*, p. 30, 263 e 266, por exemplo.

[98] FARRINGTON, D. P. Implications of biological findings for criminological research, p. 43-45.

[99] Vide, por exemplo, TAYLOR, K. A. On the explanatory limits of behavioral genetics, p. 118-137. ROWE considera que, seguindo a regra geral de COHEN, "a maioria das influências genéticas sobre características do comportamento seria forte" (*Biology and crime*, p. 18); contudo, essa é uma interpretação muito generosa da posição de COHEN, não só porque não se trata mais do que uma regra convencional para saber a que nos atermos,

do, não constitui uma crítica definitiva, visto que os efeitos em criminologia não são quase nunca grandes, e para qualquer um que esteja familiarizado com esse âmbito a explicação de uma variação de 30% constitui efeito bem considerável; ao mesmo tempo, aquela crítica não exclui nem a legitimidade desses enfoques nem a conveniência de conduzir investigações nessa linha. Por último, a recomendação de cautela é irrenunciável também em todo o âmbito criminológico.

Diversas investigações criminológicas destacam nas últimas décadas a possível relevância de variáveis de natureza biológica e genética, contrastando com o encurralamento que essas investigações vinham sofrendo há tempos. Em alguns momentos, ditas teses não só foram estudadas com a atenção que mereciam, mas sistematicamente distorcidas até parecer investigações de péssima qualidade e intolerantes. Coerentemente com a falta de interesse que houve na Espanha, no Brasil e na América Latina, de modo geral, pelos estudos empíricos e pela criminologia positiva, não há quase entre nós pesquisas sobre a eventual relevância de variáveis dessa natureza. As existentes são muito louváveis, mas não nos permitem estabelecer conclusões confiáveis.

Nossa criminologia, ademais, não deve renunciar ao rico passado que teve, no qual essas orientações e suas variáveis desempenharam papel determinante – e o mesmo é aplicável à criminologia continental. Com suas limitações e sua simplicidade, esses enfoques não colocam em dúvida nem a legitimidade de variáveis de outra natureza nem, claro, o substrato de livre-arbítrio que subjaz ao Direito Penal e à sua ciência,[100] mas certamente convidam a séria consideração de seus esforços e ao cultivo de uma ciência positiva do delito, reconhecendo a natureza da questão.

A renúncia ao reconhecimento de fatores biológicos e genéticos em criminologia – junto com críticas desfocadas – e à leitura e avaliação das pesquisas originárias será feita com risco próprio. Toda tomada de postura e toda avaliação deve recorrer aos critérios reconhecidos nas ciências sociais, o que significa fugir dos voluntarismos.

A evidência à nossa disposição sugere, portanto, que variáveis dessa natureza correlacionam com a prática de atos antijurídicos e antissociais, e que podem desempenhar certo papel na etiologia da criminalidade e do delito; ao mesmo tempo, esses fatores, por si sós, são insuficientes para explicar a prática de delitos. A força essencial da evidência é que provém, como assinalam Rowe

---

mas que esse autor está pensando muito mais no poder estatístico que na interpretação do efeito de tratamentos ou variáveis independentes, o que explica o fato de que quando se recorre a essa regra geral, neste último sentido, seja tão pouco conservadora. ROWE, desde logo, não é o único que recorre a essa interpretação.

[100] ROMEO CASABONA, C. M. Principio de culpabilidad y genoma: consideraciones sobre el comportamiento criminal y la herencia genética, p. 73-78.

e outros autores,[101] de metodologias e estudos diversos, cada um com suas vantagens e inconvenientes.[102]

Isso implica, por um lado, a legitimidade de enfoques teóricos e de pesquisas dessa natureza, assim como que outras teorias possam incluir variáveis biológicas; e, de outro, a exigência de que as teorias criminológicas estejam em condições de dar razão convincente dessas descobertas. Tais conclusões, em qualquer caso, devem ser recebidas com muita cautela, sendo conscientes de seu estado embrionário, de suas limitações e da rapidez com que se produzem mudanças nesse âmbito.

II. ENFOQUES PSICOLÓGICOS NA CRIMINOLOGIA CONTEMPORÂNEA

As teorias psicológicas vêm assumindo, desse modo, certa tradição em criminologia. De acordo com Freud, por exemplo, a vida psíquica encontra-se composta por três níveis: o *id,* no qual se encontram instintos mais primários, cuja tendência predominante é a sobrevivência; o *ego,* que representa a identidade do sujeito enquanto tal; e, finalmente, o *superego* onde se instauram os controles de natureza cultural e social, assim como o desenvolvimento da vida psíquica consciente do indivíduo. Esses três níveis são ilustrados por parte dessa teoria por intermédio do conhecido exemplo do cavalo montado por um cavaleiro que busca controlá-lo por meio das rédeas.

Desse esquema derivaram algumas explicações etiológicas do delito: o delinquente aproxima-se do enfermo, do neurótico; a delinquência seria resultado de um complexo de culpa que conduziria ao delito como busca de castigo e também de uma razão mais aceitável para suportar tal complexo; de dificuldades por falta de fortalecimento do *superego,* para evitar que o *ego* seja incapaz de superar as pressões do *id* – no geral por defeitos relacionados pela falta do pai, cuja imagem corresponde a um processo de internalização do *superego;* ou, finalmente, pela insaciável necessidade de satisfazer desejos imediatos, apesar da provável sanção, cuja séria consideração faria com que a ação delitiva deixasse de merecer a pena.[103]

De acordo com a chamada *teoria do superego regressivo* "haveria, em certos criminosos, um *Superego* demasiado severo, ainda que, paradoxalmente, demasiado complacente, pelo menos para deixar que o sujeito cometesse o crime e

---

[101] ROWE, D. C. *Biology and crime,* p. 27.
[102] BRAITHWAITE, J. *Inequality, crime, and public policy,* p. 22.
[103] BLACKBURN, R. *The Psychology of criminal conduct,* p. 111-116; GARCÍA-PABLOS DE MOLINA, A. *Tratado de Criminología,* p. 657-686; HESNARD, A. *Psicología del crimen,* p. 189-212; JIMÉNEZ DE ASÚA, L. *Psicoanálisis criminal,* p. 29-42, 47-49, 51-61 e 254-266.

anular todo remorso".[104] As teses psicanalíticas também destacaram a importância do tratamento.[105] De uma forma ou de outra, enfoques como esses deixaram há tempos de ocupar um lugar central na criminologia e nas ciências humanas.

A criminologia foi tradicionalmente resistente em aceitar ideias e proposições procedentes da psicologia. Isso devido, em primeiro lugar, ao sucesso do paradigma sociológico na criminologia e, hoje, à luta pela autonomia e independência científica de nossa disciplina. Alguns autores assinalaram que também a psicologia foi em criminologia vítima da mencionada destruição do conhecimento.[106]

Há alguns anos, a psicologia voltou a ter certa influência no estudo do delito.[107] As principais contribuições da psicologia à criminologia tomaram diferentes rumos, entre os quais vale a pena destacar os seguintes, sem a pretensão de esgotar o tema.

Ainda que existam importantes psicólogos que não se mostrem favoráveis à integração,[108] a psicologia se mostrou sensível às teorias dessa natureza e, sobretudo, ao enfoque dos fatores de risco. Parte da atenção centrou-se, então, em algumas variáveis tradicionais da psicologia que poderiam correlacionar com a criminalidade e com o delito. Para citar apenas alguns exemplos, Farrington refere-se à inteligência; à hiperatividade e à impulsividade; ao temperamento e à personalidade; à moralidade e à psicopatia; e às habilidades sociais.[109] De todas as variáveis psicológicas, é a inteligência a qual parece ter obtido um forte apoio empírico ao que se refere à sua relevância criminológica.[110] Existem também importantes teorias propriamente ditas de base psicológica, como é o caso da de Eysenck, com referências básicas à noção de personalidade.[111]

A análise de determinados transtornos que poderiam estar relacionados com a criminalidade representou também um importante campo de estudo.[112]

---

[104] HESNARD, A. *Psicología del crimen*, p. 193-194.
[105] JIMÉNEZ DE ASÚA, L. *Psicoanálisis criminal*, p. 95-99, 244-249 e 275-291.
[106] ANDREWS, D.A.; WORMITH, J. S. Personality and crime: knowledge destruction and construction in Criminology, p. 289.
[107] Vide por todos SOLA RECHE, E. et al. (Ed.). *Implicaciones de la Psicología en la Criminología actual*, passim.
[108] BLACKBURN, R. *The Psychology of criminal conduct*, p. 135. Sobre a influência da Psicologia na teoria criminológica, vide ORELLANA WIARCO, O. A. *Manual de Criminología*, p. 195-251; PUTWAIN, D.; SAMMONS, A. *Psychology and crime*, p. 43-61; RESTREPO FONTALVO, J. *Criminología: un enfoque humanístico*, p. 158-192; RODRÍGUEZ MANZANERA, L. *Victimología*, p. 367-383 e 385-405.
[109] FARRINGTON, D. P. Individual differences and offending, p. 249-258.
[110] GOTTFREDSON, M. R.; HIRSCHI, T. *A general theory of crime*, p. 69.
[111] EYSENCK, H. J. Personality theory and the problem of criminality, p. 64-72.
[112] Vide BLACKBURN, R. *The Psychology of criminal conduct*, p. 246-279; GARCÍA-PABLOS DE MOLINA, A. Relevancia criminológica de algunos trastornos mentales, p. 1.589-1.613;

Por exemplo, recente e sólido estudo empírico longitudinal realizado em Estocolmo descobriu-se que aqueles que desenvolveram uma desordem mental séria tendiam a delinquir mais do que a média. Em concreto, 50% destes últimos foram condenados alguma vez em face de 31,7% daqueles que não sofriam ditas desordens. A diferença era especialmente demonstrada no caso das mulheres (19% em face de 5,8%). As diferenças abarcavam todos os delitos, especialmente os violentos, e ressalvados os delitos de trânsito. Também se descobriu que entre os delinquentes dessa população apareciam mais casos do que os habituais de sujeitos que iniciavam suas carreiras delitivas mais tarde. Os autores esclarecem que essas descobertas e diferenças podem ser especialmente sensíveis a diversos contextos socioculturais e legais.[113]

A psicologia concedeu também grande atenção à prevenção e tratamento da delinquência, e em ambos os setores existem propostas promissoras.[114] Por último, a influência da psicologia foi vista em outros âmbitos da criminologia e do sistema de Administração da Justiça;[115] assim, cabe destacar a perícia ou a atenção às vítimas.[116]

---

idem, *Tratado de Criminología*, p. 569-565; GARRIDO GENOVÉS, V. et al. *Principios de Criminología*, p. 511-523; MORILLAS FERNÁNDEZ, D. L. Aspectos criminológicos de los psicópatas y asesinos en serie, p. 411-438.

[113] HODGINS, S.; JANSON, C.-G. *Criminality and violence among the mentally disordered*, p. 77-85, 88, 141-144 e 195-196; sobre questões metodológicas, vide p. 53-73.

[114] LÓPEZ LATORRE, M. J.; GARRIDO GENOVÉS, V. La delincuencia juvenil en los orígenes de la Psicología criminal en España, p. 343; PUTWAIN, D; SAMMONS, A. Ob. cit., p. 146-149.

[115] Vide aqui a interessante proposta de URRUELA MORA, A. Hacia un nuevo modelo de cooperación entre Derecho penal y Psiquiatría en el marco del enjuiciamiento de la inimputabilidad en virtud de la eximente de anomalía o alteración psíquica. Aspectos materiales y formales, p. 605-609 principalmente.

[116] GARRIDO GENOVÉS, V. et al. *Principios de Criminología*, p. 672-681; PUTWAIN, D; SAMMONS, A. Ob. cit., p. 95-119 e 121-137.

Capítulo 6
CRIMINOLOGIA NEOCLÁSSICA

I.   TÊM AS PENAS EFEITOS PREVENTIVOS?

1.   Penas e controle social informal

De acordo com a concepção da escola clássica, *as Leis Penais*, se são racionais, têm em geral *efeitos preventivos*. Ademais, sobre essa ideia se construem o Direito Penal e a Administração da Justiça ocidentais contemporâneos.

A Espanha, o Brasil e a América Latina como um todo são exemplos claros dessa forma de compreender e de lutar contra o delito.

Mais adiante, a proposta de sanções penais para condutas que ainda não se encontram tipificadas, ou de penas mais graves para as que já o estão, costuma ser um argumento que, ainda que pouco imaginativo, como declara acertadamente Kury,[1] aparece muitas vezes na opinião pública, nos meios de comunicação e nos responsáveis políticos de nossos países. Assim, a sociedade e também os profissionais do Direito e a Administração da Justiça parecem aceitar que as penas têm efeitos preventivos.

A criminologia clássica e neoclássica mais ortodoxa favorecem, pois, a investigação sobre os efeitos preventivos das penas.

O próprio Kury chama a atenção sobre o fato de que o aumento da delinquência – ainda que nem sempre com o mesmo ritmo – vem e continua acompanhado por um crescimento das atitudes punitivas dos cidadãos desde a II Guerra Mundial. Isso é devido em parte ao trabalho dos meios de comunicação, mas também a outros fatores. A opinião pública, contudo, está formada de maneira bem insuficiente.[2]

---

[1]   Kury, H. Desarrollo de la delincuencia en Europa oriental y occidental, p. 645.
[2]   Kury, H. Sobre la relación entre sanciones y criminalidad, o: ¿qué efecto preventivo tienen las penas?, p. 283-291 e 307.

Em claro contraste com essa confiança, são muitos os autores que se mostram bem mais céticos sobre o papel preventivo das penas, sobretudo das privativas de liberdade.[3] Isso corresponde a que, em muitos casos, as penas privativas de liberdade são, sem dúvida, uma resposta muito pouco atrativa enquanto representam um *mal muito sério* que se impõe a uma pessoa. Por isso, muitos estudiosos tendem a diminuir a importância aos eventuais aspectos preventivos das penas privativas de liberdade, destacando, pelo contrário, os efeitos perniciosos para as pessoas que as sofrem – muitas vezes reais – e a propor medidas alternativas.

As teorias clássicas, que partem de uma concepção racional do delinquente, predizem que as penas teriam efeitos preventivos sobre a delinquência. Trata-se de hipótese, pois, que vale a pena explorar. A *hipótese* ou modelo da prevenção, na qual vamos nos deter agora, não pode ser considerada na verdade uma teoria em sentido estrito, mas simplesmente um modelo menos elaborado, ainda que coerente com as linhas neoclássicas da criminologia.

Dentro da prevenção se pode distinguir a prevenção geral (negativa), de acordo com a qual as penas fazem com que os indivíduos se abstenham de cometer delitos pelo temor a elas, e a prevenção especial (negativa), a qual afirma que, quando se impõe uma pena a um sujeito que delinquiu, no futuro tenderá ele a respeitar mais a lei, visto que já sofreu os rigores de uma sanção e *sabe* melhor dos riscos que enfrenta.[4] Ainda que a teoria da prevenção se centre mais na geral, ambas as hipóteses são coerentes com ela. Muitos dos estudos empíricos se concentram em analisar a teoria da prevenção em conjunto, sem especificar, exatamente, a referência à prevenção geral ou à especial.[5] Apesar disso, aqui faremos um esforço para distinguir os estudos que se ocuparam de uma ou outra hipótese.

Em todo caso, para a ciência é imprescindível realizar estudos empíricos para comprovar se as penas previnem ou não o delito – independentemente de que isso seja de senso comum. Como era de esperar, os estudos empíricos criminológicos realizados para testar essa hipótese têm uma longa tradição. Os primeiros mais importantes datam de finais dos anos 1970. São muitas as possíveis razões pelas quais o eventual efeito preventivo das penas chamou a atenção dos pesquisadores, entre as quais podemos destacar a influência dos enfoques econômicos e, sobretudo, das teorias do controle social, assim como a desconfiança que começou a aparecer na primeira metade dos anos 1970 na

---

[3] Como adverte TITTLE, C. R. Crime rates and legal sanctions, p. 409.
[4] BERISTÁIN IPIÑA, A. *Cuestiones penales y criminológicas*, p. 29-39.
[5] Assim CHIRICOS, T. G.; WALDO, G. P. Punishment and crime: an examination of some empirical evidence, p. 215: "Algumas dessas distinções se encontram implicitamente em investigações anteriores, mas *é preciso que se explicitem e examinem com mais detalhes*" (grifos nossos).

ressocialização dos delinquentes. É importante fixar que dentro dessa linha de investigação existem e existiram *disputas metodológicas muito importantes* tanto ou mais que a própria essência do que se buscava.[6]

É imprescindível tecer alguns esclarecimentos sobre a eficácia preventiva das penas. A maioria das pessoas não delinque, não pelo temor às possíveis sanções penais que receberá em caso de ser descoberto, mas porque *seu sistema de valores os impede de fazê-lo*: trata-se, de acordo com a classificação de Serrano Gómez, de indivíduos "para os quais não seria necessária nenhuma ameaça, pois *sua moral choca-se com toda possibilidade de poder violar a norma*".[7] Ademais, existe uma série de sanções sociais informais que também possuem um sólido efeito preventivo: a maioria das pessoas não delinque, pois, caso forem descobertas, teriam de

---

[6] BLUMSTEIN, A.; COHEN, J.; NAGIN, D. *Report of the panel*, p. 4; BURKETT, S. R.; WARD, D. A. A note on perceptual deterrence, religiosity based moral condemnation, and social control, p. 120; GRASMICK, H. G.; BURSIK, R. J. Conscience, significant others, and rational choice: extending the deterrence model, p. 838; HAGAN, J. Introduction: methodological developments in deterrence research, p. 12; VON HIRSCH, A. et al. *Criminal deterrence and sentence severity*, p. 11-15; KLEPPER, S.; NAGIN, D. The deterrent effect of perceived certainty and severity of punishment revisited, p. 721; NAGIN, D. S. Criminal deterrence research at the outset of the twenty-first century, p. 2-3; PATERNOSTER, R. The deterrent effect of the perceived certainty and severity of punishment: a review of the evidence and issues, p. 173-175.

[7] SERRANO GÓMEZ, A. Consideraciones criminológicas sobre los efectos de la abolición de la pena de muerte en España, p. 625, n. 64 (grifos nossos); idem, La sustracción de vehículos de motor (Problemática y prevención), p. 311; BACHMAN, R. et al. The rationality of sexual offending: testing a deterrence/rational choice conception of sexual assault, p. 364; BURKETT, S. R.; WARD, D. A. A note on perceptual deterrence, religiosity based moral condemnation, and social control, p. 128-129; VAN DEN HAAG, E. The neoclassical theory of crime control, p. 189-191; JENSEN, G. F. et al. Perceived risk of punishment and self-reported delinquency, p. 61; KLEPPER, S.; NAGIN, D. Tax compliance and perceptions of the risk of detection and criminal prosecution, p. 209; PATERNOSTER, R. The deterrent effect of the perceived certainty and severity of punishment: a review of the evidence and issues, p. 213; PATERNOSTER, R.; SIMPSON, S. Sanction threats and appeals to morality: testing a rational choice model of corporate crime, p. 576; SIMPSON, S. S. *Corporate crime, law, and social control*, p. 28-32. Também se deve assinalar que esses valores ou essa moral podem ser considerados como formas de controle interno. A outra face da moeda é a eventual existência de um grupo "para o qual apenas a ameaça tem valor [...] sabem que delinquir pressupõe um risco e o aceitam", SERRANO GÓMEZ, A. La sustracción de vehículos de motor (Problemática y prevención), p. 311; idem, *El costo del delito y sus víctimas en España*, p. 625, n. 64. PILIAVIN e seus seguidores concordam com essa ideia em uma sólida investigação empírica: "No caso de pessoas com alto risco de sanção formal [...] a percepção do risco de sanções tanto formais como informais não influi nas decisões das pessoas de violar a lei", PILIAVIN, I. et al. Crime, deterrence, and rational choice, p. 117. Ao se demonstrar esse fato, os estudos empíricos desvalorizariam mais ainda o efeito da prevenção sobre a população média, que nem é desproporcionadamente honesta – se se nos permite essa expressão – nem desproporcionadamente infratora da lei.

enfrentar a desaprovação de sua família e de seus amigos, colocando em perigo seu trabalho e muitas outras coisas, tendo, assim, um custo elevadíssimo para o sujeito.[8] Tais sanções não são formais, já que, ao contrário das leis penais, não encontram sua origem em uma disposição legal, nem são impostas por autoridades públicas competentes, seguindo um procedimento previamente estabelecido pela lei. Fala-se, nesses casos, de *sanções informais* ou de controle social informal.

O efeito *desses fatores morais e informais pode ser mais poderoso que o das sanções jurídico-penais*, isto é, previnem o delito mais eficazmente que o Direito Penal.[9] Tanto é assim que as sanções penais por si só não poderiam ser capazes de prevenir eficientemente o delito caso não contassem com o respaldo dessas normas sociais e se as sanções formais fossem especialmente efetivas quando reforçassem as informais.[10] Daqui decorrem três conclusões:

a) Em primeiro lugar, se aceita que o efeito das sanções jurídico-penais se inclina, na melhor das hipóteses, a ser moderado ou menor. As sanções informais e os valores podem ter um efeito preventivo maior. Porquanto, não se pode esperar *efeitos excepcionais* das sanções jurídico-penais.

Tendo em vista que muita gente simplesmente não se propõe a infringir a lei pelos motivos retroexpostos, muitos estudos empíricos apresentam que, com efeito, para muitas pessoas as penas não desempenham nenhum papel preventivo. Contudo, seguramente, teriam um efeito preventivo para elas em caso de se desvincularem de suas crenças e controles sociais informais. Desse modo, como afirmam Burkett e Ward, *algumas investigações empíricas tendem a desvalorizar o efeito preventivo geral das penas.*[11]

---

[8] ANDERSON, L. S. et al. Formal and informal sanctions: a comparison of deterrent effects, p. 111 e 113.

[9] ERICKSON, M. L. et al. The deterrence doctrine and the perceived certainty of legal punishments, p. 316; PATERNOSTER, R. The deterrent effect of the perceived certainty and severity of punishment: a review of the evidence and issues, p. 192; PATERNOSTER, R.; SIMPSON, S. Sanction threats and appeals to morality: testing a rational choice model of corporate crime, p. 571.

[10] BRAITHWAITE, J. *Crime, shame and reintegration*, p. 73; SHERMAN, L. W. Defiance, deterrence, and irrelevance: a theory of the criminal sanction, p. 448-449; idem, Domestic violence and defiance theory: understanding why arrest can backfire, p. 213-214. A proposição do texto é um tanto simplista, visto que controles formais e informais podem, com efeito, se reforçar mutuamente. Na verdade, como advertem BACHMAN e seus seguidores é pouco o que sabemos hoje sobre o papel real das sanções informais (BACHMAN, R. et al. The rationality of sexual offending: testing a deterrence/rational choice conception of sexual assault, p. 366). O Direito Penal, contudo, parece ter um efeito menor sobre a moral social, KURY, H. Sobre la relación entre sanciones y criminalidad, o: ¿qué efecto preventivo tienen las penas?, p. 306.

[11] BURKETT, S. R.; WARD, D. A. A note on perceptual deterrence, religiosity based moral condemnation, and social control, p. 126 e 128-130.

b) Ademais, devido ao efeito das sanções informais, não é fácil, metodologicamente falando, estabelecer de maneira plausível os potenciais efeitos das penas por si mesmas, seguindo Erickson e outros.[12] Isso não quer dizer, como assinalam com acerto Garrido Genovés e seus seguidores, que o efeito preventivo informal das normas seja um argumento a favor do efeito preventivo das penas.[13] Porém, do ponto de vista metodológico não é tão simples de deslindar. Desde logo, as teorias clássica e neoclássica em geral supõem um efeito preventivo, tanto formal como informal, das sanções jurídico-penais.

Portanto, a comprovação dos efeitos preventivos gerais da pena é bastante complicada em termos metodológicos.[14]

c) Em terceiro e último lugar, é possível que as penas tenham um efeito preventivo geral e especial por si mesmas, isto é, independentemente dos controles informais. Na prática, os potenciais efeitos preventivos das penas correspondem a um conjunto de distintas funções da pena: prevenção geral, especial e inocuização,[15] – de modo que a investigação empírica nem sempre consegue diferenciá-las com nitidez.

O segundo e último esclarecimento que se deve fazer é que não se está discutindo a possível renúncia às sanções penais, sobretudo a privação de liberdade. A substituição e até a redução *drástica* do sistema jurídico-penal constituem ideia atualmente utópica: não existe nenhuma nação contemporânea que não recorra às penas privativas de liberdade.[16] Não quer dizer que isso não seja desejável. Em todo caso, a discussão a respeito carece de sentido, uma vez que as normas e sanções penais *não devem ser abolidas*.

A Lei Penal e suas sanções cumprem diversas funções, e *podem prevenir o delito de diferentes modos*: a prevenção geral e a especial em sentido negativo são apenas dois.[17]

A potencial descoberta de que as penas careceriam de efeito preventivo *nesses dois casos* não teria como consequência sua renúncia – pois, a criminologia se configura como ciência livre de valores. Nada do exposto pretende não dramatizar o infortúnio que supõe ser privado de liberdade.

---

[12] ERICKSON, M. L. et al. *The deterrence doctrine and the perceived certainty of legal punishments*, p. 316-317.

[13] GARRIDO GENOVÉS, V. et al. *Principios de Criminología*, p. 199.

[14] FERDINAND, T. N. *¿Funcionan las penas?*, p. 333; VON HIRSCH, A. et al. *Criminal deterrence and sentence severity*, p. 17-23; KURY, H. *Sobre la relación entre sanciones y criminalidad, o: ¿qué efecto preventivo tienen las penas?*, p. 293.

[15] BLUMSTEIN, A.; COHEN, J.; NAGIN, D. *Report of the panel*, p. 5-6 e 25; NAGIN, D. S. *General deterrence: a review of the empirical evidence*, p. 98 e 129-135.

[16] FERDINAND, T. N. *¿Funcionan las penas?*, p. 334; WELLFORD, C. F. *Labelling theory and Criminology: an assessment*, p. 335.

[17] Vide GIBBS, J. P. *Crime, punishment, and deterrence*, p. 21-22, 26 e 57-93.

Recentemente se começou a assinalar que, além dos sérios efeitos que tem para o indivíduo, a comunidade, ou, ao menos parte dela, é paradoxalmente prejudicada ao ver-se privada de sujeitos que podem cumprir uma função social.[18]

2. Investigações sobre os efeitos preventivos da pena de morte

Parte da discussão se concentrou há tempos[19] nos eventuais efeitos preventivos gerais da pena de morte.

A explicação vem a ser simples: posto que a pena de morte priva uma pessoa de seu bem mais precioso – a vida e sendo uma sanção de enorme *severidade*, por isso deveria ser especialmente apta para prevenir o delito. Além disso, nas decisões de política criminal não apenas influem elementos científicos, mas também políticos etc.

> No Brasil, a Constituição Federal de 1988, em princípio, estabelece vedação à pena de morte. Assim, prevê expressamente o texto constitucional brasileiro em vigor: Art. 5.º, XLVII – "Não haverá penas: a) de morte, salvo no caso de guerra declarada, nos termos do art. 84, XIX".

Ainda que se acreditasse ter a pena de morte efeitos preventivos significativos, mesmo assim não poderia ser justificada sua aplicação, visto que contraria o princípio fundamental da dignidade da pessoa humana. Tal característica essencial ao ser humano – sua dignidade – não pode ser violada jamais, mesmo que diante dos delitos mais terríveis.[20] Isso não impede que se possa utilizá-la como base para diversas investigações, incluídas as que vamos acolher em seguida, com dados de países ou épocas em que é ou foi aplicada.

> O princípio da dignidade humana vem gizado *ipsis verbis* no art. 1.º da Carta brasileira: "A República Federativa do Brasil, formada pela união indissolúvel dos Estados e Municípios e do Distrito Federal, constitui-

---

[18] Vide, em geral, sobre os efeitos perniciosos da privação de liberdade tanto para o indivíduo como para a comunidade, BRAMAN, D. Families and incarceration, p. 118-134; TRAVIS, J. Invisible punishment: an instrument of social exclusion, p. 17-27; WESTERN, B. et al. Black economic progress in the era of mass imprisonment, p. 170-178; WHITEHEAD, T. L. The "epidemic" and "cultural legends" of black male incarceration: the socialization of African American children to a life of incarceration, p. 83-88.

[19] Assim, SELLIN, que não achou que a pena de morte tivesse efeitos preventivos gerais (*The death penalty*, p. 34).

[20] Sobre a pena de morte e a polêmica a respeito, vide, por exemplo, numa bibliografia inabarcável, PATERNOSTER, R. *Capital punishment in America,* passim; SERRANO GÓMEZ, A. La pena de muerte, p. 94 e 100-101.

> -se em Estado Democrático de Direito e tem como fundamentos: III – a dignidade da pessoa humana".
> Ainda se ressalva explicitamente no art. 5.º: III – "Ninguém será submetido a tortura nem a tratamento desumano ou degradante"; no inciso XLVII – "não haverá penas: b) de caráter perpétuo; c) de trabalhos forçados; d) de banimento; e) cruéis"; e no inciso XLIX – é assegurado aos presos o respeito à integridade física e moral".

Na Espanha, existiu a pena de morte até sua abolição no final de 1978, com a promulgação da Constituição espanhola. Serrano Gómez estudou a evolução da delinquência antes e depois dessa data, descobrindo que os delitos punidos anteriormente com a pena capital aumentaram, mas que esse acréscimo era relativamente muito pequeno comparado com a evolução da delinquência na Espanha na mesma data.[21] Tal pesquisa, portanto, sugere que *a pena de morte carece de efeitos preventivos gerais*: sua abolição "não provocou um incremento justificável de homicídios. O ligeiro aumento que se deu em alguns casos é muito inferior ao que deixou de ocorrer, sendo os motivos totalmente alheios à abolição".[22]

A mencionada pesquisa foi particularmente relevante, pois, muitas vezes, temos de nos conformar com estudos de outros âmbitos socioculturais, cuja generalização às nossas nações é sempre problemática. Salvo alguma exceção,[23] uma vez que as pesquisas não encontraram efeitos preventivos gerais da pena de morte,[24] coincidindo com o estudo realizado por Serrano Gómez. Por exemplo,

---

[21] SERRANO GÓMEZ, A. Consideraciones criminológicas sobre los efectos de la abolición de la pena de muerte en España, p. 620-621 e 625 sobretudo; sobre as dificuldades metodológicas dos dados utilizados no estudo, p. 616-617. Acerca do grande aumento da delinquência desde a mudança do regime na Espanha, com considerações sobre suas possíveis causas, idem, Problematica criminologica del mutamento politico en Spagna, p. 346-347 e 362-369.

[22] SERRANO GÓMEZ, A. Consideraciones criminológicas sobre los efectos de la abolición de la pena de muerte en España, p. 625; vide, ainda sobre esse trabalho, KURY, H. Sobre la relación entre sanciones y criminalidad, o: ¿qué efecto preventivo tienen las penas?, p. 299-301.

[23] E essas raras exceções foram fortemente criticadas, MATSUEDA, R. L. et al. Economic assumptions versus empirical research: reply, p. 308. Ora, se queremos ser totalmente justos, temos de aceitar que aqui puderam ter influência também certos vícios como, por exemplo, de publicação.

[24] Vide BLUMSTEIN, A.; COHEN, J.; NAGIN, D. *Report of the panel*, p. 8-9; COCHRAN, J. K.; CHAMLIN, M. B. Deterrence and brutalization: the dual effects of executions, p. 688-689; PATERNOSTER, R. *Capital punishment in America*, p. xv-xvi, 217-241 e 286 – esse autor acrescenta que não somente a pena de morte não parece ter efeitos preventivos gerais, mas que é duvidoso que tenha efeitos especiais devido a que até a execução o criminoso pode realizar muitos outros delitos atrozes, dentro e fora da prisão, dado que pouco tem a perder. SERRANO GÓMEZ, A. La pena de muerte, p. 103, acrescenta que tampouco existe

Peterson e Bailey analisaram a relação que existia entre a taxa de homicídios que haviam sido cometidos conforme dados do FBI de 1976 a 1987 e computados mês a mês, as execuções e sua repercussão na televisão,[25] não encontrando nenhum efeito preventivo geral, isto é, nem a pena de morte, nem o número de execuções, nem o *tipo* de atenção televisiva se relacionaram significativamente com os índices de delitos de homicídios estudados.[26]

Alguns autores sugeriram que a pena de morte não tem apenas efeitos preventivos gerais, mas, inclusive, faz que os delitos, como os homicídios, aumentem.[27] Isso é entendido como *efeito de brutalização* ou de agravação, e se explica, segundo alguns teóricos, como a relativização do valor absoluto que tem a vida humana, podendo ser interpretada como matar quem nos ofendeu gravemente é correto,[28] legitimando "matar por vingança".[29]

Tal explicação concreta implicaria alguns efeitos potencialmente nefastos, já que, em muitos homicídios e assassinatos o agressor *acredita estar fazendo justiça* ao tirar a vida de sua vítima. Katz se refere a esses casos como "a morte justa" (*righteous slaughter*): o homicídio "é um objetivo desapaixonado de realizar um sacrifício para encarnar uma ou outra versão do 'Bem'"; se nos fixarmos com atenção "podemos ver os agressores defendendo o Bem, até no que inicialmente pareciam circunstâncias ilógicas".[30]

Na pesquisa acima referida, no entanto, não se constatou que a pena de morte tivesse efeitos criminógenos nem esse efeito de brutalização.[31] Cochran e Chamlin estudaram quais efeitos foram provocados por uma execução realizada na Califórnia em 1992 após vinte e cinco anos. Descobriram que essa execução teve efeitos criminógenos, mas somente em certos tipos de homicídios – os

---

evidência de que a pena de morte tivesse efeitos preventivos nas épocas em que mais se aplicava e de maneira pública.

[25] Peterson, R. D.; Bailey, W. C. Felony murder and capital punishment: an examination of the deterrence question, p. 370-379 sobre a metodologia.

[26] Peterson, R. D.; Bailey, W. C. Felony murder and capital punishment: an examination of the deterrence question, p. 379-380, 383, 388 e 390.

[27] Ferdinand, T. N. ¿Funcionan las penas?, p. 333 e 348.

[28] Bowers, W.; Pierce, G. Deterrence or brutalization: what is the effect of executions?, p. 456.

[29] Cochran, J. K.; Chamlin, M. B. Deterrence and brutalization: the dual effects of executions, p. 688 e 690.

[30] Katz, J. *Seductions of crime*, p. 12 – em geral, vide p. 12-19.

[31] Serrano Gómez, A. Consideraciones criminológicas sobre los efectos de la abolición de la pena de muerte en España, p. 620. Tampouco o encontraram Peterson, R. D.; Bailey, W. C. Felony murder and capital punishment: an examination of the deterrence question, p. 380 e 383 – uma pequena matização: na verdade, encontraram efeitos de brutalização (apenas) para certo tipo, pouco corrente, de homicídio; e, de fato, os autores o acham difícil de explicar.

cometidos contra desconhecidos por causa de uma discussão e em outros tipos, certamente pareceu haver um efeito preventivo geral – nos homicídios de pessoas conhecidas.[32] Um e outro efeito – preventivo e criminógeno – dependiam, em concreto, da relação entre autor e vítima,[33] e pareciam se antepor mutuamente de modo que é normal que as pesquisas tendessem a não encontrar efeitos de nenhum tipo.[34]

Ainda que a explicação desse impacto diferente não seja simples, os autores sugerem uma explicação coerente com a justificação geral do efeito de brutalização: este tenderá a ocorrer no caso de vítimas que o homicida *acredita que mereçam morrer*. Nesses casos, o agressor não se identificará com o outro homicida condenado à pena capital e executado.[35]

Talvez a conclusão mais prudente dessa verificação dos estudos empíricos consista na falta de evidências de que a pena de morte tenha efeitos preventivos gerais sobre o delito. Mesmo que algumas pesquisas apontem um efeito de brutalização da pena de morte, as provas não são claras. Embora, na hipótese provável de que certamente se produzisse em alguns subtipos delitivos, o balanço global não parece apoiar, tampouco, esse efeito.

3. *Investigações ou pesquisas sobre a prevenção geral das penas*

Naturalmente, o grosso da pesquisa ou investigação, e também a mais relevante, é a que se centrou nos potenciais efeitos preventivos das penas em geral. As investigações basearam-se muitas vezes nas penas privativas de liberdade. Muito embora a pena de morte careça de efeitos preventivos, como parece ser o caso, não nos diz nada sobre a possível eficácia de outras sanções, sobretudo das penas privativas de liberdade.[36]

a) As primeiras pesquisas ou investigações lançaram mão da análise sobre dados agregados. Isto é, metodologicamente valeram-se do estudo da influência que certas características das penas exerceriam sobre os delitos que ocorreriam

---

[32] COCHRAN, J. K.; CHAMLIN, M. B. Deterrence and brutalization: the dual effects of executions, p. 687, 689 e 699-700; sobre metodologia, vide 692-697, principalmente. O estudo incluiu também a análise supletiva de outra execução de 1993, com resultados semelhantes, p. 700-701.

[33] COCHRAN, J. K.; CHAMLIN, M. B. Deterrence and brutalization: the dual effects of executions, p. 702.

[34] COCHRAN, J. K.; CHAMLIN, M. B. Deterrence and brutalization: the dual effects of executions, p. 698; os autores acharam que o efeito de brutalização poderia superar o de prevenção, 701. Em todo caso se mostram contrários à pena de morte, p. 703.

[35] COCHRAN, J. K.; CHAMLIN, M. B. Deterrence and brutalization: the dual effects of executions, p. 690.

[36] TITTLE, C. R. Crime rates and legal sanctions, p. 410.

em determinada região. Assim, tratava-se de medir a *certeza* e *severidade* das penas. Entre distintas possibilidades, a certeza podia ser estimada, por exemplo, recorrendo a percentagens de delitos que eram resolvidos ou às probabilidades de prisão; e a severidade com o número relativo de pessoas que eram presas ou a duração média de cumprimento efetivo da pena privativa de liberdade.[37] Como se vê, trata-se de dados agregados – referentes não a indivíduos, mas a grupos – e secundários – medições que não foram realizadas diretamente pelos investigadores, mas retiradas, nesse caso, de agências oficiais.

A maioria desses primeiros estudos constatou que as penas certamente tinham efeitos preventivos gerais, sendo a certeza do castigo – a probabilidade de sofrer uma pena – mais importante que a severidade.[38] Também houve algumas investigações que não encontraram efeitos preventivos.[39] Em todo caso, esses estudos concluíram algo muito complexo e, mesmo que tivessem encontrado efeitos preventivos, não foram capazes de estabelecer sob quais circunstâncias estes se davam ou não.[40]

Para citar um exemplo, Ehrlich, recorrendo a dados agregados, constatou que os índices de delitos, praticamente sem exceção, se encontravam inversamente relacionados com a probabilidade de ser preso e condenado à pena privativa de liberdade e a duração média efetiva do encarceramento, isto é, a certeza e severidade das penas têm um efeito preventivo do delito – ainda que não seja o único relevante para uma explicação plausível do delito.[41] O mesmo

---

[37] Vide Chiricos, T. G.; Waldo, G. P. Punishment and crime: an examination of some empirical evidence, p. 203-204; Nagin, D. S. General deterrence: a review of the empirical evidence, p. 110; Tittle, C. R. Crime rates and legal sanctions, p. 412-414.

[38] Blumstein, A.; Cohen, J.; Nagin, D. *Report of the panel*, p. 6-7 e 46; Chambliss, W. J. The deterrent influence of punishment, p. 74; Tittle, C. R. Crime rates and legal sanctions, p. 415-419 e 422-423; idem, Deterrents or labeling?, p. 404-405. Considerando, contudo, que as conclusões desses estudos não podiam ser consideradas definitivas, Blumstein, A.; Cohen, J.; Nagin, D. *Report of the panel*, p. 7 (também); Nagin, D. S. General deterrence: a review of the empirical evidence, p. 98-111. Alguns desses estudos são tomados como evidência contrária ao enfoque do etiquetamento, vide em geral Tittle, C. R. Labelling and crime: an empirical evaluation, p. 163-176.

[39] Chiricos, T. G.; Waldo, G. P. Punishment and crime: an examination of some empirical evidence, p. 207-208 e 213; esses autores manifestam que certamente poderia haver um efeito preventivo só que dependente do momento e do tipo de delito, 210 e 213 – por esse motivo alguns autores situam esse estudo, não sem razão como vemos, entre os que oferecem evidência favorável à tese da prevenção geral, Nagin, D. S. General deterrence: a review of the empirical evidence, p. 110, que acrescenta que apenas um estudo de Forst encontrou evidência negativa para essa hipótese.

[40] Tittle, C. R. Crime rates and legal sanctions, p. 411 e 422; Tittle, C. R.; Logan, C. H. Sanctions and deviance: evidence and remaining questions, p. 358.

[41] Ehrlich, I. Participation in illegitimate activities: an economic analysis, p. 94, 98, 102 e 111.

autor insiste em que esse efeito preventivo se dá não apenas nos delitos contra a propriedade, mas também nos delitos contra as pessoas: "A aplicação da lei pode não ser menos efetiva no momento de combater delitos de ódio e paixão que os delitos contra a propriedade".[42]

Essas investigações ou pesquisas que se valeram dos dados agregados foram logo objeto de críticas, sendo esses geralmente estatísticas oficiais, não foram muito bons para encontrar potenciais efeitos preventivos. Também se assinalou que o próprio enfoque não era muito promissor, uma vez que, o que se devia estudar era o impacto que as penas têm nos *indivíduos* e em sua decisão subjetiva de realizar o fato delitivo, algo que os dados agregados não podiam revelar.[43]

Do ponto de vista teórico, a ameaça de sanção exerceria seu efeito preventivo geral quando um sujeito pensasse que as possibilidades de ser preso e/ou condenado excediam as vantagens potenciais que a prática do delito oferecia, mas essa era uma percepção pessoal que não poderia ser analisada mais com dados relativos a indivíduos. Por isso, os dados agregados não pareciam muito promissores para esse fim.

Devemos esclarecer que, a nosso ver, essa metodologia que recorre a dados agregados e que estuda o nível objetivo – e não subjetivo – de certeza e severidade

---

[42] EHRLICH, I. Participation in illegitimate activities: an economic analysis, p. 102 e 111 – na verdade, pois, esse autor distingue o efeito das penas em si mesmo considerado e o efeito da *aplicação* das leis, p. 111 principalmente.

[43] ANDERSON, L. S. et al. Formal and informal sanctions: a comparison of deterrent effects, p. 103-104 e 113; BLUMSTEIN, A.; COHEN, J.; NAGIN, D. *Report of the panel*, p. 53; CHIRICOS, T. G.; WALDO, G. P. Punishment and crime: an examination of some empirical evidence, p. 213-215; ERICKSON, M. L. et al. The deterrence doctrine and the perceived certainty of legal punishments, p. 305 – consideram ambos os enfoques bem mais compatíveis; FREEMAN, R. B. The economics of crime, p. 3.546; PATERNOSTER, R. The deterrent effect of the perceived certainty and severity of punishment: a review of the evidence and issues, p. 174-175, 176, 179-184, 186-189, 191-192 e 194; PATERNOSTER, R.; SIMPSON, S. Sanction threats and appeals to morality: testing a rational choice model of corporate crime, p. 553; PILIAVIN, I. et al. Crime, deterrence, and rational choice, p. 103; THOMAS, C. W.; BISHOP, D. M. The effect of formal and informal sanctions on delinquency: a longitudinal comparison of labeling and deterrence theories, p. 1.224; ZIMRING, F. E.; HAWKINS, G. J. 1973. *Deterrence*, p. 156-157 – matizadamente. Especial menção merece a postura de NAGIN e seus seguidores. Esses criminólogos oferecem uma série de críticas, mas aceitam o valor geral do modelo, BLUMSTEIN, A.; COHEN, J.; NAGIN, D. *Report of the panel*, p. 5-6, 23-30 e 47-50; NAGIN, D. S. General deterrence: a review of the empirical evidence, p. 97-98, 111-117 e 135-136. Ainda que coerentemente considerem que as descobertas favoráveis à hipótese da prevenção geral são problemáticas e devem ser colocadas em dúvida, reconhecem, como já vimos, que grande parte do problema decorre de uma confusão potencial da prevenção geral com *outros efeitos preventivos das penas*, sobretudo a inocuização, NAGIN, D. S. General deterrence: a review of the empirical evidence, p. 129-135.

das penas e seus potenciais efeitos é perfeitamente legítima na investigação do que nos ocupa. Ainda que, quanto mais metodologias se utilizem – cada uma sempre com seus pontos fortes e fracos –, mais segurança poderemos ter nas descobertas.

Assim, a prevenção geral é muito mais um fenômeno agregado que individual, motivo pelo qual os dados agregados são *especialmente úteis* para medir se realmente existe ou não e para eventuais considerações de política criminal.[44]

b) Coerentemente com as posturas críticas, em seguida apareceram estudos que se fixavam na *percepção subjetiva que os indivíduos tinham de um possível castigo*, tanto em termos de certeza como de segurança. Por exemplo, L. S. Anderson e seu grupo perguntaram a um grupo de jovens sobre seu consumo de maconha e de sua percepção de potenciais sanções formais e informais. Perguntaram-lhes da probabilidade de uma pessoa, assim como eles, que fumasse maconha, de ser pega pela polícia; qual era a pena mais grave que poderia sofrer, etc.[45]

É importante se fixar na mudança de estratégia metodológica. Curiosamente, *as descobertas* desses investigadores *coincidiram* com o que se vinham encontrando até então: as penas certamente têm um efeito preventivo geral sobre o delito e é mais importante sua certeza que sua severidade.[46] É possível citar outros estudos que, seguindo essa metodologia, alcançaram descobertas muito próximas.[47] Porém, também esses estudos foram logo objeto de crítica.[48]

c) Paternoster e seus seguidores concordam que a metodologia correta para medir o efeito preventivo geral das penas deve se basear na *percepção pessoal do risco de sofrer uma sanção* medida com dados individuais – e não, portanto, agregados.[49] Contudo, advertiram sobre a existência do que resolveu-se chamar o

---

[44] Assim ERICKSON, M. L. et al. The deterrence doctrine and the perceived certainty of legal punishments, p. 305, n. 1; NAGIN, D. S. General deterrence: a review of the empirical evidence, p. 99 e 111.

[45] ANDERSON, L. S. et al. Formal and informal sanctions: a comparison of deterrent effects, p. 106-107.

[46] ANDERSON, L. S. et al. Formal and informal sanctions: a comparison of deterrent effects, p. 110 e 112.

[47] Assim GRASMICK, H. G.; BURSIK, R. J. Conscience, significant others, and rational choice: extending the deterrence model, p. 844, 849 e 856-857; JENSEN, G. F. et al. Perceived risk of punishment and self-reported delinquency, p. 64, 69 e 73; PATERNOSTER, R. Absolute and restrictive deterrence in a panel of youth: explaining the onset, persistence/desistance, and frequency of delinquent offending, p. 303 e 305.

[48] Vide, contudo, GRASMICK, H. G.; BURSIK, R. J. Conscience, significant others, and rational choice: extending the deterrence model, p. 844.

[49] ANDERSON, L. S. et al. Formal and informal sanctions: a comparison of deterrent effects, p. 112-113; PATERNOSTER, R. The deterrent effect of the perceived certainty and severity of punishment: a review of the evidence and issues, p. 175; PATERNOSTER, R.; SIMPSON, S. Sanction threats and appeals to morality: testing a rational choice model of corporate crime, p. 553.

efeito da experiência (*experiential effect*),[50] que colocava em dúvida as descobertas dos estudos prévios sobre percepções pessoais.

A crítica desses estudos prévios é transversal – ou seja, se baseiam em *uma só medição* por pessoa –, de modo que *medem ao mesmo tempo a percepção do temor de um indivíduo à pena e os delitos que cometeu*. Entretanto, os sujeitos que praticaram delitos e não foram descobertos nem presos, *como consequência de dita experiência, têm menos medo de sofrer uma pena*. Com efeito, se alguém comete um delito – ou vários – e não é preso, sua percepção das probabilidades de que eles ou alguém delinqua e seja descoberto diminua. O que os estudos prévios encontraram é justamente isso: que quem mais delinquiu no passado tem uma percepção pessoal do risco de pena menor do que quem nunca delinquiu. A pretensa relação negativa entre temor à pena e delito podia ser, pois, ilegítima.[51]

Por esse motivo, Paternoster e outros autores propuseram o recurso a desenhos longitudinais, o qual realizam mais de uma medição ao longo do tempo nos sujeitos. Nesse caso, as medições continuavam sendo feitas mediante entrevistas a jovens sobre certas categorias de delitos que cometeram e sobre sua percepção do risco de detecção por meio de perguntas como: de cem pessoas que cometessem um determinado delito, quantas acreditam que seriam presas? Ou se você cometesse certo delito, é "muito improvável... muito provável" que

---

[50] PATERNOSTER, R. et al. Causal ordering in deterrence research: an examination of the perceptions of behavior relationship, p. 56. Vide ainda, próximo, AGNEW, R. Social control theory and delinquency: a longitudinal test, p. 48-49; idem, A longitudinal test of social control theory and delinquency, p. 140-141.

[51] PATERNOSTER, R. The deterrent effect of the perceived certainty and severity of punishment: a review of the evidence and issues, p. 179-181, 189 e 194-195; PATERNOSTER, R. et al. Causal ordering in deterrence research: an examination of the perceptions of behavior relationship, p. 55-56; SALTZMAN, L. et al. Deterrent and experiential effects: the problem of causal order in perceptual deterrence research, p. 173-174. Tecnicamente, pois, é um problema de ordem causal que, na verdade, já havia sido destacado por diversos autores – entre eles alguns dos seguidores de PATERNOSTER –, ANDERSON, L. S. et al. Formal and informal sanctions: a comparison of deterrent effects, p. 109, n. 6. A discussão, na verdade, é muito semelhante à que existe entre desenhos transversais e longitudinais em geral. Não há dúvida de que a razão cabe a PATERNOSTER e seus seguidores em muitas de suas considerações críticas, mas LUNDMAN se encarregou de nos recordar que não é menos certo o seguinte: que os desenhos longitudinais não estão isentos de problemas metodológicos; que os estudos longitudinais e transversais tenderam a encontrar o mesmo; e, finalmente, que o ideal é considerar ambas as metodologias como complementares muito mais que como excludentes, cada uma com suas vantagens e inconvenientes, LUNDMAN, R. J. One-wave perceptual deterrence research: some grounds for the renewed examination of cross-sectional methods, p. 377-379, 381 e 384-385, e acerca dos estudos transversais sobre prevenção e sua defesa, 372-377 e 381-383. Sobre a postura de LUNDMAN, vide também PATERNOSTER, R. The deterrent effect of the perceived certainty and severity of punishment: a review of the evidence and issues, p. 194-209.

o prendessem?⁵² Os autores foram capazes de estabelecer que existe forte efeito da experiência, tal e como eles haviam prognosticado, e que esse efeito tendia a exagerar as descobertas dos estudos prévios – que eram favoráveis à teoria da prevenção (geral). Também constataram que as penas – e, mais especificamente, sua certeza – *certamente tinham certo efeito preventivo geral sobre a delinquência, apesar de modesto* e, em qualquer caso, muito menor do que se havia acreditado até então.⁵³ Essa pesquisa, em todo caso, destacou que, devido agora à interação que se produz entre a prática de um delito e os efeitos das penas nos indivíduos, a matéria que estamos estudando é de uma complexidade até maior do que acreditávamos,⁵⁴ chegando mais adiante a afirmar que essa complexidade é tal que será muito difícil alcançar respostas definitivas sobre os efeitos preventivos das penas.⁵⁵

Outros estudos longitudinais constataram ainda que os efeitos preventivos gerais das penas eram bem mais modestos, menores do que se tinha encontrado até então seguindo outras metodologias, ou até nulos.

d) Também esses estudos foram criticados. Do amplo leque de críticas acreditamos ser importante destacar algumas do ponto de vista metodológico.

Em primeiro lugar, os desenhos longitudinais tampouco estão isentos de problemas: são muito caros; a perda de alguns dos sujeitos que responderam ao primeiro questionário, mas não ao seguinte ou seguintes – o que se conhece como *mortalidade* – pode gerar problemas de seleção; e, finalmente, de entrevista, ou questionário. Pode haver variações nas percepções do risco por parte dos componentes da mostra.⁵⁶

Em segundo lugar, a maior parte dos estudos foi realizada recorrendo a mostras de estudantes – a população de mais fácil acesso para alguns investigadores que, em sua maioria, trabalhavam em universidades. Isso é problemático porque é duvidosa que as descobertas possam ser generalizadas a toda a população – os

---

52   PATERNOSTER, R. et al. Causal ordering in deterrence research: an examination of the perceptions of behavior relationship, p. 58-59.
53   PATERNOSTER, R. et al. Causal ordering in deterrence research: an examination of the perceptions of behavior relationship, p. 59-64; SALTZMAN, L. et al. Deterrent and experiential effects: the problem of causal order in perceptual deterrence research, p. 177-184.
54   PATERNOSTER, R. et al. Causal ordering in deterrence research: an examination of the perceptions of behavior relationship, p. 67.
55   SALTZMAN, L. et al. Deterrent and experiential effects: the problem of causal order in perceptual deterrence research, p. 187.
56   KLEPPER, S.; NAGIN, D. The deterrent effect of perceived certainty and severity of punishment revisited, p. 722-724; LUNDMAN, R. J. One-wave perceptual deterrence research: some grounds for the renewed examination of cross-sectional methods, p. 72-374 e 377-379; PILIAVIN, I. et al. Crime, deterrence, and rational choice, p. 105, n. 6.

estudantes não são uma mostra representativa da sociedade na qual vivem.[57] Por último, os questionários, com suas perguntas sobre as probabilidades de ser preso ao cometerem um delito, cometer um delito sob certas circunstâncias etc., faziam referência a comportamentos e situações demasiado artificiais, onde os sujeitos não só não podiam estimar com precisão, mas provavelmente nunca haviam imaginado com seriedade.[58]

Diversos autores valeram-se na sequência a uma nova metodologia: *a descrição de cenários*. Kleper e Nagin, por exemplo, propuseram a uma mostra de sujeitos situações nas quais um encanador fazia certos trabalhos extras onde defraudava a Fazenda. Cada uma dessas situações é um cenário e foram expostas por escrito. Havia, na realidade, vários modelos dessa situação básica conforme variavam certos detalhes como a quantidade das receitas extras e o que defraudava. Em seguida, os entrevistados tratavam de estimar certas questões, entre elas as possibilidades de que o encanador fosse processado penalmente conforme os cenários que lhes correspondesse. A vantagem de estudos desse tipo é que colocam o entrevistado na situação, e por isso pode-se imaginar com muito mais precisão os fatos e fazer estimações que podem se aproximar mais da realidade. A mostra já não era composta por jovens universitários, mas por profissionais que se encontravam fazendo mestrado.[59]

As descobertas desse estudo foram favoráveis à teoria da prevenção. O medo da prisão e o do processo penal surtem forte efeito preventivo nos sujeitos, e tanto a certeza como a severidade eram importantes a respeito.[60]

Na descoberta de um efeito preventivo tão forte – recordemos que a maioria dos estudos prévios inclinou a encontrar efeitos moderados ou, principalmente, pequenos, e até em certas ocasiões nulos – devia influir tanto o tipo de delito – defraudação à Fazenda – como que os sujeitos que compunham a mostra tinham uma média de idade de 35 anos – como veremos com mais atenção no Capítulo 10, quanto mais velho se é, menos se tende a delinquir. Naturalmente, isso é reconhecido pelos próprios autores, que recomendam que o estudo se repita

---

[57] JENSEN, G. F. et al. Perceived risk of punishment and self-reported delinquency, p. 59; KLEPPER, S.; NAGIN, D. The deterrent effect of perceived certainty and severity of punishment revisited, p. 725-726; PILIAVIN, I. et al. Crime, deterrence, and rational choice, p. 104.

[58] KLEPPER, S.; NAGIN, D. The deterrent effect of perceived certainty and severity of punishment revisited, p. 724-725.

[59] Sobre a metodologia e os cenários, vide KLEPPER, S.; NAGIN, D. The deterrent effect of perceived certainty and severity of punishment revisited, p. 727-730 e 742-744 – mais especificamente, estimam que o estudo não se vê distorcido pelo *efeito da experiência*, p. 742.

[60] KLEPPER, S.; NAGIN, D. The deterrent effect of perceived certainty and severity of punishment revisited, p. 741.

para outros delitos e outras mostras de sujeitos.⁶¹ Estudos semelhantes também encontraram apoio empírico para a tese da prevenção geral.⁶²

Um campo específico que recebeu a atenção desse estudo foi o dos delitos cometidos por meio de empresas, os quais são conhecidos como *delitos corporativos* decorrentes da ideia originária dos delitos de colarinho-branco. Paternoster e Simpson aplicaram a teoria clássica da prevenção a esse âmbito encontrando apoio empírico: as sanções formais e informais, a potencial vergonha e as normas desempenham um papel no balanço de custos e benefícios e têm efeitos preventivos no delito.⁶³ No entanto, o mais significativo desse estudo foi constatar que os potenciais infratores da lei levaram em conta os custos que poderiam acarretar para eles mesmos, e, *também, o que teriam de enfrentar na própria empresa ou companhia*. Isso favorece a posição de diversos autores que defenderam a imposição de sanções jurídico-penais às pessoas jurídicas privadas, ou seja, às companhias e empresas.

Em um grande número de países, inclusive de nosso âmbito jurídico e cultural, por diversas razões, tão somente as pessoas físicas podem sofrer a imposição de penas. Todavia, alguns autores defendem a responsabilidade penal das pessoas jurídicas.⁶⁴ A pesquisa realizada de Paternoster e Simpson sugere que a sanção que a companhia possa vir a sofrer também será levado em conta pelos indivíduos no momento de infringir a lei e, portanto, terá efeitos preventivos: a certeza e severidade de sanções que se centravam na empresa também preveniam *o indivíduo* que realizava a decisão.⁶⁵ Em geral, contudo, a investigação e teorias criminológicas, como sempre cautelosas, duvidam que as sanções formais sejam

---

⁶¹ KLEPPER, S.; NAGIN, D. The deterrent effect of perceived certainty and severity of punishment revisited, p. 744. Sobre posteriores considerações críticas, vide GRASMICK, H. G.; BURSIK, R. J. Conscience, significant others, and rational choice: extending the deterrence model, p. 844.

⁶² Assim o de BACHMAN e seus seguidores, que completaram os cenários hipotéticos com questionários, BACHMAN, R. et al. The rationality of sexual offending: testing a deterrence/rational choice conception of sexual assault, p. 357-358 e 365.

⁶³ PATERNOSTER, R.; SIMPSON, S. A rational choice theory of corporate crime, p. 53; idem, Sanction threats and appeals to morality: testing a rational choice model of corporate crime, p. 557-558, 568, 572, 577 e 579.

⁶⁴ Vide TIEDEMANN, K. *Poder económico y delito*, p. 154-155; ZUGALDÍA ESPINAR, J. M. Capacidad de acción y de culpabilidad de las personas, p. 90 principalmente. Atualmente inúmeros países europeus adotam a referida espécie de responsabilidade penal, inclusive, recentemente, a Espanha. No Brasil, há, nesse sentido, a previsão da Lei 9.605/1998. Todavia sua admissão ainda é discutível (a respeito do tema, amplamente, PRADO, L. R.; DOTTI, R. A. (coord.). *Responsabilidade penal da pessoa jurídica*, 2. ed., p. 29 e ss.).

⁶⁵ PATERNOSTER, R.; SIMPSON, S. Sanction threats and appeals to morality: testing a rational choice model of corporate crime, p. 572-573, 577 e 579-580 (grifo nosso).

por si sós uma panaceia, e parecem favorecer um enfoque conjunto que também reforce a ética corporativa, a educação moral e as sanções informais.[66]

Nos anos 1990 ocorreu certa diminuição no nível de criminalidade nos Estados Unidos da América (EUA).[67] Essa diminuição veio acompanhada por diversas políticas sociais e criminais, mas, sobretudo, por um aumento sem precedentes no número de pessoas privadas da liberdade, tendo alcançado índices exagerados. Abriu-se uma importante linha de investigação ou pesquisa com o fim de analisar o papel que as penas privativas de liberdade desempenharam na diminuição da delinquência. Não obstante, talvez seja cedo para julgar esses esforços,[68] uma vez que, não se limitam à prevenção especial. Assim, os primeiros estudos apontam que as penas privativas de liberdade certamente tiveram certo impacto na redução da criminalidade, ainda que não tenha sido o único nem, possivelmente, o fator mais importante.[69] Deste modo, não apenas se incluem efeitos preventivos gerais, mas também especiais, como é o caso destacado da *inocuização*.

Como conclusão parece que os estudos realizados por autores muito diferentes e independentes, que recorreram a um amplo leque de metodologias e fontes de informação empírica, indicam, com efeito, que *as penas são efetivas na prevenção geral do delito*. O efeito, contudo, se apresenta moderado e, principalmente, difícil de discernir, com nitidez, de outras funções preventivas – como a prevenção exercida pela atuação da polícia, o risco de prisão, o risco de condenação ou a inocuização, por exemplo.[70]

Assim sendo, é mais prudente afirmar que o trabalho preventivo conjunto das penas e da Administração da Justiça parece ser efetivo na prevenção do delito – aqui muitos autores se mostram mais otimistas sobre a magnitude do efeito, afirmando Nagin que exerce um efeito de prevenção *"muito substancial"*.[71]

---

[66] ALBRECHT, H.-J. Investigaciones sobre criminalidad económica en Europa: conceptos y comprobaciones empíricas, p. 281; PATERNOSTER, R.; SIMPSON, S. Sanction threats and appeals to morality: testing a rational choice model of corporate crime, p. 580; SIMPSON, S. S. *Corporate crime, law, and social control,* p. 151 e 155-159. É mister não esquecer agora tampouco que nas decisões de Política Criminal não se deve levar em conta somente a possível eficácia empírica de uma instituição qualquer.

[67] BLUMSTEIN, A. Disaggregating the violence trends, p. 13-20 e 39-40.

[68] SPELMAN, W. The limited importance of prison expansion, p. 124.

[69] CONKLIN, J. E. *Why crime rates fell,* p. 86-98; SPELMAN, W. The limited importance of prison expansion, p. 108-113 e 119-125. Mais moderado, BLUMSTEIN, A. The connection between crime and incarceration, p. 8-10, principalmente p. 10.

[70] Vide BLUMSTEIN, A.; COHEN, J.; NAGIN, D. *Report of the panel,* p. 5-6, 25 e 30-46; FREEMAN, R. B. The economics of crime, p. 3.549; VON HIRSCH, A. et al. *Criminal deterrence and sentence severity,* p. 20-22; NAGIN, D. S. General deterrence: a review of the empirical evidence, p. 98 e 129-135.

[71] NAGIN, D. S. Criminal deterrence research at the outset of the twenty-first century, p. 3 (grifos nossos). Muito menos otimista PATERNOSTER, R. The deterrent effect of the

Outra coisa muito diferente é que essa descoberta favoreça políticas criminais mais punitivas, ou seja, penas mais graves: uma coisa é que o sistema de Administração de Justiça e, inclusive, as penas tenham um efeito preventivo até importante do delito, mas outra, *muito diferente, é que agravando as penas – ou elevando sua certeza – esses efeitos preventivos aumentem.*[72] Isso é o que se conhece como *prevenção marginal*. Na melhor das hipóteses, elevar as sanções poderia não ser suficiente, visto que não é o único critério que influi nos índices de delinquência. Na pior das hipóteses, o ganho marginal de um sistema mais punitivo seria nulo ou até criminógeno. Nagin adverte as várias dificuldades que impedem saber qual seria o efeito de um agravamento das penas: sabe-se muito pouco sobre os seus efeitos, a longo prazo.

A mudança do sistema de penas é inútil sem se modificar, ao mesmo tempo, as percepções subjetivas dos indivíduos, e ambas as coisas não se relacionam diretamente, visto que os efeitos dificilmente seriam homogêneos, ainda que tendentes a ser eficazes no que se refere a certas cidades ou grupos de pessoas, porém contraproducentes para outros. Finalmente, ainda que se façam leis baseadas nessa linha política, o mais coerente é a sua não implementação como tal e na forma pensada, e que os potenciais efeitos desejados desapareçam.[73] Algumas pesquisas sugerem ser duvidoso que o agravamento das penas tenha efeitos preventivos marginais significativos.[74]

4. Investigações sobre a prevenção especial das penas

A prevenção especial faz referência à imposição de uma pena a quem delinquiu reduzindo seus delitos no futuro, pois seu temor de voltar a sofrer uma sanção terá aumentado com a condenação e o cumprimento da pena. Sendo maior o temor, os custos de reincidir serão mais sensíveis e o balanço com os benefícios tenderá agora a estar mais próximo dos primeiros.[75] O anterior se conhece como prevenção especial negativa. Em sua vertente positiva, a prevenção especial faz referência ao favorecimento da reabilitação de quem delinquiu diante da sanção, reabilitação no sentido de que possa viver em sociedade sem ter de recorrer ao

---

perceived certainty and severity of punishment: a review of the evidence and issues, p. 214.

[72] Von Hirsch, A. et al. *Criminal deterrence and sentence severity*, p. 47; Kury, H. Sobre la relación entre sanciones y criminalidad, o: ¿qué efecto preventivo tienen las penas?, p. 304-305; Nagin, D. S. Criminal deterrence research at the outset of the twenty-first century, p. 3-6 e 36-37.

[73] Nagin, D. S. Criminal deterrence research at the outset of the twenty-first century, p. 4-6.

[74] Von Hirsch, A. et al. *Criminal deterrence and sentence severity*, p. 47-48.

[75] Cerezo Mir, J. El tratamiento de los delincuentes habituales en el Borrador de Anteproyecto de Código penal, parte general, p. 250.

delito. As penas também têm um efeito de *inocuização* ou incapacitação que faz parte da prevenção especial negativa,[76] significando que, enquanto durar a pena, será mais difícil que o delinquente cause dano à sociedade quando, por exemplo, se encontre na prisão, privado da permissão para dirigir etc.

A. *A pesquisa de Redondo, Funes e Luque* – três criminólogos espanhóis, Redondo, Funes e Luque utilizaram uma mostra de 485 sujeitos que haviam cumprido penas privativas de liberdade e estudaram a existência da relação entre o tempo e condições de seu cumprimento por um lado e reincidência de outro.[77] Esses autores encontraram em sua importante pesquisa os seguintes fatos sobre os sujeitos:

a) quanto mais jovens entravam na prisão, mais se prolongava sua carreira delitiva: "48% dos sujeitos reincidentes ingressaram pela primeira vez na prisão com 19 anos ou menos, ante os 23% dos sujeitos não reincidentes";

b) os sujeitos que haviam ingressado previamente mais vezes na prisão reincidiam mais e antes de quem havia ingressado em menos ocasiões;

c) quem havia passado mais tempo efetivo privado de liberdade reincidia mais;

d) quem havia cumprido as penas em condições mais gravosas também reincidia mais; e

e) quem saiu graças à concessão da liberdade condicional reincidia menos com quem teve de cumprir a pena.[78]

Os pesquisadores concluíram que a pena privativa de liberdade tem efeitos criminógenos favorecendo a reincidência mais que a reabilitação, e que deve se "abrir a porta" a formas de cumprimento mais brandas como uma ampliação das permissões de saída, do regime aberto e da liberdade condicional.[79] O trabalho indica, segundo seus autores, que a pena privativa de liberdade além de não possuir efeitos preventivos especiais, resulta contraproducente. Nesse sentido, Redondo e seus seguidores concluem que "uma de nossas descobertas mais cla-

---

[76] Vide, sobre a inocuização em nosso ordenamento jurídico, POLAINO NAVARRETE, M.; POLAINO-ORTS, M. ¿Medidas de seguridad "inocuizadoras" para delincuentes peligrosos? Reflexiones sobre su discutida constitucionalidad y sobre el fundamento y clases de las medidas de seguridad, p. 901-907, 912-913 e 917-919.

[77] Vide REDONDO ILLESCAS, S. et al. *Justicia penal y reincidencia*, p. 39-40, 43-47 e 61 sobre a metodologia que seguiram esses autores; p. 32-36 e 52-57 para o enfoque teórico; e 61-84 sobre as características de sua mostra.

[78] REDONDO ILLESCAS, S. et al. *Justicia penal y reincidencia*, p. 109-110, 112-114, 134, 142-147, 170 e 176. Vide, também apoiando algumas das descobertas mais significativas, PAINO QUESADA, S. G. et al. Indicadores de riesgo en la reincidencia, p. 777 e 785.

[79] REDONDO ILLESCAS, S. et al. *Justicia penal y reincidencia*, p. 129-130 e 176-178.

ras é que o abrandamento da prisão se relaciona com uma menor reincidência futura dos sujeitos e, pelo contrário, o rigor da prisão propiciaria níveis muito elevados de futuros delitos".[80]

Ainda que se tenham feito algumas considerações metodológicas sobre essa investigação importante[81] e suas conclusões, talvez sejam exageradas no que se refere a seus efeitos criminógenos.

O estudo parece colocar em dúvida de maneira convincente *que a pena privativa de liberdade, de cumprimento estrito, tenha efeitos preventivos especiais* (positivos). Indica ele também, que regimes penitenciários mais brandos certamente poderiam ter efeitos desta natureza.

Com um esboço metodologicamente muito sólido, Laub e Sampson fizeram uma descoberta parecida com esta última. Constataram que o encarceramento por si só não tinha efeitos diretos, nem positivos, nem negativos, ante a carreira criminal dos sujeitos, sequer um mínimo efeito preventivo. Isso certamente afetava as possibilidades de ter um trabalho estável no futuro, o que, agora sim, se relacionava com índices maiores de reincidência.[82] Também Serrano Gómez e Fernández Dopico, em sua conhecida investigação sobre entrevistas com 2.049 detentos, haviam constatado que "apenas em 2% dos casos a prisão tivera efeitos negativos", mas certamente tem consequências graves nos jovens porque são separados da família, lhes dificultando "trabalho, escola, formação profissional etc.", repercutindo negativamente de maneira indireta dificultando, entre outras coisas, conseguir um lugar de trabalho.[83]

B. O impacto das sanções sobre as percepções de risco – Bishop e Thomas testaram a hipótese de que as sanções impostas a alguém elevam suas percepções de risco. Em outras palavras, aqueles que sofrem algum tipo de sanção passam a considerar que o risco de detecção pela prática de um delito é mais alto do

---

[80] REDONDO ILLESCAS, S. et al. *Justicia penal y reincidencia*, p. 178.
[81] GARRIDO GENOVÉS, V. et al. *Principios de Criminología*, p. 193-194; SERRANO MAÍLLO, A. La posición de las variables biológicas en la Criminologia contemporánea, p. 66-67, n. 60. É mister salientar que os autores afirmam que sua investigação é puramente descritiva e não trata de estabelecer relações de causalidade e que seu ponto mais fraco são suas análises, REDONDO ILLESCAS, S. et al. *Justicia penal y reincidencia*, p. 32, n. 1 e 175 principalmente.
[82] LAUB, J. H. et al. The public implications of a life-course perspective on crime, p. 103; LAUB, J. H. et al. Explaining crime over the life course: toward a theory of age-graded informal social control, p. 104-105 e 108; SAMPSON, R. J.; LAUB, J. H. *Crime in the making*, p. 163-168; idem, A life-course theory of cumulative disadvantage and the stability of delinquency, p. 150. Também WEISBURD, D.; WARING, E. *White-collar crime and criminal careers*, p. 92 e 102-103. Sobre a efetiva relação negativa entre ter antecedentes e encontrar trabalho, vide BUSHWAY, S. D. The stigma of a criminal history record in the labor market, p. 142-146.
[83] SERRANO GÓMEZ, A; FERNÁNDEZ DOPICO, J. L. *El delincuente español*, p. 441.

que acreditavam antes. Essa é uma hipótese claramente derivada do enfoque da prevenção. Para o teste, um conjunto de jovens responderam um questionário em dois momentos temporais distintos. Mediante esse questionário buscou-se estimar, basicamente, a percepção do risco, a prática de delitos e as sanções formais e informais.[84]

Os autores não conseguiram confirmar a hipótese principal, ainda que, certamente tenham constatado que a percepção de risco diminuía com a prática de fatos delitivos: os jovens que delinquiam tendiam a se dar conta de que as possibilidades de detecção eram muito baixas, desde logo menores que aquelas que acreditavam antes de delinquir – o que é coerente com a teoria da prevenção. Os resultados não foram muito satisfatórios para a tese principal da prevenção: *as sanções formais não pareciam elevar as percepções de risco*. Mais curioso foi a descoberta de que, tampouco as sanções informais conseguiram fazê-lo. *O efeito das sanções parecia ser bem mais nulo*, de modo que não tinham efeitos criminógenos.[85]

C. *A prisão nos delitos de violência doméstica* – especialmente influentes foram os estudos sobre a eficácia da prisão na prevenção de um delito que tanto preocupa no Brasil [Lei Maria da Penha] como a violência doméstica. Sherman e outros investigadores esboçaram um experimento que se realizou na cidade de Minneapolis, Estados Unidos, durante dezoito meses, desde 1981, um experimento que fora capaz de estabelecer se o recurso à prisão era efetivo para reduzir futuros atos de violência doméstica.[86]

Os estudos sobre fatores que influem na prisão vinham destacando que, diante de fatos da mesma gravidade e com agressores sem antecedentes, a polícia tende a realizar a prisão tão somente quando a vítima assim o solicita, ou quando existe comportamento desrespeitoso ou violento do agressor, mas em outro caso não.[87]

---

[84] Sobre sua metodologia, vide THOMAS, C. W.; BISHOP, D. M. The effect of formal and informal sanctions on delinquency: a longitudinal comparison of labeling and deterrence theories, p. 1.229-1.234.

[85] THOMAS, C. W.; BISHOP, D. M. The effect of formal and informal sanctions on delinquency: a longitudinal comparison of labeling and deterrence theories, p. 1.239-1.245; ainda que os autores não considerem que seja uma descoberta muito sólida, na verdade certamente encontraram uma modesta evidência de que as sanções formais contribuem para que o jovem veja a si mesmo como um delinquente – como prediz o enfoque do *labeling* , p. 1.239 e 1.242.

[86] Do ponto de vista jurídico-penal está muito claro que a prisão não é uma pena. Ora, empiricamente é certo que se pode considerá-la como tal: com efeito, goste ou não, *ser preso é em grande parte sofrer um castigo*, SMITH, D. A.; GARTIN, P. R. Specifying specific deterrence: the influence of arrest on future criminal activity, p. 96, n. 2.

[87] BUZAWA, E. S.; BUZAWA, C. G. *Domestic violence*, p. 45-48; SHERMAN, L. W.; BERK, R. A. The specific deterrent effects of arrest for domestic assault, p. 262; SMITH, D. A.; GARTIN, P. R. Specifying specific deterrence: the influence of arrest on future criminal activity, p. 94.

Pela experiência, a polícia realizava prisões de maneira aleatória quando enfrentava caso de violência doméstica.[88]

Os resultados do experimento de Minneapolis foram muito claros: *a prisão reduzia os futuros delitos de violência doméstica*.

Das distintas atuações policiais, a prisão do agressor produzia o índice de reincidência mais baixo, 19%, enquanto que, por exemplo, simplesmente *se dava um conselho*, a percentagem aumentava até os 37 pontos.[89] Esses resultados apoiavam claramente a teoria da prevenção e favoreciam o recurso à prisão – e até o encarceramento inicial – nos casos de violência doméstica em face de atuações policiais mais brandas os quais pareciam insuficientes.[90]

Outros estudos também constataram que a prisão tinha efeitos preventivos para a delinquência em geral. Ainda que não fossem exatamente iguais, os efeitos eram benéficos tanto para delinquentes primários como para outros mais experimentados. Também se advertiu que, as intervenções *mais sérias* que a prisão tiveram efeitos criminógenos.[91]

O impacto do estudo de Minneapolis nos Estados Unidos foi enorme, sobretudo nos meios de comunicação de massas, e, de fato, em diversos lugares começou-se a implementar a medida de prender a quem incorria em um evento de violência doméstica.[92] Também se iniciaram diversos estudos para avaliar esta política e para contestar o experimento de Sherman. Os resultados desses novos estudos não foram, contudo, tão satisfatórios para o caso. Muito embora tenha afirmado que esses novos estudos não eram metodologicamente muito sólidos, não podendo, dessa forma, considerar definitivas suas conclusões,[93] a verdade é que conseguiram espalhar dúvidas sobre os efeitos preventivos da prisão em matéria de violência doméstica. No entanto, o estudo realizado pelo próprio Sherman e outros, em Milwaukee, constatou-se que a prisão carece de efeitos preventivos a longo prazo, ainda que certamente os tivesse a curto prazo.[94]

---

[88] SHERMAN, L. W. *Policing domestic violence*, p. 10-12 e 75-91; SHERMAN, L. W.; BERK, R. A. The specific deterrent effects of arrest for domestic assault, p. 263-265.

[89] SHERMAN, L. W.; BERK, R. A. The specific deterrent effects of arrest for domestic assault, p. 267 – as percentagens assinaladas decorrem da auto informação; os derivados de dados oficiais apresentam um quadro semelhante.

[90] SHERMAN, L. W.; BERK, R. A. The specific deterrent effects of arrest for domestic assault, p. 270.

[91] SMITH, D. A.; GARTIN, P. R. Specifying specific deterrence: the influence of arrest on future criminal activity, p. 99 e 102-103.

[92] SHERMAN, L. W. *Policing domestic violence*, p. 13-14.

[93] GARNER, J. et al. Published findings from the spouse assault replication program: a critical review, p. 7 e 24-26.

[94] SHERMAN L .W. et al. Crime, punishment, and stake in conformity: legal and informal control of domestic violence, p. 154-156 e 167-168.

O fracasso dos estudos de contestação é, entretanto, fundamental. Os experimentos são o padrão de ouro da metodologia criminológica no âmbito etiológico e avaliativo do ponto de vista da validez interna. Todavia, os experimentos são relativamente fracos do ponto de vista da validez externa dos resultados, ou seja, podem ser generalizados. Deve-se dizer com justiça que o próprio Sherman já havia advertido expressamente desse problema,[95] de modo que não cabe reprovar a implementação da medida de prisão em outros lugares. Em contrapartida, o estudo de Minnesota foi criticado do ponto de vista de sua validez interna. Mais especificamente sugeriu-se que o fracasso do experimento se deu pela incapacidade de manter a aleatoriedade das concessões. Por ter ocorrido isso, seguramente as descobertas seriam ilegítimas.[96] Atualmente parecem predominar os juízos pessimistas sobre os efeitos preventivos da prisão nos casos de violência doméstica.[97]

D. A *"justiça procedimental"* – alguns autores analisaram se o tratamento que um delinquente recebe do sistema de Administração de Justiça pode influir em seu comportamento delitivo futuro.

De acordo com alguns teóricos, como Braithwaite e o recém mencionado Sherman, alguém que seja tratado corretamente ao ser preso e, durante o processo, imponha-lhe uma sanção que considere justa, isso pode ocasionar alguns efeitos determinantes para a redução de uma eventual delinquência futura. Esse efeito pode até ser mais importante que o das próprias penas.[98]

Isso significa que uma aplicação incorreta, injusta ou desproporcionada das sanções pode ter efeitos criminógenos ainda que o sujeito seja culpado. Tal conclusão é coerente com a tradição clássica e neoclássica.[99]

Sherman e seus seguidores examinaram essa hipótese recorrendo a dados extraídos de um experimento e a técnicas sofisticadas, encontrando apoio empírico para tal hipótese.[100]

---

[95] SHERMAN, L. W.; BERK, R. A. The specific deterrent effects of arrest for domestic assault, p. 269.

[96] SHERMAN desde logo assinala que, ainda que sempre possa existir potencialmente um desvio de seleção, em seu trabalho este "não surge de fontes óbvias", SHERMAN, L. W.; BERK, R. A. The specific deterrent effects of arrest for domestic assault, p. 265.

[97] Vide BERK, R. A. et al. The deterrent effect of arrest in incidents of domestic violence: a bayesian analysis of four field experiments, p. 704 e 706.

[98] BRAITHWAITE, J. *Crime, shame and reintegration*, p. 81; SHERMAN, L. W. Defiance, deterrence, and irrelevance: a theory of the criminal sanction, p. 459-461 e 463-465. Na verdade, essa hipótese é também coerente com outras teorias criminológicas, PATERNOSTER, R.; BRAME, R. et al. Do fair procedures matter? The effect of procedural justice on spouse assault, p. 169 e 193.

[99] PATERNOSTER, R.; BRAME, R. et al. Do fair procedures matter? The effect of procedural justice on spouse assault, p. 178.

[100] PATERNOSTER, R.; BRAME, R. et al. Do fair procedures matter? The effect of procedural justice on spouse assault, p. 175, 179-180, 182-186, 190 e 192-193; sobre advertências metodológicas de seu trabalho, p. 177 e 194.

Conclui-se que os eventuais efeitos preventivos especiais das sanções não estão muito claros. No caso das penas privativas de liberdade, a evidência sugere que estas carecem de significativos efeitos preventivos especiais, não obstante pareça que tenham efeitos criminógenos *diretos*.

II. O DELINQUENTE RACIONAL

1. O delinquente como sujeito racional

Tanto a criminologia clássica como a neoclássica veem no delinquente um ser racional, um ser livre para tomar *decisões baseadas em custos e benefícios* que uma conduta vá, presumivelmente, lhe proporcionar. Um indivíduo tende a tomar a decisão de infringir a lei quando o balanço exceda os benefícios que espera receber de sua ação ante os custos, tudo isso conforme ele perceba subjetivamente ditos benefícios/custos.[101] Entre os custos se incluem as possíveis sanções formais, mas também outros custos potenciais, assim como a utilidade que poderá extrair dedicando seus esforços às atividades lícitas.[102-103] Nesse sentido assinala Akers: as teorias da eleição racional representam uma ampliação do enfoque da prevenção das penas.[104]

Muitas vezes, a ideia de delinquente racional não foi bem entendida exagerando seu alcance.[105] Por exemplo, Paternoster e Tittle asseguram exageradamente que "a imagem dos seres humanos que projeta o pensamento da eleição racional é a de uma manipulação de probabilidades e *inputs* quantitativos fria, desapaixonada, matemática, ao estilo dos computadores, que tem lugar à velocidade da luz milhares de vezes ao dia conforme uma pessoa passa de uma situação a outra".[106] Os delinquentes tomam decisões que são racionais, mas não o fazem em um quadro ideal, mas dentro de numerosas limitações: têm de decidir em um espaço de tempo geralmente curto, com uma informação relevante limitada, com

---

[101] CORNISH, D. B.; CLARKE, R. V. Introducción, p. 1-2; PATERNOSTER, R.; SIMPSON, S. Sanction threats and appeals to morality: testing a rational choice model of corporate crime, p. 553; THOMAS, C. W.; BISHOP, D. M. The effect of formal and informal sanctions on delinquency: a longitudinal comparison of labeling and deterrence theories, p. 1.228 e 1.243.

[102] Vide PATERNOSTER, R.; SIMPSON, S. Sanction threats and appeals to morality: testing a rational choice model of corporate crime, p. 554-556.

[103] FELSON, M. *Crime and everyday life*, p. 23.

[104] AKERS, R. L. *Criminological theories*, p. 23-24.

[105] Já denunciado por BECKER, G. S. Crime and punishment: an economic approach, p. 9.

[106] TITTLE, C. R.; PATERNOSTER, R. *Social deviance and crime*, p. 437, acrescentando um exemplo muito significativo nessa linha.

suas próprias habilidades cognitivas que podem ser limitadas. Por esse motivo se propõe uma *racionalidade limitada* e não perfeita.[107]

As decisões, ao mesmo tempo, não são tomadas de uma só vez e instantaneamente, mas em *um processo de decisão que compreende diferentes passos* ou estágios.[108] O conceito de racionalidade que se maneja é, em resumo, limitado. Para essa doutrina, as teorias criminológicas tradicionais não sabem tratar os delinquentes como indivíduos normais e racionais.[109]

Como veremos em seguida, essas aproximações ao delito proporcionaram o recurso a metodologias quantitativas, em especial, talvez por sua conexão com as ciências econômicas. Esse enfoque também recomenda decisiva e coerentemente com o que acabamos de ver o estudo dos processos de decisão dos delinquentes, o qual afasta muitos estudos qualitativos interessantes. Assim, por exemplo, J. Bennett investigou quais critérios seguem os ladrões para escolher uma casa na hora de cometer um roubo. Para isso recorreu a entrevistas semiestruturadas – que conferem uma liberdade importante tanto ao entrevistador como ao entrevistado – e à projeção de vídeos nos quais se mostravam casas diferentes convidando o interrogado a comentar o que via, com uma mostra de detentos, principalmente, que cumpriam condenações por roubo de casas.[110]

O estudo observou que todos os delinquentes costumam fixar-se "no mesmo pequeno número de fatores", entre os quais destacam os relacionados com o risco de serem descobertos. Assim, para o caso de chalés, que aos arredores oferecessem a possibilidade de se esconder e evitar ser visto; que as casas do bairro não estivessem muito juntas para que os vizinhos não notassem facilmente a presença de estranhos; que não estivesse muito perto de uma estrada de onde pudessem ser vistos; que não houvesse luz dentro ou um carro na porta; ou que não houvesse alarmes ou cachorros.[111]

---

[107] BENNETT, T. Burglars' choice of targets, p. 177; CLARKE, R. V.; FELSON, M. Introduction: Criminology, routine activity, and rational choice, p. 5-6; CORNISH, D. B.; CLARKE, R. V. Understanding crime displacement: an application of rational choice theory, p. 933, 935 e 942; FELSON, M. *Crime and everyday life*, p. 23 e 50.

[108] BRANTINGHAM, P. J.; BRANTINGHAM, P. L. Introduction: the dimensions of crime, p. 25; BRANTINGHAM, P. L.; BRANTINGHAM, P. J. Notes on the geometry of crime, p. 28; CLARKE, R. V.; FELSON, M. Introduction: Criminology, routine activity, and rational choice, p. 6; CORNISH, D. Theories of action in Criminology: learning theory and rational choice approaches, p. 364; CORNISH, D. B.; CLARKE, R. V. Understanding crime displacement: an application of rational choice theory, p. 933; FELSON, M. Routine activities and crime prevention in the developing metropolis, p. 913.

[109] CORNISH, D. Theories of action in Criminology: learning theory and rational choice approaches, p. 365.

[110] Sobre a metodologia, BENNETT, T. Burglars' choice of targets, p. 178-180 e 186.

[111] BENNETT, T. Burglars' choice of targets, p. 189-184 e 186-190.

A ideia da eleição racional do delinquente não constitui tanto uma teoria homogênea como uma perspectiva ou um ponto de vista no qual caibam diversas orientações.[112]

2. O enfoque econômico

A concepção de que o delinquente é um sujeito racional, bem familiar para as ciências sociais e humanas, apresenta-se especialmente predominante nas *ciências econômicas* contemporâneas, para as quais ela constitui o paradigma dominante, quase de maneira monopolística. As ciências econômicas começaram a exercer forte influência nas ciências sociais e humanas e, mais especificamente, na criminologia.

Em nosso âmbito, com efeito, essa influência se plasma tanto na metodologia como na adoção de sofisticados esboços procedentes, sobretudo da econometria, como na teoria, com renascimento do modelo racional. Alguns autores denunciam até um afã imperialista desses enfoques para a criminologia.[113] Não é demais insistir em que essa concepção racional do delinquente tem uma longa tradição em nossa disciplina.

Dentro desse amplo quadro *racional*, o enfoque econômico é possivelmente uma de suas concepções mais puras, a ponto de que alguns autores veem naquele uma mera repetição – com dois séculos de atraso – das concepções de Bentham e outros.[114]

Para essa corrente, em suas versões mais ortodoxas, a decisão de cometer um fato delitivo depende de *que os benefícios que se esperam obter superem os potenciais custos*; ou, ao menos, considera que *a decisão se encontra afetada por incentivos*.[115] Vale dizer: a prática de um delito é, por um lado, uma função da utilidade que se espera obter dele, e, de outro, aspectos tais como a probabilidade de ser condenado, o castigo que possivelmente sofreria e os benefícios que poderia obter com a utilização do tempo para outras atividades lícitas ou ilícitas.[116] Esse

---

[112] CLARKE, R. V.; FELSON, M. Introduction: Criminology, routine activity, and rational choice, p. 7 e 9.

[113] ZAFIROVSKI, M. The rational choice generalization of neoclassical economics reconsidered: any theoretical legitimation for economic imperialism?, p. 448 e 467. Esse afã não pode se estender, ao contrário e ao menos atualmente, ao caso espanhol.

[114] AKERS, R. L. Rational choice, deterrence, and social learning theory in Criminology: the path not taken, p. 676; GOTTFREDSON, M. R.; HIRSCHI, T. *A general theory of crime*, p. 72-73.

[115] BLUMSTEIN, A.; COHEN, J.; NAGIN, D. *Report of the panel*, p. 4; EHRLICH, I. Participation in illegitimate activities: an economic analysis, p. 69 e 83; FREEMAN, R. B. The economics of crime, p. 3.530; VAN DEN HAAG, E. The neoclassical theory of crime control, p. 182 e 185-186.

[116] BECKER, G. S. Crime and punishment: an economic approach, p. 2, 9, 37 e 45; EHRLICH, I. Participation in illegitimate activities: an economic analysis, p. 68-71, 83-85, 94 e 108; FREEMAN, R. B. The economics of crime, p. 3.530, 3.538 e 3.541-3.549.

esquema é, na verdade, aplicável a qualquer decisão humana, como escolher um local de trabalho, realizar um negócio ou investir dinheiro – atividades caracteristicamente econômicas. Naturalmente, as *oportunidades* que se apresentam para cometer um fato delitivo desempenham também aqui um papel importante na sua produção.[117]

De acordo com G. S. Becker, a criminologia não necessita, então, das teorias tradicionais do delito tais como as "da anomia, das deficiências psicológicas ou a herança de traços especiais", mas basta "simplesmente estender a análise habitual da eleição própria dos economistas".[118] Tal esquema, baseado na eleição racional, tem suficiência própria.

O processo de análise dos custos e benefícios que fazem os indivíduos e os delinquentes especificamente *é muito semelhante para todas as pessoas*, mas *não igual*. Com efeito, poderia ser melhorada a compreensão das decisões, a introdução de algumas distinções mais básicas. Assim, por exemplo, os delinquentes foram qualificados como *pessoas que gostam de assumir riscos* (*risks preferrers*),[119] ou seja, que são menos conservadores na hora de tomar decisões que a média dos indivíduos. Em todo caso, o importante é que a diferença fundamental entre quem comete um delito e quem não o faz não se encontra em que sua motivação seja *diferente*, mas sim que os custos e benefícios certamente são tidos como diversos.

Essa linha de investigação, que destaca a tomada de decisões baseada em um cálculo de custos e benefícios, teve importante impacto na criminologia a partir de um ponto de vista distinto do etiológico, a saber: na prevenção do delito.[120] Destacaremos dois de seus pontos muito relacionados. Em primeiro lugar, esses autores insistiram em que, desde logo, não é possível que o Estado pretenda a eliminar totalmente todo o delito de uma sociedade. Talvez a razão mais importante para isso seria a necessidade de grandes meios financeiros e materiais, mas o Estado tem recursos limitados e muitas outras funções além da luta contra o delito.

Por isso é imprescindível reconhecer, em primeiro lugar, que nem todos os delitos podem ser punidos e que na persecução dos delitos não se pode ter,

---

[117] EHRLICH, I. Participation in illegitimate activities: an economic analysis, p. 77, 83-85, 104 e 111.

[118] BECKER, G. S. Crime and punishment: an economic approach, p. 2. Ainda que o importante seja a decisão racional nos termos expostos, esse enfoque e o da Criminologia tradicional "não [são] necessariamente incompatíveis", EHRLICH, I. Participation in illegitimate activities: an economic analysis, p. 69 – até BECKER parecia compartilhar essa conclusão quando reconhece a importância da "vontade (*willingness*) para cometer um ato ilegal" (Crime and punishment: an economic approach) (grifo nosso).

[119] BECKER, G. S. Crime and punishment: an economic approach, p. 11; EHRLICH, I. Participation in illegitimate activities: an economic analysis, p. 103, distinguindo tipos de delinquentes.

[120] FREEMAN, R. B. The economics of crime, p. 3.558.

em todos os casos, a mesma dedicação. Em segundo lugar, que tal fato deve ser decidido levando-se em conta critérios de custos e benefícios.[121]

Stigler acrescenta que muitas vezes são os próprios cidadãos que não tem interesse na persecução de determinadas condutas por considerá-las de pouca importância. Entretanto, é só por essa inércia (sempre mais fácil que mudar as leis) que podem continuar sendo investigadas.[122]

3. Oportunidade e delito: o enfoque das atividades habituais

Não se pode cometer um fato delitivo sem ter a oportunidade para fazê-lo. Com efeito, não basta estar disposto ou até desejar praticar um delito, antes precisa-se ter a oportunidade para isso.[123]

No início do século XX, era muito difícil incorrer em um furto de uso de veículo automotor pela simples razão de que havia muito poucos e, além disso, era muito fácil ser detectado por sua própria notoriedade; há várias décadas é um dos delitos mais habituais.[124] Apesar de que a oportunidade tem, como vemos, importância decisiva para que se cometa um delito, a teoria criminológica tendeu a não levá-lo em conta.

Assim, Sutherland afirmava que "os fatores imediatos do comportamento criminoso descansam no complexo pessoa-situação. Pessoa e situação não são fatores excludentes entre si, visto que *a situação que é importante é a situação tal e como é definida pela pessoa de que se trate*", para acrescentar que "um ladrão pode furtar de uma banca de fruta quando o dono não esteja à vista, mas se abster quando esteja".[125] Sua teoria do delito se baseia, contudo, na história anterior do delinquente, e os elementos circunstanciais ou de oportunidade passam despercebidos.[126] Muitas vezes a teoria simplesmente evitava esse fator, mas ocasionalmente chegou até a descartar sua importância de maneira expressa. Por esse motivo,

---

[121] BECKER, G. S. Crime and punishment: an economic approach, p. 2 e 13, e também 14-24; EHRLICH, I. Participation in illegitimate activities: an economic analysis, p. 112; EKBLOM, P. Less crime, by design, p. 122-123; STIGLER, G. J. The optimum enforcement of laws, p. 56-58 e 61-67. G. S. BECKER, consequentemente, propõe o recurso exaustivo à pena de multa, p. 24-35 e 44, chegando a afirmar que "a meta principal de todos os procedimentos legais se converteria no mesmo: nem castigo nem prevenção, mas simplesmente calcular o 'dano' ocasionado pelo acusado", p. 33. A pena de multa já é muito utilizada em vários países de nosso âmbito jurídico-penal, mas em alguns pontos a proposta de BECKER pode ser incompatível com o Direito Penal contemporâneo.

[122] STIGLER, G. J. The optimum enforcement of laws, p. 66-67.

[123] EHRLICH, I. Participation in illegitimate activities: an economic analysis, p. 77, 104 e 111; TITTLE, C. R. *Control balance*, p. 174; idem, Control balance, p. 321.

[124] Vide MAYHEW, P. Opportunity and vehicle crime, p. 29-31, 35-39 e 46.

[125] SUTHERLAND, E. H. *Principles of Criminology*, 4. ed., p. 5 (grifos nossos).

[126] Essa mesma interpretação em GIBBONS, D. C. *Talking about crime and criminals*, p. 74-75.

essas orientações foram consideradas como uma grande inovação em relação à teoria criminológica clássica.[127] Os enfoques da oportunidade são coerentes com a ideia de um delinquente racional – que se aproveita das oportunidades que se lhe apresentam –, e essa compatibilidade é especialmente clara no caso da teoria das atividades habituais.[128]

As taxas de delinquência vêm aumentando desde a Segunda Guerra Mundial na maioria dos países de nosso ambiente sociocultural.[129]

L. Cohen e M. Felson destacaram que as oportunidades para cometer delitos aumentaram vertiginosamente há algumas décadas e que essa foi uma das principais razões pelas quais a prática delitiva cresceu, também paulatinamente, durante tal período de tempo. Para que se possa praticar um delito, assinalam esses autores, é imprescindível que concorram *ao mesmo tempo* três circunstâncias:

a) a *presença de um ofensor* "tanto com inclinações criminosas como com habilidade para colocar em prática tais inclinações";
b) a de uma pessoa ou objeto que representem *um objetivo apropriado*, ou seja, uma possível vítima ou uma coisa ou bem oportuno, por exemplo; e, por último,
c) a *ausência de* "*guardiões* capazes de prevenir as infrações", como é o caso da polícia, cidadãos e até outros meios.[130]

Os três elementos são necessários, pois, para que um delito possa ocorrer; faltando qualquer um deles, o delito não terá lugar.

O desenvolvimento da vida moderna afetou a vida cotidiana das pessoas, as suas *atividades rotineiras*, o que, ao encontrar-se intimamente relacionadas com a presença dos elementos assinalados, determinou o aumento da delinquência. Mais especificamente, essas mudanças nas atividades habituais dos indivíduos se traduzem em que haja menos segurança e mais objetivos apropriados: essas mudanças nas atividades cotidianas das pessoas provocaram um aumento dos delitos, até em épocas nas quais as condições eram favoráveis para sua diminui-

---

[127] Osgood, D. W. et al. Routine activities and individual deviant behavior, p. 652.
[128] Clarke, R. V.; Felson, M. Introduction: Criminology, routine activity, and rational choice, p. 1 e 8-9.
[129] LaFree, G. *Losing legitimacy*, p. 12-33.
[130] Cohen, L. E.; Felson, M. Social change and crime rate trends: a routine activity approach, p. 589-590 e 604 (grifo no original suprimido, destaque nosso); também Clarke, R. V.; Felson, M. Introduction: Criminology, routine activity, and rational choice, p. 2; Ekblom, P. Less crime, by design, p. 119; Ekblom, P.; Tilley, N. Going equipped. Criminology, situational crime prevention and the resourceful, p. 379-380; Felson, M. Routine activities and crime prevention in the developing metropolis, p. 911; idem, Those who discourage crime, p. 53; idem, *Crime and everyday life*, p. 53.

ção, de acordo com esses autores.[131] Por exemplo, em suas atividades rotineiras as pessoas se veem obrigadas a deslocar-se de carro ou transporte público longe de suas casas e propriedades para trabalhar, levar e trazer os filhos do colégio ou para fazer compras; assim, essas atividades contemporâneas fazem com que as residências fiquem vazias e seja mais simples a prática de furto.

Outros exemplos incluem os modernos caixas automáticos dos bancos, o fato de que cada vez mais temos objetos em nossas casas e de que, além disso, os eletrodomésticos são cada vez menores e, portanto, mais fáceis de transportar tanto para tirá-los de uma casa como para vendê-los posteriormente etc. Também ocorreram mudanças importantes na estrutura urbana: mais meios de transporte privado e público que permitem o acesso rápido a diversas partes da cidade, uma diminuição dos pedestres e da vida cotidiana que se realiza na rua etc.[132] A vida moderna possibilitou que *agora esses três elementos tendem a coincidir com mais frequência*.

As mudanças nas atividades rotineiras das pessoas repercutiram ainda em uma *redução dos controles informais* de uma comunidade, segundo esses teóricos. Devido às atividades retrodescritas, os sujeitos passam menos tempo em sua comunidade, se conhecem menos etc., de maneira que o controle social informal, que desempenha papel decisivo na prevenção do delito, é reduzido e, consequentemente, se favorece o aumento da delinquência.[133]

Esse enfoque oferece, num primeiro momento, uma explicação plausível do aumento dos índices de criminalidade em todo o mundo há décadas – ainda que, desde logo, com interrupções. Com efeito, esses investigadores destacam o paradoxo que supõe que os mesmos fatores que contribuem para que se possa desfrutar das vantagens que oferece a vida moderna também favorecem a prática de delitos. O automóvel, por exemplo, proporciona liberdade de movimentos; mas também os delinquentes podem se favorecer dessa liberdade de movimentos e, além disso, agora contam com um novo objeto apropriado para vitimizar.[134]

Ao mesmo tempo, destaca a importância que o *fator oportunidade* tem para o delito. De acordo com esses autores, a criminologia tradicional afastou este importante componente do delito, como se as oportunidades para delinquir

---

[131] COHEN, L. E.; FELSON, M. Social change and crime rate trends: a routine activity approach, p. 589, 593, 598 e 600-605; FELSON, M. Routine activities and crime prevention in the developing metropolis, p. 911.

[132] COHEN, L. E.; FELSON, M. Social change and crime rate trends: a routine activity approach, p. 591 e 594-598; FELSON, M. Routine activities and crime prevention in the developing metropolis, p. 915-920; idem, *Crime and everyday life*, p. 85-92.

[133] COHEN, L. E.; FELSON, M. Social change and crime rate trends: a routine activity approach, p. 590 e 605; EKBLOM, P. Less crime, by design, p. 115.

[134] COHEN, L. E.; FELSON, M. Social change and crime rate trends: a routine activity approach, p. 604-605.

fossem ilimitadas e distribuídas por todo lugar,[135] ao mesmo tempo em que se esquece que todo mundo pode delinquir.[136] Dessa maneira, o delinquente é um ser racional que decide racionalmente se e como cometer o delito, mas essa decisão é concreta e depende de "cenários, delitos e até de tipo de delinquente específicos", de modo que "*os delinquentes são tentados e controlados por fatores tangíveis em marcos imediatos*".[137] O delinquente, pois, é apenas um dos fatores que influem no delito, e é possível que nem sequer seja o mais importante.[138]

R. Felson recorreu a uma mostra representativa e realizou uma série de entrevistas para testar algumas hipóteses derivadas da teoria das atividades habituais relativas à violência – isto é, a delitos graves.[139] Constatou que os homens que tinham uma vida noturna ativa eram testemunhas de mais atos de violência e que também em mais ocasiões se viam envoltos em mais atos violentos contra desconhecidos, entretanto, não se viam envoltos em mais fatos violentos contra familiares – pense-se, por exemplo, na violência doméstica. Esses dados sugerem que o fator oportunidade desempenha algum papel também no desencadeamento de fatos delitivos graves, já que, se apenas fossem relevantes as características pessoais dos sujeitos, então também tenderiam a ofender seus familiares mais que a média das pessoas.[140]

Estudos empíricos, como o presente, são muito importantes porque a relevância da oportunidade parece intuitivamente muito aceitável em delitos contra a propriedade e em delitos leves, mas não em delitos violentos contra as pessoas ou em delitos graves.

Daí não decorre que não seja também importante o estudo dos fatores que contribuem para que os ofensores se encontrem motivados para a prática de delitos – na verdade, essa linha de investigação favorece a integração ou combinação de teorias criminológicas.[141] Contudo, a existência de motivações

---

[135] WEISBURD, D.; GREEN, L. Measuring immediate spatial displacement: methodological issues and problems, p. 349-350.
[136] FELSON, M. *Crime and everyday life*, p. 10-11.
[137] FELSON, M. *Crime and everyday life*, p. 24 (grifos nossos).
[138] FELSON, M. Those who discourage crime, p. 53; idem, *Crime and everyday life*, p. 73.
[139] Sobre a metodologia, FELSON, R. B. Routine activities and involvement in violence as actor, witness, or target, p. 211-212 e 218-219.
[140] FELSON, R. B. Routine activities and involvement in violence as actor, witness, or target, p. 213, 217 e 219. Talvez não seja demais assinalar que essas descobertas não combinam bem com a ideia de versatilidade dos delinquentes. Ademais, em seus estudos sobre violência doméstica, SHERMAN também constatou que aqueles que cometiam esses delitos tendiam a ser versáteis, SHERMAN, L. W.; BERK, R. A. The specific deterrent effects of arrest for domestic assault, p. 266.
[141] BENNETT, T. Burglars' choice of targets, p. 191; CLARKE, R. V. Situational prevention, Criminology and social values, p. 97; COHEN, L. E.; FELSON, M. Social change and crime

criminais – na qual se centram as teorias tradicionais – se toma agora como algo dado, advertindo que seu estudo pode afastar a atenção da situação ou da oportunidade, que é realmente o mais decisivo.[142]

Uma proposta muito aceitável que sugere pontos de conexão com as teorias da oportunidade e as mais tradicionais é a de Ekblom e Tilley. Esses autores sustentam que não apenas há de se apresentar a um potencial ofensor a oportunidade de cometer um fato delitivo, mas que, além disso, este deve ter à sua disposição *os recursos*, sejam pessoais ou materiais, *necessários para aproveitar dita oportunidade*.[143] O crime organizado é, sem dúvida, um exemplo que vem rapidamente à mente,[144] mas, na verdade, é algo que se apresenta em quase todos os delitos.

As teorias tradicionais, então, seriam muito úteis para destacar por que certas estruturas influem em que alguns grupos tenham uma tendência maior a aproveitar as oportunidades delitivas que se lhes apresenta ou tenham à sua disposição habilidades técnicas ou cognitivas que lhes facilitem dito aproveitamento.[145]

Paralelamente, fatores de oportunidade podem contribuir para explicar não só por que se cometem delitos, mas também *por que se é vítima de um delito*. A vitimologia verificou que as possibilidades de ser vítima de um delito não se distribuem aleatoriamente em uma população, mas se concentram em determinados grupos, principalmente *jovens homens solteiros*.[146] As razões parecem ser, simplesmente, que *oferecem maiores oportunidades* para ser alvo de um delito. Mais especificamente, trata-se de pessoas cujas atividades habituais – seu trabalho, seu lazer etc. – as afastam de suas casas e as obrigam a passar muito tempo fora delas; e por isso podem mais facilmente sofrer delitos contra elas mesmas, roubos em suas casas ou de seus veículos.[147]

---

rate trends: a routine activity approach, p. 591 e 605; CORNISH, D. Theories of action in Criminology: learning theory and rational choice approaches, p. 368-372; MEDINA ARIZA, J. J. El control social del delito a través de la prevención situacional, p. 290. Um pouco mais matizada é a postura de CLARKE, R. V.; FELSON, M. Introduction: Criminology, routine activity, and rational choice, p. 8-9. CLARKE, R. V. Situational prevention, Criminology and social values, p. 109-110, sugere até que a integração é mais geral e que a prevenção circunstancial e Criminologia se necessitam reciprocamente.

[142] CLARKE, R. V.; FELSON, M. Introduction: Criminology, routine activity, and rational choice, p. 2; FELSON, M. Those who discourage crime, p. 53.
[143] EKBLOM, P.; TILLEY, N. Going equipped. Criminology, situational crime prevention and the resourceful, p. 381-385.
[144] EKBLOM, P.; TILLEY, N. Going equipped. Criminology, situational crime prevention and the resourceful, p. 387.
[145] EKBLOM, P.; TILLEY, N. Going equipped. Criminology, situational crime prevention and the resourceful, p. 386-387 e 392-393.
[146] LAUB, J. H. Patterns of criminal victimization in the United States, p. 29-34 e 45.
[147] KENNEDY, L. W.; FORDE, D. R. Routine activities and crime: an analysis of victimization in Canada, p. 141-142; LAUB, J. H. Patterns of criminal victimization in the United States, p. 29.

Essa postura destaca que determinados *estilos de vida* parecem favorecer as probabilidades de ser vítima de um delito.[148] As razões incluem que se ofereçam *mais oportunidades*. Um dos exemplos mais claros é o *dos próprios delinquentes* e, em geral, dos indivíduos que incorrem em comportamentos desviados.

Desse modo, os delinquentes têm algumas características pessoais e um estilo de vida que favorecem sua vitimização. Suas características sociodemográficas coincidem, de fato, com as das vítimas: jovens, homens e solteiros. Os delinquentes tendem a se relacionar com outros delinquentes e a passar muito tempo com eles; podem sofrer delitos de seus próprios cúmplices – como quando realizam um roubo conjuntamente – e ser delatados por eles; também passam muito tempo na rua e podem ser assaltados por desconhecidos e têm mais dificuldade de recorrer à polícia.[149] Um caso especialmente destacado é o da venda de drogas: trata-se de uma tarefa que exige estar muito tempo na rua, muito expostos aos demais e oculto, na medida do possível, da polícia; o vendedor tende a ter droga ou dinheiro. Por mais precauções que tome, é muito visível e vulnerável. Além disso, como o vendedor costuma portar armas para sua proteção, os atacantes tendem a ser contundentes em seu ataque – também para evitar eventuais represálias.[150]

Por último, as teorias da oportunidade e a das atividades habituais em concreto se caracterizam por sua forte vocação pragmática: *como prevenir o delito reduzindo as oportunidades*.[151] Dessas teorias decorrem importantes modelos de *prevenção situacional* que vão precisamente nessa linha.

4. Meio e delito. A criminologia do ambiente físico

Alguns criminólogos destacam que o delito é um fenômeno muito complexo, em cuja explicação não só se há de ter em conta aspectos relativos ao autor, ao objetivo etc., mas também ao *lugar físico em que ocorre*.[152]

Shaw e McKay e outros pesquisadores relacionados com a criminologia ecológica e com a escola de Chicago mostraram que o delito não é distribuído

---

[148] KENNEDY, L. W.; FORDE, D. R. Routine activities and crime: an analysis of victimization in Canada, p. 149; SAMPSON, R. J.; LAURITSEN, J. L. Deviant lifestyles, proximity to crime, and the offender-victim link in personal violence, p. 110-111, 126-127 e 131-132.

[149] SAMPSON, R. J.; LAURITSEN, J. L. Deviant lifestyles, proximity to crime, and the offender--victim link in personal violence, p. 110 e 131.

[150] ANDERSON, E. *Code of the street*, p. 107-120.

[151] BENNETT, T. Burglars' choice of targets, p. 177; CORNISH, D. B.; CLARKE, R. V. Introducción, p. 2; FELSON M.; CLARKE, R. V. Routine precautions, Criminology, and crime prevention, p. 181-183.

[152] BRANTINGHAM, P. J.; BRANTINGHAM, P. L. Introduction: the dimensions of crime, p. 7-8; EKBLOM, P. Less crime, by design, p. 116-117; KENNEDY, L. W.; FORDE, D. R. Routine activities and crime: an analysis of victimization in Canada, p. 145.

de maneira aleatória por todos os lugares, mas se concentra em determinados bairros. Para os Brantingham, inclusive, a criminologia contemporânea é herdeira desse ponto de vista que destaca *o lugar* da prática do delito.[153] Essas descobertas ecológicas foram confirmadas por investigações posteriores que continuaram recorrendo à metodologia já mencionada dos *mapas*, ou seja, colocando pontos, por exemplo, onde se praticou um delito – ou com técnicas muito mais sofisticadas oferecidas por computador.[154]

Essa linha de investigação constatou, mais adiante, que, em todos os níveis de agregação – nacionais, regionais, cidade, bairros etc. –, o delito concentra-se em determinadas áreas.[155] Como no caso dos investigadores de Chicago, não se considera que a concentração de delitos em determinadas zonas ocorra devido às pessoas que vivem ali sendo estas especialmente delinquentes, mas pelas características da zona ou porque existem mais oportunidades.[156]

Algumas investigações destacaram que o delito chega a se concentrar desproporcionalmente em determinados pontos concretos das cidades, como pode ser um cruzamento de ruas, um lugar em uma rua, um beco, uma esquina ou um prédio, chamados *pontos quentes*. Esses pontos mantêm seu alto índice de delinquência ao longo do tempo e mostram uma concentração de delitos superior à que se observa em determinados indivíduos. Por exemplo, Sherman e outros pesquisadores analisaram um número elevado de chamadas telefônicas à polícia de Minneapolis e constataram que uma elevada percentagem das chamadas era causada por fatos que ocorriam em um pequeno número de *pontos quentes*. Mais especificamente, 3% dos lugares produziam 50% das chamadas, a concentração era, inclusive, maior para determinados delitos, como os roubos à mão armada, o furto de veículos ou a violência doméstica.[157] A possível explicação da existência desses pontos pode depender de um conjunto de causas comuns, mas também de fatores únicos de cada um deles.[158]

A ênfase agora deixa de ser o bairro ou a zona para se focalizar em lugares muito mais específicos. A criminologia do ambiente físico, então, está preocupada

---

[153] BRANTINGHAM, P. J.; BRANTINGHAM, P. L. Introduction: the dimensions of crime, p. 8, e vide também p. 9-17 sobre a Criminologia ambiental clássica.
[154] Vide a respeito WEISBURD, D.; MCEWEN, T. Introduction: crime mapping and crime prevention, p. 15-19.
[155] ECK, J. E.; WEISBURD, D. Crime places in crime theory, p. 12.
[156] FELSON, M. *Crime and everyday life*, p. 39.
[157] SHERMAN, L. W. Hot spots of crime and criminal careers of places, p. 36, que propõe aplicar o enfoque das carreiras criminais aos pontos quentes, 39-45; vide também FELSON, M. *Crime and everyday life*, p. 139; SPELMAN, W. Criminal careers of public places, p. 128-134; WEISBURD, D.; GREEN, L. Policing drug hot spots: the Jersey City drug market analysis experiment, p. 713-716.
[158] SPELMAN, W. Criminal careers of public places, p. 138.

com o estudo dos lugares em que têm lugar os delitos, as características desses lugares, os movimentos de pessoas que fazem coincidir nos mesmos ofensores e vítimas e as percepções que as pessoas têm desses lugares.[159]

Como os teóricos da oportunidade, essa tese parte da existência de indivíduos motivados para cometer fatos delitivos – para cuja explicação poderiam ser invocadas diversas teorias etiológicas individuais. O ambiente físico emite uma série de sinais ou pistas que o indivíduo pode associar com *bons lugares* para cometer um delito, ou também com alvos ou vítimas *apropriados*. Os delinquentes experientes vão desenvolvendo esse sentido sobre quais lugares e vítimas são bons, dependendo dos sinais que lhe transmitam. Isso desempenha papel importante no processo de decisão, que, como já vimos, é racional, mas também muito complexo e inclui vários passos – isto é, não se toma *de uma vez*. Produz-se, pois, uma *interação entre a oportunidade e a motivação*;[160] e, desse modo, "que o delito ocorra não é o resultado direto, imediato da motivação".[161]

Nesse quadro, uma interessante linha de investigação estuda os lugares em que se tendem a encontrar alvos propícios por parte dos delinquentes, sejam estes delinquentes motivados ou indivíduos aos quais de repente se apresenta um objetivo que interpretam como favorável para vitimizá-lo.

Assim, destacou-se que o delinquente tende a cometer seus delitos, sobretudo, perto de sua residência – quanto mais longe está um alvo, mais difícil é para o delinquente individual vitimizá-lo; em lugares pelos quais passa com certa frequência e por isso os conhece – por exemplo, perto do local de trabalho ou do centro comercial ou zona de diversão que visita mais frequentemente; ou em zonas com as quais está familiarizado e por esse motivo se sente mais seguro nelas. Em várias ocasiões, a busca de lugares apropriados para o delito será muito mais complexa. Do ponto de vista agora dos próprios lugares, alguns apresentariam boas oportunidades para a prática de delitos. Assim, por exemplo, os centros das cidades por onde passa muita gente e há oportunidades de emprego e lazer; lugares bem comunicados; complexos de lazer, incluídos estádios ou praças de touro ou os chamados bairros chineses nas cidades em que existam.[162]

---

[159] Brantingham, P. J.; Brantingham, P. L. Introduction: the dimensions of crime, p. 21; Felson, M. *Crime and everyday life,* p. 58.

[160] Brantingham, P. L.; Brantingham, P. J. Notes on the geometry of crime, p. 28-29; Clarke, R. V. Situational prevention, Criminology and social values, p. 97; Ekblom, P. Less crime, by design, p. 118.

[161] Brantingham, P. L.; Brantingham, P. J. Notes on the geometry of crime, p. 48, também 54. Com isso também agora se separa da Criminologia tradicional, para a qual o fator oportunidade ou ambiente físico tinham uma importância mínima.

[162] Brantingham, P. L.; Brantingham, P. J. Notes on the geometry of crime, p. 30-53.

Muito relacionadas com o exposto, também ressaltam o fator oportunidade em certas pesquisas que encontraram uma relação entre *desenho do meio* e delito. De acordo com essas teorias, certas características, sobretudo urbanísticas ou arquitetônicas, do meio em que ocorre o delito são decisivas em sua etiologia. Por exemplo, lugares solitários, com escassa visibilidade ou com esquinas, podem favorecer delitos de roubo contra pessoas.[163] Essas características do meio, assim como as possíveis consequências futuras de fato, são o decisivo para explicar por que se cometem delitos; as experiências passadas dos criminosos são relativamente pouco relevantes.[164] Esse emaranhado se enquadra na criminologia neoclássica, e de fato aquele se propôs como uma extensão da escola clássica.[165]

Posto que as oportunidades são decisivas na etiologia do delito, essa linha de investigação presta atenção enorme à prevenção do delito. Para isso trata de reduzir as oportunidades e seduções para cometer delitos remodelando meios que resultem criminógenos e propondo desenhos urbanos e arquitetônicos aptos para a prevenção do delito.[166]

5. O enfoque situacional

As teorias da eleição racional consideram que o delito tende a ser produzido quando os custos sejam inferiores aos benefícios e as da oportunidade tomam como aproblemática a presença de um delinquente motivado. Isso se pode interpretar como que não se requerem forças especiais que impulsionem o delinquente ao ato criminoso. Neste sentido se aproximam das teorias do controle social, com as quais são compatíveis.[167] Entretanto, também se pode ver nessas teses, ou ao menos em algumas de suas modalidades, que *a situação concreta* na qual alguém se encontra *o motiva a delinquir*.[168] Por exemplo, certos benefícios, particularidades do lugar, o momento ou a vítima etc. Com isso, pois, se reconhecem elementos de motivação das situações; e, mais adiante, afirma-se que uma *oportunidade* por si mesma, sem relação com as percepções e motivações do potencial ofensor, é pouco relevante.[169]

---

[163] POYNER, B. An evaluation of walkway demolition on a British housing estate, p. 60-61. Aqui se vê que, ao menos para algumas das propostas, não parece justa a crítica de que se trata agora de meras teorias da vitimização, mas não da etiologia do delito, AKERS, R. L. *Criminological theories*, p. 35.
[164] JEFFERY, C. R. *Crime prevention through environmental design*, p. 19, 95-108, 140-141, 185 e 227.
[165] JEFFERY, C. R. *Crime prevention through environmental design*, p. 278-279.
[166] Vide JEFFERY, C. R. *Crime prevention through environmental design*, p. 214-225.
[167] FELSON, M. Those who discourage crime, p. 54.
[168] TITTLE, C. R.; PATERNOSTER, R. *Social deviance and crime*, p. 437.
[169] LAFREE, G.; BIRKBECK, C. The neglected situation: a cross-national study of the situational characteristics of crime, p. 92.

Nessa linha de investigação se move a proposta de Birkbeck e LaFree. Para esses autores a situação, ou seja, "o campo perceptivo do indivíduo em um momento temporal dado", não determina o delito, mas se produz uma *interação entre situação e sujeito*, se bem que a possibilidade de eleição se mantém.[170] A oportunidade, pois, não só interage com o sujeito, mas deixa de ter um papel passivo para assumir um ativo que por força converte o potencial ofensor em um ofensor real e dá lugar à prática de um delito.

Para avaliar sua proposta, trataram de testar várias hipóteses cuja base era que, se a situação é importante, então os delitos em geral e, sobretudo, certos tipos deveriam se concentrar em uma série de situações concretas e não ao acaso. Para isso recorreram a dados procedentes de pesquisas de vitimização dos Estados Unidos e da cidade de Maracaibo, na Venezuela.[171] Tal e como sua tese predisse, os delitos analisados se agrupavam muito mais do que seria de esperar se operasse apenas o acaso. Ademais, entre outras coisas, constataram que os delitos que recorriam a técnicas coercitivas que impunham controle sobre a vítima e que, além disso, buscavam satisfazer uma necessidade material – pense-se no roubo à mão armada, que em geral tem uma finalidade instrumental – se agrupavam mais quando essa mesma modalidade delitiva se orientava ao reconhecimento social; mais especificamente, os primeiros tendiam a ocorrer com desconhecidos e com escassas testemunhas. Essas descobertas sugerem, coerentemente com a tese dos autores, que o agressor busca no primeiro caso anonimato e em outro reconhecimento, e que em certas situações percebe que pode conseguir seu objetivo, enquanto em outras não.[172] A situação, pois, desempenha certo papel no qual o delinquente *decide* realizar um delito ou não.

Os homicídios são delitos coercitivos que raramente produzem benefícios materiais para os autores. A pesquisa criminológica destacou que os homicídios costumam ocorrer entre pessoas que se conhecem, sem premeditá-los, em situações cotidianas e no fim de semana; mais importante é a presença de testemunhas em muitas hipóteses: "Na maioria dos casos [...] havia público presente".[173] Isso sugere claramente e de forma coerente com a proposta situacional que não é só a presença de uma oportunidade, mas que *algo na situação impulsionou o assassino a atacar a vítima*.

---

[170] LaFree, G.; Birkbeck, C. The neglected situation: a cross-national study of the situational characteristics of crime, p. 75.

[171] Sobre a especificidade das hipóteses e da metodologia, vide LaFree, G.; Birkbeck, C. The neglected situation: a cross-national study of the situational characteristics of crime, p. 76-83.

[172] LaFree, G.; Birkbeck, C. The neglected situation: a cross-national study of the situational characteristics of crime, p. 84, 87-88 e 91.

[173] Katz, J. *Seductions of crime*, p. 20.

Katz defende que em muitos casos o que ocorreu é que o agressor tem a sensação de ter sofrido uma grave afronta ou humilhação por parte da vítima e que a única maneira de salvaguardar sua identidade pessoal ou sua autoestima é responder violentamente. O fato de conhecer a vítima e, sobretudo, de que houvesse um público presente – um público que, ademais, em nenhum caso "se opôs ou tratou de distender a situação" – são decisivos para a resposta,[174] e por isso esses delitos tenderão a se concentrar em situações parecidas e não ao acaso.

O trabalho de Cerezo Domínguez sobre homicídios, seguindo uma metodologia integradora,[175] reforça esse conjunto de ideias. De acordo com essa autora, um elemento fundamental para que um evento desemboque em um homicídio é "que o fato se desenvolva *em determinada situação ou cenário*", de modo que o eventual *prognóstico* dos casos de homicídio "*dependerá de certos fatores situacionais não predetermináveis*".[176] Em sua investigação constatou que muitos homicídios costumam ser resposta a uma *situação* de grande tensão: uma provocação imediatamente anterior, incluindo insultos, gestos etc. na qual se "cria tal clima de tensão entre as partes, que se envolvem em uma contenda na qual uma dessas atenta contra a vida da outra", e com sua *atitude*, a vítima "pode provocar ou acelerar sua própria morte";[177] ou episódios concretos de ciúmes "mais ou menos infundados". Esse estudo é coerente com a interação e o papel ativo que pode desempenhar a situação na etiologia criminal.

6. A prevenção situacional do delito

Como se insistiu nas últimas páginas, algumas teorias clássicas, com sua atenção ao decisivo papel que desempenha a oportunidade para o delito, centrou seus esforços teóricos e investigadores na prevenção do delito precisamente *reduzindo as oportunidades para a prática de delitos*. Trata-se de medidas em geral simples, se bem que se utilizam talvez menos do que se deveria,[178] muitas

---

[174] KATZ, J. *Seductions of crime*, p. 20-21.
[175] CEREZO DOMÍNGUEZ, A. I. La delincuencia violenta: un estudio de homicidios, p. 238-245.
[176] CEREZO DOMÍNGUEZ, A. I. La delincuencia violenta: un estudio de homicidios, p 279-280 (grifos nossos).
[177] CEREZO DOMÍNGUEZ, A. I. La delincuencia violenta: un estudio de homicidios, p 257 e 264; a autora também encontrou outras hipóteses que não encaixam fielmente nesse enfoque situacional, como casos de desavenças matrimoniais múltiplas ou homicídios premeditados relacionados com o tráfico de drogas, 264 e 268, sobretudo.
[178] FELSON, M. Routine activities and crime prevention in the developing metropolis, p. 926. Ainda que as pessoas possam ter ideias claras sobre como prevenir o delito, ideias que coincidam com propostas da perspectiva da prevenção situacional, a verdade é que muitas vezes não colocam em prática ditas medidas preventivas por si mesmas, inclusive ainda que saibam que podem ser efetivas, M. FELSON M.; CLARKE, R. V. Routine precautions, Criminology, and crime prevention, p. 185.

das quais costumam enquadrar-se na chamada *prevenção situacional*.[179] Essas teorias centram-se no delito e não no delinquente – às vezes considerando que a prevenção baseada no delinquente não é, atualmente, algo factível; ou que se exagera a importância da polícia, dos tribunais e das prisões na prevenção do delito – acrescentando que, naturalmente, não se podem esperar milagres da polícia e demais instituições com os escassos meios à sua disposição.[180] As medidas se fixam igualmente nas potenciais vítimas.[181] Também costumam destacar a importância da comunidade e dos cidadãos em concreto mediante o controle social informal para a prevenção do delito.[182]

Entre as distintas propostas concretas destacam algumas como as seguintes: privatizar ruas residenciais ou limitar o acesso de indivíduos; reforçar portas e janelas; limitar as passagens subterrâneas de pedestres; permitir aos zeladores de locais maiores viverem neles; ou morar em edifícios altos, sobretudo se são para pessoas idosas, um local de lazer na parte de baixo e desde que se veja a entrada.[183]

Um dos exemplos mais conhecidos, que teve lugar na Grã-Bretanha, é o seguinte. Um número elevado de suicídios ocorria mediante a inalação de gás na própria casa, uma fórmula simples e indolor. Mediante uma série de reformas se introduziu um tipo de gás para uso doméstico que não era tóxico, e os suicídios diminuíram em 35% naquela nação. Os teóricos da prevenção situacional assinalam que o fato de eliminar um método tão simples para acabar com a vida teve alguns efeitos muito positivos, já que então os potenciais suicidas teriam de recorrer a métodos não muito atrativos.[184] Outro caso também conhecido teve lugar quando em alguns países se tornou obrigatório que os motociclistas usassem capacete; isso se traduziu em uma diminuição muito notável dos furtos

---

[179] Cornish, D. B.; Clarke, R. V. Understanding crime displacement: an application of rational choice theory, p. 934; Felson, M. *Crime and everyday life*, p. 166-167 e 179-182; Felson M.; Clarke, R. V. Routine precautions, Criminology, and crime prevention, p. 182-183; Poyner, B. What works in crime prevention: an overview of evaluations, p. 10-11.

[180] Eck, J. E.; Weisburd, D. Crime places in crime theory, p. 4; Felson, M. *Crime and everyday life*, p. 6-10.

[181] Herrera Moreno, M. *La hora de la víctima*, p. 191-232.

[182] Felson, M. Those who discourage crime, p. 53, 56-61 e 64; Felson M.; Clarke, R. V. Routine precautions, Criminology, and crime prevention, p. 185.

[183] Felson, M. Routine activities and crime prevention in the developing metropolis, p. 928; idem, *Crime and everyday life*, p. 63 e 167-178.

[184] Cornish, D. B.; Clarke, R. V. Understanding crime displacement: an application of rational choice theory, p. 937; Ekblom, P.; Tilley, N. Going equipped. Criminology, situational crime prevention and the resourceful, p. 392; Medina Ariza, J. J. El control social del delito a través de la prevención situacional, p. 289 e 312.

desses veículos, toda vez que os ladrões oportunistas não costumassem levar um capacete com eles quando saíam.[185]

Também se destacam as medidas de *prevenção por intermédio do desenho do meio*. Essas propostas de prevenção do delito referem-se à introdução de melhoras no desenho do meio, como pode ser, por exemplo, o desenho arquitetônico de cidades ou edifícios. Jeffery foi dos primeiros a defender esse ponto de vista, aduzindo que a luta contra o delito, tal e como se enfocou tradicionalmente, resultou um fracasso: nem a prisão, nem a prevenção mediante sanções, nem a reabilitação de delinquentes alcançaram seus objetivos.[186] Assim, não se conseguiria o controle com medidas centradas no delinquente individual, mas "mediante a manipulação do meio no qual o delito ocorre", ou seja, atuando antes que aconteça.[187]

Por exemplo, alguns edifícios se encontram conectados entre si por uma série de passagens elevadas que facilitam a passagem de uns a outros sem ter de descer até o nível do solo e voltar a subir. Entretanto, também podem facilitar roubos a pessoas que passam por aí ou o acesso de potenciais ladrões a um bom número de casas, levando em conta que essas passagens costumam ser bastante desertas. Para reduzir esses delitos se propôs a instalação de fones ou interfones ou, mais drasticamente, a demolição dessas passagens elevadas. Uma avaliação constatou que esses esforços resultaram efetivos na redução de roubos a pessoas e em diminuir o medo dos usuários ao delito, ainda que não tenha reduzido os roubos em casas.[188]

Outro caso até mais claro é o do metrô: as estações de metrô costumam ter longos túneis que conectam diversas plataformas entre si e estas com a saída ou saídas para a rua. Esses longos túneis, e a partir de certas horas, podem ser um lugar oportuno para o roubo a pessoas e até outros delitos mais graves e, desde logo, criam certo medo nos usuários. O sistema de metrô da cidade de Washington procurou prevenir o delito na medida do possível, e assim tem uma boa iluminação e manutenção, um sistema de vigilância com câmeras, desfruta de uma polícia de trânsito e limitou dentro do possível o manejo de dinheiro em espécie proporcionando os bilhetes de transporte. Ainda que a construção do metrô dessa cidade não tenha se baseado em uma única teoria concreta, entre as medidas preventivas destacam as derivadas diretamente da teoria da prevenção por meio do desenho arquitetônico: assim, evitou-se que

---

[185] MAYHEW, P. Opportunity and vehicle crime, p. 41e 45.
[186] JEFFERY, C. R. *Crime prevention through environmental design*, p. 19 e 34.
[187] JEFFERY, C. R. *Crime prevention through environmental design*, p. 19; vide também FELSON, M. *Crime and everyday life*, p. 147-148 e 153-155.
[188] POYNER, B. An evaluation of walkway demolition on a British housing estate, p. 66, 70 e 72-73.

as passagens fossem longas ou que tivessem esquinas e substituindo-as por escadas rolantes – que dificultam ao potencial agressor esperar sua vítima ou que as pessoas que circulam em sentido oposto se misturem; quando em uma mesma estação havia várias plataformas porque confluíam várias linhas de metrô, foram construídos diversos níveis no mesmo espaço físico, ou seja, um em cima do outro, de maneira perpendicular, formando uma espécie de cruz – dessa maneira, não só se facilita enormemente o trânsito de uma linha a outra, mas as pessoas que esperam na plataforma de uma linha *vejam* as da outra.[189] Uma avaliação do sistema de metrô de Washington afirma que é mais seguro do que caberia esperar e que essa maior segurança tem sua razão de ser no próprio desenho ambiental.[190] Como vemos por meio desses exemplos, certas técnicas de desenho do meio poderiam ajudar a prevenir o delito tanto modificando ambientes criminógenos como projetando sistemas mais seguros. Outros exemplos incluem o próprio desenho urbanístico de bairros e o arquitetônico de centros comerciais.

Essas medidas podem em alguns casos serem limitadas. O desenho pode ser insuficiente no caso de certos delitos graves, como a violência doméstica.[191] A estratégia dificilmente pode ser aplicada aos poucos lugares concretos em que se concentra o delito desproporcionalmente, como são os *pontos quentes*: simplesmente não se podem evitar as intersecções das ruas nas cidades etc. Aqui o que se propôs, ainda que às vezes com certas nuances, é o recurso às rondas de polícia.[192] Ainda que essa e outras medidas possam ser eficazes,[193] a solução não é simples, já que há demasiados pontos quentes para prevenir o delito em todos eles.[194]

Em um estudo interessante realizado na cidade de Glasgow, Ditton constatou que ainda que não se conhece o impacto real da medida sobre o delito – que, na verdade, aumentou na cidade –, as pessoas claramente não sentiam o menor medo do delito pela instalação de câmeras.[195]

---

[189] La Vigne, N. G. Security by design on the Washington Metro, p. 286-290.
[190] La Vigne, N. G. Security by design on the Washington Metro, p. 292-297, principalmente p. 297.
[191] Ekblom, P. Less crime, by design, p. 124-129.
[192] Sherman, L. W.; Weisburd, D. General deterrence effects of police patrol in crime "hot spots": a randomized, controlled trial, p. 643-646; Weisburd, D.; Green, L. Policing drug hot spots: the Jersey City drug market analysis experiment, p. 723-725 e 731; idem, Measuring immediate spatial displacement: methodological issues and problems, p. 351-353.
[193] Spelman, W. Criminal careers of public places, p. 142.
[194] Sherman, L. W. Hot spots of crime and criminal careers of places, p. 46-48.
[195] Ditton, J. Crime and the city. Public attitudes towards open-street CCTV in Glasgow, p. 705-707.

Algumas dessas medidas devem enfrentar problemas éticos. Mais especificamente, a prevenção situacional se relaciona com demandas cidadãs de maior segurança e com mais práticas beligerantes de controle.[196]

Um exemplo familiar é o que se acabou de mencionar da instalação de câmeras de televisão pela rua para prevenir o delito; é possível que isso não seja ético nem constitucional e que a muitos cidadãos não lhes agrade a ideia de serem observados quando andem pelas ruas.[197]

Essas críticas, entretanto, podem até resultar paradoxais para os defensores da prevenção situacional, que se consideram mais liberais e duvidam que suas propostas sejam aceitáveis por posições conservadoras, defensoras da *lei e da ordem*.[198] De fato, consideram que sua proposta se ajusta com fidelidade aos princípios que deveriam governar a política criminal das democracias contemporâneas: dar proteção igual a todas as camadas sociais diante do delito; respeitar os direitos individuais; e que a responsabilidade da prevenção do delito seja compartilhada entre todos os setores da sociedade.[199]

Um dos potenciais problemas que deve enfrentar a redução das oportunidades é um eventual *deslocamento do delito*. Com efeito, os próprios teóricos desse enfoque preventivo advertem que pode ocorrer o caso de que, quando se reduzem as oportunidades em uma zona ou em um tipo de delito, também se desvie a atenção dos delinquentes para outros lugares ou tipos de delitos.[200]

---

[196] GARLAND, D. Ideas, institutions and situational crime prevention, p. 10-14.
[197] VON HIRSCHI, A. The ethics of public television surveillance, p. 59-61. Os dados de DITTON para GLASGOW sugerem, contudo, que a população aceita a medida em uma percentagem que pode superar os 50 pontos (Crime and the city. Public attitudes towards open-street CCTV in Glasgow, p. 705 e Tabela 7).
[198] CLARKE, R. V. Situational prevention, Criminology and social values, p. 107-109; FELSON, M.; CLARKE, R. V. The ethics of situational crime prevention, p. 200-210 e 215.
[199] CLARKE, R. V. Situational prevention, Criminology and social values, p. 101.
[200] CORNISH, D. B.; CLARKE, R. V. Understanding crime displacement: an application of rational choice theory, p. 934; FELSON, R. B. Routine activities and involvement in violence as actor, witness, or target, p. 218-219; JEFFERY, C. R.; ZAHM, D. L. Crime prevention through environmental design, opportunity theory, and rational choice models, p. 345; SHERMAN, L. W.; WEISBURD, D. General deterrence effects of police patrol in crime "hot spots": a randomized, controlled trial, p. 646. Do ponto de vista terminológico talvez seja preferível falar de *"desviação do delito"* (*crime deflection*), como propõem BARR, R.; PEASE, K. A place for every crime and every crime in its place: an alternative perspective on crime displacement, p. 199 (grifos nossos). O motivo reside em que esse termo permite mais possibilidades que o que sugere o deslocamento – que mais se refere a variações, sobretudo, espaciais e temporais. No texto seguiremos, entretanto, este segundo termo, por ser mais corrente tanto na literatura anglo-saxônica como na espanhola e ibero-americana e porque o próprio termo desviação pode ser problemático em espanhol, pois poderia induzir a confusão com o inglês *deviation*.

Se, por exemplo, se fomenta a instalação de câmeras de vigilância e de alarmes em um determinado bairro, os ladrões poderiam simplesmente deslocar-se para outros bairros ou substituir o roubo em casas pelo roubo a pessoas que andem pelas ruas. Os teóricos da oportunidade, então, propõem que se estude se efetivamente se produz esse deslocamento do delito como resposta a programas de prevenção situacional ou de desenho do meio etc., em que medida e sob circunstâncias, assim como os processos pelos quais os delinquentes tomam a decisão do deslocamento.[201]

Existem diversas possibilidades de deslocamento, segundo a doutrina:

a) Temporal: o delito é adiado para outro momento que se considere menos perigoso.

b) Espacial: o delito que se tinha pensado em cometer se realiza em outro lugar onde seja mais simples realizá-lo sem ser detectado.

c) De objetivo: busca-se um objeto que seja mais fácil de vitimizar, esteja menos protegido etc.

d) Tático: cometer o mesmo delito, mas de maneira diferente.

e) De tipo de delito: comete-se um delito distinto do que se tinha pensado em um primeiro momento.

f) Deslocamento do ofensor: quando um novo delinquente substitui o que foi preso ou desistiu de seu delito. Isso pode ocorrer em determinadas formas delitivas, como a venda de drogas.[202]

Os defensores dessa estratégia de prevenção afirmam de seu lado que não é certo que o deslocamento se dê sempre e necessariamente e tenha de ser completo, mas se pode exagerar esse problema. Antes, ao contrário, supõem que o deslocamento somente terá lugar sob certas circunstâncias e no caso de certos tipos delitivos: pode-se conseguir, pois, alguma redução na delinquência, incluída a grave.[203] Ainda que se produza o deslocamento, este pode ser benéfico, como

---

[201] CORNISH, D. B.; CLARKE, R. V. Understanding crime displacement: an application of rational choice theory, p. 935, 941 e 943.

[202] BARNES, G. C. Defining and optimizing displacement, p. 96; BARR, R.; PEASE, K. A place for every crime and every crime in its place: an alternative perspective on crime displacement, p. 197-198 e 200; MEDINA ARIZA, J. J. El control social del delito a través de la prevención situacional, p. 306.

[203] BARR, R.; PEASE, K. A place for every crime and every crime in its place: an alternative perspective on crime displacement, p. 215; BOULOUKOS, A. C.; FARRELL, G. On the displacement of repeat victimization, p. 225-228; CLARKE, R. V.; FELSON, M. Introduction: Criminology, routine activity, and rational choice, p. 4; CLARKE, R. V.; WEISBURD, D. Diffusion of crime control benefits: observations on the reverse of displacement, p. 178; CORNISH, D. B.; CLARKE, R. V. Understanding crime displacement:

quando se cometem delitos mais leves; ademais, como assinala Barnes, pode ser que ainda que o delito se desloque, o delinquente tenda a se sentir menos cômodo ou familiarizado com o que faz, e isso, lentamente, pode ter efeitos preventivos benéficos.[204] Finalmente, esses teóricos responderam que em algumas situações não só se produz o mencionado efeito de deslocamento, mas um de *difusão dos benefícios*.[205]

Assim, Clarke e Weisburd assinalam que quando se implementa um programa de prevenção situacional que funciona, pode ser que os efeitos positivos se mantenham até depois que o programa deixe de ser aplicado porque os potenciais delinquentes acreditam que continua em uso; ou também que programas que se implementam em uma zona concreta tenham efeitos positivos em outras adjacentes.[206] Green e Weisburd aproveitaram um experimento para a prevenção do tráfico de drogas mediante rondas de polícia em determinados pontos quentes para estudar se se produzia algum efeito nas zonas limítrofes; a seu ver, o efeito foi provavelmente um de difusão dos benefícios; o aumento de rondas de polícia também havia beneficiado as zonas próximas.[207]

Na biblioteca de uma universidade, protegeram-se os *livros* mediante um sistema de segurança eletrônico, e como resultado reduziu-se o furto tanto de livros como de fitas de música, ainda que estas não tenham sido protegidas; melhorou-se a iluminação das zonas mais vulneráveis de certos mercados da cidade de Birmingham, na Grã-Bretanha, o que se traduziu na diminuição de delitos em toda a área do mercado, e não só nas que foram beneficiadas com a medida.[208]

Trata-se, em todo caso, de uma questão metodologicamente problemática, já que quase nunca se pode excluir a possibilidade de deslocamento,[209] somente que

---

an application of rational choice theory, p. 934 e 937-941; Eck, J. E.; Weisburd, D. Crime places in crime theory, p. 20; Felson, M. *Crime and everyday life,* p. 140-142; Weisburd, D.; Green, L. Policing drug hot spots: the Jersey City drug market analysis experiment, p. 732.

[204] Barnes, G. C. Defining and optimizing displacement, p. 104-107 e 110-111.

[205] Clarke, R. V. Situational prevention, Criminology and social values, p. 102; Clarke, R. V.; Weisburd, D. Diffusion of crime control benefits: observations on the reverse of displacement, p. 168-169 e 179, e 168 sobre terminologia; Eck, J. E.; Weisburd, D. Crime places in crime theory, p. 20.

[206] Clarke, R. V.; Weisburd, D. Diffusion of crime control benefits: observations on the reverse of displacement, p. 171-174.

[207] Weisburd, D.; Green, L. Policing drug hot spots: the Jersey City drug market analysis experiment, p. 728 e 732.

[208] Clarke, R. V.; Weisburd, D. Diffusion of crime control benefits: observations on the reverse of displacement, p. 171 e 173.

[209] Barnes, G. C. Defining and optimizing displacement, p. 104 e 106; Eck, J. E.; Weisburd, D. Crime places in crime theory, p. 19-20.

é difícil de medir e as metodologias tradicionais – muitas das quais recorrem à comparação de estatísticas oficiais – são de pouca ajuda para sua comprovação.[210]

III. AVALIAÇÃO

Uma das hipóteses mais importantes das teorias clássica, neoclássica e da prevenção encontrou apoio empírico em diversas investigações: as penas, com efeito, parecem exercer um efeito preventivo geral sobre a delinquência.[211] Entretanto, a evidência sugere que outras teorias explicam a delinquência e a criminalidade de maneira muito mais completa e que suas variáveis são mais promissoras do ponto de vista etiológico.[212] Portanto, o modelo da prevenção, *por si só*, não é muito promissor para a explicação do delito.

Ademais, alguns autores negam que a *doutrina da prevenção* seja realmente uma *teoria*, de modo que não é possível refutá-la; mais adiante, certos estudos sustentam que a prevenção geral seria simplesmente inobservável e, portanto, não poderia tampouco ser refutada.[213]

Alguns autores sugeriram nesse quadro que a teoria clássica deveria incluir também os controles informais das normas; ou seja, reconhecer que não só é relevante o temor de sofrer uma pena, mas também as sanções informais associadas à prática e detecção de um delito.[214] Entre os custos se incluiriam,

---

[210] BARNES, G. C. Defining and optimizing displacement, p. 100; BARR, R.; PEASE, K. A place for every crime and every crime in its place: an alternative perspective on crime displacement, p. 198; FELSON, R. B. Routine activities and involvement in violence as actor, witness, or target, p. 218; WEISBURD, D.; GREEN, L. Measuring immediate spatial displacement: methodological issues and problems, p. 353-358.

[211] GIBBS, J. P. *Crime, punishment, and deterrence*, p. 3-18, 28 e 229; também próximos, AKERS, R. L. Rational choice, deterrence, and social learning theory in Criminology: the path not taken, p. 655; ERICKSON, M. L. et al. The deterrence doctrine and the perceived certainty of legal punishments, p. 306; PILIAVIN, I. et al. Crime, deterrence, and rational choice, p. 101; SALTZMAN, L. et al. Deterrent and experiential effects: the problem of causal order in perceptual deterrence research, p. 187. Com isso não pretendemos que a teoria clássica se reduza a uma (mera) *teoria da prevenção*. A teoria clássica prediz que as penas terão um *efeito preventivo geral* – e em menor medida *especial* – no delito.

[212] AKERS, R. L. Rational choice, deterrence, and social learning theory in Criminology: the path not taken, p. 655-657 e 670-675; GRASMICK, H. G.; BURSIK, R. J. Conscience, significant others, and rational choice: extending the deterrence model, p. 838; JEFFERY, C. R.; ZAHM, D. L. Crime prevention through environmental design, opportunity theory, and rational choice models, p. 344.

[213] BACHMAN, R. et al. The rationality of sexual offending: testing a deterrence/rational choice conception of sexual assault, p. 367.

[214] GRASMICK, H. G.; BURSIK, R. J. Conscience, significant others, and rational choice: extending the deterrence model, p. 839 e 841; WILLIAMS, K. R.; HAWKINS, R. Perceptual research on general deterrence: a critical overview, p. 559-568.

então, não só as possíveis sanções formais, mas muitos outros aspectos: sanções informais para ele ou pessoas próximas, remorso e sentimento de vergonha, avaliação moral do ato, entre outras.[215]

Assim, Paternoster e Simpson afirmam o seguinte: "As investigações passadas no geral se restringiram a uma consideração dos efeitos preventivos das ameaças de sanções formais [e por isso não encontraram efeitos preventivos significativos]. Isto é, enquanto se reconhece a relevância de outros custos potenciais de delinquir [...] não foram explicitamente incluídos em um teste integral de uma teoria da eleição racional"; assim como um modelo preventivo estrito, ou seja, um que inclua só sanções formais como variáveis, é incompleto.[216]

Tal proposição pode talvez ser aceita, mas com risco de se sair dos estritos limites da teoria clássica.[217] As teorias do controle social sobretudo predizem que esses controles sociais informais exerceram um efeito preventivo decisivo no delito. Uma teoria ampla que inclua *como decisivos* os controles sociais informais já não é possivelmente uma teoria clássica pura, que abarca elementos das teorias do controle e da aprendizagem.

Problemas semelhantes têm a ideia da eleição racional *limitada*. Essas teorias sugerem que o decisivo é que o delito se realize mediante uma *eleição racional* ou que se faça um balanço racional dos custos e benefícios. No entanto, alguns criminólogos se apressaram a esclarecer em seguida que essa racionalidade é limitada. Isso é algo plenamente aceitável – e que muitos compartiram legitimamente – como caracterização de uma teoria criminológica ou sobre a natureza humana.

Certos autores importantes afirmaram que a racionalidade humana é não limitada, como afirmam essas teorias, mas mínima quando nos referimos à prática de fatos delitivos.[218] O exemplo mais extremo é que às vezes se realizam atos delitivos

---

[215] PATERNOSTER, R.; SIMPSON, S. Sanction threats and appeals to morality: testing a rational choice model of corporate crime, p. 554-556.

[216] PATERNOSTER, R.; SIMPSON, S. A rational choice theory of corporate crime, p. 53; idem, Sanction threats and appeals to morality: testing a rational choice model of corporate crime, p. 552 (grifo suprimido) – na verdade eles se referem a uma teoria da eleição racional da delinquência corporativa, mas também afirmam que esta não constitui uma "teoria especial", Sanction threats and appeals to morality: testing a rational choice model of corporate crime, p. 551.

[217] AKERS, R. L. *Criminological theories*, p. 223; JEFFERY, C. R.; ZAHM, D. L. Crime prevention through environmental design, opportunity theory, and rational choice models, p. 346; PATERNOSTER, R. The deterrent effect of the perceived certainty and severity of punishment: a review of the evidence and issues, p. 213.

[218] PATERNOSTER, R.; SIMPSON, S. A rational choice theory of corporate crime, p. 55, n. 6; idem, Sanction threats and appeals to morality: testing a rational choice model of corporate crime, p. 553.

abertamente irracionais.[219] Trasler assinala que isso, em geral, é característico do comportamento humano e traz à colação o chamado *comportamento acrático*, no qual se reflete sobre os custos e benefícios de duas condutas alternativas, conclui-se que uma delas é preferível e ainda assim realiza a contrária, às vezes até sistematicamente. Um exemplo claro é o de pegar uma taça, apesar de julgar que seria preferível não fazê-lo. O mesmo autor acrescenta que tampouco é racional o comportamento de quem nunca delinque, já que às vezes, sem dúvida, vale a pena fazê-lo.[220]

Ainda que a decisão sobre a comissão de um delito fosse sempre racional, quase nunca se leva em conta que realmente se pode fazer uma estimação dos custos e benefícios que não seja arbitrária.[221] O delinquente, por exemplo, pode ter certa impressão sobre o dinheiro que leva uma vítima potencial, mas essa estimação tenderá a ser muito ao acaso. As decisões, pois, se fazem sob condições de uma grande ausência de *certeza*. Isso, naturalmente, é muito diferente de quem se propõe realizar um negócio, para o qual se costumam até realizar estudos prévios de mercado.

Se, para a teoria neoclássica, as decisões humanas têm um caráter subjetivo e limitado em parte por fatores cognitivos pessoais, entre outros, então é simplesmente difícil relegar, em segundo plano, as *diferenças individuais* entre as pessoas.[222] Alguns delinquentes, por exemplo, veem oportunidades para delinquir em todo lugar,[223] o que não ocorre com os indivíduos médios. Esse ponto é às vezes reconhecido por esses mesmos teóricos,[224] mas com isso podem estar aceitando também que é decisivo levar em conta que nem todo mundo é igual, justo o que mantêm as teorias tradicionais. A investigação criminológica contemporânea destacou a existência de inegáveis diferenças individuais entre as pessoas relacionadas com a criminalidade.

A natureza humana parece, com efeito, muito mais complexa.[225] Com isso não pretendemos sugerir que a teoria neoclássica não possa defender legitima-

---

[219] TITTLE, C. R. *Control balance*, p. 42; ZAFIROVSKI, M. The rational choice generalization of neoclassical economics reconsidered: any theoretical legitimation for economic imperialism?, p. 457. FELSON, M. *Crime and everyday life*, p. 54, reconhece que alguns delinquentes, com um autocontrole especialmente baixo, podem cometer delitos insignificantes e arriscados.

[220] TRASLER, G. Conscience, opportunity, rational choice, and crime, p. 312-314, o exemplo da taça é tomado de Elster.

[221] TRASLER, G. Conscience, opportunity, rational choice, and crime, p. 309.

[222] FARRINGTON, D. P. Individual differences and offending, p. 241-243 e 262-264; TRASLER, G. Conscience, opportunity, rational choice, and crime, p. 308 e 311.

[223] SHOVER, N. *Great pretenders*, p. 121.

[224] LAFREE, G.; BIRKBECK, C. The neglected situation: a cross-national study of the situational characteristics of crime, p. 76, n. 2.

[225] ZAFIROVSKI, M. The rational choice generalization of neoclassical economics reconsidered: any theoretical legitimation for economic imperialism?, p. 458.

mente seu ponto de vista, mas somente que parece *insuficiente* para explicar o delito de maneira plausível. Muitas vezes, a grande maioria das *teorias criminológicas tradicionais é coerente com as ideias de racionalidade limitada*.[226] Desse modo, mantém-se uma racionalidade firme, as teses neoclássicas parecem ter escasso apoio; porém, flexibiliza-se essa afirmação, então seus contornos com as outras teorias se desdobram notavelmente. Essas ideias fomentam que a teoria neoclássica possa favorecer enfoques integrados.[227]

A investigação empírica parece reforçar os raciocínios retroexpostos. De acordo com os enfoques neoclássicos mais ortodoxos, visto que é racional e corresponde a um balanço de custos e benefícios, o delito deveria valer a pena economicamente – ao menos para os que insistem em delinquir.[228] A investigação empírica sugere que o delito, em geral, não vale a pena e que a maioria dos delinquentes crônicos se veem tomados por uma cada vez maior acumulação de desvantagens.[229] Alguns delitos que podem ser rentáveis, em geral, também envolvem perigos muito sérios, até para a própria vida; um exemplo poderia ser a venda de drogas.[230] Ademais, tampouco *os gastos* – ou seja, para que os benefícios do delito – são muitas vezes racionais. Os delinquentes muitas vezes seguem o que se chama uma *vida como festa*, com muitos gastos em artigos suntuosos e atividades que não combinam muito bem com a ideia de racionalidade.[231] Em qualquer caso, diversas investigações encontraram um respaldo empírico importante para essas teorias.[232]

A crítica, sem dúvida, mais importante que receberam as teses da eleição racional – relacionada com a anterior – é que podem ser irrefutáveis.[233]

Permita-nos alguns exemplos. Seguindo o raciocínio das teorias das atividades habituais e do desenho do meio, é provável que, em condições normais, uma

---

[226] AKERS, R. L. Rational choice, deterrence, and social learning theory in Criminology: the path not taken, p. 661-663 e 675.
[227] TRASLER, G. Conscience, opportunity, rational choice, and crime, p. 319.
[228] Assim FREEMAN, R. B. The economics of crime, p. 3.551-3.553, que conclui que "o delito vale a pena ao menos no tocante ao que se obtém por horas".
[229] GOTTFREDSON, M. R.; HIRSCHI, T. *A general theory of crime*, p. 18-21; SAMPSON, R. J.; LAUB, J. H. *Crime in the making*, p. 136-137.
[230] FREEMAN, R. B. The economics of crime, p. 352, com efeito, coincide em que esse é um delito que produz benefícios econômicos.
[231] KATZ, J. *Seductions of crime*, p. 215-218; SHOVER, N. *Great pretenders*, p. 93-102.
[232] GRASMICK, H. G. et al. Testing the core empirical implications of Gottfredson and Hirschi's general theory of crime, p. 23-24.
[233] TITTLE, C. R.; PATERNOSTER, R. *Social deviance and crime*, p. 439. Em contrário, ECK, J. E.; WEISBURD, D. Crime places in crime theory, p. 5. Para uma crítica geral sobre as teorias da oportunidade, vide BIRKBECK, C.; LAFREE, G. Una revisión crítica de las teorías de las oportunidades para el delito, p. 18-29.

casa isolada no campo sofra um roubo? Por um lado, esses enfoques predizem que sim, porque o ladrão considerará que será difícil ser pego e que lhe será fácil se aproximar, entrar sem ser visto e sair antes que se chame a polícia. Por outro lado, predizem que não, já que as pessoas não passam habitualmente perto dessa casa durante suas atividades rotineiras – tampouco, pois, os ladrões –, de modo que nem sequer chegaram a saber que existe dita casa.[234] Um segundo caso é o seguinte: de acordo com as teorias da oportunidade, a redução destas últimas – colocar alarmes e cadeados, por exemplo, será decisivo para prevenir o delito. Nesses casos, o delinquente pode simplesmente abandonar sua ideia originária de delinquir – prevenção – ou buscar outro alvo menos protegido – deslocamento do delito. Como assinala perspicazmente Medina Ariza, as teorias racionais são coerentes com ambos os resultados: é lógico desistir se não se consegue o que se quer, e também é lógico buscá-lo em outro lugar, momento etc.[235]

Como se adiantou, existe uma polêmica sobre o alcance das teorias racionais e da oportunidade, e os críticos sustentam que essas têm um *âmbito limitado*.[236] Os críticos afirmam que, em geral, essas teorias são de aplicação a delitos bem mais leves, algo no que não estão de acordo os proponentes desse enfoque.[237] Também se estendeu à explicação de atos desviados em geral.[238]

Metodologicamente falando, os enfoques racionais – que procedem das ciências econômicas – trouxeram para a criminologia *modelos quantitativos muito sólidos* – ainda que naturalmente com suas próprias limitações –, procedentes, sobretudo, da Econometria, que trouxe com eles novas possibilidades e, em especial, avanços no teste de hipóteses muito complexas.[239] Também favoreceram o estudo qualitativo dos processos de decisão dos delinquentes, muitos dos quais são muito úteis, não só para a prevenção, mas também para a teoria etiológica. Não é demais insistir nisso.

Os enfoques racionais contribuíram para apresentar o delinquente como um indivíduo normal, assim como para destacar que quase qualquer um pode

---

[234] Vide FELSON, M. *Crime and everyday life,* p. 31 e 60.
[235] MEDINA ARIZA, J. J. El control social del delito a través de la prevención situacional, p. 307.
[236] TITTLE, C. R. *Control balance,* p. 26.
[237] FELSON, M. *Crime and everyday life,* p. 64 e 171-176; KENNEDY, L. W.; FORDE, D. R. Routine activities and crime: an analysis of victimization in Canada, p. 147-149; MARONGIU, P.; CLARKE, R. V. Ransom kidnapping in Sardinia, subcultural theory and rational choice, p. 196; MEDINA ARIZA, J. J. El control social del delito a través de la prevención situacional, p. 304.
[238] OSGOOD, D. W. et al. Routine activities and individual deviant behavior, p. 638-641 e 651.
[239] AKERS, R. L. Rational choice, deterrence, and social learning theory in Criminology: the path not taken, p. 654; SERRANO GÓMEZ, A.; SERRANO MAÍLLO, A. La paradoja del descubrimiento de la Criminología en España. Un capítulo, p. 1.650. As ciências econômicas também enriqueceram a Criminologia do ponto de vista teórico, CORNISH, D. Theories of action in Criminology: learning theory and rational choice approaches, p. 362.

incorrer em certos delitos se o acha vantajoso e que, de fato, quase todo mundo delinquiu *alguma vez ao longo de sua vida*. Medina Ariza escreve o seguinte: "Essas teorias também têm em comum uma visão menos demonizada ou patológica do delinquente que as teorias tradicionais".[240]

Entretanto, é esse enfoque muito distinto das teorias tradicionais. A criminologia tradicional considera, sem dúvida, que os delinquentes se distinguem da média dos indivíduos com base em determinadas variáveis,[241] porém daí não se infere que não sejam *normais*. Na verdade, quase qualquer grupo humano poderia se diferenciar nesse sentido. Para a criminologia tradicional a delinquência se concentra em determinados sujeitos, o mesmo que muitos outros comportamentos antissociais. A delinquência, pois, não se distribui normalmente. Assim, nenhuma das teorias que são descritas nesta Obra apresenta o delinquente como um sujeito *demoníaco* ou *enfermo*.[242] Não está claro que esses enfoques se situem ainda assim em uma criminologia do livre-arbítrio, muito menos determinista que a mais tradicional.[243]

---

[240] MEDINA ARIZA, J. J. El control social del delito a través de la prevención situacional, p. 288; também CORNISH, D. Theories of action in Criminology: learning theory and rational choice approaches, p. 365.
[241] LAUB, J. H. Data for positive Criminology, p. 56.
[242] AKERS, R. L. Rational choice, deterrence, and social learning theory in Criminology: the path not taken, p. 668.
[243] Assim, CLARKE, R. V.; FELSON, M. Introduction: Criminology, routine activity, and rational choice, p. 7; CORNISH, D. Theories of action in Criminology: learning theory and rational choice approaches, p. 355, vide também p. 372.

Capítulo 7

AS TEORIAS DA APRENDIZAGEM SOCIAL. AS TEORIAS DA ANOMIA E DA FRUSTRAÇÃO

I. AS TEORIAS DA APRENDIZAGEM SOCIAL

1. Origem das teorias contemporâneas da aprendizagem social

Sutherland propôs uma das teorias criminológicas mais conhecidas – a teoria da associação diferencial – a qual, no fundo, desenvolve uma ideia muito popular,[1] a do efeito criminógeno das más companhias. Essa explicação do delito manteve grande influência na criminologia e de fato foi objeto de inumeráveis análises empíricas, muitas das quais encontraram apoio para tal explicação, extensões e várias propostas de teorias integradas recorreram a ela.

A teoria da associação diferencial, em sua formulação originária, teve duas dificuldades básicas. A teoria recebeu outras críticas,[2] mas estas duas se encontram entre as mais devastadoras.

a) Em primeiro lugar, era demasiado imprecisa e não era fácil de testar empiricamente: assim, quem são e como se podem medir as *definições favoráveis à infração da lei?*;

b) Em segundo lugar, para Sutherland, o delito é um tipo de conduta que, como qualquer outra, *se aprende*. Contudo, o autor não explicava como operava a aprendizagem, *como se aprendia* a conduta.[3]

A moderna teoria da aprendizagem social proposta por Akers parte da de Sutherland e trata de completá-la e *melhorá-la* nesses dois e em outros aspec-

---

[1] LAUB, J. H. Apuntes de cátedra.
[2] GLUECK, S.; GLUECK, E. *Unraveling juvenile delinquency*, p. 168, n. 1.
[3] AKERS, R. L. *Criminological theories*, p. 74; AKERS, R. L.; SELLERS, C. S. *Criminological theories*, p. 83-84; BURGESS, R. L.; AKERS, R. L. A differential association-reinforcement theory of criminal behavior, p. 128-129; WARR, M. *Companions in crime*, p. 76-77.

tos.⁴ Para isso recorreu aos mais recentes avanços em matéria de aprendizagem, avanços aos quais Sutherland não teve acesso.

A fonte principal a que recorre a renovação da teoria da aprendizagem é o *condutismo*, ou a versão que Akers prefere denominar "condutismo débil".⁵ O condutismo ou behaviorismo é uma corrente de grande influência em psicologia e em outras ciências humanas e sociais desenvolvidas a partir de Watson, Skinner e, especialmente, ao que aqui nos interessa, Bandura. Essa corrente coloca especial ênfase em que *o comportamento é uma resposta a estímulos*, estímulos que podem proceder do próprio indivíduo ou de seu meio. Ao mesmo tempo, mantém-se que na aprendizagem desempenham papel decisivo o *sistema de ensaio-erro* e a *imitação*.⁶ Por exemplo, os sujeitos tenderiam a repetir as condutas que produziram resultados benéficos para eles – a criança que estuda e recebe um prêmio tenderá a seguir estudando se nada muda – e omitir as que resultaram contraproducentes – a criança que se comporta mal e é castigada tenderá, em geral, a se portar melhor.

De igual importância é a insistência do condutismo desde suas primeiras formulações no início do século XX, em que a psicologia e as ciências humanas em geral devem recorrer decididamente ao método científico próprio das ciências naturais, e se afastarem de metodologias subjetivas, introspectivas etc.

2. A associação com colegas delinquentes – um dos correlatos mais importantes do delito é a associação com iguais delinquentes

A investigação ou pesquisa criminológica destacou que os jovens delinquentes costumam ter amigos ou companheiros (iguais) entre si passando muito tempo juntos, costumando também a delinquir em sua companhia. Essa tendência se encontra muito mais latente que nos adultos,⁷ o que é também ló-

---

⁴ Akers, R. L. *Deviant behavior*, p. 39 e 41; idem, *Social learning and social structure: a general theory of crime and deviance*, p. 49; idem, *Criminological theories*, p. 74; Akers, R. L.; Sellers, C. S. *Criminological theories*, p. 84-85; Burgess, R. L.; Akers, R. L. A differential association-reinforcement theory of criminal behavior, p. 145.

⁵ Akers, R. L. *Deviant behavior*, p. 65; idem, *Criminological theories*, p. 75.

⁶ Vide Bandura, A. Influence of model's reinforcement contingencies on the acquisition of imitative responses, p. 593-595; Bandura, A. et al. Transmission of aggression through imitation of aggressive models, p. 575-580; assim como Akers, R. L. *Deviant behavior*, p. 42-43 e 62-65; idem, Social learning theory, p. 192; também uma versão menos atualizada, Burgess, R. L.; Akers, R. L. A differential association-reinforcement theory of criminal behavior, p. 132-137.

⁷ Farrington, D. P. The explanation and prevention of youthful offending, p. 97-98; Mccord, J.; Conway, K. P. Patterns of juvenile delinquency and co-offending, p. 15; Serrano Gómez, A. *Delincuencia juvenil en España*, p. 70-139, principalmente 79, 85-87 e 115-116; Warr, M. *Companions in crime*, p. 31-34.

gico ao considerar que os jovens costumam passar mais tempo em companhias de seus amigos e também fazer quase todas as coisas juntos.[8] Ainda que não exclusivamente, os chamados *bandos* costumam ser formados principalmente por jovens.[9] Com o passar do tempo, as pessoas tendem a permanecer menos tempo em companhia de seus amigos, neste caso de seus amigos delinquentes; mas também se dão conta de que dividir o fato criminoso com outros conduz a desvantagens; por exemplo, que o companheiro seja detido e as delate. Este último raciocínio é especialmente coerente com a teoria da aprendizagem social.

A *coparticipação delitiva* se refere precisamente ao fato de delinquir em companhia de outros indivíduos. Não importa repetir que os jovens, muito mais que os adultos, tendem de maneira predominante a delinquir em companhia de outros e que isso representa uma característica importante da delinquência juvenil. Isso pode conduzir a consequências muito importantes, como destacaram muitos criminólogos.

a) Se cada vez que um grupo de jovens comete um fato delitivo, são presos vários deles, é possível que se exagere a correlação entre idade e delito;

b) É possível que determinados delinquentes juvenis especialmente perigosos estimulem outro ou outros ao delito. Se não se prende e controla estes, mas os *acompanhantes*, o recurso a sanções pode ser inútil para controlar o delito, já que simplesmente se recrutariam novos companheiros.

c) O fato de delinquir em grupo em vez de sozinho pode estar relacionado com cometer mais delitos e tender a desenvolver carreiras delitivas mais longas e ativas. Os que delinquem em grupo podem ser mais perigosos que os que tendem a delinquir sozinhos, ao mesmo tempo em que podem estimular outros ao delito;

d) A codelinquência na idade juvenil pode interagir com figuras tradicionais do paradigma das carreiras criminais, como a idade de início de tais carreiras.[10]

Algumas das teorias que mais relevância outorgaram à influência causal dos amigos foram as da associação diferencial[11] e as da aprendizagem social – se

---

[8] Vigil, J. D. *Barrio gangs*, p. 56 e 62.
[9] Serrano Gómez, A. *Delincuencia juvenil en España*, p. 71 e 75, mas também 83; Vigil, J. D. *Barrio gangs*, p. 2, 99, Tabela 2 e p. 103-109.
[10] Mccord, J.; Conway, K. P. Patterns of juvenile delinquency and co-offending, p. 15-20 e 25-26; Reiss, A.; Farrington, D. P. Advancing knowledge about co-offending: results from a prospective longitudinal survey of London males, p. 360-380.
[11] Sutherland, E. H. *Principles of Criminology*, 3. ed., p. 4 principalmente.

bem que também consideram que é possível dar uma explicação unitária tanto à delinquência juvenil como à adulta.[12] Essas teorias insistem, então, no papel que os grupos de iguais desempenham na infração das normas. Entretanto, o fato de que os jovens delinquentes tendem a se relacionar com outros jovens que também são delinquentes – e isso ocorre, ainda que em menor medida, no caso dos adultos –, pode receber diversas explicações, nem todas elas consistentes com as hipóteses dessa teoria. Como acontece muitas vezes em criminologia, a disputa não se centra tanto nos fatos, que são aceitos majoritariamente, mas em sua interpretação.[13] Assim, seguindo Elliott e outros, existem diversas formas em que essa correlação pode ser explicada.[14]

a) pode ser que exista uma mesma causa tanto para a associação com delinquentes quanto para a comissão de fatos delitivos. Nesse sentido, ambos os fenômenos seriam "diferentes medidas da mesma coisa"[15] e não haveria relação causal entre elas;

b) é possível, em segundo lugar, e como sustentam as teorias da associação diferencial e da aprendizagem, que a associação com delinquentes iguais influa alguém a delinquir;

c) pode ser também que aqueles que delinquem tendam a se relacionar e conviver entre eles.

d) também se defendeu uma interação recíproca entre ambas as variáveis: ter amigos delinquentes impulsiona ao delito e a delinquir próximo de outros sujeitos que também o fazem;[16]

e) assim mesmo, talvez se pudessem distinguir vários tipos de delinquentes, sendo para cada um deles válida uma das hipóteses anteriores.[17]

Para as teorias da aprendizagem, primeiro alguém se agrupa com sujeitos que cumprem as normas ou não, e isso influi decisivamente em que seu próprio comportamento seja respeitoso ou desviado. Os grupos primários de iguais, no entanto, não se formam para realizar atividades delitivas, nem os sujeitos se unem

---

[12] SUTHERLAND, E. H. *The Sutherland papers*, p. 140.
[13] PATERNOSTER, R.; DEAN, C. W. et al. Generality, continuity, and change in offending, p. 231.
[14] ELLIOTT, D. S.; MENARD, S. Delinquent friends and delinquent behavior: temporal and developmental patterns, p. 29-33.
[15] ELLIOTT, D. S.; MENARD, S. Delinquent friends and delinquent behavior: temporal and developmental patterns, p. 29.
[16] THORNBERRY, T. P. Empirical support for interactional theory: a review of the literature, p. 201-205.
[17] ELLIOTT, D. S.; MENARD, S. Delinquent friends and delinquent behavior: temporal and developmental patterns, p. 62-63; ELLIOTT, D. S. et al., *Explaining delinquency and drug use*, p. 120-121.

de propósito a grupos que estejam envolvidos em comportamentos delitivos e desviados – ainda que isso possa acontecer excepcionalmente. O normal, afirma Akers, é que os grupos se formem, em primeiro lugar, baseados na atração mútua ou de circunstâncias tais como a residência no mesmo bairro. Isto é, que a formação dos grupos originariamente "tem pouco a ver diretamente com se ver envolvido em conjunto com algum tipo de comportamento desviado".[18] Um jovem pode andar desde o início em más companhias, mas o típico, segundo Akers, é que os grupos se formem mais aleatória e espontaneamente e logo, em alguns casos, se inclinam a delinquir.

3. A teoria da aprendizagem social

A. A proposta de Akers a nível micro ou individual – a teoria da aprendizagem de Akers é a mais conhecida em criminologia. Segundo esta, na delinquência intervém *variáveis que motivam* – que incitam ao delito – e *variáveis que controlam* – que o previnem: "A probabilidade de que o comportamento seja criminoso ou respeitoso das normas é uma função do equilíbrio dessas influências sobre o comportamento".[19] Tal proposição explica que essa teoria almeje a incluir variáveis procedentes de outras orientações teóricas e seja bem mais ampla.[20] Assim, ainda que a teoria recorra a processos e variáveis sociais, como é o caso destacável da família e dos grupos de iguais, também reconhece que é possível que existam diferenças individuais que influam no comportamento: "Pode existir uma base fisiológica para a tendência de alguns indivíduos (tais como os que são inclinados à busca de sensações), mais que outros, a considerar que certas formas de comportamento desviado são intrinsecamente gratificantes".[21] Com efeito, Akers deixa espaço a variáveis e construções procedentes de outros enfoques e teorias, e a sua acaba por ter a vocação de abarcar a todas as demais, até de absorvê-las. Quase poderia se assinalar que para Akers praticamente tudo é associação diferencial/aprendizagem.[22]

Akers considera que sua teoria não só é capaz de explicar o delito, mas, também, diversos comportamentos desviados, tais como o consumo de drogas, o abuso de álcool e até o suicídio e certas enfermidades mentais.[23]

---

[18] AKERS, R. L. *Criminological theories,* p. 80.
[19] AKERS, R. L. *Criminological theories,* p. 75.
[20] AKERS, R. L. A social behaviorist's perspective on integration of theories of crime and deviance, p. 27-34; idem, Self-control as a general theory of crime, p. 209-210; idem, *Criminological theories,* p. 38, 82, 141 e 162.
[21] AKERS, R. L. *Criminological theories,* p. 78.
[22] AKERS, R. L. A social behaviorist's perspective on integration of theories of crime and deviance, p. 27-34; idem, Self-control as a general theory of crime, p. 209-210; idem, *Criminological theories,* p. 38, 77, 82, 141 e 162, por exemplo.
[23] AKERS, R. L. *Deviant behavior,* p. 41, 73-75, 89-104, 111-120, 152-163, 299-306, 313-315 e 330-337.

O próprio Akers afirma que sua teoria repousa basicamente sobre quatro conceitos fundamentais: a associação diferencial, as definições, o reforço diferencial e a imitação – conceitos nos quais se deixa sentir a influência do condutismo.

a) A *associação diferencial* é o princípio de exposição a definições favoráveis ou desfavoráveis à infração ou respeito da lei. O balanço dessas definições influi na criminalidade dos sujeitos. Por exemplo, se um jovem se vê principalmente exposto a definições favoráveis à infração da lei, então haverá certa tendência para o delito. A exposição a essas definições tem lugar, principalmente, como no caso de Sutherland, nos grupos mais próximos ao sujeito – os *grupos primários* –, como é o caso da família ou amigos. Akers insiste nesses grupos não só porque expõem o indivíduo às definições de referência, mas porque também lhe propõem modelos a imitar e o submetem a um processo de *fortalecimento diferencial*. Junto aos grupos primários, também influem grupos de referência mais distantes, com os quais o jovem pode se identificar, e até meios como a televisão ou o cinema.

As associações podem ser mais influentes nos seguintes casos:

1. quanto mais cedo apareçam na vida das pessoas (*prioridade*);
2. quanto mais durem no tempo (*duração*);
3. quanto mais vezes ocorram (*frequência*); e
4. quanto mais próximas ou importantes sejam para o indivíduo as pessoas envolvidas na comunicação das definições (*intensidade*).

Na análise desse e dos seguintes conceitos pode ser observado, como Akers, que parte da teoria originária da associação diferencial busca completá-la e estendê-la.

b) As *definições* são as "atitudes ou significados próprios que alguém associa a um comportamento determinado".[24] Isso faz referência em como se define um determinado comportamento – por exemplo, um jovem que se encontra com seu grupo de amigos e se propõe a apedrejar uma casa em obras pode considerá-lo como um delito ou simplesmente uma travessura[25] –, como que justificando – por exemplo, pensa no fundo que não causa dano a ninguém, porque a casa ainda não está terminada[26] – ou como avalia moralmente o fato. Quanto mais desaprovem as definições de alguém sobre um determinado ato, mais difícil será que incorram nele; e, ao contrário, quanto mais o aprovem, mais provável será que o cometam.

Naturalmente, essas definições se desenvolvem mediante os processos de associação diferencial, imitação e fortalecimento diferencial. Akers chega a

---

[24] AKERS, R. L. *Criminological theories*, p. 76.
[25] WARR, M. *Companions in crime*, p. 1-2.
[26] SYKES, G. M.; MATZA, D. Techniques of neutralization: a theory of delinquency, p. 667-669.

afirmar que algumas dessas definições são tão intensas "que quase 'exigem' que alguém viole a lei",[27] como no caso de grupos antiabortistas com uma sólida convicção moral; ainda que se apresse em esclarecer que o normal é que se trate mais de tendências que podem se consumar sob determinadas circunstâncias.

c) No entanto, as tendências não são fixadas mediante a associação diferencial com grupos primários e outros mais distantes. No comportamento também influem as *vantagens e inconvenientes* que se pensa que o fato terá como consequência e os que realmente decorrem dele uma vez cometido. Akers denomina esse processo como *fortalecimento diferencial*. Sua influência se reflete na probabilidade de que alguém realize determinado fato pela primeira vez,[28] mas, especialmente é decisivo na *probabilidade de que alguém o repita* segundo o resultado da primeira experiência: um comportamento que foi exitoso tenderá a se repetir; outro que não o tenha sido, por exemplo, porque foi castigado, não. Em dito êxito desempenha papel importante a resposta que se obtenha do grupo de iguais. O autor se refere agora a quatro casos distintos:

1. *fortalecimento positivo*: um fato tenderá a se realizar ou se repetir quando conduz a resultados ou reações positivas, como quando se consegue – ou se espera conseguir – dinheiro ou a aprovação do grupo de iguais;
2. *fortalecimento negativo*: quando o resultado é evitar algo desagradável, como quando o fato evita um castigo que se ia receber com certeza;
3. *castigo direto*: quando as consequências de um fato sejam desagradáveis – impondo-lhe um castigo, por exemplo, tendendo a não o realizar ou repeti-lo; e
4. *castigo indireto*: quando a consequência de um fato é perder ou deixar de conseguir determinado prêmio ou situação agradável.

Claro que, quanto maior o fortalecimento de um comportamento e quanto mais frequentemente o reforce, maior a probabilidade de cometer o delito e, sobretudo, que o repita.

Aqui se observa certa influência das ideias da escola clássica.

Akers afirma que os reforços não têm por que ser necessariamente sociais, mas podem corresponder também a outras naturezas. Assim, por exemplo, os efeitos físicos negativos associados às drogas ou ao álcool – estados depressivos, mal-estar geral ou, em casos mais graves, síndromes de abstinência – costumam

---

[27] AKERS, R. L. *Criminological theories*, p. 77.
[28] Em obras recentes, AKERS insiste expressamente em que é também relevante para que um fato se realize pela primeira vez, *Criminological theories*, p. 78; HWANG, S.; AKERS, R. L. Substance use by Korean adolescents: a cross-cultural test of social learning, social bonding, and self-control theories, p. 40; AKERS, R. L. *Deviant behavior*, p. 43.

levar muitas pessoas a não abusar de ditas substâncias, ou não as consumir nunca. Isso é importante porque já é uma ideia também de Bentham.[29]

d) Também é possível a *imitação* de comportamentos semelhantes ou iguais aos que se observaram em outras pessoas ou através dos meios de comunicação ou do cinema. Para que o comportamento seja imitado, ou não, depende de questões tais como, quem é a pessoa em que se viu ou as suas consequências prováveis.[30]

Para Akers, contudo, a imitação tem importância para que se realize um fato delitivo ou desviado pela primeira vez – *aprender* que esse fato existe e como se realiza –, mas a partir do primeiro ato esse elemento perde importância.

Akers elabora sua teoria a partir desses elementos. Para a teoria, *o comportamento delitivo se aprende*, tal como quaisquer outros comportamentos. A concepção da aprendizagem que segue é que esse é um processo, e *um processo complexo*.[31] O primeiro fato delitivo, como mencionado tenderá a ocorrer quando prevaleçam as definições favoráveis à infração da lei, se querem imitar comportamentos delitivos e os benefícios reais ou esperados superem as desvantagens. Depois desse início, *as consequências do comportamento* em forma de benefícios ou, de castigos e prejuízos, *determinarão* que o comportamento em questão *se repita ou não* e com que frequência.[32]

Essa complexidade do processo de aprendizagem inclui a interação entre os conceitos anteriormente assinalados e o delito. De um lado, a associação diferencial, as definições, os reforços diferenciais e a imitação influem em que o delito se realize. Por outro lado, o próprio delito e seu resultado levam ao mesmo tempo em muitos desses elementos. Assim, o balanço de vantagens e inconvenientes que se relacionam com um comportamento pode se ver alterado se sua realização traz consequências desastrosas ou, pelo contrário, muito benéficas. O mesmo acontece com a sua definição. Por exemplo, um sujeito pode sair nos fins de semana e dirigir com habilidade sob os efeitos do álcool, mas, se sofre um acidente – até leve –, é possível que a partir desse momento considere que os inconvenientes de tal conduta excedem em muito os benefícios. Também a valoração moral de dito comportamento pode passar a ser abertamente negativa etc. Como pode ser observado por meio desses casos hipotéticos, os mecanismos de aprendizagem

---

[29] BENTHAM, J. *The principles of morals and legislation*, p. 25.
[30] Sobre a teoria em geral, AKERS, R. L. *Deviant behavior*, p. 40 e 43-52; idem, *Social learning and social structure: a general theory of crime and deviance*, p. 50-56 e 60-87; idem, *Criminological theories*, p. 76-79; idem, Social learning theory, p. 194-196; AKERS, R. L.; SELLERS, C. S. *Criminological theories*, p. 85-90; BURGESS, R. L.; AKERS, R. L. A differential association-reinforcement theory of criminal behavior, p. 137-144.
[31] AKERS, R. L. *Criminological theories*, p. 79.
[32] AKERS, R. L. *Criminological theories*, p. 79-80; idem, Social learning theory, p. 196-198.

que entram em jogo na etiologia dos comportamentos desviados e delitivos são os mesmos que para qualquer tipo de conduta em geral.[33]

B. *O modelo da estrutura social e a aprendizagem social* – como facilmente se pode comprovar, a teoria descrita até agora é construída a nível micro ou individual: utiliza variáveis referidas a sujeitos e explica o comportamento individual de pessoas concretas. Todavia, Akers também tratou de incorporar à sua teoria variáveis de *nível macro*.[34] A extensão refere-se a variáveis estruturais que têm efeito indireto no comportamento dos indivíduos concretos, isto é, que afetam as variáveis da associação diferencial, as definições, o fortalecimento diferencial e a imitação. Akers fala do *modelo da estrutura social e da aprendizagem social* (*SSSL*).[35]

Também aqui Akers propõe o recurso a quatro dimensões:

a) A *organização diferencial*[36] faz referência a variáveis estruturais, tais como a "composição da idade" ou "a densidade de população", os quais influem nos *índices de delinquência de uma sociedade* – que é um resultado também macro;[37]

b) Cada indivíduo se encontra situado em um determinado setor da estrutura social, e Akers se refere a isso com o termo *localização diferencial na estrutura social*. Como exemplos propõe a classe social, o sexo, a idade, a raça etc.;

c) Também se incorporam características que diversas teorias propuseram como fatores criminógenos a nível social, como é o caso da anomia, a desorganização social, o patriarcalismo etc. Trata-se agora de *variáveis estruturais definidas por teorias*. Como se vê, Akers propõe a *integração* de várias teorias estruturais com a teoria da aprendizagem;[38]

d) Por último, com a ideia de *localização social diferencial* se mencionam as relações e pertinência do indivíduo a determinados grupos sociais primários e de referência.

---

[33] AKERS, R. L. *Criminological theories*, p. 80.
[34] BURGESS, R. L.; AKERS, R. L. A differential association-reinforcement theory of criminal behavior, p. 130.
[35] Sobre a teoria em geral, AKERS, R. L. *Deviant behavior*, p. 65-69; idem, *Social learning and social structure: a general theory of crime and deviance*, p. 322-341; idem, *Criminological theories*, p. 81; idem, Social learning theory, p. 198-199; AKERS, R. L.; SELLERS, C. S. *Criminological theories*, p. 90-91.
[36] Vide CRESSEY, D. R. The theory of differential association: an introduction, p. 3; SUTHERLAND, E. H. *Principles of Criminology*, 4. ed., p. 8-9.
[37] JENSEN, G. F. AKERS, R. L. Taking social learning global: micro-macro transitions in Criminological theory, p. 25-32.
[38] AKERS, R. L. *Deviant behavior*, p. 67-69; idem, *Criminological theories*, p. 82.

A teoria trata dessa maneira de superar a tradicional omissão que muitas teorias criminológicas clássicas faziam dos fatores de nível macro. A teoria supõe que todo esse emaranhado estrutural influirá na delinquência, mas de maneira indireta: influi na probabilidade de que um sujeito se veja exposto a definições favoráveis à infração das normas, a que as definições que desenvolve sejam também em dito sentido, nos modelos de potencial imitação.[39]

Uma notável polêmica é se as teorias da associação diferencial e da aprendizagem são *teorias culturais* ou não. Essas teorias sugerem que elementos culturais da sociedade e, sobretudo, de certos grupos dentro da sociedade favorecem a prática de fatos delitivos, e nesse sentido falam de subculturas. Nas ciências humanas e sociais, e em criminologia especificamente – apesar da terminologia que empregaram alguns autores –, houve escassas teorias que puderam ser consideradas culturais ou subculturais no sentido de que certos grupos compartilhassem uma cultura *distinta* da geral da sociedade em um modo relevante.

A investigação empírica também foi clara em assinalar que os delinquentes não têm uma cultura ou alguns valores distintos dos gerais da sociedade, e que eles mesmos consideram também que os comportamentos que realizam são moralmente incorretos. Um dos exemplos mais conhecidos são as teorias que se centravam em uma suposta *cultura das classes baixas ou da pobreza*.

As teorias da associação diferencial e da aprendizagem afirmam que os indivíduos propensos a delinquir são, entre outros, aqueles que estão imersos em grupos primários, com seus atos e definições lhes comunicam a vantagem de delinquir reforçando, desse modo, com sua atitude os próprios atos delitivos e desviados do sujeito.

A questão vem a ser, portanto, se esses grupos têm valores de alguma forma distintos – favoráveis ao delito – da sociedade geral. Ainda que seguramente tenha lugar para discussão, certas passagens em Sutherland e outros autores parecem apontar inequivocamente a essa ideia.[40] Diversos críticos consideraram que, trata-se de teorias culturais e, por conseguinte, lhes aplicaram as críticas que vinham. Akers respondeu que as teorias da aprendizagem não são teorias culturais, ao menos no sentido em que os críticos as definiram.[41] Na verdade,

---

[39] AKERS, R. L. *Deviant behavior*, p. 54-57; idem, *Criminological theories*, p. 82.
[40] AKERS, R. L. *Deviant behavior*, p. 50-51; SCHUESSLER, K. Introducción a E. H. Sutherland, p. xxv-xxx; SUTHERLAND, E. H. *Principles of Criminology*, 3. ed., p. 7-8. Aqui se pode talvez invocar a influência de SELLIN em SUTHERLAND, posto que ambos haviam trabalhado juntos, e, ao que parece, estavam unidos por certa amizade.
[41] AKERS, R. L. Is differential association/social learning cultural deviance theory?, p. 241-243; idem, *Social learning and social structure: a general theory of crime and deviance*, p. 90.

esse autor atribui tal postura a mal-entendidos em que incidiram os críticos e à sua falta de rigor.[42]

Mais esclarecedora é a explicação de Elliott e seus seguidores, que, depois de revisar um bom número de investigações ou pesquisas, especialmente etnografias, esclarecem que é possível compartilhar os valores majoritários da sociedade, incluindo a refutação do delito, e, ao mesmo tempo, favorecê-lo e reforçá-lo, por exemplo, porque se acredita que não há outra solução, dadas as condições de vida que lhes corresponderam como grupo ou, que em tais casos extremos, não são de aplicação ou são irrelevantes os valores morais majoritários.[43] É uma explicação plausível de como pode operar a associação diferencial. Apesar de que, ao compartilhar os valores majoritários e expulsar o delito, como defender, ainda que seja possível, que a cultura desempenhe certo papel nas teorias da aprendizagem, uma vez que, não se trata de teorias culturais no estrito sentido do termo, como vimos defender o próprio Akers.

4. *Avaliação*

A. A teoria da aprendizagem recebeu grande apoio empírico por parte de diversas pesquisas.[44] Por exemplo, Elliott e Menard estudaram qual era a hipótese temporal mais verossímil sobre a relação entre delinquir e ter amigos delinquentes e constataram que a evidência favorecia a sequência prognosticada pela teoria da aprendizagem – ainda que a evidência não fosse absolutamente unívoca.[45]

Akers e Hwang estudaram essa e outras teorias utilizando dados de autoinformação sobre o consumo de álcool e tabaco em adolescentes da Coreia do Sul,[46] concluindo que a teoria da aprendizagem recebe sólido apoio empírico.[47] Com esse estudo, os autores também abordaram que a teoria da aprendizagem pode ser generalizada a outros países socioculturais distintos daqueles dos quais essa teoria foi originalmente formulada – especificamente os Estados Unidos da

---

[42] AKERS, R. L. Is differential association/social learning cultural deviance theory?, p. 232-241 e 243-244; idem, *Social learning and social structure: a general theory of crime and deviance*, p. 92-101 e 103-105. Uma resposta em HIRSCHI, T. Theory without ideas: reply to Akers, p. 250 e 253-255.

[43] ELLIOTT, D. S. et al. *Explaining delinquency and drug use*, p. 43-48.

[44] Vide AKERS, R. L. *Criminological theories*, p. 84-90; idem, *Social learning and social structure: a general theory of crime and deviance*, p. 117-126 e 341-369; idem, Social learning theory, p. 199-202; AKERS, R. L.; SELLERS, C. S. *Criminological theories*, p. 92-101.

[45] ELLIOTT, D. S.; MENARD, S. Delinquent friends and delinquent behavior: temporal and developmental patterns, p. 63.

[46] Sobre a metodologia, HWANG, S.; AKERS, R. L. Substance use by Korean adolescents: a cross-cultural test of social learning, social bonding, and self-control theories, p. 43-47.

[47] HWANG, S.; AKERS, R. L. Substance use by Korean adolescents: a cross-cultural test of social learning, social bonding, and self-control theories, p. 47-55.

América do Norte.⁴⁸ Estudo semelhante realizado em Taiwan também encontrou apoio empírico para a teoria da aprendizagem social.⁴⁹

Como assinalou, entre outros, Warr,⁵⁰ a maior parte dessa evidência favorável à teoria da aprendizagem social se baseia em estudos realizados sobre delitos bem mais leves. Isso pode representar uma séria limitação.

Sellers e seus seguidores forneceram dados de autoinformação a 1.826 estudantes universitários norte-americanos lhes perguntando sobre a utilização da violência com seus amigos. Segundo os autores, a vantagem desse estudo se baseia em um determinado tipo de delito de certa gravidade e, principalmente, se é realizado fora da presença do grupo de amigos – quando a maioria dos testes da teoria da aprendizagem social se refere a delitos cometidos em grupo.⁵¹ Os pesquisadores afirmam o seguinte: "Observamos apoio *misto* para a teoria da aprendizagem social de Akers".⁵² Apesar dessa afirmação, a verdade é que, para os *standards* habituais das avaliações empíricas das teorias, o apoio que recebe a teoria de Akers neste trabalho é, a nosso ver, bom.⁵³ Outra das descobertas mais sólidas foi a grande diferença que existe em razão do sexo dos agressores: os homens são muito mais violentos nas relações íntimas, mas, todavia, essa variável desempenha um papel interativo.⁵⁴

Interessante é também a advertência de Agnew. Para esse autor, as investigações sobre os efeitos de amigos delinquentes na criminalidade – nos quais se basearam grande parte dos testes das teorias da aprendizagem – não foram realizadas adequadamente, mas de maneira muito "simplista".⁵⁵ O problema é

---

[48] HWANG, S.; AKERS, R. L. Substance use by Korean adolescents: a cross-cultural test of social learning, social bonding, and self-control theories, p. 39 e 55. Vide também AKERS, R. L.; JENSEN, G. F. Social learning theory and the explanation of crime: a guide for the new century, p. 3 e 6; WANG, S.-N.; JENSEN, G. F. Explaining delinquency in Taiwan: a test of social learning theory, p. 75 e 80-81.

[49] WANG, S.-N.; JENSEN, G. F. Explaining delinquency in Taiwan: a test of social learning theory, p. 75-79 e 80; também aqui se recorreu a jovens estudantes, mas com medidas de delitos mais graves, p. 73, por exemplo.

[50] SELLERS, C. S. et al. Social learning theory and courtship violence: an empirical test, p. 121; WARR, M. *Companions in crime*, p. 78.

[51] SELLERS, C. S. et al. Social learning theory and courtship violence: an empirical test, p. 121 e 115-117 sobre a metodologia.

[52] SELLERS, C. S. et al. Social learning theory and courtship violence: an empirical test, p. 119 (grifo nosso) – "misto" quer dizer parcial, que a evidência apoia a teoria, mas só em parte e de maneira incompleta.

[53] Vide SELLERS, C. S. et al. Social learning theory and courtship violence: an empirical test, p. 119 e 121.

[54] SELLERS, C. S. et al. Social learning theory and courtship violence: an empirical test, p. 117 e 119 e 123.

[55] AGNEW, R. The interactive effects of peer variables on delinquency, p. 47.

que ignoraram diversas variáveis e interações que poderiam ser decisivas para a existência e magnitude do efeito dos amigos delinquentes e para saber sob quais condições opera ou não.[56]

B. Dentro desse apoio empírico é praxe trazer à colação alguns programas de prevenção, controle do delito e de reabilitação de delinquentes, os quais se mostraram exitosos e promissores, baseando-se nos princípios das teorias da aprendizagem social.[57] Após uma época de desconfiança nesses programas, nos últimos anos foram observados avanços importantes no âmbito da reabilitação ou ressocialização de delinquentes.

O resultado da prevenção e do tratamento que deve ser avaliado no estrito âmbito criminológico é, tão somente, a redução do delito ou da criminalidade dos sujeitos, ainda que um programa se atenha em outros objetivos. Garrido Genovés afirma que "a intervenção nas prisões é necessária, do ponto de vista do *bem-estar dos detentos*, da sociedade, e *dos próprios trabalhadores penitenciários*".[58]

Na Espanha, o tratamento penitenciário recebeu algumas críticas ideológicas, pois alguns autores entenderam que a *ressocialização* pode ser convertido em uma espécie de doutrinamento do delinquente em alguns valores, podendo ser majoritários, não sendo compartilhado e, no fundo, poderia atribuir toda a responsabilidade do fato ao sujeito, e não à sociedade, esquecendo a parte que corresponderia a essa, contribuindo para a manutenção do *status quo*.[59]

Mesmo que refletir e persistir sobre os direitos dos delinquentes, em especial dos detentos, essa crítica não parece muito aceitável, uma vez que, a ressocialização almeja a inserção do delinquente à sociedade, sem necessidade de recorrer ao delito, não se aplicando coativamente.[60]

Esses problemas parecem ser promissores e sugerem uma contribuição para a redução da reincidência. É imprescindível avaliar os programas dessa natureza mediante experimentos com destinação aleatória, representando, nas palavras de Weisburd, o *padrão de ouro* no estabelecimento de relações causais e, portanto,

---

[56] AGNEW, R. The interactive effects of peer variables on delinquency, p. 68-69.
[57] AKERS, R. L. *Criminological theories*, p. 90-96; idem, Social learning theory, p. 202-206.
[58] GARRIDO GENOVÉS, V. Intervención y tratamiento de los delincuentes hoy: hechos y esperanzas. Particular referencia a los delincuentes juveniles, sexuales, psicópatas y drogadictos, p. 95 (grifos nossos).
[59] MUÑOZ CONDE, F. La resocialización del delincuente. Análisis y crítica de un mito, p. 390-397. Uma resposta em GARRIDO GENOVÉS, V. Intervención y tratamiento de los delincuentes hoy: hechos y esperanzas. Particular referencia a los delincuentes juveniles, sexuales, psicópatas y drogadictos, p. 96-102.
[60] Vide, contudo, FISHBEIN, D. H. *Biobehavioral perspectives in Criminology*, p. 105.

em avaliação.[61] Assim sendo, os resultados parecem muito promissores,[62] ainda que não seja realista em ciências humanas e sociais, não podendo esperar efeitos espetaculares.

Aos efeitos que mais nos interessam agora, esses programas promissores são coerentes com as teorias da aprendizagem social. Um dos principais peritos na matéria afirma que: "Esses estudos são consistentes com teorias que unem atitudes e associações antissociais com a delinquência. Portanto, a investigação no âmbito da correção proporciona um forte apoio às teorias da associação diferencial e da aprendizagem social".[63]

C. *Existe a crença, com algum apoio dos cientistas e, sobretudo a nível popular*,[64] de que os jovens que sofreram violência, agressões ou até abusos sexuais dentro da família, tendem a incidir nestes comportamentos quando maiores, em suas próprias famílias. Essa hipótese é coerente com as teorias da aprendizagem social,[65] e, também, outras teorias, como, por exemplo, a da tensão. Nesses casos pode-se indagar que os jovens são expostos a definições favoráveis à realização desses comportamentos, e que desses não derivam consequências negativas para seus autores – visto que esses atos poderiam a não transcender.

Embora a ideia goza de certo apoio, baseando-se, segundo Widom, em poucos estudos empíricos e, em geral, não muito sólidos metodologicamente.[66] Essa ideia realizou uma revisão de ditos estudos e chegou à conclusão de que *não existem evidências de tal transmissão intergeneracional da violência*.[67] A exceção foi que, talvez, "o abuso pode levar a um comportamento autoabusivo e autodestrutivo em alguns indivíduos".[68]

---

[61] BLUMSTEIN, A.; COHEN, J.; NAGIN, D. *Report of the panel*, p. 12; FARRINGTON, D. P. The explanation and prevention of youthful offending, p. 112; idem, Explaining and preventing crime: the globalization of knowledge, p. 2; UGGEN, C. Work as a turning point in the life course of criminals: a duration model of age, employment, and recidivism, p. 531.

[62] BORDUIN, C. M.; SCHAEFFER, C. M. Violent offending in adolescence: epidemiology, correlates, outcomes, and treatment, p. 165.

[63] CULLEN, F. T. et al. What correctional treatment can tell us about criminological theory: implications for social learning theory, p. 351, vide também p. 353-354.

[64] KAUFMAN, J.; ZIGLER, E. Do abused children become abusive parents?, p. 186.

[65] WIDOM, C. S. The intergenerational transmission of violence, p. 138.

[66] WIDOM, C. S. The intergenerational transmission of violence, p. 138-143.

[67] WIDOM, C. S. The intergenerational transmission of violence, p. 147-148, 152, 154, 177 e 180-183. Uma conclusão próxima em KAUFMAN, J.; ZIGLER, E. Do abused children become abusive parents?, p. 190.

[68] WIDOM, C. S. The intergenerational transmission of violence, p. 175. Deve-se advertir, contudo, que novas investigações encontraram evidência empírica favorável à dita hipótese, idem, 1995: 255-256; WIDOM, C. S.; MAXFIELD, M. G. An update of the "cicle of violence", p. 1-2.

Um caso similar se refere à violência doméstica quando se é pequeno. Nesses casos as descobertas, segundo a revisão de Widom, são "francamente consistentes, mas modestas",[69] no sentido de que certamente existiria certa correlação entre a observação de ditos comportamentos e a delinquência futura. Entretanto, a própria autora volta a chamar a atenção sobre as sérias dificuldades metodológicas dos estudos tornando-as inconclusivas.[70]

Uma recente pesquisa colocou em dúvida da existência de tal relação quando se controlam as amizades – delitivas – do jovem. Sugere-se que aqueles que presenciam violência doméstica podem ter certa tendência a se relacionar com outros jovens que também foram testemunhas de violência familiar masculina.[71] Com isso, parece se favorecer certa influência indireta. Finalmente, na transmissão dessas condutas poderia haver importantes diferenças de sexo, no sentido de que a influência existira, mas em especial no caso das mulheres.[72]

D. Uma das críticas tradicionais[73] em relação às teorias da associação diferencial e da aprendizagem é que os comportamentos antissociais começam em idades muito prematuras, persistindo os problemas sociais e delitivos até a idade adulta.

II. A TEORIA DA ANOMIA

1. A anomia em Durkheim

A primeira formulação da teoria da anomia aparece em *O suicídio*, de *Durkheim*, uma obra publicada no final do século XIX. Essa é uma das obras fundamentais das ciências humanas e sociais, tanto teórica como metodologicamente, e de fato é considerada um dos pilares sobre os quais se ergueram nossas disciplinas.

Em especial, Durkheim desejava explicar que o comportamento humano não só depende do livre-arbítrio, mas se encontra, ao menos em parte, determinado por forças que se encontram fora de seu controle e que até têm uma natureza social, ou seja, independentemente de sua pessoa. A tese é que existem forças

---

[69] WIDOM, C. S. The intergenerational transmission of violence, p. 179.
[70] WIDOM, C. S. The intergenerational transmission of violence, p. 180; idem, The cycle of violence, p. 253.
[71] SILVERMAN, J. G.; WILLIAMSON, G. M. Social ecology and entitlements involved in battering by heterosexual college males: contributions of family and peers, p. 154-155, 157 e 159-160, 160 principalmente.
[72] CECIL, D. K. 2003. Conferencia pronunciada en el Departamento de Derecho Penal y Criminología de la UNED; SIEGEL, J. A. Aggressive behavior among women sexually abused as children, p. 247-251.
[73] GLUECK, S. A critical look at differential association theory, p. 374-375; GLUECK, S.; GLUECK, E. *Unraveling juvenile delinquency*, p. 168, n. 1.

sociais que influem no comportamento humano. O autor elegeu o suicídio, já que esse comportamento tão radical parece intuitivamente depender única e exclusivamente de uma decisão pessoal. Recorrendo a estatísticas oficiais, Durkheim constatou que o número de suicídios de cada ano e em diversas regiões não varia aleatoriamente de um ano a outro, mas segue algumas tendências explicáveis a nível social e previsíveis.[74]

Com efeito, Durkheim verificou que certos fatores sociais possuem influência agravante sobre as taxas de suicídios, como as crises econômicas, mas também, as épocas de aumento inesperado de bem-estar elevam tal cifra. Por esse motivo, raciocina o autor, não pode ser a penúria o que explica o aumento dos suicídios, já que, "se as mortes voluntárias aumentassem quando a vida fica mais difícil, deveriam diminuir sensivelmente quando o bem-estar aumenta".[75]

Durkheim sugeriu que, o que verdadeiramente afeta o suicídio é uma situação que denominou *anomia*, quer dizer, *ausência de normas*, e é resultante de tais conjunturas: "Somente quando a sociedade está perturbada, seja por crises dolorosas ou felizes, por transformações demasiado súbitas, é transitoriamente incapaz de exercer esta ação [de limite *social* às aspirações humanas]; e é aqui de onde vêm essas bruscas ascensões da curva dos suicídios".[76]

No mundo moderno, em face das sociedades basicamente agrícolas europeias anteriores ao século XIX, ocorreram mudanças muito rápidas e radicais, levando as pessoas a desconfiar das normas que regem sua conduta ao longo de sua vida, tampouco manter suas expectativas, sua visão do mundo etc., causando uma espécie de sentimento passageiro, perdendo, dessa forma, o sentido da vida.

O enfraquecimento de "todo um sistema de valores morais" – em especial a religião – também desempenhou um papel nesse cenário, visto que agora não se pode mais moderar e controlar tais disfunções:[77] "O mal-estar que sofremos [...] atesta, não só uma miséria econômica crescente, mas uma alarmante miséria moral".[78] Diante desse panorama ocasionado por forças a nível social, o indivíduo se questiona se sua vida tem sentido e se pode tomar a decisão de se suicidar.

A proposição de Durkheim é claramente *funcionalista*: a estrutura de uma sociedade, em vez de os distintos elementos que a constituem, se inter-relacionam

---

[74] DURKHEIM, E. *El suicidio*, p. 141 e ss. e 224 e ss., distingue outros tipos de suicídios como o egoísta e o altruísta; "o suicídio egoísta procede de que os homens não percebem a razão de estar na vida; o suicídio altruísta, de que essa razão lhes parece estar fora da própria vida; a terceira classe de suicídio [...] de que sua atividade está desorganizada e do que por essa razão sofrem", p. 227.

[75] DURKHEIM, E. *El suicidio*, p. 257.

[76] DURKHEIM, E. *El suicidio*, p. 269.

[77] DURKHEIM, E. *El suicidio*, p. 272-278.

[78] DURKHEIM, E. *El suicidio*, p. 434; vide assim mesmo e em geral p. 323-358.

sem graves atritos, harmonizando-se de maneira *disfuncional* ou anômica. Recorre a forças de nível social para explicar comportamentos personalíssimos, aplicando a metodologia quantitativa própria das ciências naturais. À vista disso, Durkheim deve ser considerado como um dos fundadores das ciências sociais e da criminologia especificamente.

A queda do sistema de socialismo real no final de 1980, provocou uma série de grandes e rápidas mudanças nos países do leste da Europa. Com isso, experimentaram aumentos espetaculares e vertiginosos em seus índices de delinquência.

Nessa trilha, diversos autores realizaram rigorosos estudos para determinar esses índices e sua evolução nas últimas duas ou três décadas. Kury, por exemplo, recorre a dados oficiais e pesquisas de vitimização, assim como, a estudos de outros criminólogos, concluindo que o delito aumentou de maneira muito considerável desde a queda dos regimes socialistas. Esses países vinham sofrendo taxas de delito muito baixas em relação às das nações europeias ocidentais, ao menos oficialmente. Com a mudança de regime, os índices dispararam em muito pouco tempo, e o autor concluiu que tais índices se aproximam muito às demais nações europeias ou até os alcançaram.

Kury, de tal modo, insiste muito nas grandes dificuldades que conduzem a medição do delito, especialmente em âmbitos que carecem de uma tradição democrática, assim como nas cautelas que é mister observar.[79]

Segundo esse criminólogo, a queda de ditos regimes

> [...] ocasionou mudanças em todos os níveis [...] o que afetou amplamente os cidadãos, exigindo-lhes enorme grau de adaptação. Essa ruptura do quadro social de forma rápida e drástica resultou consequências inevitáveis com a transição de um sistema social comunista-socialista a outro capitalista e de livre concorrência. A retirada do Estado impôs o mais exigente grau de autorresponsabilidade. Para um povo educado de uma maneira completamente diferente, isso representava uma sobrecarga nada familiar, provocando sentimento de insegurança.[80]

Diante disso, os cidadãos e até o próprio Estado se viram incapazes de se adaptar com a mesma velocidade às mudanças que ocasionou experiências

---

[79] Kury, H. Victims of crime – Results of a representative telephone survey of 5.000 citizens of the former Federal Republic of Germany, p. 185-191; idem, Desarrollo de la delincuencia en Europa oriental y occidental. Una comparación entre diferentes países, p. 603-638, 643-644 e 648-649, com mais detalhes.

[80] Kury, H. Desarrollo de la delincuencia en Europa oriental y occidental. Una comparación entre diferentes países, p. 599-600.

novas, por exemplo, desemprego em massa, artigos de consumo procedentes do Ocidente, os quais careciam de meios econômicos necessários para adquiri-los.[81]

A tradição da teoria da anomia oferece uma explicação teórica plausível neste caso: diante de uma mudança repentina, dificilmente as pessoas se adaptam de forma rápida, causando sentimento de insegurança e de falta de confiança nas normas. Portanto, tais fatores podem estar relacionados com o aumento dos índices de delinquência.

Kury utiliza-se dessa teoria afirmando que "a recente situação de anomia nos países do leste da Europa teve muito a ver com o claro aumento da delinquência que demostram", acrescentando, ainda, que, "como os fatores criminógenos não conduzem de maneira automática e direta a um incremento da delinquência, suas determinantes são extremamente difíceis de definir".[82]

2. A teoria da anomia institucional

Alguns autores apresentam algumas causas pelas quais os Estados Unidos da América sofrem taxas de delito tão altas. Trata-se, pois, de enfoques macro que recorrem a variáveis dessa natureza para explicar níveis de delinquência e suas tendências ao longo do tempo. Para tal fim recorrem agora à rica tradição da teoria da anomia. A ideia de que *a cultura norte-americana favorece o delito* remonta na criminologia ao menos a Merton[83] e goza hoje de um grande prestígio. Messner e Rosenfeld, nessa linha, explicam que as taxas de delito dos Estados Unidos são, desde a II Guerra Mundial, muito mais elevadas que nas demais nações ocidentais.[84]

---

[81] KURY, H. Desarrollo de la delincuencia en Europa oriental y occidental. Una comparación entre diferentes países, p. 600-603.

[82] KURY, H. Desarrollo de la delincuencia en Europa oriental y occidental. Una comparación entre diferentes países, p. 649, vide também 602-603; o mesmo autor esclarece que na antiga República Democrática Alemã, por exemplo, existia um nível elevado de controle social informal ou uma maior densidade policial, cuja diminuição também desempenhou algum papel nesses acontecimentos, Victims of crime – Results of a representative telephone survey of 5.000 citizens of the former Federal Republic of Germany, p. 210.

[83] MERTON, R. K. Social structure and anomie, p. 672-673; idem, *Social theory and social structure*, p. 175 e 185-186.

[84] MESSNER, S. F.; ROSENFELD, R. *Crime and the American dream*, p. 18-23 – as diferenças podem possivelmente remontar até antes da Segunda Guerra Mundial, p. 23-25; ROSENFELD, R.; MESSNER, S. F. Crime and the American dream: an institutional analysis, p. 160-161. Ainda que os autores reconheçam que não é possível fazer estimações nem comparações internacionais a respeito dos chamados delitos de colarinho-branco – se bem que parecem se referir aos delitos ocupacionais –, parecem sugerir que eles se encontram muito difundidos nos Estados Unidos e que possivelmente sejam mais frequentes que em outras nações, MESSNER, S. F.; ROSENFELD, R. *Crime and the American dream*, p. 1-2 e 26-28; ROSENFELD, R.; MESSNER, S. F. Crime and the American dream: an institutional analysis,

Para esses autores, o acima afirmado representa um dado empírico básico que qualquer teoria deveria explicar, só que as teorias tradicionais lhe foram escassamente sensíveis por duas razões:

a) em primeiro lugar, denominam com bastante critério que o "traço individualista da criminologia contemporânea", ou seja, as teorias tradicionais se centraram na explicação do comportamento delitivo dos indivíduos – ou na resposta a perguntas do tipo "por que delinquem?"; "por que alguns delinquem mais que outros?" – e no das taxas de delitos dos distintos países – "por que existe um determinado índice de delito em um país?"; "Que razões explicam as variações e tendências de tal índice?";

b) em segundo lugar, porque as teorias tradicionais concentraram-se nas formas menos graves do comportamento humano, diante de homicídios ou roubos com violência e à mão armada, por exemplo.[85]

Para esses autores, as mesmas virtudes que são veneradas pela sociedade norte-americana são as mesmas fontes dos altos índices de delinquência, chegando a afirmar que os Estados Unidos "estão organizados para o delito".[86] Mais especificamente lançam mão da ideia do *sonho americano*, essa concepção cultural que propõe como meta o êxito material podendo ser alcançado por qualquer um.[87]

---

p. 177-178, n. 3. Os autores fazem a comparação com "nações com um nível comparável de desenvolvimento econômico e político", MESSNER, S. F.; ROSENFELD, R. *Crime and the American dream*, p. 20, já que são conscientes das altas taxas de delitos graves que sofrem outros países, especialmente a antiga União Soviética – caso ao qual acabamos de nos referir. Um pouco mais matizada é a postura de outros investigadores. Assim, LAFREE concorda em que no tocante a diversos delitos muito sérios não cabe dúvida de que os índices norte-americanos são exagerados, o que se confirma recorrendo a distintas metodologias de medição; entretanto, para o caso de outros delitos, como é o caso do roubo com violência ou grave ameaça, chega à conclusão de que a posição dos Estados Unidos não é tão desproporcional, LAFREE, G. *Losing legitimacy*, p. 29-32. Deveria se assinalar, contudo, que esse criminólogo baseia suas conclusões nas descobertas das Pesquisas Internacionais de Vitimização (sobretudo a de 1988), dados que não são confiáveis como seria de desejar; para ser mais preciso, no caso da Espanha são muito pouco significativos pelas mínimas taxas de resposta que se obtiveram, (1) o que pode explicar que o índice de roubos com violência ou grave ameaça em nosso país fosse quase o dobro que o dos Estados Unidos. (1) Vide, com mais detalhes, DÍEZ RIPOLLÉS, J. L. et al. *Delincuencia y víctimas*, p. 31.

[85] ROSENFELD, R.; MESSNER, S. F. Crime and the American dream: an institutional analysis, p. 160-164; vide também MESSNER, S. F.; ROSENFELD, R. *Crime and the American dream*, p. 38-44.

[86] MESSNER, S. F.; ROSENFELD, R. *Crime and the American dream*, p. 5.

[87] MESSNER, S. F.; ROSENFELD, R. *Crime and the American dream*, p. 5 e 61-64; ROSENFELD, R.; MESSNER, S. F. Crime and the American dream: an institutional analysis, p. 164-166.

Portanto, o elevado nível de delitos nos Estados Unidos é causado pela importância exagerada no êxito econômico-financeiro e na ênfase muito menor na licitude dos meios.[88] Ao mesmo tempo, a realidade social inclui diferenças estruturais que bloqueiam as oportunidades lícitas de muitos indivíduos. Desse modo, continua a teoria, muitos recorrem a meios ilegais para alcançar um objetivo que se lhes apresenta como "necessário do jeito que for".[89]

Até aqui, o modelo se desenvolve muito próximo à tradição da teoria da anomia e, em especial, a Merton.[90] No entanto, os autores vão além, destacando o papel decisivo das instituições sociais.

Sociologicamente, existe uma polêmica tradicional sobre a prevalência da cultura à estrutura social ou, vice-versa. Para quem prefere o primeiro ponto de vista, certas culturas são desenvolvidas nas sociedades determinando sua estrutura. Para a postura oposta, é a estrutura de uma sociedade que determina sua cultura. Por cultura entendem-se, de um modo geral, os valores, normas, símbolos etc., compartilhados pelos indivíduos. Por estrutura, a organização política, social, educativa, familiar, econômica etc., de uma sociedade. Para citar um exemplo bem conhecido, a interpretação muito difundida de Marx, é a estrutura de uma sociedade – e mais especificamente a estrutura econômica – a que determina sua cultura.[91] Messner e Rosenfeld destacam a importância ativa de ambos os elementos: *as instituições sociais servem de elemento de união dos elementos básicos da organização social, que são a cultura e a estrutura social.* Muitas vezes, as instituições sociais são, ao mesmo tempo, interdependentes entre si, mas também se encontram em conflito umas com as outras, no sentido de que cada uma delas se impõe às demais.[92]

Para Messner e Rosenfeld, as instituições desempenham um papel decisivo em todo esse emaranhado retrodescrito, assim como na organização da sociedade e na prevenção e controle do delito. O problema, que repercute favorecendo o

---

[88] MESSNER, S. F.; ROSENFELD, R. *Crime and the American dream*, p. 3, 7 e 68.

[89] MESSNER, S. F.; ROSENFELD, R. *Crime and the American dream*, p. 5-6, 7-10, 16 e 61-64; ROSENFELD, R.; MESSNER, S. F. Crime and the American dream: an institutional analysis, p. 164-165 e 170; idem, Markets, morality, and an institutional-anomie theory of crime, p. 214-215.

[90] Vide, com mais detalhes, em parte matizando o que se afirma no texto, sobre as fontes teóricas da proposta da anomia institucional, ROSENFELD, R.; MESSNER, S. F. Markets, morality, and an institutional-anomie theory of crime, p. 217-220.

[91] Como é sabido, essa não é a única interpretação legítima do pensamento de Marx, e na atualidade se entende bem mais que favorece uma imagem interativa entre estrutura e superestrutura.

[92] MESSNER, S. F.; ROSENFELD, R. *Crime and the American dream*, p. 65-68; idem, An institutional-anomie theory of crime, p. 152-153; ROSENFELD, R.; MESSNER, S. F. Crime and the American dream: an institutional analysis, p. 212-213.

delito, é que nas sociedades contemporâneas e na norte-americana, em concreto, *as instituições econômicas se impuseram às demais*, e predominam sem oposição. A dominação das instituições econômicas, sempre de acordo com esses criminólogos, se manifesta principalmente mediante três fenômenos: a *desvalorização* das instituições não econômicas, sua conformação às exigências econômicas e a *penetração* das normas econômicas.[93]

a) Os papéis e as funções não econômicas se veem desvalorizados em relação aos econômicos. A educação, por exemplo, se desvaloriza até ser considerada como um meio para conseguir, *v.g.*, um posto de trabalho, passando as funções de aquisição de conhecimentos ou de assimilação de valores pró-sociais a um segundo plano. Ainda que a família não tenha sido tão afetada, também se viu como suas funções se desvalorizaram até certo ponto. Por último, a política não é considerada uma atividade essencialmente valiosa e não confere aos políticos nenhuma consideração de reputação social; entre suas funções se destaca, claro, a econômica, assim como a de controle do delito;

b) Os autores prosseguem afirmando que as instituições não econômicas se acomodem às exigências econômicas. As atividades da família, *v.g.*, giram em torno das demandas do mercado laboral. Pense-se, por exemplo, na organização do tempo nas famílias, afirmando Messner e Rosenfeld que, "enquanto os pais se preocupam em 'arrumar tempo' para a família, poucos trabalhadores devem 'arrumar tempo' para seus trabalhos". Ao mesmo tempo que assinalam os efeitos perniciosos que o desemprego pode acarretar à família, incluindo as dificuldades para formar uma ou para mantê-la sem rupturas.[94] Algo semelhante se pode dizer da organização da educação e de como a política necessita cada vez mais de apoio financeiro;

c) Por último, esses teóricos afirmam que as normas econômicas penetram nas demais instituições. Por exemplo, a educação se organiza em torno de um sistema de competição semelhante ao do mercado, com seu sistema de qualificações etc. Na política têm cada vez mais importância critérios técnicos da empresa privada. A família foi a instituição que menos se viu afetada por esse fenômeno.

Essa dominação das instituições econômicas contribui para o delito mediante dois processos inter-relacionados entre si, sempre de acordo com essa teoria.

a) Em primeiro lugar, *a dominação econômica estimula a anomia a nível cultural*. Com efeito, esse predomínio faz com que o êxito seja medido em termos econômicos e as condutas dos indivíduos se inclinam nessa direção. Na verdade,

---

[93] MESSNER, S. F.; ROSENFELD, R. *Crime and the American dream*, p. 70-76; idem, An institutional-anomie theory of crime, p. 153; ROSENFELD, R.; MESSNER, S. F. Crime and the American dream: an institutional analysis, p. 171-174; idem, Markets, morality, and an institutional-anomie theory of crime, p. 213.

[94] MESSNER, S. F.; ROSENFELD, R. *Crime and the American dream*, p. 72-73.

e segundo Messner e Rosenfeld, isso não conduz necessariamente a altos índices de delito, caso não esteja de acordo com uma "ética anômica". A anomia não se caracteriza agora por uma ausência de normas, como no caso de Durkheim e seus seguidores, mas dá grande ênfase cultural às metas (o êxito financeiro), mas não aos meios lícitos utilizados. Tal postura cria uma moral e valores – situados a nível cultural – que levam os indivíduos a procurar o citado êxito, ainda que para isso tenham de recorrer ao delito.[95]

Os autores citam o exemplo do presidente norte-americano Nixon, que, muito embora fora obrigado a renunciar por espionar seus adversários políticos, possuía grande popularidade entre muitos cidadãos. A conduta de Nixon "é entendida melhor em termos da lógica e da linguagem do mercado. Na 'luta por avançar' é às vezes necessário" encontrar um atalho, mentir ou enganar.[96]

b) Em segundo lugar, *a dominação das instituições econômicas erode os controles estruturais do delito*, dificultando o funcionamento satisfatório das demais instituições. As instituições sociais são muito importantes para o controle social. Reflita-se, por exemplo, no papel que diversas teorias criminológicas conferem à família, à escola ou às corporações de segurança do Estado. Pois bem, quando em uma sociedade se produz esse desequilíbrio nas instituições sociais impondo-lhes às econômicas, uma das consequências a nível estrutural é o enfraquecimento das demais instituições sociais. Logo, algumas instituições sociais débeis não poderão exercer com eficácia o controle social, nem serão capazes de atrair os indivíduos para os papéis que oferecem, assim, o delito se vê livre para florescer.[97] Os autores o explicam assim: "Quando as instituições não econômicas se encontram relativamente desvalorizadas, são forçadas a se acomodar à imperativos econômicos, sendo invadidas cada vez mais por *standards* e critérios econômicos, tornando-se menos capazes de realizar efetivamente suas próprias funções, incluindo a do controle social".[98]

Adverte-se que, os dois processos assinalados encontram-se intimamente relacionados, visto que cultura e estrutura social são interdependentes. Para os autores, as sociedades divergem muito nessas questões relativas ao grau de anomia ou de domínio das instituições econômicas, mas a situação é especialmente

---

[95] MESSNER, S. F.; ROSENFELD, R. *Crime and the American dream*, p. 76-78; idem, An institutional-anomie theory of crime, p. 153-156; ROSENFELD, R.; MESSNER, S. F. Crime and the American dream: an institutional analysis, p. 175-177; idem, Markets, morality, and an institutional-anomie theory of crime, p. 214-215.

[96] MESSNER, S. F.; ROSENFELD, R. *Crime and the American dream*, p. 61.

[97] MESSNER, S. F.; ROSENFELD, R. *Crime and the American dream*, p. 77-79; ROSENFELD, R.; MESSNER, S. F. Crime and the American dream: an institutional analysis, p. 175-177; idem, Markets, morality, and an institutional-anomie theory of crime, p. 213 e 216-217.

[98] ROSENFELD, R.; MESSNER, S. F. Markets, morality, and an institutional-anomie theory of crime, p. 216.

preocupante no caso dos Estados Unidos da América do Norte, o que explicaria seus altos níveis de delinquência.[99]

Por derradeiro, Messner e Rosenfeld sugerem que a prevenção e o controle eficaz do delito não podem ser alcançados mediante as tradicionais propostas de mais penas ou, mediante políticas sociais pouco profundas. Muito pelo contrário, tudo isso pode chegar até a ser contraproducente. Coerentemente com sua proposta, uma política criminal correta deve abandonar pontos de vista ideológicos, sejam liberais, sejam conservadores, e se centrar na organização social e no restabelecimento de um equilíbrio institucional.[100]

3. A teoria da legitimidade das instituições

LaFree também prestou bastante atenção aos índices agregados de delinquência. A ênfase não é colocada agora tanto em comparações internacionais como nas tendências do delito ao longo do tempo, principalmente desde a II Guerra Mundial.

Com esse enfoque, LaFree incorpora à criminologia de nível macro a preocupação contemporânea pelas análises longitudinais, as quais, tomam várias medições do mesmo fenômeno em distintos momentos temporais.[101] O cuidadoso e matizado estudo que realiza lhe permite concluir que os índices da delinquência aumentaram nos Estados Unidos da América do Norte oito vezes entre 1945 e o início da década de noventa.[102]

---

[99] MESSNER, S. F.; ROSENFELD, R. *Crime and the American dream*, p. 76; ROSENFELD, R.; MESSNER, S. F. Markets, morality, and an institutional-anomie theory of crime, p. 215 e 217.

[100] MESSNER, S. F.; ROSENFELD, R. *Crime and the American dream*, p. 91-92, 95-96 e 98-109; ROSENFELD, R.; MESSNER, S. F. Crime and the American dream: an institutional analysis, p. 177.

[101] LAFREE, G. *Losing legitimacy*, p. 4, 17 e 188, acrescentando que "a criminologia se encontra ainda predominantemente dominada por investigações que examinam relações em um só momento temporal", p. xiii.

[102] LAFREE, G. *Losing legitimacy*, p. 1, 3-4, 5-6, 13-25, 31-32 e 173-174; também se inclui um estudo comparativo no qual se revela de novo que, ao menos para os delitos mais graves, como é o caso dos homicídios, os Estados Unidos sofrem taxas desproporcionais, p. 28-31. Com efeito, as taxas da delinquência dos Estados Unidos vêm experimentando uma contínua queda desde a Segunda Guerra Mundial, mantendo-se sempre acima das de outras nações. Contudo, nos últimos dez anos mais ou menos, ocorreu uma diminuição nas taxas, sobre cujas causas existe um considerável e rico debate tanto a respeito de sua estimação como de sua explicação teórica, vide BLUMSTEIN, A. Disaggregating the violence trends, p. 39-40; CONKLIN, J. E. *Why crime rates fell*, p. 29-30. Apesar de o trabalho se centrar nos Estados Unidos enquanto apresenta algumas características únicas, a teoria é possivelmente relevante para outras várias nações, ao menos em suas principais premissas, LAFREE, G. *Losing legitimacy*, p. 189-190.

É imprescindível insistir no cuidado que tem o autor na hora de estabelecer as tendências do delito ao longo do tempo. Não são nenhum segredo as graves dificuldades que encerram a medição do delito. Para enfrentar da melhor maneira possível ditos problemas, LaFree recorre a todos os meios de medição do delito de que dispõe a criminologia contemporânea – dados oficiais, estudos de vitimização, estudos de auto informação principalmente – e as comparações entre si. Procede desagregando as cifras segundo diferentes tipos de delitos, ou se preocupa em utilizar dados de agências independentes, como é o caso significativo da Organização Mundial da Saúde, que presta informações sobre homicídios.[103] Desse modo, pode-se confiar nos pontos de partida empíricos de seu trabalho.

De sua análise decorrem algumas conclusões importantes.

a) Em primeiro lugar, o aumento dos índices da delinquência não seguiu um ritmo regular, mas, ao longo do tempo, podem ser encontrados tanto períodos de rápido aumento como outros de estabilidade. Especialmente importante é a descoberta de que *as taxas de delito ocasionalmente variam de uma maneira extremamente rápida.* Isso é fundamental porque chama a atenção sobre a necessidade de teorias que sejam capazes de explicar essas mudanças repentinas, ou seja, em períodos de tempo muito curto o delito aumenta de maneira vertiginosa.[104]

Nesse caso seria difícil a explicação por parte das principais teorias criminológicas tradicionais, as quais se valem de mecanismos que só variam com certa lentidão, de modo que não são muito promissoras no presente caso;

b) Foi constatado pelo autor que as tendências do delito poderiam ser classificadas em três períodos bem definidos: um com taxas de delito estáveis e moderadas, que abarcava de 1946 a 1960, sempre no caso dos Estados Unidos da América do Norte; outro com um incremento rápido, de 1961 a 1973; e, finalmente, outro com índices altos, porém estáveis, de 1973 em diante;[105]

c) Também se estabeleceu que jovens (em geral de cor), desempenhavam papel importante na produção das tendências e taxas descritas.[106] Naturalmente, uma boa explicação teórica deveria ser coerente também com esses dois últimos pontos.

LaFree afirma que *as instituições têm uma importância básica para a orientação e controle das ações humanas* e, portanto, também para o controle do delito. *As instituições controlam o delito,* a seu ver, por intermédio de três medidas inter-relacionadas.

---

[103] LaFree, G. *Losing legitimacy,* p. 12, 17-21, 27, 29-33, 190, 196-197, n. 3 e 199, n. 39; vide também p. 35-54.
[104] LaFree, G. *Losing legitimacy,* p. 4-5, 7, 32-33, 57, 59 e 72-73, por exemplo.
[105] LaFree, G. *Losing legitimacy,* p. 5, 27 e 32.
[106] LaFree, G. *Losing legitimacy,* p. 5 e 39-54.

a) Em primeiro lugar, porque reduzem a motivação dos indivíduos para a prática de fatos delitivos. Isso se deve a responsabilidade das instituições por "ensinar às crianças o que é correto e o que é ruim [...] tendo um enlace direto com a motivação para delinquir".[107] Outras instituições podem convencer as pessoas a não delinquir mostrando que são justas, devendo, portanto, serem respeitadas;

b) As instituições podem servir de controle social, tanto formal como informal. Isso ocorre principalmente porque os indivíduos encontram-se imersos em redes sociais que tendem a distanciá-los do delito. Instituições como a família ou o trabalho, muitas vezes, funcionam como meios de controle social informal do delito nesse sentido;

c) Finalmente, as instituições sociais podem proteger os indivíduos de sofrerem vitimizações através dos delitos, ou atendê-los quando lhes acontece algo de mal.[108]

Quando alguém comete um delito, ao menos um delito considerado grave e repelido pela maioria dos cidadãos, pode-se considerar que as instituições falharam em sua missão de canalizar por vias lícitas o comportamento de dito indivíduo. Assim, se as instituições perdem sua capacidade para regular o comportamento de seus membros, haverá mais indivíduos motivados a delinquir, enfraquecendo, dessa forma, as instâncias de controle social formal e informal, perdendo, paulatinamente, a capacidade de proteger os cidadãos ante a vitimização, segundo LaFree.[109]

Por instituições o autor entende:

> [...] vias que seguem alguns padrões e são amplamente aceitas, e que as pessoas desenvolvem para viverem juntas [...]. As instituições incluem modos apropriados, legítimos e esperados de comportamento. São guias sobre como deveríamos viver e manejar nossos assuntos, lembranças diárias sobre se a conduta que realizamos é aceitável ou inaceitável.[110]

As instituições são imprescindíveis para as pessoas que perderam a sensibilidade para viver em sociedade, favorecendo, deste modo, uma previsibilidade cotidiana, para que haja uma confiança mínima. Em contrapartida, o delito representa séria ameaça para todo esse emaranhado de confiança e capital social.[111]

---

[107] LaFree, G. *Losing legitimacy,* p. 75-76.
[108] LaFree, G. *Losing legitimacy,* p. 75-79 e 191-192.
[109] LaFree, G. *Losing legitimacy,* p. 75 e 78.
[110] LaFree, G. *Losing legitimacy,* p. 71. Essa concepção das instituições é talvez excessivamente ampla, ainda que se compreenda melhor quando o autor propõe uma série de exemplos concretos.
[111] LaFree, G. *Losing legitimacy,* p. 71-72.

LaFree considera que as principais instituições em nossa sociedade ocidental contemporânea possuem uma das seguintes naturezas: política – destinada a "mobilizar e distribuir os recursos para as metas coletivas", econômica, ou seja, a "produção e distribuição de bens e serviços", e familiar, âmbito no qual tem lugar principalmente a socialização das crianças.[112]

Em geral, "*as instituições são mais eficazes para a regulação da conduta humana quando os participantes percebem ou aceitam que são legítimas*".[113] Isso se deve, segundo LaFree, na credibilidade dada pelas pessoas à legitimidade básica ou na equidade das leis, impedindo, que as infrinjam. Na sociedade em que as instituições são vistas como ilegítimas, sendo mais difícil para que os potenciais infratores interajam com sujeitos empenhados na respeitabilidade das normas. A decadência nas instituições pode incrementar a motivação dos indivíduos a delinquir, reduzindo a eficácia dos controles sociais. Enquanto as famílias não funcionarem adequadamente, podem, não só socializar as crianças de maneira pouco adequada fracassando na hora de controlá-las, mas, também serão menos efetivas ao protegê-las da vitimização.[114]

É precisamente aqui onde situa o autor a explicação do aumento da delinquência nos Estados Unidos desde a II Guerra Mundial e as tendências concretas dos três períodos que descreve. Sua proposta é coerente com os fatos conhecidos sobre o delito a nível macro, sobretudo, como o delito pode aumentar vertiginosamente em períodos de tempo muito curtos.

O autor aborda o conceito de "crime *boom*", que quer dizer que o aumento do delito ocorre em pouco tempo, se estabilizando nesse novo nível superior, não reduzindo com o passar do tempo – como acontece quando é causado por algum fenômeno conjuntural ou passageiro.

A legitimidade das instituições, ao menos a de algumas delas, pode se ver alterada em períodos de tempo relativamente breves, como, por exemplo, após escândalos políticos ou casos graves de discriminação racial etc.

A teoria da legitimidade das instituições sustenta que os índices da delinquência dos Estados Unidos depois da II Guerra Mundial, foram determinados pelo declínio da legitimidade das principais instituições. Dessa maneira, segundo LaFree, as principais instituições da sociedade americana experimentaram um marcante declive após esse período, constatando que os níveis de confiança e legitimidade que despertavam tenderam a ser baixos. Essa falta de legitimidade

---

[112] LaFree, G. *Losing legitimacy*, p. 78-81 e 83; existem também outras instituições menos tradicionais, como a Administração da Justiça, a educação ou as instituições do Estado de Bem-Estar, p. 85-86 e 88.
[113] LaFree, G. *Losing legitimacy*, p. 75 (grifos nossos).
[114] LaFree, G. *Losing legitimacy*, p. 75, 78, 80-83, 94-96, 115-117, 119-120, 136-139 e 154-157.

determinou o aumento da delinquência e marcou os seus índices nos três períodos antes descritos.

A política gerou naquele país bastante desconfiança devido aos movimentos sociais e de protesto que começaram em 1970, entre outras coisas. As desigualdades econômicas aumentaram quase dramaticamente.

A família tradicional viu como apareciam as famílias uniparentais e os índices de separações e divórcios.[115]

As três instituições e suas perdas de legitimidade encontram-se intimamente relacionadas. LaFree reconhece, também, que outros fatores influíram do mesmo modo nos índices da delinquência e em suas tendências. Conclui o trabalho recomendando uma série de linhas de política criminal coerentes com a teoria da legitimidade das instituições.[116]

A teoria da legitimidade das instituições é uma teoria original; porém, segundo seu principal proponente, descansa sobre outras tradicionais, todas as quais têm seus pontos fracos e seus pontos fortes: "Baseio-me nessas teorias anteriores para avançar a minha própria explicação das tendências do delito comum nos Estados Unidos".[117]

A teoria de nível macro que propõe LaFree, sem negar sua originalidade e personalidade própria, se situa no âmbito das teorias tradicionais da anomia. O próprio autor parece se situar muito próximo dessa conclusão quando, ao assinalar as contribuições mais promissoras dos distintos enfoques teóricos tradicionais, reserva um lugar de privilégio a essas teorias: "Ilustram a importância fundamental das instituições econômicas, políticas e educativas para o controle do delito".[118]

A teoria da anomia ocupa o lugar principal na proposta abordada, as variáveis e os processos de outros enfoques teóricos pertinentes só podem ser interpretados de maneira secundária ou indireta.

III. AS TEORIAS CONTEMPORÂNEAS DA FRUSTRAÇÃO

1. Recentes desenvolvimentos das teorias da frustração

Nas últimas duas décadas, e após perderem o papel preponderante que tiveram em 1950 e 1970, principalmente no âmbito anglo-saxônico, as teorias

---

[115] LaFree, G. *Losing legitimacy,* p. 79-86, 92-104, 106-111, 119-132, 140-150, 157-171 e 174-175; LaFree, G.; Drass, K. A. The effect of changes in intraracial income inequality and educational attainment on changes in arrest rates for african-americans and whites, n. 1957 to 1990, p. 614-630; LaFree, G. et al. Race and crime in postwar America: determinants of african-american and white rates, p. 157-165, principalmente.

[116] LaFree, G. *Losing legitimacy,* p. 88 e 175-188.

[117] LaFree, G. *Losing legitimacy,* p. 69.

[118] LaFree, G. *Losing legitimacy,* p. 69; vide também 63-65 e 117-121.

da frustração também experimentaram o importante ressurgimento de diversas teorias tradicionais.[119]

Observa-se esse reaparecimento na renovada atenção que vêm recebendo algumas das versões clássicas das teorias da frustração, como é o caso paradigmático de Merton e de outros, ou o recurso a determinadas variáveis.[120] Nesse panorama, destaca-se, assim mesmo, a teoria geral da frustração proposta especialmente por Agnew, que se apresenta como uma extensão e ampliação das teorias clássicas.

Agnew afirma que essas teorias, assim como os seus testes, centraram-se tradicionalmente na frustração derivada do bloqueio de oportunidades, mas que, na verdade, existem outras fontes relevantes de frustração, como é o caso do *bloqueio do comportamento dirigido à evitação de situações dolorosas*.[121] Por exemplo, alguns adolescentes podem ser obrigados a permanecerem em ambientes, como a escola, que lhes desgostam, mas, ao mesmo tempo, não podem dar lugar a ações destinadas a evitar ditas situações, o que tenderá a lhes produzir frustração, e isso pode conduzi-los ao delito. Isso é diferente de quem deseja ganhar dinheiro, por exemplo, mas as oportunidades são poucas. Esse último se refere a uma frustração distinta da produzida pelo bloqueio de oportunidades para alcançar metas valoradas positivamente. O bloqueio do comportamento dirigido à evitação de uma dor ou situação não desejada pode conduzir ao delito de diversas maneiras, segundo Agnew:

a) como meio de evitar o ambiente não desejado em que alguém está, por exemplo, fugindo de casa ou "matando" aula;

b) quando alguém não pode escapar de dito ambiente ou eliminar a fonte do incômodo, pode responder com o delito em resposta direta a uma situação de ira ou raiva; e, por último;

---

[119] PATERNOSTER, R.; MAZEROLLE, P. General strain theory and delinquency: a replication and extension, p. 235 e 252 – esses autores acrescentam que já nos anos setenta essa tradição experimentou certo renascer, sobretudo porque se afirmou que a frustração ocorria quando o indivíduo não podia alcançar metas imediatas, e não metas mais distantes; essa nova visão tampouco obteve um apoio empírico relevante, p. 237.

[120] AGNEW, R. The nature and determinants of strain: another look at Durkheim and Merton, p. 38 e 45-46; ELLIOTT, D. S. et al., *Explaining delinquency and drug use*, p. 17-21 e 36-39; LAFREE, G. *Losing legitimacy*, p. 93; MESSNER, S. F.; ROSENFELD, R. *Crime and the American dream*, p. 10-11, 56-57 e 61-62; ROSENFELD, R.; MESSNER, S. F. Crime and the American dream: an institutional analysis, p. 161 e 164.

[121] AGNEW, R. A revised strain theory of delinquency, p. 151 e 163-164; idem, A longitudinal test of the revised strain theory, p. 373-374 e 384; idem, Foundation for a general strain theory of crime and delinquency, p. 49-50; idem, The contribution of social-psychological strain theory to the explanation of crime and delinquency, p. 115.

c) pode-se reduzir o nível de controle social informal ao qual está exposta a criança, por exemplo, porque a causa da frustração diminui o grau de apego aos pais ou à escola.[122]

Essa mesma linha teórica insiste em que as teorias clássicas da frustração, e os testes que a inspiraram, se centraram nas *aspirações em termos monetários e de status de classe média* e o bloqueio das oportunidades para alcançá-las, mas que os indivíduos desejam alcançar outras metas valoradas positivamente distintas das anteriores, entre as quais Agnew menciona "boas notas, popularidade com o sexo oposto e ser bom nos esportes".[123]

Esse modelo é denominado por Agnew como *teoria revisada da frustração*, onde conduziu estudos empíricos destinados a testá-lo. Assim, em um deles recorreu a dados de uma pesquisa longitudinal sobre jovens sendo capaz de estabelecer que, tal como prevê a teoria, uma situação de adversidade possui efeitos sobre a delinquência, mas, não o contrário: a delinquência não conduz de maneira instantânea à adversidade. O autor concluiu que "a localização em um ambiente adverso do qual alguém não pode escapar licitamente incrementa a probabilidade de delinquência".[124]

O importante dessa proposição é o oferecimento de um ponto de partida para a ampliação e renovação das teorias clássicas da frustração: o reconhecimento de novas fontes de frustração, assim como uma concepção mais ampla das aspirações dos jovens principalmente. Para Agnew, não há dúvida de que as teorias da frustração devem ocupar um lugar importante na teoria criminológica contemporânea, todavia, ao mesmo tempo não é menos certo que – à luz das críticas, as descobertas empíricas negativas, bem como os novos avanços em outras ciências humanas e sociais, aquelas teorias devem ser submetidas a uma revisão substancial se é que querem ser levadas em consideração.[125]

2. A teoria geral da frustração

A. A teoria geral da frustração de nível macro – a teoria geral da frustração foi proposta principalmente pelo próprio Agnew, se bem que introduziu nela diversas nuances nos últimos dez ou pouco mais anos. Trata-se de uma teoria

---

[122] AGNEW, R. A longitudinal test of the revised strain theory, p. 374, 376-377 e 384.
[123] AGNEW, R. Foundation for a general strain theory of crime and delinquency, p. 50.
[124] AGNEW, R. A longitudinal test of the revised strain theory, p. 383-384, e 376-381 sobre a metodologia.
[125] AGNEW, R. A revised strain theory of delinquency, p. 163-164; idem, Foundation for a general strain theory of crime and delinquency, p. 47-48 e 74-75.

elaborada a nível micro que usa de variáveis referentes aos indivíduos para explicar o comportamento delitivo.[126]

A chave da teoria geral da frustração é que esta se baseia em "*relações negativas com outros*: relações nas quais o indivíduo não é tratado como ele ou ela querem ser tratados" e o delito é explicado pela pressão que exercem – "estados afetivos negativos" – tais como a ira (*anger*) e outros semelhantes que "muitas vezes resultam de relações negativas".[127]

Agnew insiste, ainda que ocasionalmente, às diferenças sutis,[128] – não fechando a porta à integração.

As teorias da frustração se distinguem nitidamente das do controle ou da aprendizagem social baseando-se nesses princípios retroenumerados: as primeiras se baseiam em relações negativas com outros ante a falta de vinculação ou, a associação com determinados indivíduos. Do mesmo modo, afirmam que o delito é consequência de estados afetivos negativos ante as ideias de que a tendência ao delito é natural ou, que se vê como algo desejável ou ao menos justificável.[129]

A teoria geral reconhece três fontes principais de frustração encontrando sua origem sempre em relações negativas com outros: a evitação de que alguém consiga metas positivamente valoradas; retirar ou ameaçar alguém de retirar-lhe estímulos valorados positivamente; e expor ou ameaçar alguém de expô-lo a estímulos valorados negativamente. Passamos a descrever como a teoria geral da frustração desenvolvem três pontos.

a) A frustração pode aparecer em primeiro lugar *quando não se alcançam metas valoradas positivamente*. Isso pode acontecer quando existe uma diferença entre as aspirações e as expectativas de alguém, isto é, quando o que se espera conseguir não se aproxima do que se quer; também pode aparecer quando se produz uma defasagem entre as aspirações ou expectativas de alguém e o que realmente consegue com seus ganhos; por último, esse tipo de frustração pode se

---

[126] AGNEW, R. Foundation for a general strain theory of crime and delinquency, p. 48; o mesmo autor vem mantendo, em relação a isso, que as teorias clássicas da frustração de MERTON e outros podiam ser testadas com dados individuais, On "testing structural strain theories", p. 281-282 e 286.

[127] AGNEW, R. Foundation for a general strain theory of crime and delinquency, p. 48-49; idem, Controlling delinquency: recommendations from general strain theory, p. 44.

[128] AGNEW, R. The contribution of social-psychological strain theory to the explanation of crime and delinquency, p. 133, n. 6; PATERNOSTER, R.; MAZEROLLE, P. General strain theory and delinquency: a replication and extension, p. 242.

[129] AGNEW, R. Foundation for a general strain theory of crime and delinquency, p. 48-50; idem, The contribution of social-psychological strain theory to the explanation of crime and delinquency, p. 113 e 117-129.

dar quando alguém considera um resultado justo ou equitativo não coincidindo com o que realmente consegue.[130]

As teorias tradicionais da frustração estudaram o caso do bloqueio das oportunidades para alcançar o que se deseja, ou seja, os casos em que as expectativas – e às vezes também os ganhos – não coincidem com as aspirações: o indivíduo se dá conta de que não vai conseguir as metas desejadas por meios lícitos podendo recorrer, utilizando a terminologia e a proposição de Merton, à inovação, buscando novas vias, ilícitas, para alcançá-las.[131] Agora, acrescentam-se novas fontes de frustração nas quais tampouco se alcança o que se deseja, fontes que Agnew considera até mais promissoras para explicar a delinquência.[132] Em tais fontes, desempenham papel importante as comparações que alguém faz com os méritos e ganhos de outros com quem se relacionam sendo semelhantes a si próprio, essa é uma maneira de julgar o que é, o que se pode conseguir e se o que se conseguiu é justo ou não;[133]

b) A frustração pode ser produzida *quando se tira de alguém ou se ameaça de tirar estímulos valorados positivamente*. Exemplos incluem a expulsão do colégio, o divórcio ou separação dos pais ou, a introdução de condições negativas e adversas no trabalho;

Também se colocam esperanças importantes nessa fonte de frustração, visto que certas investigações ressaltaram que a frustração se produz da seguinte forma: quando ameaçam tirar-lhe algo, isso pode ser mais poderoso que quando simplesmente se impede que alguém alcance algo que nunca antes havia experimentado e que, no fundo, pode passar sem ela;[134]

c) Uma fonte de frustração a mais é a *exposição ou ameaça de exposição a estímulos valorados negativamente*. Isso pode ocorrer, *v.g.*, quando abusos na infância ocorrem, principalmente quando se é vítima de um delito, quando se têm relações negativas com os amigos ou outras pessoas próximas ou, más experiências na escola.[135]

---

[130] AGNEW, R. Foundation for a general strain theory of crime and delinquency, p. 50-56 e 74; idem, Controlling delinquency: recommendations from general strain theory, p. 44-45.
[131] MERTON, R. K. Social structure and anomie, p. 678-679.
[132] Isso se deve a que aceita muitas das críticas que as teorias tradicionais da frustração vinham recebendo assim como seu decepcionante apoio empírico, AGNEW, R. Foundation for a general strain theory of crime and delinquency, p. 51-52.
[133] AGNEW, R. Foundation for a general strain theory of crime and delinquency, p. 52-53 principalmente.
[134] AGNEW, R. Foundation for a general strain theory of crime and delinquency, p. 50, 57 e 74; idem, Controlling delinquency: recommendations from general strain theory, p. 47.
[135] AGNEW, R. Foundation for a general strain theory of crime and delinquency, p. 50, 58-59 e 74; idem, Controlling delinquency: recommendations from general strain theory, p. 47-48.

Agnew insiste em que essas três fontes de frustração são bem mais ideais e que no fundo tendem a solapar umas as outras e que, ocasionalmente, uma mesma situação pode ser incluída em quaisquer das fontes mencionadas. Trata-se bem mais de *tipos ideais* os quais são difíceis de encontrar em estado puro na realidade.

Situações como as mencionadas tendem a produzir nos indivíduos sensações negativas, sobretudo ira, podendo conduzir ao delito. A frustração, pois, não parece suficiente para que se produza o delito, mas deve gerar ira ou outras sensações negativas. A situação de ira em que se encontra um indivíduo cria nele o *desejo de fazer algo para corrigir sua situação*, e um dos possíveis cursos da ação é o delito.

A frustração pode funcionar como uma predisposição para o delito, podendo ser produzido quando se apresenta uma oportunidade adequada, mas, também pode funcionar como um elemento situacional que dá pretexto a uma predisposição ao delito com uma origem distinta.

Os teóricos da frustração aceitam que o decisivo é como um indivíduo experimenta a frustração e suas consequências, de modo que se trata de algo em grande parte subjetivo e que é mister, portanto, reconhecer potenciais diferenças individuais em ditas experiências. Em outras palavras, as mesmas fontes de frustração não têm necessariamente de ter os mesmos efeitos em todos os grupos ou sujeitos. A chave da frustração se encontra na *acumulação dos efeitos de relações negativas*, e não em que alguém tenha de se confrontar com uma fonte isolada de frustração. Claro, as situações negativas tenderão a ser leves ou sérias em suas consequências conforme sua magnitude, momento em que ocorreram – quanto mais recentes, maior será seu impacto –, duração e concentração – quando se concentram no tempo vários fatos negativos, suas consequências tenderão a ser mais sérias.[136]

Os teóricos da frustração oferecem várias possibilidades para esclarecer o *processo causal* que une frustração, ira e sensações semelhantes ao delito, ou seja, por que quem se encontra em tal situação *pode* recorrer ao delito; possibilidades entre as quais se incluem as seguintes:

a) Quando não se consegue o que se deseja ou o que se consegue não se julga justo ou equitativo, o delito pode favorecer as metas ansiadas. Por exemplo, alguém pode recorrer ao tráfico de drogas para conseguir dinheiro ou qualquer outro bem material, ou até *status*;

b) Quando um indivíduo perde ou pode perder um estímulo valorado positivamente, pode recorrer ao delito para evitar dita perda, para

---

[136] AGNEW, R. Foundation for a general strain theory of crime and delinquency, p. 49-50, 59-66 e 70; idem, The contribution of social-psychological strain theory to the explanation of crime and delinquency, p. 125-126; BREZINA, T. Adapting to strain: an examination of delinquent coping responses, p. 40-42.

recuperá-lo ou substituí-lo por outro ou para se vingar; também pode cair no consumo de drogas porque não encontra outro caminho para enfrentar a situação negativa em que se encontra;

c) Diante da apresentação de um estímulo negativo, pode-se delinquir para dele escapar, eliminá-lo ou minorar seus efeitos; buscar vingança; ou, novamente, refugiar-se nas drogas.[137]

Todas essas seriam formas nas quais uma fonte concreta de frustração pode conduzir ao delito.

Segundo a teoria geral da frustração, existe uma série de fontes de frustração que produzem no sujeito sentimentos negativos, como a ira ou a culpa principalmente. Naturalmente, a pergunta-chave se encontra em como é que a ira e outros estados experimentados por um indivíduo, e que são sensações negativas, conduzem à delinquência e não a muitos outros tipos de comportamento. Intuitivamente pode-se explicar que alguém em um estado tal de ira possa reagir agressivamente, mas pode parecer menos convincente que incorra em delitos de outra natureza, como pode ser o caso destacado dos delitos contra a propriedade, que são os mais habituais.

Diante de uma situação de ira o sujeito tende a tomar alguma medida, a qual tem a natureza precisamente de ser *uma adaptação ou uma estratégia para enfrentar a frustração*. É essencial ressaltar que, por conseguinte, *o delito só representa uma possível resposta à frustração*, dentre muitas outras: "Praticamente todas as teorias da frustração, contudo, reconhecem que apenas *alguns* indivíduos em estado de frustração recorrem ao delito".[138] Mais ainda, esses teóricos aceitam que a conformidade e não o delito é possivelmente a adaptação mais frequente à frustração.[139] Por exemplo, um sujeito pode enfrentar a frustração minimizando a importância da situação ou sensação de adversidade, considerando que não era tão importante o que desejava, rebaixando suas aspirações, aceitando a própria responsabilidade pela situação negativa que se experimenta, também pode tratar de superar sua situação recorrendo a meios lícitos, tratando de amenizar seus sentimentos negativos, ou recorrendo a várias dessas estratégias que não têm de passar pelo delito necessariamente.[140]

---

[137] Agnew, R. Foundation for a general strain theory of crime and delinquency, p. 54 e 57-58.
[138] Agnew, R. Foundation for a general strain theory of crime and delinquency, p. 66; idem, The contribution of social-psychological strain theory to the explanation of crime and delinquency, p. 116; Brezina, T. Adapting to strain: an examination of delinquent coping responses, p. 42-43.
[139] Agnew, R. A general strain theory of community differences in crime rates, p. 686; Merton, R. K. *Social theory and social structure*, p. 237.
[140] Agnew, R. Foundation for a general strain theory of crime and delinquency, p. 66-70; idem, The nature and determinants of strain: another look at Durkheim and Merton, p. 43-44.

Um ponto crítico da teoria geral da frustração é a de esclarecer quando um sujeito tenderá a recorrer ao delito diante de uma situação negativa, já que tem alternativas. A decisão de delinquir como estratégia de enfrentar uma situação adversa se encontra determinada, segundo a teoria, por uma série de limitações e disposições ao delito e ao comportamento lícito.

a) Agnew esclarece que, ainda que existam distintas estratégias que potencialmente alguém pode seguir, tanto lícitas como ilícitas, nem todo mundo tem à sua disposição o mesmo número delas. Já existem, de início, pois, uma série de *limitações nas estratégias a que cada um pode recorrer*. Assim, se o indivíduo carece de metas, valores ou identidades alternativas nos quais se refugiar quando, por exemplo, não pode conseguir algo, verá limitadas suas possibilidades de enfrentar sua situação mediante estratégias lícitas. Algumas características pessoais pobres também podem limitar as respostas potenciais, por exemplo, se tem de procurar novo trabalho; e algo semelhante se pode dizer dos apoios sociais convencionais em que alguém possa se apoiar. Outras limitações têm a ver com as possibilidades de delinquir, as quais tenderão a ser baixas quando os custos potenciais superem os benefícios, ou quando o nível de controle social do indivíduo seja elevado, entre outras hipóteses;[141]

b) O recurso ao delito pode ser ainda favorecido porque o indivíduo tenha *especial disposição* para cometê-lo. Agnew afirma expressamente que "essa disposição é uma função de" certas variáveis de temperamento, de aprendizagem prévia – sobretudo se atos delitivos foram *reforçados* no passado –, das crenças e de atribuir as causas de sua adversidade; finaliza que "uma variável básica que afeta a vários dos fatores anteriores é a associação com amigos delinquentes".[142] Todo esse conjunto de fatores individuais supõe que desempenham um papel importante, ainda que, como acabamos de ver, não sejam os únicos para que um indivíduo responda à frustração delinquindo e não mediante outras estratégias de adaptação lícitas.

---

[141] AGNEW, R. Foundation for a general strain theory of crime and delinquency, p. 71-72; idem, The contribution of social-psychological strain theory to the explanation of crime and delinquency, p. 117. Isso pode resultar um tanto sutil. Por exemplo, um estado de frustração pode induzir alguém a traficar drogas, mas se vive em um bairro em que diversos bandos muito perigosos monopolizam dito tráfico, os custos serão tão altos que o indivíduo tenderá a se abster de realizar dita conduta. Segundo a teoria geral da frustração, esse estado é um elemento essencial para o delito, mas daí não se infere que automaticamente conduza a ele. Ao mesmo tempo, o balanço dos custos e benefícios seria considerado pela mesma teoria como um elemento relevante, mas incapaz por si só de provocar o delito.

[142] AGNEW, R. Foundation for a general strain theory of crime and delinquency, p. 73; idem, The contribution of social-psychological strain theory to the explanation of crime and delinquency, p. 117 e 125; BREZINA, T. Adapting to strain: an examination of delinquent coping responses, p. 45.

As teorias da frustração e demais relacionadas, também foram sensíveis à integração de teorias ou de variáveis.[143] Por exemplo, Brezina considera que a potencial descoberta de que a prática de fatos delitivos pode servir para minorar uma situação de frustração e pode, de fato, ser assim considerado pelos infratores, devendo ser levada em conta por outras teorias criminológicas.[144] Mais clara é a proposta de Adler. Para essa autora, a passagem das sociedades primitivas às modernas pode ser considerada como um passo de uma situação generalizada de *sinomia*, na qual prevalece uma solidariedade caracterizada pela conformidade, a coesão, o controle social e a integração normativa, a uma situação de *anomia*, que pode até culminar na aparição de grupos subculturais com valores, normas e formas de comportamento opostos à sociedade em geral – nesse ponto nem há que dizer que o potencial para o delito encontra sua máxima expressão. Para Adler – que, na verdade, aceita que sua proposta é bem mais especulativa –, essa transição da sinomia para a anomia pode ser explicada recorrendo às teorias da frustração, do controle e da desviação cultural e subcultural, as quais são "complementares".[145]

Muito matizada é a postura de Agnew. Afirma expressamente que a ideia de que as relações negativas com outros podem conduzir à delinquência, complementando, dessa forma, outras teorias criminológicas.[146] Em geral, considera que é possível a integração de teorias como as da frustração, do controle e da aprendizagem social, integração que, apesar de possivelmente violar algumas das afirmações latentes das teorias, certamente preservará as afirmações básicas e centrais de cada uma.[147]

A qualificação da teoria geral da frustração como uma teoria integrada ou como uma teoria unitária depende em grande parte da concepção que se tenha sobre o que seja a integração. À primeira vista, a teoria geral da frustração inclui, de maneira aberta, variáveis e até processos causais alheios: nível de controle social, fortalecimento dos atos delitivos, associação com amigos delinquentes etc. Ainda que, exista lugar para a discussão, o próprio Agnew esclarece que a teoria geral da frustração constitui uma teoria unitária que se vale, para se completar, a elementos de outras teorias, mas sem seguir a metodologia da integração, ao menos entendo de maneira estrita.[148]

---

[143] Vide, em geral, MERTON, R. K. Social structure and anomie, p. 521-522 principalmente.
[144] BREZINA, T. Adapting to strain: an examination of delinquent coping responses, p. 58.
[145] ADLER, F. Synnomie to anomie: a macrosociological formulation, p. 274-281, sobretudo, 271 e 281.
[146] AGNEW, R. A longitudinal test of the revised strain theory, p. 385; idem, Foundation for a general strain theory of crime and delinquency, p. 76; idem, A general strain theory of community differences in crime rates, p. 147.
[147] AGNEW, R. The contribution of social-psychological strain theory to the explanation of crime and delinquency, p. 129-130; idem, Foundation for a general strain theory of crime and delinquency, p. 53.
[148] AGNEW, R. Foundation for a general strain theory of crime and delinquency, p. 74; outras passagens são, desde logo, muito mais duvidosas.

Da teoria geral da frustração é possível derivar uma série de medidas de prevenção e controle do delito, por exemplo, tratando de ensinar estratégias lícitas para enfrentar situações de frustração.[149]

B. A teoria geral da frustração das diferenças nas taxas de delito entre comunidades – Ainda que a teoria geral da frustração se situe no nível micro de explicação, reconhece a relevância de variáveis macros, as quais, por exemplo, podem afetar os potenciais técnicos de adaptação a que alguém pode recorrer. Por exemplo, não é a mesma coisa uma época de bonança econômica e outra de grave crise. Em ambientes favoráveis uma pessoa pode enfrentar seu estado de frustração com maior facilidade que outros adversos e criminógenos, nos quais pode ser difícil até evitar uma resposta delitiva.[150]

A teoria geral se expandiu com certa profundidade para incorporar variáveis de nível comunitário, ou do nível de bairro se preferir, que afetam o comportamento dos indivíduos. Ao se tratar de variáveis macro, essa expansão se situa também nesse nível de análise.

Se a teoria geral da frustração afirma que a frustração e o estresse são fontes básicas da delinquência a nível individual, então, as diferenças entre comunidades estarão relacionadas com fatores que afetam a conexão entre frustração e delito. Mais especificamente, "as comunidades com muito delito são as que têm maior probabilidade de selecionar e reter a indivíduos em um estado de frustração, a produzir frustração e a favorecer respostas delitivas à frustração".[151] Vejamos como a teoria geral da frustração explica essas hipóteses.

a) Em determinadas comunidades é difícil alcançar metas valoradas positivamente. Sabe-se que as comunidades com altos índices de delito encontram-se caracterizadas por um baixo *status* socioeconômico, dificultam-lhes que seus habitantes satisfazem suas aspirações de sucesso financeiro por meios lícitos. Deve-se a isso a escassez de trabalho e baixos salários, pois, os negócios, as fábricas ou o setor de serviços preferem se situar em outras zonas. Essas comunidades podem estar isoladas e sem comunicação eficiente, como falta de transporte público. No entanto, muitas pessoas não tem a oportunidade de residir em outros lugares

---

[149] Vide AGNEW, R. Foundation for a general strain theory of crime and delinquency, p. 75; idem, The contribution of social-psychological strain theory to the explanation of crime and delinquency, p. 120-121; idem, Controlling delinquency: recommendations from general strain theory, p. 48-61.

[150] AGNEW, R. Foundation for a general strain theory of crime and delinquency, p. 72-73.

[151] AGNEW, R. A general strain theory of community differences in crime rates, p. 126; a teoria, pois, propõe uma visão completa das relações entre níveis de análise – e, por isso, um pouco mais otimista e ambiciosa que a defendida nesta Obra: "Várias teorias visam explicar as diferenças das comunidades nos índices de delito. Os índices de delito são uma agregação de fatos delitivos individuais, de modo que essas teorias descrevem como variáveis de nível comunitário afetam o comportamento delitivo individual", p. 123.

que lhes proporcionem melhores condições de vida, justamente por serem mais caros, ou, por não conhecerem alguém que possa ajudá-las. Além disso, carecem de qualificação para determinados trabalhos etc. Segundo alguns teóricos, nessas comunidades costuma se dar muita importância ao dinheiro e ao êxito financeiro, aumentando ainda mais a frustração. Naturalmente, termina por se produzir uma espécie de círculo vicioso onde as más condições econômicas e o desemprego criam ambientes negativos – rupturas familiares, más condições de escolarização etc., piorando cada vez mais tal situação;

b) A frustração pode ser especialmente séria em lugares nos quais a situação econômica é má em termos relativos mais que absolutos. Isso se deve a que os indivíduos consideram suas aspirações e ganhos em relação a outros, de modo que em comunidades onde é possível se comparar com indivíduos que tiveram êxito – por exemplo, porque também vivam ali ou por perto e sejam visíveis para os demais –, a frustração tenderá a ser maior.

c) Certas comunidades podem favorecer a perda de estímulos positivos e confrontar seus habitantes com estímulos negativos. Isso pode ocorrer quando alguém se vê exposto a sofrer delitos ou à insegurança, problemas sociais como rupturas familiares, desemprego, privações, superpopulação, vandalismo e bandos juvenis descontrolados, ou quando se observa que pessoas próximas, como familiares e amigos, sofrem tensões desse tipo. Situações como as descritas tendem a elevar o grau de frustração que experimentam os residentes em dita comunidade. Tudo isso, naturalmente, segundo supõem a teoria geral da frustração e Agnew, em concreto;

d) Em comunidades como as descritas também ocorre que é muito mais fácil que interajam entre si indivíduos com alto grau de frustração, o que contribui não só para o potencial confronto entre eles, mas para piorar as condições gerais do bairro;

e) Nesses bairros tende a ser especialmente provável que se responda a uma situação de frustração com o delito. Isso pode ser devido à escassez das metas alternativas, sendo o controle social informal baixo e as oportunidades para o delito abundantes ou à proliferação de valores favoráveis ao delito, ou que ao menos o justificam.[152]

Com todos esses argumentos e ideias, os teóricos da frustração, com Agnew liderando, buscam explicar por que algumas comunidades sofrem taxas de delinquência especialmente altas e, em todo caso, maiores que outras. Todas as situações anteriores – muitas das quais se excluem entre si – afetam de maneira direta ou indireta o comportamento dos indivíduos, ao mesmo tempo em que

---

[152] AGNEW, R. The nature and determinants of strain: another look at Durkheim and Merton, p. 39-42; idem, A general strain theory of community differences in crime rates, p. 126-128, 130-131 e 134-145.

incidem nos níveis de delinquência que experimenta uma comunidade.[153] Trata-se, pois, de uma aproximação macro, ainda que intimamente relacionado para a teoria.

3. *Avaliação*

a) O renovado interesse pelas teorias desse tipo alcançou também algumas das *teorias clássicas* – distintas da teoria geral – da frustração, e se realizaram novos testes dessas e até extensões teóricas.[154] Outras linhas de investigação teórica e empírica trataram de responder às críticas que vinham recebendo as teorias clássicas da frustração.[155]

Agnew e outros criminólogos realizaram um teste empírico de hipóteses derivadas dessas teorias, o qual apareceu publicado em 1999. Os autores utilizaram um questionário aplicado a uma mostra de pessoas maiores de dezoito anos que incluía, entre outras coisas, estimações do nível de satisfação com a situação econômico-financeira, a criminalidade e certas variáveis de controle.[156]

Em primeiro lugar, o estudo constatou, coerentemente com os prognósticos das teorias clássicas da frustração, que os sujeitos que experimentam maior insatisfação são os que "querem ganhar muito dinheiro, têm escassas expectativas de ganhá-lo e se sentem em estado de privação em comparação com outros".[157]

Em segundo lugar, o estudo constatou que a falta de satisfação se encontrava relacionada com delitos capazes de gerar dinheiro e com o consumo de drogas.[158] Esse estudo, ainda que com certas limitações,[159] favorece a hipótese das teorias clássicas de que a falta de satisfação com a situação monetária conduz ao menos a alguns tipos de delinquência e comportamentos desviados.

Muito embora o estudo insista na frustração das classes altas,[160] constatou-se que "a falta de satisfação é maior entre os que receberam uma educação

---

[153] AGNEW, R. A general strain theory of community differences in crime rates, p. 123 e 146.
[154] HOFFMANN, J. P.; IRELAND, T. Cloward and Ohlin's strain theory reexamined: An elaborated theoretical model, p. 254-259.
[155] Vide BERNARD, T. J. Control criticisms of strain theories: an assesment of theoretical and empirical adequacy, p. 353-366; idem, Structure and control, p. 278-279.
[156] Sobre a metodologia, vide AGNEW, R. et al. A new test of classic strain theory, p. 688-692; talvez a particularidade mais destacada desse trabalho do ponto de vista metodológico seja que mediram a frustração de maneira direta, algo que tradicionalmente não se havia feito, p. 699.
[157] AGNEW, R. et al. A new test of classic strain theory, p. 694-695, também p. 693.
[158] AGNEW, R. et al. A new test of classic strain theory, p. 696.
[159] Vide AGNEW, R. A general strain theory of community differences in crime rates, p. 688-689.
[160] AGNEW, R. Ob. cit., p. 684.

pobre e têm baixos recursos familiares", que "a falta de satisfação com o status econômico é maior entre pessoas da parte baixa do sistema de estratificação" e, em consequência, que existe uma relação entre classe e delito, ainda que "débil", e que não se pode afirmar que "medidas objetivas de classe não são importantes no estudo do delito".[161]

Outros estudos empíricos também respaldaram as teorias clássicas da frustração.[162]

Finalmente, outros estudos sérios não foram tão otimistas em suas descobertas a respeito das teorias clássicas da frustração. Este é o caso do trabalho de Burton e seus seguidores – todos esses criminólogos participaram também com Agnew no estudo retrodescrito de 1999. Ainda que seja certo que encontraram apoio empírico para a referida teoria, aquele foi mínimo e, desde logo, muito inferior ao que se encontrou para teorias rivais como as do autocontrole ou a do controle social informal dependente da idade;[163]

b) A ideia de que diante de uma situação de ira ou outra sensação negativa, o sujeito sente o desejo de tomar algum tipo de iniciativa *para melhorar sua situação*[164] foi analisada com certa profundidade e testada empiricamente por Brezina. Para esse autor, *o delito pode servir para aliviar uma situação de frustração*: um indivíduo que experimenta frustração elevada delinque e, desse modo, seu grau de frustração se vê diminuído, ao menos a curto prazo.[165] Esse criminólogo realizou um estudo empírico para testar essa hipótese e encontrou certo apoio empírico: o delito parece reduzir em alguma medida o grau de frustração e representa assim, pois, uma solução parcial a um estado negativo.[166]

---

[161] AGNEW, R. Ob. cit., p. 693-694 e 699.

[162] HOFFMANN, J. P.; IRELAND, T. Ob. cit., p. 259-263; MENARD, S. A developmental test of Cloward's differential-opportunity theory, p. 161-164, 167-174, 178 e 182-183.

[163] BURTON, V. S. et al. Reconsidering strain theory: operationalization, rival theories, and adult criminality, p. 226, 228-229 e 231-232, principalmente p. 228-229; e, sobre a metodologia, vide p. 214-226; os autores esclarecem expressamente que seus poucos logros não podem ser aplicados à mais moderna teoria geral da frustração, p. 231.

[164] AGNEW, R. Ob. cit., p. 60.

[165] BREZINA, T. Adapting to strain: an examination of delinquent coping responses, p. 41-42 e 44-45; o autor insiste em que o delito pode reduzir a frustração a curto prazo, mas pode aumentá-la a longo prazo, p. 44.

[166] BREZINA, T. Adapting to strain: an examination of delinquent coping responses, p. 50, 52-54 e 56-57; e p. 45-50 sobre a metodologia seguida. Talvez valha a pena assinalar que outro estudo empírico, a que também fazemos referência nas presentes páginas, encontrou o contrário: "Interpretamos esses coeficientes como indicativos de que se ver envolto na delinquência pode conduzir a uma maior frustração", PATERNOSTER, R.; MAZEROLLE, P. General strain theory and delinquency: a replication and extension, p. 244.

O estudo de Brezina também estabeleceu algumas descobertas favoráveis à teoria geral da frustração.[167] Ademais, o autor insiste em que essa ideia de que o delito é uma resposta ao menos em parte satisfatória a uma situação negativa da qual se quer escapar, destaca que, também as teorias da frustração mantêm uma imagem racional do delinquente em face de outras teses que veem no delito algo irracional.[168] Também assinala que a mesma ideia pode ajudar a entender a continuidade que se observa em muitos delinquentes: posto que se obtém algo positivo disso, tenderá a reincidir na delinquência;[169]

c) Agnew e outros autores realizaram testes para avaliar a teoria geral da frustração, encontrando várias descobertas favoráveis.[170] À vista disso, nem todos os estudos alcançaram a mesma conclusão. Um desses é o realizado por Mazerolle e Paternoster. Estes recorreram a dados longitudinais sobre adolescentes que incluíam medidas de frustração, de delinquência e de variáveis de outros modelos teóricos. Ainda que encontrassem apoio empírico parcial para alguns componentes da teoria geral da frustração,[171] a conclusão final não foi tão favorável.[172] Assim, os dados assinalam que, ainda que efetivamente relações negativas com adultos, sentimentos de falta de satisfação com os amigos ou a escola e a experiência de vivências estressantes se encontravam relacionados com o delito, não parecia que o efeito da frustração aumentasse se esta ocorria durante períodos de tempo mais longos.[173]

Um recente e rigoroso estudo realizado por Kury e seus seguidores oferece apoio empírico para a teoria geral da frustração sobre as diferenças entre comunidades, se bem que a um nível de análise diferente. Esses autores analisam as diferenças regionais que existem nas taxas de delinquência dentro de um mesmo país.[174] Para o caso concreto da Alemanha, analisado com maior profundidade,

---

[167] BREZINA, T. Adapting to strain: an examination of delinquent coping responses, p. 50, 52 e 56.

[168] BREZINA, T. Adapting to strain: an examination of delinquent coping responses, p. 42, 45 e 56.

[169] BREZINA, T. Adapting to strain: an examination of delinquent coping responses, p. 57-58.

[170] AGNEW, R. A revised strain theory of delinquency, p. 160-164; idem, A longitudinal test of the revised strain theory, p. 381-385; AGNEW, R.; WHITE, H. R. An empirical test of general strain theory, p. 479-490.

[171] PATERNOSTER, R.; MAZEROLLE, P. General strain theory and delinquency: a replication and extension, p. 245 e 251-253.

[172] PATERNOSTER, R.; MAZEROLLE, P. General strain theory and delinquency: a replication and extension, p. 246-249 e 252-253; vide, sobre a metodologia, 240-244.

[173] PATERNOSTER, R.; MAZEROLLE, P. General strain theory and delinquency: a replication and extension, p. 252-253.

[174] KURY, H. et al., Zur Bedeutung von Kriminalitätsentwicklung und Viktimisierung für die Verbrechensfurcht. *Kriminologische Opferforschung. Neue Perspektiven und Erkenn-*

constataram que referidas taxas se concentravam preferencialmente no norte do país.[175] Após analisar várias possíveis explicações, oferecem a seguinte conclusão: "Isso presumivelmente conduz a um nível de estresse (psicológico) mais elevado na população dos Estados do Norte. Essa maior carga psicológica se manifesta, por exemplo, na taxa de imigração e emigração de e para os distintos Estados";[176]

d) A teoria geral da frustração tem algumas dificuldades técnicas importantes.

O próprio trabalho de Mazerolle e Paternoster conclui com uma reflexão muito aceitável: "Cremos firmemente que o desenvolvimento teórico e empírico da própria teoria geral da frustração é a missão mais imediata e primária"; e advertem do perigo de que os teóricos tomem elementos ou variáveis da teoria para incluí-los ou integrá-los em outras teorias gerais antes de desenvolvê-los como elementos de uma teoria independente.[177] É uma forma muito elegante de assinalar que a teoria geral da frustração tem o problema de sua falta de especificidade, e que isso deve ser corrigido se é que quer se converter em uma teoria admitida majoritariamente. Ao mesmo tempo, a conclusão de Mazerolle e Paternoster, tal qual seu próprio estudo empírico, sugere que a teoria e, desde logo, alguns de seus componentes, podem ser muito promissores para a explicação do fenômeno delitivo.

A teoria geral da frustração é excessivamente imprecisa. As fontes da frustração se apresentam excessivas e ao final dão a impressão de que quase tudo pode produzir frustração. A teoria inclui algumas conexões que tampouco ficam muito claras: quando a frustração se converte em ira, quando se recorre à delinquência etc. Para complicar um pouco mais as coisas, Agnew chega até a afirmar que "a delinquência pode ainda ter lugar sem que exista culpa de outros ou ira".[178] Como sugere a reflexão de Mazerolle e Paternoster, é mister desenvolver e precisar com maior atenção os elementos e processos da teoria geral da frustração.

---

tnisse, II – *Verbrechensfurcht und Opferwerdung – Individualopfer und Verarbeitung von Opfererfahrungen* (G. Kaiser e J. M. Jehle eds.), p. 408-425 e 429-435.

[175] KURY, H. et al. Ob. cit., p. 417-425, falando expressamente de uma "pendente Norte-Sul", p. 421.
[176] KURY, H. et al. Ob. cit., p. 429; vide, de maneira muito mais matizada, p. 435-454.
[177] PATERNOSTER, R.; MAZEROLLE, P. General strain theory and delinquency: a replication and extension, p. 254.
[178] AGNEW, R. Foundation for a general strain theory of crime and delinquency, p. 60, n. 10.

Capítulo 8
AS TEORIAS DO CONTROLE E DA DESORGANIZAÇÃO SOCIAL

I. AS TEORIAS DO CONTROLE SOCIAL

1. "Por que não delinquimos?"

As teorias do controle social têm, na verdade, uma antiga tradição,[1] que costuma remontar até Durkheim[2] – sendo este um ponto polêmico.[3] Tais teorias consideram que as pessoas têm uma tendência a delinquir, que se consumará, salvo se existir algum motivo que as impeça, motivos que têm a natureza de *controles sociais informais*. Dado que a tendência ao desvio e ao delito é a problemática da pergunta, pois, não é *por que delinquem*, mas *por que não delinquimos*.[4]

Alguns desses teóricos consideram que estão propondo um novo enfoque ao problema da delinquência e que a criminologia não pode se fixar somente em quem delinque e suas causas, mas também "naqueles aspectos do processo de socialização que permite às pessoas, até em áreas da maior delinquência, internalizar atitudes e padrões de comportamento não desviados".[5]

Essa proposição não é superficial, nem antes nem agora: recentes etnografias destacaram as enormes dificuldades com que se confrontam os jovens que

---

[1] HIRSCHI, T. Exploring alternatives to integrated theory, p. 37.
[2] DRENNON-GALA, D. *Delinquency and highschool dropouts*, p. 2; KEMPF, K. L. The empirical status of Hirschi's control theory, p. 145; LAUB, J. H. Introduction: the life and work of Travis Hirschi, p. xiv; na verdade se podem encontrar antecedentes mais remotos, HIRSCHI, T. *Causes of delinquency*, p. 4-5 e 10-11; WIATROWSKI, M. D. et al. Social control theory and delinquency, p. 525.
[3] BERNARD, T. J. Merton versus Hirschi: who is faithful to Durkheim's heritage?, p. 89.
[4] HIRSCHI, T. *Causes of delinquency*, p. 34; AKERS, R. L. Self-control as a general theory of crime, p. 208, considera, ao contrário, que a pergunta continua sendo a mesma.
[5] RECKLESS, W. C.; DINITZ, S.; MURRAY, E. The "good" boy in a high delinquency area, p. 18.

habitam áreas com níveis altíssimos de delito para acabar não incidindo em sua prática. Pense-se que em determinadas zonas nas quais apenas existe um controle social informal, nem mesmo a polícia é efetiva no controle da delinquência, os jovens devem enfrentar graves dificuldades de todo tipo, incluídas de *status* e econômicas, ao mesmo tempo em que encontram o negócio da venda de drogas na porta de sua casa. Em hipóteses desse tipo a proposição de Reckless e seus seguidores adquire especial sentido.

A teoria criminológica dos anos 1950 se encontrava dominada pela descoberta de que a delinquência se concentrava em determinadas áreas de uma cidade. É uma ideia coerente com a teoria da desorganização social, mas também com as chamadas teorias culturais e subculturais e com as da frustração. Reckless e seus seguidores se perguntaram, então, porque há determinados jovens que, vivendo em tais zonas que parecem ser criminógenas, não delinquem: é o caso do "'bom' rapaz em uma área de alta delinquência".[6] Sua resposta, assim como a própria proposição – por que não delinque? – é uma teoria do controle social.[7]

Os autores se perguntaram o seguinte: "Até que ponto é essa patente proteção de companhias e normas desviadas uma função de *algo que se encontra no jovem*, e até que ponto é *algo* em grande parte *externo a ele*".[8]

Isso quer dizer: para as teorias do controle social, *os controles* que impedem que o jovem incida no delito *podem ser internos ou externos*.[9] Assim, por exemplo, os primeiros podem incluir um bom autoconceito, a crença nas normas ou um autocontrole alto; os segundos, a vigilância na família, a escola ou o grupo primário.

Reckless e outros afirmaram que, quando os jovens têm um conceito de si mesmos socialmente aceitável, em particular quando não veem a si mesmos cometendo delitos, tendem a estar protegidos até em ambientes francamente criminógenos como os das áreas delinquentes. Os autores aduziram também evidências empíricas favoráveis à sua tese, se bem que recorrendo a esboços

---

[6] RECKLESS, W. C.; DINITZ, S.; MURRAY, E. Self concept as an insulator against delinquency, p. 746; RECKLESS, W. C.; DINITZ, S.; MURRAY, E. The "good" boy in a high delinquency area, p. 18; SCARPITTI, F. R. et al. The "good" boy in a high delinquency area: four years later, p. 555.

[7] RECKLESS, W. C.; DINITZ, S.; KAY, B. The self component in potential delinquency and potential non-delinquency, p. 566.

[8] RECKLESS, W. C.; DINITZ, S.; MURRAY, E. The "good" boy in a high delinquency area, p. 24 (grifos nossos).

[9] Vide também, um pouco mais amplo ao incluir elementos da teoria da desorganização social, REISS, A. J. Delinquency as the failure of personal and social controls, p. 196, 198-199, 203-204 e 207.

metodologicamente muito fracos.[10] A teoria em concreto pode ser considerada abandonada na atualidade.

Assim, desempenha papel decisivo *a família* no surgimento e efetividade desses controles, tanto pela socialização que oferece aos filhos como pela própria vigilância a que os submete, as teorias do controle conferem um lugar determinante em seu esquema a essa instituição,[11] contrastando com outros enfoques da época. Hirschi resume os mecanismos de prevenção da família:

a) mediante uma correta educação, a família pode ensinar autocontrole aos filhos;

b) mediante a restrição das atividades dos filhos, vigiando-os fisicamente ou preocupando-se em saber onde estão quando não estão com eles;

c) mediante o fomento de carinho, o respeito ou a dependência entre si dos membros da família;

d) vigiando a casa ante potenciais assaltantes e protegendo os membros da família de potenciais agressores; ou, por último,

e) cuidando e preocupando-se com os membros da família e garantindo seu bom comportamento.[12]

Sobre o caso da família, a pesquisa contemporânea destaca sua importância para a explicação do delito, ainda que talvez não seja tão determinante como às vezes se pode pensar. Por exemplo, em uma interessante pesquisa, Cernkovich e Giordano insistem na importância da família, mas ao mesmo tempo reconhecem

---

[10] RECKLESS, W. C.; DINITZ, S.; KAY, B. The self component in potential delinquency and potential non-delinquency, p. 567-570; RECKLESS, W. C.; DINITZ, S.; MURRAY, E. Self concept as an insulator against delinquency, p. 744-746; SCARPITTI, F. R. et al. The "good" boy in a high delinquency area: four years later, p. 556-558. Mais que as habituais críticas metodológicas a esses trabalhos, o problema é que eles – até esquecendo as primeiras – não são concludentes em absoluto. O que não compartilhamos é que a teoria seja tautológica: é perfeitamente possível que pessoas com um autoconceito socialmente aceitável tendam a delinquir. AKERS, R. L. *Criminological theories*, p. 103-104. VOLD, G. B. et al. *Theoretical Criminology*, p. 178. REINARES, F. *Patriotas de la muerte*, p. 63-64.

[11] CERNKOVICH, S. A.; GIORDANO, P. C. Family relationships and delinquency, p. 316; GLUECK, S.; GLUECK, E. *Unraveling juvenile delinquency*, p. 278-281; GLUECK, S.; GLUECK, E. *Nuove frontiere della Criminologia*, p. 81-105; GOTTFREDSON, M. R.; HIRSCHI, T. *A general theory of crime*, p. 97-105 e 229-230; LAUB, J. H. et al. Explaining crime over the life course: toward a theory of age-graded informal social control, p. 102; REISS, A. J. Delinquency as the failure of personal and social controls, p. 198-199; RECKLESS, W. C.; DINITZ, S.; KAY, B. The self component in potential delinquency and potential non--delinquency, p. 568; RECKLESS, W. C.; DINITZ, S.; MURRAY, E. Self concept as an insulator against delinquency, p. 745; SAMPSON, R. J.; LAUB, J. H. *Crime in the making*, p. 64-98.

[12] HIRSCHI, T. Family structure and crime, p. 49-54 – dentro do conceito de família, parece ter efeitos preventivos superiores a família biparental do que a monoparental, 58 e 63.

que variáveis referentes à escola ou aos amigos têm influência muito maior, assim como pode haver diferenças entre distintos subgrupos de famílias atendendo a variáveis como a raça.[13]

Alguns criminólogos têm considerado o comportamento agressivo do filho com um componente biológico podendo alterar, dessa forma, a educação que lhe dão os pais – sobretudo tornando-a mais frágil.[14] Também pode ser que a educação dos pais seja aceitavelmente carinhosa e cuidadosa, mas o(a) filho(a) – por outras razões – a interprete mal, por exemplo, com objetivos mal-intencionados de os controlar.[15] Outro autor, Rowe, sustenta que a importância etiológica da família foi exagerada e que, no fundo, tratar-se-ia de fatores biológicos e genéticos que se confundem com a educação que se recebe dos pais.[16]

Um fator solidamente relacionado com a delinquência é o *tamanho da família*: os delinquentes costumam provir desproporcionalmente de famílias numerosas.[17] Na Espanha, Serrano Gómez estabeleceu essa descoberta para o caso espanhol.[18] Coerentemente com a teoria do controle social, isso pode ser explicado, *v.g.*, porque os pais poderiam dedicar menos tempo a cada filho ou porque estes tenderão a se sentir mais incomodados em uma casa superpopulosa e, portanto, a passar mais tempo fora de casa, longe do controle dos pais. Entretanto, para Laub e Sampson, também teóricos do controle, esse efeito poderia se ver compensado por um maior controle social proveniente dos muitos irmãos, e de fato é o que encontram em sua própria investigação.[19] Assim, pois, além de que a tese do controle social parece ser coerente com que a descoberta seja verdadeira ou ilegítima, outras teorias também podem explicá-lo.

A *teoria clássica do controle* mais conhecida é a que Hirschi apresentou em 1969, referida no Capítulo 2. Essa teoria, que teve um impacto enorme, segue inspirando ainda hoje algumas pesquisas e, de fato, mantém certo apoio empírico.[20]

---

[13] CERNKOVICH, S. A.; GIORDANO, P. C. Family relationships and delinquency, p. 304-316.
[14] SAMPSON, R. J.; LAUB, J. H. *Crime in the making*, p. 85-89.
[15] LIEBOW, E. *Tell them who I am*, p. 98-107.
[16] ROWE, D. C. *The limits of family influence*, p. 5 e 193-218.
[17] GOTTFREDSON, M. R.; HIRSCHI, T. *A general theory of crime*, p. 102-103; HIRSCHI, T. Family structure and crime, p. 58-63; SAMPSON, R. J.; LAUB, J. H. *Crime in the making*, p. 69-70 e 81-82.
[18] SERRANO GÓMEZ, A. *Delincuencia juvenil en España*, p. 167.
[19] SAMPSON, R. J.; LAUB, J. H. *Crime in the making*, p. 82.
[20] COSTELLO, B. J.; VOWELL, P. R. Testing control theory and differential association: a reanalysis of the Richmond Youth Project data, p. 828, 831-833 e 835-836; GARCÍA ESPAÑA, E. *Inmigración y delincuencia en España: análisis criminológico*, p. 127-128; HINDELANG, M. J. Causes of delinquency: a partial replication and extension, p. 475-478 e 480-486; HIRSCHI, T.; STARK, R. Hellfire and delinquency, p. 207-212; STARK, E. et al. Sports and delinquency, p. 123-124.

a) Alguns autores, contudo, sugeriram que as descobertas favoráveis a essa teoria foram exageradas por problemas metodológicos dos estudos. Especificamente se afirma que a teoria deveria ser testada com desenhos longitudinais – em vez dos habituais transversais[21] – porque a delinquência pode enfraquecer os vínculos sociais:[22] um jovem que delinque tenderá a se afastar de seus pais, a ter menos interesse no colégio etc. Segundo a pesquisa de Agnew, quando se controla esse fator, o respaldo empírico da teoria praticamente desaparece.[23]

b) Um elevado número de pesquisas/investigações, ademais, somente encontrou respaldo empírico para certos elementos e partes da teoria. Elliott e seus seguidores, embora encontrassem dados coerentes com a teoria, afastaram empiricamente a hipótese de que uma vinculação sólida a delinquentes previnisse a delinquência.[24] Outros autores estabeleceram que a teoria não encontrava apoio empírico tão sólido quando se aplicava a adultos e a delitos graves[25] – a teoria de Hirschi se referia originalmente a jovens e foi testada pelo mesmo autor, como vimos no Capítulo 2, com dados oficiais e de auto informação de estudantes adolescentes. Greenberg apresentou um estudo recente no qual recorre aos dados originais de Hirschi e os reanalisa com procedimentos estatísticos mais sofisticados dos que este teve à sua disposição;[26] os resultados que alcança são muito pouco favoráveis à teoria.[27]

---

[21] Vide DRENNON-GALA, D. *Delinquency and highschool dropouts*, p. 30.

[22] AGNEW, R. Social control theory and delinquency: a longitudinal test, p. 48-49 e 57; AGNEW, R. A longitudinal test of social control theory and delinquency, p. 126 e 140-141 – vide também, matizando sobre problemas dos estudos longitudinais que podem contribuir para que os efeitos dos elementos do vínculo não sejam detectados, AGNEW, R. A longitudinal test of social control theory and delinquency, p. 128-132. CERNKOVICH, S. A.; GIORDANO, P. C. Family relationships and delinquency, p. 304, sugerem que também a delinquência pode levar a um controle e uma supervisão mais intensos dos pais – de modo que, também agora, seriam precisos estudos longitudinais.

[23] AGNEW, R. Social control theory and delinquency: a longitudinal test, p. 52-53 e 57-59; AGNEW, R. A longitudinal test of social control theory and delinquency, p. 141-150.

[24] ELLIOTT, D. S. et al. *Explaining delinquency and drug use*, p. 21-27 e 130-133, em especial 132-133. Vide também EVANS, T. D. et al. The social consequences of self-control: testing the general theory of crime, p. 487, 491 e 494-495.

[25] SAMUELSON, L. et al. Crime and social control among high school dropouts, p. 158-159.

[26] GREENBERG, D. F. The weak strength of social control theory, p. 67.

[27] GREENBERG, D. F. The weak strength of social control theory, p. 68-74. KROHN, M. D.; MASSEY, J. L. Social control and delinquent behavior: an examination of the elements of the social bond, p. 539-542, constataram que a teoria era mais exitosa para o caso da delinquência feminina; porém uma investigação que recorreu a dados de mulheres não foi muito favorável à teoria, TORSTENSSON, M. Female delinquents in a birth cohort: tests of some aspects of control theory, p. 106-113.

c) Em uma pesquisa fundamentada, Drennon-Gala encontrou apoio para alguns dos elementos do vínculo, mas não para todos.[28] Essa descoberta é uma das que mais frequentemente aparecem nas investigações: uma evidência limitadamente favorável para a teoria é evidência favorável para a teoria em alguns elementos do vínculo, mas não para outros.[29] Descobertas desse tipo conduziram à sugestão de que a teoria original de Hirschi devia ser modificada de algum modo;[30] e, de fato, houve bom número de revisões e extensões,[31] as quais em geral não conseguiram, contudo, superar o prestígio e influência daquela.

2. A teoria do autocontrole (self-control)

A. *A natureza do delito* – uma teoria que causou uma impressão simplesmente extraordinária é a que propõe que a criminalidade é consequência de um baixo autocontrole – como veremos, a teoria inclui um segundo elemento, ainda que não tão claro: a oportunidade. Essa tese influiu na discussão teórica dos últimos quinze anos e recebeu uma atenção tanto doutrinária como empírica impressionante. A teoria foi desenvolvida por M. Gottfredson e Hirschi. Os autores começam insistindo em algo que já sabemos: que uma boa teoria deve ser coerente com os fatos bem conhecidos sobre o delito.[32] A partir dessa proposição se perguntam quais são precisamente as características do delito e dos delinquentes.[33] Algumas das características mais relevantes encontradas após revisar a literatura são as seguintes:[34]

a) Os delitos são atos que requerem *muito pouco esforço*. A imensa maioria dos delitos pode ser cometida por qualquer um, não exige nenhum tipo de talento ou habilidade. Os delitos, portanto, tenderão a ser muito pouco sofisticados.

A consequência é que os chamados delitos de colarinho branco – deixando de lado as dificuldades conceituais que apresentam – tenderão a ser mais excepcionais do que se pensa: "Nossa teoria prediz, portanto, um baixo índice de delitos

---

[28] DRENNON-GALA, D. *Delinquency and highschool dropouts*, p. 71-81 e 97-103.

[29] HINDELANG, M. J. Causes of delinquency: a partial replication and extension, p. 478-479 e 487; KEMPF, K. L. The empirical status of Hirschi's control theory, p. 162-164; KROHN, M. D.; MASSEY, J. L. Social control and delinquent behavior: an examination of the elements of the social bond, p. 534-539; WIATROWSKI, M. D. et al. Social control theory and delinquency, p. 536-537.

[30] HINDELANG, M. J. Causes of delinquency: a partial replication and extension, p. 487; KROHN, M. D.; MASSEY, J. L. Social control and delinquent behavior: an examination of the elements of the social bond, p. 539.

[31] Vide DRENNON-GALA, D. *Delinquency and highschool dropouts*, p. 103-106.

[32] GOTTFREDSON, M. R.; HIRSCHI, T. *A general theory of crime*, p. xiv-xv, 12 e 15.

[33] Vide, com uma ligeira nuance, GOTTFREDSON, M. R.; HIRSCHI, T. *A general theory of crime*, p. 88; HIRSCHI, T. Family structure and crime, p. 45.

[34] GOTTFREDSON, M. R.; HIRSCHI, T. *A general theory of crime*, p. 16-42 e 89-94; HIRSCHI

entre trabalhadores de colarinho branco, contrariamente ao agora típico ponto de vista da literatura".[35] Ao mesmo tempo, comportamentos delitivos que podem ser qualificados de colarinho branco, tenderão a não ser tão sofisticados como às vezes se insinua. Assim, Weisburd e seus seguidores assinalam o seguinte: "Estamos surpreendidos pelo caráter banal, mundano da grande maioria dos delitos de colarinho branco de nossa mostra".[36] Desse modo, os delitos e delinquentes de colarinho branco guardam muito mais semelhanças que diferenças com os comuns e uma única teoria do delito deveria poder explicá-los satisfatoriamente.

b) Os delitos resultam muito mais do mero aproveitamento de uma oportunidade cotidiana que de qualquer tipo de planificação. Com efeito, *são raros os delitos que são planejados*: é a oportunidade que desempenha um papel determinante.

Coerentemente com tal postura, a delinquência organizada representará um tipo de atividade muito excepcional, muito difícil de encontrar.[37] Isso se deve não só ao contraste com a natureza do delito, mas também – como veremos na sequência – com a natureza dos criminosos: os sujeitos com um baixo autocontrole podem ter dificuldades para organizar e manter um grupo de qualquer natureza, e poderão se enganar e a desconfiar uns dos outros.[38] Diversos estudos colocaram em dúvida várias crenças muito divulgadas sobre as grandes organizações orientadas à prática de fatos delitivos. Essas pesquisas, ainda que não neguem que possam existir em alguns casos – podendo ser excepcionais –, afirmam que se exagerou a organização, a extensão e a duração de organizações como a máfia ou os bandos de delinquentes. "Desse modo, criou-se uma ilusão de organização e continuidade".[39]

1. Às vezes, o que se sabe provém de sujeitos que pertenceram a essas organizações – as possibilidades metodológicas de pesquisa não são muito amplas. Os mencionados sujeitos têm ocasionalmente uma imagem desproporcionada, irreal de seu grau de organização e de suas dimensões.[40]

2. Em outras ocasiões trata-se de *arrependidos* que simplesmente exageram conscientemente os extremos a fim de que a informação que facilitam pareça mais

---

[35] T. Family structure and crime, p. 45-46; HIRSCHI, T.; GOTTFREDSON, M. R. Self-control theory, p. 81-82 e 89-90. GOTTFREDSON, M. R.; HIRSCHI, T. *A general theory of crime*, p. 191; também 19-20, 38-40, sobretudo 38, 91, 180-181, 183-190 e 196-200; HIRSCHI, T.; GOTTFREDSON, M. R. The significance of white-collar crime for a general theory of crime, p. 360-366; WEISBURD, D. et al. *Crimes of the middle classes*, p. 62 e 171; WEISBURD, D.; WARING, E. *White-collar crime and criminal careers*, p. 9.

[36] WEISBURD, D. et al. *Crimes of the middle classes*, p. 45-46.

[37] GOTTFREDSON, M. R.; HIRSCHI, T. *A general theory of crime*, p. 210-214.

[38] GOTTFREDSON, M. R.; HIRSCHI, T. *A general theory of crime*, p. 213-214.

[39] GOTTFREDSON, M. R.; HIRSCHI, T. *A general theory of crime*, p. 213.

[40] YABLONSKY, L. *The violent gang*, p. 40-47 e 80-81.

imprescindível e possam conseguir mais benefícios em troca de seu testemunho. Outras vezes as organizações fazem propaganda de propósito, como quando alguns bandos fazem comunicados ou recorrem ao grafite.[41]

3. Os meios de comunicação e até o próprio sistema podem exagerar, inclusive em interesse próprio, tais extremos. Katz, por exemplo, adverte que ocasionalmente algum fiscal nos Estados Unidos exagerou a criminalidade buscando notoriedade para si mesmo.[42]

c) Os delitos normalmente não produzem os resultados buscados pelo criminoso, e se traduzem tanto em *ganhos mínimos* como em mínimos danos físicos, econômicos e morais para as vítimas.[43]

d) Coerentemente com a natureza do delito, os criminosos tenderão a ser *sujeitos orientados a gratificações imediatas* e dificilmente capazes de sacrificar vantagens imediatas em favor de benefícios a longo prazo; com uma mínima formação; *impulsivos, amantes do risco* e da busca de emoções.

e) Os criminosos são versáteis, no sentido de que tendem a cometer uma ampla gama de fatos delitivos, e muito raras vezes a se especializar em um tipo concreto de delito.

A evidência aponta com bastante clareza à versatilidade dos delinquentes e dos criminosos: tendem em geral a cometer uma ampla gama de delitos de diversa natureza, e em poucas ocasiões a se especializar em um determinado delito ou conjunto de delitos.[44] A evidência é especialmente sólida porque provêm de

---

[41] KATZ, J. The gang myth, p. 171-172 e 183-187.
[42] KATZ, J. The gang myth, p. 186.
[43] LAUB, J. H. Patterns of criminal victimization in the United States, p. 42-44 e 46.
[44] FARRINGTON, D. P. Longitudinal research on crime and delinquency, p. 303-304; FARRINGTON, D. P. The explanation and prevention of youthful offending, p. 75-77 e 103; FELSON, M. *Crime and everyday life,* p. 45-46; GOTTFREDSON, M. R.; HIRSCHI, T. A control theory interpretation of psychological research on aggression, p. 49 e 64; HIRSCHI, T. Family structure and crime, p. 45-46; KLEIN, M. W. *Street gangs and street workers,* p. 124-127; PETERSILIA, J. Criminal career research: a review of recent evidence, p. 352-353; PETERSILIA, J. et al. *Criminal careers of habitual felons,* p. 20-21; PETERSON, M. A. et al. *Who commits crimes,* p. 35-40 e 80-82; SAMPSON, R. J.; LAUB, J. H. *Crime in the making,* p. 56, 124 e 129; SHOVER, N. *Great pretenders,* p. 62-66; TRACY, P. E.; KEMPF-LEONARD, K. *Continuity and discontinuity in criminal careers,* p. 164-167; WOLFGANG, M. E. et al. *Delinquency in a birth cohort,* p. 165-168, 174-207 e 254; WRIGHT, R. T.; DECKER, S. H. *Burglars on the job,* p. 47-56; WRIGHT, R. T.; DECKER, S. H. *Armed robbers in action,* p. 16 e 50-55. Como os delitos contra a propriedade são os mais comuns, pode-se esperar certa, talvez modesta ou moderada, especialização neles, HAAPANEN, R. A.; JESNESS, C. F. *Early identification of the chronic ofender,* p. 59; HOLZMAN, H. R. *The persistent offender and the concept of professional criminality: the case of robbery and burglary,* p. 118; TUNNELL, K. D. *Doing crime: an analysis of repetitive property offenders decision-making,* p. 150-152. Os delinquentes adultos certamente se especializam de algum modo, BLUMSTEIN, A.;

diversas concepções e operacionalizações do conceito de especialização, diversas metodologias quantitativas e qualitativas e abarcam uma ampla gama de autores, momentos e situações. A descoberta não foi estudada com tanta profundidade no caso da Espanha nem da América Latina. Deve-se aceitar que algumas pesquisas encontraram sinais de especialização.[45] É possível que tanto nos dados oficiais de prisões e de condenações como nos de autoinformação possa existir certo traço que favoreça a hipótese da especialização. É provável que a polícia e os restantes servidores da Administração da Justiça buscam deter, processar e condenar os criminosos pelos mesmos delitos pelos quais foram detidos, processados e condenados anteriormente. No caso de delinquentes violentos, estes buscam possivelmente a não definir como delitivos fatos leves em que incorreram e, portanto, a não reconhecê-los nas autoinformações.[46]

Elliott defende de maneira plausível a utilidade e superioridade das autoinformações nesses casos, mas conclui que há muito mais diversificação de delitos que especialização.[47] Piquero, em um estudo recente, não encontrou tendência alguma a se especializar na prática de delitos violentos.[48] Em uma

---

COHEN, J.; DAS, S.; MOITRA, S. D. Specialization and seriousness during adult criminal careers, p. 317-319 e 342; COHEN, J. Research on criminal careers: individual frequency rates and offense seriousness, p. 395. Sobre os delitos de colarinho branco, BENSON, M. L.; MOORE, E. Are white-collar and common offenders the same? An empirical and theoretical critique of a recently proposed general theory of crime, p. 262 e 265, com evidência talvez mista; WEISBURD, D. et al. *White-collar crime and criminal careers*, p. 44-47, decisivos em favor da hipótese da não especialização.

[45] Vide, com evidência ao menos em parte a favor da especialização em geral, por exemplo, DAVIS, K. F. *Patterns of specialization and escalation in crime: a longitudinal analysis of juvenile and adult arrest transitions in the Glueck data*, p. 72-74, 83-85, 109-110 e 113; SAMPSON, R. J.; LAUB, J. H. *Crime in the making*, p. 56; vide também as considerações de TRACY, P. E.; KEMPF-LEONARD, K. *Continuity and discontinuity in criminal careers*, p. 50-52, 54 e 162-163; mas também 164-167.

[46] WEISBURD, D.; WARING, E. *White-collar crime and criminal careers*, p. 47. De outra opinião, em um sentido geral, TRACY, P. E.; KEMPF-LEONARD, K. *Continuity and discontinuity in criminal careers*, p. 162-163.

[47] ELLIOTT, D. S. Longitudinal research in Criminology: promise and practice, p. 18.

[48] PIQUERO, A. Frequency, specialization, and violence in offending careers, p. 409; vide também BLUMSTEIN, A.; COHEN, J.; DAS, S.; MOITRA, S. D. S. D. Specialization and seriousness during adult criminal careers, p. 322 e 342; HAAPANEN, R. A.; JESNESS, C. F. *Early identification of the chronic ofender*, p. 59 e 168; MORSE, B. J. *Self-reported juvenile violent offenders and their offending careers: a descriptive analysis*, p. 108; PETERSILIA, J. Criminal career research: a review of recent evidence, p. 353; WEINER, N. A. Violent criminal careers and "violent career criminals", p. 93 e 128. Em outro sentido, BRENNAN, P. A. et al. Specialization in violence: evidence of a criminal subgroup, p. 448-449. LOEBER e outros defenderam a existência de um tipo de delinquente grave e violento, assim como, ainda que, em geral, a especialização no tipo de delito não seja comum, certamente se dá em pequena, mas significativa, medida entre estes, LOEBER, R.; FARRINGTON, D. P.;

linha semelhante se discutiu em criminologia se esta devia se centrar nos delitos graves em face dos leves[49] – e, portanto, de quem incorre em uns ou outros tipos de delito –, ao que Gottfredson e Hirschi contestam que, visto que os criminosos são versáteis e buscam cometer tanto uns como outros, a distinção é irrelevante.[50]

f) Mais adiante, os delinquentes não só incorrem em fatos delitivos, mas também em muitos *outros comportamentos desviados*, como é o caso do consumo de álcool e drogas, e até têm uma probabilidade maior de sofrer acidentes.

Tal fator aponta que é provável que uma mesma causa – ou talvez conjunto de causas – tenha uma influência causal decisiva em todos esses comportamentos ao mesmo tempo. Daí se infere que, como vimos, na verdade não é que alguns comportamentos desviados levem a outros delitos, mas que todos são causados pelos mesmos fatores.[51]

B. *O baixo autocontrole* – de acordo com Gottfredson e Hirschi, as pessoas que mais delinquem provavelmente serão as pessoas com um *baixo autocontrole* – ainda que os autores não o definam nem operacionalizem de maneira clara. A ideia do baixo autocontrole encaixa perfeitamente com todas as características dos delinquentes que acabamos de descrever. Posto que nos encontramos diante de uma teoria do controle social, o baixo autocontrole não é algo em que se acredita, mas é resultado de não se colocar os meios para desenvolver um autocontrole nos sujeitos. Não há, propriamente falando, causas positivas do baixo autocontrole, mas este se dá diante da ausência de disciplina, educação etc.[52] O autocontrole é uma variável contínua que vai desde níveis muito baixos a níveis muito altos. A ideia de baixo autocontrole não tem nada a ver com o conceito psicológico de personalidade antissocial ou criminosa.[53]

WASCHBUSCH, D. A. Serious and violent juvenile offenders, p. 16-17 – essa ideia de especialização, contudo, é muito ampla. Se existem, mais em geral, padrões de especialização, eles poderiam depender da idade – representando, pois, uma tendência bem mais geral – e não tanto de outros fatores como a idade de começo da carreira delitiva, PIQUERO et al., 1999: 294 principalmente.

[49] LOEBER, R.; FARRINGTON, D. P.; STOUTHAMER-LOEBER, M.; VAN KAMMEN, W. B. *Antisocial behavior and mental health problems,* p. 53-54 e 104-105; WILSON, J. Q.; HERRNSTEIN, R. J. *Crime and human nature,* p. 22.

[50] GOTTFREDSON, M. R.; HIRSCHI, T. *A general theory of crime,* p. 116-117.

[51] ELLIOTT, D. S. et al. *Explaining delinquency and drug use,* p. 12; GOTTFREDSON, M. R.; HIRSCHI, T. *A general theory of crime,* p. 90-91, 93, 140 e 233-234; PAINO QUESADA, S. G. et al. Indicadores de riesgo en la reincidência, p. 783.

[52] GOTTFREDSON, M. R.; HIRSCHI, T. *A general theory of crime,* p. 94-95. Os autores mencionam um trabalho inédito de MARTINSON como precedente de sua teoria, HIRSCHI, T.; GOTTFREDSON, M. R. Self-control theory, p. 83-85.

[53] GOTTFREDSON, M. R.; HIRSCHI, T. *A general theory of crime,* p. 94 e 108-111.

Uma *educação ineficaz da criança na família* é a origem principal de um baixo autocontrole.[54] Os autores, contudo, não descartam rigorosamente eventuais fatores biológicos que poderiam ter impacto na própria educação da criança, isto é, que a educação não é igualmente fácil – ou difícil – para todas as crianças.[55] Uma *educação correta* da criança se caracteriza, do ponto de vista mínimo, por uma série de elementos.[56]

a) Uma continuação de seu comportamento.

O qual faltará quando os pais não se preocupam com a criança, não tenham tempo ou energia para isso, ou simplesmente não sintam carinho.

b) O reconhecimento do comportamento desviado quando este se produz.

É possível que determinados comportamentos não se definam como desviados, mas como coisas próprias da idade e, por isso, os pais não lhes deem a importância que merecem. Os autores citam o exemplo de não fazer os deveres ou de estar todo o dia vendo televisão.

c) O castigo de tal comportamento.

O comportamento desviado não deve ser deixado impune, mas ser castigado. Naturalmente, os autores não sugerem que se deva recorrer ao castigo físico. Coerentemente com a teoria do controle social, a desaprovação por parte das pessoas às quais alguém aprecia é a sanção mais poderosa.

Uma variável que parece estar muito relacionada com o delito é a *educação errática*. Trata-se de hipóteses em que os pais não só não se ajustam aos padrões anteriores, mas castigam com firmeza comportamentos leves e deixam sem castigo condutas graves. O castigo nesses casos não é, pois, coerente.

Quando na família não se proporciona uma boa educação, dificulta-se enormemente que a criança desenvolva o autocontrole e tenda, ao contrário, a ter as características relacionadas com um baixo autocontrole que vimos mais acima e a incorrer em comportamentos desviados e até delitivos. Quando a socialização na família foi insuficiente, é possível ainda que a criança aprenda o autocontrole através de outras instituições, como é o caso destacado da *escola*. Em tese, o papel da escola pode ser muito importante, já que os professores têm uma grande capacidade para observar o comportamento desviado de seus alunos; o professor e a própria escola têm interesse enorme em manter a disciplina; e, muitas vezes, contam com os meios necessários para consegui-lo – outra vez sem necessidade de recorrer ao castigo físico. Para Gottfredson e Hirschi, contudo, e

---

[54] GOTTFREDSON, M. R.; HIRSCHI, T. *A general theory of crime*, p. 97; HIRSCHI, T. Family structure and crime, p. 44; HIRSCHI, T.; GOTTFREDSON, M. R. Self-control theory, p. 90.

[55] Vide, muito matizada e sutilmente, GOTTFREDSON, M. R.; HIRSCHI, T. *A general theory of crime*, p. 54-58 e 96.

[56] GOTTFREDSON, M. R.; HIRSCHI, T. *A general theory of crime*, p. 97-100.

sempre de acordo com eles, a escola tem na prática um efeito muito mais limitado pelo fato de que os pais de crianças problemáticas às vezes não se mostram muito cooperativos com os professores.[57]

Outras instituições que apareçam mais tarde na vida das pessoas são muito menos efetivas para instalar autocontrole nelas. Os autores insistem que é muito mais fácil promover o autocontrole do que destruí-lo: uma vez que uma pessoa tem um autocontrole elevado, este é muito difícil de diminuir.[58]

O autocontrole é uma característica que *se fixa em uma idade muito prematura na vida das pessoas e que se mantém relativamente constante* a partir desse momento:[59] "Até a idade de 8 ou 10 anos a maioria de nós aprende a controlar tais tendências" para o desvio.[60]

Apesar desse esclarecimento, é duvidoso que a relativa firmeza do baixo autocontrole seja compatível com a *curva da idade*, que precisamente foi destacada pelos próprios Gottfredson e Hirschi. Se um baixo autocontrole se fixa muito cedo na vida das pessoas e é constante ao longo dessa, como é que com a idade diminui bruscamente o número de delitos, comportamentos desviados e até acidentes em que se veem envolvidas as pessoas? Ainda que informalmente ao menos M. Gottfredson reconheça esse problema, os autores parecem defender que esse traço do baixo autocontrole simplesmente é *relativamente estável* – no sentido de que se mantêm as diferenças entre as pessoas –, mas *diminui com a idade*, sem que seja fácil buscar uma explicação mais adiante dessa comprovação empírica[61] – ainda que nela deva influir o próprio fator idade, que o contato com outras instituições continua fomentando o autocontrole ao longo da vida e que também se podem produzir mudanças nas oportunidades que encontram as pessoas conforme envelhecem. Os autores parecem sugerir que a curva da idade, com seu caráter universal no sentido cultural, social e possivelmente temporal, deve ser considerada na criminologia contemporânea em um sentido próximo à constância da velocidade da luz na física de Einstein.[62] Como afirmam com

---

[57] GOTTFREDSON, M. R.; HIRSCHI, T. *A general theory of crime*, p. 105-107.
[58] GOTTFREDSON, M. R.; HIRSCHI, T. *A general theory of crime*, p. 106, n. 3 e 107.
[59] GOTTFREDSON, M. R.; HIRSCHI, T. *A general theory of crime*, p. 107-108. Curiosamente, RECKLESS e seus seguidores, em continuação ao que fizeram à sua mostra inicial, encontraram assim mesmo uma grande continuidade na autoimagem: "Uma vez que se internalizou uma imagem favorável por parte dos pré-adolescentes (...) existem todas as razões para crer que é tão difícil de alterar como uma autoimagem delinquente", SCARPITTI, F. R. et al. The "good" boy in a high delinquency area: four years later, p. 558.
[60] HIRSCHI, T.; GOTTFREDSON, M. R. Self-control theory, p. 90.
[61] HIRSCHI, T. Family structure and crime, p. 47.
[62] Vide HIRSCHI, T.; GOTTFREDSON, M. R. Age and the explanation of crime, p. 553. Como é bem sabido, para Einstein a velocidade da luz é absoluta, 300.000 quilômetros por segundo – ainda que muito recentemente parece terem sido descobertos casos negativos.

razão Laub e Sampson, a ideia da constância do autocontrole, pois, poderia ser interpretada como *não linear, mas que segue uma tendência à baixa*.[63]

Uma consequência muito importante é que *todo mundo tenderá a delinquir menos com a idade*. A curva da idade, pois, tem um caráter também individual e não só agregado. A discussão se centra no caso dos *delinquentes* que são *muito perigosos*. Para Gottfredson e Hirschi também estes poderão delinquir menos com o passar do tempo,[64] enquanto para muitos autores é possível encontrar delinquentes perigosos que mantêm um nível de delinquência muito alto durante grande parte de sua vida.[65] O que nos interessa destacar, como se pode observar, é que pode ser duvidoso que a teoria seja compatível com a curva da idade.

Muitas vezes se discutiu se a teoria do controle social que Hirschi propôs em 1969 é compatível com a do baixo autocontrole que estamos analisando agora mesmo. Está claro que ambas são teorias do controle social, e em tese deveriam ser compatíveis entre si.[66] Grande parte da doutrina, contudo, tem sérias dúvidas a respeito.[67]

C. A oportunidade – Já advertimos que a teoria de Gottfredson e Hirschi inclui um segundo elemento: *a oportunidade para delinquir*.[68] Nesse e em outros pontos, a teoria se aproxima das teses neoclássicas, mais especificamente das teses da oportunidade e das atividades habituais, insistindo que são posturas teóricas perfeitamente compatíveis.[69] Assim, não se trata de uma teoria integrada, mas, ao contrário, geral e unitária. Dessa maneira, a chave para que um delito ocorra se encontra na concorrência destes dois elementos: um sujeito com um baixo autocontrole que se encontra com uma oportunidade para delinquir – ou, que se produza não o mero resumo dos dois termos da fórmula, mas uma interação entre eles.

A inclusão desse elemento, contudo, parece introduzir mais dificuldades do que as esclarece. O problema fundamental é que não é que os autores não

---

[63] SAMPSON, R. J.; LAUB, J. H. *Crime in the making*, p. 16. Vide, contudo, HIRSCHI, T.; GOTTFREDSON, M. R. Self-control theory, p. 86-87.

[64] GOTTFREDSON, M. R.; HIRSCHI, T. *A general theory of crime*, p. 107-108.

[65] MOFFITT, T. E. Adolescence-limited and life-course-persistent antisocial behavior: a developmental taxonomy, p. 679-680.

[66] Vide EVANS, T. D. et al. The social consequences of self-control: testing the general theory of crime, p. 479; GRASMICK, H. G. et al. Testing the core empirical implications of Gottfredson and Hirschi's general theory of crime, p. 7.

[67] Vide, alguns deles matizadamente, AKERS, R. L. Self-control as a general theory of crime, p. 209-210; GREENBERG, D. F. The weak strength of social control theory, p. 66 e 74; PATERNOSTER, R.; BACHMAN, R. *Explaining criminals and crime,* p. 79; VOLD, G. B. et al. *Theoretical Criminology,* p. 189-190.

[68] GOTTFREDSON, M. R.; HIRSCHI, T. *A general theory of crime*, p. 22, 27-28, 95, 127, 209, 219 e 248.

[69] GOTTFREDSON, M. R.; HIRSCHI, T. *A general theory of crime*, p. 22-24.

desenvolvam a ideia ou "digam relativamente pouco";[70] é que praticamente não fazem mais que mencioná-la. Nessa parte da teoria, pois, os autores parecem simplesmente se remeter ao trabalho dos teóricos da oportunidade.

O fator oportunidade, desde logo, *parece ocupar um lugar secundário* na teoria, na qual o essencial parece ser o baixo autocontrole.[71] Grasmick e outros afirmam, inclusive, que "uma oportunidade delitiva tem escassa relação com o comportamento delitivo enquanto o sujeito que a encontre não tenha um baixo autocontrole. As pessoas com um autocontrole alto resistirão às tentações das oportunidades para delinquir".[72] Desde logo, as pesquisas que trataram de testar a teoria do baixo autocontrole se centraram nesse elemento e não no da oportunidade.[73] Alguns criminólogos relacionados com os enfoques da oportunidade aclamaram com louvor essa parte da teoria do autocontrole e insistiram que a inclusão de variáveis dessa natureza contribui para aperfeiçoar a teoria.[74] Parece claro, em qualquer caso, que se deveria aprofundar no desenvolvimento dessa parte da teoria.[75]

Alguém pode até se perguntar o motivo de introduzir um elemento na teoria à qual praticamente não se presta atenção e quando inclusive seus próprios proponentes a ela se referem como "a teoria do autocontrole".[76] Alguns autores interpretaram que se trataria de um esforço para incorporar o nível macro à teoria – o autocontrole é, sem dúvida, uma característica dos indivíduos, e a

---

[70] GRASMICK, H. G. et al. Testing the core empirical implications of Gottfredson and Hirschi's general theory of crime, p. 10.

[71] EVANS, T. D. et al. The social consequences of self-control: testing the general theory of crime, p. 476; FORDE, D. R.; KENNEDY, L. W. Risky lifestyles, routine activities, and the general theory of crime, p. 266; PATERNOSTER, R.; BRAME, R. On the association among self-control, crime, and analogous behaviors, p. 972.

[72] GRASMICK, H. G. et al. Testing the core empirical implications of Gottfredson and Hirschi's general theory of crime, p. 12 – recorda-se, essa afirmação não é uma crítica para as teorias da oportunidade, nem sequer para o lugar que ocupam nessa teoria, seja grande ou pequeno, posto que elas começam exigindo a presença de um delinquente motivado, assim, COHEN, L. E.; FELSON, M. Social change and crime rate trends: a routine activity approach, p. 589.

[73] EVANS, T. D. et al. The social consequences of self-control: testing the general theory of crime, p. 482. Certamente a incluem em sua análise, por exemplo, GRASMICK, H. G. et al. Testing the core empirical implications of Gottfredson and Hirschi's general theory of crime, p. 11 e 19.

[74] FORDE, D. R.; KENNEDY, L. W. Risky lifestyles, routine activities, and the general theory of crime, p. 284-285.

[75] GRASMICK, H. G. et al. Testing the core empirical implications of Gottfredson and Hirschi's general theory of crime, p. 23.

[76] GOTTFREDSON, M. R.; HIRSCHI, T. *A general theory of crime*, p. 274; HIRSCHI, T.; GOTTFREDSON, M. R. Self-control theory, p. 81.

teoria está elaborada a nível micro. À vista da escassa atenção que recebe, achamos muito duvidosa essa opinião – embora pela mesma razão não possa ser excluída. Ainda que com a pouca informação disponível se trate de uma opinião altamente especulativa de nosso lado, o fator oportunidade podia desempenhar uma função *ad hoc* na teoria – por exemplo, para protegê-la da crítica de como é que os sujeitos com um baixo autocontrole, ou até muito baixo, passam a maior parte do tempo ocupados em atividades lícitas e normais; outro fato, diga-se de passagem, bem conhecido há tempos sobre os delinquentes.

D. Valoração – 1. A teoria de Gottfredson e Hirschi recebeu *um respaldo empírico* que só pode ser considerado *muito sólido*. Em uma pesquisa realizada por importantes criminólogos que aplicaram um questionário, completado mediante entrevistas pessoais a uma mostra de 395 sujeitos, e analisaram estatisticamente os resultados, encontrou-se apoio empírico para a tese – apesar de advertindo que o fator oportunidade tinha mais peso que o do autocontrole e que a teoria devia incorporar novas variáveis para melhorar sua robustez.[77] Outro trabalho realizado por Evans e seus seguidores utilizou também questionários enviados a uma mostra aleatória de sujeitos e mediram o autocontrole com onze itens – isto é, foi uma medição consciente; também se incluíram questões sobre os delitos que haviam sido cometidos e outras variáveis provenientes de outras teorias criminológicas.[78] Ainda que alguns autores concluam que certas variáveis relativas às teorias da aprendizagem poderiam contribuir para aperfeiçoá-la, o respaldo geral que encontraram para a teoria do baixo autocontrole foi muito claro.[79] A meta-análise – que é um procedimento sofisticado para extrair conclusões gerais de todos os estudos prévios sobre determinada questão, ou seja, estudar qual é o quadro que aparece após analisar conjuntamente todos os estudos prévios – que realizaram Cullen e Pratt alcançou uma descoberta empírica parecida: a teoria de Gottfredson e Hirschi recebia elevado apoio empírico, mas variáveis das teorias da aprendizagem mantinham sua importância.[80] Esses autores afirmam que "a meta-análise aqui acolhida proporciona um apoio empírico francamente

---

[77] GRASMICK, H. G. et al. Testing the core empirical implications of Gottfredson and Hirschi's general theory of crime, p. 20-26 - e 12-20 sobre a metodologia.

[78] EVANS, T. D. et al. The social consequences of self-control: testing the general theory of crime, p. 482-489 acerca da metodologia seguida. Ainda aqui não podemos aprofundar nisso, existe uma polêmica importante sobre como medir o autocontrole. Vide, por exemplo, FETCHENHAUER, D.; SIMON, J. Eine experimentelle Überprüfung der "General Theory of Crime" von Gottfredson und Hirschi, p. 305-306.

[79] EVANS, T. D. et al. The social consequences of self-control: testing the general theory of crime, p. 489-493.

[80] PRATT, T. C.; CULLEN, F. T. The empirical status of Gottfredson and Hirschi's general theory of crime: a meta-analysis, p. 944, 947-948 e 951.

impressionante à teoria de Gottfredson e Hirschi".[81] Outras investigações concordaram em encontrar apoio para a teoria, mas mantendo sua robustez poderia ser melhorada com variáveis de outros enfoques criminológicos;[82] enquanto outras foram até mais favoráveis.[83]

2. Talvez a crítica mais importante que recebeu a teoria seja a de que pode ser *tautológica*.[84] Esta última questão é bastante sutil. O problema é que o baixo autocontrole parece equivaler à *tendência a cometer delitos*. A tautologia estaria em querer explicar a tendência a cometer delitos mediante uma construção que equivale a isso mesmo: tende-se a cometer delitos *porque* se tende a cometer delitos – ou o que é o mesmo: porque se tem um baixo autocontrole. Ou, nas palavras de Akers, tais criminólogos "utilizam 'autocontrole baixo' e 'autocontrole alto' simplesmente como rótulos para essa propensão diferencial a cometer delitos".[85]

Isso se deve ao não proporcionar pelos autores uma operacionalização clara do termo. Por exemplo, poder-se-ia medir o baixo autocontrole comprovando que uma pessoa – ou uma mostra – incorreu em fatos delitivos ou análogos, medindo variáveis inseparáveis de ditos atos. Mediante essa estratégia metodológica, é muito difícil evitar a tautologia; sabemos que dita pessoa tem um baixo autocontrole porque delinquiu, delinquiu porque tem um baixo autocontrole.[86]

A estratégia dos autores, de começar recompilando os fatos que deveriam explicar uma teoria, implica que logo não podem se utilizar esses fatos para defendê-la empiricamente. Por exemplo, apesar de os autores chegarem a assinalar que sua estratégia é estudar as características do delito e *derivar delas* "a natureza das pessoas que relativamente tendem a se ver envolvidas em delitos",[87] o certo

---

[81] PRATT, T. C.; CULLEN, F. T. The empirical status of Gottfredson and Hirschi's general theory of crime: a meta-analysis, p. 951.

[82] ARNEKLEV, B. J. et al. Low self-control and imprudent behavior, p. 242-244; FORDE, D. R.; KENNEDY, L. W. Risky lifestyles, routine activities, and the general theory of crime, p. 281 e 283-285.

[83] JUNGER, M. Accidents, p. 103, 105 e 107; LARRAGOITE, V. Rape, p. 166-170; SORENSEN, D. W. M. Motor vehicle accidents, p. 120-121 e 126; STRAND, G. C.; GARR, M. S. Driving under the influence, p. 142-144.

[84] AKERS, R. L. Self-control as a general theory of crime, p. 203-204 e 210; FETCHENHAUER, D.; SIMON, J. Eine experimentelle Überprüfung der "General Theory of Crime" von Gottfredson und Hirschi, p. 304; FORDE, D. R.; KENNEDY, L. W. Risky lifestyles, routine activities, and the general theory of crime, p. 267; GARRIDO GENOVÉS, V. et al. *Principios de Criminología*, p. 408; GEIS, G. On the absence of self-control as the basis for a general theory of crime: a critique, p. 39; VOLD, G. B. et al. *Theoretical Criminology*, p. 192, n. 63.

[85] AKERS, R. L. Self-control as a general theory of crime, p. 204.

[86] Vide AKERS, R. L. Self-control as a general theory of crime, p. 204-205.

[87] HIRSCHI, T. Family structure and crime, p. 45; também GOTTFREDSON, M. R.; HIRSCHI, T. *A general theory of crime*, p. 88.

é que eles *já sabem* que os delinquentes tendem a ser versáteis: "A evidência da versatilidade dos delinquentes é impressionante".[88]

A *teoria* podia ser tautológica, e até os próprios autores parecem reconhecê-lo em uma estranha passagem.[89] Como afirmado, ainda que não seja tão simples, é possível superar o problema caso seja capaz de encontrar, do ponto de vista metodológico, uma forma de operacionalizar o baixo autocontrole independentemente da tendência a delinquir ou da prática de fatos delitivos.[90] Por esse motivo, essa séria crítica à teoria pode ser vencida e não é definitiva.

3. A segunda grande crítica que recebeu a teoria tem a ver com seu âmbito, e mais especificamente com que não seria aplicável a determinadas formas delitivas, sobretudo aos *delitos de colarinho branco*. Contrariamente ao examinado, mantêm Gottfredson e Hirschi, os críticos afirmam que não está claro que os delinquentes de colarinho branco correspondam a estas características que sugere o conceito de baixo autocontrole – inconstância, falta de planejamento, comportamento mais físico que verbal etc. –, que não está claro que determinados correlatos – sobretudo a idade e, mais especificamente, a curva da idade – se deem igualmente nesses delitos; e, também, que esses delitos são muito mais habituais do que prediz a teoria do autocontrole.[91] Ainda que essa crítica seja coerente com crenças socialmente muito difundidas, a verdade é que a polêmica conduz a certas decisões conceituais e de quantificação que não permitem uma solução definitiva. Com efeito, o delito de colarinho branco é difícil de medir e é pouco o que se sabe sobre esse.[92]

Essa crítica, inclusive ainda que se aceite, podia parecer, em princípio, não muito importante, uma vez que a imensa maioria das teorias criminológicas tampouco se estende com facilidade aos delitos de colarinho branco. Nesse caso concreto, contudo, a questão é da máxima importância. Tão decisivo ou possivelmente mais que a própria teoria que defendem, são as implicações epistemológicas do livro de Gottfredson e Hirschi: este se intitula *Uma teoria geral*

---

[88] GOTTFREDSON, M. R.; HIRSCHI, T. *A general theory of crime*, p. 91.
[89] "A nosso ver, a acusação de tautologia é, na verdade, um elogio", apud VOLD, G. B. et al. *Theoretical Criminology*, p. 1.993; também HIRSCHI, T.; GOTTFREDSON, M. R. Self-control theory, p. 95.
[90] AKERS, R. L. Self-control as a general theory of crime, p. 205; BERNARD, T. J. A theoretical approach to integration, p. 159.
[91] BENSON, M. L.; MOORE, E. Are white-collar and common offenders the same? An empirical and theoretical critique of a recently proposed general theory of crime, p. 263-269; REED, G. E.; YEAGER, P. C. Organizational offending and neoclassical Criminology: challenging the reach of a general theory of crime, p. 376-377; STEFFENSMEIER, D. On the causes of "white-collar" crime: an assessment of Hirschi and Gottfredson's claims, p. 346-354.
[92] STEFFENSMEIER, D. On the causes of "white-collar" crime: an assessment of Hirschi and Gottfredson's claims, p. 354.

do delito (*A general theory of crime*), de modo que já desde o próprio título os autores analisam como se deve realizar a construção de teorias criminológicas. Atrevemo-nos a afirmar que, a nosso ver, esses criminólogos estão mais preocupados com a parte epistemológica que com o material de sua teoria. Entre outras muitas questões, os autores defendem que as teorias criminológicas devem ser unitárias e não integradas; que devem ser gerais e não particulares. Esta última é uma posição muito audaz: propor teorias capazes de explicar todos ou quase todos os comportamentos delitivos – e até desviados – diante de quem propõe teorias de alcance muito menor, que se limitem a formas delitivas mais concretas. Os delitos de colarinho branco são, sem dúvida, uma pedra de toque para comprovar se as teorias gerais são possíveis – como mantêm os autores – ou não. Por isso essa é uma crítica muito importante: não tanto porque possa resultar devastadora para a teoria em si – que não pode sê-lo se quase nenhuma teoria venceria a aposta –, mas para o metadelineamento dos autores.

4. Ainda que quase todas o sejam, essa teoria foi especialmente objeto de críticas ideológicas.[93]

3. A teoria do controle social informal dependente da idade

A. *Uma teoria do controle social no quadro da criminologia do curso da vida* – praticamente todas as teorias criminológicas tradicionais são *estáticas* por natureza e não levam em conta o fator *tempo*.[94] Um exemplo claro é a teoria do autocontrole que acabamos de descrever: um fator latente chamado baixo autocontrole é fixado em uma idade prematura e marca a tendência de uma pessoa durante o resto de sua vida, independentemente de sua idade e de eventuais mudanças que possa experimentar ao longo de sua vida. O passar do tempo ou a idade das pessoas desempenha modesto papel. *O enfoque do curso da vida* nas ciências humanas – muito relacionado com o da psicologia ou da criminologia do desenvolvimento – sustenta que é um grave erro ignorar os efeitos do passar do tempo, tanto pelas mudanças que o aumento da idade ocasiona nas próprias pessoas como pelas mudanças estruturais que podem ser produzidas durante suas vidas.[95]

---

[93] EVANS, T. D. et al. The social consequences of self-control: testing the general theory of crime, p. 495. Para as críticas em concreto, vide MELOSSI, D. Changing representations of the criminal, p. 2000: 168; MILLER, S. L.; BURACK, C. A critique of Gottfredson and Hirschi's general theory of crime: selective (in)attention to gender and power positions, p. 117-119.

[94] AGNEW, R. Stability and change in crime over the life course: a strain theory explanation, p. 101; SAMPSON, R. J.; LAUB, J. H. A life-course theory of cumulative disadvantage and the stability of delinquency, p. 134 e 136.

[95] LAUB, J. H. et al. Explaining crime over the life course: toward a theory of age-graded informal social control, p. 100; SAMPSON, R. J.; LAUB, J. H. *Crime in the making*, p. 2-3 e 8-9. Apesar de se tratar de duas teorias que podem ser incluídas entre as do controle social,

A perspectiva do curso da vida propõe que não é suficiente estudar os fatores que aparecem muito cedo na vida das pessoas e influem no comportamento humano, mas é também mister seguir as pessoas ao longo de suas vidas estudando como diversos acontecimentos podem provocar mudanças em seus estilos de comportamento. Trata-se, então, de uma proposição dinâmica.

A perspectiva do curso da vida propõe o estudo de *trajetórias*. As pessoas seguem espécies de caminhos ao longo de suas vidas. Do ponto de vista profissional, por exemplo, uma pessoa, ao longo da vida, primeiro frequentara o colégio, logo poderá continuar seus estudos de formação profissional, universitários etc.; em seguida, começará a trabalhar, porém em uma fase praticamente de aprendizagem, conseguirá se estabelecer como profissional autônomo e, por último, se aposentará. Isso pode constituir a trajetória profissional de uma pessoa. Dentro das trajetórias são produzidos períodos críticos que se chamam *transições* e podem ter duração relativamente curta. Por exemplo, os testes seletivos para determinado centro de estudos ou o primeiro trabalho. Nessas situações podem ser produzidos *momentos decisivos* (*turning points*) que desembocam em uma mudança: se abandona os estudos, se muda de trabalho etc. O enfoque do curso da vida propõe seguir nas ciências humanas essa proposição dinâmica, estudar esses padrões de vida das pessoas com seus episódios de continuidade e, muitas vezes também, de mudanças.[96] No âmbito da criminologia se propõe aplicar todo esse esquema ao estudo da criminalidade e do delito.

Atualmente, a citada perspectiva do curso da vida tratou de se integrar com variáveis biológicas e psicológicas ou com teorias criminológicas tradicionais como as da aprendizagem, da frustração ou, sobretudo, do controle social.[97] De todos esses objetivos, o mais conhecido e prestigiado foi o representado pela teoria do controle social informal dependente da idade, de Laub e Sampson, trabalho que teve uma grande influência.

B. Elementos básicos da teoria – para Laub e Sampson, as pessoas se abstêm de delinquir principalmente quando se encontram vinculadas a instituições so-

---

entre as duas surgiu uma das confrontações científicas mais interessantes e frutíferas das últimas décadas, vide sobre ela STELLY, W. et al. Kontinuität und Diskontinuität sozialer Auffällingkeiten im Lebenslauf, p. 106-108.

[96] ELDER, G. H. Time, human agency, and social change: perspectives on the life course, p. 4-9; ELDER, G. H. *Children of the Great Depression*, p. 312-330; LAUB, J. H. et al. The public implications of a life-course perspective on crime, p. 92-93; LAUB, J. H. et al. Explaining crime over the life course: toward a theory of age-graded informal social control, p. 100-101; SAMPSON, R. J.; LAUB, J. H. *Crime in the making*, p. 8-9.

[97] AGNEW, R. Stability and change in crime over the life course: a strain theory explanation, p. 112-123; SAMPSON, R. J.; LAUB, J. H. *Crime in the making*, p. 6-24; WIESNER, M. Development of antisocial behavior and crime across the life-span from a social interactional perspective: the coercion model, p. 319-323.

ciais. Essa vinculação faz com que se exerça um controle social informal sobre os sujeitos: quanto mais fracos sejam os vínculos de um indivíduo com outros indivíduos e com instituições sociais, mais provável será que delinquia.[98] Naturalmente, não só o informal, mas também o controle social formal é relevante. Até aqui a teoria vem coincidir com as teses tradicionais do controle e se inscreve no paradigma sociológico. O controle social aqui *depende da idade* das pessoas.[99]

a) Durante a infância e a adolescência, as instituições determinantes para o controle social dos indivíduos são a família, a escola, o grupo de amigos e o sistema de Administração da Justiça juvenil.

b) No caso dos jovens adultos, encontramo-nos com outras instituições de ensino superior ou profissional, o trabalho e o matrimônio, sempre segundo Laub e Sampson.

c) Por último, na idade adulta, as instituições de controle críticas são o trabalho, o matrimônio, a paternidade ou maternidade, a inversão na comunidade e o sistema de Administração de Justiça.[100]

Os autores incorporam assim mesmo o conceito de *capital social*,[101] que também exerce, junto aos controles sociais propriamente ditos, uma função de controle da delinquência. Ao longo da vida das pessoas, estas realizam uma série de inversões de natureza social: algumas amizades, um bom trabalho etc. O delito poderia colocar em perigo esse capital social, motivo pelo qual um capital social sólido tenderá a prevenir a delinquência a nível individual.[102]

Laub e Sampson insistem em conceder à família e à socialização que tem lugar em seu seio um papel preponderante no nascimento e na consolidação dos vínculos sociais que previnem a delinquência. Também sustentam que a escola é importante.[103]

---

[98] LAUB, J. H. *Crime in the making: pathways and turning points through life*, p. 14; LAUB, J. H. et al. The public implications of a life-course perspective on crime, p. 93 e 96; KORNHAUSER, R. R. *Social sources of delinquency*, p. 24; SAMPSON, R. J.; LAUB, J. H. *Crime in the making*, p. 18.

[99] LAUB, J. H. et al. Explaining crime over the life course: toward a theory of age-graded informal social control, p. 101.

[100] SAMPSON, R. J.; LAUB, J. H. *Crime in the making*, p. 17-18.

[101] Vide, sobre o conceito, COLEMAN, J. S. Social capital in the creation of human capital, p. 97-100.

[102] LAUB, J. H. *Crime in the making: pathways and turning points through life*, p. 14; LAUB, J. H. et al. The public implications of a life-course perspective on crime, p. 93-94; LAUB, J. H. et al. Explaining crime over the life course: toward a theory of age-graded informal social control, p. 101; SAMPSON, R. J.; LAUB, J. H. *Crime in the making*, p. 18-19. Na teoria do controle social informal dependente da idade, essa ideia do capital social é das menos claras e resolvidas.

[103] LAUB, J. H. et al. The public implications of a life-course perspective on crime, p. 94; LAUB, J. H. et al. Explaining crime over the life course: toward a theory of age-graded informal social

Ao mesmo tempo, os autores incorporam em sua teoria variáveis de natureza estrutural, as quais exercem uma influência indireta nos sujeitos, principalmente por meio da educação na família e na escola. Por exemplo, a pobreza e a desvantagem socioeconômica têm o efeito de que a educação que tem lugar na família – e na escola – se vê prejudicada, o que, por sua vez, favorece indiretamente o surgimento de comportamentos desviados e delitivos.[104]

C. *Continuidade e mudança* – em consonância com a perspectiva do curso da vida, Laub e Sampson insistiram na *necessidade de estudar ao mesmo tempo os padrões de continuidade e de mudança* nas carreiras delitivas dos criminosos. É importantíssimo porque há pouco mais de duas décadas se vinha prestando certa atenção à continuidade, mas muito pouco à mudança.

Como sabemos, existe, com efeito, uma forte continuidade no comportamento delitivo e desviado dos sujeitos desde sua infância e adolescência até a idade adulta.[105] Vale dizer: quando se observa retrospectivamente, quase todos os criminosos adultos tiveram problemas de comportamento antissocial quando eram jovens. As teorias que situam a criminalidade em características que se fixam muito cedo na vida das pessoas explicam a continuidade como expressão daquelas. Por exemplo, para Gottfredson e Hirschi a continuidade delitiva é mero reflexo do baixo autocontrole que caracteriza os criminosos.

Ainda que seja provável que existem diferenças individuais importantes[106] para a teoria do controle social informal dependente da idade, a continuidade delitiva se explica principalmente porque os criminosos se veem envolvidos em uma espécie de círculo vicioso, que lhes torna cada vez mais difícil escapar de uma carreira delitiva.

O delito não só é ocasionado por um controle social fraco, mas, ao mesmo tempo, enfraquece a este mais ainda. Produz-se, então, uma interação recíproca entre controle social e delito. *O delito conduz a uma acumulação de desvantagens:*[107]

---

control, p. 102; SAMPSON, R. J.; LAUB, J. H. A life-course theory of cumulative disadvantage and the stability of delinquency, p. 145-147. COLEMAN, J. S. Social capital in the creation of human capital, p. 109-116, insiste ainda que o capital social encontra suas principais fontes – tal como o controle social – na família e em instituições fora dela, como a escola.

[104] LAUB, J. H. et al. Explaining crime over the life course: toward a theory of age-graded informal social control, p. 101-102 e 106; SAMPSON, R. J.; LAUB, J. H. *Crime in the making*, p. 19; SAMPSON, R. J.; LAUB, J. H. A life-course theory of cumulative disadvantage and the stability of delinquency, p. 152-153.

[105] LAUB, J. H.; SAMPSON, R. J. Unemployment, marital discord, and deviant behavior: the long-term correlates of childhood misbehavior, p. 235-236 e 249; SAMPSON, R. J.; LAUB, J. H. *Crime in the making*, p. 10-11, 16, 20, 123-125, 129 e 135.

[106] SAMPSON, R. J.; LAUB, J. H. A life-course theory of cumulative disadvantage and the stability of delinquency, p. 155.

[107] SAMPSON, R. J.; LAUB, J. H. A life-course theory of cumulative disadvantage and the stability of delinquency, p. 134-135, 143-152 e 154-155.

produz um distanciamento da família, dificulta ter uma boa formação, diminui as possibilidades de encontrar um bom trabalho etc. A situação pessoal é cada vez pior e os vínculos sociais se enfraquecem com cada delito: "A delinquência continua na idade adulta por suas consequências negativas para opções futuras na vida das pessoas".[108]

Desse modo, quem se vê imerso no delito tem grandes dificuldades, cada vez maiores, para sair dele, motivo pelo qual existe a sabida continuidade entre delinquência juvenil e criminalidade adulta no sentido que assinalamos. Também por esse motivo nos criminosos se concentram outros problemas sociais: o fracasso na educação, dificuldades no trabalho, problemas familiares, comportamentos desviados etc. Na vida desses sujeitos se vão acumulando as desvantagens e os problemas.

Para Gottfredson e Hirschi e outros autores, a continuidade dos criminosos é praticamente irremediável. Não importa repetir que essa continuidade é entendida do ponto de vista relativo: o que se mantêm são as diferenças entre indivíduos na tendência para delinquir, mas nem sempre se continua delinquindo no mesmo ritmo – mas se produz a já familiar para nós, diminuição a partir dos vinte anos de idade.

A teoria do controle social informal dependente enfatiza que *existem possibilidades reais de mudanças* nos criminosos: é possível que estes encontrem em sua *trajetória delitiva* um *momento decisivo* que os afaste do delito. Coerentemente com uma teoria do controle social, isso ocorrerá *quando o delinquente entre em contato com instituições sociais* que o vinculem firmemente e o afastem do delito.[109] Por esse motivo se insiste tanto na necessidade, algo paradoxal, ao mesmo tempo, continuidade e mudança: existe uma tendência à continuidade no âmbito da criminalidade, mas também existem possibilidades claras de mudanças.

De fato, essa entrada em contato com instituições sociais seria capaz de explicar de maneira plausível o fato de que a maior parte das pessoas que têm problemas de comportamento antissocial ou delitivo em sua juventude deixe de delinquir por si mesma ao fazer mais ou menos vinte anos. Isto é, quando se observam prospectivamente a maior parte dos delinquentes juvenis deixa de sê-lo espontaneamente.

Naturalmente essa teoria é muito mais otimista a respeito das possibilidades de ressocialização dos delinquentes. Por esse motivo, ainda que os autores

---

[108] LAUB, J. H. et al. Explaining crime over the life course: toward a theory of age-graded informal social control, p. 102.

[109] LAUB, J. H. *Crime in the making: pathways and turning points through life*, p. 17-18; LAUB, J. H.; SAMPSON, R. J. Unemployment, marital discord, and deviant behavior: the long-term correlates of childhood misbehavior, p. 250; LAUB, J. H. et al. The public implications of a life-course perspective on crime, p. 95-96; LAUB, J. H. et al. Explaining crime over the life course: toward a theory of age-graded informal social control, p. 103-104 e 106-107.

reconheçam que as penas privativas de liberdade são inevitáveis e que têm efeitos preventivos do delito, até especiais, recomendam programas de tratamento de delinquentes que facilitem sua entrada em contato com instituições sociais que façam com que se acreditem e reforcem os vínculos sociais. Em concreto se mostram partidários do tratamento em comunidade e de atualizar os conhecimentos e habilidades dos delinquentes.[110] Ora, ainda que se insista na possibilidade de mudança, também se reconhece que não é fácil favorecer a partir de instâncias oficiais que os sujeitos encontrem a esposa ou o trabalho adequados no que a causalidade desempenha papel preponderante.[111]

Os defensores dessa teoria assinalam três instituições sociais fundamentais que podem favorecer essa mudança crítica: *o trabalho, o matrimônio* e a entrada no *exército*.[112] Quando um indivíduo entra em contato com uma dessas instituições se cria uma série de vínculos com a sociedade, os quais atuam como controles e podem fazê-lo abandonar sua carreira delitiva. Ora, consistentemente com o quadro teórico, não se trata simplesmente de encontrar um trabalho, se casar ou ingressar no exército, mas a *chave está em que alguém se sinta vinculado*, por exemplo, porque gosta do trabalho ou porque sente amor pela esposa ou esposo.[113]

D. *Avaliação* – 1. Um dos problemas fundamentais das ciências humanas e sociais ocorre pela *falta de observações, de dados empíricos de qualidade*. Muitas vezes, os testes de hipóteses têm de recorrer com graves problemas de distinta natureza.[114] Naturalmente, isso dificulta a confiança que se pode colocar nas conclusões dos estudos.

O casamento entre Eleanor e Sheldon Glueck foi responsável por algumas das pesquisas mais importantes da história da criminologia. Para um de seus estudos mais importantes recompilaram muitas informações e de grande qualidade de quinhentos jovens internados em instituições correcionais de Massachusetts e de outros quinhentos que não haviam delinquido, mas compartilhavam com os primeiros, muitas características. Tratava-se de estabelecer dois grupos, um de delinquentes e outro de não delinquentes, para

---

[110] LAUB, J. H. et al. The public implications of a life-course perspective on crime, p. 96-102; LAUB, J. H. et al. Explaining crime over the life course: toward a theory of age-graded informal social control, p. 107-110.

[111] LAUB, J. H. *Crime in the making: pathways and turning points through life*, p. 21-24; LAUB, J. H. et al. Explaining crime over the life course: toward a theory of age-graded informal social control, p. 104 e 108.

[112] LAUB, J. H. et al. Explaining crime over the life course: toward a theory of age-graded informal social control, p. 103.

[113] LAUB, J. H.; SAMPSON, R. J. Turning points in the life course: why change matters to the study of crime?, p. 304; SAMPSON, R. J.; LAUB, J. H. Patterns of criminal victimization in the United States, p. 611.

[114] Vide, em qualquer caso, HIRSCHI, T.; SELVIN, H. C. *Principles of survey analysis*, p. 27-29.

estudar fatores que pudessem estar relacionados com o delito. Laub e Sampson recuperaram os dados originais com que haviam trabalhado os Glueck e puderam reanalisá-los e utilizá-los para testar sua própria teoria do controle social informal dependente da idade.[115] Os autores concluem que "esse nível de detalhe e o âmbito das fontes de informação encontrados no estudo dos Glueck possivelmente nunca voltará a se repetir, dados os *standards* contemporâneos de investigação e de proteção em temas humanos".[116]

Laub e Sampson tiveram à sua disposição um magnífico *set* de dados empíricos para testar sua teoria. Ademais, foram excelentes ao analisá-los, recorrendo aos instrumentos metodológicos de análise mais avançados e tomando todas as precauções imagináveis para evitar conclusões equivocadas.[117] Por tudo isso, sua pesquisa constituiu um dos principais marcos da criminologia nos últimos quinze anos. Sua pesquisa proporcionou um grande apoio empírico para a teoria. Entre as principais descobertas nesta linha, destacam-se as seguintes:

a) Coerentemente com sua teoria do controle social informal, processos que ocorrem na família desempenham papel importante na delinquência, incluindo variáveis como o alcoolismo ou a criminalidade dos pais. Os fatores estruturais não influem no delito *diretamente*, mas mediante o efeito que têm na família.

b) Não se pode diminuir o papel da escola e, sobretudo, o do apego aos amigos delinquentes.

c) Apesar de existir uma tendência à continuidade entre a delinquência infantil e a adulta, é possível a mudança quando se criam vínculos sociais como um trabalho e um apego à esposa ou esposo.[118]

Como se pode imaginar, é muito difícil comprovar esta última descoberta. Desse modo, não é possível distribuir aleatoriamente trabalhos ou casamentos, de modo que é muito difícil do ponto de vista metodológico comprovar se a desistência é devido a um efeito do trabalho ou do casamento ou se o que se passa é que determinados sujeitos são menos perigosos e, por isso, encontram trabalho

---

[115] LAUB, J. H. *Crime in the making: pathways and turning points through life*, p. 10-12 e 20-21; LAUB, J. H.; SAMPSON, R. J. Unemployment, marital discord, and deviant behavior: the long-term correlates of childhood misbehavior, p. 237-239; LAUB, J. H. et al. Explaining crime over the life course: toward a theory of age-graded informal social control, p. 98; SAMPSON, R. J.; LAUB, J. H. *Crime in the making*, p. 25-63.

[116] SAMPSON, R. J.; LAUB, J. H. *Crime in the making*, p. 29.

[117] Vide, por exemplo, SAMPSON, R. J.; LAUB, J. H. *Crime in the making*, p. 75-77, 88-95, 118-121, 149-153, 158-160, 172-173 e 185-186.

[118] SAMPSON, R. J.; LAUB, J. H. *Crime in the making*, p. 71-85, 89-95, 106-121, 125-137, 143-149, 153-162, 178 e 181-203.

e companheiros antes e tendem a abandonar o delito com maior facilidade.[119] Por tudo isso é preciso levar em conta que, apesar da grande qualidade do trabalho de Laub e Sampson e da coincidência de outros trabalhos, as conclusões nas ciências humanas e sociais são sempre tentativas.[120]

Junto ao estudo dos próprios autores, diversas pesquisas independentes encontraram apoio empírico para sua teoria.[121]

2. Laub e Sampson insistiram especialmente na *integração metodológica*, principalmente no que se refere à integração de metodologias quantitativas e qualitativas.[122] De maneira muito simples, os dados quantitativos são aqueles que podem ser reduzidos a números, e um exemplo claro vem representado pelas estatísticas oficiais da polícia sobre os delitos conhecidos. Também se pode perguntar a alguém pelo número de delitos que praticou, os ganhos que tem, os membros de sua família etc. Os delitos qualitativos não podem ser reduzidos a números, e um exemplo são as experiências vitais de uma pessoa que responde a uma entrevista aberta. Durante muito tempo houve forte discussão por parte dos partidários de um e outro enfoque. Ainda que hoje continue parecendo difícil uma integração no sentido literal, sólido do termo, diversos autores propõem que ambas as modalidades sejam aceitas nas ciências humanas e sociais[123] – ainda que o enfoque quantitativo predomine de maneira impressionante na criminologia positiva majoritária.

Nessa linha, Laub e Sampson recorreram assim a dados qualitativos procedentes de *entrevistas e histórias de vida* para testar sua teoria, com resultados também favoráveis para ela. Um dos exemplos mais repetidos é o dos dois sujeitos com infâncias muito parecidas que incluíam atos delitivos, um dos quais abandona sua carreira delitiva quando encontra um trabalho ao qual se sente vinculado ou contrai matrimônio sentindo apego por seu par; enquanto o outro não encontra trabalho nem se casa ou não sente apego algum e, coerentemente com a teoria, prossegue suas atividades delitivas.[124] Os autores concluem que "não

---

[119] Uggen, C. Work as a turning point in the life course of criminals: a duration model of age, employment, and recidivism, p. 529.

[120] Hirschi, T.; Selvin, H. C. *Principles of survey analysis,* p. 44.

[121] Stelly, W. et al. Kontinuität und Diskontinuität sozialer Auffällingkeiten im Lebenslauf, p. 119-120.

[122] Laub, J. H. et al. Explaining crime over the life course: toward a theory of age-graded informal social control, p. 98-99; Sampson, R. J.; Laub, J. H. *Crime in the making,* p. 204-207 e 243.

[123] Cerezo Domínguez, A. I. La delincuencia violenta: un estudio de homicidios, p. 238-244 e 277-278.

[124] Laub, J. H. *Crime in the making: pathways and turning points through life,* p. 7-10; Laub, J. H.; Sampson, R. J. *Shared beginnings, divergent lives: delinquent boys to age 70,* p. 118-129 e 151-161; Sampson, R. J.; Laub, J. H. *Crime in the making,* p. 207-224.

foi fácil encontrar casos que fossem inconsistentes com nossa conceitualização teórica";[125] ainda que certamente aparecessem hipóteses que efetivamente não a favoreciam, como, *v.g.*, de escassa vinculação ao trabalho ou ao casamento nas quais também se abandonou o delito.[126]

3. Outro dos fatos empíricos mais conhecidos é que *o delito antevê o delito*.[127] Isso é coerente com a ideia de continuidade, e quer dizer que o melhor indicador para prognosticar que alguém vai delinquir no futuro é que o tenha feito no passado. Existem, naturalmente, diversas explicações para essa associação. Para a teoria do controle social informal dependente da idade e sua hipótese da acumulação de desvantagens, isso se explica ao menos em parte porque cada delito piora as oportunidades de seu autor e aumenta as possibilidades de que volte a incorrer no delito. Desse modo, entre delito prévio e delito posterior – e mesmo outros comportamentos desviados – não só existe uma correlação, mas também uma conexão causal: o delito prévio aumenta as possibilidades do futuro.[128] Para a teoria do autocontrole, tanto delito prévio e comportamento desviado prévio como posterior se encontram ocasionados basicamente pela mesma causa anterior a ambas, de modo que delinquir não causa novos delitos, delinquir não eleva as possibilidades futuras de reincidência: apenas a causa prévia originária – um baixo autocontrole – é relevante.[129] Essas hipóteses opostas permitem um teste decisivo entre ambas as teorias: se a correlação entre delitos e comportamentos desviados desaparece quando se controlam os efeitos do autocontrole – o que significaria que a relação se deve exclusivamente ao autocontrole –, favorecer-se-ia a teoria de Gottfredson e Hirschi; se a relação se mantém, favorecer-se-ia a teoria do controle social informal dependente da idade.

É precisamente o que buscaram realizar Brame e Paternoster. Recorreram a uma metodologia estatística bastante sofisticada, e, embora encontrassem apoio empírico para algumas hipóteses derivadas da teoria do autocontrole,[130] o resultado final foi de "evidência seriamente prejudicial" para essa teoria[131] e muito mais favorável para a de Laub e Sampson.[132]

---

[125] SAMPSON, R. J.; LAUB, J. H. *Crime in the making*, p. 224.
[126] SAMPSON, R. J.; LAUB, J. H. *Crime in the making*, p. 224-240.
[127] HIRSCHI, T.; GOTTFREDSON, M. R. Self-control theory, p. 82.
[128] SAMPSON, R. J.; LAUB, J. H. A life-course theory of cumulative disadvantage and the stability of delinquency, p. 137.
[129] HIRSCHI, T.; GOTTFREDSON, M. R. Self-control theory, p. 82.
[130] Sobre as hipóteses, vide PATERNOSTER, R.; BRAME, R. The structural similarity of processes generating criminal and analogous behaviors, p. 636.
[131] PATERNOSTER, R.; BRAME, R. The structural similarity of processes generating criminal and analogous behaviors, p. 661.
[132] PATERNOSTER, R.; BRAME, R. On the association among self-control, crime, and analogous behaviors, p. 974.

O estudo realizado, contudo, recebeu algumas críticas metodológicas[133] que impedem considerá-lo definitivo. Ao mesmo tempo, outros estudos acharam o contrário. Por exemplo, Garr e Strand, em seu trabalho sobre a direção sob os efeitos de bebidas alcoólicas ou drogas, afirmam que "as estatísticas mostram uma associação entre beber e delinquir, *não uma conexão causal*. A teoria geral de Gottfredson e Hirschi postula o baixo autocontrole como causa comum".[134]

4. É muito difícil comprovar que um criminoso que encontra um bom trabalho tenderá a desistir de sua carreira delitiva.

Uggen buscou testar empiricamente a hipótese de que um trabalho tende a afastar um delinquente de sua carreira delitiva recorrendo aos dados de um programa de empregos em grande escala que havia seguido uma metodologia experimental – isto é, com um desenho de avaliação sólido.[135] As descobertas foram favoráveis à teoria do controle social informal dependente da idade: inclusive ainda que não seja um emprego muito bom, a oportunidade de trabalhar tem efeitos preventivos em delinquentes.[136] Uggen, contudo, só encontrou esse efeito benéfico em sujeitos que tinham *mais de vinte e seis anos de idade*.[137] Em todo caso, conclui que para esse grupo "o trabalho parece ser um momento decisivo (*turning point*) no curso da vida".[138]

II. A TEORIA DA DESORGANIZAÇÃO SOCIAL

1. Desorganização social?

A teoria da desorganização social se relaciona com os estudos ecológicos da escola de Chicago, foi especialmente desenvolvida no âmbito criminológico por Shaw e McKay e teve enorme influência até os anos cinquenta. O enfoque – como examinado, na verdade dificilmente pode ser considerado que propusesse uma teoria unitária clara – foi objeto de variadas e sérias críticas.

a) O conceito de desorganização social sofre de enorme imprecisão, de modo que é uma construção dificilmente útil para a teoria criminológica.

---

[133] BRITT, C. L. Comment on Paternoster and Brame, p. 965-966.
[134] STRAND, G. C.; GARR, M. S. Driving under the influence, p. 144 (grifos nossos).
[135] UGGEN, C. Work as a turning point in the life course of criminals: a duration model of age, employment, and recidivism, p. 532-535.
[136] UGGEN, C. Work as a turning point in the life course of criminals: a duration model of age, employment, and recidivism, p. 542-544.
[137] UGGEN, C. Work as a turning point in the life course of criminals: a duration model of age, employment, and recidivism, p. 537, 539 e 541-542.
[138] UGGEN, C. Work as a turning point in the life course of criminals: a duration model of age, employment, and recidivism, p. 542.

b) O que se entende como desorganização social é bem mais um prejuízo dos investigadores devido à falta de familiaridade com os bairros mais desfavorecidos da cidade.[139] Na verdade, essa crítica – que nem por isso deixa de ser relevante – de que os pesquisadores não compartilham muitas vezes a nacionalidade ou a raça, a formação ou a classe social dos sujeitos que são pesquisados, dificultando a análise e, sobretudo, a compreensão dos comportamentos podendo se atribuir a quase todos os criminólogos. Talvez agora valha a pena trazer à colação o ditado que lembra Weber, segundo o qual "não é preciso ser César para compreender César".[140] Seja como for, o importante é que também nesses bairros existe, sem dúvida, uma organização social.

Em um trabalho muito conhecido, Whyte viveu durante um tempo em um bairro povoado por imigrantes italianos, ao qual chamou Cornerville, e concluiu que, em dito lugar havia uma organização social que contrastava com a imagem que sugeria a teoria de Shaw e McKay: no bairro existe uma organização por meio de bandos de jovens, certa organização política, uma organização cidadã que planeja atividades, até uma organização de atividades ilegais que tem seus próprios contatos com a polícia, entre outros exemplos.[141] O autor recorre à metodologia qualitativa da observação participante – de fato esteve vivendo com uma família italiana que tinha um restaurante – e afirma que a imagem é muito diferente da que mostram as estatísticas ou as impressões superficiais de quem simplesmente visita o bairro: "Para o resto da cidade [ou seja, os que não são imigrantes italianos] é uma área misteriosa, perigosa e deprimente (...). As pessoas respeitáveis têm acesso a um corpo de informação limitado sobre" o bairro; "uma coisa está mal nesse quadro: não há seres humanos nele. Aqueles que estão preocupados por Cornerville buscam responder mediante uma investigação (*survey*) geral perguntas que requerem o conhecimento mais íntimo da vida social".[142] Para Whyte, a razão da depressão do bairro não tem a ver com a sua falta de organização social interna, mas com a falta de poder da comunidade no tocante à cidade em geral: "O problema do bairro, dizem alguns, é que é uma comunidade desorganizada. No caso de Cornerville, esse diagnóstico é extremamente desorientador. Claro, existem conflitos em Cornerville. Os jovens das esquinas (*corner boys*) e os do colégio (*college boys*) têm standards de comportamento diferentes e não se entendem entre si. Existe um grande choque de

---

[139] COHEN, A. K. *Deviance and control*, p. 11.
[140] WEBER, M. *Ensayos sobre metodología sociológica*, p. 176.
[141] WHYTE, W. F. *Street corner society*, p. 25-51, 60-65, 86-89, 96, 115-146, 150-153, 194-205 e, sobretudo, 269-272; vide também SÁNCHEZ JANKOWSKI, M. *Islands in the street*, p. 1991: 178-193; SUTTLES, G. D. *The social order of the slum*, p. 41-56.
[142] WHYTE, W. F. *Street corner society*, p. xv, e mais em geral sobre a metodologia, xv-xviii, 283-309 e 320-325.

gerações e, conforme uma geração sucede a outra, a sociedade se encontra em um estado de mudança – mas até essa mudança é organizada. O problema de Cornerville *não é a falta de organização*, mas *o fracasso de sua própria organização social para se entrosar na estrutura da sociedade que se encontra ao seu redor*".[143]

c) Do ponto de vista empírico, imputou-se a Shaw e McKay alguns importantes problemas metodológicos.[144] Entre essas críticas destaca a que se refere ao recurso desses autores a dados oficiais: estes últimos podiam estar facilmente desvirtuados e mostrar um reflexo distorcido da realidade.

Ainda que os autores conseguissem reunir um corpo de evidência aparentemente favorável impressionante, que refletia tendências gerais em diversas cidades americanas, distintas investigações e reflexões críticas colocaram em dúvida a firmeza da teoria.

Como resultado de tudo isso, a teoria da desorganização social foi *praticamente abandonada* por parte da criminologia predominante.

2. A teoria ecológica contemporânea

Nos últimos anos, a teoria ecológica ou teoria da desorganização social voltou a receber importante impulso por parte da criminologia majoritária, podendo se falar de um verdadeiro renascimento.[145] Tal renascimento se encontra intimamente vinculado, sobretudo, a determinados criminólogos específicos. Além dessa revitalização da tradição ecológica, as novas investigações têm como principal mérito ter destacado a importância do meio físico – *o bairro* principalmente – para a compreensão do fenômeno delitivo, mas também sua enorme complexidade.

Tem-se que uma das descobertas de Shaw e McKay foi que naquelas áreas nas quais se concentrava o delito continuavam sendo as mais perigosas até quando os respectivos grupos nacionais que haviam emigrado aos Estados Unidos melhoravam sua situação e saíam dessas zonas. Ou seja, que os mesmos bairros *mantinham seus altos níveis de delito* ainda que seus moradores fossem distintos. Bursik e Webb voltaram a estudar esse fato e constataram que esse só podia ser explicado seguindo a argumentação teórica de Shaw e McKay até 1950; a partir de tal data os bairros em que ocorrem mudanças *também veem afetados seus índices de delinquência*.[146] O trabalho não conclui que se deva abandonar o modelo, mas que em ditos processos de *transmissão da delinquência* entram em jogo mais

---

[143] WHYTE, W. F. *Street corner society,* p. 272-273 (grifos nossos).
[144] ROBINSON, W. S. Ecological correlations and the behavior of individuals, p. 354 em especial.
[145] PATERNOSTER, R.; BACHMAN, R. *Explaining criminals and crime,* p. 120.
[146] BURSIK, R. J.; WEBB, J. Community change and patterns of delinquency, p. 34 e 36.

fatores e são mais complexos do que Shaw e McKay puderam imaginar em seu tempo e que se trata de um processo marcadamente dinâmico.[147] Bursik e Webb destacam que o papel decisivo nos índices de delinquência é desempenhado pelas mudanças que se produzem nos bairros, assim como pela natureza das mudanças, mas *não pelos grupos de pessoas* que neles habitam.[148] Desse modo, destaca-se a importância da tradição ecológica em criminologia.

É necessário assinalar que Bursik e Webb já faziam referência ao fato de que decisões institucionais – até certo ponto distintas, então, de processos puramente *naturais* – podiam alterar profundamente o meio urbano – nesse caso tratava-se de duas decisões do Tribunal Supremo dos Estados Unidos.[149] Trata-se de um novo fator que deve levar em conta se pretende compreender em profundidade esses processos.[150]

Outra das críticas que recebeu o trabalho de Shaw e McKay é que se baseava em dados oficiais sobre prisões. Era possível, com efeito, que esses dados tivessem exagerado o volume de delito das zonas mais perigosas porque a polícia cercou-se a patrulhar mais por elas e a realizar mais prisões. Tratava-se de uma forte crítica metodológica. Sampson investigou essa hipótese – a *hipótese da contaminação ecológica* – e, para complicar as coisas um pouco mais, constatou que era bastante verossímil.

Em seu estudo, realizado com uma mostra com dados da cidade de Seattle, a polícia costumava deter e fichar em bairros com *status* socioeconômico mais baixo.[151] Tal descoberta teve como consequência o aumento das precauções na hora de realizar medições com base em dados oficiais, ou buscar métodos alternativos.[152] A referida advertência também contribuiu para salientar as dificuldades

---

[147] BURSIK, R. J.; WEBB, J. Community change and patterns of delinquency, p. 36 e 40.
[148] BURSIK, R. J.; WEBB, J. Community change and patterns of delinquency, p. 39; mais especificamente, sobretudo desde os anos quarenta, se produz uma grande afluência de pessoas de cor que emigram para a cidade e passam a ocupar as zonas mais desfavorecidas e delitivas que até então vinham ocupando os diferentes grupos nacionais de imigrantes nos quais haviam se centrado Shaw e McKay; esses grupos de pessoas de cor haviam tido problemas para abandonar essas zonas – tal como haviam feito os anteriores grupos étnicos; assim, Bursik e Webb insistem que, tal como havia destacado a teoria ecológica clássica, não se trata das pessoas que moram nos bairros mais conflitivos nem muito menos se pode falar de uma subcultura negra, mas de características do meio e estruturais, 37-40; SAMPSON, R. J. Urban black violence: the effect of male joblessness and family disruption, p. 367.
[149] BURSIK, R. J.; WEBB, J. Community change and patterns of delinquency, p. 37.
[150] BURSIK, R. J.; GRASMICK, H. G. *Neighborhoods and crime*, p. 51.
[151] SAMPSON, R. J. Effects of socioeconomic context on official reaction to juvenile delinquency, p. 884; SAMPSON e GROVES, 1989: 776.
[152] Entre esses novos enfoques metodológicos deve-se destacar a filmagem em vídeo de diversas ruas e bairros de um veículo automotor; dessa maneira é possível realizar me-

que apresenta o estudo ecológico do delito. O modo decisivo para comprovar a verossimilhança ou falsidade de uma teoria é submetê-la a análises empíricas. Apesar da enorme influência do trabalho de Shaw e McKay, Groves e Sampson chamaram a atenção sobre o fato de que a teoria da desorganização social não havia sido nunca diretamente testada.[153] Se tal teoria chegou a perder seu lugar de destaque na criminologia contemporânea, também havia sido por razões distintas das estritamente empíricas. Os autores se propuseram desse modo a realizar uma investigação orientada precisamente a dito fim. Embora também tenhamos visto que a teoria da desorganização não foi desenvolvida de maneira concisa, dela se pode derivar a hipótese fundamental de que quando em uma comunidade ocorrem:

a) um baixo *status* socioeconômico;
b) uma alta mobilidade da população; e
c) uma heterogeneidade étnica ou nacional.

Tende a se produzir uma desorganização social em dita comunidade, o que se traduz em incremento em suas taxas de delito.[154] Na verdade, a primeira variável – que o delito se concentra nos bairros mais desfavorecidos economicamente – certamente tinha um sólido apoio empírico, não assim as outras duas nem a teoria em seu conjunto. O que Groves e Sampson testaram foi *uma extensão* do modelo original de Shaw e McKay;[155] dessa, o mais importante dos efeitos que nos interessa é a incorporação da seguinte variável:

d) deterioração familiar. Esta última variável também devia contribuir para o delito, supunha-se, quando em um bairro se concentravam famílias desfeitas, como é o caso de famílias com crianças, nas quais ficava somente a mãe.[156]

---

dições de desordem social e física. Vide SAMPSON, R. J.; RAUDENBUSH, S. W. Systematic social observation of public spaces: a new look at disorder in urban neighborhoods, p. 605-608 e 615-617.

[153] SAMPSON, R. J.; GROVES, W. B. Community structure and crime: testing social-disorganization theory, p. 775-776. O estudo foi favorável para a teoria. Um estudo prévio já havia encontrado apoio empírico à teoria, mas com hipóteses e dados mais limitados, SAMPSON, R. J. Local friendship ties and community attachment in mass society: a multilevel systemic model, p. 768 e 771-778.

[154] SHAW, C. R.; MCKAY, H. D. *Report on the causes of crime*, p. 25, 27-58, 69-82 e 107-108; SHAW, C. R.; MCKAY, H. D. *Juvenile delinquency and urban areas*, p. 52, 55, 59-60, 65, 67-68, 73, 82, 84 e 143-158.

[155] SAMPSON, R. J.; GROVES, W. B. Community structure and crime: testing social-disorganization theory, p. 777-782.

[156] SAMPSON, R. J. Urban black violence: the effect of male joblessness and family disruption, p. 363, 367-367 (sic) e 376; SAMPSON, R. J.; GROVES, W. B. Community structure and crime: testing social-disorganization theory, p. 781 – também incluem a urbanização, 781-782.

Para evitar os problemas derivados dos dados oficiais, ainda que também por outras razões metodológicas, os autores utilizaram dados do primeiro Estudo de vitimização da Inglaterra e Gales (*British Crime Survey*). Nesses estudos se perguntou a um grupo (amostra) de pessoas sobre os delitos que sofreram, assim como sobre outras questões. É importante assinalar que o Estudo de Vitimização da Inglaterra e Gales é um dos melhores e mais completos em seu gênero. Os autores também recorreram a trabalhos de autoinformação, nos quais os sujeitos mencionam os delitos por eles praticados.[157]

Nesse sentido, Sampson e outros assinalaram que às vezes a ideia de desorganização social, denominação que pode não ser muito afortunada, não foi sempre bem entendida. A ideia não implica que em uma comunidade ou em um bairro exista o caos, mas, ao contrário, podem se encontrar perfeitamente organizados. Isso resulta paradoxal, porém os estudos de Whyte apontavam nessa direção. O que ocorre é que a comunidade pode estar organizada para certas coisas, mas não para se proteger do delito e de outros comportamentos desviados. A ideia de desorganização social ou de falta de "eficácia coletiva": *a comunidade não está organizada para se proteger do delito*.[158]

Até agora vimos como a tradição ecológica voltou a ocupar um lugar de destaque na criminologia contemporânea. Também ficou clara a *complexidade* do estudo nesse âmbito.

a) Os processos que ocorrem em uma comunidade, e que afetam os índices de delito, não têm um caráter estático, mas *dinâmico*, de modo que se podem ver alterados com o passar do tempo e a aparição de novos fenômenos, novas relações etc.

b) As dúvidas que despertaram os dados oficiais obrigaram a aumentar as cautelas e a recorrer a metodologias alternativas, como os estudos de vitimização ou a filmagem em vídeo nos bairros.

c) Os modelos teóricos que se necessitam para analisar processos ecológicos são mais complexos do que em princípio se parecia prever.[159]

A essas considerações devem-se acrescentar as seguintes:

d) Os índices de delito de uma comunidade, suas tendências etc. não dependem só dos diferentes processos que ocorrem no seio dessa comunidade, mas também influem processos externos que acontecem em outras comunidades ou bairros, sobretudo as circundantes. Com efeito, as comunidades não são algo

---

[157] Sobre a metodologia em geral, vide SAMPSON, R. J.; GROVES, W. B. Community structure and crime: testing social-disorganization theory, p. 782-786.

[158] SAMPSON, R. J. Organized for what? Recasting theories of social (dis)organization, p. 101-108; SAMPSON, R. J.; RAUDENBUSH, S. W. Systematic social observation of public spaces: a new look at disorder in urban neighborhoods, p. 608-609.

[159] BURSIK, R. J.; GRASMICK, H. G. *Neighborhoods and crime*, p. 3-13, 24-64 e 81-89, sobretudo.

fechado, isolado, mas se relacionam intimamente com o exterior. Fenômenos que ocorrem em comunidades externas, principalmente se são próximas, podem ter forte impacto no bairro de que se trate.[160]

e) Ocasionalmente é até possível que uma sólida organização social – ou *eficácia coletiva* – produza delitos sob certas circunstâncias. É o que se conhece como *comunidade que se defende*. Exemplos podem ser de bairros que se mobilizam para evitar que determinados comportamentos – tais como a prostituição ou o consumo de álcool na rua – se esbanjem em suas ruas, e para isso podem incorrer em fatos delitivos.[161]

---

[160] HEITGERD, J. L.; BURSIK, R. J. Extracommunity dynamics and the ecology of delinquency, p. 776, 781 e 784.
[161] HIRSCHI, 1998: 212-258.

Capítulo 9
ENFOQUES CRÍTICOS. O ENFOQUE DO ETIQUETAMENTO. CRIMINOLOGIA RADICAL. CRIMINOLOGIA FEMINISTA. CRIMINOLOGIA PÓS-MODERNA

I. A HETEROGENEIDADE DOS ENFOQUES CRÍTICOS

Costumam-se distinguir várias orientações no âmbito dos chamados enfoques criminológicos críticos, orientações que são muito heterogêneas entre si.[1] Entre tais enfoques, podem-se distinguir o do etiquetamento, a criminologia feminista e a criminologia pós-moderna, assim como a nova criminologia, a do conflito e a radical. Deve-se insistir em duas questões.

a) A primeira, recém-assinalada, no contexto de cada um desses paradigmas se incluem vários enfoques muito distintos entre si, de modo que a descrição

---

[1] CARDARELLI, A. P.; HICKS, S. C. Radicalism in Law and Criminology: a retrospective view of critical legal studies and radical Criminology, p. 522-523; HENRY, S.; MILOVANOVIC, D. Constitutive Criminology: the maturation of critical theory, p. 293-294; LYNCH, M. J. *Radical Criminology,* p. xviii; MILOVANOVIC, D. *Critical Criminology at the edge,* p. 1; SCHWARTZ, M. D.; FRIEDRICHS, D. O. Postmodern thought and criminological discontent: new metaphors for understanding violence, p. 221-222; SERRANO MAÍLLO, A. Una nota sobre el compatibilismo entre una Criminología determinista y un Derecho penal basado en el libre albedrío, p. 229-230. Aos problemas que conduz essa heterogeneidade deve-se acrescentar que alguns dos autores críticos mais influentes foram mudando suas próprias perspectivas, como indicam VOLD, G. B. et al. *Theoretical Criminology,* p. 249. Vide, contudo, duvidando que sejam realmente campos distinguíveis em todos os casos, GIBBS, J. P. The methodology of theory construction in Criminology, p. 36. As terminologias não coincidem em todos os autores. Aqui recorremos ao termo enfoque ou criminologia crítica como um nome genérico para diversas famílias de teorias. A denominação "crítica" parece ter uma origem política, e assim LYNCH reconhece que se recorreu a ela para "ampliar o atrativo dessa perspectiva, promover uma maior unidade e evitar ataques sobre os membros desses enfoques", 1997: xxi. Considerando que a criminologia é tradicionalmente crítica e que deve sê-lo, SERRANO GÓMEZ, A. La Criminología crítica, p. 4-5, 64 e 66.

que se segue teve de recorrer, como a presente *obra* em geral, à simplificação e ao reducionismo.

b) Em segundo lugar, os enfoques críticos se mostram, às vezes, em clara oposição ao positivismo e à criminologia predominante que trata de se ajustar aos seus princípios. Em coerência com a heterogeneidade apontada, muitos dos enfoques críticos localizam-se no campo da criminologia, positiva, ou, pelo menos, dela se aproximam, preocupando-se com a explicação do delito, e com possíveis respostas a esse, apostando em uma metodologia que supere a mera opinião dos investigadores.[2]

Em face de tais enfoques críticos, no âmbito latino-americano, brasileiro e espanhol prevalecem os puramente voluntaristas, especulativos e ideológicos. Então, definitivamente e contrários à impressão às vezes dominante, os enfoques críticos são compatíveis com metodologias científicas.[3]

Os enfoques críticos ocupam um lugar indispensável na criminologia contemporânea e são, portanto, irrenunciáveis, com sua constante reivindicação de uma contínua autorreflexão crítica, de acordo com a máxima weberiana de que uma ciência social tem também de ser crítica com ela mesma e com a sociedade em que se desenvolve; com sua advertência das limitações de um imperialismo empírico ou de laboratório, nas palavras de Ortega; e sobre a destacada influência dos grupos privilegiados na elaboração das leis e em seus processos de interpretação e aplicação; e com muitas outras contribuições.[4]

Devido à sua heterogeneidade, não é fácil propor uma caracterização desses enfoques. Seguindo em parte autores como Serrano Gómez e Zaffaroni, pode-se falar, com muita cautela, dos seguintes pontos – todos eles com seu início em uma reação contra os postulados da criminologia predominante, positiva:

    a) Em primeiro lugar, portanto, uma crítica aberta à criminologia positivista tradicional, à qual atribuem conservadorismo e justificação de uma ordem social injusta.

    b) Consideram que os delinquentes são pessoas que não se diferem, na essência, dos que respeitam a lei, e, nesse sentido, também podem ser considerados *normais*. Em face disso, afirmam que a criminologia po-

---

[2] LEA, J.; YOUNG, J. *What is to be done about law and order?*, p. 17 e 50-61; muito matizadamente, ROLDÁN BARBERO, H. ¿Qué queda de la contestación social de los años 60 y 70 en la Criminología actual?, p. 257.

[3] SERRANO MAÍLLO, A. Una nota sobre el compatibilismo entre una Criminología determinista y un Derecho penal basado en el libre albedrío, p. 223 e 229-230.

[4] SERRANO GÓMEZ, A. La Criminología crítica, p. 63-66; SERRANO MAÍLLO, A. Una nota sobre el compatibilismo entre una Criminología determinista y un Derecho penal basado en el libre albedrío, p. 229; ZAFFARONI, E. R. *Criminología*, passim.

sitiva tradicional vê no delinquente um sujeito *diferente*, e, inclusive, em certas situações, patológico.

c) Destacam a importância da reação. A essência do delito encontra-se nos conflitos sociais, políticos e econômicos e nas normas legais que criam a delinquência, de modo que a resposta ao delito não pode se centrar nos delinquentes, mas sim nas condições injustas das sociedades, isto é, deve-se encará-la do ponto de vista externo.

d) Chamam a atenção sobre as potenciais distorções nos processos de tipificação das leis penais e na persecução de certas atividades protagonizadas pelos governos e poderosos.[5]

Por tudo isso, as teorias aqui apresentadas são críticas e talvez nisso resida grande parte de seu valor.[6]

II. O ENFOQUE DO ETIQUETAMENTO

1. Propostas básicas

O enfoque do etiquetamento, ou *labeling approach*, tem uma grande influência na criminologia, em especial nos âmbitos antiempíricos, como América Latina, Brasil ou Espanha. Como seu próprio nome indica, trata-se, em sua formulação originária, de um enfoque, ou seja, de uma forma complementar de considerar o comportamento delitivo – e desviado –, salientar um aspecto ou faceta do delito, e não de uma teoria no sentido estrito do termo.[7] Paradoxalmente, também por essa razão e pela consequente imprecisão que muitas vezes isso implica, sua aceitação foi ampliada.

Alguns autores destacados, como é o caso de Muñoz Conde, insistem na *utilidade* do enfoque do etiquetamento;[8] ainda que o leitor concorde que *todas*

---

[5] BARATTA, A. *Criminología crítica y crítica del Derecho penal*, p. 21-22 e 31-34; BERISTÁIN IPIÑA, A. *Cuestiones penales y criminológicas*, p. 524-525; NAFFINE, N. *Feminism and Criminology*, p. 18-29; REYES ECHANDÍA, A. *Criminología*, p. 4-7 e 27-28; SERRANO GÓMEZ, A. La Criminología crítica, p. 52-63; ZAFFARONI, E. R. *Criminología*, p. 144-171, 193-208 e 244-248.

[6] LANCTÔT, N.; LE BLANC, M. Explaining deviance by adolescent females, p. 189; SCHEFF, T. J. *Being mentally ill*, p. x.

[7] BECKER, H. S. *The other side*, p. 2-3; MCCARTHY, B.; HAGAN, J. Sanction effects, violence, and native north American street youth, p. 120; PATERNOSTER, R.; IOVANNI, L. The labeling perspective and delinquency: an elaboration of the theory and an assessment of the evidence, p. 359; SERRANO GÓMEZ, A.; SERRANO MAÍLLO, A. La paradoja del descubrimiento de la Criminología en España. Un capítulo, p. 1.617, n. 17; TAYLOR, I. et al. *La nueva Criminología*, p. 175-182, em especial 181. Essa afirmação é discutida.

[8] Vide HASSEMER, W.; MUÑOZ CONDE, F. *Introducción a la Criminología*, p. 155-161.

as teorias e enfoques criminológicos são muito sutis, é certo que nesse caso isso pode ser facilmente demonstrado.

Não é menos exato que determinadas interpretações voluntaristas e radicais do enfoque do etiquetamento – tanto para sustentá-lo como para criticá-lo – também contribuíram para que não se saiba muito bem – ou, pelo menos, com a devida *precisão* – do que se trata.[9]

O enfoque do etiquetamento foi praticamente abandonado no final dos anos 1970 pela maioria dos criminólogos – ainda que seu prestígio não fizesse mais do que aumentar o de outros âmbitos –, mas, como veremos em seguida, nos últimos anos vem se produzindo um claro e muito promissor renascimento, que se observa em certas propostas teóricas. Outro dos mal-entendidos mais comuns é o que relaciona o enfoque do etiquetamento com o interacionismo simbólico e/ou com a perspectiva do conflito, quando a verdade é que ditas relações não são nem mesmo necessárias.

O enfoque do etiquetamento chama a atenção sobre a importância que a *reação* tem para o delito. O enfoque do etiquetamento quer dizer basicamente duas coisas. Em primeiro lugar, que não existe quase nenhum ato que seja delitivo em si mesmo, mas *delitivo ou desviado é aquilo que se define como tal* pela comunidade ou pelos órgãos do sistema de Administração da Justiça.[10] A chave para que algo seja delitivo, portanto, não reside tanto em suas *características intrínsecas*, mas no *etiquetamento* que dele se faça. Por exemplo, um grupo de jovens que perambula pela rua e atira pedras em um carro ou pega frutas de uma banca pode ser definido como um bando de delinquentes juvenis ou como garotos normais fazendo arruaças. Isso pode acontecer inclusive em delitos graves como o homicídio e as agressões sexuais.[11]

Assim se percebe como a reação que provoca um fato na comunidade ou no grupo é decisiva para que seja definido como delitivo, desviado ou como algo normal acerca do qual não é preciso fazer nada. O delito, nessa perspectiva, já não pode ser visto simplesmente como um fato com determinadas características próprias que o definem e o distinguem dos fatos lícitos: a reação provocada inclusive por fatos praticamente iguais é essencial para sua qualificação como delito ou não.

Em segundo lugar, é provável que sejam muitas as pessoas que incorram em atos desviados e até delitivos; esses atos de *desviação primária* – na terminologia de Lemert – podem ter diversas origens etiológicas e tendem a ser bastante

---

[9] TITTLE, C. R. Labelling and crime: an empirical evaluation, p. 175-176.
[10] BECKER, H. S. *Outsiders*, p. 8-18; BECKER, H. S. *The other side*, p. 2-3; CURRA, J. *The relativity of deviance*, p. 1, 7-8, 12-14, 16, 26-32 e 36; SCHEFF, T. J. *Being mentally ill*, p. 43-50 e 54-55.
[11] CURRA, J. *The relativity of deviance*, p. 61-81 e 85-100.

divulgados. Contudo, nem todo mundo é descoberto quando incorre em alguma infração e, no caso de ser descoberto, nem todos são perseguidos pela prática do fato de que se trata. Para o enfoque do etiquetamento, quando alguém – sobretudo um jovem – é descoberto e perseguido, é possível que isso provoque uma série de mudanças em sua forma de ver o mundo e de ver a si mesmo o levando a definir--se também como um indivíduo desviado e até delinquente, e que isso o leve a continuar infringindo as leis – esse tipo de desviação é denominada *secundária*.[12] Esta última desviação secundária é mais provável que ocorra quando o indivíduo é *etiquetado* formalmente como delinquente, isto é, quando é detido pela polícia, julgado e preso em um centro de privação de liberdade. A mencionada desviação secundária pode acontecer ainda por intermédio de mecanismos até mais sutis, como quando as consequências do etiquetamento afastam o indivíduo de seus amigos e familiares e dificultam que encontre trabalho, de modo que acabam por coibir as poucas oportunidades que deveria ter à sua disposição, o que o aproxima de uma vida delitiva.[13]

2. *Avaliação*

O enfoque em análise (etiquetamento) sofreu nos anos 1970 uma série de críticas que minaram seriamente seu crédito. Autores como Wellford salientaram que alguns atos são, sem dúvida, intrinsecamente delitivos.

a) Condutas que atentam gravemente contra bens jurídicos fundamentais, como é o caso do homicídio, o roubo em residências ou delitos contra a liberdade sexual, entre outros, encontram-se proibidas sob a ameaça de pena em todas as sociedades conhecidas e são *delitos em si mesmos*, independentemente da reação que, em qualquer caso, provoquem.

b) Em segundo lugar, existe uma evidência clara de que o fundamental na persecução e prisão, no caso das condutas (delitivas), tem a ver principalmente com características do fato – especialmente sua gravidade –, e não tanto com características da pessoa que o praticou.

c) Finalmente, a evidência não apoia a ideia de que o etiquetamento de uma pessoa como delinquente afete dramaticamente o conceito de si mesmo.[14]

Então, a evidência empírica – bastante sólida – era contrária ao enfoque do etiquetamento.[15] Outras considerações importantes vieram de enfoques críticos,

---

[12] LEMERT, E. M. *Social pathology*, p. 1951: 75-76; LEMERT, E. M. *Human deviance, social problems, and social control*, p. 14-17 e 62-92.
[13] SAMPSON, R. J.; LAUB, J. H. *Crime in the making*, p. 97 e 136-137.
[14] WELLFORD, C. F. Labelling theory and Criminology: an assessment, p. 334-339 e 342.
[15] Vide GOVE, W. R. Societal reaction as an evaluation of mental illness: an evaluation, p. 874, 877, 879 e 881-882; GOVE, W. R. Labelling and mental illness: a critique, p. 39-67; GOVE, W. R. Deviant behavior, social intervention, and labeling theory, p. 222-226; HIRSCHI,

sobretudo de que se *trivializara* a delinquência, considerando-a *mera* etiqueta que se impõe a determinados indivíduos quando resulta que esta inclua a violência doméstica ou as agressões sexuais e quando as classes mais desfavorecidas – não os poderosos –, são as que mais sofrem como vítimas do impacto do delito.[16]

Em resposta às críticas, novos ensaios chamaram a atenção para o fato de que os ataques ao enfoque do etiquetamento centraram-se em suas posturas e hipóteses mais radicais;[17] que os testes empíricos não avaliaram corretamente uma perspectiva muito sutil;[18] ou que até encontraram evidência ao menos parcial de que o estigma tem efeitos sobre a criminalidade, ainda que a tenham ignorado.[19]

De seu turno, a partir de 1980 apareceram novos estudos empíricos que sugeriam certo apoio para posturas que se enquadravam nessa aproximação teórica à explicação do comportamento delitivo.[20] A partir desses novos desenvolvimentos, nasceram as propostas contemporâneas do enfoque do etiquetamento. O próprio Wellford considera esses novos desenvolvimentos muito promissores.[21]

3. Recentes desenvolvimentos

Nos últimos anos (vinte anos) apareceram numerosos estudos teóricos e empíricos relacionados com o enfoque do etiquetamento. Em geral, essas propostas são muito mais matizadas que as originais e não consideram que a reação seja capaz de explicar por si só a delinquência;[22] ou reclamam efeitos indiretos do

---

T. Labelling theory and juvenile delinquency: an assessment of the evidence, p. 189-198; TITTLE, C. R. Labelling and crime: an empirical evaluation, p. 163-174.

[16] TAYLOR, I. et al. *La nueva Criminología*, p. 157-175.

[17] LINK, B. Mental patient status, work, and income: an examination of the effects of a psychiatric label, p. 202; LINK, B. Understanding labeling effects in the area of mental disorders: an assessment of the effects of expectations of rejection, p. 96.

[18] LINK et al., 1989: 401; PATERNOSTER, R.; IOVANNI, L. The labeling perspective and delinquency: an elaboration of the theory and an assessment of the evidence, p. 388.

[19] LINK, B. et al. The effectiveness of stigma coping orientations: can negative consequences of mental illness labeling be avoided?, p. 303.

[20] LINK, B. Mental patient status, work, and income: an examination of the effects of a psychiatric label, p. 212-213; LINK, B. Understanding labeling effects in the area of mental disorders: an assessment of the effects of expectations of rejection, p. 102-111; LINK, B. et al. A modified labeling theory approach to mental disorders: an empirical assessment, p. 406-421; LINK, B. et al. The effectiveness of stigma coping orientations: can negative consequences of mental illness labeling be avoided?, p. 306-316. Muitos desses estudos, certamente, não se referiam – ao menos diretamente – ao comportamento delitivo em si, mas a outros desviados, como é o caso das enfermidades mentais.

[21] WELLFORD, C. F.; TRIPLETT, R. A. The future of labeling theory: foundations and promises, p. 15-19.

[22] LINK, B. et al. A modified labeling theory approach to mental disorders: an empirical assessment, p. 404; SCHEFF, T. J. *Being mentally ill*, p. ix.

etiquetamento;²³ muitas vezes também recorrem a uma integração atenta a eventuais afirmações contraditórias,²⁴ algo que já recomendado o próprio Wellford: "Podemos reconhecer o valor potencial da teoria do etiquetamento (...) como componente de uma teoria mais abrangente".²⁵ Por exemplo, assinalou-se que aqueles que delinquem e, em consequência disso, sofrem condenação cumprindo pena na prisão, têm mais dificuldades ainda para abandonar sua carreira delitiva, ainda que queiram, já que se veem imersos em "cadeias de adversidade"²⁶ ou em uma "acumulação de desvantagens".²⁷

Sensíveis às críticas que receberam, as novas principais propostas direcionam a se localizar no paradigma criminológico majoritário – ou positivista –, de modo que tratam de ser as mais precisas possíveis, assim como de propor hipóteses que sejam contrastáveis empiricamente através de métodos quantitativos.²⁸

---

²³ Link, B. Mental patient status, work, and income: an examination of the effects of a psychiatric label, p. 212; Link, B. Understanding labeling effects in the area of mental disorders: an assessment of the effects of expectations of rejection, p. 96.

²⁴ Braithwaite, J. *Crime, shame and reintegration,* p. vii e 16-43; Link, B. Mental patient status, work, and income: an examination of the effects of a psychiatric label, p. 213; Link, B.; Milcarek, B. Selection factors in the dispensation of therapy: the Matthew effect in the allocation of mental health resources, p. 280; Matsueda, R. L. Labeling theory: historical roots, implications, and recent developments, p. 229 e 235; Scheff, T. J. *Being mentally ill,* p. ix, xi, 22, 27, 59, 157, 194 e 197-199.

²⁵ Wellford, C. F. Labelling theory and Criminology: an assessment, p. 343; também Link, B. Mental patient status, work, and income: an examination of the effects of a psychiatric label, p. 213; Matsueda, R. L. Labeling theory: historical roots, implications, and recent developments, p. 235.

²⁶ McCarthy, B.; Hagan, J. Sanction effects, violence, and native north American street youth, p. 123.

²⁷ Laub, J. H.; Sampson, R. J. *Shared beginnings, divergent lives: delinquent boys to age 70,* p. 167-172 e 291; Sampson, R. J.; Laub, J. H. *Crime in the making,* p. 136-137, 221 e 253; Sampson, R. J.; Laub, J. H. A life-course theory of cumulative disadvantage and the stability of delinquency, p. 143-155.

²⁸ Link, B. Mental patient status, work, and income: an examination of the effects of a psychiatric label, p. 206-207; Link, B. Understanding labeling effects in the area of mental disorders: an assessment of the effects of expectations of rejection, p. 99-102 e 109; Link, B.; Milcarek, B. Selection factors in the dispensation of therapy: the Matthew effect in the allocation of mental health resources, p. 282-284; Link, B. et al. A modified labeling theory approach to mental disorders: an empirical assessment, p. 406-410; Link, B. et al. The effectiveness of stigma coping orientations: can negative consequences of mental illness labeling be avoided?, p. 306-308; Matsueda, R. L. Reflected appraisals, parental labeling, and delinquency: specifying a symbolic interactionist theory, p. 1.590-1.597; Matsueda, R. L. Labeling theory: historical roots, implications, and recent developments, p. 233; Paternoster, R.; Iovanni, L. The labeling perspective and delinquency: an elaboration of the theory and an assessment of the evidence, p. 364 e 388; Scheff, T. J. *Being mentally ill,* p. xiv, 15-16 e 26-28.

A. *A teoria da criminalização secundária* – uma linha bastante ortodoxa do enfoque do etiquetamento se desenvolveu na América Latina. Zaffaroni, Alagia e Slokar sustentam que o sistema de Administração da Justiça atua de forma altamente seletiva. Distinguem entre o que denominam *criminalização primária* e *secundária*: a primeira se refere à tarefa legislativa de tipificar como delitos as condutas socialmente danosas. Essa tarefa enuncia um programa que deve ser levado à prática pelas instituições de *criminalização secundária*, basicamente a polícia e os tribunais. Este segundo conceito é definido como "a ação punitiva exercida sobre pessoas concretas, que ocorre quando as agências policiais descobrem uma pessoa, à qual se atribui a realização de certo ato criminalizado primariamente, investiga-a (...) se discute publicamente se o realizou e, em caso afirmativo, admite a imposição de uma pena".[29] Dito programa de criminalização é tão amplo que simplesmente não podem ser perseguidos todos os fatos delitivos que são cometidos; de fato, para Zaffaroni e seus seguidores, "a impunidade é a regra e a criminalização secundária a exceção".[30] A consequência inarredável é que a criminalização secundária é altamente seletiva: deve-se optar pela "inatividade ou pela seleção".[31]

Isso quer dizer que nem todos os que delinquem e delitos têm as mesmas possibilidades de ser etiquetados como delinquentes ou como delitos, ainda que se tratem de atos criminalizados primariamente: a seleção que segue a criminalização secundária centra-se, sobretudo, nos *fatos delitivos mais comuns* e, portanto, mais fáceis de detectar e perseguir; e nos indivíduos que, devido ao seu menor poder, são mais vulneráveis, têm *menos possibilidades de se proteger* e evitar seu etiquetamento.[32] Por esse motivo, por exemplo, os delitos de colarinho branco tipicamente sofisticados e realizados por pessoas com poder econômico, tendem a não ser perseguidos.[33]

De acordo com Zaffaroni e seus seguidores, a criminalização secundária acaba por construir um *estereótipo de quem é delinquente*;[34] dito estereótipo acaba

---

[29] ZAFFARONI, E. R. et al. *Derecho penal*, p. 6-7, 12-13, 15-21 e 24-26 (grifo suprimido). Deve-se atentar para o fato de que os conceitos de criminalização primária e secundária se diferenciam dos de desviação primária e secundária proposta por LEMERT, como vimos; de fato, os primeiros autores também reconhecem que quando um indivíduo é etiquetado como delinquente pode cair em um processo de desviação secundária e continuar com suas atividades delitivas, 9.

[30] ZAFFARONI, E. R. et al. *Derecho penal*, p. 8 (grifo suprimido).

[31] ZAFFARONI, E. R. et al. *Derecho penal*, p. 7.

[32] ZAFFARONI, E. R. *Manual de Derecho penal*, p. 117; ZAFFARONI, E. R. et al. *Derecho penal*, p. 8-12.

[33] ZAFFARONI, E. R. et al. *Derecho penal*, p. 9.

[34] ZAFFARONI, E. R. La culpabilidad en el siglo XXI, p. 67-68; ZAFFARONI, E. R. et al. *Derecho penal*, p. 8-10. Essa ideia de Zaffaroni e seus seguidores tem apoio empírico.

por se impor em uma comunidade, que acredita que os únicos e verdadeiros delinquentes são aqueles que correspondem a dito estereótipo e os perseguem com especial dedicação – desse modo, fecha-se um círculo vicioso e a profecia se autocumpre.

Mais adiante, para os citados autores, a seletividade não apenas afeta a criminalidade, mas também a vitimização:[35] nem todos os delitos têm as mesmas possibilidades de ser definidos como vitimizações; oferece-se maior segurança aos poderosos tanto por razão de classe como de sexo, raça etc.

Ideias não muito distantes podem ser encontradas em outros autores latino-americanos, como é o caso de Reyna Alfaro, que acrescenta que esse esquema seria reflexo dos países dessa parte do globo.[36]

Como se pode observar, essa teoria tem uma contundente vocação crítica com a ordem social contemporânea, em especial com a que se vive em diversos países da América Latina.[37]

Em um estudo foi fornecido a um grupo de sujeitos fotografias de certos indivíduos e se perguntou sobre os delitos que achavam que tinham cometido; as respostas tenderam a coincidir nas associações, só que os sujeitos das fotografias não haviam cometido nenhum fato delitivo.(1) Esse trabalho sugere que, com efeito, parecem existir estereótipos sociais sobre a relação entre certos traços – nesse caso físicos – e delinquência. Em um interessante estudo, Farrell e Swigert partem da mesma ideia que Zaffaroni e seus seguidores, ou seja, a existência de estereótipos na sociedade e de sua importância e de que, portanto, "é possível especular (...) que, mais do que a classe e a raça, são estereótipos culturais da criminalidade que determinam as decisões das autoridades legais". Os autores constataram que o fato de que um indivíduo fora definido como um primitivo normal, um estereótipo que incluía "a preocupação do menino de dez anos com a destreza muscular e 'ser um homem'", repercutia no resultado final do processo judicial a que era submetido; ademais, o efeito desse fenômeno era muito mais importante do que o de outras variáveis tradicionalmente consideradas responsáveis por presumíveis desvios no sistema de Administração da Justiça e operava por meio de mecanismos muito sutis. (2) (1) Bull e Green apud Wilson, J. Q.; Herrnstein, R. J. *Crime and human nature*, p. 80-81. (2) Swigert, V. L.; Farrell, R. A. Normal homicides and the law, p. 16-19, 21, 23-27 e 29-30; sobre a metodologia, vide 18-21. Em sua recente análise sobre a influência da raça e da jurisdição nas condenações à pena de morte no Estado norte-americano de Maryland, Brame e Paternoster constataram que a raça do agressor tivera influência no processo, ainda que os autores não pudessem considerar as variáveis dos primeiros; outra das descobertas foi a grande sutileza dos desvios que operam nos processos penais, Paternoster, R.; Brame, R. *An empirical analysis of Maryland's death sentencing system with respect to the influence of race and legal jurisdiction.*

[35] Zaffaroni, E. R. et al. *Derecho penal*, p. 13-15.
[36] Reyna Alfaro, L. M. *Los delitos informáticos*, p. 143-148.
[37] Vide, em geral, Zaffaroni, E. R. *Política criminal latinoamericana*, passim; Zaffaroni, E. R. *Busca de las penas perdidas*, passim.

Essa teoria tem muita solidez e um enorme potencial para explicar o que Zaffaroni e outros denominam criminalização secundária. Um de seus principais méritos é saber unir uma vocação abertamente crítica da ordem social com uma construção teórica complexa, mas clara, e da qual é possível derivar hipóteses testáveis empiricamente. Todavia, a referida teoria deveria também levar em conta certas considerações. Em primeiro lugar, que a maior parte dos delitos perseguidos afeta as classes mais desfavorecidas. Em segundo lugar, em um plano menos claro, que parece existir determinado consenso acerca de quais são as condutas que devem ser perseguidas com maior rapidez, como é o caso dos delitos contra as pessoas.

B. A teoria do ajuste à imagem estereotipada – Scheff apresentou uma teoria muito próxima das teses do etiquetamento, mas que exige decididamente a integração de disciplinas.[38] Essa teoria refere-se basicamente a certos transtornos mentais, mas normalmente se estende ao delito e à desviação em geral.[39] Ao seu ver, aproximando-se da ideia de desviação primária, existem na sociedade inúmeros comportamentos que, em princípio, podem ser considerados contrários às normas, desviados. Essa *desviação* primária ou *residual*, na terminologia de Scheff, pode ter uma origem muito diferente, inclusive genética.[40] Porém, existe certa margem de flexibilidade na interpretação das normas e, portanto, a decisão sobre se um comportamento as infringe e é, então, desviado tem sempre uma natureza incerta, probabilística e indeterminada.[41] Por esse motivo, a maioria dos atos de desviação residual acaba por passar despercebido, normalizar-se e cessar a desviação de seu responsável.[42]

Nas sociedades contemporâneas, continua Scheff, existe sempre uma imagem ou *imagem estereotipada* socialmente construída da desviação e, mais especificamente, das enfermidades mentais. Essa imagem é construída por meio das interações entre as pessoas, os meios de comunicação e até da arte; e, por exemplo, descrevem os enfermos mentais como indivíduos perigosos e aos quais

---

[38] Scheff, T. J. *Being mentally ill,* p. ix, xi, 22, 27, 59, 157, 194 e 197-199; e 155 sobre integração metodológica.
[39] Scheff, T. J. *Being mentally ill,* p. 194. Evidentemente, nos trabalhos de Scheff e outros pesquisadores existe uma forte crítica ao diagnóstico e tratamento das enfermidades mentais por parte das ciências modernas, críticas classificadas sob o rótulo da antipsiquiatria. Para citar um só exemplo, no tocante às tão conhecidas psicopatias e esquizofrenias em nosso âmbito, diz-se que seu diagnóstico depende em grande parte da postura subjetiva do profissional. Vide Scheff, T. J. *Labeling madness,* p. 10-20; Scheff, T. J. *Being mentally ill,* p. xiii e 101-131. Curra, J. *The relativity of deviance,* p. 173-178 e 184-185; Scheff, T. J. *Labeling madness,* p. 8 e 17.
[40] Scheff, T. J. *Being mentally ill,* p. 58-65.
[41] Scheff, T. J. *Labeling madness,* p. 6-10; Scheff, T. J. *Being mentally ill,* p. 43-44 e 115-131.
[42] Scheff, T. J. *Being mentally ill,* p. 65-67 e 85.

se deve temer – ainda que, na verdade, isso não esteja nem mesmo justificado pela ciência positiva. Essa imagem naturalmente se reafirma constantemente e *fixa-se de imediato na mentalidade de todo mundo*. Ou seja, sempre que se fala de desviação ou de enfermidade mental, todas as pessoas tendem a associar a esse indivíduo ou a esse comportamento uma série de características socialmente construídas: a imagem estereotipada. Posto que se trata de uma construção social, quase todo mundo tenderá a acreditar na mesma imagem estereotipada – ainda que ela possa variar muito, e de fato assim acontece, de uma cultura para outra.[43] Significa que também os indivíduos que incorrem em atos de desviação residual, sejam etiquetados como desviados ou não, compartilham essa imagem.[44]

O normal, como se disse, é que os atos desviados residuais, que, na verdade, são muito habituais, se estabilizem, isto é, que sejam atos transitórios. Algumas vezes, contudo, tais atos podem ser definidos efetivamente – mediante processos muito delicados – como desviados e, desse modo, *são etiquetados como atos desviados*. A chave de dito etiquetamento reside na *reação social* mais do que no próprio ato. Para que um comportamento seja etiquetado ou não depende do "grau, quantidade e visibilidade da infração da norma", do "poder do infrator" e do nível de tolerância da comunidade e da disponibilidade na cultura de que se trate de papéis alternativos convencionais.

Quando se etiqueta publicamente um indivíduo como desviado, é possível que este se encontre em um momento de crise e que possa chegar a *aceitar seu papel desviado*. A comunidade pressiona o desviado para que aceite seu papel e até é sancionado informalmente quando trata de abandoná-lo. De acordo sempre com Scheff, "entre os infratores residuais de normas, *o etiquetamento* encontra-se entre as causas mais importantes de carreiras de desviação residual". Em vez de seguir o processo mais comum de normalização, *o etiquetamento* faz com que o indivíduo seja definido como um desviado e que este último – que compartilha os estereótipos dominantes na comunidade – acabe por assumir esse papel e, por consequência, atue. Claro que o processo se retroalimenta e é cada vez mais difícil de alterar.[45]

Ademais, a proposta de Scheff inclui nas ciências sociais e humanas o mundo das emoções, dos *sentimentos*;[46] e assim estabelece o seguinte: "O etiquetamen-

---

[43] LEMERT, E. M. *Human deviance, social problems, and social control*, p. 183-206.
[44] SCHEFF, T. J. *Labeling madness*, p. 9; SCHEFF, T. J. *Being mentally ill*, p. 70, 72, 74-84 e 183.
[45] SCHEFF, T. J. *Labeling madness*, p. 9-10; SCHEFF, T. J. *Being mentally ill, 1999*, p. 48, 84-92, 94-95, 97, 108-110 e 196 (parte do grifo suprimido). Mais extremo nesses delineamentos, SCHEFF, T. J. *Being mentally ill*, 1966, p. 92-93.
[46] SCHEFF, T. J. *Labeling madness*, p. 75-88; SCHEFF, T. J. *Microsociology*, p. 96-116; SCHEFF, T. J. *Being mentally ill, 1999*, p. 13-14, 135-144 e 197-199. Também MCCARTHY, B.; HAGAN, J. Sanction effects, violence, and native north American street youth, p. 123.

to de Rhoda por parte de outros membros de sua família e *suas consequências emocionais subjazem o conflito familiar inteiro*. Contudo, só se pode detectar por um processo sutil de inferência, compreendendo o significado das palavras e dos gestos dentro do contexto em que ocorrem, no discurso real".[47] Como sugere a citação anterior, a criminologia majoritária positiva tende a ser resistente em incluir variáveis desse tipo em suas teorias e análises pelas enormes dificuldades que existem para definir, medir e controlar sentimentos etc. Talvez a única exceção, já familiar para o leitor, sejam algumas das teorias da frustração, como é o caso da teoria geral da frustração.

Segundo nosso entendimento, os sentimentos desempenham, sem dúvida, importante papel na etiologia de muitos comportamentos humanos, incluídos os desviados e delitivos, e a criminologia majoritária deveria ser mais sensível a enfoques como o de Scheff.

A teoria mencionada, em nível micro e com uma ênfase muito menor na crítica à ordem social, guarda relação com a da criminalização secundária proposta por Zaffaroni e outros. Destes últimos, contudo, tem a seu favor que, ao ser mais simples, pode potencialmente submeter-se mais facilmente à refutação.

C. *A teoria da inibição reintegradora* – Braithwaite propôs a conhecida teoria da *inibição reintegradora* (*reintegrative shaming*), que, recorrendo à metodologia teórica da integração,[48] confere importantes efeitos ao etiquetamento.[49] Quando a reação social diante de um fato delitivo desperta em seu autor uma vergonha que o faz reconciliar-se com a sociedade – ao invés de estigmatizá-lo –, aquele tenderá a não voltar a delinquir.

A teoria de Braithwaite centra-se na *delinquência* secundária, ou seja, assume que muitas pessoas cometeram fatos delitivos (por uma vez) em sua vida, mas a reação social a tais fatos é decisiva para que continuem sua carreira delitiva ou para que a abandonem.[50] Nesse sentido, a teoria, apesar de sua reconhecida natureza integradora, alinha-se junto ao enfoque do etiquetamento, o qual é também mais preciso ao considerar que aquela é *apenas* uma teoria sobre a reincidência.[51]

---

[47] SCHEFF, T. J. *Being mentally ill*, 1999, p. 169 (grifos nossos).

[48] BRAITHWAITE, J. *Crime, shame and reintegration*, p. vii, 12-14, 16-38 e 107; BRAITHWAITE, J. Beyond positivism: learning from contextual integrated strategies, p. 385-387, 389-390 e 393-396.

[49] BRAITHWAITE, J. *Crime, shame and reintegration*, p. 12 e 16-21, mas ver também 2-3 e 38-43; BRAITHWAITE, J. *Restorative Justice and responsive regulation*, p. 106-107.

[50] De fato, BRAITHWAITE afirma com razão que "a maioria de nós se viu envolvido em atos episódicos de delinquência", mas que esses atos episódicos de "delinquência primária" não são muito importantes em comparação com os de indivíduos que se encontram em redes que favorecem atividades ilícitas permanentes ou quase permanentes, *Crime, shame and reintegration*, p. 42-43 (grifo nosso).

[51] Vide HAY, C. An exploratory test of Braithwaite's reintegrative shaming theory, p. 149, n. 4.

Quando se comete um fato delitivo ou até desviado, segundo Braithwaite, costuma ocorrer que a comunidade reaja em sentido *negativo*.[52] Essa reação pode se limitar a uma mera desaprovação mediante olhares e gestos nesse sentido; também cabe, naturalmente, uma resposta penal. A reação que provoca um fato (delitivo) pode tomar distintas formas. Assim, a reação da comunidade pode ter, então, um efeito de *inibição*[53] no delinquente, que pode ser *reintegrador ou desintegrador*.

a) No primeiro caso, também se encontram na reação social, junto a uma reação negativa não exagerada, *elementos de reaceitação* por parte da comunidade. Entre esses se encontram desde meros gestos amistosos ou sorrisos que expressam indulgência e afeto até *cerimônias de readmissão*.[54] Quando isso ocorre, o delinquente tenderá a não voltar a delinquir, posto que estará consciente do dano que causou e da vigência das normas que infringiu, mas, de sua vez, a comunidade deixa uma porta aberta para que ele possa, com efeito, voltar e reconciliar-se com ela.

b) Ao contrário, a reação da comunidade pode ser desintegradora, estigmatizadora. Isso ocorre quando a reação se manifesta em uma reação negativa ou quando esta é desproporcional – podendo ocorrer até verdadeiras *cerimônias de degradação*.[55] Nesses casos, o delinquente pode se ver separado simbolicamente da sociedade e convertido em um marginal; consequentemente, poderá continuar sua carreira delitiva.[56]

Naturalmente, e sempre segundo Braithwaite, esse processo se retroalimenta: quando o indivíduo é estigmatizado tenderá também a censurar quem o censurou, de modo que a reação social poderá ter menos efeitos reintegradores.[57]

A ideia de inibição reintegradora inspira-se no *modelo da educação na família*. Com efeito, na família se faz ver que algo é ruim e não se deve repetir, mas se

---

[52] Isso se deve a que, para Braithwaite, tal como para a presente obra, existe um consenso social sobre o que é delitivo e sobre o que não é, *Crime, shame and reintegration*, p. 38 e 96; isso não quer dizer, claro, que não existam hipóteses nas quais a prática de um fato delitivo ou desviado não encontre uma resposta positiva por parte da comunidade, apenas que tais hipóteses tenderão a ser mais excepcionais, p. 42 e 65-68.

[53] Sobre o conceito (*shaming*), muito sutil, vide Braithwaite, J. *Crime, shame and reintegration*, p. 57-59 e 100-101.

[54] Braithwaite, J.; Mugford, S. Conditions of successful reintegration ceremonies, p. 142-166.

[55] Sobre o conceito, vide Garfinkel, H. Conditions of successful degradation ceremonies, p. 420-424, vide também Young, J. *The exclusive society*, p. 110-113.

[56] Braithwaite, J. *Crime, shame and reintegration*, p. 12-15, 55, 61-65, 75-77, 80-83 e 101-104; Braithwaite, J. Inequality and Republican Criminology, p. 280-281 e 303; Braithwaite, J. Reintegrative shaming, republicanism, and policy, p. 191-195.

[57] Braithwaite, J. *Crime, shame and reintegration*, p. 55.

faz em um quadro de carinho e apoio mútuo que permite, de sua vez, a vergonha e o castigo e que os vínculos familiares e sociais não se enfraqueçam.[58] Nas famílias nas quais predomina o carinho é onde melhor funciona a inibição reintegradora.

Naturalmente, diversos tipos de sociedades e de comunidades favorecem, segundo Braithwaite, a inibição reintegradora e que seja mais efetiva[59] Em geral, os efeitos de ser algo mais claro e concreto, as sociedades pouco igualitárias têm uma estrutura que favorece a humilhação e a estigmatização em face da reintegração, enquanto as sociedades justas são mais propensas a uma inibição reintegradora com efeitos preventivos e humanos.[60]

Para analisar empiricamente a teoria da inibição reintegradora, Hay recorreu a um questionário ministrado a um grupo de adolescentes, se bem que advertindo das sérias dificuldades metodológicas que existem para medir construções tais como *reintegração* ou *vergonha*.[61] O resultado foi um apoio não completo, mas sim favorável. Em concreto, Hay constatou que a vergonha tinha não apenas sérios efeitos preventivos, mas uma importante perduração no tempo, assim como as sanções que têm uma base moral e racional são efetivas no caso dos adolescentes; ao contrário, os efeitos da reintegração foram escassos ou nulos e não interacionavam com os do acanhamento.[62]

Uma das consequências mais importantes da teoria de Braithwaite são suas propostas de *política criminal*. Com efeito, de acordo com essa teoria, para um correto – e mais humano – controle e prevenção da delinquência deve-se, em primeiro lugar, reconhecer que é melhor a inibição reintegradora que a estigmatização e a mera imposição de sanções formais. Vale dizer que é melhor promover que o agressor veja o dano que causou, repare-o e se reconcilie com a vítima do que simplesmente, por exemplo, privá-lo da liberdade. Não só é me-

---

[58] BRAITHWAITE, J. *Crime, shame and reintegration*, p. 56-57 e 133-135. O leitor deverá notar aqui um elemento das teorias do controle social que BRAITHWAITE recorre, entre outras, para construir sua teoria integrada.

[59] Sobre essa ideia e os elementos intimamente relacionados de comunitarismo – macro – e interdependência – micro –, vide BRAITHWAITE, J. *Crime, shame and reintegration*, p. 85-90, 97, 98-100 e 135-138; BRAITHWAITE, J. Reintegrative shaming, republicanism, and policy, p. 195-200.

[60] BRAITHWAITE, J. *Crime, shame and reintegration*, p. 94-97; BRAITHWAITE, J. Poverty, power, white-collar crime and the paradoxes of criminological theory, p. 48-54, 49-50 principalmente; BRAITHWAITE, J. Inequality and Republican Criminology, p. 289-293 e 296-302.

[61] HAY, C. An exploratory test of Braithwaite's reintegrative shaming theory, p. 137, com mais detalhes sobre a metodologia e seus problemas no presente caso, p. 136-141.

[62] HAY, C. An exploratory test of Braithwaite's reintegrative shaming theory, p. 141-148; esse autor, menos otimista, considera de sua parte que a evidência que encontrou não é tão favorável para a teoria do acanhamento reintegrador, e, quando muito, pode considerar-se mista.

lhor, mas também devem ser promovidos mecanismos efetivos de acanhamento reintegrador naquelas áreas nas quais esteja ausente e a delinquência, portanto, não encontre freio algum – esse, é claro, o âmbito dos delitos de colarinho branco. Finalmente, Braithwaite considera que é duvidoso que o acanhamento desintegrador, estigmatizante, seja preferível à que não exista nenhuma reação, e que isso poderia depender "da densidade das subculturas criminais na sociedade".[63]

Propostas concretas de política criminal são a reparação, as conciliações que buscam o perdão e a reconciliação entre agressor e vítimas, entre outras.[64] Nas conciliações, por exemplo, ajusta-se uma reunião à qual estejam presentes o ofensor e sua vítima, assim como diversos amigos e familiares de cada um deles. Durante a reunião fala-se buscando o reconhecimento do dano e a culpa, procurando-se encontrar o perdão e a reconciliação e etc.[65]

Como observado, as pesquisas sobre os efeitos preventivos das penas comprovaram que estes existem efetivamente, mas tendem a ser modestos e desde logo inferiores aos das sanções sociais informais. Também, de acordo com autores como Serrano Gómez, algumas pessoas não seriam nunca capazes de delinquir. Braithwaite apoia-se nessas premissas[66] para recomendar que se aposte mais nas sanções informais e no fortalecimento da consciência individual do que nas sanções jurídico-penais. Isso não quer dizer em absoluto que se deva renunciar a estas últimas, antes ao contrário, porque são imprescindíveis quando os mecanismos de acanhamento reintegrador não funcionam, quando a consciência do indivíduo não atua como controle.[67] De acordo com a teoria, pois, o mecanismo da inibição funciona tanto porque não se quer perder a aprovação social de certas pessoas pelas quais se tem estima, e o delito é algo que pode colocar essas relações em perigo, quanto porque a inibição colabora no fortalecimento de uma consciência que impede por si mesma a prática de fatos delitivos, bem entendido que a consciência é algo que se adquire.[68]

Uma das áreas que maior atenção recebeu por parte dos proponentes desse enfoque e pelo próprio Braithwaite são os delitos cometidos sob a proteção das

---

[63] BRAITHWAITE, J. *Crime, shame and reintegration*, p. 68, 80-81 e 152-186; BRAITHWAITE, J. Reintegrative shaming, republicanism, and policy, p. 195-203. Sobre as vantagens e inconvenientes desse enfoque, BRAITHWAITE, J. Restorative Justice: assessing optimistic and pessimistic accounts, p. 18-104; BRAITHWAITE, J. *Restorative Justice and responsive regulation*, p. 45-70.

[64] BRAITHWAITE, J. *Restorative Justice and responsive regulation*, passim.

[65] BRAITHWAITE, J. *Crime, shame and reintegration*, p. 173-174; BRAITHWAITE, J. *Restorative Justice and responsive regulation*, p. 15-16, 24-26, 88 e 158-166.

[66] BRAITHWAITE, J. *Crime, shame and reintegration*, p. 69-71.

[67] BRAITHWAITE, J. *Crime, shame and reintegration*, p. 73.

[68] BRAITHWAITE, J. *Crime, shame and reintegration*, p. 71-83, em especial 71-73; BRAITHWAITE, J. Shame and modernity, p. 16-17, principalmente.

grandes empresas e corporações e os conhecidos vulgarmente como de colarinho branco em geral.[69] Nesses âmbitos, as condutas que poderiam ser qualificadas de delitivas atendendo às regulações das leis penais podem ser encontradas, segundo Braithwaite, muito difundidas. Essas condutas, contudo, tendem a não ser perseguidas penalmente por várias razões.[70]

De acordo com a presente teoria, não se trata tanto de reclamar sanções penais – que também podem ter um impacto preventivo –, mas de fortalecer os mecanismos de acanhamento reintegrador. Desse modo, para controlar atos desse tipo, "a primeira prioridade deveria ser criar uma cultura na qual não se tolere o *delito corporativo*. Precisam ser enfatizados tanto os processos informais de inibir a conduta não desejada como os de elogio do comportamento exemplar".[71]

Esse raciocínio é fortalecido por um recente e completo estudo empírico e teórico de Simpson, o qual não concluiu que as medidas jurídico-penais sejam muito promissoras para a prevenção de delitos corporativos ou de altos executivos.[72]

Por exemplo, o fundamental para prevenir atos de prevaricação, como quando um membro de um tribunal ou comissão de concurso favorece um indivíduo próximo, mas com menos mérito que outro,[73] é o fato que nesse exemplo os seus companheiros de profissão não só desaprovaram e justificaram seu ato, mas lhe fizeram ver o ilícito e o dano causado por sua conduta, ainda que apenas mediante olhares, comentários ou outras leves sanções informais. No quadro de uma empresa, na qual comportamentos injustos sejam habituais, a melhor forma de preveni-los, segundo Braithwaite, seria fomentar uma cultura da honestidade. Esses processos de inibição, certamente, deveriam ser reintegradores ou poderiam até ter efeitos contraproducentes.

D. A teoria do desafio – Alguns autores analisaram se o *tratamento* que recebe um delinquente pelo sistema de Administração da Justiça pode influir

---

[69] Vide, com mais detalhes, BRAITHWAITE, J. *Crime, shame and reintegration,* p. 124-133 e 138-151; BRAITHWAITE, J. Transnational regulation of the pharmaceutical industry, p. 26-30. Desse modo, se vê que, ainda que a teoria do acanhamento reintegrador não seja estritamente uma teoria geral, BRAITHWAITE, J. *Crime, shame and reintegration,* p. 95, certamente existe uma vocação para que o seja, BRAITHWAITE, J. Poverty, power, white--collar crime and the paradoxes of criminological theory, p. 40.

[70] BRAITHWAITE, J. *Restorative Justice and responsive regulation,* p. 16, assinala que, no caso de grandes corporações, o que acontece, às vezes, é que se exigem investigações muito complexas e custosas que os governos não estão dispostos a custear.

[71] FISSE e BRAITHWAITE, apud BRAITHWAITE, J. *Crime, shame and reintegration,* p. 54.

[72] SIMPSON, S. S. *Corporate crime, law, and social control.* p. 45-60 e 151-155; matizadamente, PATERNOSTER, R.; SIMPSON, S. Sanction threats and appeals to morality: testing a rational choice model of corporate crime, p. 566-580, considerando que a estratégia punitiva pode ter algum impacto se combinada com outras informais.

[73] Exemplo proposto por GARRIDO GENOVÉS, V. et al. *Princípios de Criminología,* p. 623.

em seu comportamento delitivo futuro. De acordo com alguns teóricos, como Braithwaite e Scheff, cuja obra acabamos de rever, e Sherman, quando alguém é tratado corretamente ao ser preso e durante o processo lhe impondo uma sanção que considere justa, pode ter alguns efeitos determinantes para que sua delinquência futura seja reduzida; esse efeito pode até ser mais importante que o das próprias penas.[74] A teoria de Sherman incorpora elementos das teorias do controle social e do etiquetamento, ainda que o autor insista em integrar algumas teorias da tradição do etiquetamento.[75]

Sherman parte da ideia de que *não se pode esperar que as sanções ou penas tenham o mesmo efeito para todo mundo* e em todas as condições, e que, especificamente, em determinados casos, aquelas terão efeito de *prevenção especial* eficaz e em outros criminógeno.[76] Como indica Richie, isso contradiz a afirmação básica da maior parte dos programas de intervenção, principalmente no caso das sanções: que todo mundo responde positivamente a tais programas.[77]

De fato, assinala-se que talvez aqui se encontre a razão pela qual os estudos sobre os efeitos preventivos das penas têm obtido resultados modestos: as penas têm efeitos preventivos em alguns casos e criminógenos em outros, de modo que uns e outros efeitos se anulam e levam a resultados quase nulos que muitas vezes aparecem nos estudos empíricos.[78] Trata-se, pois, de construir uma teoria que seja capaz de explicar e prever quando as sanções terão uns e outros efeitos.

A teoria do desafio recorre a quatro conceitos fundamentais: *legitimidade, vínculos sociais, vergonha* e *orgulho*.

a) Quando se aplica uma sanção, é importante que esta seja imposta com um grau mínimo de *legitimidade*, o qual depende, sobretudo, de que o agente que a impõe atue com respeito e seguindo um procedimento equitativo – e não tanto, pois, da própria norma infringida. As sanções impostas de modo legítimo tendem a ter efeitos preventivos, e as ilegítimas, criminógenos.

---

[74] BRAITHWAITE, J. *Crime, shame and reintegration*, p. 81; McCARTHY, B.; HAGAN, J. Sanction effects, violence, and native north American street youth, p. 122-123.
[75] Assim, SHERMAN, L. W. Defiance, deterrence, and irrelevance: a theory of the criminal sanction, p. 447, 460 e 467.
[76] SHERMAN, L. W. Defiance, deterrence, and irrelevance: a theory of the criminal sanction, p. 445-446, 449-456 e 458. A hipótese da prevenção especial (negativa) sustenta que, quando se impõe uma sanção a um indivíduo que delinquiu, será menos provável que volte a fazê-lo quando se lhe apresente a oportunidade. No texto nos limitaremos a essa prevenção especial.
[77] RICHIE, B. E. Gender entrapment and African-American women: an analysis of race, ethinicity, gender, and intimate violence, p. 203; também SHERMAN, L. W. Defiance, deterrence, and irrelevance: a theory of the criminal sanction, p. 445.
[78] SHERMAN, L. W. Defiance, deterrence, and irrelevance: a theory of the criminal sanction, p. 449-450.

Ainda que, sem dúvida, a apreciação subjetiva do agressor desempenhe aqui um papel relevante,[79] exemplos de *tratamento justo* podem ser os seguintes: ser detido sem sofrer violência nem ser algemado, e muito menos na frente de seus conhecidos; que possa defender-se e expor seu ponto de vista; que receba sanção que não seja excessiva. Pelo contrário, um tratamento ou um castigo injusto podem resultar criminógenos.[80]

b) Os efeitos potenciais de uma falta de legitimidade não influem em todas as pessoas da mesma maneira; isso depende basicamente dos *vínculos do indivíduo* com a sociedade, com outros e até com o próprio agente que impõe a sanção.

c) Quando se impõe uma sanção, sempre segundo Sherman, pode nascer no indivíduo um sentimento de *vergonha* (*shame*) que contribua para que assuma sua infração. Ao contrário, também pode ser que se negue a vergonha que impõe a sanção, e os vínculos sociais com o agente ou com a comunidade se enfraqueçam.

d) O *orgulho*, outro sentimento que pode aflorar, pode ser traduzido em um fortalecimento da solidariedade que o indivíduo sente em relação à comunidade, ou em um isolamento daquela.[81] Quando os vínculos do indivíduo são sólidos, a sanção ilegítima carecerá de efeitos criminógenos até quando não se assume a vergonha, porque, segundo explica Sherman de forma um pouco ambígua, "é improvável que apareça um orgulho desafiante porque é menos valorado que o orgulho associado com os vínculos sociais".[82]

Esses sentimentos são distintos, segundo Sherman, da *ira* à qual fazem referência outras teorias, como a geral da frustração.[83]

Por exemplo, quem infringe as normas de um local noturno e dele é expulso com violência e jogado à rua por vários indivíduos sem que lhe seja dada a oportunidade de expor seu ponto de vista ou de esclarecer a situação, pode interpretar que não foi tratado de forma justa. Em razão disso, podem aparecer nele sentimentos de vergonha estigmatizante e de orgulho que o levem a assumir uma atitude *desafiante* diante das normas e a incorrer em novos comportamentos desviados ou delitivos.

---

[79] PATERNOSTER, R.; BRAME, R. Do fair procedures matter? The effect of procedural justice on spouse assault, p. 178.

[80] SHERMAN, L. W. Defiance, deterrence, and irrelevance: a theory of the criminal sanction, p. 459-461 e 463-465; SHERMAN, L. W. Domestic violence and defiance theory: understanding why arrest can backfire, p. 210-216.

[81] SHERMAN, L. W. Defiance, deterrence, and irrelevance: a theory of the criminal sanction, p. 448, 450-453 e 457-467.

[82] Sobre a teoria, vide SHERMAN, L. W. Defiance, deterrence, and irrelevance: a theory of the criminal sanction, p. 48-467; SHERMAN, L. W. Reason for emotion: reinventing Justice with theories, innovations, and research – The American Society of Criminology 2002 Presidential Address, p. 10 e 20.

[83] SHERMAN, L. W. Defiance, deterrence, and irrelevance: a theory of the criminal sanction, p. 465.

Essa teoria pode ser incluída no âmbito do enfoque do etiquetamento por considerar que a reação a uma conduta delitiva – mais especificamente ao tratamento que recebe quem incorreu em um comportamento desse tipo – é decisivo para que o indivíduo cesse sua carreira criminal ou nela persista. Posto que também considera que os vínculos que alguém tem com a sociedade e com o agente sancionador influirão na interpretação e no impacto que dito tratamento terá no indivíduo, também inclui construções e processos próprios das teorias do controle.[84] A teoria é incompleta, já que deixa de esclarecer algumas questões importantes.

A teoria do desafio prevê que "as sanções provocarão *uma atitude desafiante* em relação à lei (...) na medida em que os ofensores sintam que a conduta sancionadora é ilegítima, que os ofensores tenham alguns vínculos fracos com o agente sancionador e com a sociedade e que os ofensores rejeitem sua vergonha e se mostrem orgulhosos de seu isolamento da comunidade sancionadora"; em condições opostas, as sanções terão efeitos preventivos; e em outros casos intermediários os efeitos das sanções serão nulos.[85] Por último, Sherman define o *desafio* nos seguintes termos: "É o incremento claro na frequência (...) ou gravidade da delinquência futura contra uma comunidade sancionadora ocasionado por uma reação de orgulho, sem sentimento de vergonha em relação à administração de uma sanção penal".[86]

A teoria do desafio também é aplicável à prevenção geral, isto é, em nível macro. Isso ocorre quando uma comunidade concreta, como é o caso de uma minoria, considera que, em geral, é tratada de forma ilegítima e que outros comportamentos delitivos protagonizados pela maioria ou por outras minorias privilegiadas não são perseguidos com a mesma decisão.[87]

Sherman e outros examinaram a primeira hipótese recorrendo a dados extraídos de um experimento e à técnicas estatísticas de certa sofisticação, encontrando para ela apoio empírico.[88] Sherman e Smith recorreram, por sua vez,

---

[84] SHERMAN, L. W. Conferencia pronunciada en el Departamento de Derecho penal e Criminología, UNED. Na verdade, a teoria inclui a importante crítica ao enfoque do etiquetamento de que nem toda sanção terá efeitos negativos, SHERMAN, L. W. Defiance, deterrence, and irrelevance: a theory of the criminal sanction, p. 457.

[85] SHERMAN, L. W. Defiance, deterrence, and irrelevance: a theory of the criminal sanction, p. 448-449.

[86] SHERMAN, L. W. Defiance, deterrence, and irrelevance: a theory of the criminal sanction, p. 459.

[87] SHERMAN, L. W. Defiance, deterrence, and irrelevance: a theory of the criminal sanction, p. 459 e 464-466.

[88] PATERNOSTER, R.; BRAME, R. et al. Do fair procedures matter? The effect of procedural justice on spouse assault, p. 175, 179-180, 182-186, 190 e 192-193; sobre advertências metodológicas de seu trabalho, 177 e 194. Como se sabe, a ideia da justiça procedimental é coerente também com os estudos de Sherman e outros em matéria de prevenção da violência doméstica e os experimentos realizados nesse quadro – ao qual também nos referimos; contudo, talvez não seja demais esclarecer que o teste que acabamos de descre-

a dados procedentes também de um experimento e constataram, consistentemente com a teoria do desafio, que o efeito das sanções depende da firmeza dos controles informais a que está sujeito o indivíduo, e, mais especificamente, que os controles informais reduzem o efeito negativo do castigo legal em razão de que o indivíduo conta com determinadas instâncias e recursos que lhe permitem superar dito impacto.[89] Outros estudos empíricos recentes acrescentam confiança empírica a essa teoria.[90]

A política criminal decorrente dessa teoria é muito próxima à da teoria do acanhamento reintegrador.[91] Sherman insiste em que é fundamental que os estudos empíricos sobre a avaliação de programas de política criminal se ajustem à metodologia experimental (com designação aleatória) devido a ser a mais segura apesar de não estar ela mesma isenta de problemas.[92] Por esse motivo promove uma série de projetos que, com linhas dessa natureza, buscam comprovar a eficácia preventiva de conciliações e outros programas. A maioria deles está ainda em fase de desenvolvimento, apesar de os resultados serem, no momento, promissores, ainda que com certos problemas, chegando a comprovar o efeito altamente criminógeno desses programas, sobretudo no caso de certos grupos de pessoas.[93]

E. A teoria das valorações reflexas – vários estudos e enfoques criminológicos conferem aos controles sociais informais procedentes, por exemplo, dos parceiros ou da família um papel importante na criminalidade. Matsueda e outros pesquisadores chamam a atenção sobre *controles internos* e, em especial, sobre o conceito que um indivíduo tem de si mesmo. Com isso, situam-se na tradição

---

ver inclui também hipóteses – para as quais também se encontrou apoio empírico – que talvez sejam contraditórias com algumas das ideias de Sherman sobre a prevenção da violência doméstica, 172, 175, 182, 184 e 190-192.

[89] SHERMAN, L. W.; SMITH, D. A. Crime, punishment, and stake in conformity: legal and informal control of domestic violence, p. 685-688, e 683 sobretudo acerca da metodologia.

[90] MCCARTHY, B.; HAGAN, J. Sanction effects, violence, and native north American street youth, p. 132 e 135-136.

[91] SHERMAN, L. W. Reason for emotion: reinventing Justice with theories, innovations, and research – The American Society of Criminology 2002 Presidential Address, p. 10-12.

[92] SHERMAN, L. W. Defiance, deterrence, and irrelevance: a theory of the criminal sanction, p. 446 e 467-468; SHERMAN, L. W. Misleading evidence and evidence-led policy: making social science more experimental, p. 17-18; SHERMAN, L. W. Experimental evidence and governmental administration, p. 226-229.

[93] SHERMAN, L. W. Reason for emotion: reinventing Justice with theories, innovations, and research – The American Society of Criminology 2002 Presidential Address, p. 17-20; SHERMAN, L. W.; BRAITHWAITE, J. et al. *Experiments in restorative policing*, p. 17-19; SHERMAN, L. W.; STRANG, H. et al. *Recidivism patterns in the Canberra reintegrative shaming experiments (RISE)*, p. 3 e 12-19.

do interacionismo simbólico[94] e recorrem em concreto à ideia de *self*.[95] A argumentação é complexa e muito sutil. Com esse conceito de *self* quer dizer que o indivíduo é capaz de se observar como um objeto, como se, na verdade, fosse outra pessoa; e é muito importante destacar que faz isso basicamente colocando-se no papel de outros. O *self*, muito simplificadamente, é como alguém se vê. Por exemplo, um menino em uma briga recebe um golpe forte na cabeça e aparece no dia seguinte na aula com a cabeça raspada e com uma enorme cicatriz; o menino percebe que causa temor em seus companheiros – e isso pode levá-lo a se ver como um garoto que pode recorrer à intimidação para conseguir o que deseja. O decisivo aqui é que essa percepção não vem em primeiro lugar de seu ponto de vista, mas dos outros. O elemento decisivo nas interações é, com efeito, que os indivíduos tomam o papel do outro ou dos outros, isto é, *colocam-se no papel do outro* e valoram de seu ponto de vista *a situação, a si mesmo e as ações possíveis* que podem tomar, tudo isso conforme Matsueda.[96] Isso não é tudo, os indivíduos aprendem, segundo vão sendo socializados desde a infância, a se colocar no papel não só de outra pessoa concreta, mas no de seu grupo ou co-

---

[94] Isso é destacável porque o enfoque de MATSUEDA enquadra o *labeling approach* com o interacionismo simbólico, uma relação que, ainda que seja habitual, não é necessária. Também é importante salientar que MATSUEDA adverte que sua concepção do interacionismo simbólico, como vamos ver em seguida, é compatível com testes empíricos, quantitativos. MATSUEDA, R. L. Reflected appraisals, parental labeling, and delinquency: specifying a symbolic interactionist theory, p. 1.587-1.590 e n. 7; MATSUEDA, R. L.; HEIMER, K. A symbolic interactionist theory of role-transitions, role-commitments, and delinquency, p. 166-167. MATSUEDA, R. L. Reflected appraisals, parental labeling, and delinquency: specifying a symbolic interactionist theory, p. 1.580, n. 2; vide também 1.586, sobre (sutis) diferenças teóricas.

[95] MEAD, G. H. *Mind, self, and Society from the standpoint of a social behaviorist*, p. 135-164, principalmente 136-140; vide também CHARON, J. M. *Symbolic interactionism*, p. 72-74 e 78-93; MATSUEDA, R. L. Reflected appraisals, parental labeling, and delinquency: specifying a symbolic interactionist theory, p. 1.579. Com isso se afastam de conceitos próximos – tais como o autoconceito(1) – mas receberam um apoio empírico, na melhor das hipóteses, misto. (1) RECKLESS, W. C.; DINITZ, S.; KAY, B. The self component in potential delinquency and potential non-delinquency, p. 566-570; RECKLESS, W. C.; DINITZ, S.; MURRAY, E. Self concept as an insulator against delinquency, p. 744-746; RECKLESS, W. C.; DINITZ, S.; MURRAY, E. The "good" boy in a high delinquency area, p. 18 e 24; SCARPITTI, F. R. et al. The "good" boy in a high delinquency area: four years later, p. 555-558.

[96] MATSUEDA, R. L. Reflected appraisals, parental labeling, and delinquency: specifying a symbolic interactionist theory, p. 1.580; MATSUEDA, R. L. Labeling theory: historical roots, implications, and recent developments, p. 235; MATSUEDA, R. L.; HEIMER, K. A symbolic interactionist theory of role-transitions, role-commitments, and delinquency, p. 169-170 e 183-187; com mais detalhes, CHARON, J. M. *Symbolic interactionism*, p. 110-124, 115-121, principalmente.

munidade em geral, ou seja, como ente abstrato: colocam-se no papel do *outro generalizado* (*generalized other*).⁹⁷

No momento de colocar-se no papel do outro, os outros especialmente relevantes são os membros do *grupo de referência* de cada qual, ou seja, os outros que para ele são próximos, como é o caso dos pais, dos amigos, dos professores etc.⁹⁸ Em especial, essa teoria destaca o papel dos pais e argumenta que as valorações dos pais de que seus filhos são desviados ou respeitosos das normas influem em sua delinquência, principalmente porque afetam as valorações reflexas do *self* como desviado ou conformista.⁹⁹

Para os interacionistas, o *self* se desenvolve desde a infância e alcança sua plenitude quando se é capaz de colocar na posição do *outro generalizado*. G. H. Mead cita o seguinte exemplo ilustrativo: o menino que joga beisebol não pode se limitar a levar em consideração as atitudes do outro ou outros, mas de *todos os meninos* que estão jogando com ele. De outro modo, o jogo resultaria caótico.

Nas sociedades humanas ocorrem processos e atividades complexas – pense-se no trabalho – que não poderiam se desenvolver sem que cada participante não fosse capaz, igualmente, de levar em consideração as "atitudes gerais de todos os demais indivíduos". Também desse modo o grupo impõe um controle sobre seus membros.¹⁰⁰

Efetivamente, é importante destacar que o *outro generalizado* leva implícitas normas e expectativas de todo o grupo ou da sociedade que penetram no comportamento do indivíduo, de forma que tem um sólido *efeito de controle social informal*.¹⁰¹ Goffman acrescenta aqui que, se uma sociedade quer se manter, não

---

[97] Vide MEAD, G. H. *Mind, self, and Society from the standpoint of a social behaviorist*, p. 154-158; vide também CHARON, J. M. *Symbolic interactionism*, p. 76-77.

[98] CHARON, J. M. *Symbolic interactionism*, p. 74-84 e 110-112; MATSUEDA, R. L. Reflected appraisals, parental labeling, and delinquency: specifying a symbolic interactionist theory, p. 1.583-1.584.

[99] MATSUEDA, R. L. Reflected appraisals, parental labeling, and delinquency: specifying a symbolic interactionist theory, p. 1.590 e 1.596, esclarecendo que a tradição do enfoque do etiquetamento também levou em consideração o papel dos pais, e não apenas o dos agentes do controle formal, 1588; assim McCARTHY, B.; HAGAN, J. Sanction effects, violence, and native north American street youth, p. 120.

[100] MEAD, G. H. *Mind, self, and Society from the standpoint of a social behaviorist*, p. 154-155.

[101] HEIMER, K.; MATSUEDA, R. L. Role-taking, role commitment, and delinquency: a theory of differential social control, p. 365-368; MATSUEDA, R. L. Reflected appraisals, parental labeling, and delinquency: specifying a symbolic interactionist theory, p. 1.581 e 1.584; MATSUEDA, R. L. Labeling theory: historical roots, implications, and recent developments, p. 235; MATSUEDA, R. L.; HEIMER, K. A symbolic interactionist theory of role-transitions, role-commitments, and delinquency, p. 170-172; MEAD, G. H. *Mind, self, and Society from the standpoint of a social behaviorist*, p. 155.

há outro remédio que impor algum tipo de *autocontrole* em quem participa de "encontros sociais", e que o *self* desempenha aqui um importante papel.[102]

Ao longo de sua vida, as pessoas vão enfrentando situações e reagindo a elas, muitas delas complicadas, de modo que vai se criando nelas uma concepção relativamente estável de si mesmas.[103] Matsueda recorre aqui, seguindo a Kinch, ao termo "valorações reflexas" (*reflected appraisals*) "para enfatizar que é um reflexo de *valorações feitas por outros significativos*".[104] Quando alguém se encontra em situações habituais, enfrenta-as e resolve-as de modo rotineiro, recorrendo ao leque de direções de ação que já conhece. Ao contrário, quando se encontra em uma situação problemática é quando se coloca na situação de outros e imagina uma possível conduta; pode optar por essa ou descartá-la e voltar a imaginar outra, e assim até que se decida por uma ação concreta e a realize para solucionar o problema. Essa conduta pode ser delitiva. Uma vez que atue dessa maneira, o indivíduo tende a incorporar essa direção de ação em seu leque e, quando se lhe apresenta uma nova situação problemática, pode recorrer de novo àquela.

---

[102] GOFFMAN, E. *Interaction ritual*, p. 44-45 principalmente.

[103] A concepção relativamente estável que se desenvolve de si mesmo o é do ponto de vista de outros. Esse processo se dá mediante mecanismos complexos que incluem também interações consigo mesmo. A concepção de si mesmo é relativamente estável no sentido de que é flexível e modificável. MATSUEDA, R. L. Reflected appraisals, parental labeling, and delinquency: specifying a symbolic interactionist theory, p. 1.581-1.582 e 1.584; MEAD, G. H. *Mind, self, and Society from the standpoint of a social behaviorist*, p. 141-143 e 170. MEAD, G. H. *Mind, self, and Society from the standpoint of a social behaviorist*, p. 173-178. Tanto se destaca esse elemento dinâmico, que essas ideias podem até se enquadrar na Criminologia do desenvolvimento, MATSUEDA, R. L.; HEIMER, K. A symbolic interactionist theory of role-transitions, role-commitments, and delinquency, p. 163-165, 174-183 e 205 principalmente. Na verdade, o enfoque do etiquetamento é a única teoria criminológica tradicional com um caráter dinâmico, o qual foi reconhecido pela moderna Criminologia do desenvolvimento e do curso da vida. Vide SAMPSON, R. J.; LAUB, J. H. *Crime in the making*, p. 136; ULMER, J. T.; SPENCER, J. W. The contributions of an interactionist approach to research and theory on criminal careers, p. 105-119.

[104] MATSUEDA, R. L. Reflected appraisals, parental labeling, and delinquency: specifying a symbolic interactionist theory, p. 1.582 e 1.584-1.587 (grifos nossos). MEAD prefere o termo "personalidade múltipla", *Mind, self, and Society from the standpoint of a social behaviorist*, p. 142 e 170. É importante advertir que MATSUEDA parte da base de que as valorações reais de outros desempenham um papel modesto (ainda que direto) nas valorações reflexas (de outros); com isso destaca o caráter complexo do processo e o papel ativo dos indivíduos, assim como – e isso é decisivo – uma diferença de sua postura a respeito de outras; posto que admite que o efeito das valorações reais de outros sobre o comportamento e a delinquência em concreto é direto, isto é, independente das valorações reflexas, sua postura também se distancia do interacionismo simbólico ortodoxo, Reflected appraisals, parental labeling, and delinquency: specifying a symbolic interactionist theory, p. 1.582, n. 3 e 1.585-1.586.

Quando repete essa conduta, ela pode converter-se em rotineira. Poderia ser o caso de quem recorre à violência para solucionar dificuldades.[105]

Tudo isso afeta e pode transformar o *self*, ou seja, como alguém se vê. Matsueda afirma, consoante o que foi dito, que aqueles que, mediante esses processos complexos, se veem como pessoas capazes de recorrer ao delito em certas situações têm maior tendência, efetivamente, a delinquir. As pessoas desenvolvem um *self* como delinquentes. Posto que se tende a responder a situações – também situações problemáticas – iguais da mesma maneira, o comportamento delitivo tende a se estabilizar, isto é, entra-se em um processo de fortalecimento de dita autoimagem, do *self*.[106]

O mesmo autor apresenta um teste empírico da teoria. Para isso recorreu a dados longitudinais bastante sólidos de uma enquete a um grupo aleatório sobre percepções subjetivas.[107] A evidência que resultou de dito teste foi favorável à teoria.[108] Especificamente, constatou-se que aqueles ao perceberem que são vistos pelos demais como indivíduos que infringem as normas e se envolvem em problemas tendem a delinquir mais.

O curso causal é que as concepções dos demais influem nas valorações reflexas do *self* e favorecem a prática de fatos delitivos: as valorações reflexas do *self* são, em parte, consequências das valorações *objetivas* dos outros, resultando especialmente importantes as valorações dos pais.

Com efeito, o papel dos pais é especialmente importante; o conceito dos pais de que seu filho é um infrator das normas influi de forma sólida nas valo-

---

[105] MATSUEDA, R. L.; HEIMER, K. A symbolic interactionist theory of role-transitions, role-commitments, and delinquency, p. 169.

[106] HEIMER, K.; MATSUEDA, R. L. Role-taking, role commitment, and delinquency: a theory of differential social control, p. 366; MATSUEDA, R. L. Reflected appraisals, parental labeling, and delinquency: specifying a symbolic interactionist theory, p. 1.582 – veem-se do "ponto de vista de outros"; MATSUEDA, R. L. Labeling theory: historical roots, implications, and recent developments, p. 235. A teoria inclui elementos estruturais, ou seja, macro, que também são relevantes porque influem nos processos, HEIMER, K. Gender, race, and the pathways to delinquency: an interactionist explanation, p. 140, 142, 144-147 e 154 principalmente; HEIMER, K.; MATSUEDA, R. L. Role-taking, role commitment, and delinquency: a theory of differential social control, p. 368-370; MATSUEDA, R. L. Reflected appraisals, parental labeling, and delinquency: specifying a symbolic interactionist theory, p. 1.580, 1.584 e 1.589-1.590, assim como 1.597 para o teste específico dessa hipótese, com evidência favorável para ela.

[107] Vide a respeito HEIMER, K.; MATSUEDA, R. L. Role-taking, role commitment, and delinquency: a theory of differential social control, p. 372-375 e 384-387; MATSUEDA, R. L. Reflected appraisals, parental labeling, and delinquency: specifying a symbolic interactionist theory, p. 1.590-1.593 e 1.606-1.608.

[108] MATSUEDA, R. L. Reflected appraisals, parental labeling, and delinquency: specifying a symbolic interactionist theory, p. 1.597 e 1.600-1.606.

rações reflexas que o filho faz de si mesmo. O juízo dos pais – e dos demais em geral – influi desse modo diretamente nas autovalorações e indiretamente – isto é, obliquamente na delinquência; em segundo lugar, ainda que de maneira muito mais modesta, as valorações dos pais influem *também diretamente* na delinquência do filho.[109]

Outra força influente é a desempenhada pelos parceiros ou amigos.[110] Matsueda, finalmente, afirma que esses processos podem depender do estágio em que se encontram os indivíduos no curso de sua vida, por exemplo, o desenvolvimento infantil, a adolescência ou a idade adulta.[111] Também reconhece eventuais influências de tipo biológico.[112]

Assim, Matsueda conclui que, também coerentemente com sua teoria, o comportamento delitivo anterior afeta o futuro, mas indiretamente, por meio das valorações dos outros significativos; ou seja, que o fato de delinquir influi nas valorações dos outros, estas, por sua vez, nas valorações reflexas de si mesmo e, desse modo, instiga a que se volte a delinquir no futuro; a isso deve-se acrescer que a delinquência anterior também tem um influxo em parte direto sobre as concepções de si mesmo. A hipótese de que um ambiente desvantajoso – como é a residência em áreas pobres, lares desfeitos, pertencer a uma minoria étnica ou racial etc. – favorece um etiquetamento negativo por parte dos pais recebendo apoio limitado.[113]

---

[109] MATSUEDA, R. L. Reflected appraisals, parental labeling, and delinquency: specifying a symbolic interactionist theory, p. 1.597 e 1.601-1.603; esta última descoberta, de que as valorações dos pais influem em parte diretamente sobre a delinquência do filho, é importante porque é contrária ao interacionismo simbólico, como adverte o próprio autor, 1.603. Vide ainda, com algumas matizações relativas aos parceiros e amigos, HEIMER, K.; MATSUEDA, R. L. Role-taking, role commitment, and delinquency: a theory of differential social control, p. 378 principalmente.

[110] HEIMER, K.; MATSUEDA, R. L. Role-taking, role commitment, and delinquency: a theory of differential social control, p. 369, 378 e 382; MATSUEDA, R. L. Labeling theory: historical roots, implications, and recent developments, p. 235; MATSUEDA, R. L.; HEIMER, K. A symbolic interactionist theory of role-transitions, role-commitments, and delinquency, p. 187-189 e 184-190. Não nos detemos nesse ponto, apesar das importantes matizações que introduz no modelo. Uma importante extensão dele é proposta por HEIMER, K. Gender, race, and the pathways to delinquency: an interactionist explanation, p. 144-158 e 166-168 principalmente.

[111] MATSUEDA, R. L.; HEIMER, K. A symbolic interactionist theory of role-transitions, role--commitments, and delinquency, p. 183-205.

[112] MATSUEDA, R. L.; HEIMER, K. A symbolic interactionist theory of role-transitions, role--commitments, and delinquency, p. 172-174 e 205 – o qual, na verdade, é coerente com o interacionismo simbólico.

[113] MATSUEDA, R. L. Reflected appraisals, parental labeling, and delinquency: specifying a symbolic interactionist theory, p. 1.597-1.604; vide também HEIMER, K.; MATSUEDA, R. L. Role-taking, role commitment, and delinquency: a theory of differential social control, p. 378-384.

III. A CRIMINOLOGIA RADICAL

1. Características gerais

A criminologia radical tem, certamente, uma influência enorme de Marx e Engels. As referências ao delito que podem ser encontradas na obra desses autores, porém, são mais escassas e fragmentárias.[114] Engels, a título de exemplo, afirma que "o estado moderno (...) não é mais do que a organização que se dá à sociedade burguesa para sustentar as condições gerais externas do modo de produção capitalista contra os ataques dos trabalhadores ou dos capitalistas individuais".[115]

As origens históricas da criminologia radical costumam ser situadas, próximas do início do século XX, no trabalho do holandês Bonger. Este último, de clara influência marxista, considera que o capitalismo se encontra na base da delinquência porque promove o egoísmo, que, por sua vez, leva as pessoas a realizar atos em benefício próprio e, no caso, a delinquir.[116] Também adverte que são as condutas delitivas dos menos poderosos as que tendem a ser perseguidas e raramente a dos poderosos.[117] A nosso ver, não é demais acrescentar que Bonger segue uma orientação positiva. Até final dos anos 1970 e início dos setenta, as orientações radicais foram isoladas e pouco influentes em criminologia.[118]

A própria criminologia radical é marcadamente heterogênea[119] e inclui entre outros movimentos – os quais tampouco são uniformes – a criminologia

---

[114] Vide em geral GREENBERG, D. F. *Crime and capitalismo*, p. 17-20 e 38-43; HIRST, P. Q. *Marx y Engels sobre la ley, el delito y la moralidad*, p. 269-286, com referências especiais ao lumpemproletariado e às classes perigosas; LYNCH, M.; STRETESKY, P. B. *Radical Criminology*, p. 273-274; TAYLOR, I. et al. *La nueva Criminología*, p. 226-238; TAYLOR, I. et al. *Criminología crítica en Gran Bretaña: reseña e perspectivas*, p. 72-88.

[115] ENGELS, F. *La subversión de la ciencia por el señor Eugen Dühring*, p. 189.

[116] BONGER, W. A. *Criminality and economic conditions*, p. 381-398, 401 e 405 principalmente.

[117] BONGER, W. A. *Criminality and economic conditions*, p. 379-381.

[118] CARDARELLI, A. P.; HICKS, S. C. *Radicalism in Law and Criminology: a retrospective view of critical legal studies and radical Criminology*, p. 506-508; LYNCH, M. J. *Radical Criminology*, p. xix; SCHWENDINGER, H. et al. *Critical Criminology in the United States: the Berkeley School and theoretical trajectories*, p. 41-56. Assim, por exemplo, muitas vezes se situa em Sellin essa orientação. Esse autor, contudo, tinha a dizer o seguinte: "Nunca me vi como um criminólogo radical", "creio que [a Criminologia radical] é um desenvolvimento interessante, mas até agora não vejo nenhuma evidência de qualquer investigação que tenha sido feita pelos novos ideólogos (...) Até agora parece-me que foi principalmente propaganda e filosofia", apud LAUB, J. H. *Criminology in the making*, p. 176-177 (grifos nossos). PATERNOSTER, R.; BACHMAN, R. *Explaining criminals and crime*, p. 256.

[119] CARDARELLI, A. P.; HICKS, S. C. *Radicalism in Law and Criminology: a retrospective view of critical legal studies and radical Criminology*, p. 522-523; GREENBERG, D. F. *Crime and capitalismo*, p. 5.

do conflito, a chamada nova criminologia, a criminologia radical propriamente dita, a da pacificação, o realismo de esquerdas ou a criminologia verde. Ademais, existem vínculos íntimos entre a criminologia radical e a criminologia feminista e pós-moderna, e até alguns enfoques do etiquetamento. Apesar dessa heterogeneidade, é possível identificar uma série de traços mínimos comuns, a saber:

a) Uma *concepção conflitual da sociedade e do Direito*. As sociedades não se caracterizam por compartilhar uma série de valores generalizados nem pela busca do bem comum. Antes ao contrário, as sociedades vêm sendo marcadas em sua essência pelo predomínio de certos grupos – por exemplo, as altas classes sociais – que conseguiram impor seus interesses e seus valores.

O Direito em geral e o Direito Penal em concreto tendem a proteger os interesses desses grupos privilegiados. De sua vez, as sociedades se caracterizam por *grandes desigualdades*, as quais se encontram na própria base do delito.

A análise de tais desigualdades e sua relação com o delito é colocada no centro desses enfoques.[120] Conflito e exploração ocorrem também em domínios como o sexo ou a raça, mas para essas teorias os que determinam a existência das pessoas são os produzidos em razão dos antagonismos entre *classes sociais*.[121] Da mesma maneira, destaca-se a gravidade dos delitos dos poderosos e como tendem a ficar impunes, ao contrário dos delitos cometidos pelos grupos menos favorecidos.[122]

A criminologia radical procura reclamar certa compreensão, e até *apreço* pelo delinquente. Assim, os autores estão seguindo certos precedentes claros do enfoque do etiquetamento.[123] Com efeito, não é só o fato de que os sujeitos, às vezes, não vejam outra saída que não o delito, devido à opressão e limitação de oportunidades a que são expostos, mas que são prejudicados pela sociedade e pelo Direito Penal em concreto.

---

[120] LYNCH, M.; STRETESKY, P. B. Radical Criminology, p. 267-269, 273 e 281-282; TAYLOR, I. et al. *La nueva Criminología*, p. 188 e 284.
[121] LEA, J. *Crime and modernity*, p. 188.
[122] BAUMAN, Z. Social uses of law and order, p. 40-41; LYNCH, M.; STRETESKY, P. B. Radical Criminology, p. 275-276; RUGGIERO, V. *Crime and markets*, p. 106-140; TAYLOR, I. et al. Criminología crítica en Gran Bretaña: reseña e perspectivas, p. 53-57; YOUNG, J. *The exclusive society*, p. 41-43. Essa é uma ideia também importante na Vitimologia radical, posto que em seu surgimento e natureza se encontra a extensão do objeto de estudo da disciplina aos (às vítimas dos) delitos de colarinho branco, aos abusos institucionais e, em geral, ao sofrimento humano, MAWBY, R. I.; WALKLATE, S. *Critical Victimology*, p. 8 e 13.
[123] BECKER, H. S. Whose side are we on?, p. 239; MATZA, D. *Becoming deviant*, p. 15-17 e 24-37.

Autores como Serrano Gómez falam inclusive de uma *vitimização dos próprios delinquentes* pelo sistema.[124] Outros estudiosos, como é o caso de Young, desenvolveram a ideia de que o delinquente comum é endemoninhado ("inimigo"), convertido em um monstro e excluído da sociedade.[125] Ademais, chegou-se a acusar a criminologia majoritária contemporânea, ou alguns de seus setores, de ser uma "criminologia da revanche"[126] ou uma "criminologia da intolerância".[127]

A criminologia radical, certamente, não se confunde com a do conflito, apesar dos mais evidentes pontos em comum que compartilham.[128]

b) Uma atitude crítica diante da criminologia tradicional ou majoritária. Não só se criticam questões concretas das diversas teorias criminológicas tradicionais,[129] mas se lhes imputa ocultar, mediante o discurso sobre as causas do delito, sua medição etc., as graves desigualdades e injustiças que se escondem por trás de nosso objeto de estudo; isto é, que com essa atitude se desvia a atenção do que é realmente relevante para o secundário. Com isso se justificaria pela criminologia majoritária um *status quo* injusto.[130]

As críticas incluem o positivismo e suas afirmações, ou seja, o próprio objetivo de construir uma ciência seguindo uma perspectiva (científica) que havia sido superada ou que nem é aceitável.[131]

---

[124] SERRANO GÓMEZ, A. *El costo del delito y sus víctimas en España*, p. 118-124.
[125] YOUNG, J. *The exclusive society*, p. 78-82, 88-93 e 96-119.
[126] MELOSSI, D. Changing representations of the criminal, p. 165-172.
[127] YOUNG, J. *The exclusive society*, p. 121-123 e 136-147.
[128] CARDARELLI, A. P.; HICKS, S. C. Radicalism in Law and Criminology: a retrospective view of critical legal studies and radical Criminology, p. 531; LYNCH, M. J. *Radical Criminology*, p. xxi.
[129] TAYLOR, I. et al. *La nueva Criminología*, p. 19-37, 61-75, 141-142, 144-146, 149, 161-175, 284 e passim.
[130] GREENBERG, D. F. *Crime and capitalismo*, p. 5-8; MELOSSI, D. Changing representations of the criminal, p. 149-150 e 165; TAYLOR, I. et al. *La nueva Criminología*, p. 46-47, 49, 70-72 e 83; TAYLOR, I. et al. Criminología crítica en Gran Bretaña: reseña e perspectivas, p. 22; ZAFFARONI, E. R. *Manual de Derecho penal*, p. 116-117 e 233-240.
[131] CARDARELLI, A. P.; HICKS, S. C. Radicalism in Law and Criminology: a retrospective view of critical legal studies and radical Criminology, p. 518-523; GREENBERG, D. F. *Crime and capitalismo*, p. 2, 6-7 e 21 – ainda que nem todas as afirmações a que se refere sejam atribuídas ao positivismo; MAWBY, R. I.; WALKLATE, S. *Critical Victimology*, p. 9-13, 17, 23 e 177, mas também 18; TAYLOR, I. et al. *La nueva Criminología*, p. 29, 37-46, 49-58, 76-79 e 82-83 principalmente; YOUNG, J. *The exclusive society*, p. 80-81. Isso não quer dizer que não se reconheça que o positivismo, por exemplo, mediante o estabelecimento de fatos conhecidos sobre o delito, fez importantes contribuições à disciplina, MAWBY, R. I.; WALKLATE, S. *Critical Victimology*, p. 11. Outra das consequências, apesar de não podermos nos deter nela, é que em geral os enfoques radicais renunciam aos conceitos tradicionais de delito; sobre esse ponto, vide CARDARELLI, A. P.; HICKS, S. C. Radicalism in Law and Criminology: a retrospective view of critical legal studies and radical Crimi-

Pelo exposto, encontram-se, contudo, alguns paradoxos. As críticas dos radicais alcançaram o próprio enfoque do etiquetamento, ao qual acusam, entre outras coisas, de não esclarecer as fontes do poder e, portanto, não denunciar o injusto das estruturas.[132] Contrariamente ao que às vezes se acredita, em muitos casos são assumidos por parte de orientações radicais os pontos de vista majoritários e se recorre ao método científico, como vimos.[133]

c) O *capitalismo* encontra-se na própria base do problema da delinquência. O capitalismo tolera sérias desigualdades de classe que têm uma natureza estrutural e uma origem econômica; de modo que se reclama a investigação da economia política e das relações de exploração, e de como esse entremeado favorece a prática de condutas delitivas.[134]

Em geral, interpreta-se que o capitalismo promove o delito pela exploração que impõe a muitos indivíduos. Ruggiero, ademais, acresce que o capitalismo cria muitas oportunidades para delinquir, com o que abre uma segunda linha de favorecimento do delito.[135]

d) Como consequência, ao menos em parte do anterior, outra característica é a *proposta de reformas profundas das estruturas das sociedades* contemporâneas, bem entendido que a diminuição das desigualdades levará a uma diminuição dos delitos que sofre uma comunidade.[136] A perspectiva de intervenção é, sobretudo, econômica. Vold e outros afirmam que, de fato, a denominação *radical* advém de que propõem ir à *raiz* do problema do delito, e que, então, faz-se imprescindível introduzir mudanças sociais em nível mais básico.[137]

---

nology, p. 513; O'MALLEY. Marxist theory and marxist Criminology, p. 70-71 e 73-75; SCHWENDINGER, H.; SCHWENDINGER, J. R. Defenders of order or guardians of human rights?, p. 83-89, principalmente.

[132] GREENBERG, D. F. Crime and capitalismo, p. 4; TAYLOR, I. et al. La nueva Criminología, p. 161-175, 181, 187-188 e 292. Com isso se vê também claramente que não é correto fazer uma equiparação entre enfoques radicais e do etiquetamento, SERRANO GÓMEZ, A.; SERRANO MAÍLLO, A. La paradoja del descubrimiento de la Criminología en España. Un capítulo, p. 1.617, n. 17.

[133] SERRANO MAÍLLO, A. La posición de las variables biológicas en la Criminologia contemporánea, p. 223-224 e 229-231.

[134] CARDARELLI, A. P.; HICKS, S. C. Radicalism in Law and Criminology: a retrospective view of critical legal studies and radical Criminology, p. 514 e 531; LYNCH, M. J. Radical Criminology, p. xviii.

[135] RUGGIERO, V. Crime and markets, p. 178-179.

[136] CARDARELLI, A. P.; HICKS, S. C. Radicalism in Law and Criminology: a retrospective view of critical legal studies and radical Criminology, p. 551-553; LYNCH, M. J. Radical Criminology, p. xviii; LYNCH, M.; STRETESKY, P. B. Radical Criminology, p. 281-282; TAYLOR, I. et al. La nueva Criminología, p. 297-298.

[137] VOLD, G. B. et al. Theoretical Criminology, p. 249 – ainda que caibam outras interpretações.

A criminologia radical encontra na *praxis* um de seus pontos de referência básicos. tal práxis não é um *mero* levar à prática descobertas ou teorias anteriores, mas que tanto investigação e construção teórica, de um lado, como incidência na prática, por outro, são concebidos como uma mesma coisa: a unidade da teoria e da prática é vista como "necessária para criar uma sociedade mais humana e igualitária".[138]

2. A nova criminologia

A chamada *nova criminologia* teve um grande impacto nas orientações radicais de nossa disciplina, sobretudo no âmbito da Grã-Bretanha, assim como no espanhol e latino-americano. Desde o início dos anos 1970 começaram a aparecer numerosos trabalhos nos quais se requeria uma criminologia radical que se autodefinia como *nova* e *crítica* e que é conhecida como *nova criminologia*.[139]

Ainda que uma formação completa da criminologia não tenha sido alcançada de forma satisfatória, Taylor e outros propuseram as bases para o projeto. A seu ver, a criminologia deve levar muito em consideração o papel decisivo que desempenham a estrutura social e os ordenamentos sociais, já que constituem o quadro em que é produzido o delito: os homens têm de se confrontar com estruturas de poder e dominação, e para dita confrontação, às vezes, podem recorrer ao delito, à desviação ou ao dissenso.

A criminologia deve introduzir em suas análises o aspecto *político*. Posto que o homem em sua essência se desenvolve em um cenário dessas características *politicamente* opressivas, o que Taylor e outros pleiteiam é uma teoria plenamente *social*. As teorias tradicionais, sempre conforme esses autores, tendem a esquecer essa ideia de que o delito não pode ser explicado sem fazer referência à sociedade concreta na qual ocorre, ou como no caso do enfoque do etiquetamento o expuseram de maneira muito imprecisa e incompleta.[140] A teoria crítica deve incluir os seguintes elementos, assim como as relações que existem entre esses:

   a) As origens mediatas e imediatas do ato desviado. O delito ocorre dentro de um quadro estrutural geral, que viria caracterizado por *grandes de-*

---

[138] CARDARELLI, A. P.; HICKS, S. C. Radicalism in Law and Criminology: a retrospective view of critical legal studies and radical Criminology, p. 515, também 518; autores que acrescentam que, de fato, a Criminologia radical pode ser vista como uma orientação fragmentária e diversa caracterizada pela busca de uma Criminologia mais humanística, 520. Vide ainda MAWBY, R. I.; WALKLATE, S. *Critical Victimology*, p. 21.

[139] Sobre as suas origens, vide TAYLOR, I. et al. Criminología crítica en Gran Bretaña: reseña e perspectivas, p. 21-24. Na Espanha e América Latina, muitas vezes a Criminologia crítica se identifica com essa nova Criminologia, quando é mais correto considerar que a primeira é, como vimos, muito mais ampla.

[140] TAYLOR, I. et al. *La nueva Criminología*, p. 284-285 e 294-296; TAYLOR, I. et al. Criminología crítica en Gran Bretaña: reseña e perspectivas, p. 23 e 38-40.

sigualdades de "poder, riqueza e autoridade". Isto é, o delito depende da "situação econômica e política" de uma sociedade. De outro lado, nem todos os homens que experimentam a opressão da sociedade recorrem ao delito, de modo que é mister reconhecer e levar em consideração que "os homens podem escolher conscientemente o caminho da desviação, como a única solução dos problemas que se lhes apresenta a existência em uma sociedade contraditória". Esta última ideia é importante: o delito muitas vezes não é mais do que a *única saída* que resta ao indivíduo que se encontra constrangido por um ordenamento social como é o do capitalismo.

b) O ato em si mesmo. Ainda que se decida delinquir, é imprescindível que o sujeito tenha a possibilidade de fazê-lo.

c) A importância da reação social. Ainda que, como apontamos, existam críticas importantes sobre o enfoque do etiquetamento,[141] não significam que o descartem. As estruturas e a posição dos indivíduos nessas influem em que um ato seja rotulado como delitivo ou desviado ou não. De sua vez, o indivíduo que é etiquetado pode incorrer em um processo de desviação secundária por consequência precisamente do etiquetamento. *Os poderosos*, os criadores de normas, *são* também *os que mais infrações cometem*, só que não são perseguidos.

Esses elementos da teoria crítica encontram-se, na verdade, interconectados entre si de modo complexo e dinâmico, e às vezes podem até ser confundidos. Isso também deve ser levado em conta, sempre de acordo com nossos autores.[142]

Por último, Taylor e outros insistem em que a criminologia não pode se contentar com análises teórico-neutras, mas é indispensável que ela própria seja uma forma de prática política e capaz de fazer propostas de resolução social dos problemas fundamentais.[143]

A nova criminologia, pois, deseja *influir politicamente*.[144] Como salientado, a nova criminologia acabou sendo um projeto incompleto, com grau de impreci-

---

[141] TAYLOR, I. et al. *La nueva Criminología*, p. 156-166.

[142] TAYLOR, I. et al. *La nueva Criminología,* p. 46-47, 82-83, 164, 187-188 e 284-294 (grifo suprimido) – no ponto *b* há uma aberta integração de CLOWARD, R. A.; OHLIN, L. E. *Delinquency and opportunity,* p. 150-151; TAYLOR, I. et al. Criminología crítica en Gran Bretaña: reseña e perspectivas, p. 44-51 e 53-57.

[143] TAYLOR, I. et al. *La nueva Criminología*, p. 296-299 – os autores, na verdade, acabam por sugerir que é possível, realizando importantes mudanças sociais, acabar com o delito, ou mais propriamente com o poder de criminalizar a diversidade humana, 95-106 e 297-298; TAYLOR, I. et al. Criminología crítica en Gran Bretaña: reseña e perspectivas, p. 39, 45-46 e 50.

[144] TAYLOR, I. et al. Criminología crítica en Gran Bretaña: reseña e perspectivas, p. 36-38.

são, boas intenções e demagogia que impediu submetê-lo a verificação empírica. Ela foi objeto de algumas críticas duras[145] e, em sua concepção original, deve ser considerada abandonada há tempos. Em conclusão, o que assinalam Taylor e outros é, talvez, também aplicável agora: "As teorias do delito e da desviação (...) são em parte criações da época em que surgem"; "o que temos de explicar é por que determinadas teorias, não obstante sua manifesta incapacidade para superar os problemas que estabelece seu objeto de estudo, sobrevivem e, ademais (...) florescem",[146] especificamente em nossos países.

3. A teoria unificada do conflito

No capítulo 1 foram analisados os paradigmas do consenso e do conflito, cuja exposição mais geral nos remetemos. Agora, dentro do quadro das teorias críticas, incluímos a presente. Como era de se esperar, dentro das teorias do conflito realizaram-se muitas propostas diferentes.

Nesse quadro, Bernard e outros autores esboçaram o que denominam uma teoria unificada do conflito, na qual buscam levar em consideração algumas das teorias anteriores.[147] Posto que os valores e interesses dos indivíduos encontram-se moldados pelas condições – fundamentalmente materiais – em que vivem, e as sociedades modernas incluem grandes desigualdades no tocante a ditas condições, então é fácil encontrar diferenças importantes na questão de valores e interesses que se encontram em conflito.

De fato, conforme existam mais diferenças sociais e materiais, tanto mais conflito haverá em uma sociedade. Os indivíduos tendem a atuar em primeiro lugar conforme seus próprios interesses, ainda que também possam secundariamente levar em consideração seus valores – se bem que o mais comum é, em caso de conflito, os valores se modifiquem para se ajustar aos interesses. Sempre de acordo com Bernard e outros, o processo legislativo de elaboração das leis encontra-se determinado pela influência e compromisso de diversos grupos que competem entre si para impor seus valores e interesses; com o que esses

---

[145] SERRANO GÓMEZ, A. La Criminología crítica, p. 60-66; STANGELAND, P. La Criminología europea: entre la utopía u la burocracia. Esbozo para una Criminología realista en España, p. 208-211; TOBY, J. The new Criminology is the old baloney, p. 124-125, principalmente.

[146] TAYLOR, I. et al. La nueva Criminología, p. 49 e 253.

[147] Sobre as concepções originais a que se recorre, vide CHAMBLISS, W. J.; COURTLESS, T. F. Criminal law, Criminology, and criminal justice, p. 6-32 e passim; QUINNEY, R. The social reality of crime, p. 15-25, 303-317 e passim; QUINNEY, R. The problem of crime, p. 19-21 e 27-34; TURK, A. T. Criminality and legal order, p. 53-78 e passim; TURK, A. T. Conceptions of the demise of Law, p. 15 e 17-22; VOLD, G. B. Theoretical Criminology, p. 203-219; VOLD, G. B.; BERNARD, T. J. Theoretical Criminology, p. 270-277 e 288-290; VOLD, G. B. et al. Theoretical Criminology, p. 228-230.

autores reconhecem com as *teorias pluralistas* que as leis em geral e as penais em especial não costumam ser consequência da vontade de um só grupo, mas da combinação de vários.

Desse modo, quanto maior seja o poder político e econômico de um grupo, mais difícil será que seus "padrões estáveis de ação" – isto é, os comportamentos que lhes beneficiem em nível individual ou de grupo ou o que consideram correto – violem as leis penais. Ao contrário, quanto menor poder, mais facilmente ditos padrões de ação serão violações das leis penais. Tudo isso pode ser dito não só da elaboração das leis, mas também de seus processos de aplicação.[148]

Como consequência do exposto, "a distribuição dos índices oficiais de delitos de cada sociedade (...) tendem a ser *inversa à distribuição de poder político e econômico* em dita sociedade, independentemente de quaisquer outros fatores",[149] sejam sociais, psicológicos ou biológicos.

4. A teoria estrutural-marxista da produção da delinquência juvenil

Colvin e Pauly apresentaram uma teoria criminológica complexa de base marxista, segundo a qual o capitalismo contemporâneo caracteriza-se por uma série de relações de produção e por um sistema de classes específico; e a delinquência é um resultado de dita mescla.

A citada teoria parte da ideia de que a delinquência se concentra de maneira desproporcional nas classes sociais mais desfavorecidas,[150] e busca dar a razão

---

[148] BERNARD, T. J. The distinction between conflict and radical Criminology, p. 362-379; BERNARD, T. J. *The consensus-conflict debate*, p. 111 e 126-133; BERNARD, T. J. *The cycle of juvenile justice*, p. 4-6; VOLD, G. B.; BERNARD, T. J. *Theoretical Criminology*, p. 286-290; VOLD, G. B. et al. *Theoretical Criminology*, 1998, p. 253-255; VOLD, G. B. et al. *Theoretical Criminology*, 2002, p. 240-242.

[149] VOLD, G. B. et al. *Theoretical Criminology*, p. 242 (grifos nossos).

[150] COLVIN, M. *Crime and coercion*, p. 63; COLVIN, M.; PAULY, J. A critique of Criminology: toward an integrated structural-marxist theory of delinquency production, p. 515. Hoje não existe um acordo generalizado sobre se classe social e delito se correlacionam em nível individual. No âmbito espanhol, SERRANO GÓMEZ e FERNÁNDEZ DOPICO encontraram em seu trabalho sobre delinquência juvenil que ambas as variáveis se correlacionam. Em qualquer caso, a crítica possivelmente mais séria que se pode fazer à variável classe social em Criminologia é sua imprecisão. BRAITHWAITE, J. *Crime, shame and reintegration*, p. 48-49. SERRANO GÓMEZ, A.; FERNÁNDEZ DOPICO, J. L. *El delincuente español*, p. 14 e 412-414. No mesmo sentido, CANO VINDEL, A. Características demográficas y proceso delictivo, p. 228-229; GARRIDO GENOVÉS, V.; SANCHÍS MIR, J. R. Nivel socioeconómico y delincuencia, p. 238-243, principalmente 242; GARRIDO GENOVÉS, V. et al. *Principios de Criminología*, p. 452-453; HERRERO HERRERO, C. *Criminología (Parte general y especial)*, p. 475, ainda que um pouco ambíguo; SERRANO MAÍLLO, A. Pobreza y delito, p. 239-245; VÁZQUEZ GONZÁLEZ, C. *Delincuencia juvenil*, p. 147-148. Contra, considerando que se trata de um mito, RECHEA ALBEROLA, C. et al. *La delincuencia juvenil en España*, p. 27-31, 35 e 38 – entre

a isso. A teoria tem uma natureza integrada, recorrendo a elementos de teorias ou enfoques como os da aprendizagem, da frustração, do controle, do etiquetamento, do conflito e das radicais, apesar de advertir que a integração não pode ser feita acriticamente, já que, então, se incorporariam também as distorções e inadvertências de cada teoria.[151] Concentra-se na delinquência juvenil, ainda que possa ser aplicada do mesmo modo à criminalidade adulta.[152]

Os indivíduos encontram-se imersos em estruturas de controle que dependem, de um lado, do sistema objetivo de classes e de relações entre as classes e, por outro, dos encontros dos indivíduos com esse sistema. Esses encontros com o sistema conformam um processo cumulativo de aprendizagem que leva a diversas formas de comportamento, como podem ser o comportamento convencional ou o delitivo. As estruturas sociais, as classes sociais e as relações entre elas encontram-se determinadas no capitalismo pelo poder de uma classe privilegiada, e estas estruturas etc. capitalistas tendem a se reproduzir nos distintos encontros que têm os jovens com as instituições.[153] A ideia, pois, é que se deve reconhecer que *os processos de socialização dos indivíduos se encontram marcados no seio de relações estruturais mais amplas que os definem*.

De fato, uma das críticas básicas que Colvin e Pauly fazem às teorias unitárias das quais partem é que não levam suficientemente em consideração os contextos socioestruturais em que se desenvolve a vida das pessoas.[154] Dessa maneira, a teoria busca unificar os níveis de análises micro e macro, algo no qual insistem.[155]

---

outras considerações metodológicas, a nosso ver, essa investigação subestima a delinquência grave e exacerba a de classe média. Vide NAPLAVA, T.; OBERWITTLER, D. Methodeneffekte bei der Messung selbstberichteter Delinquenz von männlichen Jugendlichen. Ein Vergleich zwischen schriftlicher Befragung in der Schule und mündlicher Befragung im Haushalt, p. 417. WILSON, J. W.; HERRNSTEIN, R. J. *Crime and human nature,* p. 28.

[151] COLVIN, M. *Crime and coercion,* p. 10-35 e 139-140; COLVIN, M.; PAULY, J. A critique of Criminology: toward an integrated structural-marxist theory of delinquency production, p. 516-525; COLVIN, M. et al. Coercion, social support, and crime: an emerging theoretical consensus, p. 19 e 26. Como veremos em seguida, a integração também reclama nesses autores os níveis de análise macro e micro.

[152] SIMPSON, S. S. Caste, class, and violent crime: explaining difference in female offending, p. 121-122, n. 8.

[153] COLVIN, M.; PAULY, J. A critique of Criminology: toward an integrated structural-marxist theory of delinquency production, p. 514-515 e 542; esse contexto, naturalmente, depende da sociedade concreta de que se trate, e por isso podem ser encontrados modelos distintos do capitalismo ao longo da história e das culturas, 527.

[154] COLVIN, M.; PAULY, J. A critique of Criminology: toward an integrated structural-marxist theory of delinquency production, p. 516 e 525.

[155] COLVIN, M.; PAULY, J. A critique of Criminology: toward an integrated structural-marxist theory of delinquency production, p. 524-525 e 542; com mais detalhes e desenvolvimento acerca dos contextos relevantes mais amplos, como é o caso da Economia e da Cultura, vide COLVIN, M. *Crime and coercion,* p. 89-114.

As relações estruturais fundamentais têm sua origem nos processos de produção material.[156] Esse é um raciocínio abertamente clássico marxista.[157] Para Marx, o fundamental para compreender uma sociedade está nas condições que os indivíduos encontram para sua subsistência física, isto é, nos meios e relações[158] de produção material. Isso, que ajusta a infraestrutura da sociedade, determina ou pelo menos *molda*[159] a chamada superestrutura, na qual se situam o sistema político, as ideologias, a família ou o trabalho, entre outras instituições relevantes para a teoria que agora nos ocupa.

Dessa maneira, é o modo de produção que determina a estrutura de classes de uma dada sociedade. Esse sistema inclui, como no caso das sociedades capitalistas contemporâneas, classes distintas, algumas com mais poder que outras – poder que depende do controle que tenham dos meios de produção e do que se produz – e que tendem a ser antagonistas, ou seja, a encontrarem-se em conflito. Esse é o cenário marxista no qual Colvin e Pauly situam sua teoria.[160]

Como se salientou, os indivíduos pertencentes a classes sociais desfavorecidas devem se confrontar com estruturas de controle. Para os citados autores, as sociedades capitalistas contemporâneas, e, em especial, dos Estados Unidos da América do Norte, não desenvolveram duas únicas classes sociais – capitalista e trabalhadora –, mas existem, na verdade, diversas subclasses.[161] No tocante às subclasses desfavorecidas, cada uma delas encontra-se com uma estrutura específica de controle de suas atividades, controles que se situam, em primeiro lugar, no âmbito laboral.

---

[156] COLVIN, M.; PAULY, J. A critique of Criminology: toward an integrated structural-marxist theory of delinquency production, p. 525.

[157] De outra opinião, AKERS, R. L.; SELLERS, C. S. *Criminological theories*, p. 228. Isso não quer dizer, contudo, que a teoria de Marx e até seu conceito de classe não sejam complexos – e inclusive contraditórios – e suscetíveis de interpretações diversas, KERBO, H. R. *Social stratification and inequality*, p. 91-92, 97 e 137.

[158] Sobre a diferença entre ambos os termos – não muito clara em COLVIN e PAULY –, elementos que conformam o modo de produção ou infraestrutura, vide KERBO, H. R. *Social stratification and inequality*, p. 93-94.

[159] Existe uma polêmica sobre como interpretar a relação entre infraestrutura e superestrutura em Marx; ainda que nos últimos tempos pareça se impor a interpretação – mais frágil – de que há uma interação recíproca e de que não existe, na verdade, uma determinação da primeira pela segunda, mas simplesmente a molda, KERBO, H. R. *Social stratification and inequality*, p. 92-93.

[160] COLVIN, M.; PAULY, J. A critique of Criminology: toward an integrated structural-marxist theory of delinquency production, p. 521-530, 525-527, principalmente.

[161] COLVIN, M.; PAULY, J. A critique of Criminology: toward an integrated structural-marxist theory of delinquency production, p. 530; ademais, acrescem que não é certo que exista uma classe capitalista todo-poderosa, mas que inclusive os capitalistas encontram limitações importantes, 522 e 526; vide ainda ZAFFARONI, E. R. et al. *Derecho penal*, p. 10, contrário a uma teoria da conspiração.

Conforme Edwards, a teoria estrutural-marxista afirma que podem ser distinguidas três frações dentro da classe trabalhadora, *cada uma*, como se disse, *controlada por um sistema de controle específico*.

a) A primeira fração ("o mercado secundário de trabalho") é composta por trabalhadores de setores que requerem uma escassa formação e nos quais existe grande competitividade pelos postos de trabalho, de modo que vigora aqui a lei da oferta e da procura. Para esses trabalhadores, impera um mecanismo de controle "simples", posto que o empregador pode simplesmente despedir o trabalhador e substituí-lo rapidamente por outro, já que nesse mercado existe uma grande massa excedente de trabalhadores. Esses indivíduos se veem situados em um *sistema de controle muito coercitivo e alienante*, já que sempre devem se ajustar ao que se espera deles e temer por seu lugar de trabalho; dessa maneira, tendem a desenvolver uma *orientação ideológica negativa com a autoridade*.

b) À segunda fração ("o mercado primário subordinado de trabalho") pertencem os trabalhadores que, "mediante lutas anteriores", conseguiram certos benefícios, a proteção de seu trabalho e a organização em sindicatos. Nesses casos, e sempre conforme a teoria estrutural-marxista de Colvin e Pauly, a classe capitalista se viu obrigada a abandonar os mecanismos simples e diretos de controle e buscar outros mais sutis. Aqui se obtém o controle de comportamento mediante o cálculo realizado por trabalhadores dos benefícios que vão obtendo com o passar do tempo – por exemplo, a esperança de conseguir um posto ou algumas condições de trabalho mais cômodas, uma promoção, um aumento de salário etc. Como se vê, esse sistema de controle é muito menos coercitivo que o anterior. Portanto, a orientação ideológica aqui produzida não é negativa, mas sim precária e de escasso entusiasmo por parte do trabalhador.

c) Por último, a terceira fração ("o mercado primário independente de trabalho") inclui, entre outros, profissionais técnicos, trabalhadores especializados, assalariados, professores universitários e a maioria dos funcionários públicos. Essa fração caracteriza-se pelo fato de que os trabalhos que desempenham não são rotineiros e mantém certo controle sobre o produto final, o que dificulta muito o controle por parte da classe capitalista. O mecanismo de controle que opera aqui é do tipo burocrático: a "manipulação elaborada de símbolos e *status* que provocam a entrega ideológica à organização". Isto é, o que assegura o ajuste desses trabalhadores é a possibilidade de um incremento no status laboral – em especial quando podem fazer comparações com outros companheiros. A orientação ideológica desses trabalhadores em relação a seu emprego, às autoridades de seu trabalho e as suas organizações é mais positiva.[162]

---

[162] COLVIN, M. *Crime and coercion*, p. 13-16 e 53-59; COLVIN, M.; PAULY, J. A critique of Criminology: toward an integrated structural-marxist theory of delinquency production,

Para Colvin e Pauly essas estruturas objetivas de controle traduzem-se imediatamente em experiências subjetivas que tendem a ser comuns em cada uma das classes e subclasses sociais. Em outros termos, o modo de produção se traduz em experiências subjetivas de classe mediante as estruturas de controle dos lugares de trabalho, que levam, como vimos, que sejam as orientações ideológicas dos indivíduos positivas, precárias ou negativas. Uma das chaves da teoria se encontra no seguinte: *as orientações e as relações de classe e de poder que são observadas no trabalho tendem a ser reproduzidas em outras instituições* que são decisivas para explicar a criminalidade dos jovens, a saber: a família, a escola e os amigos.[163]

a) A primeira instituição em que se encontra a criança é, claro, a família. De acordo com a teoria estrutural-marxista da produção da delinquência juvenil, os pais que experimentam um grau elevado de controle externo no trabalho tendem a repassar essa ideia à família e, desse modo, a incutir em seus filhos que *a desobediência à autoridade externa tem consequências negativas*. Desse modo, reproduz-se nos filhos a atitude do pai em relação à autoridade no trabalho: *a criança aprende que deve atuar em relação à autoridade com temor*, e não por um sentimento de respeito ou de obrigação – como é o caso em outras famílias. Os pais da primeira fração da classe trabalhadora são os que mais tendem a impor uma *educação coercitiva nos filhos*.

b) Os jovens passam, na sequência, à escola. Novamente, e por meio de mecanismos muito sutis, os jovens com vínculos iniciais negativos tendem a se ver situados em estruturas também coercitivas que retroalimentam todo o processo – tudo isso conforme esses autores.

c) Por último, as *associações com parceiros* determinam que um jovem que procede de estruturas de controle negativas venha a delinquir. Isto é, que as associações com os *parceiros* ou amigos *media* a relação existente entre as estruturas de controle mencionadas e a delinquência. Novamente, e por meio de diversos procedimentos, os jovens com vínculos negativos tendem a se juntar – por exemplo, porque não vão bem no colégio[164] – e a retroalimentar ainda mais o processo. Não é demais insistir que essas associações com *parceiros* são decisivas para que o jovem acabe por delinquir, e até para o tipo de delinquência em que vá incorrer – instrumental ou violenta.[165]

---

p. 532-534; COLVIN, M. et al. Coercion, social support, and crime: an emerging theoretical consensus, p. 21.

[163] COLVIN, M.; PAULY, J. A critique of Criminology: toward an integrated structural-marxist theory of delinquency production, p. 534 e 542.

[164] COHEN, A. K. *Delinquent boys*, p. 59, 65-66, 115, 81-84, 117, 119, 121, 129-130, 134, 136-137 e 168.

[165] COLVIN, M. *Crime and coercion*, p. 3 e 59-81; COLVIN, M.; PAULY, J. A critique of Criminology: toward an integrated structural-marxist theory of delinquency production, p. 514-515, 518-519, 521 e 534-543.

Alguns estudos tratam de testar empiricamente a teoria estrutural-marxista de Colvin e Pauly. A evidência que encontram pode ser considerada, na melhor das hipóteses, mista. Elis e Simpson acham que Colvin e Pauly subestimam o papel da variável "sexo" em sua proposta,[166] ainda que também reconheçam que outras descobertas certamente favorecem as afirmações da teoria em matéria das relações entre classe, vínculos familiares e escolares, influência dos *parceiros* ou amigos e delinquência grave.[167] Menos lisonjeiros se mostram Paternoster e Tittle, que não só encontraram uma evidência que não favorecia algumas das hipóteses-chave, mas ainda afirmam que a teoria tem vários problemas teóricos sérios que podem até colocar em perigo a possibilidade de testá-la.[168]

A teoria estrutural-marxista pode ser interpretada como a que sustenta que os indivíduos os quais se encontram em *situações ou instituições coercitivas*, como é o caso de certas famílias, escolas, lugares de trabalho etc., tendem a delinquir. O próprio Colvin desenvolveu essa ideia e a estendeu à criminalidade adulta crônica em sua *teoria da coerção diferencial*. Os delinquentes crônicos enfrentam ao longo de sua vida diversos episódios de coerção que aos poucos vão se reproduzindo e se retroalimentando e os convertem em sujeitos que impõem situações coercitivas a semelhantes e, desse modo, acabam por delinquir.

Naturalmente, em muitos casos, pode-se conseguir a adequação às normas, ou seja, pode-se prevenir o delito, mediante a coerção; mas para Colvin e outros esse efeito tenderá a ser efêmero. Por coerção entende-se o uso ou ameaça da violência para conseguir a adequação por meio do medo (*coerção interpessoal*), ainda que a coerção possa ser muito mais sutil e ter origem estrutural, como no caso das pressões sociais ou econômicas derivadas do desemprego, da pobreza ou da competitividade (*coerção impessoal*). O próprio Colvin apresentou recentemente, junto a vários autores, uma extensão também integrada da teoria na qual se combina o efeito criminógeno da coerção com o preventivo do apoio social.[169]

Em conclusão, a teoria estrutural-marxista da produção da delinquência juvenil destaca a relevância dos conflitos de classe; essa ênfase é, na verdade, a da teoria marxista em seu conjunto. Pois bem, pode-se sustentar que não é esse o único conflito relevante para explicar o delito – ou até a sociedade

---

[166] SIMPSON, S. S. Caste, class, and violent crime: explaining difference in female offending, p. 122; SIMPSON, S. S.; ELIS, L. Is gender subordinate to class? An empirical assessment of Colvin and Pauly's structural marxist theory of delinquency, p. 462-470.

[167] SIMPSON, S. S.; ELIS, L. Is gender subordinate to class? An empirical assessment of Colvin and Pauly's structural marxist theory of delinquency, p. 464.

[168] PATERNOSTER, R.; TITTLE, C. R. Parental work control and delinquency: a theoretical and empirical critique, p. 39 e 52-65.

[169] COLVIN, M. et al. Coercion, social support, and crime: an emerging theoretical consensus, p. 26-33.

em geral.[170] Se nos detemos nessa complexa, mas muito interessante proposta teórica, é, em primeiro lugar, porque demonstra hoje a viabilidade de construções criminológicas de base marxista; mas, em segundo lugar, porque as construções marxistas ou de base marxista podem ser, de sua vez, teoricamente sólidas e empiricamente testáveis,[171] de modo que podem perfeitamente compartilhar os pontos de partida da criminologia majoritária e positiva. A alternativa costuma ser a queda em um voluntarismo e uma tendência puramente política aqui não compartilhada, e que, de fato, é denunciada pelos próprios Colvin e Pauly quando advertem que é imperativo que os cientistas sociais respondam em face de políticas sociais reacionárias "não por meio da mera retórica política, mas por meio das habilidades analíticas e investigadoras".[172]

5. *A criminologia realista*

Até o final dos anos 1970 – embora esse enfoque ainda possa ser encontrado com certa frequência – setores importantes da criminologia crítica tendiam a se concentrar em análises teóricas sobre questões tais como as contradições internas do capitalismo; os abusos do controle social estatal; o Direito Penal como instrumento dos poderosos para conservar sua posição de privilégio e controle da classe trabalhadora; as distorções da polícia e do sistema de Administração da Justiça; o criminoso como uma espécie de Robin Hood que rouba dos *malvados burgueses*; ou a necessidade de profundas reformas estruturais nas sociedades contemporâneas. Por tal motivo, o delito era concebido muitas vezes como mera construção que os poderosos utilizavam em benefício próprio, de modo que carecia de sentido estudar sua etiologia ou propor políticas criminais para sua prevenção e controle; muito pelo contrário, essas atividades podiam ser classificadas como legitimadoras do injusto estado de coisas, induzindo à ação política e às mudanças estruturais profundas.[173]

---

[170] KERBO, H. R. *Social stratification and inequality*, p. 138.
[171] Vide, por exemplo, várias hipóteses testáveis em COLVIN, M.; PAULY, J. A critique of Criminology: toward an integrated structural-marxist theory of delinquency production, p. 536; vide ainda, com mais detalhes sobre questões metodológicas, COLVIN, M. *Crime and coercion*, p. 177-183.
[172] COLVIN, M.; PAULY, J. A critique of Criminology: toward an integrated structural-marxist theory of delinquency production, p. 545, também 521-522.
[173] Por exemplo, TURK protesta contra essa acusação e propõe uma série de medidas de Política Criminal derivadas da teoria do conflito, Transformation versus revolutionism and reformism: policy implications of conflict theory, p. 15 e 21-25; e ainda continua colocando ênfase nas reformas estruturais, apesar de muitas das propostas concretas limitarem-se ou sugerem a descriminalização de muitas condutas e a limitação da punibilidade ou entregam-se ao senso comum.

Resumindo, tendia-se a conceber o controle social e a resposta ao delito como algo perverso e favorável aos poderosos, ao mesmo tempo em que recomendava uma política criminal que alterasse as grandes estruturas.

A criminologia realista, também conhecida como *realismo de esquerdas*, vê em raciocínios desse tipo, aos quais se refere como *idealismo de esquerdas*, um reducionismo grave e até um erro crasso, porquanto esquece que, sem dúvida, *o delito causa dano e dor a suas vítimas*, que se encontram paradoxalmente concentradas nas classes mais desfavorecidas, *de forma que se trata de uma entidade real sobre a qual se deve fazer algo* concreto e pragmático.[174]

Assim, defende-se que esse enfoque "mantém um compromisso com a solução de problemas, com a melhora da prestação de serviços e com o oferecimento de um sistema de justiça criminal mais equitativo, sensato e sujeito a responsabilidade".[175] Os raciocínios teóricos anteriores, abstratos e de denúncia da ordem estabelecida tendiam a esquecer e até mascarar esse fato.

O delito não pode ser considerado como mera construção que favorece os poderosos, nem o controle social ou a polícia como algo maléfico.

O feminismo, em meados e final dos anos 1970, afirmou que é temerário e até frívolo considerar que o *delito* é uma construção que favorece os poderosos – de modo que deve prevalecer uma atitude crítica em relação a esse – quando inumeráveis mulheres são vítimas de atos de violência, agressões e ataques sexuais e vários atos de discriminação. O delito, então, é um fato antissocial, real e danoso e devem ser adotadas medidas para detê-lo e proteger as vítimas – nesse caso concreto, mulheres –, e não simplesmente uma abstração. A criminologia realista insiste nessa perspectiva.

Também se denunciou por esse movimento que, na esfera política, esse conjunto de preocupações idealistas monopolizou o discurso da esquerda. Posto que esses enfoques tendiam a ser abstratos em seus delineamentos e utópicos em suas propostas, estudiosos como Stangeland sustentam que a direita foi capaz de impor seu ponto de vista na luta contra o delito em âmbitos como Grã-Bretanha, visto que seus delineamentos eram mais simples e diretos, assim

---

[174] CARLEN, P. Women, crime, feminism, and realism, p. 210; CURRIE, E. Retreatism, minimalism, realism: three styles of reasoning on crime and drugs in the United States, p. 91-93; LOWMAN, J.; MACLEAN, B. D. Introduction: left realism, crime control, and policing in the 1990s, p. 5-7; ROCK, P. Prefacio: "The Criminology that came in out of the cold", p. ix-x; SCRATON, P.; CHADWICK, K. The theoretical and political priorities of critical Criminology, p. 172; STANGELAND, P. La Criminología europea: entre la utopía u la burocracia. Esbozo para una Criminología realista en España, p. 208 e 212; YOUNG, J. Left realism and the priorities of crime control, p. 146-147.

[175] MATTHEWS, R.; YOUNG, J. Reflections on realism, p. 21.

como factíveis de ser executados.[176] Aqui, pois, verificou-se uma razão para as políticas enérgicas de *lei e ordem*, o aumento da punibilidade e o crescimento da população penitenciária, apesar de as taxas de delinquência não terem aumentado nos anos 1990. A esquerda, pois, necessitava de um novo enfoque em política criminal.

O próprio Stangeland acrescenta que essa argumentação talvez não seja aplicável no caso da Espanha – nem provavelmente no dos países latino-americanos – posto que aqui praticamente não existiram debates político-criminais, e as propostas de um ou outro grupo são parecidas, até carecendo de sentido falar de esquerda e direita.[177] Não obstante essa oposição a certos setores da criminologia crítica, o realismo considera-se progressista e comprometido com a redução da desigualdade social.[178] Tem caráter também, em grande parte, político.[179] Assim Matthews e Young afirmam que diante de certo estado de coisas "torna-se mais difícil de se manter em um estado puramente contemplativo e não comprometido politicamente".[180]

A oposição à política criminal da direita era também garantida pelo aumento que vinha ocorrendo nos índices de delinquência nos anos 1980, em face dos quais a primeira – baseada no protagonismo quase exclusivo da polícia e em

---

[176] STANGELAND, P. La Criminología europea: entre la utopía u la burocracia. Esbozo para una Criminología realista en España, p. 210; vide ainda CURRIE, E. Retreatism, minimalism, realism: three styles of reasoning on crime and drugs in the United States, p. 89; LOWMAN, J.; MACLEAN, B. D. Introduction: left realism, crime control, and policing in the 1990s, p. 5-6; MATTHEWS, R.; YOUNG, J. Reflections on realism, p. 1-3 e 7; SCRATON, P.; CHADWICK, K. The theoretical and political priorities of critical Criminology, p. 161; YOUNG, J. Left realism and the priorities of crime control, p. 146.

[177] STANGELAND, P. La Criminología europea: entre la utopía u la burocracia. Esbozo para una Criminología realista en España, p. 211 e 214-216.

[178] CARLEN, P. Women, crime, feminism, and realism, p. 210-211; CURRIE, E. Retreatism, minimalism, realism: three styles of reasoning on crime and drugs in the United States, p. 89; LOWMAN, J.; MACLEAN, B. D. Introduction: left realism, crime control, and policing in the 1990s, p. 4 – que também sofrem críticas desses outros setores críticos aos realistas, 5-6; vide, contudo, as matizações de STANGELAND, P. La Criminología europea: entre la utopía u la burocracia. Esbozo para una Criminología realista en España, p. 214-218.

[179] CARLEN, P. Women, crime, feminism, and realism, p. 210-211; LEA, J.; YOUNG, J. *What is to be done about law and order?*, p. vii; MATTHEWS, R.; YOUNG, J. Reflections on realism, p. 13 e 21. Naturalmente, nega-se a ideia de uma ciência livre de valores, CARLEN, P. Critical Criminology? In praise of an oxymoron and its enemies, p. 247. Mais adiante, YOUNG insiste em que se trata de um tipo de Criminologia necessário no momento histórico que nos cabe viver, Writing on the cusp of change: a new Criminology for an age of late modernity, p. 259-260; YOUNG, J. *The exclusive society,* p. 1999: 4-18 e 190-199; YOUNG, J. Critical Criminology in the twenty-first century: critique, irony and the always unfinished, p. 252, 259-262 e 270-271.

[180] MATTHEWS, R.; YOUNG, J. Reflections on realism, p. 2.

estratégias de *lei e ordem* – havia se revelado ineficaz ou até criminógena.[181] Com o termo *realista* se quer destacar o desejo de ser fiel à natureza do delito e seu controle; concretamente, que se leve em conta a forma do delito, seu contexto social e as dimensões espaço-temporais que o caracterizam.[182]

Assim, a criminologia realista parte da consideração de que *o delito é um problema real e muito grave*, e é um problema *sofrido especialmente pelas classes trabalhadoras*.

a) As primeiras pesquisas de vitimização revelaram que, sem dúvida, a delinquência tinha uma extensão maior do que se pensava, muito maior do que as estatísticas oficiais mostravam; em outras palavras, demonstraram que a *cifra negra* dos delitos comuns e de rua era muito considerável.[183]

---

[181] CURRIE, E. Retreatism, minimalism, realism: three styles of reasoning on crime and drugs in the United States, p. 92-93; CURRIE, E. *Crime and punishment in America*, p. 3 e 12-36; LEA, J.; YOUNG, J. *What is to be done about law and order?*, p. vii-ix; MATTHEWS, R.; YOUNG, J. Reflections on realism, p. 1 e 4; SCRATON, P.; CHADWICK, K. The theoretical and political priorities of critical Criminology, p. 162; YOUNG, J. Left realism and the priorities of crime control, p. 146-147; YOUNG, J. Ten points of realism, p. 24 e 28; YOUNG, J. *The exclusive society,* p. 35-37.

[182] YOUNG, J. Ten points of realism, p. 26; YOUNG, J. Realist research as a basis for local criminal Justice policy, p. 55-57; o mesmo autor acrescenta que a visão, até acadêmica, que se continua tendo do delito e do delinquente é irreal e distorcida, o que dá margem para insistir na necessidade de uma Criminologia realista, Breaking windows: situating the new Criminology, p. 431. Também se insiste em seu caráter radical, MATTHEWS, R.; YOUNG, J. Reflections on realism, p. 4.

[183] LEA, J.; YOUNG, J. *What is to be done about law and order?*, p. 50-75 e 264-265. Nos estudos ou pesquisas de vitimização, pergunta-se a uma mostra de pessoas sobre os delitos dos que eventualmente foram vítimas em certo período de tempo; desse modo ajudam a avaliar a extensão do delito em um país, uma região etc.(1) É também mister destacar que aqui nos encontramos com um novo exemplo de como a Criminologia crítica e marxista em geral são perfeitamente compatíveis com metodologias empíricas e quantitativas em concreto. (2) Também salienta-se que, às vezes, os realistas parecem demasiado entusiasmados com as pesquisas de vitimização, sem advertir convenientemente que também se encontram infestadas de problemas metodológicos, CARLEN, P. Women, crime, feminism, and realism, p. 213.   (1) Sobre sua origem histórica e relevância para a Criminologia realista, vide LEA, J.; YOUNG, J. *What is to be done about law and order?*, p. 12-23; LOWMAN, J.; MACLEAN, B. D. Introduction: left realism, crime control, and policing in the 1990s, p. 7-9; YOUNG, J. Left realism and the priorities of crime control, p. 148-152; YOUNG, J. Ten points of realism, p. 32-33, 50 e 56-58; YOUNG, J. Realist research as a basis for local criminal Justice policy, p. 36-39 – insistindo que se trata de um "instrumento democrático". Com mais detalhes sobre a avaliação do delito, vide SERRANO MAÍLLO, A. La posición de las variables biológicas en la Criminología contemporánea, no prelo.   (2)CARLEN, P. Women, crime, feminism, and realism, p. 215; YOUNG, J. Left realism and the priorities of crime control, p. 146 – que reclama até que os programas de Política Criminal sejam avaliados, 147; YOUNG, J. Realist research as a basis for local criminal Justice policy, p. 33-34 e 43.

b) Do mesmo modo, descobriu-se que o delito não só podia causar danos materiais e pessoais graves, mas o fenômeno do *medo do delito* era também um fato real e até racional e não mera consequência do trabalho de alguns meios de comunicação controlados pelos poderosos.[184] Por tudo isso, não é estranho que o delito preocupe, e muito, aos cidadãos.[185]

De fato, Young chega a afirmar que existe amplo consenso dentro da sociedade em que o delito é um problema importante e sobre quais delitos são especialmente preocupantes, como é o caso dos violentos e contra a propriedade graves.[186]

c) Os realistas de esquerda apoiam-se também nas pesquisas de vitimização para destacar que nem todo mundo é igual em face do delito, mas, ao contrário, as pessoas são *mais ou menos vulneráveis ao delito* dependendo do lugar que ocupam na sociedade, e isso tanto social como geograficamente. Assim, referem-se ao *mito da igualdade da vitimização (equal victim)*.[187] Um exemplo, ao qual já nos referimos, é o de quem se encontra nos setores mais desfavorecidos da sociedade, e a classe trabalhadora em conjunto; também o de certos bairros marginais ou o da violência de natureza inter-racial.[188] Alguns autores espanhóis, como é o caso de Morillas Fernández, estudaram nessa linha o caso de *vítimas especialmente vulneráveis*, como as mulheres e anciões maltratados ou as crianças.[189]

---

[184] YOUNG, J. Realist research as a basis for local criminal Justice policy, p. 37-38 e 41.

[185] YOUNG, J. Ten points of realism, p. 25; YOUNG, J. Realist research as a basis for local criminal Justice policy, p. 33 e 35.

[186] YOUNG, J. Ten points of realism, p. 59 – isso é destacável, ainda que o autor, em seguida, saliente que não se trata de um consenso absoluto. Vide, em sentido contrário, TAYLOR, I. et al. Left realist criminology and the free market experiment in Britain, p. 99.

[187] LEA, J.; YOUNG, J. *What is to be done about law and order?*, p. 12, 25-31, 33-48 e 53; MATTHEWS, R.; YOUNG, J. Reflections on realism, p. 2 e 8; RICHIE, B. E. Gender entrapment and African-American women: an analysis of race, ethinicity, gender, and intimate violence, p. 203; STARK, E. Race, gender, and woman battering, p. 174-182 e 195, principalmente 178; TAYLOR, I. et al. Left realist criminology and the free market experiment in Britain, p. 95-96; YOUNG, J. Left realism and the priorities of crime control, p. 149 e 151-152; YOUNG, J. Ten points of realism, p. 38, 50-53 e 58; YOUNG, J. Realist research as a basis for local criminal Justice policy, p. 39-40 e 43-44. Também se insiste que os grupos mais desfavorecidos são também os que mais demonstram os efeitos dos chamados delitos de colarinho branco, algo que foi salientado mais recentemente pela Criminologia verde.

[188] HAWKINS, D. F. Introducción. *Violent crime*, p. xviii; ROSE, H. M.; McCLAIN, P. D. Homicide risk and level of victimization in two concentrated poverty enclaves: a black/hispanic comparison, p. 3-5 e 9-17.

[189] MORILLAS FERNÁNDEZ, D. L. Análisis criminológico del delito de violencia doméstica, *passim* – esse autor acrescenta que também poderiam ser incluídos outros grupos, como o dos imigrantes.

Consequência do exposto é que a imagem global do fenômeno delitivo que mostram as estatísticas oficiais é claramente perturbadora. Aliás, Young sustenta que não é realista falar dos delitos que sofrem, por exemplo, as mulheres em seu conjunto, já que, então, está claro que sua taxa de vitimização é relativamente baixa – e, em consequência, o elevado medo do delito que sofrem, *irracional*. E não é realista porque *alguns grupos de mulheres* sofrem taxas de delitos altas – deixando de lado que as consequências do delito em geral e de certos delitos em concreto são muito mais graves para as mulheres que para os homens; e que, ademais, em alguns casos a opção da denúncia apresenta sérios problemas.[190]

Em face de autores críticos que colocavam em dúvida a utilidade e até a possibilidade de uma criminologia de base etiológica, os realistas de esquerda deixam claro que não é esse seu caso: reclamam que "devemos reabrir a questão das causas do delito". Para os criminólogos realistas, como é o caso de Young, o delito é causado por um conjunto amplo de causas, de modo que não é possível isolar alguma ou algumas como responsáveis básicas. É o que se denomina *princípio da etiologia múltipla*. Esse raciocínio complexo é aplicado à explicação dos índices e tendências macro do delito.[191]

Dentre esse amplo espectro de causas que reconhecem, os realistas priorizam acima de quaisquer outras a *privação relativa*. Esse conceito não faz referência à escassez de coisas materiais ou de dinheiro *em si mesmo* que sofrem determinados setores da população, mas *em comparação com outros grupos ou pessoas*.

O relevante não é a pobreza em si, mas quando se realizam comparações que revelam a desigualdade: observa-se como os recursos estão injustamente repartidos, que alguns têm em abundância o que a outros falta.[192] Autores destacados, como Drass e LaFree, proporcionam evidência empírica em favor dessa hipótese, assim como argumentos teóricos que explicam potencialmente seu

---

[190] Lea, J.; Young, J. *What is to be done about law and order?*, p. 31-33 e 37; Young, J. Left realism and the priorities of crime control, p. 148-150; Young, J. Ten points of realism, p. 1992a: 51; Young, J. Realist research as a basis for local criminal Justice policy, p. 44.

[191] Matthews, R.; Young, J. Reflections on realism, p. 17; Young, J. Left realism and the priorities of crime control, p. 151-155; Young, J. Ten points of realism, p. 25, 27-28, 30-33 e 56; Young, J. Realist research as a basis for local criminal Justice policy, p. 62.

[192] Lea, J.; Young, J. *What is to be done about law and order?*, p. ix-xii, xvii-xviii, 81-83, 85-92, 95-97 e 218-225; Young, J. Left realism and the priorities of crime control, p. 154; Young, J. Ten points of realism, p. 33-35, 38 e 46; Young, J. Realist research as a basis for local criminal Justice policy, p. 62; Young, J. Critical Criminology in the twenty-first century: critique, irony and the always unfinished, p. 263-265 e 267. Em uma linha semelhante, porém matizada, enquanto também confere relevância à pobreza absoluta, Currie, E. *Crime and punishment in America*, p. 110-112 e 120-147.

papel –[193] se bem que também existem estudos que constataram que a pobreza absoluta tem efeitos mais marcantes.[194]

Mais concretamente, Young explica que as taxas do delito envolvem quatro elementos, a saber: as causas do delito, os fatores que tornam vulneráveis as vítimas, as condições sociais que afetam a tolerância e controle do público e, por último, o papel das agências de controle formal do delito, como é o caso da polícia. Cada um desses elementos desempenha um papel etiológico simétrico ou igual.[195] Dessa maneira, apesar de considerar que as teorias criminológicas tradicionais foram "parciais", afirma que o papel da teoria é indispensável em nossa disciplina.[196]

Tal e como está delineada, a posição etiológica de Young é dificilmente refutável e, portanto, de conteúdo científico incerto. No que se refere à ideia de privação relativa, não se detêm em explicar com detalhes o processo teórico que pode levar efetivamente a delinquir – ainda que, naturalmente, já advertimos, explicações desse tipo sejam possíveis e possam ser encontradas na literatura.[197] Em outras ocasiões, a posição do autor aproxima-se das teorias clássicas da frustração.[198]

A criminologia realista também revitalizou os estudos sobre as medidas contra o delito e, mais concretamente, sobre a polícia. Diante de uma atitude receosa e de desconfiança de certos setores políticos e ideológicos em face de qualquer forma de controle social – os *idealistas* –, os realistas insistem que é preciso tomar medidas contra o delito e que a polícia pode desempenhar um papel limitado, mas importante.[199]

Nessa linha de política criminal, o próprio Young realizou uma série de propostas interessantes. Entende ele que a luta contra o delito é trabalho de

---

[193] LaFree, G. *Losing legitimacy*, p. 119-120; LaFree, G. A summary and review of cross--national comparative studies of homicide, p. 125-141; LaFree, G.; Drass, K. A. The effect of changes in intraracial income inequality and educational attainment on changes in arrest rates for african-americans and whites, n. 1957 to 1990, p. 626.

[194] Vide, por exemplo, Messner, S. F.; Tardiff, K. Economic inequality and levels of homicide: an analysis of urban neighborhoods, p. 297-315.

[195] Young, J. Ten points of realism, p. 30.

[196] Matthews, R.; Young, J. Reflections on realism, p. 10 e 19-20.

[197] Vide LaFree, G. *Losing legitimacy*, p. 120.

[198] Vide Young, J. Ten points of realism, p. 38. Com críticas posteriores sobre uma etiologia que considera "incompleta", vide Ruggiero, V. Realist criminology: a debate, p. 133-134.

[199] Rock, P. Prefacio: "The Criminology that came in out of the cold", p. ix; Stangeland, P. La Criminología europea: entre la utopía u la burocracia. Esbozo para una Criminología realista en España, p. 208; Young, J. Left realism and the priorities of crime control, p. 158; Young, J. Ten points of realism, p. 44-45; Young, J. Realist research as a basis for local criminal Justice policy, p. 54 e 62.

diversas instituições. Assim, apesar de a polícia – como se disse – desempenhar um papel importante a respeito, este tendeu a se exagerar, e por si só é muito pouco o que pode fazer, resultando decisivas outras instituições em nível estatal, regional e local. Trata-se de uma *aproximação multi-institucional* à luta contra o delito.

Quando a política criminal concentra seus esforços em um único meio de luta contra o delito, aquele tende a ter "rendimentos marginais decrescentes". O que se requer, ao contrário, é recorrer a vários deles e, mais especificamente, a várias instituições ou *agências*.[200] Young e outros advertem que essas instituições em geral já existem, mas infelizmente encontram-se descoordenadas: o panorama é mais o de iniciativas distintas entre si, uma destinação de recursos pouco racional e instituições em luta umas com as outras.[201]

Pense-se em hipóteses nas quais a política de uma prefeitura é deixar isoladas determinadas áreas da cidade e a do governo central ensinar uma profissão aos delinquentes: presumivelmente, quando voltam a seu bairro, não haverá trabalhos disponíveis; ou, mais grosseiramente, falta coordenação entre os distintos corpos e forças de segurança.

Ademais, *os cidadãos são fundamentais* para que as instituições e a polícia em concreto sejam eficazes *na luta contra o delito*. Young assinala que não são só os cidadãos, na grande maioria dos casos, que levam a conhecer os delitos que ocorrem em uma comunidade mediante suas denúncias e chamadas – de modo que são muito poucos os que a polícia conhece diretamente como consequência de sua atuação –, mas até são responsáveis também pela resolução da maioria dos delitos.

A polícia é eficaz quando as pessoas a avisam, a auxiliam nas investigações, por exemplo, descrevendo os fatos e até apontando possíveis responsáveis, e colaboram nos juízos mediante seu depoimento como testemunhas. Por esse motivo, para o realismo de esquerda é fundamental que a polícia e o sistema de Administração da Justiça conquistem a confiança das pessoas – diante de situações reais contemporâneas nas quais predomina mais a desconfiança e, portanto, a falta de colaboração.[202]

---

[200] MATTHEWS, R.; YOUNG, J. Reflections on realism, p. 84; YOUNG, J. Left realism and the priorities of crime control, p. 147, 152-157 e 159; YOUNG, J. Ten points of realism, p. 41-42, 45-49 e 53-54; YOUNG, J. Realist research as a basis for local criminal Justice policy, p. 44-48, 50 e 63-70.
[201] YOUNG, J. Realist research as a basis for local criminal Justice policy, p. 64.
[202] YOUNG, J. Left realism and the priorities of crime control, p. 147, 152, 154 e 157; YOUNG, J. Ten points of realism, p. 42-45 e 51; YOUNG, J. Realist research as a basis for local criminal Justice policy, p. 34, 46-49, 51 e 67-68; também CARLEN, P. Women, crime, feminism, and realism, p. 210; MATTHEWS, R.; YOUNG, J. Reflections on realism, p. 18.

Por tal razão, autores citados defendem com vigor que a persecução do delito e a atuação da polícia em concreto, ainda que, como assinalamos, seja aceitável e imprescindível, deve-se manter dentro do estrito marco da lei,[203] se é que se quer evitar o antagonismo com a polícia, que, às vezes, se observa.[204] Nesse quadro, falam de uma "polícia mínima" no sentido de restringir sua atividade ao controle do delito e a determinadas fases de sua persecução, de delimitar suas funções e de ser plenamente democrática.[205] A ideia de intervenção mínima estende-se, em geral, a todo sistema de justiça criminal.[206]

Young é consciente de que o delito é praticamente ubíquo, enquanto os recursos para seu combate são muito limitados. Por tudo isso defende que se apliquem *projetos de custos e benefícios* na luta contra o delito. Desse modo, por exemplo, não seria aceitável para esse autor uma política que seja muito eficaz na prevenção do delito em certos bairros da cidade, mas que deixa outros sem controle. Por esse motivo, é imprescindível concentrar os recursos em alguns delitos em vez de outros, e naturalmente o critério que se deve seguir é público: deve-se *priorizar a persecução dos delitos que mais preocupam os cidadãos e nos segmentos da população que mais sofrem o delito.*[207]

O critério da política criminal, no sentido do anterior, deve ser para Young a redução do delito em geral. Isso implica, em primeiro lugar, que não é suficiente para a prevenção e controle de certos delitos e/ou em certas zonas; mas, em segundo lugar – e isso é importante também – que não é missão da política criminal a luta contra outros fenômenos sociais distintos do delito, como é o caso da falta de ordem pública. Tal esquema insiste, ainda assim, que a luta contra o delito deve ser racional; assim, deve-se fazer uma distinção conforme os vários tipos de delitos, visto que é diferente o combate contra o furto e contra o abuso infantil – com o que se exigem as tipologias – e que

---

[203] Young, J. Left realism and the priorities of crime control, p. 154; Young, J. Realist research as a basis for local criminal Justice policy, p. 49, 55 e 62.

[204] Lea, J.; Young, J. *What is to be done about law and order?*, p. xxix.

[205] Lea, J.; Young, J. *What is to be done about law and order?*, p. xviii-xxii, xxix-xxxvi, 169-197, 226-261 e 269-270; Young, J. Left realism and the priorities of crime control, p. 158; Young, J. Ten points of realism, p. 49; Young, J. Realist research as a basis for local criminal Justice policy, p. 69. Algo semelhante é o que se prevê no âmbito da privação da liberdade: em face do abolicionismo de esquerdas, agora não se renuncia a penas dessa natureza, mas sim se exige uma redução delas e medidas alternativas, Matthews, R.; Young, J. Reflections on realism, p. 73-74 e 85; Young, J. Breaking windows: situating the new Criminology, p. 38-39.

[206] Currie, E. *Crime and punishment in America*, p. 162-184; Young, J. Ten points of realism, p. 42.

[207] Young, J. Left realism and the priorities of crime control, p. 154-155; Young, J. Ten points of realism, p. 49, 51 e 53; Young, J. Realist research as a basis for local criminal Justice policy, p. 35-36, 43, 58, 62-63 e 70.

se busquem os pontos frágeis do delito, por exemplo, o mais eficaz para lutar contra os delitos contra a propriedade é prevenir a atividade dos receptadores e alcoviteiros em geral.[208]

O mais destacável do realismo de esquerda é que coincide com os enfoques críticos em geral que demandam profundas reformas estruturais. Porém, de sua vez, afirma que isso é compatível com programas concretos de prevenção e controle da delinquência em pequena e média escala. Isso também é importante porque, diante de enfoques utópicos, deixa aberta a porta à esperança de alguns níveis de delinquência toleráveis, sobretudo para a classe trabalhadora; se bem que tampouco negue que o problema da criminalidade e do delito tenham origens mais profundas que exijam reformas de grande porte. Por exemplo, já que a privação relativa é uma das principais causas do delito, a sociedade deve tratar de reduzir as desigualdades oferecendo empregos dignos, salários justos e casas decentes.[209]

6. A criminologia verde

A chamada *criminalidade verde* é uma das manifestações mais recentes da heterogênea criminologia crítica – que também tem influências marxistas. Conforme diversos autores, tem sua origem em movimentos tais como os chamados *ecofeminismo, antirracismo ambiental* e no *ecologismo vermelho* ou *de esquerda*. Considerando que seu esboço tem importantes implicações teóricas e metodológicas para a criminologia, insiste que os contextos em que são produzidas as decisões relevantes para o meio ambiente são, sobretudo, aqueles nos quais se excluíram mulheres e minorias – isto é, justamente os mais desfavorecidos. Em geral, tais contextos também são de exploração e até de violação de direitos de muitos desses processos, principalmente no caso das minorias. Insiste na ideia do realismo de esquerda de que nem todo mundo tem as mesmas possibilidades de sofrer um delito ou ser prejudicado por suas consequências: são precisamente os excluídos de ditos processos que sofrem os efeitos nocivos, danosos e delitivos.[210]

---

[208] YOUNG, J. Realist research as a basis for local criminal Justice policy, p. 55-57.

[209] YOUNG, J. Left realism and the priorities of crime control, p. 147 e 153-155; YOUNG, J. Ten points of realism, p. 41; YOUNG, J. Realist research as a basis for local criminal Justice policy, p. 62; vide também CURRIE, E. Retreatism, minimalism, realism: three styles of reasoning on crime and drugs in the United States, p. 93-97; CURRIE, E. *Crime and punishment in America*, p. 149-161; MATTHEWS, R.; YOUNG, J. Reflections on realism, p. 20-21.

[210] CLAPP, J. The illicit trade in hazardous wastes and CFCs: international responses to environmental "bads", p. 91-100, 106-107 e 111-117; LYNCH, M. J.; STRETESKY, P. B. The meaning of green: contrasting criminological perspectives, p. 217-232; HASSEMER, W.; MUÑOZ CONDE, F. *Introducción a la Criminología*, p. 167-168; WHITE, R. Environmental issues and the criminological imagination, p. 483-486, 493-496 e 502-503.

Não é demais salientar que a investigação dos delitos verdes tende a insistir em aspectos relativos à prevenção, em menor grau, em sua explicação e extensão.[211]

A criminologia verde propôs a categoria de *delitos verdes*,[212] que, em grande parte, reproduzem muitos dos problemas dos delitos de colarinho branco. Tal orientação exige como primordial o estudo dos delitos, infrações e ataques contra o meio ambiente. Denunciam que as corporações que incorrem em determinadas condutas *ilícitas* realizam um trabalho de *lavagem de dinheiro com utilização do ambiente* (*greenwashing*) que as torna capazes de se apresentarem como respeitosas e preocupadas com o meio ambiente – por exemplo, por meio de campanhas na mídia, com uma propaganda adequada dos produtos que oferecem ou financiando a atividade de determinadas organizações –, quando, na verdade, são altamente nocivas.[213] Movimentos próximos chamam a atenção sobre outras condutas reprováveis, como é o caso paradigmático dos maus-tratos de animais.[214]

7. Avaliação

Os movimentos críticos, inclusive os fortemente ideologizados e especulativos, dividam-se ou não, são imprescindíveis na criminologia contemporânea. No mínimo ajudam a não perder de vista a advertência de Weber de que uma ciência social deve, em primeiro lugar, ser crítica com ela mesma e com a sociedade a que corresponde[215] – uma sociedade e uma ordem mundiais que nem de brincadeira podem ser consideradas justas ou igualitárias. Ambas as coisas são, em não raras vezes, esquecidas pela criminologia majoritária que se professa nesse texto.

Em todo caso, também é preciso destacar que, nas linhas que optam por construir teorias sérias e testáveis empírica e quantitativamente, são especialmente valiosas. De fato, ocupam lugar de destaque na discussão especializada.

É possível que um pouco de utopia seja necessário,[216] mas as propostas claramente irrealizáveis – deixando de lado o interesse particular que, às vezes, move seus proponentes – correm o perigo de desvirtuar a disciplina de um en-

---

[211] Vide CLAPP, J. The illicit trade in hazardous wastes and CFCs: international responses to environmental "bads", p. 100-106; REICHMAN, N. Managing crime risks: toward an insurance based model of social control, p. 152-160 e 167-168.

[212] LYNCH, M. J.; STRETESKY, P. B. The meaning of green: contrasting criminological perspectives, p. 218 e 229.

[213] LYNCH, M. J.; STRETESKY, P. B. The meaning of green: contrasting criminological perspectives, p. 219-222 e 229-230.

[214] BEIRNE, P. For a nonspeciesist Criminology: animal abuse as an object of study, p. 117-140; GUZMÁN DÁLBORA, J. L. El delito de maltrato de animales, p. 1.319-1.336.

[215] Vide YOUNG, J. Breaking windows: situating the new Criminology, p. 42-43.

[216] YOUNG, J. Breaking windows: situating the new Criminology, p. 39.

foque essencialmente *científico* e levá-lo ao tempestuoso terreno da política e da ética, que pode desembocar paradoxalmente na barbárie.

Tampouco devemos nos esquecer de que o objeto de estudo da criminologia é o delito, assim como as possíveis medidas para sua prevenção e controle, e não profundas reformas sociais que nem por isso deixam de poder ser legítimas e talvez irrenunciáveis. Assim, o realismo de esquerda muitas vezes foi construído sobre a demagogia e sobre propostas claramente irrefutáveis – pense-se em sua etiologia imprecisa e plurifatorial. Por exemplo, Carlen afirma que "o realismo de esquerda parece exigir uma teoria do delito que se acomode aos fatos do delito tal e como são concebidos no sentido comum popular".[217] Inclusive suas propostas de política criminal, às vezes, se assemelham mais a gerais e abstratos postulados (políticos) de justiça social que a programas com evidência empírica e argumentação teórica que possa respaldar sua eficácia.

Infelizmente, em algumas ocasiões movimentos como os radicais, os feministas e outros atraíram grupos ou até pessoas que prestaram mais atenção a seus próprios interesses particulares ou corporativos. Naturalmente, isso acontece em todos os ramos da criminologia, mas está especialmente demonstrado nesses âmbitos. Nem é preciso dizer que isso não afeta, de forma alguma, a relevância e legitimidade geral das aproximações.

IV. A CRIMINOLOGIA FEMINISTA

1. Sexo e delito

O sexo é uma das variáveis que mais influem na vida pessoal (íntima) dos indivíduos. Como é bem fácil de compreender, ser homem ou mulher afetam as opções que uma pessoa pode fazer em sua vida e também sua ocupação cotidiana, assim como os sistemas de controle informal a que é submetida. Todavia, a variável que correlaciona de forma mais sólida com a criminalidade é o sexo.

a) Em relação às mulheres, os homens cometem uma percentagem absolutamente desproporcional dos delitos ocorridos em uma comunidade.

b) A criminalidade das mulheres não só é muito menor, mas também se limita a um leque de infrações penais relativamente pequeno e mais leve.[218] Por exemplo, a população espanhola presa na data de 31.08.2001 era de 47.095 in-

---

[217] CARLEN, P. Women, crime, feminism, and realism, p. 212.
[218] BELKNAP, J. *The invisible woman*, p. 81-85; CHESNEY-LIND, M. Women and crime: the female offender, p. 82; CHESNEY-LIND, M.; SHELDEN, R. G. *Girls, delinquency, and juvenile justice*, p. 7-21; DALY, K. Gender, crime, and punishment, p. 165-166; HEIDENSOHN, F. *Women and crime*, p. 2-10; MOFFITT, T. E. et al. *Sex differences in antisocial behavior*, p. 1-2, 23-52 e 57; NAGEL, I. K.; HAGAN, K. J. Gender and crime: offense patterns and criminal court sanctions, p. 84-108.

ternos, dos quais apenas 3.862 (8,2%) eram mulheres.[219] Ainda que as diferenças dependam, em grande parte, do tipo de delito, continuam sendo elevadas. Ainda que se advirta que a magnitude das diferenças possa depender de dimensões espaciais e temporais e de outros âmbitos, elas se mantêm com mínimas exceções.[220]

A pesquisa contemporânea começou a levar em consideração também as mulheres que cometem fatos delitivos, o que até pouco tempo não se fazia, sobretudo porque, como vimos, a delinquência é um fenômeno basicamente masculino.

Pois bem, os estudos empíricos apontam algumas diferenças – e, como veremos, semelhanças – na criminalidade de uns e outros. Simpson assegura que "existem tendências e padrões únicos na violência criminal feminina" que devem ser investigados.[221] Por exemplo, Kyvsgaard sustenta que o fator idade – que, como veremos no próximo capítulo, determinou o curso da criminologia nas últimas décadas – dependeria do sexo, isto é, que a bem conhecida curva da idade seria verossímil para o caso dos homens, mas talvez não para o das mulheres.[222] Também Moffitt e outros revelaram importantes diferenças e – sobretudo – similitudes no comportamento delitivo e desviado de um e outro gênero.[223] O que até bem pouco tempo era uma exceção, começa, então, a receber certa atenção importante.

2. *O desenvolvimento da criminologia feminista*

O estudo das diferenças na criminalidade de homens e mulheres e do fator sexo em geral é próprio da criminologia majoritária, e pode ser distinguido, portanto, da criminologia feminista.

No início dos anos 1970, apareceu o que se conhece como a *tese da liberação*, que se referia à questão das *razões*: como é que os homens delinquem mais que as mulheres? E trata-se de diferenças essenciais ou que podem diminuir com as mudanças das circunstâncias? Para essa tese, o motivo fundamental das enormes

---

[219] *RDPC*, 9, 2002: 443. De 208.844 prisões feitas na Espanha em 1995, 184.844 (90,6%) corresponderam a homens e 19.156 (9,4%) a mulheres. De 98.820 condenações por Tribunais que ocorreram em 1999, 92.340 (93,5%) foram de homens e 6.480 (6,5%) de mulheres. Dos 52.547 internos em prisões espanholas em janeiro de 2003, 48.386 (92,1%) eram homens e 4.161 (7,9%) mulheres. Dados extraídos de fontes oficiais. Vide também, com dados na mesma linha em outros países, Reyes Echandía, A. *Criminología*, p. 90.

[220] Encontram-se exceções em relação a certos comportamentos desviados como as tendências ao suicídio e alguns transtornos alimentares; assim como, talvez surpreendentemente, na violência doméstica; vide Moffitt, T. E. et al. *Sex differences in antisocial behavior*, p. 1-2, 7 e 53-70.

[221] Simpson, S. S. Caste, class, and violent crime: explaining difference in female offending, p. 116.

[222] Kyvsgaard, B. *The criminal career*, p. 245.

[223] Moffitt, T. E. et al. *Sex differences in antisocial behavior*, passim.

diferenças entre a criminalidade de homens e mulheres repousa no fato de que até agora ambos vinham desempenhando e ocupando distintos papéis e posições sociais, de maneira tal que a mulher se viu relegada a segundo plano. Por exemplo, se as mulheres foram afastadas dos postos diretivos em nossas sociedades, logicamente tiveram muito menos oportunidades para cometer delitos de colarinho branco.

Desse modo, conforme as mulheres vão galgando posições em nossas sociedades e aproximando-se dos homens, as diferenças diminuem com o passar do tempo; e conforme as mulheres, coerentemente, vão se enxergando de um modo menos subordinado aos homens, então também irão se equiparando os respectivos índices de delinquência. Por outro lado, conforme vão se aproximando as posições, também o sistema de Administração da Justiça tenderá a tratar uns e outros igualmente.[224]

Nas palavras de Simon, conforme as mulheres aumentam sua participação no mercado de trabalho, sua oportunidade para cometer certos tipos de delito também se eleva; "essa explicação afirma que a moralidade das mulheres não é superior à dos homens. Sua propensão para a prática de delitos não difere, mas no passado suas oportunidades foram muito mais limitadas. Conforme as oportunidades das mulheres aumentam, também o fará seu comportamento desviado; e os tipos de delito que cometem se aproximarão muito mais dos cometidos pelos homens".[225]

Essa concepção teve grande acolhida, sobretudo por parte dos meios de comunicação e, portanto, da opinião pública. Até o momento, contudo, não há evidência empírica em favor de ditas hipóteses;[226] e até algumas investigações apontam que justo as únicas suposições nas quais se produziu com efeito certa aproximação são precisamente delitos que nada têm a ver com a *liberação* da mulher, delitos como furtos ou estelionatos que qualquer um pode cometer, independentemente do papel ou posição que ocupa na sociedade.[227] Ademais,

---

[224] ADLER, F. *Sisters in crime*, p. 18-30 e 247-253; ADLER, F.; SIMON, R. J. *The Criminology of deviant women*, p. 96-100; SIMON, R. J. *Women and crime*, p. 46-47 e 105-109; SIMON, R. J. Arrest statistics, p. 113.

[225] SIMON, R. J. *Women and crime*, p. 47; SIMON, R. J. Arrest statistics, p. 113.

[226] Vide, com críticas generalizadas, que não se limitam à questão da evidência empírica sobre a hipótese, CARLEN, P. Introducción a D. Christina et al. *Criminal women*, p. 8; CHESNEY-LIND, M. Women and crime: the female offender, p. 79-82 e 94; HEIDENSOHN, F. *Women and crime*, p. 5-6 e 156-160; LEONARD, E. B. *Women, crime, and Society*, p. 10-11, 35 e 42-43; NAFFINE, N. *Feminism and Criminology*, p. 32; NAGEL, I. K.; HAGAN, K. J. Gender and crime: offense patterns and criminal court sanctions, p. 94-108; SMART, C. The new female offender: reality or myth?, p. 50-55; STEFFENSMEIER, D. Trends in female crime: it's still a man's world, p. 121-124. Proporciona certa evidência SIMON, R. J. Arrest statistics, p. 102-109, principalmente 109.

[227] NAGEL, I. K.; HAGAN, K. J. Gender and crime: offense patterns and criminal court sanctions, p. 108; STEFFENSMEIER, D. Trends in female crime: it's still a man's world, p. 124-128.

muitas feministas hoje já não consideram que a tese da liberação possa ser situada no quadro do feminismo, ou lhe conferem um papel principalmente histórico.[228]

Apesar disso, a referida tese desempenhou papel importante no desenvolvimento da criminologia feminista, visto que em sua base se encontra a denúncia do bloqueio de oportunidades que sofrem as mulheres nas sociedades contemporâneas, bloqueio para o qual também contribuiria de maneira decisiva o sistema capitalista, assim como outras eventuais formas de discriminação.

Hoje existem enfoques que foram identificados como versões modernas dessa hipótese.[229] Entre elas, ainda que tenha recebido um apoio empírico muito escasso, encontra-se a relativa à suposta existência de um novo tipo de mulher criminosa especialmente violenta. Essa tese também se popularizou, sobretudo devido à sua difusão pelos meios de comunicação. Do mesmo modo, encontraram-se hipóteses significativas de mulheres criminosas tão violentas como os homens; nos Estados Unidos se relacionam com o tráfico e venda de drogas; e na Espanha e América Latina com o terrorismo.

O feminismo é corrente extraordinariamente heterogênea que inclui em seu seio diversas orientações epistemológicas, ideológicas, teóricas e metodológicas.[230] Tanto é assim, que é muito difícil oferecer uma definição do feminismo ou assinalar algumas características comuns.

De fato, grande parte das discussões do feminismo move-se dentro de seu próprio âmbito, entre orientações distintas. Esse é o paradigma do *feminismo de cor*, para o qual não se pode considerar que *todas* as mulheres sofram igualmente a desigualdade ou a discriminação, o que é inclusive qualificado por Rice – nessa linha de polêmicas internas – como um desafio à ortodoxia da teoria feminista.[231]

A partir de um ponto de vista mínimo, pode-se considerar que *o feminismo é um movimento social e político preocupado com a luta pela igualdade das mulheres*.[232] Naturalmente, daqui se infere que o feminismo não tem de ser uma orientação radical ou extrema como muitas vezes se acredita; que não é preciso ser mulher para ser feminista; que nem todas as mulheres no âmbito das ciências

---

[228] Assim Cecil, D. K. Conferencia pronunciada en el Departamento de Derecho Penal y Criminología de la UNED.

[229] Chesney-Lind, M.; Pasko, L. *The female offender*, p. 21-22 e 113-116.

[230] Belknap, J. *The invisible woman*, p. 15; Chesney-Lind, M.; Faith, K. What about feminism? Engendering theory-making in Criminology, p. 290-298; Daly, K.; Chesney-Lind, M. Feminism and Criminology, p. 501 e 536-538; Naffine, N. *Feminism and Criminology*, p. 29.

[231] Rice, M. Challenging orthodoxies in feminist theory: a black feminist critique, p. 58-62 e 66-67.

[232] Vide, muito em geral, Daly, K.; Chesney-Lind, M. Feminism and Criminology, p. 502-505 e 507.

humanas ou sociais são feministas; e, finalmente, que as feministas não têm de se dedicar única e exclusivamente a atividades próprias de seu âmbito.

Historicamente falando, costumam-se distinguir três ondas no feminismo:

1. A primeira estaria constituída pelo movimento sufragista do início do século XX.

2. A segunda coincidiria, ao menos em países não tão isolados como Espanha e até alguns latino-americanos, com os movimentos sociais e de luta pelos direitos civis e humanos dos anos 1970.

3. A terceira e última onda viria representada pela preocupação contemporânea pela igualdade das mulheres, movimento, como dissemos, muito heterogêneo.[233]

Dentre as principais questões que preocupam a criminologia feminista encontram-se as especificidades epistemológicas e metodológicas em face da criminologia majoritária. A crítica às teorias criminológicas tradicionais e às investigações empíricas imperantes; o tratamento que se dá às mulheres por parte do sistema da Administração da Justiça; e, agora mais próximo aos interesses explicativos mais ortodoxos, a questão das diferenças na tendência ao delito de um e outro sexo.

A. *As especificidades epistemológicas e metodológicas da criminologia feminista* – desse ponto de vista, exigem-se *metodologias qualitativas* e que especialmente se insista em que as próprias mulheres devem realizar investigações desse tipo, dado que têm maior sensibilidade para compreender os problemas que devem enfrentar as pessoas do seu mesmo sexo.[234]

Existe, do mesmo modo, um desvio na ciência em geral que a caracteriza como centrada nos homens. Diante disso, exige-se que *as mulheres ostentem uma posição privilegiada no âmbito metodológico*. Assim, J. A. Cook e Fonow chegam a afirmar que "as *feministas* podem encontrar-se na melhor posição para *desafiar a* 'autoridade cognitiva' dos tradicionais teóricos sociais que são homens".[235]

A crítica se estende à própria estrutura acadêmica e da investigação, que é dominada, no entender de algumas autoras, por homens, que tendem a impor

---

[233] DALY, K.; CHESNEY-LIND, M. Feminism and Criminology, p. 497, n. 1.
[234] CARLEN, P. Introducción a D. Christina et al. *Criminal women*, p. 8-9; CARLEN, P. *Women, crime and poverty*, p. 11-12; DALY, K.; CHESNEY-LIND, M. Feminism and Criminology, p. 499-500; FONOW, M. M.; COOK, J. A. Back to the future: a look at the second wave of feminist epistemology and methodology, p. 9-11; LONGINO, H. E. Feminist standpoint theory and the problems of knowledge, p. 203; NAFFINE, N. *Feminism and Criminology*, p. 4, 9-10, 12, 29, 30-35, 38-43, 46-52, 85-89, 98, 103-104 e 140-144.
[235] FONOW, M. M.; COOK, J. A. Back to the future: a look at the second wave of feminist epistemology and methodology, p. 2 (grifo nosso); também HARDING, S. *The science question in feminism*, p. 243-251 principalmente; LONGINO, H. E. Feminist standpoint theory and the problems of knowledge, p. 201.

seus pontos de vista gerais sobre a disciplina e, mais especificamente, sobre as mulheres como delinquentes e vítimas. Esse monopólio das estruturas da investigação limitou e distorceu o conhecimento sobre essas matérias.[236]

Em um panorama dominado pelos homens e suas afirmações, a criminologia feminista, afirma Heidensohn, simplesmente não podia aparecer, tampouco se podia, então, compreender a criminalidade das mulheres nem o delito em geral.[237]

Ainda que a criminologia tradicional tenha sido dominada monopolisticamente por homens, não podemos deixar passar o momento de reivindicar uma grande figura de nossa ciência, como é o caso de Eleanor Glueck. Naturalmente, essa autora foi recuperada em nossos dias pela criminologia positiva majoritária.[238] Também a Criminologia espanhola se beneficiou de algumas figuras importantes, agora até com uma preocupação maior pela questão feminista, como é o caso de Victoria Kent e, sobretudo, Concepción Arenal.

Algumas das considerações dos enfoques feministas *radicais* em matéria epistemológica e metodológica parecem difíceis de manter, a menos que se esqueça a riqueza e pluralidade da criminologia majoritária. Em qualquer caso, não pode surpreender que a maioria dos avanços teóricos e empíricos sobre as mulheres como delinquentes e vítimas provenham de análises muito mais ortodoxas. Até que ponto se escondem interesses particulares ou corporativos é algo que fica em aberto. Em todo caso, como reconhece Heidensohn, "assumir, por exemplo, que as mulheres só podem ser oprimidas, nunca oprimir, ser vítimas, nunca agressoras, não pode ser aceito".[239]

B. *A crítica às teorias criminológicas tradicionais* – a criminologia feminista concentrou parte de seus esforços em criticar as teorias criminológicas clássicas.[240] Assim, Cecil salienta que muitas teorias tradicionalmente se moveram entre não

---

[236] FONOW, M. M.; COOK, J. A. Back to the future: a look at the second wave of feminist epistemology and methodology, p. 1.
[237] HEIDENSOHN, F. *Women and crime*, p. 144.
[238] LAUB, J. H. *Criminology in the making*, p. 11; SAMPSON, R. J.; LAUB, J. H. *Crime in the making*, p. vii, 1, 25-26, 31-37, 43-46 e 256-257, especialmente 31-32.
[239] HEIDENSOHN, F. *Women and crime*, p. 205.
[240] Vide BELKNAP, J. *The invisible woman*, p. 33-58; CARLEN, P. Introducción a D. Christina et al. *Criminal women*, p. 1-6; CHESNEY-LIND, M. Guilty by reason of sex: young women and the Juvenile Justice System, p. 79-85; CHESNEY-LIND, M.; SHELDEN, R. G. *Girls, delinquency, and juvenile justice*, p. 74-91; HAGAN, J. *Structural Criminology*, p. 146-150; HAGAN, J. Micro-and macro-structures of delinquency causation and a power-control theory of gender and delinquency, p. 213-217; HARRIS, A. R. Sex and theories of deviance: toward a functional theory of deviant type-scripts, p. 3; HEIDENSOHN, F. *Women and crime*, p. 125-154; LEONARD, E. B. *Women, crime, and Society*, p. xi, 49-177 e 181; NAFFINE, N. *Feminism and Criminology*, p. 3, 5 e 9; SMITH, D. A.; PATERNOSTER, R. The gender gap in theories of deviance: issues and evidence, p. 141-142.

levar em conta a delinquência cometida por mulheres ou considerar que as teorias e descobertas sobre homens eram igualmente aplicáveis a elas; tratar apenas os atos desviados e delitivos relacionados com a sexualidade – promiscuidade, prostituição etc. – esboçá-las como mulheres *pouco femininas*; e, finalmente, oferecer explicações estereotipadas.[241] Em geral, acusa-se muitas das teorias tradicionais de refletir uma *imagem machista da mulher* delinquente e da mulher em geral, de oferecer uma imagem da mulher *submissa, passiva e inferior*.[242]

A desatenção não se limitou às causas da criminalidade feminina, mas incluiu tradicionalmente os especialmente sólidos controles que experimentaram as mulheres para que seu comportamento seja respeitoso às normas.[243]

É duvidoso que a crítica de que a teoria e a investigação criminológicas de orientação etiológica desatenderam a criminalidade das mulheres seja válido em nossos dias. Ademais, é difícil imputar essa desatenção a preconceitos machistas, posto que, se a maior parte dos delitos e, sobretudo, os delitos mais graves são cometidos majoritariamente por homens, é também normal que a teoria e a investigação criminológicas centrem-se neles. Em todo caso, não há dúvida de que a investigação da criminalidade feminina está mais do que justificada.

De sua vez, a criminologia feminista começou com um argumento muito promissor e convincente: se as mulheres cometem bem menos delitos, talvez haja algo no gênero ou em características das mulheres que nos ajude a encontrar as causas do delito.[244] Infelizmente, contudo, essa promissora linha de investigação

---

[241] Dentre estas últimas, CECIL destaca que nos anos sessenta se defendia com ideias um pouco intuitivas que as mulheres realmente delinquem muito mais do que refletem os dados estatísticos oficiais. O que ocorre é que as mulheres seriam mais hábeis no momento de ocultar seus delitos ou burlar mais facilmente a prisão e o processo por preconceitos paternalistas do sistema de Administração da Justiça; ou também que recorreriam com maior facilidade a induzir homens para que pratiquem os atos ilegais que elas desejam realizar. Ainda que, sem dúvida, existem situações concretas enquadráveis nessas hipóteses, são muito escassas e, como vimos, a forte correlação do fator sexo com o delito encontra-se respaldada por uma evidência empírica difícil de rebater. Essas teses foram hoje abandonadas, CECIL, D. K. Conferencia pronunciada en el Departamento de Derecho Penal y Criminología de la UNED.

[242] LEONARD, E. B. *Women, crime, and Society,* p. xii e 14-17 – imagem que contrasta com a não menos distorcida e criticável da mulher liberada empunhando uma arma de fogo ou envolvida na delinquência organizada, 14; FONOW, M. M.; COOK, J. A. Back to the future: a look at the second wave of feminist epistemology and methodology, p. 5 e 8; NAFFINE, N. *Feminism and Criminology,* p. 8 e 32.

[243] CHESNEY-LIND, M. Women and crime: the female offender, p. 92 e 96; HEIDENSOHN, F. *Women and crime,* p. 12, 163-195 e 198.

[244] HARRIS, A. R. Sex and theories of deviance: toward a functional theory of deviant type-scripts, p. 3-4 e 14-15; no mesmo sentido HEIDENSOHN, F. *Women and crime,* p. 11 e 143; NAFFINE, N. *Feminism and Criminology,* p. 6.

não teve a continuidade esperada e não se encontra, como vimos, entre os temas favoritos da criminologia feminista.[245]

Desde logo, as críticas não se limitaram à criminologia positiva majoritária. Com efeito, algumas das críticas mais duras dirigiram-se também contra movimentos alheios a ela, como é o caso de outras orientações críticas.

Para a criminologia feminista, está claro, pois, que as teorias criminológicas tradicionais são insuficientes. Muitas vezes, contudo, não afirmam que elas devem ser abandonadas, mas que quase todas têm algo ou muito a oferecer – em especial possivelmente os enfoques do etiquetamento e os críticos –, se bem que por si mesmas sejam insuficientes,[246] e que a criminalidade é algo tão complexo que é difícil pensar que possam ser construídas teorias gerais unitárias ou identificar uma série concreta de variáveis que sejam relevantes tanto para a delinquência masculina como para a feminina.

A criminologia feminista, pois, considera que, longe de renunciar à criminologia majoritária, é muito o que ela tem a oferecer.[247]

Algumas afirmações feministas podem, em geral, ser matizadas. Na verdade, um bom número de teorias criminológicas tradicionais, como as do controle, da aprendizagem ou do interacionismo simbólico realizaram propostas teóricas potencialmente capazes de explicar a criminalidade de um e outro sexo.[248] Por exemplo, as extensões das teorias do controle sustentam que as mulheres se veem submetidas a alguns controles sociais mais férreos "mediante sua socialização prematura, suas interações com outros e o funcionamento de instituições sociais".[249]

Autores integrados na criminologia do desenvolvimento assinalam que "os mecanismos de continuidade, ativação e agravação parecem governar o desenvolvimento do comportamento desviado feminino adolescente tal e como no caso dos homens".[250] Essas aproximações são muito promissoras, o que foi

---

[245] LANCTÔT, N.; LE BLANC, M. Explaining deviance by adolescent females, p. 173.

[246] Vide, por exemplo, LEONARD, E. B. *Women, crime, and Society,* p. 61-62, 88-89, 114, 138, 186 e 189-190.

[247] CHESNEY-LIND, M.; FAITH, K. What about feminism? Engendering theory-making in Criminology, p. 298; DALY, K.; CHESNEY-LIND, M. Feminism and Criminology, p. 498 e 505-507.

[248] COSTELLO, B. J.; MEDERER, H. J. A control theory of gender difference in crime and delinquency, p. 87-99; HEIMER, K. Gender, race, and the pathways to delinquency: an interactionist explanation, p. 140-141 e 145-168; JENSEN, G. F. Gender variation in delinquency: self-images, beliefs, and peers as mediating mechanisms, p. 155-169; MOFFITT, T. E. et al. *Sex differences in antisocial behavior,* p. 207-226; TITTLE, C. R. Control balance, p. 228-241.

[249] COSTELLO, B. J.; MEDERER, H. J. A control theory of gender difference in crime and delinquency, p. 88.

[250] LANCTÔT, N.; LE BLANC, M. Explaining deviance by adolescent females, p. 135; com mais detalhes sobre sua proposta de integrar várias tradições explicativas da delinquência feminina e da questão da diferença nas tendências do delito, 114-115, 117 e 178-186.

salientado por Paternoster e Smith: "Ainda que se deva reconhecer que a literatura sobre desviação feminina é, de sua vez, limitada e suficiente, a conclusão de que devem ser formuladas teorias específicas para cada sexo é prematura. Posto que a maioria dos testes empíricos das teorias da desviação realizaram-se com grupos de homens, a aplicabilidade dessas teorias às mulheres é amplamente desconhecida. Ademais, o fato de que a maioria das teorias da desviação foram elaboradas para explicar a desviação masculina não significa que *não possam* explicar a desviação feminina".[251]

Os citados autores incluem um estudo empírico sobre o consumo de maconha e furto que afasta evidências em favor de várias teorias tradicionais como as do controle, da associação diferencial ou da tensão.[252]

Inclusive sobre uma matéria difícil para as teorias criminológicas,[253] como é a relativa ao fato de as mulheres delinquirem menos que os homens. Diz-se a respeito que é muito mais uma questão de grau do que de qualidade; assim como "a conduta desviante da adolescente parece ser explicada pelos mesmos mecanismos e processos que a dos homens".[254] Moffitt e seus seguidores insistem, em recente e muito sólido estudo empírico, que o comportamento antissocial das mulheres obedece às mesmas leis que o dos homens e que os fatores de risco que predizem a criminalidade de alguns valem igualmente para os outros.[255]

No concernente a outras variáveis relevantes, em recente e interessante estudo, Haynie e Steffensmeier constataram que, de maneira clara, as causas em nível macro da delinquência masculina e feminina são semelhantes, ainda que os efeitos sejam mais intensos no caso dos primeiros; ou, dito em suas próprias palavras, "claramente, as causas em nível macro do delito feminino não são fundamentalmente distintas das do delito masculino".[256]

C. *A crítica às investigações empíricas predominantes* – como se disse, tradicionalmente, a investigação criminológica se inclinou em ignorar as mulheres,

---

[251] SMITH, D. A.; PATERNOSTER, R. The gender gap in theories of deviance: issues and evidence, p. 142, também 156-158, especialmente críticos com a proposta de teorias (tipológicas) separadas para a criminalidade de um e outro sexo, em face de teorias (mais) gerais; no mesmo sentido, LANCTÔT, N.; LE BLANC, M. Explaining deviance by adolescent females, p. 116 e 173.

[252] SMITH, D. A.; PATERNOSTER, R. The gender gap in theories of deviance: issues and evidence, p. 150-156; especificamente acrescentam que "não temos razões para suspeitar que [os resultados] não seriam de aplicação para outras desviações mais graves também".

[253] LANCTÔT, N.; LE BLANC, M. Explaining deviance by adolescent females, p. 141 e 151.

[254] LANCTÔT, N.; LE BLANC, M. Explaining deviance by adolescent females, p. 115, também 176 e 186.

[255] MOFFITT, T. E. et al. *Sex differences in antisocial behavior,* p. xvi, 3-7, 36-37, 90-108 e 211.

[256] STEFFENSMEIER, D.; HAYNIE, D. Gender, structural disadvantage, and urban crime: do macrosocial variables also explain female offending rates?, p. 431-432.

visto que, não é demais repetir, a criminalidade é um fenômeno majoritariamente masculino. Nesse sentido, afirma-se que *a mulher permaneceu invisível* para a investigação.[257] Quando houve investigação empírica sobre a delinquência feminina, esta foi qualificada de "descritiva, metateórica, acrítica e, não pouco frequente, autocomplacente".[258] Por esse motivo, insiste-se no pouco que se conhece sobre essa modalidade de criminalidade e outros fenômenos alheios a ela e na absoluta necessidade de avançar na resposta a certas interrogações decisivas. Como é fácil de se entender, a falta de conhecimento empírico dificulta muito o trabalho de quem tem a responsabilidade de responder a essas atitudes desviadas de jovens e mulheres adultas.

As especificidades da criminologia feminista exigem, de acordo novamente com Cook e Fonow, a assunção de posição em questões relativas ao propósito, à seleção de temas, à eleição do método, à concepção da natureza humana e do papel do investigador, além de apelar à criatividade, à espontaneidade e à improvisação.[259]

O feminismo radical exige, ainda, uma orientação política da pesquisa. As mesmas autoras afirmam que *"o fim da pesquisa feminista é a liberação"*.[260]

Por esse motivo, a criminologia feminista adverte que, às vezes, investigações empíricas sérias podem piorar a situação de determinados grupos que, no geral, sofreram especialmente o delito. O que pode acontecer quando se contribui para fomentar estereótipos. E. Stark cita o exemplo da violência doméstica nos Estados Unidos da América do Norte: ao destacar que esses delitos se concentram em certos grupos socialmente desfavorecidos, pode-se contribuir para que eles se vejam como algo patológico.[261]

Tal situação de desatenção empírica – assim como por parte da criminologia majoritária – já não pode ser mantida hoje: nos últimos anos apareceram inúmeros trabalhos que incluíram mulheres em suas mostras ou se concentraram nelas. O indubitável abandono tradicional foi e está sendo superado.[262] Também se revela que o feminismo, salvo enfoques *radicais*, não só é plenamente com-

---

[257] BELKNAP, J. *The invisible woman*, p. 4-5; CHESNEY-LIND, M. Women and crime: the female offender, p. 83-85; CHESNEY-LIND, M.; FAITH, K. What about feminism? Engendering theory-making in Criminology, p. 287; CHESNEY-LIND, M.; SHELDEN, R. G. *Girls, delinquency, and juvenile justice*, p. 2; HEIDENSOHN, F. *Women and crime*, p. 2 e 145.

[258] CHESNEY-LIND, M. Guilty by reason of sex: young women and the Juvenile Justice System, p. 79.

[259] FONOW, M. M.; COOK, J. A. Back to the future: a look at the second wave of feminist epistemology and methodology, p. 5 e 11.

[260] FONOW, M. M.; COOK, J. A. Back to the future: a look at the second wave of feminist epistemology and methodology, p. 6 (grifos nossos), também 13.

[261] STARK, E. Race, gender, and woman battering, p. 195.

[262] LANCTÔT, N.; LE BLANC, M. Explaining deviance by adolescent females, p. 113.

patível com a investigação empírica quantitativa que caracteriza a criminologia majoritária, mas até a promove.[263] Por isso devem ser afastados os pontos de vista reducionistas que, esquecendo paradoxalmente a heterogeneidade do feminismo, negam essa possibilidade.

D. *O tratamento dado às mulheres por parte do sistema de Administração da Justiça* – a criminologia feminista insistiu em especial nas diferenças de tratamento que podem receber mulheres e homens no sistema de Administração da Justiça. Uma das tradicionais é a *tese do cavalheirismo*. Do mesmo modo, existiria certo tratamento de benevolência com as mulheres por parte da polícia e pelos tribunais. Coerente até com padrões machistas, como pessoas desprotegidas e desfavorecidas que deveriam ser julgadas com menos rigor que seus companheiros.[264]

A criminologia feminista criticou com rigor a tese do cavalheirismo. Como assentado, as mulheres tendem a cometer não só menos fatos delitivos, mas também de *menor gravidade*. Isso pode querer dizer que, sobretudo as mulheres jovens, são *perseguidas de maneira desproporcionada* pela prática de fatos leves que, no caso dos homens jovens, passariam sem maior relevância, como travessuras próprias da idade. Ou seja, enquanto os jovens não são perseguidos por fatos ilícitos menores, certamente se perseguiria as jovens – daí que apareçam nas estatísticas com uma taxa relativamente elevada de delitos leves.

Alguns estudos de autoinformação sugerem que a diferença na prática de fatos delitivos ou desviados leves entre homens e mulheres não corresponde com o que refletem os dados oficiais sobre prisões e condenações.[265] Autores, como Chesney-Lind, sustentam que seria reflexo das *atitudes paternalistas* de nossa sociedade e, portanto, de nosso sistema de Administração (juvenil) da Justiça: as jovens devem ser perseguidas em casos como esses para assegurar a manutenção das normas familiares tradicionais, que exigem que elas, muito mais que os jovens, sejam especialmente obedientes e, sobretudo, evitar promiscuidade.[266]

---

[263] Vide LANCTÔT, N.; LE BLANC, M. Explaining deviance by adolescent females, p. 188; SIMPSON, S. S. Caste, class, and violent crime: explaining difference in female offending, p. 129; SIMPSON, S. S.; ELIS, L. Doing gender: sorting out the caste and crime conundrum, p. 55-69.

[264] JOHNSON, D. R.; SCHEUBLE, L. K. Gender bias in the disposition of juvenile court referrals: the effects of time and location, p. 677-695; NAGEL, I. K.; HAGAN, K. J. Gender and crime: offense patterns and criminal court sanctions, p. 135-136; STEFFENSMEIER, D. et al. Gender and imprisonment decisions, p. 411-438.

[265] LANCTÔT, N.; LE BLANC, M. Explaining deviance by adolescent females, p. 119; LEONARD, E. B. *Women, crime, and Society*, p. 39-41.

[266] CARLEN, P. *Women, crime and poverty*, p. 10; CHESNEY-LIND, M. Guilty by reason of sex: young women and the Juvenile Justice System, p. 88-96; CHESNEY-LIND, M. Women and crime: the female offender, p. 87-92; CHESNEY-LIND, M. *The female offender*, p. 59-89 e

Também nesse âmbito, a criminologia feminista dedicou parte importante de suas críticas à resposta que tradicionalmente se dá à delinquência de mulheres,[267] chegando a qualificar o sistema de Administração da Justiça de "machista".[268]

Em outro plano, uma investigação interessante de Daly evidenciou que, surpreendentemente para a autora, as justificações e finalidades das sanções são as mesmas para um e outro sexo, e as mulheres reconhecem com maior facilidade os delitos que cometem.[269]

Talvez a conclusão menos arriscada, à luz da evidência, seja que não existe nem um cavalheirismo nem uma discriminação sistemática do sistema de Administração da Justiça *para todas as mulheres em geral*.

Encontramo-nos diante de alguns processos complexos nos quais é imprescindível introduzir matizações, de modo que é possível que, em algumas hipóteses – dependendo, por exemplo, do status socioeconômico e até do estado civil, do tipo de delito, das circunstâncias etc. – exista certa tendência em um ou outro sentido.[270]

O que certamente parece inegável é que as mulheres que sofrem penas, sobretudo de prisão, experimentam privações especialmente graves, entre outras razões porque, ao serem relativamente poucas, o sistema de execução de penas em geral e o de prisões em geral não estão preparados para albergá-las.[271]

3. *A questão da diferença na tendência ao delito*

No âmbito teórico da criminologia feminista é possível encontrar uma série de áreas que foram cultivadas com especial atenção. Tais áreas referem-se, entre outras possíveis, a como se pode explicar que as mulheres delinquiam muito menos que os homens; se é possível encontrar uma teoria unitária que seja de aplicação à delinquência cometida por indivíduos de ambos os sexos; aos limites de uma criminologia centrada nos homens e cultivada especialmente por

---

145-175; CHESNEY-LIND, M.; PASKO, L. *The female offender*, p. 55-93 e 139-169; NAFFINE, N. *Feminism and Criminology*, p. 4 e 33-34.

[267] Vide CHESNEY-LIND, M. Guilty by reason of sex: young women and the Juvenile Justice System, p. 97-98.

[268] CHESNEY-LIND, M. Guilty by reason of sex: young women and the Juvenile Justice System, p. 97; vide ainda CARLEN, P. Introducción a D. Christina et al. *Criminal women*, p. 10.

[269] DALY, K. *Gender, crime, and punishment*, p. 27-230.

[270] Vide DALY, K. Neither conflict nor labeling nor paternalism will suffice: intersections of race, ethnicity, gender, and family in Criminal Court decisions, p. 158-161; HEIDENSOHN, F. *Women and crime*, p. 198-200 e 207. Em todo caso, certamente parece existir evidência favorável à hipótese do cavalheirismo, ao menos para algumas hipóteses.

[271] HEIDENSOHN, F. *Women and crime*, p. 197.

homens; à metodologia da criminologia majoritária positiva; e às diferenças na criminalidade de ambos os sexos. Por tudo isso observa-se claramente que muitas das considerações críticas do feminismo não podem ser consideradas válidas na criminologia contemporânea.

Para a criminologia feminista está claro, como acabamos de ver, que as teorias criminológicas tradicionais não são capazes de explicar de maneira plausível a criminalidade e delinquência femininas, nem a questão da diferença na tendência ao delito.[272]

Uma proposta recente que trata de explicar as diferenças nos índices de delinquência de um e outro gênero é a *teoria do poder/controle* (*power-control*) de Hagan e outros com referência à delinquência comum.[273]

Tal proposta tem uma orientação marxista[274] – um pouco mais difundida nas últimas revisões – mas pode ser interpretada basicamente como uma teoria do controle social: "A pergunta que a teoria do poder/controle inevitavelmente se faz é: como e por que os indivíduos situados em posições adolescentes masculinas *estão mais livres para incorrer em desviação*".[275]

A referida proposta recebeu uma grande atenção em criminologia devido a que, entre outras coisas, recorre à integração dos níveis de análise macro e micro. Conforme Hagan e seus seguidores, a família é a instituição fundamental que vincula as relações de *gênero* e de *classe* com a *delinquência*.[276] De sua vez, propõe hipóteses testáveis empiricamente, postulando de fato por essa estratégia científica.[277] Tudo isso a converte em uma proposição muito séria, atendível e atrativa.

A teoria do poder/controle parte de dois processos, o relativo ao poder específico que confere aos indivíduos estar em uma determinada posição social – o poder – e o relativo ao controle que exercem as distintas formas que pode tomar a família – o controle.[278] Aqueles que exercem o papel de pais desempenham

---

[272] LEONARD, E. B. *Women, crime, and Society*, p. xi, 181 e 186; contra, COSTELLO, B. J.; MEDERER, H. J. A control theory of gender difference in crime and delinquency, p. 78.

[273] HAGAN, J. et al. The class structure of gender and delinquency: toward a power-control theory of common delinquent behavior, p. 1.153-1.154.

[274] Vide HAGAN, J. et al. Class in the household: a power-control theory of gender and delinquency, p. 794-798.

[275] HAGAN, J. *Structural Criminology*, p. 152 (grifos nossos); matizadamente sobre essa caracterização como teoria do controle social, COSTELLO, B. J.; MEDERER, H. J. A control theory of gender difference in crime and delinquency, p. 84 e 101, n. 3.

[276] HAGAN, J. *Structural Criminology*, p. 11; vide ainda HAGAN, J. et al. Class in the household: a power-control theory of gender and delinquency, p. 788-789.

[277] HAGAN, 1985: 80-90; HAGAN, J. et al. Class in the household: a power-control theory of gender and delinquency, p. 789.

[278] Isto é, que esses autores recorrem a duas tradições – as que se baseiam em análises de classe e de família – que nos anos oitenta entraram em crise no âmbito criminológico,

também um papel no âmbito laboral. No trabalho podem ostentar posições de maior ou menor poder, conforme, por exemplo, estejam em posições nas quais dão ordens ou as recebem. Essa posição laboral tende a se reproduzir na família: "A autoridade no lugar de trabalho se traduz em poder no lar", "as relações laborais estruturam as relações familiares", ou seja, influem nas relações que acontecem entre os pais e entre estes e os filhos.[279] Por exemplo, se apenas um dos pais trabalha e em um posto diretivo, pode buscar trazer sua posição especial à família.

Em conclusão, nas estruturas familiares, o pai – principalmente –, a mãe ou os dois podem ter posições mais ou menos poderosas ou de comando conforme sua posição no mundo laboral. Em segundo lugar, mas relacionado com o anterior, as famílias podem responder a modelos nos quais o papel dos pais é mais ou menos igualitário. Basicamente, Hagan e seus seguidores propõem *dois modelos básicos (ideais) de famílias*.

a) O *patriarcal*, no qual existe uma grande divisão do trabalho familiar, o pai costuma trabalhar fora de casa e a mulher dedica-se a suas tarefas ou tem um posto de trabalho de menor status e, em todo caso, cuida dos filhos. Nessas famílias cria-se entre as mulheres um *culto ao doméstico*.

b) O modelo *igualitário*, no qual os papéis domésticos de um e outro estão mais repartidos.[280]

Pois bem, a teoria do poder/controle sustenta que o motivo da diferença relativa na criminalidade de um e outro gênero reside não em diferenças biológicas ou em outras propostas tradicionais,[281] mas nos *mecanismos de socialização*: os jovens e as jovens são socializados de modo diferente, e é por isso que sua tendência a incorrer em comportamentos arriscados, desviados e delitivos

---

com o qual também tratam de revitalizá-las, HAGAN, J. et al. Class in the household: a power-control theory of gender and delinquency, p. 812. No que se refere às classes sociais, propõe-se uma classificação em quatro, MCCARTHY, B. et al. In the company of women: structure and agency in a revised power-control theory of gender and delinquency, p. 765.

[279] HAGAN, J. *Structural Criminology*, p. 13; HAGAN, J. et al. Class in the household: a power-control theory of gender and delinquency, p. 798 e 812.

[280] HAGAN, J. et al. Class in the household: a power-control theory of gender and delinquency, p. 791-798; MCCARTHY, B. et al. In the company of women: structure and agency in a revised power-control theory of gender and delinquency, p. 765-767. Naturalmente, HAGAN e seus seguidores advertem que se trata de tipos ideais e que, no fundo, existem diversas estruturas familiares intermediárias. Ainda assim são sensíveis a que os novos tempos convertam em quase habituais, formas alternativas ou novas de relações familiares, como é o caso da família monoparental, na qual só existe a mãe, e também o caso de novos casais e outros muitos, vide HAGAN, J. et al. Class in the household: a power-control theory of gender and delinquency, p. 793; MCCARTHY, B. et al. In the company of women: structure and agency in a revised power-control theory of gender and delinquency, p. 766-767.

[281] HAGAN, J. *Structural Criminology*, p. 146-150; HAGAN, J. Micro-and macro-structures of delinquency causation and a power-control theory of gender and delinquency, p. 213-217.

é menor. As diferenças serão especialmente patentes no caso das famílias de estrutura patriarcal, posto que nelas as diferenças na socialização que se dá aos filhos estão mais marcadas ainda.

Com efeito, o peso da educação e socialização dos filhos recai nas famílias patriarcais, principalmente nas mães. Dessa maneira, tende-se reproduzir a divisão do trabalho doméstico patriarcal – ou seja, o pai que trabalha fora do lar e a mãe que se ocupa fundamentalmente do lar e dos filhos. *As filhas são socializadas para que assumam papéis domésticos* e são submetidas a um controle especial precisamente para protegê-las de qualquer coisa que possa distanciá-las desses papéis e para limitar sua tendência a assumir riscos e sua atividade sexual. Observe-se que são dois os mecanismos que asseguram o maior controle das filhas: a dominação masculina própria da família patriarcal e a socialização em papéis tipicamente femininos, assim como o controle que este último leva consigo. Os rapazes, contudo, não só têm mais liberdade devido a que podem se envolver em mais atividades arriscadas e com menor temor às possíveis consequências, mas também são socializados para que ostentem posições de comando. Por tudo isso, sua tendência a delinquir é muito maior que no caso das moças.

No caso das famílias com estrutura igualitária, as diferenças tanto no poder relativo de cada um dos pais como na socialização dos filhos dependendo de seu sexo diminuem, de modo que a teoria do poder/controle supõe que nesses casos a diferença entre a criminalidade de uns e outros tenderá a ser reduzida. Contudo, inclusive no caso das famílias igualitárias, as diferenças no controle da mãe sobre as filhas – estas continuam submetidas a controles mais rígidos, sobretudo pelas mães – e filhos se mantêm, ainda que naturalmente de modo temperado. A mesma redução das diferenças é característica, basicamente pela mesma razão, das famílias monoparentais.[282]

Finalmente, nas famílias patriarcais se favorece do mesmo modo a aparição nos rapazes de *esquemas básicos* que reproduzem a ideologia própria das primeiras, como é o caso do favorecimento da divisão do trabalho entre um e outro gênero, da consideração dos trabalhos domésticos como próprios das mulheres e das decisões características dos homens etc. Nas famílias mais equilibradas, a atitude da mãe influi em que esses esquemas básicos que ocorrem nos filhos sejam minorados.[283] Posto que esses esquemas básicos favorecem a inclinação

---

[282] Sobre a teoria em seu conjunto, vide HAGAN, J. *Structural Criminology*, p. 11-14, 145-146, 150-160, 199-202, 233-237 e 261-262; HAGAN, J. Micro-and macro-structures of delinquency causation and a power-control theory of gender and delinquency, p. 213 e 217-227; HAGAN, J. et al. Class in the household: a power-control theory of gender and delinquency, p. 791-798 e 812-815; MCCARTHY, B. et al. In the company of women: structure and agency in a revised power-control theory of gender and delinquency, p. 763-770 e 782-786.

[283] MCCARTHY, B. et al. In the company of women: structure and agency in a revised power--control theory of gender and delinquency, p. 768 e 770.

ao delito, essa redução – que tem sua origem na *ação das mães* – contribui para que a delinquência seja menor nas famílias igualitárias.[284]

A nosso ver, a teoria do poder/controle pode situar-se no paradigma feminista, pelo menos se este for interpretado de maneira flexível. A teoria inclui entre suas preocupações a "dominação masculina" que sofrem as mulheres.

Para Hagan e outros, a forma patriarcal da família é até certo ponto um costume de épocas pretéritas, nas quais ainda não se havia separado o lugar de trabalho do lar. Naturalmente, em contrapartida, o tipo de família igualitária é, sempre conforme os autores, mais de acordo com os tempos atuais e é o que tende a se impor. Isso é resultado do acesso das mulheres ao trabalho remunerado, de modo que ganharam poder fora e, consequentemente, dentro de casa. Os autores não só favorecem o modelo de família igualitário, que equipara homens e mulheres, e consideram que é preferível para o controle e prevenção do delito, mas inclusive aproveitam para denunciar certos movimentos que advogam em sentido oposto.[285]

Hagan e outros apresentaram vários testes de sua teoria. Em um deles recorreram a dados de autoinformação que incluíam avaliações dos controles dos pais, o gosto do jovem pelo risco e determinados comportamentos delitivos. As descobertas foram favoráveis à teoria do poder/controle. Em concreto, comprovaram que as mães controlam mais as filhas que os filhos, e isso para todos os casos, ainda que de forma destacada nas famílias patriarcais; que os filhos se sentem mais atraídos pelo risco que as filhas; assim como que as diferenças em razão de sexo são maiores nas famílias patriarcais que nas igualitárias.[286]

Outros estudos empíricos, contudo, não obtiveram resultados tão satisfatórios para a teoria,[287] e o panorama que se nos apresenta é o de um respaldo,

---

[284] McCarthy, B. et al. In the company of women: structure and agency in a revised power-control theory of gender and delinquency, p. 784.

[285] Hagan, J. et al. Class in the household: a power-control theory of gender and delinquency, p. 791 e 813; McCarthy, B. et al. In the company of women: structure and agency in a revised power-control theory of gender and delinquency, p. 770 e 784-786.

[286] Hagan, J. et al. Class in the household: a power-control theory of gender and delinquency, p. 801-812 e 813; sobre a metodologia, vide 799. Em um novo e recente estudo, os autores obtiveram também certa evidência favorável para a teoria, McCarthy, B. et al. In the company of women: structure and agency in a revised power-control theory of gender and delinquency, p. 773-782, assim como 770-773 sobre a metodologia seguida; sobre esse trabalho vide também, menos satisfatórios, Lanctôt, N.; Le Blanc, M. Explaining deviance by adolescent females, p. 163-164.

[287] Vide Blackwell, B. S. Perceived sanction threats, gender and crime: a test and elaboration of power-control theory, p. 461-482; Jensen, G. F. Gender variation in delinquency: self-images, beliefs, and peers as mediating mechanisms, p. 162-165 e 168; Jensen, G. F.; Thompson, K. What's class got to do with it? A further examination of power control theory, p. 1.009-1.020. Também recebeu críticas no plano teórico, Blackwell, B. S. Per-

no melhor dos casos, misto. À vista disso, S. Simpson manifesta que, se os testes empíricos dessa teoria foram relativamente insatisfatórios, deve-se a que não foi capaz de levar em consideração que "o patriarcado varia com os grupos sociais e a classe social", com o que faz especial referência à noção de interseccionalidade.[288]

A ideia de *interseccionalidade* implica que são sempre diversas as variáveis relevantes, e não única e exclusivamente o sexo – apesar de sua assinalada importância.

Do mesmo modo, existem diversas variáveis, basicamente o sexo, a classe social e a raça, com complexos efeitos interativos entre si. Assim, as mulheres têm uma posição desvantajosa na sociedade, mas essa posição é ainda pior se pertencem a uma classe social desfavorecida ou a uma raça ou etnia minoritária; nas palavras de Simpson, "classe, gênero e raça como melhor se entendem é como sistemas de dominação e controle que interseccionam".[289] Cada uma dessas variáveis interage entre si e apresenta posições sociais de várias nuances que é mister estudar com atenção.

Em outros termos, não se trata tanto de que uma pessoa seja mulher, como de que nela concorram diversas variáveis sociodemográficas que verdadeiramente se traduzem em uma discriminação real e que pode desempenhar um papel influente em sua desviação e sua carreira delitiva.[290]

O feminismo é uma corrente absolutamente imprescindível na criminologia e nas ciências humanas e sociais modernas. Muitas de suas advertências devem ser levadas em consideração por uma criminologia majoritária que resultou muitas vezes insuficientemente sensível.

Algumas pesquisas contemporâneas importantes salientaram, contudo, certos problemas dessas linhas teóricas do ponto de vista empírico. Esse é o caso do interessante livro de R. Felson. Ao seu ver, e contrariamente ao que propunham posições feministas, a *violência contra as mulheres* no âmbito doméstico não deveria ser vista como algo único ou como expressão de machismo, mas

---

ceived sanction threats, gender and crime: a test and elaboration of power-control theory, p. 445-447, 477 e 480; LANCTÔT, N.; LE BLANC, M. Explaining deviance by adolescent females, p. 164-165; WELLFORD, C. F. Class, status, and criminological theory, p. 15-16.

[288] SIMPSON, S. S. Caste, class, and violent crime: explaining difference in female offending, p. 123-124.

[289] SIMPSON, S. S. Caste, class, and violent crime: explaining difference in female offending, p. 125.

[290] CARLEN, P. *Women, crime and poverty*, p. 4-7 e 14; LEONARD, E. B. *Women, crime, and Society*, p. xi e 191; RICE, M. Challenging orthodoxies in feminist theory: a black feminist critique, p. 57; RICHIE, B. E. Gender entrapment and African-American women: an analysis of race, ethinicity, gender, and intimate violence, p. 199, 201 e 204; SIMPSON, S. S. Caste, class, and violent crime: explaining difference in female offending, p. 115-116, 118, 125 e 129; SIMPSON, S. S.; ELIS, L. Doing gender: sorting out the caste and crime conundrum, p. 48 e 73; STARK, E. Race, gender, and woman battering, p. 176-177 e 195.

simplesmente como *atos de violência como outros quaisquer*.[291] Se, como sabemos, os homens são inclinados a delinquir e a se comportar de modo violento mais que as mulheres, então é também de esperar que os maridos sejam mais agressivos contra suas esposas que o contrário.[292]

Isso quer dizer que não se precisa recorrer, portanto, ao machismo nem a nada extraordinário pelo *estilo*. Assim, por exemplo, essas diferenças encontram-se em diversos âmbitos socioculturais, independentemente de que se trate de sociedade mais ou menos machista.[293]

Uma das explicações para que os homens tendam a ser mais agressivos é que, como propõe esse autor, são fisicamente mais fortes e, então, partem com vantagem, mas não o suposto machismo.[294]

De seu turno, e de novo contrariamente ao que supõe a ideia feminista de que o matrimônio é visto como uma licença para ser violento, a evidência sugere – seguindo R. Felson – que é mais provável que se agrida a um desconhecido que a um conhecido ou à própria esposa, e que inclusive diversos mecanismos parecem prevenir os ataques contra a esposa.[295] Claro que Felson não pretende tirar a relevância do drama da violência doméstica e dos delitos que sofrem as mulheres e outras vítimas especialmente vulneráveis em geral, mas simplesmente chamar a atenção sobre certa evidência empírica importante que não favorece de modo nenhum as teses feministas.

V. A CRIMINOLOGIA PÓS-MODERNA

A *pós-modernidade* é um movimento muito heterogêneo[296] que propôs uma série de críticas à *modernidade* e suas afirmações,[297] sobretudo à exaltação ilustrada da razão.

---

[291] FELSON, R. B. *Violence and gender reexamined*, p. ix, 4-6 e 28.

[292] FELSON, R. B. Big people hit little people: sex differences in physical power and interpersonal violence, p. 435 e 446-447; FELSON, R. B. *Violence and gender reexamined*, p. 31-32, 35, 42-43 e 49.

[293] Algumas investigações, inclusive, constataram que as mulheres incorrem em violência doméstica na mesma medida que os homens, MOFFITT, T. E. et al. *Sex differences in antisocial behavior*, p. 53-70.

[294] FELSON, R. B. *Violence and gender reexamined*, p. 54-59 e 64-65.

[295] FELSON, R. B. *Violence and gender reexamined*, p. 36-40, 49-50, 63-64 e 67-83; FELSON, R. B. Big people hit little people: sex differences in physical power and interpersonal violence, p. 440-449.

[296] SCHWARTZ, M. D.; FRIEDRICHS, D. O. Postmodern thought and criminological discontent: new metaphors for understanding violence, p. 222 e 231. LEMERT, C. *Postmodernism is not what you think*, p. 36-38, distingue, de maneira plausível, três grandes direções: o pós-modernismo radical, o modernismo radical e o pós-modernismo estratégico.

[297] LYOTARD, J.-F. *La condición postmoderna*, passim; SCHWARTZ, M. D.; FRIEDRICHS, D. O. Postmodern thought and criminological discontent: new metaphors for understanding

As posições mais extremas, chamadas *céticas*,²⁹⁸ consideram que os fundamentos últimos do saber, da ciência e até de nossa própria cultura perderam seus alicerces e sua legitimidade e devem ser desmantelados.²⁹⁹

A pós-modernidade, um pouco geral, volátil e difusa, representa algo instável, aberto, provisório exige a efemeridade, a fragmentariedade, a descontinuidade, o caótico, o antielitismo, o antiautoritarismo, a ironia é mais uma "mentalidade ou atitude" em contraposição à *modernidade*, a qual, pela mesma razão, *não exclui* coerente e paradoxalmente.³⁰⁰

Como se vê, o que se questiona não é algo pertencente ao discurso da modernidade, mas que se trata da própria cultura moderna.³⁰¹

Um dos pontos mais relevantes encontra-se na *crise da razão e do progresso*, pontos básicos do projeto ilustrado da modernidade. Trata-se, pelo menos, de que se deixa de compartilhar uma ideia exaltada e muito acreditada por ambos; de uma sensação de que se seguiu por esse caminho, mas que "as coisas não vão bem".³⁰²

A esse ponto se referiu Lyotard com o conhecido epitáfio: *a modernidade acabou em Auschwitz*.³⁰³

A pós-modernidade é, pois, uma reação contra a modernidade e sua afirmação do progresso no conhecimento, na ciência ou até nas artes; um progresso que incluiria diversos aspectos: "Crença no valor do passado; convicção da nota-

---

violence, p. 222-227; SCHWENDINGER, H. et al. Critical Criminology in the United States: the Berkeley School and theoretical trajectories, p. 56-60. Em sentido contrário, MATTHEWS, R.; YOUNG, J. Reflections on realism, p. 13-17; vide ainda YOUNG, J. Writing on the cusp of change: a new Criminology for an age of late modernity, p. 259-260; YOUNG, J. *The exclusive society*, p. 32-34 e passim.

²⁹⁸ HENRY, S.; MILOVANOVIC, D. *Constitutive Criminology*, p. 5, 12, 63-64, 82-86, 110-111 e 152-153; HENRY, S.; MILOVANOVIC, D. Introduction: postmodernism and constitutive theory, p. 6.

²⁹⁹ LYOTARD, J.-F. *La condición postmoderna*, p. 10, 63-70 e passim. Para uma crítica da ciência e da epistemologia em especial, vide FEYERABEND, P. *Against method*, p. 9-19, 70-73, 150, 157-158, 165, 187-197, 211-213 e 231.

³⁰⁰ HARVEY, D. *The condition of postmodernity*, p. 44; HASSAN, I. Toward a con-cept of postmodernism, p. 276-277, 279, 280-281 e 283; HASSAN, I. POSTmodernISM: a paracritical bibliography, p. 1997: 396-398; JAMESON, F. *El postmodernismo o la lógica cultural del capitalismo avanzado*, p. 12; LYOTARD, J.-F. *La posmodernidad (explicada a los niños)*, p. 23; SCHWARTZ, M. D.; FRIEDRICHS, D. O. Postmodern thought and criminological discontent: new metaphors for understanding violence, p. 238; SMART, B. Modernity, postmodernity and the present, p. 20; SMART, B. *Postmodernity*, p. 101.

³⁰¹ YOUNG, J. *The exclusive society*, p. 32-35.

³⁰² GOODRICH, P. et al. Politics, ethics and the legality of the contingent, p. 3 e 16 (grifos nossos); vide também SMART, B. *Postmodernity*, p. 85-88.

³⁰³ Vide sobre a questão LYOTARD, J.-F. *La diferencia*, p. 126; LYOTARD, J.-F. *La posmodernidad (explicada a los niños)*, p. 30.

bilidade, inclusive superioridade, da civilização ocidental; aceitação do valor do crescimento econômico e tecnológico; fé na razão e na classe de conhecimento científico e acadêmico que pode derivar apenas da razão; e, finalmente, crença na importância intrínseca, no valor indelével da vida na terra".[304] Por tudo isso, a pós-modernidade é, por sua própria essência, algo difícil de captar, algo que escapa à definição – já que isso seria mais característico da modernidade.[305]

Essa falta de confiança se traduz, por exemplo, na crise do sujeito como ser livre, dominador do meio que o rodeia. Prevê-se *o final da história*, no sentido de contínuo desenvolvimento do progresso humano, da razão, da emancipação do homem etc. Coloca-se em dúvida o etnocentrismo, que crê na superioridade da cultura ocidental; nega-se que uma razão todo-poderosa permita julgar e decidir entre determinadas posturas, critica-se o *Direito*: "As contingências da lei – seus erros, suas fraquezas, suas mudanças de postura, sua subordinação à política e suas flagrantes injustiças – são, talvez, seus traços mais manifestos (...) pode-se formular mais adequadamente em termos da distância existente entre justiça e lei (...) uma justiça cega, uma geometria de regras (*more geometrico*) sem sensibilidade da proporção, percepção de lugar ou entendimento da harmonia (...). A lei – tanto em suas facetas práticas como teóricas – foi o terreno no qual essa catástrofe [moral] ocorreu no sentido mais radical, entretanto, de seu turno, a lei foi apresentada como o substituto de um consenso despojado de valores";[306] e se exige, finalmente, a ética.[307]

É importante esclarecer que, em primeiro lugar, as propostas pós-modernas não são apenas críticas, mas também construtivas. Em segundo lugar, por sua própria natureza, a pós-modernidade não exclui a modernidade[308] – ainda que

---

[304] NISBET, R. *History of the idea of progress*, p. 317.

[305] SCHWARTZ, M. D.; FRIEDRICHS, D. O. Postmodern thought and criminological discontent: new metaphors for understanding violence, p. 222.

[306] GOODRICH, P. et al. Politics, ethics and the legality of the contingent, p. 16-17; vide também HENRY, S.; MILOVANOVIC, D. The constitution of constitutive Criminology: a postmodern approach to criminological theory, p. 114-118; MILOVANOVIC, D. Law, ideology, and subjectivity: a semiotic perspective on crime and justice, p. 231-250.

[307] BOYNE, R. Postmodernity, the sublime and ethics, p. 219-222; GOODRICH, P. et al. Politics, ethics and the legality of the contingent, p. 1-5; HARVEY, D. *The condition of postmodernity*, p. 56 e 62-63; HENRY, S.; MILOVANOVIC, D. *Constitutive Criminology*, p. 3-5; HENRY, S.; MILOVANOVIC, D. Introduction: postmodernism and constitutive theory, p. 4-7; JAMESON, F. *El postmodernismo o la lógica cultural del capitalismo avanzado*, p. 46 e 102; LEONARD, J. D. Transgressive postmodernism: prolegomenon to a radical legal studies, p. 3-5; LYOTARD, J.-F. *La posmodernidad (explicada a los niños)*, p. 25; SILVA SÁNCHEZ, J.-M. *Aproximación al Derecho penal contemporáneo*, p. 13-15; SMART, B. Postmodernity, p. 77-80; VATTIMO, G. *Etica de la interpretación*, p. 15-20 e 138-142.

[308] HARVEY, D. *The condition of postmodernity*, p. 48-49 e 113; HASSAN, I. POSTmodernISM: a paracritical bibliography, p. 386 e 389; LYOTARD, J.-F. *La diferencia*, p. 23; VATTIMO, G. *El fin de la modernidad*, p. 146.

pretenda vencer seus males – nem pretende superá-la e abandoná-la,[309] mas se trata de um posicionamento muito mais *flexível*[310] para o que tampouco é possível renunciar, desprender-se da razão.[311]

Esse quadro influi do mesmo modo, como era de esperar, na criminologia contemporânea.[312] Em primeiro lugar realizou-se uma análise da *criminologia moderna*, paradigma no qual se situariam as teorias e orientações aqui examinadas. Assim, estudaram e revelaram as *afirmações básicas*, conscientes ou não, das diversas linhas da criminologia contemporânea e do positivismo em geral,[313] seguindo, muitas vezes, um processo de interpretação em consonância com a *desconstrução derridiana*. Naturalmente, em segundo lugar, realizou-se um trabalho crítico das orientações modernas.[314] Por exemplo, acusando-a de contribuir para a vitimização porque chama a atenção sobre as vítimas diretas e assim contribui para fazer esquecer que vítimas de danos ou males somos quase todos.[315]

Porém, a criminologia pós-moderna insiste em que seu trabalho não pode ser unicamente crítico ou demolidor do estabelecido, ou seja, cético, pelo contrário, e mais adiante recomenda manter o acúmulo de conhecimentos e teorias que reuniu a criminologia moderna.[316]

De modo mais amplo, a criminologia pós-moderna exige o *pluralismo* e a *diversidade* e, mais especificamente, insiste que na criminologia ou no estudo do delito convivem vários paradigmas distintos; que a criminologia inclui um grande leque multicor de opções, dentre as quais a positiva, majoritária, é apenas uma, mas, em nenhum caso, a única; que há, com efeito, várias formas distintas de entender a criminologia e de se aproximar do delito.[317]

Dentre essas propostas afirmativas, destaca a da *criminologia constitutiva* sustentada por Henry e Milovanovic.[318] Muito mais do que propor uma teoria em

---

[309] HARVEY, D. *The condition of postmodernity*, p. 115-116; LYOTARD, J.-F. *La condición postmoderna*, p. 78; VATTIMO, G. *Etica de la interpretación*, p. 34.
[310] HARVEY, D. *The condition of postmodernity*, p. 338-340.
[311] Rovatti, P. A. Transformaciones a lo largo de la experiencia, p. 61-75; ROVATTI, P. A.; VATTIMO, G. Advertencia preliminar, p. 11-17, especialmente 16; VATTIMO, G. *Etica de la interpretación*, p. 16-22 e 34-35.
[312] Vide LEA, J. Criminology and postmodernity, p. 163-164.
[313] EINSTADTER, W.; HENRY, S. *Criminological theory*, p. 5-25; SCHWARTZ, M. D.; FRIEDRICHS, D. O. Postmodern thought and criminological discontent: new metaphors for understanding violence, p. 225-226.
[314] HENRY, S.; MILOVANOVIC, D. *Constitutive Criminology*, p. 1-3, 17-26, 47-51, 74-82, 101-110, 122-150 e 187-198.
[315] HENRY, S.; MILOVANOVIC, D. *Constitutive Criminology*, p. 110.
[316] HENRY, S.; MILOVANOVIC, D. Introduction: postmodernism and constitutive theory, p. 3.
[317] BARAK, G. Introduction: criminological theory in the "postmodernist" era, p. 1-2.
[318] Sobre suas raízes filosóficas e científicas, vide BAK, A. Constitutive Criminology: an introduction to the core concepts, p. 18-21; HENRY, S.; MILOVANOVIC, D. *Constitutive*

sentido estrito, esses autores analisam os pontos de partida de uma criminologia constitutiva e repassam a natureza da realidade social, do sujeito, do delito e das vítimas, da lógica e estrutura da etiologia do delito, assim como as possibilidades de sua prevenção e controle.

Os autores mencionados partem da natureza socialmente construída da realidade.[319] A realidade não é algo totalmente independente dos indivíduos, mas é construída por eles em suas interações cotidianas. A realidade é discursiva, dinâmica, em mudança constante, isto é, complexa e irredutível.[320] Mas, a realidade e a estrutura social são *coproduzidas* pelos indivíduos.

Henry e Milovanovic consideram que de um ponto de vista estritamente criminológico é imprescindível estudar "como é que essas construções da realidade chegam a se tornar tão reais que são capazes de arruinar os indivíduos, isto é, são capazes de produzir o delito".[321] O delito, o dano que supõe, é *real, não importando qual seja o ponto de vista* – desse modo não se pode criticar que essa postura negue as vítimas ou os delitos concretos.[322]

Se, para a criminologia e para as ciências humanas e sociais modernas em geral, o ser humano é um ser dotado de livre-arbítrio – dentro de alguns limites – ou, se é concebido, mais habitualmente, como um sujeito determinado, a criminologia constitutiva nega ambos os pontos de vista e considera que ação livre e determinismo são duas faces inseparáveis da mesma moeda, de modo que não tem sentido enfrentar o estudo do comportamento humano a partir de uma dessas perspectivas.[323]

De sua vez, os indivíduos são ativos e passivos, produzem o mundo social em que vivem, o qual, por sua vez, influi neles: ambas as entidades, indivíduo e estrutura, são "mutuamente constitutivos",[324] e, nesse sentido, não é possível dissociar ambas as perspectivas. Isso seria um reducionismo irreal: "A maior

---

Criminology, p. 8-12, 28-36, 51-63 e 153-170 principalmente. Essas influências convertem a Criminologia constitutiva em um enfoque integrado, MILOVANOVIC, D. *Critical Criminology at the edge*, p. 253.

[319] Vide a respeito BERGER, P. L.; LUCKMANN, T. *La construcción social de la realidad*, passim.

[320] BAK, A. Constitutive Criminology: an introduction to the core concepts, p. 23-25; EINSTADTER, W.; HENRY, S. *Criminological theory*, p. 282-286; HENRY, S.; MILOVANOVIC, D. Constitutive Criminology: the maturation of critical theory, p. 295; HENRY, S.; MILOVANOVIC, D. *Constitutive Criminology*, p. 27, 51 e 86-96; MILOVANOVIC, D. *Critical Criminology at the edge*, p. 252.

[321] HENRY, S.; MILOVANOVIC, D. *Constitutive Criminology*, p. 65.

[322] Como sugerem AKERS, R. L. *Criminological theories*, p. 206-207; e VOLD, G. B. et al. *Theoretical Criminology*, p. 264; vide HENRY, S.; MILOVANOVIC, D. *Constitutive Criminology*, p. 111.

[323] BARAK, G. Introduction: criminological theory in the "postmodernist" era, p. 5; MILOVANOVIC, D. *Critical Criminology at the edge*, p. 261-265.

[324] HENRY, S.; MILOVANOVIC, D. *Constitutive Criminology*, p. 37, vide também 65-66 e 71.

parte do tempo somos produtores esquecidos de nosso mundo. A maioria das pessoas são, em parte, construtores cegos, conscientes de maneira intermitente de que o que constroem é construído por eles, se bem que sujeitos por sua própria experiência pelas construções que veem em outros".[325]

A criminologia pós-moderna exige a ressurreição do sujeito[326] – no sentido de que as ciências sociais positivistas dele prescindiram para explicar seu comportamento –, mas de um sujeito que é concebido de maneira complexa e em um processo constante de mudança; trata-se de um *sujeito descentrado*: "Um sujeito em processo (...) sem ser nunca o que parece, sempre tendendo a ser algo distinto, um efeito do discurso que muda conforme muda o discurso"; o sujeito da criminologia constitutiva é, assim, um *sujeito aberto*.[327]

Henry e Milovanovic também propõem um conceito natural de delito, independente, portanto, das definições legais e coerente com a natureza socialmente construída e discursiva da realidade. Afirmam que o delito é um dano: "Delito é a expressão da energia de alguma ação para impor uma diferença sobre os demais e é a exclusão desses outros que nesse instante são deixados sem poder para manter ou expressar sua humanidade"; é o poder para criar dano, dor em qualquer contexto.[328] Ainda que o delito seja uma realidade discursiva, os autores insistem com os enfoques críticos de que o poder e quem goza dele desempenham um papel decisivo nas definições.[329]

A criminologia pós-moderna considera que as análises causais típicas da modernidade são pouco promissoras, posto que *coisificam* o delito e sua produção.[330] Os autores destacam aqui o conceito de determinismo débil[331] e afirmam que, coerentemente com a ideia de um sujeito aberto e em constante mudança, que algumas vezes pode incorrer em um delito e em outras circunstâncias análogas não, falar de causalidade em termos *modernos* é pouco real.

---

[325] HENRY, S.; MILOVANOVIC, D. *Constitutive Criminology*, p. 37.
[326] IBÁÑEZ, J. *El regreso del sujeto*, p. 68-77.
[327] HENRY, S.; MILOVANOVIC, D. *Constitutive Criminology*, p. 27 e 39.
[328] HENRY, S.; MILOVANOVIC, D. *Constitutive Criminology*, p. 116 e 118 (grifo nosso), considerando que esse conceito de delito é provisório, 119; MILOVANOVIC, D. *Critical Criminology at the edge*, p. 253; vide também 174-176; HENRY, S.; MILOVANOVIC, D. The constitution of constitutive Criminology: a postmodern approach to criminological theory, p. 118-120; HENRY, S.; MILOVANOVIC, D. Introduction: postmodernism and constitutive theory, p. 7; MILOVANOVIC, D.; HENRY, S. Constitutive definition of crime: power as harm, p. 165-170, com mais detalhes; mais em geral, EINSTADTER, W.; HENRY, S. *Criminological theory*, p. 286-289.
[329] HENRY, S.; MILOVANOVIC, D. *Constitutive Criminology*, p. 116; MILOVANOVIC, D.; HENRY, S. Constitutive definition of crime: power as harm, p. 165.
[330] BAK, A. Constitutive Criminology: an introduction to the core concepts, p. 28-30; EINSTADTER, W.; HENRY, S. *Criminological theory*, p. 289-292; MILOVANOVIC, D. *Critical Criminology at the edge*, p. 4-6.
[331] Vide MATZA, D. *Delinquency and drift*, p. 5-9 e 27-30.

O indivíduo se encontra imerso em uma complexa rede de discursos e influências, e *a decisão de cometer um delito ou não se encontra mais indeterminada*, de modo que pequenas flutuações circunstanciais podem fazer que o desenlace de uma situação seja totalmente distinto.[332]

Como se vê, a concepção da causalidade é influenciada pela teoria do caos. Novamente se percebe que o delito é algo muito real, em primeiro lugar porque isso significa que existem indivíduos que têm a habilidade e a vontade de causar danos a outros; e, em segundo lugar, porque o delito é produzido em uma ordem social, cultural e econômica dominada por instituições que facilitam ou, pelo menos, permitem que ocorram as circunstâncias necessárias para o surgimento do delito, sempre conforme Henry e Milovanovic.[333]

Tal corrente também insiste que suas propostas não podem ficar em uma mera análise de torre de marfim, mas é imprescindível levá-las à prática para melhorar as sociedades contemporâneas e para diminuir a carga de delito que sofrem.[334]

De fato, como vimos, com sua confiança nas possibilidades dos indivíduos para influir nos discursos e, consequentemente, nas definições e estruturas, as medidas de melhora apresentam-se como possíveis.[335] Daí também se infere o caráter essencialmente crítico dessas posturas, que querem desafiar as "relações dominantes de poder".[336] Tais políticas criminais baseiam-se na substituição dos discursos dominantes por outros mais humanos, e nem sempre está claro como se pode realizar dita substituição, nem se, no fundo, é possível ou preferível.[337]

Uma proposta que pode situar-se nesse âmbito – ainda que também seja coerente com a criminologia crítica em geral – é a da *criminologia da elaboração de notícias* (*newsmaking Criminology*), de Barak.

---

[332] HENRY, S.; MILOVANOVIC, D. The constitution of constitutive Criminology: a postmodern approach to criminological theory, p. 120-125; HENRY, S.; MILOVANOVIC, D. *Constitutive Criminology*, p. 155-156, 170-174 e 178-180; MILOVANOVIC, D. *Critical Criminology at the edge*, p. 55-64, 83, 85-90 e 108-114.

[333] HENRY, S.; MILOVANOVIC, D. *Constitutive Criminology*, p. 174-175.

[334] BAK, A. Constitutive Criminology: an introduction to the core concepts, p. 30-33; EINSTADTER, W.; HENRY, S. *Criminological theory*, p. 292-297; HENRY, S.; MILOVANOVIC, D. The constitution of constitutive Criminology: a postmodern approach to criminological theory, p. 125-130; HENRY, S.; MILOVANOVIC, D. *Constitutive Criminology*, p. 65, 203-212 e 214-241; HENRY, S.; MILOVANOVIC, D. Introduction: postmodernism and constitutive theory, p. 9; MILOVANOVIC, D. *Critical Criminology at the edge*, p. 205-219 e 225; SCHWARTZ, M. D.; FRIEDRICHS, D. O. Postmodern thought and criminological discontent: new metaphors for understanding violence, p. 233, ainda que também 237.

[335] HENRY, S.; MILOVANOVIC, D. Introduction: postmodernism and constitutive theory, p. 9.

[336] HENRY, S.; MILOVANOVIC, D. *Constitutive Criminology*, p. 51.

[337] AKERS, R. L. *Criminological theories*, p. 209.

O pós-modernismo confere uma grande importância à natureza socialmente construída do delito e, portanto, aos discursos sobre ele.[338] Desse modo, esse autor propõe que se utilizem os meios de comunicação de massas para alterar as imagens predominantes sobre o delito e oferecer outras mais realistas: "Faço uma chamada aos criminólogos (...) para que participem na construção social do delito e do seu controle como forma de trazer mudança social e justiça social (...) o papel de um criminólogo na elaboração de notícias é possível porque os valores e as práticas dos jornalistas não estão fixados de maneira rígida, mas são muito pouco concretos".[339]

---

[338] Vide, por exemplo, SCHWARTZ, M. D.; FRIEDRICHS, D. O. Postmodern thought and criminological discontent: new metaphors for understanding violence, p. 224, 227-231 e 234-236.

[339] BARAK, G. Newsmaking Criminology: reflections on the media, intellectuals, and crime, p. 585, vide em geral sobre a proposta 565-570, 573-578 e 581-584. Criticamente, YOUNG, J. Realist research as a basis for local criminal Justice policy, p. 38.

Capítulo 10
ENFOQUES INTEGRADOS. A CRIMINOLOGIA DO DESENVOLVIMENTO

I. TEORIAS INTEGRADAS

1. Teorias integradas e unitárias

A criminologia contemporânea propôs teorias e enfoques integrados ante os mais tradicionais de caráter unitário, tais como as teorias da associação diferencial, da tensão ou do controle.[1] Também a integração pode se referir a enfoques disciplinares, variáveis e teorias criminológicas propriamente ditas. É nesta última possibilidade que vamos nos concentrar agora.

Os proponentes dos enfoques integrados são perfeitamente conscientes das sérias dificuldades lógicas de tais enfoques e do aumento da complexidade que muitas vezes significam, mas consideram que as teorias unitárias tradicionais fracassaram na hora de explicar o delito e que esses novos enfoques são superiores empiricamente. O que se propõe é basicamente tomar *de cada teoria aquelas partes que resultem mais promissoras e tratar de formar uma nova teoria com todas elas.*

Ainda que existam vários modelos integrados,[2] cada vez mais, os que propuseram e defenderam Elliott e seus seguidores continuam sendo um dos mais conhecidos e consistentes. Talvez possa ser denominado modelo modificado do

---

[1] Sobre o debate, vide, em geral, ELLIOTT, D. S. The assumption that theories can be combined with increased explanatory power: theoretical integrations, p. 123-124; FARNWORTH, M. Theory integration versus model building, p. 99; GOTTFREDSON, M. R.; HIRSCHI, T. *A general theory of crime*, p. 113; HIRSCHI, T. Exploring alternatives to integrated theory, p. 37 e 39-48; LISKA, A. E. et al. Strategies and requisites for theoretical integration in the study of crime and deviance, p. 3-5; WELLFORD, C. F. Towards an integrated theory of criminal behavior, p. 119.

[2] BRAITHWAITE, J. *Crime, shame and reintegration*, p. 16-43; TITTLE, C. R. *Control balance*, p. 142-199; idem, Control balance, p. 316-330; VOLD, G. B. et al. *Theoretical Criminology*, p. 313-316.

controle social-desorganização social,³ ainda que essa tradição represente apenas uma de suas partes e, ademais, com importantes modificações.

Recentemente se propôs um enfoque teórico integrado que trata de unir a teoria do controle social de Hirschi com o enfoque do conflito.⁴ García España sugere que "o sujeito vai perdendo alguns vínculos prévios, que não se veem compensados com a aquisição de outros novos", porém essa teoria "não contribui com uma visão global e completa da delinquência" e o delito não pode ser entendido "prescindindo da própria reação social".⁵ A mesma autora insiste que a combinação de ambos os enfoques é possível.⁶

2. O modelo modificado do controle social-desorganização social

O modelo proposto por Elliott e outros continua sendo atualmente um dos mais solidamente construídos e conhecidos. Os autores recorrem à combinação de três das teorias tradicionalmente mais importantes: as do controle social, da frustração e da associação diferencial/aprendizagem. A integração que propõem é a nível individual, ainda que mantenham aberta a possibilidade de estender a teoria a nível macro.⁷

Os autores são perfeitamente conscientes⁸ das dificuldades que conduz a integração de teorias que tradicionalmente se consideraram opostas entre si e, portanto, incompatíveis;⁹ por esse motivo, fazem um grande esforço por escla-

---

³ Vide ELLIOTT, D. S. et al. *Explaining delinquency and drug use*, p. 67; contudo, deve ficar claro que o modelo não se confunde, muito pelo contrário, com uma teoria do controle, e até é possível que elementos procedentes da associação diferencial tenham um peso maior. Vide em todo caso 67-68 e 142.

⁴ GARCÍA ESPAÑA, E. *Inmigración y delincuencia en España: análisis criminológico*, p. 127; a autora parece sugerir que se trata da teoria de HIRSCHI de 1969 adaptada ao objeto de estudo de seu trabalho, mas não modificada, e de uma versão (macro) do enfoque do etiquetamento relacionado com as teses do conflito social, p. 126-129. Em nível individual, pode ser possível integrar posturas moderadas do *labeling approach* e algumas versões da teoria do controle, BRENNAN, T. et al. *The social psychology of runaways*, p. 78-79. A esse nível individual não parece possível integrar à teoria do controle social de HIRSCHI com uma versão mais radical do enfoque do etiquetamento relacionado com as teses do conflito, HIRSCHI, T. *Causes of delinquency*, p. 231; idem, Labelling theory and juvenile delinquency: an assessment of the evidence, p. 181-188 e 198, sobretudo.

⁵ GARCÍA ESPAÑA, E. *Inmigración y delincuencia en España: análisis criminológico*, p. 127-128.

⁶ GARCÍA ESPAÑA, E. *Inmigración y delincuencia en España: análisis criminológico*, p. 127 e 129.

⁷ ELLIOTT, D. S. et al. *Explaining delinquency and drug use*, p. 11.

⁸ ELLIOTT, D. S. et al. *Explaining delinquency and drug use*, p. 12.

⁹ HIRSCHI, T. *Causes of delinquency*, p. 4-15; KORNHAUSER, R. R. *Social sources of delinquency*, p. 23-29.

recer como se realiza a integração do ponto de vista lógico. Ao mesmo tempo, consideram acertadamente que sua proposta deve ser empiricamente superior às tradicionais, se é que quer ser aceita; por isso, seu trabalho inclui um ímprobo repasse das investigações conhecidas e realiza ele mesmo uma investigação desenhada para o teste de sua teoria integrada e para compará-la com as demais – atendendo, sobretudo à variação explicada. São dois motivos que explicam o enorme impacto que para nossa disciplina teve o trabalho de Elliott e seus seguidores, sobretudo ao abrir o caminho à integração e a outros modelos teóricos como o dos fatores de risco,[10] distintos todos eles dos tradicionais, baseados no princípio da refutação.

O modelo que propõem tem em grande parte uma *natureza sequencial*, no sentido de que os elementos de cada teoria entram em jogo um em continuação de outro, em um encadeamento, em uma *sequência*.[11]

a) O primeiro lugar importante da teoria integrada vem conformado porque uma inadequada socialização, assim como a frustração, determina que em um indivíduo existam alguns *controles sociais fracos*. A teoria do controle social fazia referência, sobretudo, a uma inadequada socialização na família; mas também é compatível com que a frustração contribui para o enfraquecimento dos vínculos que nos unem à sociedade. A contribuição do modelo de Elliott e outros é o reconhecimento de que nem todo efeito da frustração é mediado por alguns vínculos frágeis, mas, em alguma medida, também influi diretamente na delinquência. Dessa maneira, a frustração favorece a delinquência tanto por meio do enfraquecimento dos vínculos como diretamente. O referido modelo integra a teoria do controle social e a da frustração.[12]

b) Uma vez que os vínculos, sobretudo a família e a escola, são frágeis, o indivíduo tende a frequentar grupos de amigos que favorecem a prática de fatos delitivos e também desviados, como é o consumo de drogas, e a se vincular a eles. Assim, a *vinculação a amigos delinquentes* ou convencionais se encontra influenciada pelos vínculos sociais prévios.[13]

c) De acordo com o modelo integrado, a delinquência é o *resultado conjunto* de vínculos frágeis a grupos e normas convencionais e de vínculos sólidos a pessoas e grupos desviados.[14] Assim mesmo é possível uma influência direta da frustração – como se disse – e/ou de controles frágeis na delinquência, ou seja,

---

[10] BERNARD, T. J. Integrating theories in Criminology, p. 339-341; VOLD, G. B. et al. *Theoretical Criminology*, p. 314.
[11] ELLIOTT, D. S. et al. *Explaining delinquency and drug use*, p. 38, 69 e 84-85.
[12] BRENNAN, T. et al. *The social psychology of runaways*, p. 67-72; ELLIOTT, D. S. et al. *Explaining delinquency and drug use*, p. 17-19 e 30.
[13] ELLIOTT, D. S. et al. *Explaining delinquency and drug use*, p. 36-43 e 65.
[14] ELLIOTT, D. S. et al. *Explaining delinquency and drug use*, p. 38, 51, 61, 65, 70 e 88.

uma influência não mediada pelo núcleo básico da teoria integrada, ainda que essa influência tenda a ser frágil.[15] Também aqui se destaca sua nítida separação dos modelos tradicionais a que recorre e como a verdadeira natureza do modelo é *integrada*, e não mera justaposição de variáveis ou teorias.

Essa parte da teoria é básica. Da própria investigação empírica realizada por Elliott e outros se deduz o seguinte:

a) que, com efeito, quem tinha vínculos convencionais frágeis e vínculos sólidos com amigos delinquentes era quem mais tendia a delinquir;

b) que a relação entre ambas as variáveis é, na verdade, uma *relação condicional*. Este ponto é bem mais sutil:

b.1) em primeiro lugar, relacionar-se com amigos delinquentes é fator importante para um aumento da delinquência individual, porém somente quando a vinculação a grupos e atividades convencionais seja frágil. Isto é, a relação ou vinculação com amigos delinquentes é seguramente a variável (direta) mais determinante para o delito.[16] Isso coincide em parte com a teoria da associação diferencial e se afasta, também em parte, da teoria clássica do controle social. Ainda que qualquer um possa realizar um ato delitivo, a manutenção de uma conduta desviada a longo prazo requer certo *apoio* do grupo, não é algo que possa ser sustentado isoladamente, sobretudo em idades prematuras.[17] Ora, em consonância com a teoria do controle, esse efeito dos amigos depende de que não existam controles sociais informais – vínculos sociais sólidos – que previnam o delito;

b.2) em segundo lugar, os indivíduos com vinculação frágil a amigos delinquentes tendem a delinquir relativamente pouco, porém agora independentemente de que a vinculação a grupos e atividades seja frágil ou forte. Nesse caso, essa descoberta volta a se aproximar da teoria da associação diferencial e a se afastar, agora mais claramente, daquela do controle.[18]

Não é demais insistir em que talvez o mais interessante dessa proposta seja a sólida construção de uma teoria, na qual se recorre a teorias unitárias anterio-

---

[15] Elliott, D. S. et al. *Explaining delinquency and drug use*, p. 68-69.
[16] Elliott, D. S.; Voss, H. L. *Delinquency and dropout*, p. 157, 164-165 e 204; Elliott, D. S. et al. *Explaining delinquency and drug use*, p. 142; Elliott, D. S. et al. *Youth violence: children at risk*, p. 42.
[17] Brennan, T. et al. *The social psychology of runaways*, p. 71.
[18] Elliott, D. S. et al. *Explaining delinquency and drug use*, p. 123, 130-133, em especial, p. 132-133 e 143-145.

res para integrá-las em outra que não se confunde com nenhuma delas. Nem é preciso dizer que esse trabalho é tecnicamente muito complexo.

Como anunciado, os citados autores realizaram uma profunda revisão de pesquisas empíricas que, em geral, proporcionavam apoio empírico para seu modelo.[19] Assim mesmo, incluíram um estudo próprio com semelhantes conclusões.[20] Eles consideram que o *apoio empírico* de seu modelo é superior ao das teorias unitárias em geral e, em concreto, ao das três às quais eles recorrem. Elliott e outros consideram que este é seu melhor argumento: "O poder explicativo do modelo integrado é muito bom, dado o nível de predição do que habitualmente informa a literatura sobre delinquência e consumo de drogas".[21]

II. O PARADIGMA DAS CARREIRAS CRIMINAIS

1. A importância do fator idade

A idade é um dos dois fatores mais solidamente correlacionados com a prática de fatos delitivos. Sabe-se desde o início do que hoje consideramos criminologia científica que os jovens são responsáveis por um número desproporcional de delitos.[22]

A evidência, no que se refere à Espanha[23] e aos momentos atuais, parece clara: os jovens menores de 18 anos representam entre 12% e 13% de todas as prisões por presumidos delitos que ocorrem na Espanha. Se em 1999 aconteceram 205.532 prisões, 25.856 delas foram de menores de 18 anos, o que representa 12,5% do total; se em 2000 as prisões subiram a 211.018, 27.117 (12,8%) eram de menores e se em 2001 o total foi 218.438, os menores detidos foram 26.493 (12,1%).[24] Esses dados implicam que, como nos demais países onde se estudou,

---

[19] ELLIOTT, D. S. et al. *Explaining delinquency and drug use*, p. 21-30, 43-60 e 70-88.
[20] ELLIOTT, D. S. et al. *Explaining delinquency and drug use*, p. 109-118 e 91-102 sobre a metodologia; os mesmos autores, ademais, reconhecem algumas limitações teóricas e empíricas de seu modelo e realizam distintas e interessantes propostas, 69 e 145-148, principalmente.
[21] ELLIOTT, D. S. et al. *Explaining delinquency and drug use*, p. 137.
[22] QUETELET, A. *Research on the propensity for crime at different ages*, p. 64-65; vide um informe comparado em SERRANO MAÍLLO, A. Mayoría de edad en el Código de 1995 y delincuencia juvenil, p. 792-801 e Gráficos I e II.
[23] RECHEA ALBEROLA, C.; FERNÁNDEZ MOLINA, E. La nueva justicia de menores: la delincuencia juvenil en el siglo XXI, p. 343 e 350; SERRANO GÓMEZ, A. *Delincuencia juvenil en España*, p. 33-34 e 55-61.
[24] Fonte: Estatísticas do Ministério do Interior para 1999, 2000 e 2001, em *RDPC*, v. 6, p. 523-545, 2000, em especial p. 537, Tabela V; *RDPC*, v. 8, p. 471-499, 2001, sobretudo p. 485-486, Tabelas I e II; e *RDPC*, v. 10, p. 522-523 e 525, 2002, Tabela II. Do total, os menores entre 17 e 18 anos foram responsáveis por 14.931 (7,2%) do total de detenções em 1999; de 16.610 (7,8%) em 2000; e de 15.908 (7,2%) em 2001 – mesmas referências

os menores e jovens parecem ser responsáveis por um número *desproporcional* dos delitos que são cometidos na Espanha.²⁵

Esses dados oficiais sobre prisões apresentam, sem dúvida, problemas de validez e interpretação, e possivelmente se encontram contaminados por fatores que exageram a participação dos jovens na delinquência, mas também por outros que a minimizam; contudo, a nosso ver, constituem atualmente, e no caso da Espanha, os *melhores dados* para calcular o volume de delinquência de que são responsáveis os jovens.²⁶ Fatores como a regularidade dos números ou as descobertas de outros países e épocas históricas no mesmo sentido favorecem nossa confiança na conclusão de que cometem uma percentagem de delitos desproporcional.

Esse cenário, ademais, é corroborado por alguns estudos de autoinformação que se realizaram em nosso país²⁷ – se bem que, como também é sabido, estes tendem a ocultar delitos de escassa gravidade.

Como conclusão, pois, parece que diversas cifras, obtidas algumas delas com metodologias distintas, tendem a confirmar a desproporção dos delitos que os jovens cometem e a marcante correlação do delito com o fator idade para a Espanha. Uma das conclusões mais importantes que *possivelmente* pode ser extraída do anterior é que *a delinquência se encontra muito mais difundida entre os jovens que entre os adultos*.²⁸ M. Felson fala, nesse sentido, da *falácia do jovem inocente*.²⁹

Ainda que, como acabamos de dizer, isso seja conhecido desde o século XIX, somente nos anos oitenta se destacaram a importância e as implicações da descoberta,³⁰ até o ponto de que, como comprovaremos em seguida, provocou uma autêntica revolução na criminologia contemporânea. É importante assinalar que nada disso é de senso comum.³¹ Distribuem-se graficamente os delitos

---

bibliográficas. Os dados sobre condenados – sem dúvida muito menos válidos aos efeitos que nos ocupam. Sugerem um cenário semelhante; vide, para dados de 31 de janeiro de 2002, *RDPC*, v. 10, p. 530, 2002. Vide, contudo e em qualquer caso, HIRSCHI, T.; GOTTFREDSON, M. R. Age and the explanation of crime, p. 561-562.

²⁵ SERRANO MAÍLLO, A. Mayoría de edad en el Código de 1995 y delincuencia juvenil, p. 801.
²⁶ SELLIN, T. The basis of a crime index, p. 346.
²⁷ RECHEA ALBEROLA, C. et al. La delincuencia juvenil en España, passim.
²⁸ Isso não quer dizer que o núcleo do fenômeno seja a prevalência; vide MOFFITT, T. E. Adolescence-limited and life-course-persistent offending: a complementary pair of developmental theories, p. 12; MOFFITT, T. E. et al. Sex differences in antisocial behavior, p. 208.
²⁹ FELSON, M. Crime and everyday life, p. 11-13.
³⁰ Vide o relato de HIRSCHI apud LAUB, J. H. Introduction: the life and work of Travis Hirschi, p. xxx.
³¹ Vide HERRERO HERRERO, C. Tipologías de delitos y de delincuentes en la delincuencia juvenil actual. Perspectiva criminológica, p. 1.069-1.076.

conforme a idade de seu autor, deparamo-nos com a *curva da idade*.[32] Essa foi acolhida por Quetelet, na primeira metade do século XIX.[33] Serrano Gómez também a descobriu para certos delitos na Espanha[34]

Em geral, conforme as pesquisas realizadas, a curva da idade começa a ascender vertiginosamente desde idades prematuras e até uma idade que ronda os vinte anos ou pouco mais no caso da Espanha. A partir desse momento, começa a descer também muito depressa.

Apesar de existir um amplo consenso a respeito da sólida correlação do fator idade com o delito e a respeito da curva da idade, *a interpretação do fenômeno não é* de nenhum modo *pacífica*.[35]

a) Se nos fixarmos, a *curva da idade utiliza dados agregados*, de modo que não tem por que coincidir com a tendência natural dos indivíduos concretos.

A curva da idade (ascensão ou descensão), com efeito, pode incluir trajetórias muito distintas de sujeitos diferentes: alguns podem seguir aproximadamente a tendência da curva, mas outros podem limitar seus delitos à idade juvenil e outros, ao menos teoricamente, delinquir especialmente na idade adulta. A soma de todas essas tendências pode dar como resultado a curva agregada da idade. Naturalmente, também é possível que todos os delinquentes tendam a seguir mais ou menos o esquema da curva. Por esse motivo se discute se a curva se deve ao fato de que mais gente delinque jovem do que adulta; ou melhor, ao fato de que sempre os mesmos tendem a delinquir, porém com frequência variável com o passar do tempo.

---

[32] BLUMSTEIN, A.; COHEN, J.; FARRINGTON, D. P. Criminal career research: its value for Criminology, p. 8-11; FARRINGTON, D. P. Age and crime, p. 191-195 e 202; FELSON, M. *Crime and everyday life*, p. 13; GOTTFREDSON, M. R.; HIRSCHI, T. The true value of lambda would appear to be zero: an essay on career criminals, criminal careers, selective incapacitation, cohort studies, and related topics, p. 218-222; idem, *A general theory of crime*, p. 124-134; HIRSCHI, T.; GOTTFREDSON, M. R. Age and the explanation of crime, p. 558-559; HIRSCHI, T. Family structure and crime, p. 46-47; PATTERSON, G. R.; YOERGER, K. Developmental models for delinquent behavior, p. 158-162; SERRANO MAÍLLO, A. Mayoría de edad en el Código de 1995 y delincuencia juvenil, p. 795, acolhendo que "na Espanha é importante a delinquência dos jovens a partir dos 15 anos e continua aumentando até os 20, o incremento se prolonga alguns anos mais, iniciando-se a diminuição a partir dos 24-25", ainda que os dados sugiram que a moda, e com ela o momento em que começa a diminuir a curva, se deslocou nos últimos anos para zero.

[33] QUETELET, A. *Research on the propensity for crime at different ages*, p. 78 (gráfico).

[34] SERRANO GÓMEZ, A. *Delincuencia juvenil en España*, p. 247 (gráfico); idem, La sustracción de vehículos de motor (Problemática y prevención), p. 260-263 (gráficos). Em geral, a curva da idade é traçada levando em conta a idade e uma média ponderada das prisões, como é o número de prisões para cada certo número de pessoas da idade de que se trate.

[35] Vide, possivelmente a postura mais radical, HIRSCHI, T.; GOTTFREDSON, M. R. Age and the explanation of crime, p. 552-554.

b) Igualmente importante é que praticamente *nenhuma teoria tradicional é coerente com a curva da idade.*[36]

Junto com a abrupta diminuição na delinquência a partir do final da adolescência, deve-se ressaltar que parece existir – do ponto de vista retrospectivo – uma *continuidade* entre a delinquência juvenil e a adulta: em geral, os criminosos adultos costumavam cometer atos delitivos em sua juventude – e o mesmo ocorre com outros comportamentos antissociais.[37] "Depois dos 21 anos de idade, a probabilidade de começar com comportamentos violentos sérios é próxima de zero."[38]

2. Os estudos de carreiras criminais

O enfoque das carreiras criminais[39] tem caráter marcadamente empírico[40] e é, portanto, compatível com perspectivas teóricas distintas. Assim como uma pessoa segue uma trajetória ao longo de sua vida e em determinados âmbitos, e a isso se denomina uma carreira, por exemplo, profissional, também um delinquente pode seguir alguns rumos e a isso se pode considerar, metaforicamente falando, uma *carreira criminal*.[41] Assim se fala do número e ritmo dos delitos, sua gravidade, suas modalidades, a idade de início, a duração etc. Também pode haver alguns delinquentes especialmente ativos ou delinquentes de carreira. As carreiras criminais de diversos sujeitos podem ser distintas entre si; podem também depender do delito de que se trate, e a própria relação entre delito e idade pode depender do tipo de delito.[42]

---

[36] Vide GOTTFREDSON, M. R.; HIRSCHI, T. *A general theory of crime*, p. 130-134; HIRSCHI, T.; GOTTFREDSON, M. R. Age and the explanation of crime, p. 553; idem, Self-control theory, p. 83 – nem sequer sua própria teoria.

[37] ELLIOT, D. S. et al. *Youth violence: children at risk*, p. 40; FARRINGTON, D. P. Age and crime, p. 227; NAGIN, D.; TREMBLAY, R. E. Trajectories of boys' physical aggression, opposition, and hyperactivity on the path to physically violent and nonviolent juvenile delinquency, p. 1.181-1.183; ROBINS, L. N. *Deviant children grown up*, p. 292-305.

[38] ELLIOT, D. S. et al. *Youth violence: children at risk*, p. 40.

[39] A respeito vide GARRIDO GENOVÉS, V. *Delincuencia y sociedad*, p. 15-24; idem, *Técnicas de tratamiento para delincuentes*, p. 53-54.

[40] BLUMSTEIN, A. COHEN, J.; ROTH, J. A.; VISHER, C. A. *Criminal careers and career criminals*, p. ix-x; GREENBERG, D. F. Comparing criminal career models, p. 144.

[41] BLUMSTEIN, A.; COHEN, J. Characterizing criminal careers, p. 985-986. Sobre as possibilidades e limites da analogia, vide LUCKENBILL, D. F.; BEST, J. Careers in deviance and respectability: the analogy's limitations, p. 199-204.

[42] CANELA-CACHO, J. A. et al. Relationship between the offending frequency of imprisoned and free offenders, p. 167; BLUMSTEIN, A.; COHEN, J.; FARRINGTON, D. P. Criminal career research: its value for Criminology, p. 5 e 14; FARRINGTON, D. P. Age and crime, p. 189, 199-201 e 235-236; sobre o último ponto, vide HIRSCHI, T.; GOTTFREDSON, M. R. Age and the explanation of crime, p. 557-561.

Blumstein e outros defendem o recurso às tipologias no sentido de conhecimento das causas e soluções potenciais do delito, quando se mostram céticos sobre se todos os delitos podem ser explicados recorrendo às mesmas causas e afirmam que as fontes de variação do delito poderiam ser "variações *entre criminosos*",[43] ou quando falam de identificar "classes de criminosos".[44] Mais especificamente, propuseram uma classificação de delinquentes em inocentes, *desisters* e *persisters*.[45] O paradigma das carreiras criminais segue, então, uma orientação tipológica.[46]

Esse enfoque promove o recurso a *estudos longitudinais*[47] superiores para estabelecer relações causais.[48] Nesses estudos, em face dos transversais, não se realiza uma avaliação única, mas várias em momentos temporais distintos; *v.g.*, toma-se um grupo de jovens e os entrevistam um pouco a cada ano. No que se refere à estimação dos parâmetros das carreiras criminais, recorrem tanto a dados oficiais como a pesquisas de autoinformação, ainda que as descobertas mostrem diversos pontos de desencontro.[49]

O enfoque das carreiras criminais inspirou numerosos estudos que afastaram importantes descobertas empíricas sobre a evolução que tende a seguir a

---

[43] BLUMSTEIN, A.; COHEN, J.; FARRINGTON, D. P. Longitudinal and criminal career research: further clarifications, p. 64-65.
[44] COHEN J. apud GOTTFREDSON, M. R.; HIRSCHI, T. Science, public policy, and the career paradigma, p. 51.
[45] BLUMSTEIN, A.; FARRINGTON, D. P.; MOITRA, S. Delinquency careers: innocents, desisters, and persisters 207 principalmente.
[46] BLUMSTEIN, A.; COHEN, J. Characterizing criminal careers, p. 985; GOTTFREDSON, M. R.; HIRSCHI, T. The true value of lambda would appear to be zero: an essay on career criminals, criminal careers, selective incapacitation, cohort studies, and related topics, p. 215; idem, *A general theory of crime*, p. 50; WEISBURD, D. et al. Contrasting crime general and crime specific theory: the case of hot spots of crime, p. 46.
[47] BLUMSTEIN, A.; COHEN, J. Characterizing criminal careers, p. 985; BLUMSTEIN, A.; COHEN, J.; FARRINGTON, D. P. Criminal career research: its value for Criminology, p. 28-32; idem, Longitudinal and criminal career research: further clarifications, p. 66-72; BORDUIN, C. M.; SCHAEFFER, C. M. Violent offending in adolescence: epidemiology, correlates, outcomes, and treatment, p. 159; ELLIOTT, D. S. Longitudinal research in Criminology: promise and practice, p. 194 e 198; FARRINGTON, D. P. The explanation and prevention of youthful offending, p. 82; FARRINGTON, D. P. et al. Comparing delinquency careers in court records and self-reports, p. 955; SAMPSON, R. J.; LAUB, J. H. *Crime in the making*, p. 2.
[48] CERNKOVICH, S. A.; GIORDANO, P. C. Family relationships and delinquency, p. 304; LOEBER, R.; LE BLANC, M. Toward a developmental Criminology, p. 423.
[49] BLUMSTEIN, A.; COHEN, J. Characterizing criminal careers, p. 986-987; BLUMSTEIN, A. COHEN, J.; ROTH, J. A.; VISHER, C. A. *Criminal careers and career criminals*, p. 2, 96-101 e passim; ELLIOTT, D. S. Serious violent offenders: onset, developmental course, and termination, p. 2 e 18; FARRINGTON, D. P. et al. Comparing delinquency careers in court records and self-reports, p. 934-937 e 952-955.

vida ativa – ou seja, a carreira criminal – dos delinquentes em geral. Não se deve confundir, como se disse, o conceito de *carreira criminal* com o de *delinquente de carreira*, que se refere a delinquentes especialmente ativos.[50] Esse enfoque se preocupou marcadamente com as diversas etapas que podem ser distinguidas na carreira criminal, assim como suas características gerais.

a) A primeira questão de interesse para os proponentes do enfoque das carreiras criminais e, de fato, um dos conceitos responsáveis pela sua influência é o estudo do número de pessoas que cometem delitos em um momento concreto, isto é, qual percentagem da população delinque em determinado período de tempo, por exemplo, um ano. Isso é conhecido como prevalência ou *participação*. Já sabemos que a delinquência se concentra de forma desproporcional nos jovens, de modo que é de esperar que a prevalência seja alta entre eles, muito menor em idades adultas e praticamente nula na terceira idade. Os estudos diferem bastante aqui. Sobre a questão de quantas pessoas delinquem alguma vez ao longo da vida (prevalência cumulativa), em recente estudo realizado na Dinamarca constatou-se que aproximadamente uma décima parte da população é registrada oficialmente como tendo infringido as leis penais alguma vez.[51] As estimações elaboradas nos Estados Unidos, agora com base em prisões, são superiores: aproximadamente 25% da população será presa por um delito de certa gravidade – ainda que com grandes diferenças dependendo da raça, 14% no caso dos brancos e 50% para os negros.[52]

b) Intimamente relacionado com o anterior, encontra-se o número de delitos que comete um delinquente ativo em um período concreto de tempo, por exemplo, também um ano; ou seja, a incidência ou *frequência individual*. Os estudos coincidiram de maneira preocupante em que existem grandes diferenças em matéria de incidência entre os criminosos:[53] alguns cometem muitos delitos, enquanto a maioria só o faz uma vez no mesmo período de tempo. Com efeito, a evidência

---

[50] BLUMSTEIN, A.; COHEN, J. Characterizing criminal careers, p. 986; BLUMSTEIN, A.; COHEN, J.; FARRINGTON, D. P. Criminal career research: its value for Criminology, p. 4-22; idem, Longitudinal and criminal career research: further clarifications, p. 60-70; BLUMSTEIN, A. COHEN, J.; ROTH, J. A.; VISHER, C. A. *Criminal careers and career criminals*, p. 1; VOLD, G. B. et al. *Theoretical Criminology*, p. 284-285.

[51] KYVSGAARD, B. *The criminal career*, p. 70; esse estudo, sem dúvida, subestima a prevalência cumulativa devido, sobretudo, a que recorre a dados oficiais sobre delinquência registrada, vide 12-34 sobre a metodologia.

[52] BLUMSTEIN, A.; COHEN, J. Characterizing criminal careers, p. 987; vide ainda BLUMSTEIN, A. COHEN, J.; ROTH, J. A.; VISHER, C. A. *Criminal careers and career criminals*, p. 2-3 e 31-54; FARRINGTON, D. P. et al. Comparing delinquency careers in court records and self-reports, p. 940-942.

[53] LATTIMORE, P. K. et al. Studying the characteristics of arrest frequency among paroled youthful offenders, p. 45-51, constataram que existem diferenças importantes, inclusive entre os delinquentes comuns.

empírica sugere que uma pequena percentagem de indivíduos – cerca de 6% de um grupo e 20% dos delinquentes do mesmo grupo –, comete um número desproporcional dos delitos desse grupo ou geração de indivíduos.[54] Também se pôde estimar que a probabilidade média de ser preso pela prática de um delito é muito baixa; no caso dos Estados Unidos da América – uma nação muito diferente das nossas – estima-se que as probabilidades são, em média, inferiores a 5%,[55] ainda que existam importantes diferenças conforme o tipo de delito de que se trate.[56]

Também é importante destacar que, em claro contraste com o que acontece na participação, aqui as diferenças entre raças praticamente desaparecem; isto é, ainda que mais negros pareçam delinquir, sempre conforme os estudos sobre carreiras criminais, os que efetivamente delinquem se parecem muito entre si, e não se podem identificar grupos especialmente ativos que se caracterizem por pertencer a uma etnia ou raça específicas – e o mesmo ocorre com outros correlatos, como o sexo e a idade.[57]

c) Uma carreira criminal – que pode consistir em um único delito – deve ter um início ou impulso. O início de uma carreira criminal parece ter importância decisiva no seu desenvolvimento. O início da carreira criminal costuma se produzir cedo na vida dos delinquentes, sendo raro o início em idades superiores aos trinta anos e até menos. Quem começa sua carreira criminal em uma idade especialmente prematura costuma persistir mais no tempo, e talvez também ser mais ativo e cometer delitos mais graves.[58]

d) As carreiras criminais podem se caracterizar pela prática de fatos delitivos de distinta natureza ou pela concentração em delitos semelhantes. No primeiro

---

[54] BLUMSTEIN, A.; COHEN, J. Characterizing criminal careers, p. 987-988; BLUMSTEIN, A. COHEN, J.; ROTH, J. A.; VISHER, C. A. *Criminal careers and career criminals*, p. 4 e 55-76; ELLIOTT, D. S. Serious violent offenders: onset, developmental course, and termination, p. 12; FARRINGTON, D. P. Key results from the first forty years of the Cambridge Study in delinquent development, p. 144; FARRINGTON, D. P. et al. Comparing delinquency careers in court records and self-reports, p. 946-947 e 953; HAWKINS, D. F. et al. Understanding and preventing crime and violence: findings from the Seattle Social Development Project, p. 263-264; KYVSGAARD, B. *The criminal career*, p. 90-94 e 105-106; TRACY, P. E. et al. *Delinquency careers in two birth cohorts*, p. 280; WOLFGANG, M. E. et al. *Delinquency in a birth cohort*, p. 88 e Tabela 6.1, 105 e 247-248.

[55] BLUMSTEIN, A.; COHEN, J. Characterizing criminal careers, p. 988.

[56] FARRINGTON, D. P. et al. Comparing delinquency careers in court records and self-reports, p. 951.

[57] BLUMSTEIN, A.; COHEN, J. Characterizing criminal careers, p. 989 e 990; BLUMSTEIN, A. COHEN, J.; ROTH, J. A.; VISHER, C. A. *Criminal careers and career criminals*, p. 2 e 24-26.

[58] ELLIOTT, D. S. Serious violent offenders: onset, developmental course, and termination, p. 8-10; FARRINGTON, D. P. et al. Comparing delinquency careers in court records and self-reports, p. 948 e 953; KYVSGAARD, B. *The criminal career*, p. 108-109, 112-118 e 120-121.

caso fala-se de *versatilidade* e no segundo de *especialização*. Como sabemos, os criminosos caracterizam-se por sua versatilidade, isto é, tendem a cometer fatos delitivos de tipos diferentes quando se lhes apresenta a oportunidade para isso e não a se especializar na prática dos mesmos delitos,[59] ainda que naturalmente existam exceções.[60]

e) Com o desenvolvimento das carreiras criminais, pode existir uma tendência a cometer delitos cada vez mais graves, com o que se falaria de uma *agravação* da carreira criminal; ou pode ser que não exista tal tendência. A investigação empírica favorece a hipótese da não agravação, também com exceções.[61]

f) As carreiras criminais, tal como as profissionais, também acabam com o passar do tempo. Quando se praticou o último delito, fala-se da *finalização* da

---

[59] BENSON, M. L.; MOORE, E. Are white-collar and common offenders the same? An empirical and theoretical critique of a recently proposed general theory of crime, p. 262 e 265; BLUMSTEIN, A. COHEN, J.; ROTH, J. A.; VISHER, C. A. *Criminal careers and career criminals*, p. 5 e 81-84; ELLIOTT, D. S. Serious violent offenders: onset, developmental course, and termination, p. 12-13; FARRINGTON, D. P. Longitudinal research on crime and delinquency, p. 303-304; idem, 1996: 75-77 e 103; FARRINGTON, D. P. et al. Specialization in Juvenile Court careers, p. 461-484; FELSON, M. *Crime and everyday life*, p. 45-46; GOTTFREDSON, M. R.; HIRSCHI, T. A control theory interpretation of psychological research on aggression, p. 49 e 64; HIRSCHI, T. Family structure and crime, p. 45-46; KLEIN, M. W. *Street gangs and street workers*, p. 124-127; idem, Offence specialization and versatility among juveniles, p. 185-191; PETERSILIA, J. Criminal career research: a review of recent evidence, p. 352-353; PETERSILIA, J. et al. *Criminal careers of habitual felons*, p. 20-21; M. A. PETERSON et al., 1980: 35-40 e 80-82; SAMPSON, R. J.; LAUB, J. H. *Crime in the making*, p. 56, 124 e 129; SHOVER, N. *Great pretenders*, p. 62-66; SMITH, D. R.; SMITH, W. R. 1984. Patterns of delinquent careers: an assessment of three perspectives, p. 154-156; STANDER, J. et al. Markow chain analysis and specialization in criminal careers, p. 317-330; TRACY, P. E.; KEMPF-LEONARD, K. Continuity and discontinuity in criminal careers, p. 164-167; WEISBURD, D. et al. White-collar crime and criminal careers, p. 44-47; WOLFGANG, M. E. et al. *Delinquency in a birth cohort*, p. 165-168, 174-207 e 254; WRIGHT, R. T.; DECKER, S. H. *Burglars on the job*, p. 47-56; idem, *Armed robbers in action* p. 16 e 50-55. KYVSGAARD, B. *The criminal career*, p. 165 e 166, entende que "a afirmação de versatilidade não pode ser afastada" e que "a carreira criminal não se caracteriza nem por uma total especialização, nem por uma total versatilidade no tipo de delinquência"; seu estudo, contudo, e por razões metodológicas, basicamente o recurso – já se disse – a registros oficiais de delitos e na medição da versatilidade e da especialização, tende a favorecer a hipótese da especialização. Vide sobre considerações metodológicas p. 12-34 e 148-155. Claro que os estudos que encontraram evidência favorável à versatilidade tampouco se encontram isentos de considerações metodológicas, vide, *v.g.*, p. 194-199 e 219 sobre suas próprias conclusões, muito mais próximas à hipótese da especialização.

[60] Por exemplo, para um caso clássico, SUTHERLAND, E. H. Anotaciones e interpretaciones en *The professional thief*, passim.

[61] BLUMSTEIN, A. COHEN, J.; DAS, S.; MOITRA, S. D. Specialization and seriousness during adult criminal careers, p. 336 e 342; BLUMSTEIN, A. COHEN, J.; ROTH, J. A.; VISHER, C. A. *Criminal careers and career criminals*, p. 5 e 84-85.

carreira criminal. Como idealmente teria de se esperar que o indivíduo falecesse para poder estar seguro de que sua carreira criminal efetivamente finalizou,[62] e como, muitas vezes, um delinquente pode acabar cometendo apenas delitos muito leves e de forma muito esporádica, costuma-se preferir o termo *decaída* referindo-se que, durante certo período de tempo, podendo ser um ou mais anos, não se cometam delitos de gravidade.[63] A *pauta* mais preponderante é a da decaída, ou seja, que quando se comete um delito, desde o primeiro, mas também posteriores, existe uma tendência a abandonar a carreira criminal; contudo, essa pauta é muito menos marcada para os criminosos mais ativos.[64] Em consonância com a proposta de Laub e Sampson, esses dados sugerem que é mister estudar tanto a continuidade da carreira criminal, que, como vimos, se dá em alguns casos, como a mudança ou desistência, que tende a ser a hipótese mais normal.[65]

g) A *duração* da carreira criminal refere-se ao tempo que vai desde a prática do primeiro delito, ou início, até a prática do último, ou finalização – ou, em outros casos, até que se comece a desistir da carreira criminal e só se delinque muito esporadicamente. A maioria dos que delinquem tende a cometer um só delito ou a ter carreira muito curta. Estes tendem, ainda assim, a cometer delitos menos graves do que quem comete mais delitos. Os delinquentes cuja carreira é longa, por fim, são responsáveis, apesar de seu relativamente escasso número, por uma percentagem desproporcional dos delitos cometidos em uma comunidade.[66]

O paradigma das carreiras criminais também presta atenção aos eventuais fatores de risco que influem em cada um desses elementos ou construções. A ideia é que os fatores que determinam, *v.g.*, a participação criminal pode perfeitamente não coincidir com os da frequência criminal. De sua vez, o conhecimento desses fatores de risco pode abrir portas para a intervenção e a prevenção do delito.[67]

O enfoque das carreiras criminais encontra sua origem na ideia de que um pequeno grupo de delinquentes é responsável por uma percentagem desproporcional dos delitos cometidos em uma comunidade. A pesquisa empírica que revisamos, em especial a relativa à prevalência e incidência da criminalidade, contribuiu para reforçar dita descoberta e aprofundá-la. Essa proposição pode ser

---

[62] KYVSGAARD, B. *The criminal career*, p. 138.
[63] Sobre a terminologia, vide LAUB, J. H.; SAMPSON, R. J.; ALLEN, L. C. Explaining crime over the life course: toward a theory of age-graded informal social control, p. 1-3.
[64] BLUMSTEIN, A. COHEN, J.; ROTH, J. A.; VISHER, C. A. *Criminal careers and career criminals*, p. 85-94; KYVSGAARD, B. *The criminal career*, p. 139-143 e 145-146.
[65] SAMPSON, R. J.; LAUB, J. H. *Crime in the making*, p. 9-17.
[66] BLUMSTEIN, A.; COHEN, J. Characterizing criminal careers, p. 989 e 991; BLUMSTEIN, A. COHEN, J.; ROTH, J. A.; VISHER, C. A. *Criminal careers and career criminals*, p. 5-6; KYVSGAARD, B. *The criminal career*, p. 124-131 e 136-137.
[67] BLUMSTEIN, A. COHEN, J.; ROTH, J. A.; VISHER, C. A. *Criminal careers and career criminals*, p. 3-5, 15-16 e 26-28.

coerente com a seguinte proposta de política criminal: se fosse possível identificar ditos indivíduos em uma idade prematura e impedir que delinquissem, evitar que prosseguissem em sua carreira delitiva, então o delito de uma comunidade qualquer diminuiria em uma medida importante. Essa política criminal é conhecida como incapacitação ou *inocuização seletiva*.

Ainda que o paradigma contemple também a possibilidade de outras estratégias, como é o caso da prevenção, aquela é a que concentrou a máxima atenção. Seus proponentes reconhecem que não é uma proposta muito atrativa, mas consideram que é muito promissora e que, inclusive, contribuiria para reduzir as populações penitenciárias – apenas teriam de ser privados da liberdade os delinquentes perigosos – e o gasto público.[68] Até agora, contudo, ela não deu sinais de êxito, tampouco é previsível que o faça, devido, entre outras razões, a que não é possível prever com mínima segurança quem vai ser delinquente de carreira ou não.[69] É preciso recordar aqui que na política criminal devem entrar em jogo considerações não só empíricas e científicas, mas também políticas e éticas, e que os ordenamentos jurídicos de âmbito europeu e ibero-americano não são compatíveis com a imposição de sanções além do que seja justo.[70]

Até dez ou poucos anos mais, a aproximação das carreiras criminais se viu envolta em uma apaixonada e interessante polêmica. O que se debatia era o valor do enfoque, assim como a necessidade dos estudos longitudinais – em igualdade de condições são preferíveis aos transversais, sobretudo porque são menos custosos.[71] Hoje essa polêmica perdeu fôlego, ainda que a superioridade

---

[68] BLUMSTEIN, A.; COHEN, J. Characterizing criminal careers, p. 985 e 990; BLUMSTEIN, A.; COHEN, J.; FARRINGTON, D. P. Criminal career research: its value for Criminology, p. 24-27; BLUMSTEIN, A. COHEN, J.; ROTH, J. A.; VISHER, C. A. *Criminal careers and career criminals*, p. ix-x, 4, 6-7, 109-110, 122-154 e 203-204.

[69] A previsão alcança certa segurança no caso dos indivíduos mais perigosos e dos menos perigosos, mas não no da maioria que se situa entre ambos os extremos; o problema da previsão é especialmente que prognostica muitos falsos positivos. Nada disso quer dizer, contudo, que o prognóstico não possa ser um campo de investigação legítimo e até promissor e necessário, só que, pelo menos hoje, parece improvável que alcance uma firmeza tal para basear por si só uma Política Criminal concreta.

[70] Para uma consideração crítica em geral, vide AUERHAHN, K. *Selective incapacitation and public policy*, p. 61-100 e passim; GOTTFREDSON, M. R.; HIRSCHI, T. The true value of lambda would appear to be zero: an essay on career criminals, criminal careers, selective incapacitation, cohort studies, and related topics, p. 216-218; idem, Career criminals and selective incapacitation, p. 201-208. Com esclarecimentos do ponto de vista ético, BLUMSTEIN, A. COHEN, J.; ROTH, J. A.; VISHER, C. A. *Criminal careers and career criminals*, p. 17, 129-130 e 164-167.

[71] Sobre a polêmica, vide BLUMSTEIN, A.; COHEN, J.; FARRINGTON, D. P. Criminal career research: its value for Criminology, p. 1-22; idem, Longitudinal and criminal career research: further clarifications, p. 58-66; GOTTFREDSON, M. R.; HIRSCHI, T. The true value of lambda would appear to be zero: an essay on career criminals, criminal careers, selective

dos estudos longitudinais tenha sido aceita majoritariamente. Na atualidade, as partes litigantes no debate não são incompatíveis entre si e muitas das investigações contemporâneas tendem a integrar elementos de cada uma delas.[72]

III. A CRIMINOLOGIA DO DESENVOLVIMENTO

1. A proposição da criminologia do desenvolvimento

Coerente com o paradigma das carreiras criminais é a chamada criminologia do desenvolvimento, outro importante e recente impulso da teoria e investigação contemporâneas que também responde a uma profunda preocupação pelo fator idade e a curva da idade.[73] A criminologia do desenvolvimento é uma corrente bastante ampla que, em geral, considera que os fatores relevantes para a criminalidade podem ser diferentes conforme a idade das pessoas, e assim se podem constituir tipos – ante os que defenderiam uma teoria geral[74] – seguindo critérios como a fase da vida em que alguém se encontra, a idade em que começou a delinquir, padrões de agravação, especialização, desistência etc. que podem ter causas diferentes. Trata-se de um enfoque teórico complexo, como é fácil de se perceber.

A criminologia do desenvolvimento é favorável à construção de tipos,[75] só que ao insistir nas *diferenças individuais* mais que nas de grupos[76] se afasta das tipologias tradicionais.[77] Ao estar compreendida por tendências heterogêneas, alguns de seus enfoques aspiram a elaborar teorias gerais.[78] Baseia-se nas teorias criminológicas tradicionais estáticas, no sentido de que recorrem a causas que se fixam em um determinado momento, geralmente pronto na vida das pessoas, e já

---

incapacitation, cohort studies, and related topics, p. 213-231; idem, Science, public policy, and the career paradigma, p. 37-53.

[72] Vide TITTLE, C. R. Two empirical regularities (maybe) in search of an explanation: commentary on the age/crime debate, p. 76-84.

[73] GULLOTTA, T. P. et al. *Delinquent violent youth*, p. 108-109; MOFFITT, T. E. Natural histories of delinquency, p. 4-9 e 41-42.

[74] BARTUSCH, D. R. J. et al. Is age important? Testing a general versus a developmental theory of antisocial behavior, p. 14.

[75] Vide, por exemplo, LOEBER, R.; LE BLANC, M. Toward a developmental Criminology, p. 394, 396-397 e 419.

[76] LOEBER, R.; LE BLANC, M. Toward a developmental Criminology, p. 376, 443 e 453; vide também p. 394-396 e 411-413, sobre o argumento da generalidade do comportamento desviado; os autores reconhecem o enfoque causal, p. 376-377, 421-424, 441-443 e 453.

[77] MOFFITT, T. E. Natural histories of delinquency, p. 4.

[78] Vide LOEBER, R.; HAY, D. F. Developmental approaches to aggression and conduct problems, p. 507; TREMBLAY, R. E.; CRAIG, W. M. Developmental crime prevention, p. 159-161; em outro sentido, PIQUERO, A. Frequency, specialization, and violence in offending careers, p. 393 – ainda que já tenhamos advertido não ser pacífico quais enfoques inclui a Criminologia do desenvolvimento.

tendem a não se ver alteradas. São estáticas porque as causas ou processos causais não mudam nem se veem afetados pelo passar do tempo ou por novas vivências.[79]

Para esta corrente, as pessoas passam ao longo de sua vida por novas experiências, assim como por processos puramente biológicos devidos ao passar do tempo. Isso quer dizer que tendências que estavam mais ou menos fixadas em determinado momento da vida das pessoas podem se ver alteradas dramaticamente em momentos posteriores; ao mesmo tempo, fatores causais que eram irrelevantes em certo momento podem passar a ser influentes mais adiante. Nesse sentido, trata-se de *propostas dinâmicas*. Ante a comparação de grupos de delinquentes com grupos de não delinquentes, esse novo enfoque sugere que também se devem estudar as trajetórias e as mudanças que ocorrem nos indivíduos concretos com o passar do tempo.[80] Loeber e Le Blanc utilizam o termo criminologia do desenvolvimento nesse sentido: "Mudanças intraindividuais temporais nos delitos que cometem".[81] A criminologia do desenvolvimento reconhece *diferenças notáveis entre os distintos indivíduos*[82] e afirma que isso pode corresponder a causas, pelo menos em parte, biológicas ou genéticas.[83]

Esses mesmos autores sustentam que a criminologia deve recorrer a conceitos dinâmicos que sejam capazes de apreender o desenvolvimento das atividades delitivas. Assim, propõem a análise independente das três etapas que denominam *ativação, agravação* e *desistência*, ainda que insistam na *continuidade* e *generalidade* que existem na carreira criminal dos sujeitos.[84] Com isso, se aproximam de esquemas próprios do paradigma das carreiras criminosas.

a) A "ativação" refere-se ao processo que seguem as atividades criminais de um sujeito quando essas já começaram. Em tais atividades podem-se produzir – ou não – fenômenos como os seguintes: *acelerar-se*, no sentido de que aumente a

---

[79] LOEBER, R.; LE BLANC, M. Toward a developmental Criminology, p. 421-423. Na verdade, a Criminologia do desenvolvimento reconhece uma exceção entre as teorias criminológicas tradicionais: o enfoque do etiquetamento é uma teoria dinâmica; vide LEMERT, E. M. *Social pathology*, p. 75-78.

[80] LANCTÔT, N.; LE BLANC, M. Explaining deviance by adolescent females, p. 127-135; LOEBER, R.; LE BLANC, M. Toward a developmental Criminology, p. 376.

[81] LOEBER, R.; LE BLANC, M. Toward a developmental Criminology, p. 376-377.

[82] MOFFITT, T. E. Adolescence-limited and life-course-persistent antisocial behavior: a developmental taxonomy, p. 677.

[83] BENSON, M. L. *Crime and the life course*, p. 31-62; MATSUEDA, R. L.; HEIMER, K. 1997. A symbolic interactionist theory of role-transitions, role-commitments, and delinquency, p. 172-174.

[84] LOEBER, R. Developmental continuity, change, and pathways in male juvenile problem behaviors and delinquency, p. 3-8; LOEBER, R.; LE BLANC, M. Toward a developmental Criminology, p. 384-390; MOFFITT, T. E. Adolescence-limited and life-course-persistent antisocial behavior: a developmental taxonomy, p. 674 e 678.

frequência dos delitos; *estabilizar-se*, que a continuidade ao longo do tempo seja maior; ou *diversificar-se*, que é a tendência a cometer distintas atividades delitivas.

b) A "agravação" indica que, com o passar do tempo, pode-se produzir uma *escalada* nos delitos que se cometem, ou seja, que cada vez sejam mais graves.

c) A "desistência" refere-se a uma diminuição na frequência dos delitos ou *desaceleração*; uma redução dos tipos delitivos que se cometem, ou seja, uma *especialização*; ou uma redução da gravidade desses ou *diminuição (de-escalation)*. Por último, podem *terminar* sua carreira delitiva.[85]

As causas que influem em cada um desses processos *podem ser diferentes*. Na verdade, a criminologia do desenvolvimento está especialmente vinculada ao enfoque dos fatores de risco, e também podem ser distintos destes os fatores concorrentes ou indicadores de cada um de ditos processos. Desse modo, por exemplo, o que influi no início de uma carreira criminal pode ser irrelevante para seu agravamento ou diversificação e, sobretudo, para a desistência e término da carreira delitiva; os fatores podem depender ainda da idade.[86]

A criminologia do desenvolvimento inclui de maneira decisiva variáveis e processos de natureza genética e biológica em geral em seus modelos. Não se propugna uma influência direta nem determinante de ditos fatores na conduta dos indivíduos, e mais especificamente na conduta delitiva, mas sim que a presença de uma determinada configuração biológica pode fazer com que uma pessoa reaja de maneira negativa diante de determinados ambientes e que se produza uma interação entre elementos biológicos e ambientais.[87]

O importante é que as carreiras criminais dos indivíduos podem seguir diversas *trajetórias*, que podem ser estudadas e talvez prognosticadas.[88] Essas trajetórias não são fixadas e determinadas desde o princípio, mas podem sofrer verdadeiras mudanças com o passar do tempo ou por determinadas experiências dos indivíduos concretos. A natureza desse enfoque é, assim, marcadamente dinâmica. Podem existir, pois, "*múltiplas*" *trajetórias de natureza dinâmica*, e não uma única como sugeriam muitas das teorias criminológicas tradicionais, as quais, ao estudar os delinquentes como grupo, prestavam uma atenção muito

---

[85] LOEBER, R.; LE BLANC, M. Toward a developmental Criminology, p. 382, 390-413, 451-453 e 456-457.

[86] BORDUIN, C. M.; SCHAEFFER, C. M. Violent offending in adolescence: epidemiology, correlates, outcomes, and treatment, p. 158; LOEBER, R.; LE BLANC, M. Toward a developmental Criminology, p. 426-430, 433-437, 439-443 e 447.

[87] LOEBER, R.; LE BLANC, M. Toward a developmental Criminology, p. 444, 448 e 454; TREMBLAY, R. E.; CRAIG, W. M. Developmental crime prevention, p. 152.

[88] Vide, em geral, ELLIOTT, D. S. et al. *Youth violence: children at risk*, 40-41; NAGIN, D.; LAND, K. C. Age, criminal careers, and population heterogeneity: specification and estimation of a nonparametric, mixed Poisson model, p. 348-355.

menor aos sujeitos individuais.[89] A investigação empírica parece sugerir que as diversas trajetórias poderiam ser reduzidas a três ou quatro modelos.[90] Aqui, os autores às vezes assinalam que não se pode falar claramente de grupos definidos, distintos, mas só de aproximações.[91]

Do ponto de vista metodológico, e como se pode adivinhar, a criminologia do desenvolvimento reclama como imprescindíveis *estudos longitudinais*, nos quais se realizam várias medições com os indivíduos em distintos momentos de sua vida – em face dos enfoques transversais da Criminologia tradicional.[92]

Posto que a criminologia do desenvolvimento favorece a ideia de processo, então considera que a *mudança* é uma figura que merece destacada atenção. Tal linha de pesquisa chama a atenção para o fato de que a maior parte dos que cometem fatos delitivos abandonam sua carreira quando acabam sua adolescência ou pouco depois – como também prognostica a curva da idade –, porém a maioria das teorias tradicionais prediz bem mais que a delinquência é um fenômeno que tende a se ampliar para mais delitos e mais sérios, e não a se reduzir, como efetivamente parece que acontece.[93]

Por exemplo, a teoria do controle social de Hirschi prognosticaria, seguindo esse esquema, que os jovens desvinculados da sociedade tenderiam a delinquir e a incorrer em comportamentos desviados e, como consequência disso, a que seus vínculos cada vez mais continuassem se enfraquecendo, incorrendo mais ainda em comportamentos indesejáveis e assim em um círculo vicioso que não combina muito bem com a ideia de que a grande maioria dos jovens abandona sua carreira delitiva de maneira espontânea.

Por último, e coerentemente com o anteriormente exposto, a criminologia do desenvolvimento também mostrou uma grande sensibilidade pela *prevenção*

---

[89] LANCTÔT, N.; LE BLANC, M. Explaining deviance by adolescent females, p. 135-140; LOEBER, R. Developmental continuity, change, and pathways in male juvenile problem behaviors and delinquency, p. 16; LOEBER, R.; LE BLANC, M. Toward a developmental Criminology, p. 382, 390, 405-406, 413-421 e 449-451.

[90] NAGIN, D. S. et al. Life-course trajectories of different types of offenders, p. 113 e 122-125; LOEBER, R. Developmental continuity, change, and pathways in male juvenile problem behaviors and delinquency, p. 14-16; LOEBER, R.; LE BLANC, M. Toward a developmental Criminology, p. 406.

[91] NAGIN, D.; LAND, K. C. Age, criminal careers, and population heterogeneity: specification and estimation of a nonparametric, mixed Poisson model, p. 355.

[92] LOEBER, R.; LE BLANC, M. Toward a developmental Criminology, p. 376 e 423; MOFFITT, T. E. Adolescence-limited and life-course-persistent antisocial behavior: a developmental taxonomy, p. 678. Mais em geral sobre as limitações das metodologias mais tradicionais, LOEBER, R.; LE BLANC, M. Toward a developmental Criminology, p. 382-384, 423 e 455.

[93] MOFFITT, T. E. Adolescence-limited and life-course-persistent antisocial behavior: a developmental taxonomy, p. 690 e 696.

e tratamento da criminalidade. Ainda que não excluam o tratamento de delinquentes, a aposta é claramente pela intervenção preventiva para interferir nos processos que conduzem ao delito. A prevenção, então, é a política criminal preferida por esse enfoque. A proposta é que os esforços preventivos comecem quanto antes na vida das pessoas e se concentrem no maior número de fatores de risco e de comportamentos antissociais.[94]

2. *A proposta de desenvolvimento de comportamentos antissociais limitados à adolescência e persistentes ao longo do curso da vida*

Dentre as propostas teóricas concretas que se inscrevem na criminologia do desenvolvimento, destacam-se algumas, como as de Patterson, Loeber e Moffitt e seus seguidores. Patterson introduz uma tipologia dual de delinquentes na qual distingue aqueles que começam logo a cometer delitos e aqueles que começam tarde; as diferenças entre ambos os tipos incluem a duração das carreiras delitivas – os que começam mais tarde tendem a delinquir menos e a deixar de delinquir ao final da adolescência – e a etiologia – os que começam antes tendem a ter sofrido uma educação antissocial.[95] Loeber propõe em alguns de seus trabalhos três itinerários da delinquência juvenil, que em parte se caracterizam pelos distintos tipos de delitos que se cometem.[96]

A teoria de Moffitt é uma das mais conhecidas dentro desse paradigma. A autora toma como ponto de partida de seu trabalho a sólida correlação existente

---

[94] LOEBER, R. Developmental continuity, change, and pathways in male juvenile problem behaviors and delinquency, p. 21-22; LOEBER, R.; LE BLANC, M. Toward a developmental Criminology, p. 455-456; MOFFITT, T. E. Adolescence-limited and life-course-persistent antisocial behavior: a developmental taxonomy, p. 684-685; TREMBLAY, R. E.; CRAIG, W. M. Developmental crime prevention, p. 153, 167, 187-189 e 219; TREMBLAY, R. E.; JAPEL, C. Prevention during pregnancy, infancy and the preschool years, p. 207 e 209.

[95] PATTERSON, G. R. et al. A developmental perspective on antisocial behavior, p. 331 principalmente; PATTERSON, G. R.; YOERGER, K. Developmental models for delinquent behavior, p 140-141 e 162-166; WIESNER, M et al. Development of antisocial behavior and crime across the life-span from a social interactional perspective: the coercion model, p. 319-322; vide também ELLIOTT, D. S. Serious violent offenders: onset, developmental course, and termination, p. 8-10; SIMONS, R. L. et al. Two routes to delinquency: differences between early and late starters in the impact of parenting and deviant peers, p. 267 e 269 em especial.

[96] LOEBER, R. Developmental continuity, change, and pathways in male juvenile problem behaviors and delinquency, p. 14-15; LOEBER, R.; HAY, D. F. Developmental approaches to aggression and conduct problems, p. 504-505; THORNBERRY, T. P. et al. The prevention of serious delinquency and violence: implications from the program of research on the causes and correlates of delinquency, p. 221-223; TOLAN, P. H.; GORMAN-SMITH, D. Development of serious and violent offending careers, p. 78-82. Vide ainda, próximos, LOEBER, R.; LE BLANC, M. Toward a developmental Criminology, p. 406-407.

entre idade e delito e as dificuldades que existem para explicar de maneira satisfatória a mencionada curva da idade.[97] Na sequência, propõe distinguir entre:

a) *delinquentes* cuja atividade delitiva se limita à sua *adolescência*;
b) *delinquentes persistentes*, que delinquem *ao longo de sua vida*.[98]

Essa autora insiste expressamente que se trata de uma taxonomia de *dois tipos qualitativamente diferentes de pessoas* cujos atos delitivos respondem a explicações etiológicas distintas: as causas da delinquência são distintas. As dos que deixam de delinquir ao final de sua adolescência tenderão a ser próximas e específicas desse período, enquanto as do outro grupo se situam em sua infância; como os próprios nomes assinalam, os primeiros deixam de delinquir com o passar do tempo, enquanto a mudança nos outros é difícil.[99]

Como se vê, com essa proposta a curva da idade ganha pleno sentido. Uma grande maioria de sujeitos só delinque enquanto dura sua adolescência, e por esse motivo a curva da idade encontra seu ponto alto aos vinte anos. A partir dessa idade, a curva desce vertiginosamente, visto que esse primeiro grupo começa a desistir e acabar com sua carreira delitiva e só vai ficando quem delinque ao longo de todo o curso de sua vida. A chave da curva, pois, encontrar-se-ia em que *há relativamente mais pessoas delinquindo nessas idades*, não em que certo número de sujeitos seja especialmente ativo aos vinte anos.[100]

Porém, a proposta dessa autora inscreve-se totalmente na criminologia do desenvolvimento no sentido de que reconhece que as tendências delitivas

---

[97] MOFFITT, T. E. Adolescence-limited and life-course-persistent antisocial behavior: a developmental taxonomy, p. 675-678.

[98] BARTUSCH, D. R. J. et al. Is age important? Testing a general versus a developmental theory of antisocial behavior, p. 16, 27, 30, 34, 37 e 39-43; MOFFITT, T. E. Adolescence-limited and life-course-persistent antisocial behavior: a developmental taxonomy, p. 679-693; idem, Natural histories of delinquency, p. 3-4; idem, Adolescence-limited and life-course-persistent offending: a complementary pair of developmental theories, p. 11-12; idem, Neuropsychology, antisocial behavior, and neighborhood contexto, p. 121; MOFFITT, T. E. et al. Neuropsychological tests predicting persistent male delinquency, p. 281-282 e 295-296; MOFFITT, T. E. et al. *Sex differences in antisocial behavior*, p. 207-208 e 223.

[99] BARTUSCH, D. R. J. et al. Is age important? Testing a general versus a developmental theory of antisocial behavior, p. 16-17, 34 e 37; HENRY et al., 1999: 1068; MOFFITT, T. E. Adolescence-limited and life-course-persistent antisocial behavior: a developmental taxonomy, p. 683-685 e 690-691; idem, Natural histories of delinquency, p. 3-4, 10-12, 14-18, 23, 26-27, 29-20, 34 e 42; idem, Adolescence-limited and life-course-persistent offending: a complementary pair of developmental theories, p. 11, 17-39 e 47; MOFFITT, T. E. et al. *Sex differences in antisocial behavior*, p. 207-208.

[100] MOFFITT, T. E. Adolescence-limited and life-course-persistent antisocial behavior: a developmental taxonomy, p. 676.

não se fixam de forma mais ou menos determinista, ou seja, de uma vez por todas nos primeiros anos ou até no nascimento, mas acontecimentos na vida das pessoas – e, mais especificamente, na vida cotidiana – são decisivos para as carreiras delitivas.[101] Ainda que para essa autora as possibilidades de mudança não sejam tão abertas como para outros autores, como Laub e Sampson, e seja difícil os delinquentes que tendem a ser persistentes mudarem, *a possibilidade de mudança* também *está presente* ao longo da vida dos criminosos.[102]

A criminalidade responde a um processo e tem causas distintas em cada um dos dois tipos que descreve Moffitt. A *origem* da criminalidade dos delinquentes persistentes tem uma *natureza neuropsicológica*. A evidência empírica aponta na direção de que mínimas anomalias biológicas que encontraram podem ser reflexos de problemas neurais ocultos, ou seja, que ainda não foram notados. O desenvolvimento neural durante a gravidez pode-se ver alterado por várias razões, entre as quais se incluem o uso de drogas pela mãe, má alimentação do feto ou a exposição a agentes tóxicos antes ou depois do nascimento. Muitas vezes – continua a autora com sua revisão da literatura empírica e teórica –, algumas diferenças neuropsicológicas entre indivíduos podem ser herdadas.[103] Por *neuropsicológico* a autora entende estruturas anatômicas e processos fisiológicos no sistema nervoso que podem influir em características psicológicas tais como o temperamento, o desenvolvimento do comportamento, as habilidades cognitivas ou as três ao mesmo tempo.[104] Meninos e meninas com essas características tendem a se ver envolvidos em hipóteses como as que seguem:

a) podem interagir negativamente com os pais, que podem ao mesmo tempo modificar seus estilos de criação ou educação – algo a que já nos referimos;

b) podem tender a definir ambientes, gestos etc., equívocos como intentos de agressão ou desprezo, e a reagir em consequência, ou seja, de maneira agressiva; ou

c) podem tender a se relacionar com jovens semelhantes a eles e, portanto, problemáticos ou a se situar em ambientes criminógenos.[105]

---

[101] MOFFITT, T. E. Adolescence-limited and life-course-persistent antisocial behavior: a developmental taxonomy, p. 674.
[102] MOFFITT, T. E. Adolescence-limited and life-course-persistent antisocial behavior: a developmental taxonomy, p. 684-686.
[103] MOFFITT, T. E. Adolescence-limited and life-course-persistent antisocial behavior: a developmental taxonomy, p. 680.
[104] MOFFITT, T. E. Adolescence-limited and life-course-persistent antisocial behavior: a developmental taxonomy, p. 680-681.
[105] MOFFITT, T. E. Adolescence-limited and life-course-persistent antisocial behavior: a developmental taxonomy, p. 682-684.

Em *determinados ambientes* essas tendências e interações podem piorar ainda mais: esse seria o caso de lares, escolas ou bairros desfavorecidos, nos quais as respostas ao comportamento das crianças sejam contraproducentes – pelo contrário, em ambientes favoráveis as tendências podem ser amenizadas.[106] Como se pode observar, a chave então do comportamento desviado e delitivo desses meninos e meninas não se encontra tanto nas disfunções neuropsicológicas que apareciam em primeiro lugar, como nas consequências acumulativas de tipo negativo que vão experimentando: "Ao longo do tempo, *as consequências* dos problemas de personalidade e dos problemas acadêmicos do jovem que *se vão acumulando* vão reduzindo as opções para a mudança. Essa teoria [...] enfatiza o *constante processo de interação recíproca* entre traços pessoais e reações ambientais a esses".[107] Desse modo, esses indivíduos tendem a começar a delinquir antes no tempo e também a manter uma continuidade em seu comportamento antissocial.[108] A autora conclui duvidando de que nos encontremos diante de sujeitos com psicopatologias.[109]

A grande maioria dos que delinquem na sua adolescência deixa de fazê-lo, como já sabemos. Esses sujeitos, na terminologia de Moffitt, limitam sua criminalidade à adolescência, e esse é o padrão mais comum dos jovens que delinquem.[110] A causa do comportamento desviado e delitivo desses jovens não tem nada a ver com disfunções neuropsicológicas, mas responde a um processo de *mimetismo*. O mimetismo consiste em copiar, imitar um comportamento que proporciona recursos valiosos; esses jovens, então, imitam o comportamento delitivo que veem em outros porque isso lhes proporciona algo valioso para eles, como é o "*status* adulto, com seu consequente poder e privilégio".[111] Aqui a autora recorre ao conhecido argumento de que, com a modernização, os jovens viram como sua passagem ao status adulto ou maduro da sociedade foi demorando mais e mais, e alguns deles encontram na delinquência um acesso mais rápido a alguns de seus benefícios.[112] Naturalmente, processos de fortalecimento da delinquência

---

[106] MOFFITT, T. E. Adolescence-limited and life-course-persistent antisocial behavior: a developmental taxonomy, p. 684.

[107] MOFFITT, T. E. Adolescence-limited and life-course-persistent antisocial behavior: a developmental taxonomy, p. 684 (grifos nossos).

[108] MOFFITT, T. E. Adolescence-limited and life-course-persistent antisocial behavior: a developmental taxonomy, p. 679-680.

[109] MOFFITT, T. E. Adolescence-limited and life-course-persistent antisocial behavior: a developmental taxonomy, p. 685.

[110] MOFFITT, T. E. Adolescence-limited and life-course-persistent antisocial behavior: a developmental taxonomy, p. 678 e 685-686.

[111] MOFFITT, T. E. Adolescence-limited and life-course-persistent antisocial behavior: a developmental taxonomy, p. 686.

[112] MOFFITT, T. E. Adolescence-limited and life-course-persistent antisocial behavior: a developmental taxonomy, p. 687-688 – esse detalhe é importante porque, como vimos, a

também podem desempenhar agora algum papel: cada ato desviado ou delitivo significa uma reafirmação da independência pessoal do jovem e, portanto, tende a reforçar o comportamento.[113]

Com o passar do tempo, e no momento de alcançar a maturidade na sociedade, a tendência é abandonar os comportamentos desviados e delitivos. Isso é uma consequência lógica de que já não precisam daqueles para alcançar o que desejam; mais ainda, o que antes se via como vantajoso agora passa a ser visto como prejudicial, enquanto pode colocar em perigo aspectos relacionados com seu status. Visto que não acumularam a pesada carga de desvantagens dos delinquentes permanentes, não têm maiores dificuldades para abandonar o delito e se incorporar à vida adulta.[114]

A autora inclui em seu trabalho uma série de hipóteses que podem ser utilizadas para testar sua teoria ou teorias.[115] Isso representa possivelmente uma das causas pelas quais a teoria teve uma acolhida tão favorável na doutrina criminológica.

3. *Avaliação*

Devido à novidade desses enfoques, ainda não foram testados tão exaustivamente como seria desejável. Apesar disso, já obtiveram evidência favorável. A própria teoria de Moffitt recebeu um apoio empírico importante.[116]

Em um estudo realizado pela própria autora, junto com outros autores, constataram que os delinquentes que limitavam sua atividade ilegal à adolescência se pareciam muito aos 32 anos com quem jamais havia delinquido, se bem que ainda tendiam a consumir álcool e drogas e a se envolver em episódios de violência fora de casa com maior frequência que estes;[117] com isso, sugere-se que a reforma não havia sido completa.

---

evidência sobre a curva da idade remonta aos primeiros estudos da Criminologia científica e também foi encontrada em distintas culturas; muitas vezes, isso levou GOTTFREDSON e HIRSCHI a considerar que ela é invariável ao longo do tempo e do espaço.

[113] MOFFITT, T. E. Adolescence-limited and life-course-persistent antisocial behavior: a developmental taxonomy, p. 688-689, talvez um pouco exageradamente.

[114] MOFFITT, T. E. Adolescence-limited and life-course-persistent antisocial behavior: a developmental taxonomy, p. 690-691.

[115] MOFFITT, T. E. Adolescence-limited and life-course-persistent antisocial behavior: a developmental taxonomy, p. 694-695.

[116] ELLIOTT, D. S. et al. *Youth violence: children at risk,* 40; LAY, B. et al. Risikofactoren für Delinquenz bei Jugendlichen und deren Fortsetzung bis in das Erwachsenenalter, p. 129-130; SCHNEIDER, H.-J. Rückfallprognose bei Sexualstraftätern. Ein Überblick über die moderne Sexualstraftäter-Prognoseforschung, p. 256-257.

[117] NAGIN, D. S. et al. Life-course trajectories of different types of offenders, p. 135.

Naturalmente, o problema fundamental que propõe a Criminologia do desenvolvimento é a grande complexidade que introduz para a explicação do delito. Alguns defensores de fato reconhecem expressamente que sua proposta é mais complexa.[118] Por esse motivo, é imprescindível que essas propostas justifiquem essa maior complexidade, por exemplo, oferecendo explicações e prognósticos significativamente mais precisos e com maior apoio empírico, se é que querem ser preferíveis às teorias tradicionais.[119]

Por exemplo, pode ser que algumas causas responsáveis pela agravação das trajetórias criminais sejam distintas das de seu início, porém talvez só melhorem muito ligeiramente nossa compreensão. Processos dinâmicos devem desempenhar algum papel na criminalidade, mas complicam enormemente as possibilidades de explicação e de teste das propostas.

Sem dúvida, ainda é cedo para decidir as possibilidades da criminologia do desenvolvimento. Em qualquer caso não cabe dúvida de que teve um grande impacto na criminologia contemporânea e passou a ocupar um lugar de privilégio. Importantes investigações empíricas longitudinais estão se desenvolvendo agora mesmo baseadas nessa proposição e alcançando resultados decisivos.

A teoria de Moffitt, em todo caso, foi especialmente sensível à introdução de hipóteses refutáveis de sua teoria. Por exemplo, deriva prognósticos sobre os distintos tipos de delito em que incorreria cada grupo de delinquentes.[120] Esse foi, sem dúvida, um dos motivos da grande acolhida que teve. Com esse proceder se limitam em grande parte as dificuldades de refutação que apresentam alguns modelos altamente sofisticados.

No que se refere, finalmente, à própria teoria de Moffitt em concreto, ainda sendo uma proposta brilhante e merecendo atenção, às vezes dá a impressão de que a autora tratou de construir uma explicação *ad hoc* para a curva da idade. Ela mesma afirma que "há poucas explicações convincentes para a forma da curva";[121] essa afirmação, realizada em 1993, era plenamente aceitável.

---

[118] BARTUSCH, D. R. J. et al. Is age important? Testing a general versus a developmental theory of antisocial behavior, p. 17, 34 e 39.
[119] PATERNOSTER, R.; DEAN, C. W. et al. Generality, continuity, and change in offending, p. 261-262.
[120] MOFFITT, T. E. Adolescence-limited and life-course-persistent antisocial behavior: a developmental taxonomy, p. 695.
[121] MOFFITT, T. E. Adolescence-limited and life-course-persistent antisocial behavior: a developmental taxonomy, p. 675.

BIBLIOGRAFIA

ABRAHAMSEN, D. *La mente asesina*. Trad. S. Lugo Rendón. México: Fondo de Cultura Económica, [1973] 1976.

ADLER, F. *Sisters in crime. The rise of the new female criminal*. New York: McGraw-Hill, 1975.

_____. Synnomie to anomie: a macrosociological formulation. *Advances*, n. 6 – *The legacy of anomie theory* (F. Adler e W. S. Laufer eds.), 1995.

_____; SIMON, R. J. (Ed.). *The Criminology of deviant women*. Boston: Houghton Mifflin, 1979.

ADORNO, T. W. *Epistemología y ciencias sociales*. Trad. V. Gómez. Madrid: Cátedra y Universidad de Valencia, [1972-1975] 2001.

AGNEW, R. A general strain theory of community differences in crime rates. *JRC&D*, n. 36, 1999.

_____. A longitudinal test of social control theory and delinquency. *JRC&D*, n. 28, 1991.

_____. A longitudinal test of the revised strain theory. *JQC*, n. 5, 1989.

_____. A revised strain theory of delinquency. *SF*, n. 64, 1985.

_____. Controlling delinquency: recommendations from general strain theory. *Crime and public policy. Putting theory to work* (H. D. Barlow ed.). Boulder, Co. e Oxford: Westview Press, 1995.

_____. Foundation for a general strain theory of crime and delinquency. *Criminology*, n. 30, 1992.

_____. *Juvenile delinquency. Causes and control*. Los Angeles: Roxbury Publishing Company, 2001.

_____. On "testing structural strain theories". *JRC&D*, n. 24, 1987.

_____. Social control theory and delinquency: a longitudinal test. *Criminology*, n. 23, 1985.

_____. Stability and change in crime over the life course: a strain theory explanation. *Advances*, n. 7 – *Developmental theories of crime and delinquency* (T. P. Thornberry ed.), 1997.

_____. The contribution of social-psychological strain theory to the explanation of crime and delinquency. *Advances*, n. 6 – *The legacy of anomie theory* (F. Adler e W. S. Laufer eds.), 1995.

_____. The interactive effects of peer variables on delinquency. *Criminology*, n. 29, 1991.

_____. The nature and determinants of strain: another look at Durkheim and Merton. *The future of anomie theory* (N. Passas e R. Agnew eds.). Boston: Northeastern University Press, 1997.

_____; CULLEN, F. T.; BURTON, V. S.; EVANS, T. D.; DUNAWAY, R. G. 1996. A new test of classic strain theory. *JQ*, n. 13.

_____; WHITE, H. R. 1992. An empirical test of general strain theory. *Criminology*, n. 30.

AKERS, R. L. A social behaviorist's perspective on integration of theories of crime and deviance. *Theoretical integration in the study of deviance and crime. Problems and prospects* (S. F. Messner et al. eds.). Albany, N. Y.: State University of New York Press, 1989.

_____. *Criminological theories. Introduction, evaluation, and application*. 3. ed. Los Angeles, Ca.: Roxbury Publishing Company, 2000.

_____. *Deviant behavior. A social learning approach*. 3. ed. Belmont, Ca.: Wadsworth Publishing Company, 1985.

_____. Is differential association/social learning cultural deviance theory?. *Criminology*, n. 34, 1996.

_____. Rational choice, deterrence, and social learning theory in Criminology: the path not taken. *JCL&C*, n. 81, 1990.

_____. Self-control as a general theory of crime. *JQC*, n. 7, 1991.

_____. *Social learning and social structure: a general theory of crime and deviance*. Boston: Northeastern University Press, 1998.

_____. Social learning theory. *Explaining criminals and crime. Essays in contemporary criminological theory* (R. Paternoster e R. Bachman eds.). Los Angeles: Roxbury Publishing Company, 2001.

_____; JENSEN, G. F. Social learning theory and the explanation of crime: a guide for the new century. *Advances*, n. 11 – *Social learning theory and the explanation of crime: a guide for the new century* (R. L. Akers e G. F. Jensen eds.), 2003.

_____; SELLERS, C. S. *Criminological theories. Introduction, evaluation, and application*. 4. ed. Los Angeles, Ca.: Roxbury Publishing Company, 2004.

ALARCÓN BRAVO, J.; PURÓN, A. MARCO. *La inteligencia de los delincuentes españoles*. Madrid: TPA, 1968.

ALBERT, H. *Racionalismo crítico*. Trad. B. Pérez. Madrid: Editorial Síntesis, [2000] 2002.

_____. *Razón crítica y práctica social*. Trad. R. Sevilla. Barcelona: Paidós e ICE de la Universidad Autónoma de Barcelona, 2002.

_____. *Traktat über kritische Vernunft*. 5. ed. Tübingen: J. C.B. Mohr (Paul Siebeck), 1991.

_____. *Traktat über rationale Praxis*. Tübingen: J. C.B. Mohr (Paul Siebeck), 1978.

ALBRECHT, H.-J. Der elektronische Hausarrest. Das Potential für Freiheitsstrafenvermeidung, Rückfallverhütung und Rehabilitation. *MschrKrim*, n. 85, 2002.

_____. Investigaciones sobre criminalidad económica en Europa: conceptos y comprobaciones empíricas. Trad. L. Gracia Martín. *Modernas tendencias en la ciencia del Derecho penal y en la Criminología*. Madrid: Uned, 2001.

_____. Kriminologie. *KKW*, 3. ed., 1993.

ALONSO BENITO, L. E. *La mirada cualitativa en Sociología. Una aproximación interpretativa.* Madrid: Fundamentos, 1998.

ALONSO ROMERO, M. P. *El proceso penal en Castilla (siglos XIII-XVIII).* Salamanca: Ediciones Universidad de Salamanca, 1982.

ALVAREZ, M. C. Apontamentos para uma história da criminologia no Brasil. (Andrei Koerner org.) História da justiça penal no Brasil: pesquisas e análises. São Paulo: IBCcrim, 2006.

ANDERSON, E. *Code of the street. Decency, violence, and the moral life of the inner city.* New York e London: W. W. Norton & Company, 1999.

ANDERSON, L. S.; CHIRICOS, T. G.; WALDO, G. P. Formal and informal sanctions: a comparison of deterrent effects. *SP*, n. 25, 1977.

ANDERSON, N. *The hobo. The Sociology of the homeless man.* Chicago: The University of Chicago Press, 1923.

ANDREWS, D. A.; BONTA, J. *The Psychology of criminal conduct.* 2. ed. Cincinnati, OH: Anderson Publishing, 1998.

_____; _____; HOGE, R. D. Classification for effective rehabilitation. Rediscovering Psychology. *CJ&B*, n. 17, 1990.

_____; WORMITH, J. S. Personality and crime: knowledge destruction and construction in Criminology. *JQ*, n. 6, 1989.

_____; ZINGER, I.; HOGE, R. D.; GENDREAU, P.; CULLEN, F. T. Does correctional treatment work? A clinically relevant and psychologically informed meta-analysis. *Criminology*, n. 28, 1990.

ANTÓN ONECA, J. D. Rafael Salillas. *Anuario*, 1974.

ARÁNGUEZ SÁNCHEZ, C. La pena de trabajo en beneficio de la comunidad. *CPC*, n. 70, 2000.

AROMAA, K.; LEHTI, M. *Foreign companies and crime in Eastern Europe.* Helsinki: National Research Institute of Legal Policy, 1996.

ARNEKLEV, B. J.; GRASMICK, H. G.; TITTLE, C. R.; BURSIK, R. J. Low self-control and imprudent behavior. *JQC*, n. 9, 1993.

ASÚA BATARRITA, A. (Coord.). Reivindicación o superación del programa de Beccaria. *El pensamiento penal de Beccaria: su actualidad.* Bilbao: Universidad de Deusto, 1990.

AUERHAHN, K. *Selective incapacitation and public policy. Evaluating California's imprisonment crisis.* Albany, N. Y.: State University of New York Press, 2003.

BACHMAN, R.; PATERNOSTER, R. *Statistical methods for Criminology and Criminal Justice.* New York: McGraw-Hill, 1997.

_____; _____; WARD, S. The rationality of sexual offending: testing a deterrence/rational choice conception of sexual assault. *L&SR*, n. 26, 1992.

BAK, A. Constitutive Criminology: an introduction to the core concepts. *Constitutive Criminology at work. Applications to crime and Justice* (S. Henry e D. Milovanovic eds.). Albany, N. Y.: State University of New York Press, 1999.

BANDURA, A. Influence of model's reinforcement contingencies on the acquisition of imitative responses. *JP&SP*, n. 1, 1965.

_____; Ross, D.; Ross, S. A. Transmission of aggression through imitation of aggressive models. *JA&SP*, n. 63, 1961.

BARAK, G. Newsmaking Criminology: reflections on the media, intellectuals, and crime. *JQ*, n. 5, 1988.

_____ (Ed.). Introduction: criminological theory in the "postmodernist" era. *Varieties of Criminology. Readings from a dynamic discipline*. Westport, Connecticut e London: Praeger, 1994.

BARATTA, A. *Criminología crítica y crítica del Derecho penal. Introducción a la sociología jurídico-penal*. Trad. A. Búnster). México: Siglo Veintiuno, [1982] 1986.

BARBERET, R. La investigación criminológica y la Política criminal. *RDPC*, n. 5, 2000.

BARLOW, H. D. (Ed.). Introduction: public policy and the explanation of crime. *Crime and public policy. Putting theory to work*. Boulder, Co. e Oxford: Westview Press, 1995.

BARNES, G. C. Defining and optimizing displacement. *CPS*, n. 4 – *Crime and place* (J. E. Eck e D. Weisburd eds.), 1995.

BARON, M. Crime, genes, and responsability. *Genetics and criminal behavior* (D. Wasserman e R. Wachbroit eds.). Cambridge: Cambridge University Press, 2001.

BARR, R.; PEASE, K. A place for every crime and every crime in its place: an alternative perspective on crime displacement. *Crime, policing and place. Essays in environmental Criminology* (D. J. Evans et al. eds.). London e New York: Routledge, 1992.

BARTUSCH, D. R. J.; LYNAM, D. R.; MOFFITT, T. E.; SILVA, P. A. Is age important? Testing a general versus a developmental theory of antisocial behavior. *Criminology*, n. 35, 1997.

BAUMAN, Z. Social uses of law and order. *Criminology and social theory* (D. Garland e R. Sparks eds.). Oxford e New York: Oxford University Press, 2000.

BECCARIA (Marqués de). *De los delitos y de las penas*. Trad. F. Tomás y Valiente. Madrid: Aguilar, [1764] 1969.

BECKER, G. S. Crime and punishment: an economic approach. *Essays in the economics of crime and punishment* (G. S. Becker e W. M. Landes eds.). New York: National Bureau of Economic Research, 1974.

BECKER, H. S. (Ed.) Introducción a *The other side. Perspectives on deviance*. New York: The Free Press, 1964.

_____. *Outsiders. Studies in the Sociology of deviance*. New York e London: The Free Press e Collier-Macmillan, 1963.

_____. Whose side are we on?. *SP*, n. 14, 1967.

BEIRNE, P. For a nonspeciesist Criminology: animal abuse as an object of study. *Criminology*, n. 37, 1999.

_____. *Inventing Criminology. Essays on the rise of "Homo Criminalis"*. Albany, N. Y.: State University of New York Press, 1993.

BELKNAP, J. *The invisible woman. Gender, crime, and justice*. 2. ed. Belmont, Ca.: Wadsworth, 2001.

BENNETT, J. *Oral history and delinquency. The rethoric of Criminology*. Chicago e London: The University of Chicago Press, 1981.

BENNETT, T. Burglars' choice of targets. *The geography of crime* (D. J. Evans e D. T. Helbert eds.). London e New York: Routledge, 1989.

BENSON, M. L. *Crime and the life course. An introduction*. Los Angeles, Ca.: Roxbury Publishing Company, 2002.

_____; MOORE, E. Are white-collar and common offenders the same? An empirical and theoretical critique of a recently proposed general theory of crime. *JRC&D*, n. 29, 1992.

_____; WALKER, E. Sentencing the white-collar offender. *ASR*, n. 53, 1988.

BENTHAM, J. *The principles of morals and legislation*. Amhest, N. Y.: Prometeus Books, [1780] 1988.

_____. *The rationale of punishment*. London: Robert Heward, 1830.

BERGANZA CONDE, M. R. *Comunicación, opinión pública y prensa en la sociología de Robert E. Park*. Madrid: CIS-Siglo Veintiúno de España, 2000.

BERGER, P. L.; LUCKMANN, T. *La construcción social de la realidad*. Trad. S. Zuleta. Buenos Aires: Amorrortu, 1998.

BERISTÁIN IPIÑA, A. *Cuestiones penales y criminológicas*. Madrid: Reus, 1979.

BERK, R. A.; CAMPBELL, A.; KLAP, R.; WESTERN, B. The deterrent effect of arrest in incidents of domestic violence: a bayesian analysis of four field experiments. *ASR*, n. 57, 1992.

BERNARD, T. J. A theoretical approach to integration. *Theoretical integration in the study of deviance and crime. Problems and prospects* (S. F. Messner et al. eds.). Albany, N. Y.: State University of New York Press, 1989.

_____. Control criticisms of strain theories: an assesment of theoretical and empirical adequacy. *JRC&D*, n. 21, 1984.

_____. Integrating theories in Criminology. *Explaining criminals and crime. Essays in contemporary criminological theory* (R. Paternoster e R. Bachman eds.). Los Angeles, Ca.: Roxbury Publishing Company, 2001.

_____. Merton versus Hirschi: who is faithful to Durkheim's heritage?. *Advances*, n. 6 – *The legacy of anomie theory* (F. Adler e W. S. Laufer eds.), 1995.

_____. Structure and control. *JQ*, n. 4, 1987.

_____. Testing structural strain theories. *JRC&D*, n. 24, 1986.

_____. *The consensus-conflict debate. Forms and content in social theories*. New York: Columbia University Press, 1983.

_____. *The cycle of juvenile justice*. New York e Oxford: Oxford University Press, 1992.

_____. The distinction between conflict and radical Criminology. *JCL&C*, n. 72, 1981.

_____; RITTI, R. R. The role of theory in scientific research. *Measurement issues in Criminology* (K. L. Kempf ed.). New York: Springer, 1990.

_____; SNIPES, J. B. Theoretical integration in Criminology. *C&J*, n. 20, 1996.

BIRKBECK, C. Conferencia pronunciada en el Departamento de Derecho penal y Criminología, Uned, 2004. Inédita.

_____; LAFREE, G. Una revisión crítica de las teorías de las oportunidades para el delito. *Cenipec*, n. 12, 1989.

BITENCOURT, C. R.; PRADO, L. R. Princípios fundamentais do direito penal. *Revista brasileira de Ciências Criminais*. São Paulo: RT, n. 15, 1996.

BLACKBURN, R. The Psychology of criminal conduct. Theory, research and practice. Chichester: John Wiley and Sons, 1993.

BLACKWELL, B. S. Perceived sanction threats, gender and crime: a test and elaboration of power-control theory. *Criminology*, n. 38, 2000.

BLALOCK, H. M. *An introduction to social research.* Englewood Cliffs, N. J.: Prentice--Hall, 1970.

_____. *Theory construction. From verbal to mathematical formulations.* Englewood Cliffs, N. J.: Prentice-Hall, 1969.

BLANC, M. Le. Screening of serious and violent juvenile offenders. Identification, classification, and prediction. *Serious and violent juvenile offenders. Risk factors and successful interventions* (R. Loeber e D. P. Farrington eds.). Thousand Oaks: Sage, 1998.

BLUMSTEIN, A. Disaggregating the violence trends. *The crime drop in America* (A. Blumstein e y J. Wallman eds.). Cambridge: Cambridge University Press, 2000.

_____. The connection between crime and incarceration. *Building violence. How America's rush to incarcerate creates more violence* (J. P. May e K. R. Pitts eds.). Thousand Oaks: Sage, 2000.

_____; COHEN, J. Characterizing criminal careers. *Science*, n. 237, 1987.

_____; _____; FARRINGTON, D. P. Criminal career research: its value for Criminology. *Criminology*, n. 26, 1988.

_____; _____; _____. Longitudinal and criminal career research: further clarifications. *Criminology*, n. 26, 1988.

_____; _____; NAGIN, D. Report of the panel. *Deterrence and incapacitation: estimating the effects of criminal sanctions on crime rates* (A. Blumstein et al. ed.). Washington, D. C.: National Academy of Sciences, 1978.

_____; _____; ROTH, J. A.; VISHER, C. A. (Ed.). *Criminal careers and career criminals* (A. Blumstein et al. eds.), Washington: National Academy Press, v. I, 1986.

_____; FARRINGTON, D. P.; MOITRA, S. Delinquency careers: innocents, desisters, and persisters. *C&J*, n. 6 (M. Tonry e N. Morris eds.), 1985.

_____; _____; DAS, S.; MOITRA, S. D. Specialization and seriousness during adult criminal careers. *JQC*, n. 4, 1988.

BOERS, K. Wirtschaftskriminologie. Vom Versuch, mit einem blinden Fleck umzugehen. *MschrKrim*, n. 84, 2001.

BOLDOVA PASAMAR, M. A. In: MARTÍN, L. G. et al. (Coord.). *Lecciones de consecuencias jurídicas del delito. El sistema de penas, medidas de seguridad, consecuencias accesorias y responsabilidad civil derivada del delito.* Valencia: Tirant lo Blanch, 1998.

BONGER, W. A. *Criminality and economic conditions.* Edición americana. Trad. H. P. Horton. Boston: Little, Brown, and Company, 1916.

BONTA, J.; WALLACE-CAPRETTA, S.; ROONEY, J. A quasi-experimental evaluation of an intensive rehabilitation supervision program. *CJ&B*, n. 27, 2000.

BOOTH, A.; OSGOOD, D. W. The influence of testosterone on deviance in adulthood: assessing and explaining the relationship. *Criminology*, n. 31, 1993.

BORDUIN, C. M.; SCHAEFFER, C. M. Violent offending in adolescence: epidemiology, correlates, outcomes, and treatment. *Adv. AD*, n. 9 – *Delinquent violent youth. Theory and interventions* (T. P. Gullotta et al. eds.), 1998.

BOSWORTH, M. The past as a foreign country? Some methodological implications of doing historical Criminology. *BJC*, n. 41, 2001.

BOULOUKOS, A. C.; FARRELL, G. On the displacement of repeat victimization. *Rational choice and situational crime prevention. Theoretical foundations* (G. Neuman et al. eds.). Aldershot: Dartmouth, 1997.

BOURDIEU, P. *Lección sobre la lección*. Trad. T. Kauf. Barcelona: Anagrama, [1982] 2002.

BOWERS, W.; PIERCE, G. Deterrence or brutalization: what is the effect of executions?. *C&D*, n. 26, 1980.

BOYNE, R. Postmodernity, the sublime and ethics. *The politics of postmodernity* (J. Good e I. Velody eds.). Cambridge: Cambridge University Press, 1998.

BRAITHWAITE, J. Beyond positivism: learning from contextual integrated strategies. *JRC&D*, n. 30, 1993.

_____. *Crime, shame and reintegration*. Cambridge: Cambridge University Press, 1989.

_____. Inequality and Republican Criminology. *Crime and inequality* (J. Hagan e R. D. Peterson eds.). Stanford, Ca.: Stanford University Press, 1995.

_____. *Inequality, crime, and public policy*. London: Routledge and Kegan Paul, 1979.

_____. Poverty, power, white-collar crime and the paradoxes of criminological theory. *ANZJCrim*, n. 24, 1991.

_____. Reintegrative shaming, republicanism, and policy. *Crime and public policy. Putting theory to work* (H. D. Barlow ed.). Boulder, Co. e Oxford: Westview Press, 1995.

_____. *Restorative Justice and responsive regulation*. Oxford: Oxford University Press, 2002.

_____. Restorative Justice: assessing optimistic and pessimistic accounts. *C&J*, n. 25 (M. Tonry ed.), 1999.

_____. Shame and modernity. *BJC*, n. 33, 1993.

_____. Transnational regulation of the pharmaceutical industry. *Annals*, n. 525, 1993.

_____. White-collar crime. *Annu. Rev. Sociol.*, n. 11, 1985.

_____; MUGFORD, S. Conditions of successful reintegration ceremonies. *BJC*, n. 34, 1994.

BRAMAN, D. Families and incarceration. *Invisible punishment. The collateral consequences of mass imprisonment* (M. Mauer e M. Chesney-Lind eds.). New York: The Free Press, 2002.

BRANTINGHAM, P. J.; BRANTINGHAM, P. L. (Ed.). Introduction: the dimensions of crime. *Environmental Criminology*. Beverly Hills e London: Sage, 1981.

BRANTINGHAM, P. L.; BRANTINGHAM, P. J. (Ed.). Notes on the geometry of crime. *Environmental Criminology*. Beverly Hills e London: Sage, 1981.

BRENNAN, P. A.; MEDNICK, S. A. A reply to Walters and White: "Heredity and crime". *Criminology*, n. 28, 1990.

_____; _____; JOHN, R. Specialization in violence: evidence of a criminal subgroup. *Criminology*, n. 27, 1989.

BRENNAN, T.; HUIZINGA, D.; ELLIOTT, D. S. *The social psychology of runaways*. Lexington, Mass. e Toronto: Lexington Books, 1978.

BREZINA, T. Adapting to strain: an examination of delinquent coping responses. *Criminology*, n. 34, 1996.

BRITT, C. L. Comment on Paternoster and Brame. *Criminology*, n. 38, 2000.

BRUNO, A. *Direito penal*. Rio de Janeiro: Forense, 1959. t. I.

BUENO ARÚS, F. Los aspectos criminógenos de la ley penal. *La Ley*, 1984.

BUIKHUISEN, W. Kriminalitätstheorien, sociobiologische. *KKW*, 3. ed., 1993.

BULMER, M. *The Chicago School of Sociology. Intitutionalizacion, diversity, and the rise of sociological research*. Chicago e London: The University of Chicago Press, 1984.

BURGESS, E. W. (Ed.). Prefacio a *The urban community. Selected papers from the proceedings of the American Sociological Society 1925* (E. W. Burgess ed.). Chicago: The University of Chicago Press, 1926.

_____. The growth of the city. An introduction to a research project. In: PARK, R. E. et al. *The city. Suggestions for the investigation of human behavior in the urban environment*. Chicago e London: The University of Chicago Press, [1925] 1984.

_____. The study of the delinquent as a person. *AJS*, n. 28, 1923.

BURGESS, R. L.; AKERS, R. L. A differential association-reinforcement theory of criminal behavior. *SP*, n. 14, 1966.

BURKETT, S. R.; WARD, D. A. A note on perceptual deterrence, religiosity based moral condemnation, and social control. *Criminology*, n. 31, 1993.

BURSIK, R. J.; GRASMICK, H. G. *Neighborhoods and crime. The dimensions of effective community control*. [S. l]: Lexington Books, 1993.

_____; WEBB, J. Community change and patterns of delinquency. *AJS*, n. 88, 1982.

BURTON, V. S.; CULLEN, F. T.; EVANS, T. D.; DUNAWAY, R. G. Reconsidering strain theory: operationalization, rival theories, and adult criminality. *JQC*, n. 10, 1994.

BUSHWAY, S. D. The stigma of a criminal history record in the labor market. *Building violence. How America's rush to incarcerate creates more violence* (J. P. May e K. R. Pitts eds.). Thousand Oaks: Sage, 2000.

BUSSMANN, K.-D. Business Ethics und Wirtschaftsstrafrecht. Zu einer Kriminologie des Managements. *MschrKrim*, n. 86, 2003.

BUSTOS RAMÍREZ, J. J.; MALARÉE, H. H. *Lecciones de derecho penal*. Madrid: Trotta, 1997. v. I.

BUZAWA, E. S.; BUZAWA, C. G. *Domestic violence. The Criminal Justice response*. Newbury Park: Sage, 1990.

CANELA-CACHO, J. A.; BLUMSTEIN, A.; COHEN, J. Relationship between the offending frequency of imprisoned and free offenders. *Criminology*, n. 35, 1997.

CANO VINDEL, A. Características demográficas y proceso delictivo. *Delincuencia. Teoría e investigación* (V. Sancha Mata et al. eds.). Madrid: Alpe, 1987.

CARDARELLI, A. P.; HICKS, S. C. Radicalism in Law and Criminology: a retrospective view of critical legal studies and radical Criminology. *JCL&C*, n. 84, 1993.

Carey, G. 1994. Genetics and violence. *Understanding and preventing violence*, v. II – *Biobehavioral influences* (A. J. Reiss et al. eds.). Washington, D. C.: National Academy Press.

Carlen, P. Critical Criminology? In praise of an oxymoron and its enemies. *Critical Criminology. Issues, debates, challenges* (K. Carrington e R. Hogg eds.). Cullompton: Willan Publishing, 2002.

_____ (Ed.). Introducción a D. Christina et al. *Criminal women. Autobiographical accounts.* Cambridge: Polity Press, 1985.

_____. *Women, crime and poverty.* Milton Keynes e Philadelphia: Open University Press, 1988.

_____. Women, crime, feminism, and realism. *Realist Criminology: crime control and policing in the 1990s* (J. Lowman e B. D. MacLean eds.). Toronto: University of Toronto Press, 1992.

_____. Women, crime, feminism, and realism. *Social Justice*, n. 17, 1990.

Carrara, F. *Programa del curso de derecho criminal.* Trad. O. Béeche e A. Gallegos. San José, Costa Rica: Editorial Jurídica Continental, [1859] 2000. v. I.

Caspi, A.; Moffitt, T. E.; Silva, P. A.; Stouthamer-Loeber, M.; Krueger, R. F.; Schmutte, P. S. Are some people crime-prone? Replications of the personality-crime relationship across countries, genders, races, and methods. *Criminology*, n. 32, 1994.

Castillo, R. (Del). *Conocimiento y acción. El giro pragmático de la filosofía.* Madrid: Uned, 1995.

Catalano, R. F.; Hawkins, J. D. The social development model: a theory of antisocial behavior. *Delinquency and crime. Current theories* (J. D. Hawkins ed.). Cambridge: Cambridge University Press, 1996.

Carvalho Júnior, C. Escola Positiva Penal. *Revista de Ciências Penais.* São Paulo: Convivio, n. 4, 1975.

Cea D'Ancona, M. A. Inteligencia y delincuencia. In: Mata, V. Sánchez et al. *Delincuencia. Teoría e investigación.* Madrid: Alpe, 1987.

Cecil, D. K. Conferencia pronunciada en el Departamento de Derecho Penal y Criminología de la Uned. 2003. Inédita.

_____; Drapkin, D. A.; MacKenzie, D. L.; Hickman, L. J. The effectiveness of adult basic education and life-skills programs in reducing recidivism: a review and assessment of the research. *JCE*, n. 51, 2000.

Cerezo Domínguez, A. I. La delincuencia violenta: un estudio de homicidios. *RDPC*, n. 2, 1998.

Cerezo Mir, J. *Curso de derecho penal español. Parte general. Introducción.* 5. ed. Madrid: Tecnos, 1996. v. I

_____. *Curso de derecho penal español. Parte general. Teoría jurídica del delito.* 5. ed. Madrid: Tecnos, 1997. n. 1, v. II.

_____. *Curso de derecho penal español.* Parte Geral. 6. ed. Madrid: Tecnos, 2004.

_____. El tratamiento de los delincuentes habituales en el Borrador de Anteproyecto de Código Penal, parte general. *Política criminal y reforma penal. Homenaje a la memoria del Prof. Dr. D. Juan del Rosal.* Madrid: Edersa, 1993.

CERNKOVICH, S. A.; GIORDANO, P. C. Family relationships and delinquency. *Criminology*, n. 25, 1987.

CHAIKEN, J. M.; CHAIKEN, M. R.; PETERSON, J. E. *Varieties of criminal behavior. Summary and policy implications*. Santa Monica, Ca.: Rand, 1982.

CHAMBLISS, W. J. A sociological analysis of the law of vagrancy. *SP*, n. 12, 1964.

_____. The deterrent influence of punishment. *C&D*, n. 12, 1966.

_____; COURTLESS, T. F. *Criminal law, Criminology, and criminal justice*. Pacific Grove, Ca.: Brooks/Cole Publishing Company, 1992.

CHARON, J. M. *Symbolic interactionism. An introduction, an interpretation, an integration*. 6. ed. Upper Saddle River, N. J.: Prentice Hall, 1998.

CHESNEY-LIND, M. Guilty by reason of sex: young women and the Juvenile Justice System. *The Criminal Justice System and women. Women offenders. Victims. Workers* (B. R. Price e N. J. Sokoloff eds.). New York: Clark Boardman, 1982.

_____. *The female offender. Girls, women, and crime*. Thousand Oaks: Sage, 1997.

_____. Women and crime: the female offender. *Signs*, n. 12, 1986.

_____; FAITH, K. What about feminism? Engendering theory-making in Criminology. *Explaining criminals and crime. Essays in contemporary criminological theory* (R. Paternoster e R. Bachman eds.). Los Angeles: Roxbury Publishing Company, 2001.

_____; PASCO, L. *The female offender. Girls, women, and crime*. 2. ed. Thousand Oaks: Sage, 2004.

_____; SHELDEN, R. G. *Girls, delinquency, and juvenile justice*. 2. ed. Belmont, Ca.: West/Wadsworth, 1998.

CHIRICOS, T. G.; WALDO, G. P. Punishment and crime: an examination of some empirical evidence. *SP*, n. 18, 1970.

CLAPP, J. The illicit trade in hazardous wastes and CFCs: international responses to environmental "bads". *The illicit global economy and state power* (H. R. Friman e P. Andreas eds.). Lanham: Rowman and Littlefield Publishers, 1999.

CLARKE, R. V. Introducción a *Situational crime prevention. Successful case studies*. 2. ed. (R. V. Clarke ed.). Guilderland, N. Y.: Harrow and Heston, 1997.

_____. Situational crime prevention. *C&J*, n. 19 – *Building a saver society. Strategic approaches to crime prevention* (M. Tonry e D. P. Farrington eds.), 1995.

_____. Situational prevention, Criminology and social values. *Ethical and social perspectives on situational crime prevention* (A. von Hirsch et al. eds.). Oxford e Portland: Hart, 2000.

_____; CORNISH, D. B. Modelling offenders' decisions: a framework for research and policy. *C&J*, n. 6 (M. Tonry e N. Morris eds.), 1985.

_____; _____. Rational choice. *Explaining criminals and crime. Essays in contemporary criminological theory* (R. Paternoster e R. Bachman eds.). Los Angeles, Ca.: Roxbury Publishing Company, 2001.

_____; FELSON, M. Introduction: Criminology, routine activity, and rational choice. *Advances*, n. 5 – *Routine activity and rational choice* (R. V. Clarke e M. Felson eds.), 1993.

_____; WEISBURD, D. Diffusion of crime control benefits: observations on the reverse of displacement. *CPS*, n. 2 (R. V. Clarke ed.), 1994.

CLINARD, M. B.; R. QUINNEY. *Criminal behavior systems. A typology.* 2. ed. New York: Holt, Rinehart and Winston, 1973.

CLOWARD, R. A.; OHLIN, L. E. *Delinquency and opportunity. A theory of delinquent gangs.* New York e London: The Free Press e Collier-Macmillan, [1960] 1966.

COCHRAN, J. K.; CHAMLIN, M. B. Deterrence and brutalization: the dual effects of executions. *JQ*, n. 17, 2000.

COHEN, A. K. An elaboration of anomie theory. *The future of anomie theory* (N. Passas e R. Agnew eds.). Boston: Northeastern University Press, 1997.

_____. *Delinquent boys. The culture of the gang.* New York: The Free Press, 1955.

_____. *Deviance and control.* Englewood Cliffs, N. J.: Prentice-Hall, 1966.

_____. Multiple factor approaches. *The Sociology of crime and delinquency* (M. E. Wolfgang ed.). New York e London: John Wiley and Sons, 1962.

_____. The assumption that crime is a product of environments: sociological approaches. *Theoretical methods in Criminology* (R. F. Meier ed.). Beverly Hills: Sage, 1985.

_____. The study of social problems: discussion. *ASR*, n. 13, 1948.

_____; SHORT, J. F. Research in delinquent subcultures. *The Journal of Social Issues*, XIV (3) – *New light on delinquency* (W. McCord ed.), 1958.

COHEN, J. Research on criminal careers: individual frequency rates and offense seriousness. *Criminal careers and career criminals* (A. Blumstein et al. eds.). Washington, D. C.: National Academy Press, 1986.

COHEN, L. E.; FELSON, M. Social change and crime rate trends: a routine activity approach. *ASR*, n. 44, 1979.

_____; LAND, K. C. Sociological positivism and the explanation of criminality. *Positive Criminology* (M. R. Gottfredson e T. Hirschi eds.). Newbury Park: Sage, 1987.

COHEN, S. (Ed.) Introducción. *Images of deviance* (S. Cohen ed.). Harmondsworth: Penguin Books, 1971.

COLEMAN, J. S. Social capital in the creation of human capital. *AJS*, n. 94, 1988.

COLVIN, M. *Crime and coercion. An integrated theory of chronic criminality.* New York: St. Martin's Press, 2000.

_____; PAULY, J. A critique of Criminology: toward an integrated structural-marxist theory of delinquency production. *AJS*, n. 89, 1983.

_____; CULLEN, F. T.; VANDER VEN, T. Coercion, social support, and crime: an emerging theoretical consensus. *Criminology*, n. 40, 2002.

CONKLIN, J. E. *Why crime rates fell.* Boston: Allyn and Bacon, 2003.

CORNISH, D. Theories of action in Criminology: learning theory and rational choice approaches. *Advances*, n. 5 – *Routine activity and rational choice* (R. V. Clarke e M. Felson eds.), 1993.

CORNISH, D. B.; CLARKE, R. V. Introducción. *The reasoning criminal: rational choice perspectives on offending* (D. B. Cornish e R. V. Clarke eds.). New York: Springer Verlag, 1986.

_____; _____. Understanding crime displacement: an application of rational choice theory. *Criminology*, n. 25, 1987.

COSTELLO, B. J.; MEDERER, H. J. A control theory of gender difference in crime and delinquency. *Advances*, n. 12 – *Control theories of crime and delinquency* (C. L. Britt e M. R. Gottfredson eds.), 2003.

_____; VOWELL, P. R. Testing control theory and differential association: a reanalysis of the Richmond Youth Project data. *Criminology*, n. 37, 1999.

CREIGHTON, S.; GHATE, D.; HAZEL, N.; FIELD, J.; FICH, S. Putting the Conflict Tactics Scale in context in violence from parent to child. *Researching violence. Essays on methodology and measurement* (R. M. Lee e E. A. Stanko eds.). London e New York: Routledge, 2003.

CRESSEY, D. R. Application and verification of the differential association theory. *JCLC&PS*, n. 43, 1952.

_____. Changing criminals: the application of the theory of differential association. *AJS*, n. 61, 1955.

_____. Criminological research and the definition of crimes. *AJS*, n. 56, 1951.

_____. Introducción a la reimpresión de *Other people's money. A study in the social psychology of embezzlement*. Montclair, N. J.: Patterson Smith, [1971] 1973.

_____. Methodological problems in the study of organized crime as a social problem. *Annals*, n. 374, 1967.

_____. *Other people's money. A study in the social psychology of embezzlement*. Glencoe, III: The Free Press. 1953.

_____. The theory of differential association: an introduction. *SP*, n. 8, 1960.

CRUZ BLANCA, M. J. *Derecho penal de menores (Ley Orgánica 5/2000, reguladora de la responsabilidad penal de los menores)*. Madrid: Edersa e Instituto de Criminología de la Universidad Complutense, 2002.

CUBÍ I SOLER, M. *Sistema completo de frenolojía, con sus aplicaziones al adelanto i mejoramiento del hombre, individual i sozialmente considerado*. 2. ed. Barcelona: Imprenta de J. Tauló, 1844.

CUELLO CONTRERAS, J. *El derecho penal español. Parte general. Nociones introductorias. Teoría del delito*. 3. ed. Madrid: Dykinson, 2002.

_____. *El nuevo derecho penal de menores*. Madrid: Civitas, 2000.

CULLEN, F. T.; GENDREAU, P. Assessing correctional rehabilitation: policy, practice, and prospects. *Criminal Justice 2000*, n. 3 – *Policies, processes, and decisions of the Criminal Justice System*. Washington, D. C.: U. S. Department of Justice, 2000.

_____; WRIGHT, J. P.; GENDREAU, P.; ANDREWS, D. A. What correctional treatment can tell us about criminological theory: implications for social learning theory. *Advances*, n. 11 – *Social learning theory and the explanation of crime: a guide for the new century* (R. L. Akers e G. F. Jensen eds.), 2003.

CURRA, J. *The relativity of deviance*. Thousand Oaks: Sage, 2000.

CURRIE, E. *Crime and punishment in America*. New York: Henry Holt and Company, 1998.

_____. Retreatism, minimalism, realism: three styles of reasoning on crime and drugs in the United States. *Realist Criminology: crime control and policing in the 1990s* (J. Lowman e B. D. MacLean eds.). Toronto: University of Toronto Press, 1992.

CUSSON, M. *La criminologie*. Paris: Hachette, 2000.

DALY, K. *Gender, crime, and punishment.* New Haven e London: Yale University Press, 1994.

_____. Neither conflict nor labeling nor paternalism will suffice: intersections of race, ethnicity, gender, and family in Criminal Court decisions. *C&D*, n. 35, 1989.

_____; CHESNEY-LIND, M. Feminism and Criminology. *JQ*, n. 5, 1988.

DAVIS, K. F. *Patterns of specialization and escalation in crime: a longitudinal analysis of juvenile and adult arrest transitions in the Glueck data.* Ann Arbor, Mi.: UMI, 1992.

DELMAS-MARTY, M. *Les grands systèmes de politique criminelle.* Paris: PUF, 1992.

DÍEZ RIPOLLÉS, J. L.; GONZÁLEZ-TORRE, F. J. GIRÓN; STANGELAND, P.; DOMÍNGUEZ, A. I. CEREZO. *Delincuencia y víctimas (encuestas de victimización en Málaga).* Valencia: Tirant lo Blanch e IAIC, 1996.

DITTON, J. Crime and the city. Public attitudes towards open-street CCTV in Glasgow. *BJC*, n. 40, 2000.

DOTTI, R. A. A revisão das fronteiras entre o direito penal e a criminologia. *Revista de Ciência Penal*, Rio de Janeiro: Forense, 1979.

DOUGLAS, J. D. *The social meanings of suicide.* Princeton, N. J.: Princeton University Press, 1967.

DOWNES, D.; ROCK, P. UNDERSTANDING DEVIANCE. A GUIDE TO THE SOCIOLOGY OF CRIME AND RULE BREAKING. 4. ed. Oxford e New York: Oxford University Press, 2003.

DRENNON-GALA, D. *Delinquency and highschool dropouts. Reconsidering social correlates.* Lanham: University Press of America, 1995.

DURKHEIM, E. *El suicidio. Estudio de Sociología.* Trad. M. Ruiz-Funes. Madrid: Reus, [1897] 1928.

_____. *La división del trabajo social.* Trad. C. G. Posada. Los Berrocales del Jarama, Madrid: Akal, [1893] 1995.

_____. *Las reglas del método sociológico.* Trad. A. Ferrer y Robert. Los Berrocales del Jarama, Madrid: Akal, [1895] 1991.

DÜNKEL, F. FREIHEITSENTZUG FÜR JUNGE RECHTSBRECHER. SITUATION UND REFORM VON JUGENDSTRAFE, JUGENDSTRAFVOLLZUG, JUGENDARREST UND UNTERSUCHUNGSCHAFT IN DER BUNDESREPUBLIK DEUTSCHLAND UND IN INTERNATIONALEN VERGLEICH. Bonn: Forum Verlag Godesberg, 1990.

DUSTER, T. *Backdoor to eugenics.* New York e London: Routledge, 1990.

ECK, J. E.; WEISBURD, D. Crime places in crime theory. *CPS*, n. 4 – *Crime and place* (J. E. Eck e D. Weisburd eds.), 1995.

EDDY, J. M.; GRIBSKOV, L. S. Juvenile Justice and delinquency prevention in the United States: the influence of theories and traditions on policies and practices. *Adv. AD*, n. 9 – *Delinquent violent youth. Theory and interventions* (T. P. Gullotta et al. eds.), 1998.

EHRLICH, I. Participation in illegitimate activities: an economic analysis. *Essays in the economics of crime and punishment* (G. S. Becker e W. M. Landes eds.). New York: National Bureau of Economic Research, 1974.

EINSTADTER, W.; HENRY, S. *Criminological theory. An analysis of its underlying assumptions.* Fort Worth: Harcourt Brace College Publishers, 1995.

EISENBERG, U. Zum Opferbereich in der Kriminologie. *GA*, 1971.

EKBLOM, P. Less crime, by design. *Annals*, n. 539 – *Reactions to crime and violence* (W. G. Skogan ed.), 1995.

_____; TILLEY, N. Going equipped. Criminology, situational crime prevention and the resourceful offender. *BJC*, n. 40, 2000.

ELDER, G. H. *Children of the Great Depression. Social change in life experience*, edición 25.º aniversario. Boulder, Co. e Oxford: Westview Press, 1999.

_____. Time, human agency, and social change: perspectives on the life course. *Social Psychology Quarterly*, n. 57, 1994.

ELLIOTT, D. S. Longitudinal research in Criminology: promise and practice. *Cross-national longitudinal research on human development and criminal behavior* (E. G.M. Weitekamp e H.-J. Kerner eds.). Dordrecht: Kluwer, 1994.

_____. Serious violent offenders: onset, developmental course, and termination. *Criminology*, n. 32, 1994.

_____. The assumption that theories can be combined with increased explanatory power: theoretical integrations. *Theoretical methods in Criminology* (R. F. Meier ed.). Beverly Hills: Sage, 1985.

_____; AGETON, S. S. Reconciling race and class differences in self-reported and official estimates of delinquency. *ASR*, n. 45, 1980.

_____; HAGAN, J.; MCCORD, J. *Youth violence: children at risk*. Washington, D. C.: American Sociological Association, 1998.

_____; HUIZINGA, D.; AGETON, S. S. EXPLAINING DELINQUENCY AND DRUG USE. Beverly Hills: Sage, 1985.

_____; MENARD, S. Delinquent friends and delinquent behavior: temporal and developmental patterns. *Delinquency and crime. Current theories* (J. D. Hawkins ed.). Cambridge: Cambridge University Press, 1996.

_____; VOSS, H. L. *Delinquency and dropout*. Lexington, Mass.: Lexington Books, 1974.

ELLIS, L.; WALSH, A. Gene-based evolutionary theories in Criminology. *Criminology*, n. 35, 1997.

EMPEY, L. T.; STAFFORD, M. C. *American delinquency. Its meaning and construction*. 3. ed. Belmont, Ca.: Wadsworth Publishing Company, 1991.

ENGELS, F. *La subversión de la ciencia por el señor Eugen Dühring*. Trad. M. Sacristán. 3. ed. Barcelona: Crítica, [1894] 1977.

ERICKSON, M. L.; GIBBS, J. P.; JENSEN, G. F. The deterrence doctrine and the perceived certainty of legal punishments. *ASR*, n. 42, 1977.

ERMANN, M. D.; LUNDMAN, R. J. CORPORATE AND GOVERNMENTAL DEVIANCE. PROBLEMS OF ORGANIZATIONAL BEHAVIOR IN CONTEMPORARY SOCIETY. 4. ed. New York e Oxford: Oxford University Press, 1992.

EVANS, T. D.; CULLEN, F. T.; BURTON, V. S.; DUNAWAY, R. G.; BENSON, M. L. The social consequences of self-control: testing the general theory of crime. *Criminology*, n. 35, 1997.

EYSENCK, H. J. Personality theory and the problem of criminality. *Applying Psychology to imprisonment*. London: HMSO, 1987.

Faris, E. The nature of human nature. *The urban community. Selected papers from the proceedings of the American Sociological Society 1925* (E. W. Burgess ed.). Chicago: The University of Chicago Press, 1926.

Faris, R. E. L. *Chicago Sociology. 1920-1932.* San Francisco, Ca.: Chandler Publishing Company, 1967.

Farnworth, M. Theory integration versus model building. *Theoretical integration in the study of deviance and crime. Problems and prospects* (S. F. Messner et al. eds.). Albany, N. Y.: State University of New York Press, 1989.

Farr, K. A.; Gibbons, D. C. Observations on the development of crime categories. *IJOTCC*, n. 34, 1990.

Farrell, R. A. Cognitive consistency in deviance causation: a psychological elaboration of an integrated systems model. *Theoretical integration in the study of deviance and crime. Problems and prospects* (S. F. Messner et al. eds.). Albany, N. Y.: State University of New York Press, 1989.

Farrington, D. P. Age and crime. *C&J*, n. 7 (M. Tonry e N. Morris eds.), 1986.

_____. Childhood aggression and adult violence: early precursors and later life outcomes. *The development and treatment of childhood aggression* (D. J. Pepler e K. H. Rubin eds.). Hillsdale, N. J.: Lawrence Erlbaum, 1991.

_____. Early developmental prevention of juvenile delinquency. *CB&MH*, n. 4, 1994.

_____. Explaining and preventing crime: the globalization of knowledge. *Criminology*, n. 38, 2000.

_____. Implications of biological findings for criminological research. *The causes of crime. New biological approaches* (S. A. Mednick et al. eds.). Cambridge: Cambridge University Press, 1987.

_____. Individual differences and offending. *The handbook of crime and punishment* (M. Tonry ed.). New York e Oxford: Oxford University Press, 1998.

_____. Key results from the first forty years of the Cambridge Study in delinquent development. *Taking stock of delinquency. An overview of findings from contemporary longitudinal studies* (T. P. Thornberry e M. D. Krohn eds.). New York: Kluwer Academic/Plenum Publishers, 2003.

_____. Longitudinal research on crime and delinquency. *C&J*, n. 2 (M. Tonry e N. Morris eds.), 1979.

_____. Predictors, causes, and correlates of male youth violence. *C&J*, n. 24 – *Youth violence* (M. Tonry e M. H. Moore eds.), 1998.

_____. The explanation and prevention of youthful offending. *Delinquency and crime. Current theories* (J. D. Hawkins ed.). Cambridge: Cambridge University Press, 1996.

_____; Jolliffe, D.; Hawkins, J. D.; Catalano, R. F.; Hill, K. G.; Kosterman, R. Comparing delinquency careers in court records and self-reports. *Criminology*, n. 41, 2003.

_____; Snyder, H. N.; Finnegan, T. A. Specialization in Juvenile Court careers. *Criminology*, n. 26, 1988.

_____; Tarling, R. *Criminological prediction*. London: Home Office Research and Planning Unit, 1983.

FELSON, M. *Crime and everyday life*. 2. ed. Thousand Oaks: Pine Forge Press, 1998.

_____. Routine activities and crime prevention in the developing metropolis. *Criminology*, n. 25, 1987.

_____. Those who discourage crime. *CPS*, n. 4 – *Crime and place* (J. E. Eck e D. Weisburd eds.), 1995.

_____; CLARKE, R. V. Routine precautions, Criminology, and crime prevention. *Crime and public policy. Putting theory to work* (H. D. Barlow ed.). Boulder, Co. e Oxford: Westview Press, 1995.

_____; _____. The ethics of situational crime prevention. *Rational choice and situational crime prevention. Theoretical foundations* (G. Neuman et al. eds.). Aldershot: Dartmouth, 1997.

FELSON, R. B. Big people hit little people: sex differences in physical power and interpersonal violence. *Criminology*, n. 34, 1996.

_____. Routine activities and involvement in violence as actor, witness, or target. *V&V*, n. 12, 1997.

_____. *Violence and gender reexamined*. Washington, D. C.: American Psychological Association, 2002.

FERDINAND, T. N. ¿Funcionan las penas?. Trad. A. Serrano Maíllo. *Modernas tendencias en la ciencia del Derecho penal y en la Criminología*. Madrid: Uned, 2001.

_____. History and policy in Juvenile Justice. *History and crime. Implications for Criminal Juvenile Justice policy* (J. A. Inciardi e C. E. Paupel eds.). Beverly Hills e London: Sage, 1980.

_____. *Typologies of delinquency. A critical analysis*. New York: Random House, 1966.

FERNÁNDEZ CRUZ, J. A. *El fenómeno del blanqueo de capitales y el fraude fiscal. El delito de legalización de capitales procedentes del crimen organizado*. Tesis doctoral, 2003. Inédita.

FERNÁNDEZ RODRÍGUEZ, M. D. *El pensamiento penitenciario y criminológico de Rafael Salillas*. Santiago de Compostela: Universidad de Santiago de Compostela, 1976.

FERNANDES, V.; FERNANDES, N. CRIMINOLOGIA INTEGRADA. 4. ed. São Paulo: RT, 2012.

FERRACUTI, F. L'indirizzo interdisciplinare in Criminologia. *Trattato di Criminologia, medicina criminologica e psichiatria forense* (a cargo de F. Ferracuti), n. 1 – *Le radici, le fonti, gli obiettivi e lo sviluppo della Criminologia*. Milano: Giuffrè, 1987.

FERRAJOLI, L. *Derecho y razón*. Trad. Perfecto Andrés Ibáñez *et al*. Madrid: Trotta, 1997.

FERRELL, J. Criminological *verstehen*: inside the immediacy of crime. *JQ*, n. 14, 1997.

_____; HAMM, M. S. (Ed.). *True confessions: crime, deviance, and field research. Ethnography at the edge. Crime, deviance, and field research*. Boston: Northeastern University Press, 1998.

FERRI, E. In: LOMBROSO, C. et al. *Polemica in difesa della scuola criminale positiva*. Bologna: Nicola Zanichelli, 1886.

_____. *Principios de derecho criminal. Delincuente y delito en la ciencia, en la legislación y en la jurisprudencia*. Trad. J. A. Rodríguez Muñoz. Madrid: Reus, [1927] 1933.

_____. *Sociología criminal*. Ed. española (versión española de A. Soto y Hernández). Madrid: Centro Editorial Góngora, 1908. v. I.

_____. *Sociología criminal*, Ed. española (versión española de A. Soto y Hernández). Madrid: Centro Editorial Góngora, 1908. v. II.

_____. *The positive school of Criminology*. Trad. E. Untermann. [S. l.]: University of Pittsburg Press, [1901] 1968.

FETCHENHAUER, D.; SIMON, J. Eine experimentelle Überprüfung der "General Theory of Crime" von Gottfredson und Hirschi. *MschrKrim*, n. 81, 1998.

FEYERABEND, P. AGAINST METHOD. 3. ed. London e New York: Verso, 1993.

FINE, G. A. Introducción. *A second Chicago School? The development of a postwar American Sociology* (G. A. Fine ed.). Chicago e London: The University of Chicago Press, 1995.

_____. *With the boys. Little League baseball and preadolescent culture*. Chicago e London: The University of Chicago Press, 1987.

FISHBEIN, D. H. *Biobehavioral perspectives in Criminology*. Belmont, Ca.: Wadsworth, 2001.

_____. Biological perspectives in Criminology. *Criminology*, n. 28, 1990.

_____. Conferencia pronunciada en el Departamento de Derecho penal y Criminología de la Uned, 2002. Inédita.

FLEISHER, M. S. *Beggars and thieves. Lives of urban street criminals*. Madison, Wisconsin: The University of Wisconsin Press, 1995.

_____. *Dead End kids. Gang girls and the boys they know*. Madison, Wisconsin: The University of Wisconsin Press, 1998.

_____. Ethnographers, pimps, and the company store. *Ethnography at the edge. Crime, deviance, and field research* (J. Ferrell e M. S. Hamm eds.). Boston: Northeastern University Press, 1998.

FONOW, M. M.; COOK, J. A. Back to the future: a look at the second wave of feminist epistemology and methodology. *Beyond methodology. Feminist scholarship as lived research* (M. M. Fonow e J. A. Cook eds.). Bloomington e Indianapolis: Indiana University Press, 1991.

FORDE, D. R.; KENNEDY, L. W. Risky lifestyles, routine activities, and the general theory of crime. *JQ*, n. 14, 1997.

FRAGOSO, H. C. *Lições de direito penal*. Parte Geral. 13. ed. Rio de Janeiro: Forense, 1991.

FREEMAN, R. B. The economics of crime. *Handbook of labor economics*, n. 3c (O. Ashenfelter e D. Card eds.). Amsterdam: Elsevier Science B. V, 1999.

GARCÍA ESPAÑA, E. *Inmigración y delincuencia en España: análisis criminológico*. Valencia: IAIC-Tirant lo Blanch, 2001.

GARCÍA-PABLOS DE MOLINA, A. *Problemas actuales de la Criminología*. Madrid: Publicaciones del Instituto de Criminología de la Universidad Complutense de Madrid, 1984.

_____. Relevancia criminológica de algunos trastornos mentales. *La ciencia del Derecho penal ante el nuevo siglo – Libro homenaje al profesor doctor don José Cerezo Mir*. Madrid: Tecnos, 2002.

_____. *Tratado de Criminología*. 3. ed. Valencia: Tirant lo Blanch, 2003.

GARCIA, B. *Instituições de direito penal*. São Paulo: Max Limonand, 1975. t. I.

GARFINKEL, H. Conditions of successful degradation ceremonies. *AJS*, n. 61, 1956.

_____. *Studies in Ethnomethodology*. Englewood Cliffs, N. J.: Prentice-Hall, 1967.

GARLAND, D. Ideas, institutions and situational crime prevention. *Ethical and social perspectives on situational crime prevention* (A. Von Hirsch et al. eds.). Oxford e Portland: Hart, 2000.

GARNER, J.; FAGAN, J.; MAXWELL, C. Published findings from the spouse assault replication program: a critical review. *JQC*, n. 11, 1995.

GAROFALO, R. *La Criminología. Estudio sobre el delito y sobre la teoría de la represión*, ed. española. Trad. P. Dorado Montero. Madrid: La España Moderna, [s. d.].

GARRIDO GENOVÉS, V. *Delincuencia y sociedad*. Madrid: Mezquita, 1984.

_____. Intervención y tratamiento de los delincuentes hoy: hechos y esperanzas. Particular referencia a los delincuentes juveniles, sexuales, psicópatas y drogadictos. *CDJ*, n. 29 – Criminología (A. García-Pablos de Molina director), 1994.

_____. *Técnicas de tratamiento para delincuentes*. Madrid: Editorial Centro de Estudios Ramón Areces, 1993.

_____; SANCHÍS MIR, J. R. Nivel socioeconómico y delincuencia. *Delincuencia. Teoría e investigación* (V. Sancha Mata et al. eds.). Madrid: Alpe, 1987.

_____; STANGELAND, P.; REDONDO ILLESCAS, S. *Principios de Criminología*. Valencia: Tirant lo Blanch, 1999.

GASSIN, R. *Criminologie*. Paris: Dalloz, 1998.

GEIS, G. On the absence of self-control as the basis for a general theory of crime: a critique. *ThC*, n. 4, 2000.

_____; GOFF, C. Edwin H. Sutherland's white-collar crime in America: an essay in historical Criminology. *CJH*, n. 7, 1986.

GIBBONS, D. C. *Delincuentes juveniles y criminales. Su tratamiento y rehabilitación*. Trad. A. Garza y Garza. México: Fondo de Cultura Económica, [1965] 1969.

_____. *Delinquent behavior*. Englewood Cliffs, N. J.: Prentice-Hall, 1970.

_____. *Society, crime, and criminal behavior*. 6. ed. Englewood Cliffs, N. J.: Prentice-Hall, 1992.

_____. *Talking about crime and criminals. Problems and issues in theory development in Criminology*. Englewood Cliffs, N. J.: Prentice-Hall, 1994.

_____. The assumption of the efficacy of middle-range explanation: typologies. *Theoretical methods in Criminology* (R. F. Meier ed.). Beverly Hills: Sage, 1985.

GIBBS, J. P. CRIME, PUNISHMENT, AND DETERRENCE. New York: Elsevier, 1975.

_____. The methodology of theory construction in Criminology. *Theoretical methods in Criminology* (R. F. Meier ed.). Beverly Hills: Sage, 1985.

GIDDENS, A. *Durkheim*. Glasgow: Fontana/Collins, 1978.

_____. *New rules of sociological method. A positive critique of interpretative sociologies*. 2. ed. Stanford, Ca.: Stanford University Press, 1993.

GIL GIL, A. *Derecho penal internacional. Especial consideración del delito de genocidio*. Madrid: Tecnos, 1999.

GLASER, B. G.; STRAUSS, A. L. *The discovery of grounded theory. Strategies for qualitative research*. New York: Aldine de Gruyter, 1967.

GLASER, D. Reconceiving some confounding domains of Criminology: issues of terminology, theory, and practice. *Advances*, n. 3 – *Facts, frameworks, and forecasts* (J. McCord ed.), 1992.

GLUECK, S. A critical look at differential association theory. *Readings in Criminology and Penology*. 2. ed. (D. Dressler ed.). New York e London: Columbia University Press, [1956] 1972.

_____; GLUECK, E. *Nuove frontiere della Criminologia*. Trad. F. Ferracuti. Milano: Giuffrè, [1964] 1971.

_____; _____. *Unraveling juvenile delinquency*. New York: The Commonwealth Fund, 1950.

GOFFMAN, E. *Interaction ritual. Essays on face-to-face behavior*. New York: Pantheon Books, [1967] 1982.

GOLDKAMP, J. S. Rational choice and determinism. *Positive Criminology* (M. R. Gottfredson e T. Hirschi eds.). Newbury Park: Sage, 1987.

GÓMEZ BENÍTEZ, J. M. La idea moderna de la proporcionalidad de las penas. *El pensamiento penal de Beccaria: su actualidad* (A. Asúa Batarrita coordinadora). Bilbao: Universidad de Deusto, 1990.

GOODRICH, P.; DOUZINAS, C.; HACHAMOVITCH, Y. Politics, ethics and the legality of the contingent. *Politics, postmodernity and critical legal studies. The legality of the contingent* (C. Douzinas et al. eds.). London e New York: Routledge e Kegan Paul, 1994.

GÖPPINGER, H. *Criminologia*. Trad. Maria L. Schawack e Ignacio L. Castro. Madrid: Reus, 1975.

GORING, C. B. *The English convict. A statistical study*. Montclair, N. J.: Patterson Smith, [1913] 1972.

GOTTFREDSON, M. R.; HIRSCHI, T. A control theory interpretation of psychological research on aggression. *Aggression and violence. Social interactionist perspectives* (R. B. Felson e J. T. Tedeschi eds.). Washington, D. C.: American Psychological Association, 1993.

_____; _____. *A general theory of crime*. Stanford, Ca.: Stanford University Press, 1990.

_____; _____. Career criminals and selective incapacitation. *Controversial issues in crime and justice* (J. E. Scott e T. Hirschi eds.). Newbury Park: Sage, 1988.

_____; _____. National crime control policies. *Society*, n. 32, 1995.

_____; _____. Science, public policy, and the career paradigm. *Criminology*, n. 26, 1988.

_____; _____ (Ed.). The positive tradition. *Positive Criminology*. Newbury Park: Sage, 1987.

_____; _____. The true value of lambda would appear to be zero: an essay on career criminals, criminal careers, selective incapacitation, cohort studies, and related topics. *Criminology*, n. 24, 1986.

GOULDNER, A. W. Anti-Minotaur: the myth of a value-free Sociology. *The new Sociology. Essays in social science and social theory in honor of C. Wright Mills* (I. L. Horowitz ed.). New York: Oxford University Press, [1962] 1965.

_____. *The coming crisis of western Sociology*. New York: Basic Books, 1970.

_____. The sociologist as partisan: Sociology and the Welfare State. *AS*, n. 3, 1968.

GOVE, W. R. Deviant behavior, social intervention, and labeling theory. *The uses of controversy in Sociology* (L. A. Coser e O. N. Larsen eds.). New York e London: The Free Press, 1976.

_____. Labelling and mental illness: a critique. *The labelling of deviance. Evaluating a perspective* (W. R. Gove ed.). New York: Sage, 1975.

_____. Societal reaction as an evaluation of mental illness: an evaluation. *ASR*, n. 35, 1970.

_____; HUGHES, M.; GEERKEN, M. Are Uniform Crime Reports a valid indicator of the index crimes? An affirmative answer with minor qualifications. *Criminology*, n. 23, 1985.

GRASMICK, H. G.; BURSIK, R. J. Conscience, significant others, and rational choice: extending the deterrence model. *L&SR*, n. 24, 1990.

_____; TITTLE, C. R.; BURSIK, R. J.; ARNEKLEV, B. J. Testing the core empirical implications of Gottfredson and Hirschi's general theory of crime. *JRC&D*, n. 30, 1993.

GRECO, R. *Curso de direito penal.* 9. ed. Rio de Janeiro: Impetus, 2007. v. 1.

GREENBERG, D. F. Comparing criminal career models. *Criminology*, n. 30, 1992.

_____ (Ed.). *Crime and capitalism. Readings in marxist Criminology,* nueva edición. Philadelphia: Temple University Press, 1993.

_____. The weak strength of social control theory. *C&D*, n. 45, 1999.

GULLOTTA, T. P. et al. *Delinquent violent youth. Theory and interventions.* Thousand Oaks: Sage, 1998.

GUZMÁN DÁLBORA, J. L. El delito de maltrato de animales. *La ciencia del Derecho penal ante el nuevo siglo. Libro homenaje al profesor doctor don José Cerezo Mir.* Madrid: Tecnos, 2002.

HAAG, E. (Van Den). The neoclassical theory of crime control. *Theoretical methods in Criminology* (R. F. Meier ed.). Beverly Hills: Sage, 1985.

HAAPANEN, R. A.; JESNESS, C. F. *Early identification of the chronic offender.* [S. l.]: Department of the Youth Authority (documento de trabajo), 1982.

HABERMAS, J. *La lógica de las ciencias sociales,* nueva edición. Trad. M. Jiménez Redondo. Madrid: Tecnos, [1982] 2001.

_____. *Teoría de la acción comunicativa. Racionalización de la acción y racionalización social* (versión castellana de M. Jiménez Redondo). Madrid: Taurus, [1981] 2001. v. I.

HAGAN, J. (Ed.). Introduction: methodological developments in deterrence research. *Deterrence reconsidered. Methodological innovations* (J. Hagan ed.). Beverly Hills: Sage, 1982.

_____. Micro-and macro-structures of delinquency causation and a power-control theory of gender and delinquency. *Theoretical integration in the study of deviance and crime. Problems and prospects* (S. F. Messner et al. eds.). Albany, N. Y.: State University of New York Press, 1989.

_____; en colaboración con C. ALBONETTI et al. *Structural Criminology.* New Brunswick, N. J.: Rutgers University Press, 1989.

_____. The assumption of natural science methods: criminological positivism. *Theoretical methods in Criminology* (R. F. Meier ed.). Beverly Hills: Sage, 1985.

_____; GILLIS, A. R.; SIMPSON, J. The class structure of gender and delinquency: toward a power-control theory of common delinquent behavior. *AJS*, n. 90, 1985.

_____; SIMPSON, J.; GILLIS, A. R. Class in the household: a power-control theory of gender and delinquency. *AJS*, n. 92, 1987.

HAKEEM, M. The assumption that crime is a product of individual characteristics: a prime example from Psychiatry. *Theoretical methods in Criminology* (R. F. Meier ed.). Beverly Hills: Sage, 1985.

HALFPENNY, P. *Positivism and Sociology: explaining social life*. Boston e Sydney: George Allen and Unwin, 1982.

HANNAN, M. T. *Aggregation and disaggregation in the social sciences*, edición revisada. Lexington, Mass. e Toronto: Lexington Books, 1991.

HARDING, S. *The science question in feminism*. Ithaca e London: Cornell University Press, 1986.

HARRIS, A. R. Sex and theories of deviance: toward a functional theory of deviant type-scripts. *ASR*, n. 42, 1977.

HARVEY, D. *The condition of postmodernity. An enquiry into the origins of cultural change*. Cambridge, Mass. e Oxford: Blackwell, 1991.

HASSAN, I. POSTmodernISM: a paracritical bibliography. *From modernism to postmodernism* (L. Cahoone ed.). Malden e Oxford: Blackwell, 1997.

_____. Toward a concept of postmodernism. *A postmodern reader* (J. Natoli e L. Hutcheon eds.). Albany, N. Y.: State University of New York, 1993.

HASSEMER, W.; MUÑOZ CONDE, F. *Introducción a la Criminología*. Valencia: Tirant lo Blanch, 2001.

HAWKINS, D. F. (Ed.). Introducción. *Violent crime. Assessing race and ethnic differences*. Cambridge: Cambridge University Press, 2003.

_____; LAUB, J. H.; LAURITSEN, J. L. Race, ethnicity, and serious juvenile offending. *Serious and violent juvenile offenders. Risk factors and successful interventions* (R. Loeber e D. P. Farrington eds.). Thousand Oaks: Sage, 1998.

HAWKINS, J. D.; ARTHUR, M. W.; CATALANO, R. F. Preventing substance abuse. *C&J*, n. 19 – *Building a saver society. Strategic approaches to crime prevention* (M. Tonry e D. P. Farrington eds.), 1995.

_____; HERRENKOHL, T.; FARRINGTON, D. P.; BREWER, D.; CATALANO, R. F.; HARACHI, T. W. A review of predictors of youth violence. *Serious and violent juvenile offenders. Risk factors and successful interventions* (R. Loeber e D. P. Farrington eds.). Thousand Oaks: Sage, 1998.

_____; SMITH, B. H.; HILL, K. G.; KOSTERMAN, R.; CATALANO, R. F.; ABBOTT, R. D. Understanding and preventing crime and violence: findings from the Seattle Social Development Project. *Taking stock of delinquency. An overview of findings from contemporary longitudinal studies* (T. P. Thornberry e M. D. Krohn eds.). New York: Kluwer Academic/Plenum Publishers, 2003.

HAY, C. An exploratory test of Braithwaite's reintegrative shaming theory. *JRC&D*, n. 38, 2001.

HEIMER, K. Gender, race, and the pathways to delinquency: an interactionist explanation. *Crime and inequality* (J. Hagan e R. D. Peterson eds.). Standford, Ca.: Stanford University Press, 1995.

_____; MATSUEDA, R. L. Role-taking, role commitment, and delinquency: a theory of differential social control. *ASR*, n. 59, 1994.

HEIDENSOHN, F. con la asistencia de M. Silvestri. *Women and crime*. 2. ed. New York: New York University Press, 1995.

HEITGERD, J. L.; BURSIK, R. J. Extracommunity dynamics and the ecology of delinquency. *AJS*, n. 92, 1987.

HENRY, B.; CASPI, A.; MOFFITT, T. E.; HARRINGTON, H.; SILVA, P. A. Staying in school protects boys with poor self-regulation in childhood from later crime: a longitudinal study. *IJBD*, n. 23, 1999.

HENRY, S.; MILOVANOVIC, D. *Constitutive Criminology. Beyond postmodernism*. London: Sage, 1996.

_____; _____. Constitutive Criminology: the maturation of critical theory. *Criminology*, n. 29, 1991.

_____; _____ (Ed.). Introduction: postmodernism and constitutive theory. *Constitutive Criminology at work. Applications to crime and Justice*. Albany, N. Y.: State University of New York Press, 1999.

_____; _____. The constitution of constitutive Criminology: a postmodern approach to criminological theory. *The futures of Criminology* (D. Nelken ed.). London: Sage. 1994.

HERRERA MORENO, M. *La hora de la víctima. Compendio de Victimología*. Madrid: Edersa, 1996.

HERRERO HERRERO, C. *Criminología (Parte general y especial)*. 2. ed. Madrid: Dykinson, 2001.

_____. Tipologías de delitos y de delincuentes en la delincuencia juvenil actual. Perspectiva criminológica. *AP*, n. 41, 2002.

HESNARD, A. *Psicología del crimen*. Trad. J. Ferrer Aleu. Barcelona: Zeus, [1963] 1974.

HINDELANG, M. J. Causes of delinquency: a partial replication and extension. *SP*, n. 20, 1973.

_____. Variations in sex-race-age-specific incidence rates of offending. *ASR*, n. 46, 1981.

HIRSCH, A. (Von). The ethics of public television surveillance. *Ethical and social perspectives on situational crime prevention* (A. von Hirsch et al. eds.). Oxford e Portland: Hart, 2000.

_____; BOTTOMS, A. E.; BURNEY, E.; WIKSTRÖM, P.-O. *Criminal deterrence and sentence severity. An analysis of recent research*. Oxford e Portland: Hart, 1999.

HIRSCH, A. R. *Making of the second ghetto. Race and housing in Chicago, n. 1940-1960*. 2. ed. Chicago e London: The University of Chicago Press, 1998.

HIRSCHI, T. *Causes of delinquency*. Berkeley: University of California Press, 1969.

_____. Exploring alternatives to integrated theory. *Theoretical integration in the study of deviance and crime. Problems and prospects* (S. F. Messner et al. eds.). Albany, N. Y.: State University of New York Press, 1989.

_____. Family structure and crime. *When families fail... The social costs* (B. J. Christensen ed.). Lanham: University Press of America, 1990.

_____. Labelling theory and juvenile delinquency: an assessment of the evidence. *The labelling of deviance. Evaluating a perspective* (W. R. Gove ed.). New York: Sage, 1975.

_____. Separate and unequal is better. In: _____. *The craft of Criminology. Selected papers* (J. Laub ed.). New Brunswick e London: Transaction Publishers, [1979] 2002.

_____. Theory without ideas: reply to Akers. *Criminology*, n. 34, 1996.

_____; GOTTFREDSON, M. R. Age and the explanation of crime. *AJS*, n. 89. 1983.

_____; _____. Causes of white-collar crime. *Criminology*, n. 25, 1987.

_____; _____. Self-control theory. *Explaining criminals and crime. Essays in contemporary criminological theory* (R. Paternoster e R. Bachman eds.). Los Angeles: Roxbury Publishing Company, 2001.

_____; _____ (Ed.). Substantive positivism and the idea of crime. *The generality of deviance* New Brunswick e London: Transaction Publishers, [1990] 1994.

_____; _____. The significance of white-collar crime for a general theory of crime. *Criminology*, n. 27, 1989.

_____; _____ (Ed.). The generality of deviance. *The generality of deviance*. New Brunswick e London: Transaction Publishers, 1994.

_____; HINDELANG, M. J. Intelligence and delinquency: a revisionist review. *ASR*, n. 42, 1977.

_____; _____. Reply to Ronald L. Simons. *ASR*, n. 43, 1978.

_____; SELVIN, H. C. False criteria of causality in delinquency research. *SP*, n. 13, 1966.

_____; _____. *Principles of survey analysis*. 2. ed. New York: The Free Press, 1973.

_____; STARK, R. Hellfire and delinquency. *SP*, n. 17, 1969.

HIRST, P. Q. Marx y Engels sobre la ley, el delito y la moralidade. Trad. N. Grab. *Criminología crítica* (I. Taylor et al. eds.). México: Siglo Veintiuno, [1975] 1977.

HODGINS, S.; JANSON, C.-G. *Criminality and violence among the mentally disordered. The Stockholm Metropolitan Project.* Cambridge: Cambridge University Press, 2002.

HOFFMANN, J. P.; IRELAND, T. (1995). Cloward and Ohlin's strain theory reexamined: An elaborated theoretical model. In: ADLER, F., AND LAUFER, W. S. (eds.). *The Legacy of Anomie Theory*, pp. 247-270. Transaction Publishers. New Brunswick, NJ.

HOLZMAN, H. R. *The persistent offender and the concept of professional criminality: the case of robbery and burglary.* Ann Arbor e London: UMI, 1979.

HOOD, R.; SPARKS, R. *Key issues in Criminology.* New York e Toronto: McGraw-Hill Book Company, 1970.

HOOTON, E. A. *Crime and the man.* Cambridge, Mass.: Harvard University Press, 1939.

_____. *The American criminal. An anthropological study*, I – The native white criminal of native parentage. Cambridge, Mass.: Harvard University Press, 1939.

HORMAZÁBAL MALARÉE, H. Los delitos socioeconómicos, el bien jurídico, el autor, su hecho y la necesaria reforma del sistema penal español. *Hacia un Derecho penal económico europeo. Jornadas en honor del Profesor Klaus Tiedemann.* Madrid: BOE, 1995.

HORN, H.-J. Viktimologische Aspekte der Beziehungstat. *Kriminologische Opferforschung. Neue Perspektiven und Erkenntnisse*, v. II – *Verbrechensfurcht und Opferwerdung – Individualopfer und Verarbeitung von Opfererfahrungen* (G. Kaiser e J. M. Jehle eds.). Heidelberg: Kriminalistik Verlag, 1995.

HUIZINGA, D.; WYLIE WEIHER, A.; ESPIRITU, R.; ESBENSEN, F. Delinquency and crime: some highlights from the Denver Youth Survey. *Taking stock of delinquency. An overview of findings from contemporary longitudinal studies* (T. P. Thornberry e M. D. Krohn eds.). New York: Kluwer Academic/Plenum Publishers, 2003.

HUTCHINGS, B.; MEDNICK, S. A. Criminality in adoptees and their adoptive and biological parents: a pilot study. *Biosocial bases of criminal behavior* (S. A. Mednick e K. O. Christiansen eds.). New York: Gardner Press, 1977.

HWANG, S.; AKERS, R. L. Substance use by Korean adolescents: a cross-cultural test of social learning, social bonding, and self-control theories. *Advances*, n. 11 – *Social learning theory and the explanation of crime: a guide for the new century* (R. L. Akers e G. F. Jensen eds.), 2003.

IBÁÑEZ, J. *El regreso del sujeto. La investigación social de segundo orden*. México e Madrid: Siglo Veintiuno de España, 1994.

JAKOBS, G. *Strafrecht. Allgemeiner Teil. Die Grundlagen und die Zurechnungslehre. Lehrbuch*. 2. ed. Berlin e New York: Walter de Gruyter, 1991.

JAMESON, F. EL POSTMODERNISMO O LA LÓGICA CULTURAL DEL CAPITALISMO AVANZADO. Trad. J. L. Pardo Torío. Barcelona: Paidós, [1984] 1995.

JEFFERY, C. R. *Crime prevention through environmental design*. Beverly Hills e London: Sage, 1971.

_____. Criminology as an interdisciplinary behavioral science. *Criminology*, n. 16, 1978.

_____. Genetics, crime and the canceled conference. *The Criminologist*, n. 18 (1), 1993.

_____; ZAHM, D. L. Crime prevention through environmental design, opportunity theory, and rational choice models. *Advances*, n. 5 – *Routine activity and rational choice* (R. V. Clarke e M. Felson eds.), 1993.

JENSEN, G. F. Gender variation in delinquency: self-images, beliefs, and peers as mediating mechanisms. *Advances*, n. 11 – *Social learning theory and the explanation of crime: a guide for the new century* (R. L. Akers e G. F. Jensen eds.), 2003.

_____. Salvaging structure through strain: a theoretical and empirical critique. *Advances*, n. 6 – *The legacy of anomie theory* (F. Adler e W. S. Laufer eds.), 1995.

_____; AKERS, R. L. Taking social learning global: micro-macro transitions in Criminological theory. *Advances*, n. 11 – *Social learning theory and the explanation of crime: a guide for the new century* (R. L. Akers e G. F. Jensen eds.), 2003.

_____; ERICKSON, M. L.; GIBBS, J. P. Perceived risk of punishment and self-reported delinquency. *SF*, n. 57, 1978.

_____; THOMPSON, K. What's class got to do with it? A further examination of power control theory. *AJS*, n. 95, 1990.

JESCHECK, H. H.; WEIGEND, T. TRATADO DE DERECHO PENAL. Trad. Miguel Olmedo Cardenete. 5. ed. Granada: Comares, 2002.

JESSOR, R.; DONOVAN, J. E.; COSTA, F. M. *Beyond adolescence. Problem behavior and young adult development*. Cambridge: Cambridge University Press, 1991.

JIMÉNEZ DE ASÚA, L. *Psicoanálisis criminal*. 6. ed. Buenos Aires: Depalma, 1982.

_____. *Tratado de derecho penal*. 4. ed. Buenos Aires: Losada, 1964. t. I.

JOHNSON, D. R.; SCHEUBLE, L. K. Gender bias in the disposition of juvenile court referrals: the effects of time and location. *Criminology*, n. 29, 1991.

JUNGER, M. Accidents. *The generality of deviance* (T. Hirschi e M. R. Gottfredson eds.). New Brunswick e London: Transaction Publishers, 1994.

KAISER, G. CRIMINOLOGIA. Trad. José Belloch Zimmermann. Madrid: Espasa Calpe, 1978.

_____. *Kriminologie. Eine Einführung in die Grundlagen*. 7. ed. Heidelberg: C. F. Müller Juristischer Verlag, 1985.

_____. *Kriminologie. Ein Lehrbuch*. 3. ed. Heidelberg: C. F. Müller Verlag, 1996.

KAPLAN, D.; MANNERS, R. A. Antropología: métodos y problemas en la formulación de teorias. Trad. M. Arana. *Lecturas de Antropología social y cultural. La cultura y las culturas* (H. M. Velasco ed.). Madrid: Uned, [1972] 1996.

KAPLAN, H. B. Testing an integrative theory of deviant behavior. Theory-syntonic findings from a long-term multi-generation study. *Taking stock of delinquency. An overview of findings from contemporary longitudinal studies* (T. P. Thornberry e M. D. Krohn eds.). New York: Kluwer Academic/Plenum Publishers, 2003.

KATZ, J. *Seductions of crime. Moral and sensual attractions in doing evil*. [S. l.]: Basic Books, 1988.

_____. The gang myth. *Social dynamics of crime and control. New theories for a world in transition* (S. Karstedt e K.-D. Bussmann eds.). Oxford e Portland: Hart, 2000.

KAUFMAN, J.; ZIGLER, E. Do abused children become abusive parents?. *Amer. J.Orthopsychiat.*, n. 57, 1987.

KEMPF, K. L. The empirical status of Hirschi's control theory. *Advances*, n. 4 (F. Adler e W. Laufer eds.), 1993.

KENNEDY, E. M. Prison overcrowding: the Law's dilemma. *Annals*, n. 478 – *Our crowded prisons*, 1985.

KENNEDY, L. W.; FORDE, D. R. Routine activities and crime: an analysis of victimization in Canada. *Criminology*, n. 28, 1990.

KERBO, H. R. *Social stratification and inequality. Class conflict in historical and comparative perspective*. 3. ed. New York: The McGraw-Hill Companies, 1996.

KITSUSE, J. I.; CICOUREL, A. V. A note on the uses of official statistics. *SP*, n. 11, 1963.

KLEPPER, S.; NAGIN, D. Tax compliance and perceptions of the risk of detection and criminal prosecution. *L&SR*, n. 23, 1989.

_____; _____. The deterrent effect of perceived certainty and severity of punishment revisited. *Criminology*, n. 27, 1989.

KLEIN, M. W. Offence specialization and versatility among juveniles. *BJC*, n. 24, 1984.

_____. *Street gangs and street workers*. Englewood Cliffs, N. J.: Prentice-Hall, 1971.

_____. Watch out for the last variable. *The causes of crime. New biological approaches* (S. A. Mednick et al. eds.). Cambridge: Cambridge University Press, 1987.

KÖNIG, R. *Introducción a Tratado de Sociología empírica*, I (R. König director). Trad. C. Moya Valgañón. Madrid: Tecnos, 1973.

KORNHAUSER, R. R. *Social sources of delinquency. An appraisal of analytic models*. Chicago e London: University of Chicago Press, 1978.

KOTLOWITZ, A. *There are no children here. The story of two boys growing up in the other America*. New York: Anchor Books, Doubleday, [1991] 1992.

KROHN, M. D.; MASSEY, J. L. Social control and delinquent behavior: an examination of the elements of the social bond. *SQ*, n. 21, 1980.

KUHN, T. S. *The structure of scientific revolutions*. 3. ed. Chicago e London: The University of Chicago Press, 1996.

KURY, H. Desarrollo de la delincuencia en Europa oriental y occidental. Una comparación entre diferentes países. Trad. A. Serrano Maíllo. *RDPC*, n. 6, 1996.

_____. Sobre la relación entre sanciones y criminalidad, o: ¿qué efecto preventivo tienen las penas? Trad. J. U. Hernández Plasencia. *Modernas tendencias en la ciencia del Derecho penal y en la Criminología*. Madrid: Uned, 2001.

_____. Victims of crime – Results of a representative telephone survey of 5.000 citizens of the former Federal Republic of Germany. *Victims and Criminal Justice. Victimological research: stocktaking and prospects* (G. Kaiser et al. eds.). Freiburg i. Br.: Max-Planck--Institut für ausländisches und internationales Strafrecht, 1991.

_____. Zur Bedeutung von Kriminalitätsentwicklung und Viktimisierung für die Verbrechensfurcht. *Kriminologische Opferforschung. Neue Perspektiven und Erkenntnisse*, II – *Verbrechensfurcht und Opferwerdung – Individualopfer und Verarbeitung von Opfererfahrungen* (G. Kaiser e J. M. Jehle eds.). Heidelberg: Kriminalistik Verlag, 1995.

KYVSGAARD, B. *The criminal career. The danish longitudinal study*. Cambridge: Cambridge University Press, 2003.

LAFFARGUE, B.; GODEFROY, T. Economic cycles and punishment: unemployment and imprisonment. A time-series study: France, n. 1920-1985. *CC*, n. 13,1989.

LAFREE, G. A summary and review of cross-national comparative studies of homicide. *Homicide. A sourcebook of social research* (M. D. Smith e M. A. Zahn eds.). Thousand Oaks, Ca.: Sage, 1999.

_____. *Losing legitimacy. Street crime and the decline of social institutions in America*. Boulder, Co. e Oxford: Westview, 1998.

_____. *Rape and the Criminal Justice. The social construction of sexual assault*. Belmont, Ca.: Wadsworth, 1989.

_____; BIRKBECK, C. The neglected situation: a cross-national study of the situational characteristics of crime. *Criminology*, n. 29, 1991.

_____; DRASS, K. A. The effect of changes in intraracial income inequality and educational attainment on changes in arrest rates for African-Americans and whites, n. 1957 to 1990. *ASR*, n. 61, 1996.

_____; _____; O'DAY, P. Race and crime in postwar America: determinants of African--American and white rates, n. 1957-1988. *Criminology*, n. 30, 1992.

LANCTÔT, N.; LE BLANC, M. Explaining deviance by adolescent females. *C&J*, n. 29, 2002.

Landecho Velasco, C. M. *La tipificación lombrosiana de delincuentes*, I. Madrid: Departamento de Derecho Penal y Criminología, Uned, 2004.

Landrove Díaz, G. *Victimología*. Valencia: Tirant lo Blanch, 1990.

Lanier, M. M.; Henry, S. (Ed.). Crime in context: the scope of the problem. *What is crime? Controversies over the nature of crime and what to do about it*. Lanham: Rowman and Littlefield Publishers, 2001.

Lardizábal Y Uribe, M. *Discurso sobre las penas contrahido á las leyes criminales de España, para facilitar su reforma*, con Estudio preliminar de M. de Rivacoba e Rivacoba e J. L. Guzmán Dálbora. Ararteko: Vitoria, [1782] 2001.

Larguier, J. *Criminologie et science pénitentiaire*. Paris: Dalloz, 1976.

Larragoite, V. Rape. *The generality of deviance* (T. Hirschi e M. R. Gottfredson eds.). New Brunswick e London: Transaction Publishers, 1994.

Lattimore, P. K.; MacDonald, J. M.; Piquero, A. R.; Linster, R. L.; Visher, C. A. Studying the characteristics of arrest frequency among paroled youthful offenders. *Criminology*, n. 41, 2004.

Laub, J. H. Apuntes de cátedra, 2001. Inéditos.

_____. *Crime in the making: pathways and turning points through life*, n. 30. Robert D. Klein University Lecture. Boston, Mass.: Northeastern University Press, 1994.

_____. *Criminology in the making. An oral history.* Boston, Mass.: Northeastern University Press, 1983.

_____. Data for positive Criminology. *Positive Criminology* (M. R. Gottfredson e T. Hirschi eds.). Newbury Park: Sage, 1987.

_____ (Ed.). Introduction: the life and work of Travis Hirschi. In: Hirschi, T. *The craft of Criminology. Selected papers*. New Brunswick e London: Transaction Publishers, 2002.

_____. Patterns of criminal victimization in the United States. *Victims of crime. Problems, policies, and programs* (A. J. Lurigio et al. eds.). Newbury Park: Sage, 1990.

_____. Recensión a J. Bennett. *Political Science Quarterly*, n. 97, 1983.

_____; Sampson, R. J. *Shared beginnings, divergent lives: delinquent boys to age 70*. Harvard, Mass. e London: Harvard University Press, 2003.

_____; _____. The Sutherland-Glueck debate: on the Sociology of criminological knowledge. *AJS*, n. 96, 1991.

_____; _____. Turning points in the life course: why change matters to the study of crime?. *Criminology*, n. 31, 1993.

_____; _____. Unemployment, marital discord, and deviant behavior: the long-term correlates of childhood misbehavior. *The generality of deviance* (T. Hirschi e M. R. Gottfredson eds.). New Brunswick e London: Transaction Publishers, 1994.

_____; Sampson, R. J.; Kiger, K. Assessing the potential of secondary data analysis: a new look at the Gluecks' *Unraveling Juvenile Delinquency data. Measurement issues in Criminology* (K. L. Kempf ed.). New York: Springer, 1990.

_____; _____; Allen, L. C. Explaining crime over the life course: toward a theory of age-graded informal social control. *Explaining criminals and crime. Essays in contemporary criminological theory* (R. Paternoster e R. Bachman eds.). Los Angeles: Roxbury Publishing Company, 2001.

_____; _____; CORBETT, R. P.; SMITH, J. S. The public implications of a life-course perspective on crime. *Crime and public policy. Putting theory to work* (H. D. Barlow ed.). Boulder, Co. e Oxford: Westview Press, 1995.

LAY, B.; IHLE, W.; ESSER, G.; SCHMIDT, M. H. Risikofactoren für Delinquenz bei Jugendlichen und deren Fortsetzung bis in das Erwachsenenalter. *MschrKrim*, n. 84, 2001.

LEA, J. *Crime and modernity. Continuities in left realist Criminology*. London: Sage, 2002.

_____. Criminology and postmodernity. *The new Criminology revisited* (P. Walton e J. Young eds.). Houndmills e London: Macmillan Press, 1998.

_____; YOUNG, J. *What is to be done about law and order? Crisis in the nineties*. London e Boulder, Co.: Pluto Press, 1993.

LEMERT, C. *Postmodernism is not what you think*. Malden e Oxford: Blackwell, 1997.

LEMERT, E. M. An isolation and closure theory of naive check forgery. *JCLC&PL*, n. 4, 1953.

_____. *Human deviance, social problems, and social control*. 2. ed. Englewood Cliffs, N. J.: Prentice-Hall, 1972.

_____. Response to critics: feedback and choice. *The uses of controversy in Sociology* (L. A. Coser e O. N. Larsen eds.). New York e London: The Free Press, 1976.

_____. *Social pathology. A systematic approach to the theory of sociopathic behavior*. New York: McGraw-Hill Book Company, 1951.

_____. The behavior of the systematic check forger. *SP*, n. 6, 1958.

LEONARD, E. B. *Women, crime, and Society. A critique of theoretical Criminology*. New York e London: Longman, 1982.

LEONARD, J. D. Transgressive postmodernism: prolegomenon to a radical legal studies. *Postmodernism. Critical concepts* (V. E. Taylor e C. E. Winquist eds.), IV – *Legal studies, psychoanalytic studies, visual arts and architecture*. London e New York: Routledge, 1998.

LEUKEFELD, C. G.; LOGAN, T. K. CLAYTON, R. R.; MARTIN, C.; ZIMMERMAN, R.; CATTARELLO, A.; MILICH, R.; LYNAM, D. Adolescent drug use, delinquency, and other behaviors. *Adv. AD*, n. 9 – *Delinquent violent youth. Theory and interventions* (T. P. Gullotta et al. eds.), 1998.

LEWONTIN, R. C.; ROSE, S.; KAMIN, L. J. NO ESTÁ EN LOS GENES. CRÍTICA DEL RACISMO BIOLÓGICO. Trad. E. Torner. Barcelona: Grijalbo Mondadori, [1984] 1996.

LIEBOW, E. *Tell them who I am. The lives of homeless women*. New York: Penguin Books, [1993] 1995.

LINK, B. Mental patient status, work, and income: an examination of the effects of a psychiatric label. *ASR*, n. 47, 1982.

_____. Understanding labeling effects in the area of mental disorders: an assessment of the effects of expectations of rejection. *ASR*, n. 52, 1987.

_____; MILCAREK, B. Selection factors in the dispensation of therapy: the Matthew effect in the allocation of mental health resources. *JHSB*, n. 21, 1980.

LINK, B. G.; CULLEN, F. T.; FRANK, J.; WOZNIAK, J. F. The social rejection of former mental patients: understanding why labels matter. *AJS*, n. 92, 1978.

_____; _____; MIROTZNIK, J. The effectiveness of stigma coping orientations: can negative consequences of mental illness labeling be avoided?. *JHSB*, n. 32, 1991.

_____; _____; STRUENING, E.; SHROUT, P. E.; DOHRENWEND, B. P. A modified labeling theory approach to mental disorders: an empirical assessment. *ASR*, n. 54, 1989.

LIPSEY, M. W. Juvenile delinquency treatment: a meta-analytic inquiry into the variability of effects. *Meta-analysis for explanation: a casebook* (T. D. Cook et al. eds.). New York: Russell Sage Foundation, 1992.

_____; DERZON, J. H. Predictors of violent or serious delinquency in adolescence and early adulthood: a synthesis of longitudinal research. *Serious and violent juvenile offenders. Risk factors and successful interventions* (R. Loeber e D. P. Farrington eds.). Thousand Oaks: Sage, 1998.

LISKA, A. E.; KROHN, M. D.; MESSNER, S. F. Strategies and requisites for theoretical integration in the study of crime and deviance. *Theoretical integration in the study of deviance and crime. Problems and prospects* (S. F. Messner et al. eds.). Albany, N. Y.: State University of New York Press, 1989.

LITTLE, D. *Varieties of social explanation. An introduction to the Philosophy of social science*. Boulder, Co.: Westview Press, 1991.

LOEBER, R. Developmental continuity, change, and pathways in male juvenile problem behaviors and delinquency. *Delinquency and crime. Current theories* (J. D. Hawkins ed.). Cambridge: Cambridge University Press, 1996.

_____; FARRINGTON, D. P. (Ed.). Executive summary. *Serious and violent juvenile offenders. Risk factors and successful interventions*. Thousand Oaks: Sage, 1998.

_____; _____; STOUTHAMER-LOEBER, M.; MOFFITT, T. E.; CASPI, A.; RASKIN WHITE, H.; WEI, E. H.; BEYERS, J. M. The development of male offending: key findings from fourteen years of the Pittsburgh Youth Study. *Taking stock of delinquency. An overview of findings from contemporary longitudinal studies* (T. P. Thornberry e M. D. Krohn eds.). New York: Kluwer Academic/Plenum Publishers, 2003.

_____; _____; STOUTHAMER-LOEBER, M.; VAN KAMMEN, W. B. ANTISOCIAL BEHAVIOR AND MENTAL HEALTH PROBLEMS. EXPLANATORY FACTORS IN CHILDHOOD AND ADOLESCENCE. Mahwah, N. J. e London: Lawrence Elrbaum Associates, 1998.

_____; _____; WASCHBUSCH, D. A. Serious and violent juvenile offenders. *Serious and violent juvenile offenders. Risk factors and successful interventions* (R. Loeber e D. P. Farrington eds.). Thousand Oaks: Sage, 1998.

_____; HAY, D. F. Developmental approaches to aggression and conduct problems. *Development through life* (M. Rutter e D. F. Hay eds.). Oxford: Blackwell Scientific Publications, 1994.

_____; LE BLANC, M. Toward a developmental Criminology. *C&J*, n. 12 (M. Tony e N. Morris eds.), 1990.

LOMBROSO, C. In: LOMBROSO, C. et al. *Polemica in difesa della scuola criminale positiva*. Bologna: Nicola Zanichelli, 1886.

_____. Introducción a G. Lombroso-Ferrero, *Criminal man. According to the classification of Cesare Lombroso* (versión en inglés). Montclair, N. J.: Patterson Smith, 1971.

_____. *L'Uomo delinquente studiato in rapporto alla Antropologia, alla Medicina legale ed alle discipline carcerarie*. Milano: Ulrico Hoepli, 1876.

_____. *L'Uomo delinquente in rapporto all'Antropologia, alla Giurisprudenza ed alle discipline carcerarie*, I – *Delinquente-nato e pazzo morale*. 4. ed. Torino: Fratelli Bocca, 1889.

_____. *L'Uomo delinquente in rapporto all'Antropologia, alla Giurisprudenza ed alle discipline carcerarie*, II – *Delinquente epilettico, d'impeto, pazzo e criminaloide*. 4. ed. Torino: Fratelli Bocca, 1889.

_____. *L'Uomo delinquente in rapporto all'Antropologia, alla Giurisprudenza ed alle discipline carcerarie*, I – *Delinquente epilettico, d'impeto, pazzo e criminaloide*. 5. ed. Torino: Fratelli Bocca, 1896.

_____. *L'Uomo delinquente in rapporto all'Antropologia, alla Giurisprudenza ed alle discipline carcerarie*, III – *Delinquente epilettico, d'impeto, pazzo e criminaloide*. 5. ed. Torino: Fratelli Bocca, 1897.

LONGINO, H. E. Feminist standpoint theory and the problems of knowledge. *Signs*, n. 19, 1993.

LOPES, M. A. R. *Princípio da insignificância no direito penal*. São Paulo: RT, 1997. v. 2.

LÓPEZ LATORRE, M. J.; GARRIDO GENOVÉS, V. La delincuencia juvenil en los orígenes de la Psicología criminal en España. Reflexiones en el marco de la Criminología actual. *RDPC*, n. 2, 1992.

LÓPEZ-REY Y ARROJO, M. *Criminología. Teoría, delincuencia juvenil, prevención, predicción y tratamiento*. Madrid: Aguilar, 1975. v. I.

LÖSEL, F.¿Sirve el tratamiento para reducir la reincidencia de los delincuentes sexuales?. Trad./Coord. S. Redondo Illescas. *Delincuencia sexual y sociedad*. Barcelona: Ariel, 2002.

_____; BENDER, D. Protective factors and resilience. *Early prevention of adult antisocial behavior* (D. P. Farrington e J. W. Coid eds.). Cambridge: Cambridge University Press, 2003.

LOWMAN, J.; MACLEAN, B. D. Introduction: left realism, crime control, and policing in the 1990s. *Realist Criminology: crime control and policing in the 1990s* (J. Lowman e B. D. MacLean eds.). Toronto: University of Toronto Press, 1992.

LUISI, L. *Os princípios constitucionais penais*. 2. ed. Porto Alegre: Fabris, 2003.

LUNA, E. DA C. *Capítulos de direito penal*. Rio de Janeiro: Saraiva, 1985.

LUCKENBILL, D. F.; BEST, J. Careers in deviance and respectability: the analogy's limitations. *SP*, n. 29, 1981.

LUNDMAN, R. J. One-wave perceptual deterrence research: some grounds for the renewed examination of cross-sectional methods. *JRC&D*, n. 23, 1986.

_____. *Prevention and control of juvenile delinquency*. 2. ed. Oxford e New York: Oxford University Press, 1993.

LYNCH, M. J. (Ed.). Introducción a *Radical Criminology*. Aldershot: Dartmouth, 1997.

_____; GROVES, W. B. In defense of comparative Criminology: a critique of general theory and the rational man. *Advances*, n. 6 – *The legacy of anomie theory* (F. Adler e W. S. Laufer eds.), 1995.

_____; STRETESKY, P. B. Radical Criminology. *Explaining criminals and crime. Essays in contemporary criminological theory* (R. Paternoster e R. Bachman eds.). Los Angeles: Roxbury Publishing Company, 2001.

_____; _____. The meaning of green: contrasting criminological perspectives. *ThC*, n. 7, 2003.

LYOTARD, J.-F. LA CONDICIÓN POSTMODERNA. INFORME SOBRE EL SABER. Trad. M. Antolín Rato. Madrid: Cátedra, [1979] 1998.

_____. *La diferencia*. Trad. A. L. Bixio. Barcelona: Gedisa, [1983] 1996.

_____. *La posmodernidad (explicada a los niños)*. Trad. E. Lynch. Barcelona: Gedisa, [1986] 1996.

LYPSEY, M. W.; DERZON, J. H. Predictors of violent or serious delinquency in adolescence and early adulthood: a synthesis of longitudinal research. *Serious and violent juvenile offenders. Risk factors and successful interventions* (R. Loeber e D. P. Farrington eds.). Thousand Oaks: Sage, 1998.

LYRA, R. *Novo direito penal*. Rio de Janeiro: Forense, 1980.

MACINTYRE, A. *After virtue. A study in moral theory*. 2. ed. London: Duckworth, 1985.

MACKENZIE, D. L. Criminal Justice and crime prevention. In: SHERMAN, L. W. et al. *Preventing crime: what works, what doesn't, what's promising.* 1998. Available in: [http://www. ncjrs. org/works/chapter9.htm&gt].

MADRID CONESA, F. *La legalidad del delito*. Valencia: Universidad de Valencia, 1983.

MALTZ, M. D. On defining "organized crime". The development of a definition and a typology. *C&D*, n. 22, 1976.

MANNHEIM, H. CRIMINOLOGIA COMPARADA. Trad. J. F. Faria Costa e M. Costa Andrade. Lisboa: Fundação Calouste Gulbenkian, 1984. v. 1.

MANTOVANI, F. DIRITTO PENALE. Parte Generale. 4. ed. Milano: Cedam, 2001.

_____. *El siglo XIX y las ciencias criminales*. Trad. J. Guerrero Rivero. Bogotá: Temis, 1988.

MARONGIU, P.; CLARKE, R. V. Ransom kidnapping in Sardinia, subcultural theory and rational choice. *Advances*, n. 5 – *Routine activity and rational choice* (R. V. Clarke e M. Felson eds.), 1993.

MARTÍNEZ RUIZ, J. A sociologia criminal (1899). *Obras completas*. Madrid: Aguilar, 1975. v. 1.

MARTINSON, R. What works? Questions and answers about prison reform. *PI*, n. 35. 1974.

MATSUEDA, R. L. Labeling theory: historical roots, implications, and recent developments. *Explaining criminals and crime. Essays in contemporary criminological theory* (R. Paternoster e R. Bachman eds.). Los Angeles, Ca.: Roxbury Publishing Company, 2001.

_____. Reflected appraisals, parental labeling, and delinquency: specifying a symbolic interactionist theory. *AJS*, n. 97, 1992.

_____; HEIMER, K. A symbolic interactionist theory of role-transitions, role-commitments, and delinquency. *Advances*, n. 7 – *Developmental theories of crime and delinquency* (T. P. Thornberry ed.), 1997.

_____; PILIAVIN, I.; GARTNER, R. 1988. Economic assumptions versus empirical research: reply. *ASR*, n. 53.

MATTHEWS, R.; YOUNG, J. (Ed.). Reflections on realism. *Rethinking Criminology: the realist debate*. London: Sage, 1992.

MATURANA, H.; VARELA, F. *El árbol del conocimiento. Las bases biológicas del entendimiento humano*. Santiago de Chile: Editorial Universitaria, [1984] 2001.

MATZA, D. *Becoming deviant*. Englewood Cliffs, N. J.: Prentice-Hall, 1969.

_____. 1964. *Delinquency and drift*. New York: John Wiley and Sons.

MAWBY, R. I.; WALKLATE, S. 1994. *Critical Victimology. International perspectives*. London: Sage.

MAYHEW, H. *London labour and the London poor*. New York: Dover, [1861] 1968. v. I.

_____. *London labour and the London poor*. New York: Dover, [1862] 1968. v. IV.

MAYHEW, P. Opportunity and vehicle crime. *Policy and theory in criminal Justice. Contributions in honour of Leslie T. Wilkins* (D. M. Gottfredson e R. V. Clarke eds.). Aldershot: Avebury, 1990.

_____; HOUGH, M. The British Crime Survey: the first ten years. *Victims and Criminal Justice. Victimological research: stocktaking and prospects* (G. Kaiser et al. eds.). Freiburg i. Br.: Max-Planck-Institut für ausländisches und internationales Strafrecht, 1991.

MCCARTHY, B.; HAGAN, J. Sanction effects, violence, and native north American street youth. *Violent crime. Assessing race and ethnic differences* (D. F. Hawkins ed.). Cambridge: Cambridge University Press, 2003.

_____; HAGAN, J.; WOODWARD, T. S. In the company of women: structure and agency in a revised power-control theory of gender and delinquency. *Criminology*, n. 37, 1999.

MCCORD, J.; CONWAY, K. P. Patterns of juvenile delinquency and co-offending. *Advances*, n. 10 – *Crime and social organization* (E. Waring e D. Weisburd eds.), 2002.

MCCOY, H. V.; WOOLDREDGE, J. D.; CULLEN, F. T.; DUBECK, P. J.; BROWNING, S. L. Lifestyles of the old and not so fearful: life situation and older persons' fear of crime. *JCJ*, n. 24, 1996.

MCKENZIE, R. D. The ecological approach to the study of the human community. In: PARK, R. E. et al. *The city. Suggestions for the investigation of human behavior in the urban environment*. Chicago e London: The University of Chicago Press, [1925] 1984.

MCPHERSON, M.; SMITH-LOWIN, L.; COOK, J. M. Birds of a feather: homophily in social networks. *Annu. Rev. Sociol.*, n. 27, 2001.

MEAD, G. H. *Mind, self, and Society from the standpoint of a social behaviorist*. Chicago e London: The University of Chicago Press, 1934.

MEDINA ARIZA, J. J. El control social del delito a través de la prevención situacional. *RDPC*, n. 2, 1998.

MEDNICK, S. A. Introduction – Biological factors in crime causation: the reactions of social scientists. *The causes of crime. New biological approaches* (S. A. Mednick et al. eds.). Cambridge: Cambridge University Press, 1987.

_____; GABRIELLI, W. F.; HUTCHINGS, B. Genetic influences in criminal convictions: evidence from an adoption cohort. *Science*, n. 224 (4651), 1984.

_____; _____; _____. Genetic factors in the etiology of criminal behavior. *The causes of crime. New biological approaches* (S. A. Mednick et al. eds.). Cambridge: Cambridge University Press, 1987.

_____; HUTCHINGS, B. Some considerations in the interpretation of the Danish adoption studies in relation to asocial behavior. *Biosocial bases of criminal behavior* (S. A. Mednick e K. O. Christiansen eds.). New York: Gardner Press, 1977.

MEIER, R. F. (Ed.). An introduction to theoretical methods in Criminology. *Theoretical methods in Criminology*. Beverly Hills: Sage, 1985.

_____. Deviance and differentiation. *Theoretical integration in the study of deviance and crime. Problems and prospects* (S. F. Messner et al. eds.). Albany, N. Y.: State University of New York Press, 1989.

MELOSSI, D. Changing representations of the criminal. *Criminology and social theory* (D. Garland e R. Sparks eds.). Oxford e New York: Oxford University Press, 2000.

MENARD, S. (1997). A developmental test of Cloward's differential-opportunity theory. In: Passas, N., and Agnew, R. (eds.), *The Future of Anomie Theory*. Northeastern University Press, Boston.MERTON, R. K. Social structure and anomie. *ASR*, n. 3, 1938.

_____. *Social theory and social structure*. Edición ampliada. New York: The Free Press, 1968.

MESSNER, S. F.; ROSENFELD, R. An institutional-anomie theory of crime. Em *Explainig criminals and crime. Essays in contemporany criminological theory* (R. Paternoster e R. Bachman eds.). Los Angeles: Roxbury Publishing Company, 2001.

_____; _____. *Crime and the American dream*. 3. ed. Belmont, Ca.: Wadsworth, 2001.

_____; TARDIFF, K. Economic inequality and levels of homicide: an analysis of urban neighborhoods. *Criminology*, n. 24, 1986.

MICHAEL, J.; ADLER, M. J. CRIME, LAW AND SOCIAL SCIENCE. London e New York: Kegal Paul, Trench Trubner e Co. e Harcourt, Brace e Co., 1933.

MILLER, S. L.; BURACK, C. A critique of Gottfredson and Hirschi's general theory of crime: selective (in)attention to gender and power positions. *W&CJ*, n. 4, 1993.

MILLER, W. B. Lower class culture as a generating milieu of gang delinquency. *The Journal of Social Issues*, XIV (3) – *New light on delinquency* (W. McCord ed.), 1958.

MILLS, C. W. *La imaginación sociológica*. Trad. F. M. Torner. México: Fondo de Cultura Económica, [1959] 1996.

MILOVANOVIC, D. *Critical Criminology at the edge. Postmodern perspectives, integration, and applications*. Westport, Connecticut e London: Praeger, 2002.

_____. Law, ideology, and subjectivity: a semiotic perspective on crime and justice. *Varieties of Criminology. Readings from a dynamic discipline* (G. Barak ed.). Westport, Connecticut e London: Praeger, 1994.

_____; HENRY, S. Constitutive definition of crime: power as harm. *What is crime? Controversies over the nature of crime and what to do about it* (S. Henry e M. M. Lanier eds.). Laham: Rowman and Littlefield Publishers, 2001.

MIRALLES, T. Patología criminal: aspectos biológicos. In: BERGALLI, R. et al. *El pensamiento criminológico. Un análisis crítico*. Barcelona: Ediciones Península, 1983. v. I.

MOFFITT, T. E. Adolescence-limited and life-course-persistent antisocial behavior: a developmental taxonomy. *PR*, n. 100, 1993.

_____. Adolescence-limited and life-course-persistent offending: a complementary pair of developmental theories. *Advances*, n. 7 – *Developmental theories of crime and delinquency* (T. P. Thornberry ed.), 1997.

_____. Natural histories of delinquency. *Cross-national longitudinal research on human development and criminal behavior* (E. G.M. Weitekamp e H.-J. Kerner eds.). Dordrecht: Kluwer Academic Publishers, 1994.

_____. Neuropsychology and self-reported early delinquency in an unselected birth cohort: a preliminary report from New Zealand. *Biological contributions to crime causation* (T. E. Moffitt e S. A. Mednick eds.). Dordrecht: Martinus Nijhoff/NATO, 1986.

_____. Neuropsychology, antisocial behavior, and neighborhood context. *Violence and childhood in the inner city* (J. McCord ed.). Cambridge: Cambridge University Press, 1997.

_____; CASPI, A.; RUTTER, M.; SILVA, P. A. *Sex differences in antisocial behavior. Conduct disorder, delinquency, and violence in the Dunedin longitudinal study*. Cambridge: Cambridge University Press, 2001.

_____; LYNAM, D. R.; SILVA, P. A. Neuropsychological tests predicting persistent male delinquency. *Criminology*, n. 32, 1994.

MONTESQUIEU (Barón de). *Del espíritu de la leyes*. Trad. M. Blázquez e P. de Vega. Madrid: Tecnos, [1748] 1993.

MOORE, M. H. Public Health and Criminal Justice approaches to prevention. *C&J*, n. 19 – *Building a saver society. Strategic approaches to crime prevention* (M. Tonry e D. P. Farrington eds.), 1995.

MORILLAS CUEVA, L. *Metodología y ciencia penal*. Granada: Universidad de Granada, 1990.

MORILLAS FERNÁNDEZ, D. L. Análisis criminológico del delito de violencia doméstica. Cádiz, *Servicio de Publicaciones de la Universidad de Cádiz*.

_____. Aspectos criminológicos de los psicópatas y asesinos en serie. *CPC*, n. 77, 2002.

MORSE, B. J. SELF-REPORTED JUVENILE VIOLENT OFFENDERS AND THEIR OFFENDING CAREERS: A DESCRIPTIVE ANALYSIS. Ann Arbor, Mi.: UMI, 1987.

MUNCIE, J. *Youth and crime. A critical introduction*. London: Sage, 1999.

MUÑOZ CONDE, F. La resocialización del delincuente. Análisis y crítica de un mito. *Estudios penales. Libro homenaje al Prof. J. Antón Oneca*. Salamanca: Ediciones Universidad de Salamanca, 1982.

NAFFINE, N. *Feminism and Criminology*. Philadelphia: Temple University Press, 1996.

NAGEL, I. H.; HAGAN, J. Gender and crime: offense patterns and criminal court sanctions. *C&J*, n. 4, 1983.

NAGIN, D. S. Criminal deterrence research at the outset of the twenty-first century. *C&J*, n. 23 (M. Tonry ed.), 1998.

_____. General deterrence: a review of the empirical evidence. *Deterrence and incapacitation: estimating the effects of criminal sanctions on crime rates* (A. Blumstein et al. eds.). Washington, D. C.: National Academy of Sciences, 1978.

NAGIN, D.; LAND, K. C. Age, criminal careers, and population heterogeneity: specification and estimation of a nonparametric, mixed Poisson model. *Criminology*, n. 31,1993.

_____; FARRINGTON, D. P.; MOFFITT, T. E. Life-course trajectories of different types of offenders. *Criminology*, n. 33, 1995.

_____; PATERNOSTER, R. Population heterogeneity and state dependence: state of the evidence and directions for future research. *JQC*, n. 16, 2000.

_____; _____. Social capital and social control. The deterrence implications of a theory of individual differences in criminal offending. *Criminology*, n. 32, 1994.

_____; TREMBLAY, R. E. Trajectories of boys' physical aggression, opposition, and hyperactivity on the path to physically violent and nonviolent juvenile delinquency. *Child Development*, n. 70, 1999.

NAPLAVA, T.; OBERWITTLER, D. Methodeneffekte bei der Messung selbstberichteter Delinquenz von männlichen Jugendlichen. Ein Vergleich zwischen schriftlicher Befragung in der Schule und mündlicher Befragung im Haushalt. *MschrKrim*, n. 85, 2002.

NEWTON-SMITH, W. H. *The rationality of science*. New York e London: Routledge, 1981.

NISBET, R. *History of the idea of progress*. New York: Basic Books, 1980.

NORONHA, E. M. DIREITO PENAL. 29. ed. São Paulo: Saraiva, 1991. v. 1.

NÚÑEZ PAZ, M. A.; ALONSO PÉREZ, F. *Nociones de Criminología*. Madrid: Colex, 2002.

O'CALLAGHAN, M. A.J.; CARROLL, D. The role of psychosurgical studies in the control of antisocial behavior. *The causes of crime. New biological approaches* (S. A. Mednick et al. eds.). Cambridge: Cambridge University Press, 1987.

O'MALLEY. Marxist theory and marxist Criminology. *C&SJ*, n. 29, 1987.

OLIVÉ, L. Constructivismo, relativismo y pluralismo en la filosofía y sociología de la ciencia. *Alta tensión: historia, filosofía y sociología de la ciencia. Ensayos en memoria de Thomas Kuhn* (C. Solís Santos compilador). Barcelona: Paidós, 1998.

OLMO, R. (Del) Aspectos socioeconómicos y políticos relacionados con el alcoholismo y la farmacodependencia. *ACNP*, n. 25 (27), 1984.

ORELLANA WIARCO, O. A. *Manual de Criminología*. México: Porrua, 1993.

OSGOOD, D. W.; WILSON, J. K.; O'MALLEY, P. M.; BACHMAN, J. G.; JOHNSTON, L. D. Routine activities and individual deviant behavior. *ASR*, n. 61, 1996.

PAINO QUESADA, S. G.; RODRÍGUEZ DÍAZ, F. J.; CUEVAS GONZÁLEZ, L. M. 1996. Indicadores de riesgo en la reincidencia. *CPC*, n. 60.

PALAZZO, F. INTRODUZIONE AI PRINCÌPI DEL DIRITTO PENALE. Torino: G. Giappichelli, 1999.

PALMER, T. *Correctional intervention and research. Current issues and future prospects*. Lexington, Mass. e Toronto: Lexington Books, 1978.

PARK, R. E. Community organization and juvenile delinquency. In: _____ et al. *The city. Suggestions for the investigation of human behavior in the urban environment*. Chicago e London: The University of Chicago Press, [1925] 1984.

_____. The city: suggestions for the investigation of human behavior in the urban environment. In: _____ et al. *The city. Suggestions for the investigation of human behavior in the urban environment*. Chicago e London: The University of Chicago Press, [1915] 1984.

_____. The urban community as a spacial pattern and a moral order. *The urban community. Selected papers from the proceedings of the American Sociological Society 1925* (E. W. Burgess ed.). Chicago: The University of Chicago Press, 1926.

PATERNOSTER, R. Absolute and restrictive deterrence in a panel of youth: explaining the onset, persistence/desistance, and frequency of delinquent offending. *SP*, n. 36, 1989.

_____. *Capital punishment in America*. New York: Lexington Books, 1991.

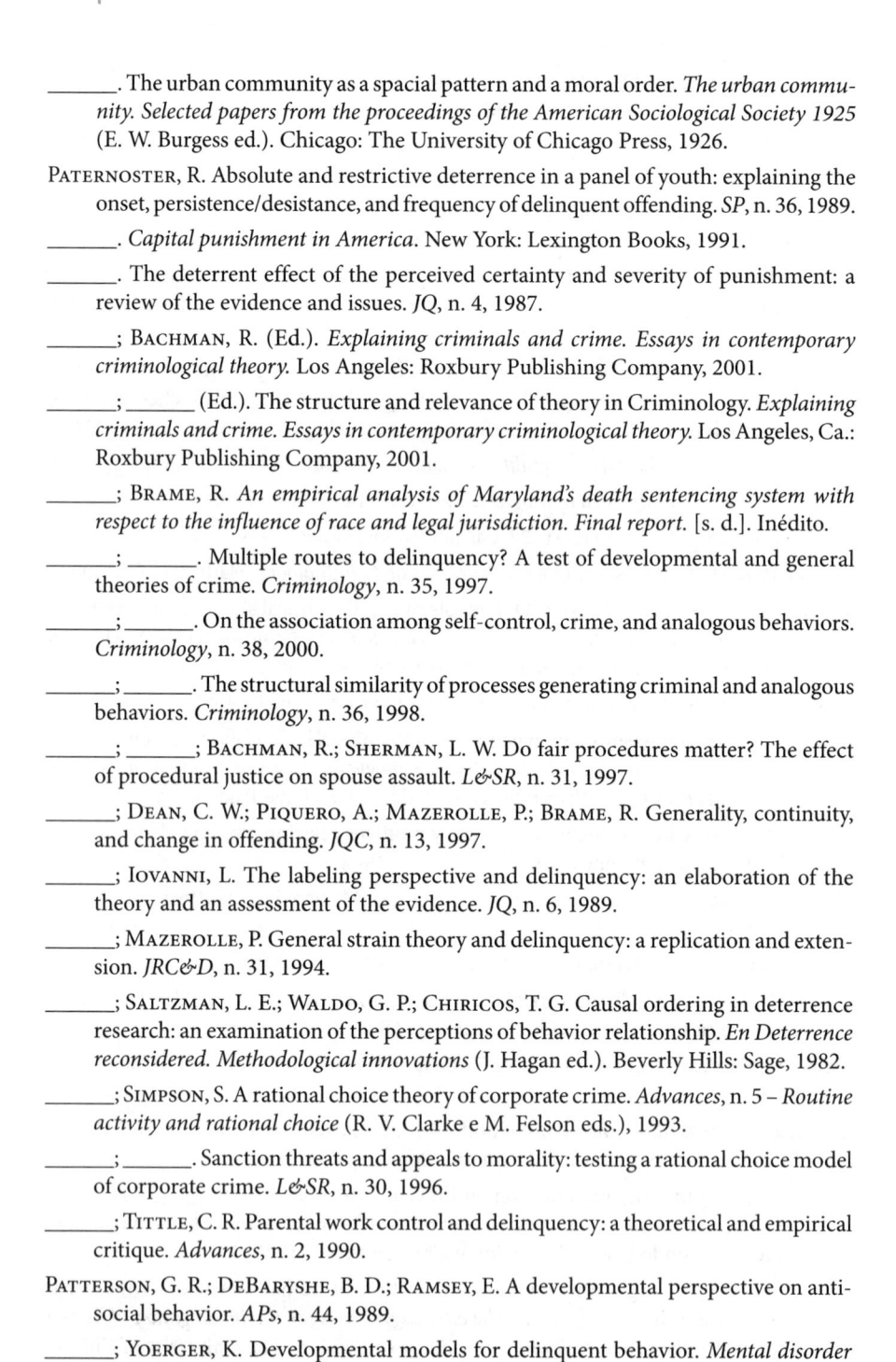

_____. The deterrent effect of the perceived certainty and severity of punishment: a review of the evidence and issues. *JQ*, n. 4, 1987.

_____; BACHMAN, R. (Ed.). *Explaining criminals and crime. Essays in contemporary criminological theory*. Los Angeles: Roxbury Publishing Company, 2001.

_____; _____ (Ed.). The structure and relevance of theory in Criminology. *Explaining criminals and crime. Essays in contemporary criminological theory*. Los Angeles, Ca.: Roxbury Publishing Company, 2001.

_____; BRAME, R. *An empirical analysis of Maryland's death sentencing system with respect to the influence of race and legal jurisdiction. Final report*. [s. d.]. Inédito.

_____; _____. Multiple routes to delinquency? A test of developmental and general theories of crime. *Criminology*, n. 35, 1997.

_____; _____. On the association among self-control, crime, and analogous behaviors. *Criminology*, n. 38, 2000.

_____; _____. The structural similarity of processes generating criminal and analogous behaviors. *Criminology*, n. 36, 1998.

_____; _____; BACHMAN, R.; SHERMAN, L. W. Do fair procedures matter? The effect of procedural justice on spouse assault. *L&SR*, n. 31, 1997.

_____; DEAN, C. W.; PIQUERO, A.; MAZEROLLE, P.; BRAME, R. Generality, continuity, and change in offending. *JQC*, n. 13, 1997.

_____; IOVANNI, L. The labeling perspective and delinquency: an elaboration of the theory and an assessment of the evidence. *JQ*, n. 6, 1989.

_____; MAZEROLLE, P. General strain theory and delinquency: a replication and extension. *JRC&D*, n. 31, 1994.

_____; SALTZMAN, L. E.; WALDO, G. P.; CHIRICOS, T. G. Causal ordering in deterrence research: an examination of the perceptions of behavior relationship. *En Deterrence reconsidered. Methodological innovations* (J. Hagan ed.). Beverly Hills: Sage, 1982.

_____; SIMPSON, S. A rational choice theory of corporate crime. *Advances*, n. 5 – *Routine activity and rational choice* (R. V. Clarke e M. Felson eds.), 1993.

_____; _____. Sanction threats and appeals to morality: testing a rational choice model of corporate crime. *L&SR*, n. 30, 1996.

_____; TITTLE, C. R. Parental work control and delinquency: a theoretical and empirical critique. *Advances*, n. 2, 1990.

PATTERSON, G. R.; DEBARYSHE, B. D.; RAMSEY, E. A developmental perspective on antisocial behavior. *APs*, n. 44, 1989.

_____; YOERGER, K. Developmental models for delinquent behavior. *Mental disorder and crime* (S. Hodgins ed.). Newbury Park, Ca.: Sage, 1993.

Peláez, M. *Introdução ao estudo da criminologia*. Trad. Fernando de Miranda. Coimbra: Coimbra Ed., 1962.

Peris Riera, J. M. Aproximación a la Victimología. Su justificación frente a la Criminología. *CPC*, 1988.

Peset, J. L.; Peset, M. Estudio preliminar. *Lombroso y la Escuela positivista italiana*. Madrid: CSIC, 1975.

Petersilia, J. Criminal career research: a review of recent evidence. *C&J*, 2 (M. Tonry y N. Morris eds.), 1980.

_____; Greenwood, P. W.; Lavin, M. *Criminal careers of habitual felons*. Washington, D. C.: National Institute of Law Enforcement and Criminal Justice, 1978.

Peterson, M. A.; Braiker, H. B.; Polich, S. M. *Who commits crimes. A survey of prison inmates*. Cambridge, Mass.: Oelgeschlager, Gunn and Hain, 1980.

Peterson, R. D.; Bailey, W. C. Felony murder and capital punishment: an examination of the deterrence question. *Criminology*, n. 29, 1991.

Piliavin, I.; Thornton, C.; Gartner, R.; Matsueda, R. L. Crime, deterrence, and rational choice. *ASR*, n. 51, 1986.

Pimentel, M. P. Breves notas para a história da criminologia no Brasil. *Revista de Ciência Penal*, Rio de Janeiro, n. 1, 1979.

Piquero, A. Frequency, specialization, and violence in offending careers. *JRC&D*, n. 37, 2000.

_____; Paternoster, R.; Mazerolle, P.; Brame, R.; Dean, C. W. Onset age and offense specialization. *JRC&D*, n. 36, 1999.

Platt, A. M. *The child savers. The invention of delinquency*. 2. ed. Chicago y London, 1977.

Polaino Navarrete, M.; Polaino-Orts, M. ¿Medidas de seguridad "inocuizadoras" para delincuentes peligrosos? Reflexiones sobre su discutida constitucionalidad y sobre el fundamento y clases de las medidas de seguridad. *AP*, n. 38, 2001.

Polizzi, D. M.; MacKenzie, D. L.; Hickman, L. J. What works in adult sex offender treatment? A review of prison-and non-prison-based treatment programs. *IJOTCC*, n. 43, 1999.

Popper, K. R. *Conjeturas y refutaciones. El desarrollo del conocimiento científico*. Trad. N. Míguez. 4. ed. Barcelona: Paidós, [1972] 2001.

_____. *La lógica de la investigación científica*. Trad. V. Sánchez de Zavala. Madrid: Tecnos, [1934] 1997.

_____. *La miseria del historicismo*, ed. revisada. Trad. P. Schwartz. Madrid: Alianza, [1957] 1996.

_____. *The open society and its enemies*, II. *Hegel and Marx*. London e New York: Routledge, [1945] 2003.

Poyner, B. An evaluation of walkway demolition on a British housing estate. *Situational crime prevention. Successful case studies* (R. V. Clarke ed.). 2. ed. Guilderland, N. Y.: Harrow and Heston, 1997.

_____. What works in crime prevention: an overview of evaluations. *CPS*, n. 1 (R. V. Clarke ed.). 1993.

Prado, L. R. *Tratado de direito penal brasileiro*. 3. ed. Rio de Janeiro: Forense, 2019. v. I.

_____; DOTTI, R. A. (coord.). *Responsabilidade penal da pessoa jurídica*. 2. ed. São Paulo: RT, 2011.

PRATT, T. C.; CULLEN, F. T. The empirical status of Gottfredson and Hirschi's general theory of crime: a meta-analysis. *Criminology*, n. 38, 2000.

PROCTOR, R. N. *Value-free science? Purity and power in modern knowledge*. Cambridge, Mass. e London: Harvard University Press, 1991.

PUNCH, M. *Dirty business. Exploring corporate misconduct. Analysis and cases*. London: Sage, 1996.

PUTWAIN, D.; SAMMONS, A. *Psychology and crime*. USA: Routledge, 2002.

QUETELET, A. *A treatise on man and the development of his faculties*. Trad. bajo la dirección de R. Nox. Gainesville, Fl.: Scholars' Facsimiles and Reprints, [1835] 1969.

_____. *Research on the propensity for crime at different ages*. Trad. S. F. Sylvester. 2. ed. Cincinnati, OH: Anderson, [1833] 1984.

QUINNEY, R. THE PROBLEM OF CRIME. New York: Dodd, Mead & Company, 1973.

_____. *The social reality of crime*. Boston, Mass.: Little, Brown, and Company, 1970.

RAINE, A. *A anatomia da violência*: as raízes biológicas da criminalidade. Porto Alegre: Artmed, 2015.

_____. *A anatomia da violência*. Trad. Maiza Ritomy Ite. São Paulo: Artmed, 2015.

_____. *The psychopathology of crime: criminal behavior as a clinical disorder*. San Diego: Academic Press, 1993.

RECHEA ALBEROLA, C.; FERNÁNDEZ MOLINA, E. La nueva justicia de menores: la delincuencia juvenil en el siglo XXI. *CPC*, n. 74, 2001.

_____; BARBERET, R.; MONTAÑÉS, J.; ARROYO, L. *La delincuencia juvenil en España. Autoinforme de los jóvenes*. Madrid: Ministerio del Interior, 1995.

RECKLESS, W. C. *The crime problem*. New York: Appleton-Century-Crofts, 1950.

_____; DINITZ, S.; MURRAY, E. Self concept as an insulator against delinquency. *ASR*, n. 21, 1956.

_____; _____; _____. The "good" boy in a high delinquency area. *JCLC&PS*, n. 48, 1957.

_____; _____; KAY, B. The self component in potential delinquency and potential non-delinquency. *ASR*, n. 22, 1957.

REDONDO ILLESCAS, S. Conferencia pronunciada en los XIV Cursos de Verano de la Uned, La Coruña, 2003. Inédita.

_____. Criminología aplicada: intervenciones con delincuentes, reinserción y reincidencia. *RDPC*, n. 1, 1998.

_____ (Coord.). Delincuencia sexual: mitos y realidades. *Delincuencia sexual y sociedad*. Barcelona: Ariel, 2002.

_____; FUNES, J.; LUQUE, E. JUSTICIA PENAL Y REINCIDENCIA. Barcelona: Fundació Jaume Callís, 1994.

REED, G. E.; YEAGER, P. C. Organizational offending and neoclassical Criminology: challenging the reach of a general theory of crime. *Criminology*, n. 34, 1996.

Reichman, N. Managing crime risks: toward an insurance based model of social control. *Research in Law, Deviance and Social Control*, n. 8, 1986.

Reinares, F. *Patriotas de la muerte. Quiénes han militado en ETA y por qué*. Madrid: Taurus, 2001.

Reiss, A. J. Delinquency as the failure of personal and social controls. *ASR*, n. 16, 1951.

_____; Farrington, D. P. Advancing knowledge about co-offending: results from a prospective longitudinal survey of London males. *JCL&C*, n. 82, 1991.

Rescher, N. *Razón y valores en la Era científico-tecnológica*. Trad. W. J. González et al. Barcelona: Paidós e ICE de la Universidad Autónoma de Barcelona, 1999.

Restrepo Fontalvo, J. *Criminología: un enfoque humanístico*. Bogotá: Temis, 1995.

Reuter, P.; Rubinstein, J. B. Fact, fancy, and organized crime. *PI*, n. 53, 1978.

Reyes Echandía, A. *Criminología*. 8. ed., reimpresión. Santa Fé de Bogotá: Temis, 1999.

Reyna Alfaro, L. M. *Los delitos informáticos. Aspectos criminológicos, dogmáticos y de Política Criminal*. Lima: Jurista, 2002.

Rice, M. Challenging orthodoxies in feminist theory: a black feminist critique. *Feminist perspectives in Criminology* (L. Gelsthorpe e A. Morris eds.). Milton Keynes e Philadelphia: Open University Press, 1990.

Richie, B. E. Gender entrapment and African-American women: an analysis of race, ethinicity, gender, and intimate violence. *Violent crime. Assessing race and ethnic differences* (D. F. Hawkins ed.). Cambridge: Cambridge University Press, 2003.

Rivacoba y Rivacoba, M. *Elementos de Criminología*. Valparaíso: Edeval, 1982.

Robins, L. N. *Deviant children grown up. A sociological and psychiatric study of sociopathic personality*. Baltimore, MD: The Williams and Wilkins Company, 1966.

Robinson, W. S. Ecological correlations and the behavior of individuals. *ASR*, n. 15, 1950.

Rock, P. Prefacio: "The Criminology that came in out of the cold". *Realist Criminology: crime control and policing in the 1990s* (J. Lowman e B. D. MacLean eds.). Toronto: University of Toronto Press, 1992.

Rodríguez Devesa, J. M.; Serrano Gómez, A. *Derecho penal español. Parte general*. 18. ed. Madrid: Dykinson, 1995.

Rodríguez Manzanera, L. *Victimología. Estudio de la víctima*. 2. ed. México: Porrúa, 1989.

Roldán Barbero, H. Concepto y alcance de la delincuencia oficial. *RDPC*, n. 4, 1999.

_____. ¿Qué queda de la contestación social de los años 60 y 70 en la Criminología actual. *RDPC*, n. 10, 2002.

Romeo Casabona, C. M. Principio de culpabilidad y genoma: consideraciones sobre el comportamiento criminal y la herencia genética. *IV Congreso Andaluz de Ciencias penales*. El Puerto de Santa María: Ayuntamiento de El Puerto de Santa María, Colegio de Abogados de Cádiz e Uned, 1998.

Rorty, R. *Consequences of pragmatism*. Minneapolis: University of Minnesota Press, 1982.

_____. *Contingency, irony, and solidarity*. Cambridge: Cambridge University Press, 1989.

_____. *La Filosofía y el espejo de la naturaleza*. Trad. J. Fernández Zulaica. Madrid: Ediciones Cátedra, [1979] 1995.

Rose, H. M.; McClain, P. D. Homicide risk and level of victimization in two concentrated poverty enclaves: a black/hispanic comparison. *Violent crime. Assessing race and ethnic differences* (D. F. Hawkins ed.). Cambridge: Cambridge University Press, 2003.

Rosenberg, J. D. Introducción a H. Mayhew. *London labour and the London poor*. New York: Dover, 1968. v. I.

Rosenfeld, R.; Messner, S. F. Crime and the American dream: an institutional analysis. *Advances*, n. 6 – *The legacy of anomie theory* (F. Adler e W. S. Laufer eds.), 1995.

_____; _____. Markets, morality, and an institutional-anomie theory of crime. *The future of anomie theory* (N. Passas e R. Agnew eds.). Boston: Northeastern University Press, 1997.

Rovatti, P. A. Transformaciones a lo largo de la experiencia. Trad. L. de Santiago). *El pensamiento débil* (G. Vattimo e P. A. Rovatti eds.). Madrid: Cátedra, 1995.

_____; Vattimo, G. Advertencia preliminar. *El pensamiento débil* (G. Vattimo e P. A. Rovatti eds.). Trad. L. de Santiago. Madrid: Cátedra, 1995.

Rowe, D. C. *Biology and crime*. Los Angeles: Roxbury Publishing Company, 2002.

_____. *The limits of family influence. Genes, experience, and behavior*. New York e London: The Guilford Press, 1994.

_____; Osgood, D. W. Heredity and sociological theories of delinquency: a reconsideration. *ASR*, n. 49, 1984.

Ruggiero, V. Realist criminology: a debate. *Rethinking Criminology: the realist debate* (J. Young e R. Matthews eds.). London: Sage, 1992.

_____. *Crime and markets. Essays in anti-criminology*. Oxford e New York: Oxford University Press, 2000.

Rüping, H. *Grundrib der Strafrechtsgeschichte*. 2. ed. München: C. H. Beck'sche Verlagsbuchhandlung, 1991.

Rüther, W. Zum Einfluss polizeilicher Erfassunskontrollen auf die registrierte Kriminalität. Am Beispiel der Kriminalitätsentwicklung in der 90er-Jahren. *MschrKrim*, n. 84, 2001.

Sá, A. de A.; Tangerino, D. de. P. C.; Shecaira, S. S. *Criminologia no Brasil*. Rio de Janeiro: Elsevier, 2011.

Sagarin, E. Prólogo a la primera edición de D. J. Shoemaker. *Theories of delinquency. An examination of delinquent behavior*. 2. ed. New York e Oxford: Oxford University Press, [1984] 1990.

Saldaña, Q. *La nueva Criminología*, ed. española. Trad. J. Masaveu. Madrid: M. Aguilar, 1936.

Salillas, R. *La vida penal en España*. Pamplona: Analecta, [1888] 1999.

_____. Sentido y tendencia de las últimas reformas en Criminología. *Revista Penitenciaria*, oct.-nov. 1908.

Saltzman, L.; Paternoster, R.; Waldo, G. P.; Chiricos, T. G. Deterrent and experiential effects: the problem of causal order in perceptual deterrence research. *JRC&D*, n. 19, 1982.

Sampson, R. J. Effects of socioeconomic context on official reaction to juvenile delinquency. *ASR*, n. 51, 1986.

_____. Local friendship ties and community attachment in mass society: a multilevel systemic model. *ASR*, n. 53, 1988.

_____. Organized for what? Recasting theories of social (dis)organization. *Advances*, n. 10 – *Crime and social organization* (E. Waring e D. Weisburd eds.), 2002.

_____. Urban black violence: the effect of male joblessness and family disruption. *AJS*, n. 93, 1987.

_____; Groves, W. B. Community structure and crime: testing social-disorganization theory. *AJS*, n. 94, 1989.

_____; Laub, J. H. Crime and deviance over the life course: the salience of adult social bonds. *ASR*, n. 55, 1990.

_____; _____. *Crime in the making. Pathways and turning points through life*. Cambridge, Mass. e London: Harvard University Press, 1993.

_____; _____. A life-course theory of cumulative disadvantage and the stability of delinquency. *Advances*, n. 7 – *Developmental theories of crime and delinquency* (T. P. Thornberry ed.), 1997.

_____; Lauritsen, J. L. Deviant lifestyles, proximity to crime, and the offender-victim link in personal violence. *JRC&D*, n. 27, 1990.

_____; Raudenbush, S. W. Systematic social observation of public spaces: a new look at disorder in urban neighborhoods. *AJS*, n. 105, 1999.

_____; Wilson, W. J. Toward a theory of race, crime, and urban inequality. *Crime and inequality* (J. Hagan e R. D. Peterson eds.). Standford, Ca.: Stanford University Press, 1995.

Samuelson, L.; Hartnagel, T. F.; Krahn, H. Crime and social control among high school dropouts. *JC&J*, n. XVIII, 1995.

Sánchez Jankowski, M. *Islands in the street. Gangs and American urban society*. Berkeley: University of California Press, 1991.

Scarpitti, F. R.; Murray, E. Dinitz, S.; Reckless, W. C. The "good" boy in a high delinquency area: four years later. *ASR*, n. 25, 1960.

Scheff, T. J. *Being mentally ill. A sociological theory*. Chicago: Aldine, 1966.

_____. *Being mentally ill. A sociological theory*. 3. ed. New York: Aldine de Gruyter, 1999.

_____ (Ed.). *Labeling madness*. Englewood Cliffs, N. J.: Prentice-Hall, 1975.

_____. *Microsociology. Discourse, emotion, and social structure*. Chicago e London: The University of Chicago Press, 1990.

Shecaira, S. S. *Criminologia*. 4. ed. São Paulo: RT, 2012.

Schöch, H. Klassifikation und typologie. *KKW*, 3. ed., 1993.

Schneider, H.-J. Rückfallprognose bei Sexualstraftätern. Ein Überblick über die moderne Sexualstraftäter-Prognoseforschung. *MschrKrim*, n. 85, 2002.

Schuerman, L.; Kobrin, S. Community careers in crime. *C&J*, n. 8 – *Communities and crime* (A. J. Reiss e M. Tonry eds.), 1986.

Schuessler, K. (Ed.). Introducción a E. H. Sutherland. *On analyzing crime*. Chicago e London: The University of Chicago Press, 1973.

Schuessler, K. F.; Cressey, D. R. Personality characteristics of criminals. *AJS*, n. 55, 1950.

Schünemann, B. *Temas actuales y permanentes del Derecho penal después del milenio.* Trad. L. Baza et al. Madrid: Tecnos, 2002.

Schur, E. M. Radical nonintervention. Rethinking the delinquency problem. Englewood Cliffs, N. J.: Prentice-Hall, 1973.

Schutz, A. *Collected papers. The problem of social reality.* 2. ed. The Hague: Martinus Nijhoff, 1967. v. I.

Schwartz, M. D.; DeKeseredy, W. S. Left realism Criminolgy: strengths, weaknesses and the feminist critique. *CL&SC*, n. 15, 1991.

_____; Friedrichs, D. O. Postmodern thought and criminological discontent: new metaphors for understanding violence. *Criminology*, n. 32, 1994.

Schwendinger, H.; Schwendinger, J. R. Defenders of order or guardians of human rights?. *What is crime? Controversies over the nature of crime and what to do about it* (S. Henry e M. M. Lanier eds.). Lanham: Rowman and Littlefield Publishers, [1970] 2001.

_____; Schwendinger, J. R.; Lynch, M. J. Critical Criminology in the United States: the Berkeley School and theoretical trajectories. *Critical Criminology. Issues, debates, challenges* (K. Carrington e R. Hogg eds.). Cullompton: Villan Publishing, 2002.

Scraton, P.; Chadwick, K. The theoretical and political priorities of critical Criminology. *The politics of crime control* (K. Stenson e D. Cowell eds.). London: Sage, 1991.

Sege, R. D. Life imitating art: adolescents and television violence. *Adv. AD*, n. 9 – *Delinquent violent youth. Theory and interventions* (T. P. Gullotta et al. eds.), 1998.

Sellers, C. S.; Cochran, J. K.; Winfree, L. T. Social learning theory and courtship violence: an empirical test. *Advances*, n. 11 – *Social learning theory and the explanation of crime: a guide for the new century* (R. L. Akers e G. F. Jensen eds.), 2003.

Sellin, T. Culture conflict and crime. New York: Social Science Research Council, 1938.

_____. The basis of a crime index. *Journal of the American Institute of Criminal Law and Criminology*, n. 22, 1931.

_____. *The death penalty.* Philadelphia: American Law Institute, 1959.

_____. The sociological study of criminality. *JCL&C*, n. 41, 1950.

Serrano Gómez, A. Atracos a entidades bancarias. *Revista Española de Medicina Legal*, n. 12-13, 1977.

_____. Centenario de "L'uomo delinquente". *Anuario*, 1976.

_____. Consideraciones criminológicas sobre los efectos de la abolición de la pena de muerte en España. *Anuario*, 1982.

_____. *Delincuencia juvenil en España. Estudio criminológico.* Madrid: Doncel, 1970.

_____. *El costo del delito y sus víctimas en España.* Madrid: Uned, 1986.

_____. Herencia y Criminalidad. *Anuario*, 1969.

_____. *Introducción a la ciencia del derecho penal.* Madrid: Uned, 1981.

_____. La Criminodogmática. *RDPC*, n. 1, 1995.

_____. La Criminología crítica. *Anuario*, 1983.

_____. La Criminología en los primeros autores clásicos. *Anuario*, 1973.

_____. La igualdad en los gemelos. *Revista de Policía Española*, n. 21, 1963.

_____. La pena de muerte. *Lecturas sobre la Constitución española*. Madrid: Uned, 1978.

_____. La sustracción de vehículos de motor (Problemática y prevención). *Delitos contra la seguridad del tráfico y su prevención*. Valencia: Universidad de Valencia, 1975.

_____. Problematica criminologica del mutamento politico en Spagna. *RPC*, 1981.

_____. Robos con violencia e intimidación en las personas. *REOP*, n. 46, 1976.

_____. Tipología del delincuente español. *Anuario*,1970.

_____; FERNÁNDEZ DOPICO, J. L. *El delincuente español. Factores concurrentes (influyentes)*. Madrid: Publicaciones del Instituto de Criminología de la Universidad Complutense de Madrid, 1978.

_____; SERRANO MAÍLLO, A. La paradoja del descubrimiento de la Criminología en España. Un capítulo. *La ciencia del Derecho penal ante el nuevo siglo. Libro homenaje al profesor doctor don José Cerezo Mir*. Madrid: Tecnos, 2002.

SERRANO MAÍLLO, A. Bicentenario de las "Nuevas consideraciones sobre la perplejidad de la tortura" de Juan Pablo Forner. *RDPC*, n. 3, 1993.

_____. *Ensayo sobre el derecho penal como ciencia*. Madrid: Dykinson, 1999.

_____. La posición de las variables biológicas en la criminologia contemporánea. *Características biológicas, personalidad y delincuencia* (C. M. Romeo Casabona ed.). Bilbao e Granada: Cátedra Interuniversitária de Derecho y Genoma Humano e Comares, 2003.

_____. Mayoría de edad en el Código de 1995 y delincuencia juvenil. *RDPC*, n. 5, 1995.

_____. Pobreza y delito. *Anales del Centro de la Uned de Albacete*, n. 9, 1989.

_____. Presentación a C. M Landecho Velasco. *La tipificación lombrosiana de delincuentes*, I. Madrid: Departamento de Derecho Penal y Criminología, Uned, 2004.

_____. Una nota sobre el compatibilismo entre una Criminología determinista y un Derecho penal basado en el libre albedrío. *CDJ*, n. 40 – *Genética y Derecho*, II (C. M. Romeo Casabona director), 2002.

SHAW, C. R. con la colaboración de H. D. McKAY E J. F. McDONALD. *Brothers in crime*. Chicago: The University of Chicago Press, 1938.

_____. con la colaboración de F. M. ZORBAUGH, H. D. McKAY E L. S. COTTRELL. *Delinquency Areas. A study of the geographic distributions of school truants, juvenile delinquents, and adult offenders in Chicago*. Chicago: The University of Chicago Press, 1929.

_____. *The jack-roller. A delinquent boy's own story*. Chicago e London: The University of Chicago Press, [1930] 1966.

_____. con la colaboración de M. E. Moore. *The natural history of a delinquent career*. Chicago: The University of Chicago Press, 1931.

_____; McKAY, H. D. *Juvenile delinquency and urban areas. A study of rates of delinquency in relation to differential characteristics of local communities in American cities*. Chicago e London: The University of Chicago Press, 1942.

_____; _____. *Juvenile delinquency and urban areas. A study of rates of delinquency in relation to differential characteristics of local communities in American cities*. Ed. revisada. Chicago e London: The University of Chicago Press, 1969.

_____; _____. *Report on the causes of crime. Social factors in juvenile delinquency*. Washington, D. C.: Government Printing Office, 1931. v. II

SHERMAN, L. W. Conferencia pronunciada en el Departamento de Derecho penal e Criminología, Uned, 2004. Inédita.

_____. Defiance, deterrence, and irrelevance: a theory of the criminal sanction. *JRC&D*, n. 30, 1993.

_____. Domestic violence and defiance theory: understanding why arrest can backfire. *Australian violence: contemporary perspectives* (D. Chapell e S. Egger eds.). Canberra: Australian Institute of Criminology, 1995. v. II.

_____. Experimental evidence and governmental administration. *AAPSS*, n. 589, 2003.

_____. Hot spots of crime and criminal careers of places. *CPS*, n. 4 – *Crime and place* (J. E. Eck e D. Weisburd eds.), 1995.

_____. Misleading evidence and evidence-led policy: making social science more experimental. *AAPSS*, n. 589, 2003.

_____. con J. D. SCHMIDT e D. P. ROGAN. *Policing domestic violence. Experiments and dilemmas*. New York: The Free Press e Maxwell Macmillan, 1992.

_____. Reason for emotion: reinventing Justice with theories, innovations, and research – The American Society of Criminology 2002 Presidential Address. *Criminology*, n. 41, 2003.

_____; BERK, R. A. The specific deterrent effects of arrest for domestic assault. *ASR*, n. 49, 1984.

_____; BRAITHWAITE, J.; STRANG, H. BARNES, G. C.; CHRISTIE-JOHNSTON, J.; SMITH, S.; INKPEN, N. *Experiments in restorative policing. Reintegrative shaming of violence, drink driving and property crime: a randomised controlled trial*. S/l.: Australian National University, 1997.

_____; GOTTFREDSON, D. C.; MACKENZIE, D. L.; ECK, J.; REUTER, P.; BUSHWAY, S. D. Preventing crime: what works, what doesn't, what's promising. *RIB*, jul. 1998.

_____; SCHMIDT, J. D.; ROGAN, D. P.; SMITH, D. A.; GARTIN, P. R.; COHN, E. G.; COLLINS, D. J.; BACICH, A. R. The variable effects of arrest on criminal careers: the Milwaukee domestic violence experiment. *JCL&C*, n. 83, 1992.

_____; SMITH, D. A. con J. D. SCHMIDT e D. P. ROGAN. Crime, punishment, and stake in conformity: legal and informal control of domestic violence. *ASR*, n. 57, 1992.

_____; STRANG, H.; WOODS, D. J. RECIDIVISM PATTERNS IN THE CANBERRA REINTEGRATIVE SHAMING EXPERIMENTS (RISE). [S. l.]: Australian National University, 2000.

_____; WEISBURD, D. General deterrence effects of police patrol in crime "hot spots": a randomized, controlled trial. *JQ*, n. 12, 1995.

SHORT, J. F. Introducción a C. R. Shaw e H. D. McKay. *Juvenile delinquency and urban areas. A study of rates of delinquency in relation to differential characteristics of local communities in American cities*. Ed. revisada. Chicago e London: The University of Chicago Press, 1969.

_____. Introducción a la edición abreviada de F. M. Thrasher, *The gang. A study of 1,313 gangs in Chicago*. Chicago e London: The University of Chicago Press, 1963.

_____ (Ed.). Introducción. *The social fabric of the metropolis. Contributions of the Chicago School of urban Sociology*. Chicago e London: The University of Chicago Press, 1971.

_____. The level of explanation problem in Criminology. *Theoretical methods in Criminology* (R. F. Meier ed.). Beverly Hills: Sage, 1985.

_____; STRODTBECK, F. L. *Group process and gang delinquency*. 2. ed. Chicago e London: The University of Chicago Press, 1974.

SHOVER, N. GREAT PRETENDERS. PURSUITS AND CAREERS OF PERSISTENT THIEVES. Boulder, Co. e Oxford: Westview, 1996.

SIEGEL, J. A. Aggressive behavior among women sexually abused as children. *V&V*, n. 15, 2000.

SILVA SÁNCHEZ, J.-M. *Aproximación al Derecho penal contemporáneo*. Barcelona: José María Bosch, 1992.

_____; BALDÓ LAVILLA, F. La teoría del delito en la obra de Manuel de Lardizábal. *Estudios de Derecho penal y Criminología. Homenaje al profesor José María Rodríguez Devesa*. Madrid: Uned, 1989. v. II.

SILVERMAN, J. G.; WILLIAMSON, G. M. Social ecology and entitlements involved in battering by heterosexual college males: contributions of family and peers. *V&V*, n. 12, 1997.

SIMON, R. J. Arrest statistics. *The Criminology of deviant women* (F. Adler e R. J. Simon eds.). Boston: Houghton Mifflin, [1975] 1979.

_____. *Women and crime*. Lexington: Lexington, 1975.

SIMONS, R. L.; WU, C.-I.; CONGER, R. D.; LORENZ, F. O. Two routes to delinquency: differences between early and late starters in the impact of parenting and deviant peers. *Criminology*, n. 32, 1994.

SIMPSON, S. S. Apuntes de cátedra, 2001. Inéditos.

_____. Caste, class, and violent crime: explaining difference in female offending. *Criminology*, n. 29, 1991.

_____. *Corporate crime, law, and social control*. Cambridge: Cambridge University Press, 2002.

_____. Feminist theory, crime, and Justice. *Criminology*, n. 27, 1989.

_____; ELIS, L. Doing gender: sorting out the caste and crime conundrum. *Criminology*, n. 33, 1995.

_____; _____. Is gender subordinate to class? An empirical assessment of Colvin and Pauly's structural marxist theory of delinquency. *JCL&C*, n. 85, 1994.

_____; HARRIS, A. R.; MATTSON, B. A. Measuring corporate crime. *Understanding corporate criminality* (M. B. Blankenship ed.). New York e London: Garland Publishing, 1993.

_____; KOPER, C. S. Deterring corporate crime. *Criminology*, n. 30, 1992.

SKOGAN, W. G.; LURINGIO, A. J.; DAVIS, R. C. Criminal victimization. *Victims of crime. Problems, policies, and programs* (A. J. Lurigio et al. eds.). Newbury Park: Sage, 1990.

SMART, B. Modernity, postmodernity and the present. *Theories of modernity and postmodernity* (B. S. Turner ed.). London: Sage, 1991.

_____. *Postmodernity*. London e New York: Routledge, 1993.

SMART, C. The new female offender: reality or myth?. *BJC*, n. 19, 1979.

SMITH, D. A.; GARTIN, P. R. Specifying specific deterrence: the influence of arrest on future criminal activity. *ASR*, n. 54, 1989.

_____; PATERNOSTER, R. The gender gap in theories of deviance: issues and evidence. *JRC&D*, n. 24, 1987.

SMITH, D. R.; SMITH, W. R. Patterns of delinquent careers: an assessment of three perspectives. *SSR*, n. 13, 1984.

SOBER, E. Separating nature and nurture. *Genetics and criminal behavior* (D. Wasserman e R. Wachbroit eds.). Cambridge: Cambridge University Press, 2001.

SOLA RECHE, E.; BETHECOURT PÉREZ, J. M.; MATUD AZNAR, P.; GARCÍA MEDINA, P. (Ed.). *Implicaciones de la Psicología en la Criminología actual*. La Laguna e Albolote: Centro de Estudios Criminológicos de la Universidad de La Laguna-Comares, 1998.

SORENSEN, D. W. M. Motor vehicle accidents. *The generality of deviance* (T. Hirschi e M. R. Gottfredson eds.). New Brunswick e London: Transaction Publishers, 1994.

SORIANO, R. *Sociología del derecho*. Barcelona: Ariel, 1997.

SPELMAN, W. Criminal careers of public places. *CPS*, n. 4 – *Crime and place* (J. E. Eck e D. Weisburd eds.), 1995.

_____. *Criminal incapacitation*. New York e London: Plenum Press, 1994.

_____. The limited importance of prison expansion. *The crime drop in America* (A. Blumstein e J. Wallman eds.). Cambridge: Cambridge University Press, 2000.

STANDER, J.; FARRINGTON, D. P.; HILL, G.; ALTHAM, P. M.E. Markow chain analysis and specialization in criminal careers. *BJC*, n. 29, 1989.

STANGELAND, P. La Criminología europea: entre la utopía u la burocracia. Esbozo para una Criminología realista en España. *RDPC*, n. 1, 1998.

_____. La delincuencia en España. Un análisis crítico de las estadísticas judiciales y policiales. *RDPC*, n. 5, 1995.

STANKO, E. A.; LEE, R. M. (Ed.). Introduction. Methodological reflections. *Researching violence. Essays on methodology and measurement*. London e New York: Routledge, 2003.

STARK, E. Race, gender, and woman battering. *Violent crime. Assessing race and ethnic differences* (D. F. Hawkins ed.). Cambridge: Cambridge University Press, 2003.

_____; KENT, L.; FINKE, R. Sports and delinquency. *Positive Criminology* (M. R. Gottfredson e T. Hirschi eds.). Newbury Park: Sage, 1987.

STEFFENSMEIER, D. On the causes of "white-collar" crime: an assessment of Hirschi and Gottfredson's claims. *Criminology*, n. 27, 1989.

_____. Trends in female crime: it's still a man's world. *The Criminal Justice System and women. Women offenders. Victims. Workers* (B. R. Price e N. J. Sokoloff eds.). New York: Clark Boardman, [1979] 1982.

_____; HAYNIE, D. Gender, structural disadvantage, and urban crime: do macrosocial variables also explain female offending rates?. *Criminology*, n. 38, 2000.

_____; KRAMER, J.; STREIFEL, C. Gender and imprisonment decisions. *Criminology*, n. 31, 1993.

STELLY, W.; THOMAS, J.; KERNER, H.-J.; WEITEKAMP, E. Kontinuität und Diskontinuität sozialer Auffällingkeiten im Lebenslauf. *MschrKrim*, n. 81, 1998.

STIGLER, G. J. The optimum enforcement of laws. *Essays in the economics of crime and punishment* (G. S. Becker e W. M. Landes eds.). New York: National Bureau of Economic Research, 1974.

STINCHCOMBE, A. L. *Constructing social theories*. New York: Harcourt, Brace and World, 1968.

STRAND, G. C.; GARR, M. S. Driving under the influence. *The generality of deviance* (T. Hirschi e M. R. Gottfredson eds.). New Brunswick e London: Transaction Publishers, 1994.

SUMNER, C. THE SOCIOLOGY OF DEVIANCE: AN OBITUARY. Buckingham: Open University Press, 1994.

SUTHERLAND, E. H. Anotaciones e interpretaciones en *The professional thief. By a professional thief.* [S. l.]: Phoenix Books, [1937] 1967.

_____. *Criminology*. Philadelphia e London: J. B. Lippincott, 1924.

_____. Critique of Sheldon's varieties of delinquent youth. *ASR*, n. 16, 1951.

_____. Is "white-collar crime" crime?. *ASR*, n. 10, 1945.

_____. *On analyzing crime*. (K. Schuessler ed.). Chicago e London: The University of Chicago Press, 1973.

_____. *Principles of Criminology*. 2. ed. Chicago e Philadelphia: J. B. Lippincott, 1934.

_____. *Principles of Criminology*. 3. ed. Chicago: J. B. Lippincott, 1940.

_____. *Principles of Criminology*. 4. ed. Chicago: J. B. Lippincott, 1947.

_____. The biological and sociological processes. *The urban community. Selected papers from the proceedings of the American Sociological Society 1925.* (E. W. Burgess ed.). Chicago: The University of Chicago Press, 1926.

_____. The diffusion of sexual psychopath laws. *AJS*, n. 56, 1950.

_____. *The Sutherland papers*. (A. Cohen et al. eds.). Bloomington: Indiana University Press. 1956.

_____. *White-collar crime*. New York: The Dryden Press, 1949.

_____. *White-collar crime. The uncut version*. New Haven e London: Yale University Press, 1984.

_____. White-collar criminality. *ASR*, n. 5, 1939.

_____; CRESSEY, D. R. 1978. *Criminology*, n. 10. ed. New York: J. B. Lippincott Company.

_____; CRESSEY, D. R. *Principes de criminolie*. Paris: Cujas, 1966.

_____; _____; LUCKENBILL, D.F. *Principles of Criminology*. 11. ed. New York: General Hall, 1992.

SUTTLES, G. D. THE SOCIAL ORDER OF THE SLUM. ETHNICITY AND TERRITORY IN THE INNER CITY. Chicago e London: The University of Chicago Press, 1968.

SWIGERT, V. L.; FARRELL, R. A. Normal homicides and the law. *ASR*, n. 42, 1977.

SYKES, G. M. THE SOCIETY OF CAPTIVES. Princeton, N. J.: Princeton University Press, 1958.

_____; MATZA, D. Techniques of neutralization: a theory of delinquency. *ASR*, n. 22, 1957.

TAPPAN, P. W. *Crime, Justice, and correction*. New York: McGraw-Hill Book Company, 1960.

_____. *Juvenile delinquency*. New York: McGraw-Hill Book Company, 1949.

_____. Who is the criminal?. *ASR*, n. 12, 1947.

TAYLOR, I.; WALTON, P.; YOUNG, J. Criminología crítica en Gran Bretaña: reseña e perspectivas. Trad. N. Grab. *Criminología crítica*. Directores I. Taylor et al. México: Siglo Veintiuno, [1975] 1977.

_____; _____; _____. *La nueva Criminología. Contribución a una teoría social de la conducta desviada*. Trad. A. Crosa. 2. ed. Buenos Aires: Amorrortu, [1975] 1977.

_____; _____; _____. Left realist criminology and the free market experiment in Britain. *Rethinking Criminology: the realist debate* (J. Young e R. Matthews eds.). London: Sage, 1992.

TAYLOR, K. A. On the explanatory limits of behavioral genetics. *Genetics and criminal behavior* (D. Wasserman e R. Wachbroit eds.). Cambridge: Cambridge University Press, 2001.

THOMAS, C. W.; BISHOP, D. M. The effect of formal and informal sanctions on delinquency: a longitudinal comparison of labeling and deterrence theories. *JCL&C*, n. 75, 1984.

THOMAS, W. I.; ZNANIECKI, F. *The polish peasant in Europe and America*. 2. ed. New York: Dover Publications, 1958. v. I.

_____; _____. *The polish peasant in Europe and America*. New York: Alfred A. Knopf, 1927. v. II.

THORNBERRY, T. P. Empirical support for interactional theory: a review of the literature. *Delinquency and crime. Current theories* (J. D. Hawkins ed.). Cambridge: Cambridge University Press, 1996.

_____; HUIZINGA, D.; LOEBER, R. The prevention of serious delinquency and violence: implications from the program of research on the causes and correlates of delinquency. *Serious, violent, and chronic juvenile offenders* (J. C. Howell et al. eds.). Thousand Oaks: Sage, 1995.

_____; KROHN, M. D. The development of panel studies of delinquency. *Taking stock of delinquency. An overview of findings from contemporary longitudinal studies* (T. P. Thornberry e M. D. Krohn eds.). New York: Kluwer Academic/Plenum Publishers, 2003.

_____; _____; LIZOTTE, A. J.; SMITH, C. A.; PORTER, P. K. Causes and consequences of delinquency: findings from the Rochester Youth Development Study. *Taking stock of delinquency. An overview of findings from contemporary longitudinal studies* (T. P. Thornberry e M. D. Krohn eds.). New York: Kluwer Academic/Plenum Publishers, 2003.

TIEDEMANN, K. *Poder económico y delito. Introducción al Derecho penal económico y de la empresa*. Trad. A. Mantilla Villegas. Barcelona: Ariel, 1985.

TITTLE, C. R. Control balance. *Explaining criminals and crime. Essays in contemporary criminological theory* (R. Paternoster e R. Bachman eds.). Los Angeles: Roxbury Publishing Company, 2001.

_____. *Control balance. Toward a theory of deviance*. Boulder, Co. e Oxford: Westview Press, 1995.

_____. Crime rates and legal sanctions. *SP*, n. 16, 1969.

_____. Deterrents or labeling?. *SF*, n. 53, 1975.

_____. Labelling and crime: an empirical evaluation. *The labelling of deviance. Evaluating a perspective* (W. R. Gove ed.). New York: Sage, 1975.

_____. Prospects for synthetic theory: a consideration of macro-level criminological activity. *Theoretical integration in the study of deviance and crime. Problems and prospects* (S. F. Messner et al. eds.). Albany, N. Y.: State University of New York Press, 1989.

_____. The assumption that general theories are not possible. *Theoretical methods in Criminology* (R. F. Meier ed.). Beverly Hills: Sage, 1985.

_____. Theoretical developments in Criminology. *Criminal Justice 2000. The nature of crime: Continuity and change*. Washington, D. C.: U. S. Department of Justice, 2000. n. 1

_____. Two empirical regularities (maybe) in search of an explanation: commentary on the age/crime debate. *Criminology*, n. 26, 1988.

_____; LOGAN, C. H. Sanctions and deviance: evidence and remaining questions. *L&SR*, n. 7, 1973.

_____; PATERNOSTER, R. *Social deviance and crime. An organizational and theoretical approach*. Los Angeles, Ca.: Roxbury Publishing Company, 2000.

TOBEÑA, A. *Anatomía de la agresividad humana. De la violencia infantil al belicismo*. Barcelona: Galaxia Gutemberg, 2001.

TOBY, J. Social disorganization and stake in conformity: complementary factors in the predatory behavior of hoodlums. *JCLC&PS*, n. 48, 1957.

_____. The new Criminology is the old baloney. *Radical Criminology. The coming crises* (J. A. Inciardi ed.). Beverly Hills e London: Sage, 1980.

TOLAN, P. H.; GORMAN-SMITH, D. Development of serious and violent offending careers. *Serious and violent juvenile offenders. Risk factors and successful interventions* (R. Loeber e D. P. Farrington eds.). Thousand Oaks: Sage, 1998.

TOMÁS Y VALIENTE, F. *El Derecho penal de la monarquía absoluta (siglos XVI, XVII y XVIII)*. 2. ed. Madrid: Tecnos, 1992.

_____. *La tortura en España*. 2. ed. Barcelona: Ariel, 1994.

TORSTENSSON, M. Female delinquents in a birth cohort: tests of some aspects of control theory. *JQC*, n. 6, 1990.

TORRES FERNÁNDEZ, M. E. La desjudicialización como respuesta a la delincuencia de menores de edad. *CPC*, n. 79, 2003.

TRACY, P. E.; KEMPF-LEONARD, K. *Continuity and discontinuity in criminal careers*. New York e London: Plenum Press, 1996.

_____; WOLFGANG, M. E.; FIGLIO, R. M. *Delinquency careers in two birth cohorts*. New York e London: Plenum Press, 1990.

TRASLER, G. Conscience, opportunity, rational choice, and crime. *Advances*, n. 5 – *Routine activity and rational choice* (R. V. Clarke e M. Felson eds.), 1993.

_____. Some cautions for the biological approach to crime causation. *The causes of crime. New biological approaches* (S. A. Mednick et al. eds.). Cambridge: Cambridge University Press, 1987.

TRAVIS, J. Invisible punishment: an instrument of social exclusion. *Invisible punishment. The collateral consequences of mass imprisonment* (M. Mauer e M. Chesney-Lind eds.). New York: The Free Press, 2002.

TREMBLAY, R. E.; CRAIG, W. M. Developmental crime prevention. *C&J*, n. 19 – *Building a saver society. Strategic approaches to crime prevention* (M. Tonry e D. P. Farrington eds.), 1995.

_____; JAPEL, C. Prevention during pregnancy, infancy and the preschool years. *Early prevention of adult antisocial behavior* (D. P. Farrington e J. W. Coid eds.). Cambridge: Cambridge University Press, 2003.

_____; VITARO, F.; NAGIN, D.; PAGANY, L.; SÉGUIN, J. R. The Montreal longitudinal and experimental study: rediscovering the power of descriptions. *Taking stock of delinquency. An overview of findings from contemporary longitudinal studies* (T. P. Thornberry e M. D. Krohn eds.). New York: Kluwer Academic/Plenum Publishers, 2003.

TULLIO, B. (Di) *Principios de Criminología clínica y Psiquiatría forense*. Trad. D. Teruel Carralero. 3. ed. Madrid: Aguilar, [1963] 1966.

TUNNELL, K. D. *Doing crime: an analysis of repetitive property offenders decision-making*. Ann Arbor, Mi.: UMI, 1989.

TURK, A. T. Conceptions of the demise of Law. *Structure, Law, and power. Essays in the Sociology of Law* (P. J. Brantingham e J. M. Kress eds.). Beverly Hills e London: Sage, 1979.

_____. *Criminality and legal order*. Chicago: Rand McNally, 1969.

_____. Transformation versus revolutionism and reformism: policy implications of conflict theory. *Crime and public policy. Putting theory to work* (H. D. Barlow ed.). Boulder, Co. e Oxford: Westview Press, 1995.

UGGEN, C. Class, gender, and arrest: an intergenerational analysis of workplace power and control. *Criminology*, n. 38, 2000.

_____. Work as a turning point in the life course of criminals: a duration model of age, employment, and recidivism. *ASR*, n. 67, 2000.

ULMER, J. T.; SPENCER, J. W. The contributions of an interactionist approach to research and theory on criminal careers. *ThC*, n. 3, 1999.

URQUIZO OLAECHEA, J. *El principio de legalidad*. Lima: Gráfica Horizonte, 2000.

URRUELA MORA, A. Hacia un nuevo modelo de cooperación entre Derecho penal y Psiquiatría en el marco del enjuiciamiento de la inimputabilidad en virtud de la eximente de anomalía o alteración psíquica. Aspectos materiales y formales. *Estudios jurídicos en memoria de José María Lidón*. Bilbao: Universidad de Deusto, 2002.

UZCÁTEGUI, B. Estudio electroencefalográfico en internos de los Centros de Rehabilitación Social de Ecuador. *ACNP*, n. 25 (27), 1984.

VATTIMO, G. *El fin de la modernidad. Nihilismo y hermenéutica en la cultura posmoderna*. Trad. A. L. Bixio. Barcelona: Gedisa, [1985] 1997.

_____. *Etica de la interpretación*. Trad. T. Oñate. Barcelona: Paidós, 1991.

VÁZQUEZ GONZÁLEZ, C. *Delincuencia juvenil. Consideraciones penales y criminológicas.* Madrid: Colex, 2003.

VIGIL, J. D. *Barrio gangs. Street life and identity in southern California.* Austin: University of Texas Press, 1988.

VIGNE, N. G. (La). Security by design on the Washington Metro. *Situational crime prevention. Successful case studies* (R. V. Clarke ed.). 2. ed. Guilderland, N. Y.: Harrow and Heston, 1997.

VILLA STEIN, J. Las penas privativas de libertad de corta duración. Fundamento empírico de su justificación. *Modernas tendencias en la ciencia del Derecho penal y en la Criminología.* Madrid: Uned, 2002.

VOLKMAN, R.; CRESSEY, D. R. Differential association and the rehabilitation of drug addicts. *AJS*, n. 69, 1963.

VOLD, G. B. Social-cultural conflict and criminality. *Crime and culture. Essays in honor of Thorsten Sellin* (M. E. Wolfgang ed.). New York: John Wiley and Sons, 1968.

_____. *Theoretical Criminology.* New York e Oxford: Oxford University Press, 1958.

_____; BERNARD, T. J. *Theoretical Criminology.* 3. ed. New York e Oxford: Oxford University Press, 1986.

_____; _____; SNIPES, J. B. *Theoretical Criminology.* 4. ed. New York e Oxford: Oxford University Press, 1998.

_____; _____; _____. *Theoretical Criminology.* 5. ed. New York e Oxford: Oxford University Press, 2002.

WALLACE, W. L. *The logic of science in Sociology.* Chicago e New York: Aldine – Atherton, 1971.

WANG, S.-N.; JENSEN, G. F. Explaining delinquency in Taiwan: a test of social learning theory. *Advances*, n. 11 – *Social learning theory and the explanation of crime: a guide for the new century* (R. L. Akers e G. F. Jensen eds.), 2003.

WARD, D. A.; TITTLE, C. R. IQ and delinquency: a test of two competing explanations. *JQC*, n. 10, 1994.

WARR, M. COMPANIONS IN CRIME. THE SOCIAL ASPECTS OF CRIMINAL CONDUCT. Cambridge: Cambridge University Press, 2002.

_____. The social origins of crime: Edwin Sutherland and the theory of differential association. *Explaining criminals and crime. Essays in contemporary criminological theory* (R. Paternoster e R. Bachman eds.). Los Angeles, Ca.: Roxbury Publishing Company, 2001.

_____; STAFFORD, M. The influence of delinquent peers: what they think or what they do?. *Criminology*, n. 29, 1991.

WEBER, M. ECONOMÍA Y SOCIEDAD. ESBOZO DE SOCIOLOGÍA COMPRENSIVA. Trad. J. Medina Echevarría et al. México: Fondo de Cultura Económica, [1922a] 1993.

_____. *Ensayos sobre metodología sociológica.* Trad. J. L. Etcheverry. Buenos Aires: Amorrortu, [1922] 2001.

_____. *La ciencia como profesión. La política como profesión.* Trad. J. Abellán. Madrid: Espasa Calpe, [1919] 2001.

WEINER, N. A. Violent criminal careers and "violent career criminals". *Violent crime, violent criminals* (N. A. Weiner e M. E. Wolfgang eds.). Newbury Park: Sage. 1989.

WEIS, J. Social class and crime. *Positive Criminology* (M. R. Gottfredson e T. Hirschi eds.). Newbury Park: Sage, 1987.

WEISBURD, D.; GREEN, L. Measuring immediate spatial displacement: methodological issues and problems. *CPS*, n. 4 – *Crime and place* (J. E. Eck e D. Weisburd eds.), 1995.

_____; _____. Policing drug hot spots: the Jersey City drug market analysis experiment. *JQ*, n. 12, 1995.

_____; LUM, C. M.; PETROSINO, A. J. Does research desing affect study outcomes?: findings from the Maryland Report criminal justice sample. _____; MAHER, L.; SHERMAN, L. Contrasting crime general and crime specific theory: the case of hot spots of crime. *Advances*, n. 4 – *New directions in criminological theory* (F. Adler e W. S. Laufer eds.), 1993.

_____; MCEWEN, T. Introduction: crime mapping and crime prevention. *Crime mapping and crime prevention* (D. Weisburd e T. McEwen eds.). Monsey, N. Y.: Criminal Justice Press, 1998.

_____; WARING, E. con E. F. Chayet. *White-collar crime and criminal careers*. Cambridge: Cambridge University Press, 2001.

_____; WHEELER, S.; WARING, E.; BODE, N. *Crimes of the middle classes. White-collar offenders in the Federal Courts*. New Haven e London: Yale University Press, 1991.

WELLFORD, C. F. Class, status, and criminological theory. *CS*, n. 18, 1990.

_____. Labelling theory and Criminology: an assessment. *SP*, n. 22, 1975.

_____. Towards an integrated theory of criminal behavior. *Theoretical integration in the study of deviance and crime. Problems and prospects* (S. F. Messner et al. eds.). Albany, N. Y.: State University of New York Press, 1989.

_____; TRIPLETT, R. A. 1993. "The future of labeling theory: foundations and promises". *Advances*, n. 4 – *New directions in criminological theory* (F. Adler e W. S. Laufer eds.).

WELZEL, H. *Derecho Penal Aleman*. Parte General. 11. ed. Santiago do Chile: Editorial Juridica de Chile, 1970.

_____. Derecho natural y positivismo jurídico. In: *Estudios de Filosofía de Derecho y Derecho Penal*. Trad. Ernesto Garzón Valdés. Montevideo: Ibdef, 2004.

WESTERN, B.; PETTIT, B.; GUETZKOW, J. Black economic progress in the era of mass imprisonment. *Invisible punishment. The collateral consequences of mass imprisonment* (M. Mauer e M. Chesney-Lind eds.). New York: The Free Press, 2002.

WHEELER, S.; WEISBURD, D.; BODE, N. Sentencing the white-collar offender: rethoric and reality. *ASR*, n. 47, 1982.

WHITE, R. Environmental issues and the criminological imagination. *ThC*, n. 7, 2003.

WHITEHEAD, A. N. *The organisation of thought. Educational and scientific*. London: Williams and Norgate, 1917.

WHITEHEAD, T. L. The "epidemic" and "cultural legends" of black male incarceration: the socialization of African American children to a life of incarceration. *Building violence. How America's rush to incarcerate creates more violence* (J. P. May e K. R. Pitts eds.). Thousand Oaks: Sage, 2000.

WHYTE, W. F. *Street corner society. The social structure of an italian slum*. 4. ed. Chicago e London: The University of Chicago Press, 1993.

WIATROWSKI, M. D.; GRISWOLD, D. B.; ROBERTS, M. K. Social control theory and delinquency. *ASR*, n. 46, 1981.

WIDOM, C. S. The cycle of violence. Em *Australian violence: contemporany perspectives*, II (D. Chapell y S, Egger eds). Camberra: Australian Institute of Criminology, 1995.

_____. The intergenerational transmission of violence. *Pathways to criminal violence* (N. A. Weiner e M. E. Wolfgang eds.). Newbury Park: Sage, 1989.

_____; MAXFIELD, M. G. An update of the "cicle of violence". *Serious, violent, and chronic juvenile offenders* (J. C. Howell et. Al. eds.). Thousand Oaks: Sage, 2001.

WIEBUSH, R. G.; BAIRD, C.; KRISBERG, B.; ONEK, D. Risk assessment and classification for serious, violent, and chronic juvenile offenders. *Serious, violent, and chronic juvenile offenders* (J. C. Howell et al. eds.). Thousand Oaks: Sage, 1995.

WIESNER, M.; CAPALDI, D. M.; PATTERSON, G. Development of antisocial behavior and crime across the life-span from a social interactional perspective: the coercion model. *Advances*, n. 11 – *Social learning theory and the explanation of crime: a guide for the new century* (R. L. Akers e G. F. Jensen eds.), 2003.

WILLIAMS, K. R.; HAWKINS, R. Perceptual research on general deterrence: a critical overview. *L&SR*, n. 20, 1986.

WILSON, J. Q. *Thinking about crime*. Ed. rev. New York: Vintage Books, [1983] 1985.

_____; HERRNSTEIN, R. J. CRIME AND HUMAN NATURE. New York: Simon and Schuster, 1985.

WILSON, W. J. *The truly disadvantaged. The inner city, the underclass, and the public policy*. Chicago e London: The University of Chicago Press, 1987.

WOLFGANG, M. E. *Patterns in criminal homicide*. Montclair, N. J.: Patterson Smith, 1975.

_____. Pioneers in Criminology: Cesare Lombroso (1835-1909). *JCLC&PS*, n. 52, 1961.

_____; FERRACUTI, F. *The subculture of violence. Towards an integrated theory in Criminology*. London: Tavistock Publications, 1967.

_____; FIGLIO, R. M.; SELLIN, T. *Delinquency in a birth cohort*. Chicago e London: The University of Chicago Press, 1972.

WRIGHT, R. T.; DECKER, S. H. 1994. *Burglars on the job. Streetlife and residential break-ins*. Boston, Mass.: Northeastern University Press.

_____; _____. *Armed robbers in action. Stickups and street culture*. Boston, Mass.: Northeastern University Press, 1997.

YABLOINSKY, L. *The violent gang*. New York: The Macmillan Company, 1962.

YARALIAN, P. S.; RAINE, A. Biological approaches to crime: psychophysiology and brain dysfunction. *Explaining criminals and crime. Essays in contemporary criminological theory* (R. Zapatero e R. Bachman eds.). Los Angeles: Roxbury Publishing Company, 2001.

YOUNG, J. Breaking windows: situating the new Criminology. *The new Criminology revisited* (P. Walton e J. Young eds.). Houndmills e London: MacMillan Press, 1998.

_____. Critical Criminology in the twenty-first century: critique, irony and the always unfinished. *Critical Criminology. Issues, debates, challenges* (K. Carrington e R. Hogg eds.). Cullompton: Willan Publishing, 2002.

_____. Left realism and the priorities of crime control. *The politics of crime control* (K. Stenson e D. Cowell eds.). London: Sage, 1991.

_____. Realist research as a basis for local criminal Justice policy. *Realist Criminology: crime control and policing in the 1990s* (J. Lowman e B. D. MacLean eds.). Toronto: University of Toronto Press, 1992.

_____. Ten points of realism. *Rethinking Criminology: the realist debate* (J. Young e R. Matthews eds.). London: Sage, 1992.

_____. *The exclusive society. Social exclusion, crime and difference in late modernity.* London: Sage, 1999.

_____. Writing on the cusp of change: a new Criminology for an age of late modernity. *The new Criminology revisited* (P. Walton e J. Young eds.). Houndmills e London: MacMillan Press, 1998.

ZAFFARONI, E. R. *Busca de las penas perdidas. Deslegitimación y dogmática jurídico penal.* Lima: Editorial AFA, 1990.

_____. *Criminología. Aproximación desde el margen*, I, reimpresión. Santa Fe de Bogotá: Temis, 1993.

_____. Discurso de investidura como *Doctor honoris causa* por la Universidad de Castilla-La Mancha, Toledo. 2004. Inédito.

_____. La crítica al Derecho penal y el porvenir de la Dogmática jurídica. *Criminología y Derecho penal al servicio de la persona. Libro-Homenaje al Profesor Antonio Beristáin.* San Sebastián: Instituto Vasco de Criminología, 1989.

_____. La culpabilidad en el siglo XXI. *RBCC*, n. 28, 1999.

_____. *Manual de Derecho penal. Parte general.* Reimpresión. Buenos Aires: Ediar, 2003.

_____. *Política criminal latinoamericana.* Buenos Aires: Hammurabi, 1982.

_____; ALAGIA, A.; SLOKAR, A. *Derecho penal. Parte general.* Buenos Aires: Ediar, 2000.

ZAFIROVSKI, M. The rational choice generalization of neoclassical economics reconsidered: any theoretical legitimation for economic imperialism?. *ST*, n. 18, 2000.

ZIMRING, F. E. Policy experiments in general deterrence: 1970-1975. *Deterrence and incapacitation: estimating the effects of criminal sanctions on crime rates* (A. Blumstein et al. eds.). Washington, D. C.: National Academy of Sciences, 1978.

_____; HAWKINS, G. J. *Deterrence. The legal threat in crime control.* Chicago e London: The University of Chicago Press, 1973.

ZUGALDÍA ESPINAR, J. M. Capacidad de acción y de culpabilidad de las personas jurídicas. *CDJ*, VII – *La responsabilidad penal de las sociedades. Actuación en nombre de otro. Responsabilidad de los Consejos de Administración. Responsabilidad de los subordinados* (E. Bacigalupo Zapater director), 1994.

Cromosete
Gráfica e editora ltda.
Impressão e acabamento
Rua Uhland, 307
Vila Ema-Cep 03283-000
São Paulo - SP
Tel/Fax: 011 2154-1176
adm@cromosete.com.br

2019 | 1 2 3 4 5 6 7 8 9 10